重庆经济普查年鉴

Chongqing Economic Census Yearbook

2004

上　册

重庆市经济普查领导小组办公室　编

中国统计出版社
China Statistics Press

(京)新登字041号

图书在版编目（CIP）数据

重庆经济普查年鉴. 2004
/ 重庆市经济普查领导小组办公室编.
- 北京：中国统计出版社，2006. 9
ISBN 7-5037-4992-X

Ⅰ. 重…
Ⅱ. 重…
Ⅲ. 经济 - 普查 - 统计资料 - 重庆市 -2004- 年鉴
Ⅳ. F127.719-54

中国版本图书馆CIP数据核字（2006）第096280号

重庆经济普查年鉴— 2004

作　　者 / 重庆市经济普查领导小组办公室编
责任编辑 / 叶礼奇　郭　栋　熊　威
光盘研发 / 王立群　刘金成　熊　威
E-mail / yearbook@stats.gov.cn
封面设计 / 黄俊杰　崔宝进
出版发行 / 中国统计出版社
通信地址 / 北京市西城区月坛南街75号
邮政编码 / 100826
办公地址 / 北京市丰台区西三环南路甲6号
电　　话 / 邮购（010）63376907　书店（010）68783172
印　　刷 / 河北天普润印刷厂
经　　销 / 新华书店
开　　本 / 880×1230毫米　1/16
字　　数 / 1920千字
印　　张 / 60
印　　数 / 1-1000
版　　别 / 2006年8月第1版
版　　次 / 2006年8月第1次印刷
书　　号 / ISBN 7-5037-4992-X/F·2373
定　　价 / 480.00元

重庆经济普查年鉴

编 辑 说 明

国务院决定2004年进行全国第一次经济普查，标准时点是2004年12月31日。经济普查是建国以来，首次把工业普查、第三产业普查和基本单位普查合并，同时把建筑业纳入普查范围的重大国情国力调查。其涉及范围之广、参与部门之多、技术要求之高、工作难度之大，都是以往各项普查所没有的。按照国务院经济普查办公室的统一部署，重庆市经济普查在市政府的直接领导下，在各级普查机构精心组织下，经过广大普查工作者的共同努力，取得了辉煌的成绩。

此次经济普查获得的数据资料全面展示了我市第二、三产业法人单位及产业活动单位等各类基本单位底数，以及各类单位的地区分布、行业分布、经济成分构成、组织形式、规模结构以及生产要素配置情况。这些“家底”，很值得我们认真研究和总结。它不仅为各级政府制定社会经济发展规划、进行产业结构调整、合理配置资源提供可靠的依据，也对有关部门依法行政提供科学的参考，还对科研机构的学术活动提供翔实的信息。

为使此次经济普查成果发挥其应有的作用，为“十一五”规划提供科学的决策依据，实现“把重庆建设成为长江上游的经济中心”的目标，重庆市经济普查领导小组办公室编辑出版了《重庆经济普查年鉴》。为了让各位读者能够更好地使用本资料，现对有关问题做如下说明:

一、第一次经济普查的标准时点为2004年12月31日，时期资料为2004年度。

二、本书最后附有指标解释，使用时请仔细阅读。

三、本资料按在地原则汇总，即按单位实际所在地进行汇总。

四、表中空格表示该项统计指标数据不详或无该项数据，“#”表示其中的主要项。

重庆市第一次经济普查资料是全市普查工作者共同辛勤工作的成果，也是广大普查对象积极支持配合的结果。在此，我们向全市所有普查工作者、普查对象和所有参与和支持普查工作的人员致以崇高的敬意和衷心的感谢!

本年鉴在编辑和文字校对中难免存在错误，敬请领导及读者谅解和指正。

重庆市经济普查领导小组办公室

二〇〇六年七月

上 册

综合卷目录

第一篇 综合篇

第二篇 企业篇

第三篇　事业、机关、社团、民办非企业篇

第四篇　个体经营户状况

第二产业卷目录

第一篇　工业企业生产经营及财务状况

下　册

第二篇　主要工业产品产量及能源、原材料消费量

第三篇　规模以上工业企业科技情况

第四篇　建筑业企业生产经营及财务状况

第三产业卷目录

第一篇　交通运输、电信业生产经营及财务状况

第二篇　批发和零售业商品销售和财务状况

第三篇 住宿和餐饮业生产经营及财务状况

第四篇 房地产业生产经营及财务状况

第五篇　其他服务业生产经营及财务状况

第六篇 行政事业单位财务状况

第 *1* 篇

综 合 篇

1-1-1 按机构类型、行业分组的法人、产业活动单位数及从业人数

单位：个、人

指标名称	法人单位					产业活动单位		
	单位数	单产业法人	多产业法人	从业人数	#女性	单位数	多产业法人所属的产业活动单位	多产业法人所属的产业活动单位从业人数
合 计	**85850**	**76098**	**9752**	**4074495**	**1227993**	**129856**	**53758**	**1332833**
机构类型								
企业	49841	45846	3995	3271658	933256	73065	27219	989964
事业单位	14554	11428	3126	518542	217658	28440	17012	239135
机关	4429	3341	1088	166473	39208	7260	3919	78705
社会团体	2466	2389	77	24666	7382	2709	320	2723
民办非企业单位	1592	1543	49	21946	12607	1543		
其他组织机构	12968	11551	1417	71210	17882	16839	5288	22306
行业门类								
农、林、牧、渔业	27		27	733	255	745	745	2410
采矿业	2676	2611	65	212969	21511	2852	241	46892
制造业	17720	17109	611	1209463	443790	18928	1819	299744
电力、燃气及水的生产和供应业	1079	954	125	70132	23569	1849	895	48904
建筑业	2916	2734	182	917763	106072	3134	400	168140
交通运输、仓储和邮政业	1717	1470	247	197617	50841	4416	2946	114911
信息传输、计算机服务和软件业	1041	995	46	33471	11688	2709	1714	30086
批发和零售业	11819	10164	1655	239537	110120	21730	11566	108453
住宿和餐饮业	1481	1301	180	79794	46618	2792	1491	35737
金融业	621	363	258	67740	34562	4299	3936	59335
房地产业	3412	3114	298	125370	42200	3962	848	25961
租赁和商务服务业	3544	3340	204	65501	22614	4509	1169	30952
科学研究、技术服务和地质勘查业	2412	2189	223	54798	14384	3032	843	16448
水利、环境和公共设施管理业	867	775	92	28770	10975	1231	456	8076
居民服务和其他服务业	1152	1072	80	22327	10353	1630	558	10209
教育	6389	4467	1922	324070	141914	13545	9078	147853
卫生、社会保障和社会福利业	3046	2330	716	96027	50225	9555	7225	62909
文化、体育和娱乐业	885	810	75	23856	10143	1360	550	9946
公共管理和社会组织	23046	20300	2746	304557	76159	27578	7278	105867

1-1-2 按行业分组的法人、产业活动单位数及从业人数

单位：个、人

指标名称	法人单位					产业活动单位		
	单位数	单产业法人	多产业法人	从业人数	#女性	单位数	多产业法人所属的产业活动单位	多产业法人所属的产业活动单位从业人数
合 计	**85850**	**76098**	**9752**	**4074495**	**1227993**	**129856**	**53758**	**1332833**
农、林、牧、渔业	**27**		**27**	**733**	**255**	**745**	**745**	**2410**
农业	3		3	293	161	197	197	581
林业	2		2	160	40	44	44	160
畜牧业						17	17	76
渔业						260	260	396
农、林、牧、渔服务业	22		22	280	54	227	227	1197
采矿业	**2676**	**2611**	**65**	**212969**	**21511**	**2852**	**241**	**46892**
煤炭开采和洗选业	1337	1297	40	162499	16038	1394	97	39026
石油和天然气开采业	2	1	1	1308	470	9	8	571
黑色金属矿采选业	178	177	1	11854	761	180	3	1035
有色金属矿采选业	19	19		421	33	20	1	582
非金属矿采选业	1140	1117	23	36887	4209	1247	130	5675
其他采矿业						2	2	3
制造业	**17720**	**17109**	**611**	**1209463**	**443790**	**18928**	**1819**	**299744**
农副食品加工业	1179	1130	49	38100	15859	1374	244	6043
食品制造业	573	543	30	24444	11800	605	62	4228
饮料制造业	812	767	45	21627	8227	878	111	5569
烟草制品业	5	4	1	5467	2044	7	3	2534
纺织业	1123	1102	21	86461	61160	1177	75	16605
纺织服装、鞋、帽制造业	227	218	9	12204	8452	243	25	982
皮革、毛皮、羽毛(绒)及其制品业	222	218	4	12675	6229	223	5	684
木材加工及木、竹、藤、棕、草制品业	182	179	3	4991	1892	195	16	949
家具制造业	369	349	20	10568	2787	378	29	1720
造纸及纸制品业	446	437	9	20965	8313	454	17	2485
印刷业和记录媒介的复制	673	646	27	18059	8120	715	69	2266
文教体育用品制造业	50	46	4	1040	452	56	10	122
石油加工、炼焦及核燃料加工业	66	60	6	4755	1092	71	11	2170
化学原料及化学制品制造业	838	805	33	77077	28950	882	77	20336
医药制造业	172	164	8	24948	10981	184	20	5836
化学纤维制造业	7	7		628	300	7		
橡胶制品业	200	194	6	13980	6161	205	11	1779
塑料制品业	625	617	8	20087	8695	639	22	1454
非金属矿物制品业	2784	2718	66	163311	47028	3039	321	24578
黑色金属冶炼及压延加工业	346	335	11	38971	8727	363	28	17660
有色金属冶炼及压延加工业	214	206	8	23589	7509	225	19	10310
金属制品业	818	783	35	36408	10426	859	76	9094
通用设备制造业	1164	1117	47	76775	20526	1220	103	25492

1-1-2 续表 1

单位：个、人

指标名称	法人单位					产业活动单位		
	单位数	单产业法人	多产业法人	从业人数	#女性	单位数	多产业法人所属的产业活动单位	多产业法人所属的产业活动单位从业人数
专用设备制造业	426	406	20	59997	19110	454	48	36410
交通运输设备制造业	3074	2982	92	331646	107314	3267	285	81067
电气机械及器材制造业	463	439	24	31939	10695	482	43	6325
通信设备、计算机及其他电子设备制造业	98	94	4	10842	4714	102	8	2456
仪器仪表及文化、办公用机械制造业	321	305	16	29378	12144	361	56	9588
工艺品及其他制造业	191	187	4	6971	3745	205	18	392
废弃资源和废旧材料回收加工业	52	51	1	1560	338	58	7	610
电力、燃气及水的生产和供应业	**1079**	**954**	**125**	**70132**	**23569**	**1849**	**895**	**48904**
电力、热力的生产和供应业	591	520	71	51160	16233	1063	543	37097
燃气生产和供应业	87	68	19	6494	2448	120	52	4865
水的生产和供应业	401	366	35	12478	4888	666	300	6942
建筑业	**2916**	**2734**	**182**	**917763**	**106072**	**3134**	**400**	**168140**
房屋和土木工程建筑业	1611	1467	144	811598	91032	1744	277	155205
建筑安装业	365	351	14	50124	7341	403	52	8615
建筑装饰业	710	689	21	34716	5416	739	50	2509
其他建筑业	230	227	3	21325	2283	248	21	1811
交通运输、仓储和邮政业	**1717**	**1470**	**247**	**197617**	**50841**	**4416**	**2946**	**114911**
铁路运输业	2	1	1	32395	6936	38	37	19816
道路运输业	936	797	139	65423	17237	1677	880	36836
城市公共交通业	78	63	15	31211	10556	135	72	21094
水上运输业	194	161	33	32363	5165	262	101	15879
航空运输业	10	10		4384	1685	16	6	104
管道运输业	1	1		14	1	1		
装卸搬运和其他运输服务业	354	324	30	14831	2915	423	99	6346
仓储业	138	110	28	6294	1919	291	181	4153
邮政业	4	3	1	10702	4427	1573	1570	10683
信息传输、计算机服务和软件业	**1041**	**995**	**46**	**33471**	**11688**	**2709**	**1714**	**30086**
电信和其他信息传输服务业	221	191	30	22000	7905	1867	1676	29530
计算机服务业	649	639	10	7541	2651	665	26	292
软件业	171	165	6	3930	1132	177	12	264
批发和零售业	**11819**	**10164**	**1655**	**239537**	**110120**	**21730**	**11566**	**108453**
批发业	6686	5849	837	132322	51427	11415	5566	49906
零售业	5133	4315	818	107215	58693	10315	6000	58547
住宿和餐饮业	**1481**	**1301**	**180**	**79794**	**46618**	**2792**	**1491**	**35737**
住宿业	546	461	85	37240	21607	967	506	13907
餐饮业	935	840	95	42554	25011	1825	985	21830

1-1-2 续表 2

单位：个、人

指标名称	法人单位					产业活动单位		
	单位数	单产业法人	多产业法人	从业人数	#女性	单位数	多产业法人所属的产业活动单位	多产业法人所属的产业活动单位从业人数
金融业	**621**	**363**	**258**	**67740**	**34562**	**4299**	**3936**	**59335**
银行业	409	211	198	43175	20191	3642	3431	38693
证券业	14	11	3	1225	499	45	34	976
保险业	156	99	57	22405	13551	565	466	19655
其他金融活动	42	42		935	321	47	5	11
房地产业	**3412**	**3114**	**298**	**125370**	**42200**	**3962**	**848**	**25961**
房地产业	3412	3114	298	125370	42200	3962	848	25961
租赁和商务服务业	**3544**	**3340**	**204**	**65501**	**22614**	**4509**	**1169**	**30952**
租赁业	227	218	9	3515	875	277	59	1053
商务服务业	3317	3122	195	61986	21739	4232	1110	29899
科学研究、技术服务和地质勘查业	**2412**	**2189**	**223**	**54798**	**14384**	**3032**	**843**	**16448**
研究与试验发展	174	159	15	9496	3117	193	34	4781
专业技术服务业	981	949	32	26813	6365	1152	203	4216
科技交流和推广服务业	1220	1050	170	13964	4037	1619	569	4716
地质勘查业	37	31	6	4525	865	68	37	2735
水利、环境和公共设施管理业	**867**	**775**	**92**	**28770**	**10975**	**1231**	**456**	**8076**
水利管理业	353	297	56	5340	1504	632	335	2351
环境管理业	212	198	14	11712	4995	265	67	3371
公共设施管理业	302	280	22	11718	4476	334	54	2354
居民服务和其他服务业	**1152**	**1072**	**80**	**22327**	**10353**	**1630**	**558**	**10209**
居民服务业	553	502	51	10920	6303	859	357	5267
其他服务业	599	570	29	11407	4050	771	201	4942
教育	**6389**	**4467**	**1922**	**324070**	**141914**	**13545**	**9078**	**147853**
教育	6389	4467	1922	324070	141914	13545	9078	147853
卫生、社会保障和社会福利业	**3046**	**2330**	**716**	**96027**	**50225**	**9555**	**7225**	**62909**
卫生	2480	1774	706	91583	48377	8794	7020	61991
社会保障业	134	130	4	1287	557	164	34	282
社会福利业	432	426	6	3157	1291	597	171	636
文化、体育和娱乐业	**885**	**810**	**75**	**23856**	**10143**	**1360**	**550**	**9946**
新闻出版业	71	59	12	8714	3765	143	84	5020
广播、电视、电影和音像业	210	192	18	4734	1647	314	122	1813
文化艺术业	336	301	35	5600	2593	433	132	1400
体育	60	57	3	684	226	67	10	192
娱乐业	208	201	7	4124	1912	403	202	1521
公共管理和社会组织	**23046**	**20300**	**2746**	**304557**	**76159**	**27578**	**7278**	**105867**
中国共产党机关	782	768	14	10283	2275	793	25	602
国家机构	7576	6320	1256	205836	51653	11763	5443	94405
人民政协和民主党派	119	117	2	1498	355	120	3	138
群众团体、社会团体和宗教组织	2469	2392	77	24704	7397	2737	345	2931
基层群众自治组织	12100	10703	1397	62236	14479	12165	1462	7791

1-1-3 按地区分组的法人、产业活动单位数及从业人数

单位：个、人

指标名称	法人单位					产业活动单位		
	单位数	单产业法人	多产业法人	从业人数	#女性	单位数	多产业法人所属的产业活动单位	多产业法人所属的产业活动单位从业人数
合　计	**85850**	**76098**	**9752**	**4074495**	**1227993**	**129856**	**53758**	**1332833**
万州区	4409	4086	323	189803	59698	6086	2000	46933
涪陵区	2963	2657	306	156462	52427	4210	1553	63325
渝中区	7119	6001	1118	421526	148403	12824	6823	239337
大渡口区	1540	1437	103	98901	31394	1873	436	37506
江北区	3548	3264	284	218506	70049	4433	1169	82231
沙坪坝区	5028	4721	307	261081	94341	6218	1497	79394
九龙坡区	6422	5882	540	360026	113728	8577	2695	154881
南岸区	3224	3044	180	201381	69010	3983	939	55625
北碚区	2594	2420	174	155091	49825	3475	1055	37617
万盛区	880	791	89	39521	10859	1358	567	15731
双桥区	389	383	6	12982	4004	398	15	514
渝北区	3422	3206	216	186689	51685	4294	1088	20108
巴南区	2456	2265	191	155240	43666	3382	1117	42204
黔江区	899	811	88	31699	8992	1298	487	10923
长寿区	1525	1444	81	92702	23748	2481	1037	14838
綦江县	1962	1792	170	86779	22364	2678	886	30300
潼南县	1308	1148	160	57951	11488	2298	1150	12460
铜梁县	2334	2079	255	66986	19978	3743	1664	11419
大足县	1953	1728	225	60413	16023	2970	1242	17522
荣昌县	1581	1432	149	72941	22476	2041	609	22441
璧山县	1812	1655	157	82311	24741	2792	1137	13821
梁平县	1367	1158	209	50738	15104	2826	1668	10838
城口县	740	642	98	14418	3524	1215	573	4959
丰都县	1519	1308	211	41509	12367	2216	908	15069
垫江县	1689	1570	119	64700	15488	2236	666	14675
武隆县	867	700	167	29533	8351	1461	761	11269
忠　县	1620	1226	394	55312	13505	3818	2592	23101
开　县	2014	1671	343	89832	22735	3463	1792	28502
云阳县	1580	1345	235	47896	11770	2879	1534	16746
奉节县	1231	1150	81	43440	10161	1739	589	7379
巫山县	1046	887	159	28689	7339	1750	863	8763
巫溪县	1255	1030	225	21922	6111	1900	870	7830
石柱县	863	699	164	26874	8098	1724	1025	11675
秀山县	972	871	101	37760	8455	1378	507	7146
酉阳县	872	812	60	24352	6131	1355	543	4446
彭水县	1141	1050	91	29234	7219	1827	777	7687
江津市	2518	1928	590	142537	36428	4440	2512	53891
合川市	2804	2033	771	98685	28366	4531	2498	29577
永川市	2836	2445	391	138926	35686	5064	2619	33010
南川市	1548	1327	221	79147	22256	2622	1295	27140

1-1-4 按登记注册类型分组的法人、产业活动单位数及从业人数

单位：个、人

指标名称	法人单位					产业活动单位		
	单位数	单产业法人	多产业法人	从业人数	#女性	单位数	多产业法人所属的产业活动单位	多产业法人所属的产业活动单位从业人数
合　计	**85850**	**76098**	**9752**	**4074495**	**1227993**	**129856**	**53758**	**1332833**
内资	**85095**	**75421**	**9674**	**3963630**	**1186352**	**128233**	**52812**	**1277347**
国有	21172	16613	4559	1101730	378393	40860	24247	603136
集体	6409	5437	972	266502	71162	12288	6851	65073
股份合作	1505	1335	170	85735	24073	3734	2399	20415
联营	295	276	19	11875	2655	496	220	2645
国有联营	23	22	1	706	208	37	15	222
集体联营	99	92	7	2677	743	202	110	504
国有与集体联营	53	47	6	3057	953	65	18	1406
其他联营	120	115	5	5435	751	192	77	513
有限责任公司	8631	7686	945	983384	261802	13673	5987	325154
国有独资公司	323	240	83	122342	40146	738	498	76261
其他有限责任公司	8308	7446	862	861042	221656	12935	5489	248893
股份有限公司	1831	1550	281	201394	71777	3707	2157	99333
私营	29460	28272	1188	1193921	341304	32438	4166	129065
私营独资	12114	11918	196	286196	90801	12907	989	12659
私营合伙	2837	2767	70	77088	20508	3050	283	4067
私营有限责任公司	12679	11862	817	734642	205769	14407	2545	99453
私营股份有限公司	1830	1725	105	95995	24226	2074	349	12886
其他	15792	14252	1540	119089	35186	21037	6785	32526
港、澳、台商投资	**359**	**323**	**36**	**43273**	**15626**	**592**	**269**	**24666**
合资经营(港或澳、台资)	201	185	16	22279	9401	251	66	7907
合作经营(港或澳、台资)	17	17		2417	914	18	1	2
港、澳、台商独资经营	136	118	18	6654	2550	304	186	4908
港、澳、台商投资股份有限公司	5	3	2	11923	2761	19	16	11849
外商投资	**396**	**354**	**42**	**67592**	**26015**	**1031**	**677**	**30820**
中外合资经营	250	222	28	47418	17271	358	136	22275
中外合作经营	19	16	3	4758	1662	25	9	1659
外资	117	106	11	14603	6765	636	530	6843
外商投资股份有限公司	10	10		813	317	12	2	43

1-1-5 按地区、单位类别分组的法人单位数及从业人数

单位：个、人

指标名称	总计		企业法人		事业法人		机关法人	
	单位数	从业人数	单位数	从业人数	单位数	从业人数	单位数	从业人数
合 计	**85850**	**4074495**	**49841**	**3271658**	**14554**	**518542**	**4429**	**166473**
万州区	4409	189803	2181	145195	988	28901	348	10350
涪陵区	2963	156462	1374	122335	764	23441	167	6954
渝中区	7119	421526	5788	350173	456	39928	159	19354
大渡口区	1540	98901	1186	92232	131	3884	72	1728
江北区	3548	218506	2888	196151	282	12485	113	6808
沙坪坝区	5028	261081	4161	227922	385	26433	141	3835
九龙坡区	6422	360026	5604	331766	239	17077	113	5205
南岸区	3224	201381	2603	174949	253	19648	90	4232
北碚区	2594	155091	1886	132962	307	16363	100	3824
万盛区	880	39521	457	32395	198	4542	78	1560
双桥区	389	12982	211	11331	85	879	47	526
渝北区	3422	186689	2409	157875	418	17135	114	7371
巴南区	2456	155240	1438	135892	447	12980	109	3478
黔江区	899	31699	279	16874	194	7627	132	4605
长寿区	1525	92702	714	75614	385	11534	83	3564
綦江县	1962	86779	997	67612	386	13417	92	3040
潼南县	1308	57951	548	41351	270	10903	91	3548
铜梁县	2334	66986	1048	48579	414	11659	118	2783
大足县	1953	60413	989	41040	451	12977	88	3291
荣昌县	1581	72941	738	57496	419	10971	76	2604
璧山县	1812	82311	1071	68828	364	9624	69	2361
梁平县	1367	50738	415	33355	407	12037	139	3008
城口县	740	14418	218	7757	222	3870	74	1862
丰都县	1519	41509	455	25700	481	10012	87	2803
垫江县	1689	64700	960	48246	306	11477	78	3279
武隆县	867	29533	230	18340	282	6385	88	2633
忠 县	1620	55312	431	35390	554	14314	151	3152
开 县	2014	89832	695	63764	547	18104	112	4212
云阳县	1580	47896	347	27858	360	12796	115	4106
奉节县	1231	43440	433	26280	251	11002	89	4386
巫山县	1046	28689	319	16949	254	6990	98	3179
巫溪县	1255	21922	254	10289	456	7751	119	2179
石柱县	863	26874	246	15108	181	7651	140	2923
秀山县	972	37760	379	25047	123	7425	75	3039
酉阳县	872	24352	208	9384	246	9070	98	3997
彭水县	1141	29234	350	16174	322	8210	103	3061
江津市	2518	142537	1457	117686	390	15844	112	5042
合川市	2804	98685	1215	70987	565	16770	140	3925
永川市	2836	138926	1852	111116	469	17101	111	4627
南川市	1548	79147	807	63656	302	9325	100	4039

1-1-5 续表 1 单位：个、人

指标名称	社团法人		其他法人		#居委会		#村委会		#民办非企业法人	
	单位数	从业人数	单位数	从业人数	单位数	从业人数	单位数	从业人数	单位数	从业人数
合　计	**2466**	**24666**	**14560**	**93156**	**1966**	**11595**	**10134**	**50641**	**1592**	**21946**
万州区	172	1246	720	4111	183	882	448	1845	54	949
涪陵区	147	527	511	3205	63	315	354	1708	66	972
渝中区	349	5533	367	6538	108	1930			123	2279
大渡口区	32	119	119	938	45	250	32	269	37	374
江北区	59	984	206	2078	66	360	51	323	32	461
沙坪坝区	82	361	259	2530	111	701	87	650	51	1062
九龙坡区	77	1348	389	4630	85	726	109	945	97	1473
南岸区	73	571	205	1981	69	459	70	473	30	566
北碚区	77	312	224	1630	64	311	119	621	25	582
万盛区	39	454	108	570	23	126	57	303	15	90
双桥区	20	59	26	187	8	29	14	103	4	55
渝北区	25	392	456	3916	56	288	268	1156	80	2153
巴南区	37	302	425	2588	76	279	292	1469	32	645
黔江区	49	956	245	1637	50	309	172	961	9	250
长寿区	48	693	295	1297	19	84	246	1101	5	20
綦江县	77	518	410	2192	47	224	314	1611	33	204
潼南县	16	105	383	2044	20	79	283	1318	77	629
铜梁县	70	556	684	3409	49	193	571	2622	58	516
大足县	75	505	350	2600	50	301	242	1589	41	643
荣昌县	69	501	279	1369	42	198	209	956	19	184
璧山县	68	355	240	1143	34	134	151	579	53	424
梁平县	31	267	375	2071	27	103	305	1391	31	539
城口县	14	36	212	893	15	43	188	787	4	35
丰都县	32	286	464	2708	26	138	340	1913	72	541
垫江县	16	76	329	1622	22	85	275	1169	6	135
武隆县	32	1267	235	908	26	93	187	709	4	24
忠　县	61	316	423	2140	32	128	331	1651	44	273
开　县	61	451	599	3301	59	268	448	2315	88	687
云阳县	12	50	746	3086	58	255	664	2235	17	537
奉节县	53	171	405	1601	19	126	367	1307	1	11
巫山县	31	73	344	1498	27	127	317	1371		
巫溪县	46	260	380	1443	24	89	348	1311	3	17
石柱县	33	176	263	1016	17	63	226	795	8	56
秀山县	26	192	369	2057	32	208	230	1371	101	439
酉阳县	9	454	311	1447	7	45	271	1210	27	141
彭水县	33	72	333	1717	26	114	274	1428	27	113
江津市	56	293	503	3672	85	484	340	2626	58	403
合川市	137	1213	747	5790	90	387	529	3395	82	1865
永川市	75	2307	329	3775	43	308	212	2126	59	1187
南川市	47	309	292	1818	63	353	193	929	19	412

1-1-6 按开业（成立)时间分组的法人、产业活动单位数及从业人数

单位：个、人

指标名称	法人单位					产业活动单位		
	单位数	单产业法人	多产业法人	从业人数	#女性	单位数	多产业法人所属的产业活动单位	多产业法人所属的产业活动单位从业人数
合　计	**85850**	**76098**	**9752**	**4074495**	**12279933**	**129856**	**53758**	**1332833**
#1949年以前	1391	753	638	205265	83904	1267	514	14814
#1950年-1977年	9185	6595	2590	722449	218769	7669	1074	42425
#1978年-1991年	11275	9835	1440	622578	160240	10784	949	19459
#1992年-1995年	8626	7554	1072	510658	140425	10067	2513	69985
#1996年	2220	2007	213	149771	40448	3221	1214	38076
#1997年	2987	2706	281	207444	63331	4854	2148	55358
#1998年	4263	3852	411	238664	67057	6009	2157	71282
#1999年	3429	3170	259	168465	51969	4916	1746	36302
#2000年	4623	4311	312	193376	63882	6627	2316	58769
#2001年	9251	8127	1124	268891	78458	12954	4827	77808
#2002年	8082	7568	514	265590	87807	11631	4063	71201
#2003年	9795	9425	370	305036	98921	13855	4430	86002
#2004年	9173	8698	475	193427	66636	14018	5320	64101

注：按开业（成立)时间分组项不含1391个筹建单位和159个时间不详单位，下同。

1-1-7 按地区、行业分组的

指标名称	总计		农、林、牧、渔业		煤炭开采和洗选业		石油和天然气开采业	
	单位数	从业人数	单位数	从业人数	单位数	从业人数	单位数	从业人数
合　计	**85850**	**4074495**	**27**	**733**	**1337**	**162499**	**2**	**1308**
万州区	4409	189803			44	2340		
涪陵区	2963	156462	1	18	14	2009		
渝中区	7119	421526						
大渡口区	1540	98901						
江北区	3548	218506					1	137
沙坪坝区	5028	261081			3	719		
九龙坡区	6422	360026			1	1638		
南岸区	3224	201381			1	41		
北碚区	2594	155091			61	10949		
万盛区	880	39521	1	7	63	16648		
双桥区	389	12982			14	1137		
渝北区	3422	186689			36	3814		
巴南区	2456	155240	6	103				
黔江区	899	31699			16	1037		
长寿区	1525	92702			37	2948		
綦江县	1962	86779			47	16693		
潼南县	1308	57951			2	17		
铜梁县	2334	66986			47	3223		
大足县	1953	60413			42	6672		
荣昌县	1581	72941	2	50	62	14569		
璧山县	1812	82311			25	1424		
梁平县	1367	50738			41	3639		
城口县	740	14418			9	415		
丰都县	1519	41509	2	100	6	190		
垫江县	1689	64700			20	1367	1	1171
武隆县	867	29533			24	2589		
忠　县	1620	55312			4	268		
开　县	2014	89832	14	369	104	8033		
云阳县	1580	47896			68	3625		
奉节县	1231	43440			144	11143		
巫山县	1046	28689			49	4515		
巫溪县	1255	21922			34	1079		
石柱县	863	26874			23	2704		
秀山县	972	37760			14	1095		
酉阳县	872	24352						
彭水县	1141	29234	1	86	34	3467		
江津市	2518	142537			2	50		
合川市	2804	98685			39	4335		
永川市	2836	138926			141	15548		
南川市	1548	79147			66	12559		

法人单位数及从业人数

单位：个、人

黑色金属矿采选业		有色金属矿采选业		非金属矿采选业		农副食品加工业		食品制造业	
单位数	从业人数	单位数	从业人数	单位数	从业人数	单位数	从业人数	单位数	从业人数
178	**11854**	**19**	**421**	**1140**	**36887**	**1179**	**38100**	**573**	**24444**
		1	1	51	2971	42	1943	30	1838
				21	863	143	7233	14	664
				1	12	8	130	16	4150
2	2397			24	593	7	847	12	295
				10	339	21	2358	33	1282
		1	1	17	1239	13	454	18	742
		1	5	31	1905	18	434	51	2017
				11	375	17	391	25	1885
				66	1622	15	456	10	174
1	154	1	17	34	682	9	200	6	28
				4	64	2	165		
				62	1746	25	986	36	855
				79	2945	29	967	20	481
						16	376		
				45	743	34	1141	10	152
8	413			37	1158	22	625	12	253
				23	581	48	719	19	651
				54	3350	54	1001	31	592
				27	2366	38	565	11	359
				19	286	61	1921	10	78
				21	581	17	434	13	613
1	22			11	263	25	1069	6	115
29	1736	5	42	27	990	5	47	3	97
				7	141	33	1103	3	94
				54	1177	117	2543	19	257
4	208			3	90	8	252	2	228
				12	129	14	331	5	166
				9	159	39	1758	8	394
				3	41	11	327	4	208
				10	143	9	282	6	102
				2	35	3	128		
				9	68	14	151	3	67
		6	214	1	30	22	1073	6	220
130	6793			5	107	17	209	2	38
		2	75	4	183	10	360	2	129
1	31			17	600	15	441	2	84
				88	2431	55	952	42	1406
				45	1085	26	949	34	1948
				110	2327	73	1151	33	1014
2	100	2	66	86	2467	44	1628	16	768

1-1-7 续表 1

指标名称	饮料制造业		烟草制品业		纺织业		纺织服装、鞋、帽制造业	
	单位数	从业人数	单位数	从业人数	单位数	从业人数	单位数	从业人数
合 计	**812**	**21627**	**5**	**5467**	**1123**	**86461**	**227**	**12204**
万州区	35	3521	1	144	10	5467	9	128
涪陵区	28	1081			5	6757	3	98
渝中区	6	148			9	254	38	1448
大渡口区	7	411			5	97	5	260
江北区	7	410			9	349	14	848
沙坪坝区	16	188			669	28111	10	396
九龙坡区	28	3445			31	1047	9	241
南岸区	16	561	2	3071	22	4207	33	3103
北碚区	9	134			96	4637	6	372
万盛区	11	251			1	47	1	295
双桥区								
渝北区	14	330			5	272	11	554
巴南区	22	250			11	795	5	231
黔江区	8	380	1	1339			1	65
长寿区	11	395			9	2978	3	60
綦江县	14	362			5	417	2	11
潼南县	22	318			22	1800	4	33
铜梁县	43	523			55	3324	4	380
大足县	33	509			6	89	1	43
荣昌县	72	1161			14	1500	1	13
璧山县	23	359			41	2167	12	697
梁平县	11	91			3	689	3	57
城口县	11	162			1	2		
丰都县	9	73			5	1058	5	313
垫江县	45	766			13	1072	6	106
武隆县	2	17			2	1373		
忠县	9	126			5	1423		
开县	16	296			2	101	1	88
云阳县	7	263			3	230	2	115
奉节县	6	114					1	1
巫山县	3	24						
巫溪县	3	105			2	461	1	13
石柱县	2	218			4	501	1	108
秀山县	3	28					2	3
酉阳县	13	153						
彭水县	16	314	1	913			1	200
江津市	75	1574			16	2642	12	196
合川市	22	283			29	7366	5	191
永川市	86	1027			9	3287	11	1324
南川市	48	1256			4	1941	4	213

单位：个、人

皮革、毛皮、羽毛(绒)及其制品业		木材加工及木、竹、藤、棕、草制品业		家具制造业		造纸及纸制品业		印刷业和记录媒介的复制	
单位数	从业人数	单位数	从业人数	单位数	从业人数	单位数	从业人数	单位数	从业人数
222	**12675**	**182**	**4991**	**369**	**10568**	**446**	**20965**	**673**	**18059**
10	1042	5	194	17	639	8	501	32	838
		2	40	4	80	10	1810	20	322
5	361	3	18	11	252	9	309	68	1731
16	971	19	503	17	428	16	447	15	723
6	284	6	205	26	1973	22	952	55	1517
4	173	12	377	38	1187	31	1547	50	1528
2	31	10	955	20	774	36	1191	51	2344
38	3551	9	65	15	305	23	775	54	1590
5	123	7	133	10	298	29	2157	24	531
		6	59	1	5	7	332	3	21
1	3					1	45		
10	489	2	44	13	1053	9	314	37	1718
3	846	6	177	17	431	13	684	28	929
				1	31	3	500	2	78
6	87	1	5	23	470	5	197	7	175
		5	33	1	17	4	255	10	114
4	37	4	118	20	305	6	906	4	137
30	836	4	82	10	204	47	2006	7	129
1	16	6	98			11	429	12	129
		4	164	9	331	8	102	5	99
44	2450	3	98	7	78	25	819	35	495
		5	148	1	4	16	822	6	246
		1	30	1	2			2	13
		2	2	3	62	2	86	12	139
4	53	16	205	41	668	11	353	16	292
						2	113	2	9
				2	7	1	20	3	23
		4	93	7	123	7	420	7	169
		3	34					4	37
				1	12	1	6	3	67
				2	79			2	20
		3	206	2	46	1	8	2	14
1	12	1	250			1	10	2	25
								2	20
3	32	1	2	1	47	3	37	1	25
				1	11	3	201	3	29
7	116	20	467	25	286	11	372	27	408
1	36	2	31	2	16	25	835	18	410
11	607	9	141	10	118	20	391	29	681
10	519	1	14	10	226	19	1013	13	284

1-1-7 续表 2

指标名称	文教体育用品制造业		石油加工、炼焦及核燃料加工业		化学原料及化学制品制造业	
	单位数	从业人数	单位数	从业人数	单位数	从业人数
合 计	**50**	**1040**	**66**	**4755**	**838**	**77077**
万州区	2	53	1	34	17	1187
涪陵区			1	10	21	7789
渝中区	6	22	1	49	12	670
大渡口区	4	112			33	2023
江北区	6	234	1	17	53	4076
沙坪坝区	7	144	1	32	66	3088
九龙坡区	6	111	7	1342	65	4689
南岸区	3	99	2	26	59	3557
北碚区	1	14	5	134	39	2430
万盛区			1	163	15	1038
双桥区					7	131
渝北区	1	25	5	140	41	3010
巴南区	1	80			45	3714
黔江区					1	80
长寿区			1	7	40	11708
綦江县			3	109	10	1016
潼南县			1	9	6	566
铜梁县	3	40	3	185	29	2961
大足县	1	10	1	8	16	1291
荣昌县			2	230	4	475
璧山县			5	116	17	1047
梁平县	1	17	1	1	24	4367
城口县			1	1	5	86
丰都县					7	236
垫江县	1	11	2	102	21	2209
武隆县					4	503
忠县					5	436
开县					9	682
云阳县			1	15	5	516
奉节县					2	62
巫山县						
巫溪县					4	154
石柱县					2	151
秀山县	2	28	3	251	8	322
酉阳县	1	5			10	368
彭水县					3	189
江津市	1	20	2	20	43	2104
合川市	1	1	2	79	13	1018
永川市	2	14	12	789	53	3209
南川市			1	886	24	3919

单位：个、人

医药制造业		化学纤维制造业		橡胶制品业		塑料制品业		非金属矿物制品业		黑色金属冶炼及压延加工业	
单位数	从业人数	单位数	从业人数	单位数	从业人数	单位数	从业人数	单位数	从业人数	单位数	从业人数
172	**24948**	**7**	**628**	**200**	**13980**	**625**	**20087**	**2784**	**163311**	**346**	**38971**
9	2787			2	92	34	922	131	5779	11	636
3	2391			6	469	17	602	105	8124	6	575
3	64			11	742	9	146	5	111		
3	151			5	138	10	145	55	6144	18	14188
15	5415			19	702	47	1576	37	1731	7	1058
13	2513			18	719	55	2293	113	5576	41	5562
14	1529	2	78	25	2221	51	1853	125	5984	17	596
20	2733	2	49	20	1888	65	2490	48	3828	1	36
8	1327			15	772	33	1116	111	12617	16	887
1	89			2	56	6	67	22	2195	1	185
		1	48	1	45			4	58		
10	720			10	273	21	385	75	3615	7	98
7	283			14	844	23	674	116	8421	11	1277
1	204					3	87	8	710		
3	244			1	133	12	616	86	4078	5	771
				3	54	11	286	55	2896	15	2432
1	25			1	120	5	174	109	3587	3	352
4	400			5	195	16	307	130	5013	17	566
				3	35	17	512	113	3993	40	1355
8	974			2	34	12	607	86	3562	13	548
5	173	1	60	11	718	50	1700	96	4032	15	1117
1	37					6	148	57	2309	6	460
3	100							11	256	10	672
2	103					3	50	42	2299	1	60
3	279			3	70	19	388	193	5864	8	146
1	90			1	150			11	1093	3	219
2	95					1	8	47	2021	1	6
1	24			2	770	5	206	82	6708	8	371
2	144					2	97	37	2290		
						1	8	24	1197		
1	25							11	925		
4	222					1	70	25	819	1	13
2	356					2	11	24	2124		
1	10					2	134	30	1516	14	1145
1	92							19	877	3	742
1	1							32	2329	1	90
3	256	1	393	9	1390	21	1010	144	10532	7	1320
11	1008			2	58	14	457	104	11258	11	415
5	84			4	116	38	361	177	6033	20	782
				5	1176	13	581	84	10807	8	291

1-1-7 续表 3

指标名称	有色金属冶炼及压延加工业		金属制品业		通用设备制造业		专用设备制造业	
	单位数	从业人数	单位数	从业人数	单位数	从业人数	单位数	从业人数
合　计	**214**	**23589**	**818**	**36408**	**1164**	**76775**	**426**	**59997**
万州区	7	535	19	305	22	2822	6	175
涪陵区	2	659	8	150	4	78	7	107
渝中区	4	205	22	688	40	2044	23	488
大渡口区	7	159	53	2142	67	4843	22	1826
江北区	4	66	62	2845	90	5614	33	18965
沙坪坝区	25	1160	84	3656	222	13738	56	4901
九龙坡区	41	9228	108	3408	116	8648	52	16384
南岸区	9	385	52	6789	75	4556	32	1435
北碚区	13	930	38	1432	88	5172	31	1234
万盛区			1	190	11	139	1	2
双桥区	1	22	1	20	14	235	4	172
渝北区	6	321	33	934	32	1475	19	1248
巴南区	16	578	50	3142	94	9199	19	968
黔江区	1	40	2	32	1	13		
长寿区	1	29	12	196	13	1665	6	160
綦江县	17	2252	20	2398	17	1073	1	15
潼南县	1	8	8	128	3	52	13	377
铜梁县	5	252	13	324	17	902	1	15
大足县	4	86	72	1624	55	1212	24	530
荣昌县	2	80	12	833	16	889	11	6224
璧山县	7	397	21	1470	40	1702	6	131
梁平县			6	70			2	16
城口县	2	181	1	3				
丰都县					1	6		
垫江县	1	20	20	605	7	203	3	117
武隆县	1	160			1	15	1	31
忠县					4	468		
开县			8	161	2	152		
云阳县					2	10	1	26
奉节县			2	14	1	30		
巫山县								
巫溪县			3	14			2	10
石柱县			1	7				
秀山县	24	5610	1	7			1	18
酉阳县			2	26			11	226
彭水县			1	58			2	134
江津市	2	22	33	860	40	7561	11	2780
合川市	2	21	15	758	25	1117	5	334
永川市	7	108	19	592	25	363	15	802
南川市	2	75	15	527	19	779	5	146

单位：个、人

交通运输设备制造业		电气机械及器材制造业		通信设备、计算机及其他电子设备制造业		仪器仪表及文化、办公用机械制造业		工艺品及其他制造业	
单位数	从业人数	单位数	从业人数	单位数	从业人数	单位数	从业人数	单位数	从业人数
3074	**331646**	**463**	**31939**	**98**	**10842**	**321**	**29378**	**191**	**6971**
31	974	8	2332	1	138	4	929	17	2058
57	6886	10	821	3	132			2	5
81	6240	38	2887	6	1058	23	509	6	58
202	18445	30	959	3	129	7	784	1	10
202	33485	36	1738	8	826	29	3023	6	248
550	54667	61	3841	10	880	20	854	1	20
436	56145	73	7947	21	2117	22	1491	11	158
188	24736	42	2144	18	2624	28	2622	11	468
332	23141	43	2754	10	1203	148	15973	7	184
12	522	3	20			1	25		
38	6831			2	82				
158	22206	22	2054	8	1024	24	2239	11	210
194	27926	28	2043	2	50	7	126	5	338
22	948	8	309			1	20	2	77
85	7749	5	141			1	1	3	484
7	258	3	81					5	45
23	1282	2	32					11	338
82	2566	10	421	2	60	1	8	10	118
17	1017	3	18	1	145			7	109
168	22186	7	174	1	37	5	774	6	103
4	165	4	261	1	9			2	53
2	24	1	5					1	1
6	403							1	1
2	34	4	144					11	190
4	102	1	30						
9	251	1	50						
5	925							1	130
4	124							3	24
2	90								
								1	6
3	35							3	591
5	90								
6	165								
50	2549	5	106					9	50
34	1623	7	235					13	462
32	5587	5	333	1	328			22	399
21	1269	3	59					2	33

1-1-7 续表 4

指标名称	废弃资源和废旧材料回收加工业		电力、热力的生产和供应业		燃气生产和供应业		水的生产和供应业	
	单位数	从业人数	单位数	从业人数	单位数	从业人数	单位数	从业人数
合 计	**52**	**1560**	**591**	**51160**	**87**	**6494**	**401**	**12478**
万州区	1	5	33	3162	4	331	16	905
涪陵区	1	61	45	4319	1	316	10	685
渝中区			2	11792			1	1999
大渡口区	3	442					1	35
江北区					4	3174	3	551
沙坪坝区	6	174	1	2	1	60	5	106
九龙坡区	6	45	5	347	2	56	13	219
南岸区			1	5			7	108
北碚区	2	106	5	205			9	96
万盛区	2	35	5	194	1	64	5	105
双桥区	2	56			1	20	2	38
渝北区	1	9	9	187	5	213	9	138
巴南区	1	61	22	351	6	396	17	305
黔江区			4	1193	1	42	3	130
长寿区	1	28	21	2036			11	225
綦江县	3	33	32	736	4	91	5	258
潼南县			3	811	2	85	8	148
铜梁县	6	209	18	1293	3	131	18	196
大足县			9	564	2	106	14	300
荣昌县	2	21	3	397	6	83	12	169
璧山县			6	39	3	77	17	315
梁平县			4	93	1	115	3	126
城口县			11	565			1	61
丰都县			22	1089	3	114	30	671
垫江县	2	26	7	945	9	125	27	465
武隆县			49	1868	1	14	5	252
忠县			17	1278	3	136	4	234
开县	1	18	30	2585	4	100	15	411
云阳县			17	2052	1	116	6	221
奉节县	1	33	15	1609	1	32	4	288
巫山县	1	16	19	1335	1	29	3	261
巫溪县			31	1869			4	97
石柱县			11	861	2	64	2	267
秀山县			10	701			3	106
酉阳县			6	134			7	196
彭水县			15	736	1	14	4	152
江津市	7	155	44	2286	6	146	47	437
合川市			6	818	5	158	29	487
永川市	3	27	12	569	3	86	18	256
南川市			41	2134			3	459

单位：个、人

房屋和土木工程建筑业		建筑安装业		建筑装饰业		其他建筑业		铁路运输业	
单位数	从业人数	单位数	从业人数	单位数	从业人数	单位数	从业人数	单位数	从业人数
1611	**811598**	**365**	**50124**	**710**	**34716**	**230**	**21325**	**2**	**32395**
121	58046	8	730	18	783	13	902		
71	33054	4	1099	13	682	2	229		
85	31972	98	11967	194	10571	34	2960	1	32026
36	12672	17	4415	12	448	4	288		
49	38597	31	3513	76	3016	23	1308		
89	37974	18	961	64	2517	1	33		
88	67305	77	7947	100	6722	37	2535		
64	28164	34	6269	76	2603	24	4242		
39	23786	8	515	11	214	6	132		
19	4791	2	95	2	59				
5	416	2	188	6	58	2	4		
110	53901	36	4408	38	2628	23	621		
81	46155	3	681	19	920	4	174		
25	4292			2	85				
39	32095	5	1091	5	375	1	45		
47	16208			3	55	9	1307		
39	25680			1	18	1	290		
24	11226			3	353	1	114		
35	9716			3	80	1	48		
29	14040			1	82				
35	15930	1	148	7	260				
16	12635	1	120	1	15				
5	955								
17	7996	1	1980			1	143		
27	18034	5	1111	3	100				
18	5012	2	35	1	132	1	5		
20	18812			3	278	2	8		
44	28063			2	73	2	150		
33	10985					1	29		
25	4601	1	46						
12	2559			1	58	3	124		
11	2761								
8	1828			2	17				
7	3857								
6	2952			1	120				
11	1478								
60	56050			16	235	22	777		
72	19549	3	774	18	429	5	1675		
56	38949	6	1551	6	718	6	2767		
33	8502	2	480	2	12	1	415	1	369

1-1-7 续表 5

指标名称	道路运输业		城市公共交通业		水上运输业		航空运输业	
	单位数	从业人数	单位数	从业人数	单位数	从业人数	单位数	从业人数
合　计	**936**	**65423**	**78**	**31211**	**194**	**32363**	**10**	**4384**
万州区	45	4888	6	645	24	3900	1	113
涪陵区	42	2424	5	473	46	6290		
渝中区	70	11515	13	9110	22	14981		
大渡口区	22	874			2	234		
江北区	62	1898	6	2471	3	90		
沙坪坝区	64	2335	2	4592				
九龙坡区	93	8439			1	61		
南岸区	52	1470	5	8271	3	66		
北碚区	11	609	1	1676	6	348		
万盛区	13	394						
双桥区	8	210						
渝北区	44	3150	5	1777	1	20	8	4258
巴南区	30	2844	1	37	3	459		
黔江区	2	392	4	549	1	18	1	13
长寿区	15	1542	4	134	3	329		
綦江县	56	594			3	31		
潼南县	15	381	1	3	1	6		
铜梁县	14	1548			1	41		
大足县	18	938	1	19				
荣昌县	21	1483						
璧山县	21	497						
梁平县	14	1681						
城口县	5	312	1	4				
丰都县	10	996			8	891		
垫江县	7	353						
武隆县	5	510	1	4	1	38		
忠县	10	1328	1	284	4	859		
开县	14	1562	4	404				
云阳县	3	663	3	31	8	541		
奉节县	7	707	2	270	11	647		
巫山县	5	375	1	2	15	1075		
巫溪县	3	198			3	172		
石柱县	8	544	1	3				
秀山县	8	565	1	6				
酉阳县	5	357						
彭水县	12	223	2	22	3	80		
江津市	37	2836	1	103	9	643		
合川市	20	936	1	5	8	427		
永川市	32	1236	3	176	3	108		
南川市	13	1616	2	140	1	8		

单位：个、人

管道运输业		装卸搬运和其他运输服务业		仓储业		邮政业		电信和其他信息传输服务业	
单位数	从业人数	单位数	从业人数	单位数	从业人数	单位数	从业人数	单位数	从业人数
1	**14**	**354**	**14831**	**138**	**6294**	**4**	**10702**	**221**	**22000**
1	14	3	126	8	119			25	330
		15	888	9	189			2	64
		83	2027			3	10695	14	7255
		12	1923	5	255			2	8
		61	1016	11	281	1	7	6	916
		19	904	5	342			9	131
		24	2061	37	1550			53	10513
		5	127	3	120			10	186
		11	1010	1	67				
		6	256						
		3	164	2	60			1	13
		20	173	1	1223			55	248
		1	140	3	65			2	84
				1	20			1	15
		10	369	2	72			1	30
		14	357	1	28			1	25
								1	150
				1	37				
		1	29	5	14			2	155
				2	25			4	127
		4	90	1	30			5	291
				11	139			3	32
								1	2
		4	565	1	2				
		1	70	2	266			3	49
		1	47					1	24
		4	54					2	194
				11	300			1	223
		4	52					1	195
		2	70	1	74			1	12
		4	306					2	88
				1	3			1	32
		1	56						
		3	25					1	50
		1	93	1	8				
		6	398					1	55
		26	1392	3	741			1	9
		2	29	2	72			3	253
		3	14	5	48			3	152
				2	144			2	89

1-1-7 续表 6

指标名称	计算机服务业		软件业		批发业		零售业	
	单位数	从业人数	单位数	从业人数	单位数	从业人数	单位数	从业人数
合 计	**649**	**7541**	**171**	**3930**	**6686**	**132322**	**5133**	**107215**
万州区	117	346	9	46	368	8211	192	2367
涪陵区	5	46	3	18	93	2251	165	6426
渝中区	141	1472	58	1471	1311	32078	681	28564
大渡口区	2	7			169	2085	64	909
江北区	8	171	20	867	406	7100	336	5616
沙坪坝区	31	275	16	366	638	8621	235	6145
九龙坡区	172	4658	28	741	1357	19821	954	15351
南岸区	11	44	10	58	405	11908	334	5539
北碚区			3	59	100	1260	126	2064
万盛区	8	24			54	776	38	521
双桥区	4	13			43	419	12	54
渝北区	34	168	20	272	298	4205	230	3820
巴南区					75	1682	59	1246
黔江区					29	953	57	954
长寿区	1	2			40	979	59	2055
綦江县	2	8			130	1392	106	1234
潼南县					51	845	12	252
铜梁县	1	3			92	1352	99	877
大足县	2	13			89	1209	68	507
荣昌县	3	16			38	1272	52	878
璧山县	30	58			51	1038	63	919
梁平县	4	17			33	735	22	347
城口县	7	15			11	306	27	300
丰都县	1	2			59	1061	47	730
垫江县					30	1485	82	1373
武隆县	4	7			17	889	10	261
忠县					83	2001	73	1273
开县	2	15	1	11	75	1994	75	1363
云阳县					26	775	33	921
奉节县	1	1			58	1462	24	1004
巫山县	16	40			17	964	50	1558
巫溪县	2	5			23	359	31	294
石柱县					33	1283	41	754
秀山县					22	673	31	825
酉阳县					26	547	35	547
彭水县	23	53			28	939	56	1166
江津市	1	2			75	2395	98	1621
合川市	1	11	2	9	90	1366	209	1674
永川市	10	36	1	12	106	2680	187	2875
南川市	5	13			37	951	60	2031

单位：个、人

住宿业		餐饮业		银行业		证券业		保险业	
单位数	从业人数	单位数	从业人数	单位数	从业人数	单位数	从业人数	单位数	从业人数
546	**37240**	**935**	**42554**	**409**	**43175**	**14**	**1225**	**156**	**22405**
28	1982	47	1555	11	3446			11	1614
11	1681	31	1690	14	2155	1	6	8	1604
112	11208	111	6181	78	6894	8	1158	22	8486
3	31	17	424	6	512	1	19	2	144
19	590	69	5972	20	1729			7	368
29	1832	62	3273	18	1881			5	385
28	4371	70	4781	40	2524	1	21	6	717
19	2553	69	4878	16	2073			5	130
14	275	15	592	8	1052			4	286
4	101	9	173	2	179			2	40
4	138	2	46	2	15				
21	1935	52	3141	16	1294	1	8	2	559
18	580	23	1019	10	1087			6	1225
11	697	1	1	9	708			5	486
6	465	5	320	9	881			4	57
9	237	13	370	6	792			2	42
2	10	7	203	4	494			2	60
5	190	15	510	5	628			2	424
10	397	10	208	5	524			3	249
9	479	19	437	6	675			2	380
7	55	8	493	6	615			3	377
7	177	7	369	5	805			2	213
4	27	4	38	4	237			2	55
12	533	9	145	7	726			2	434
9	522	36	827	7	686			2	337
11	587	1	27	5	432			3	356
4	274	24	320	6	815			3	199
11	658	2	173	4	869	1	6	3	530
5	283	4	327	5	705			2	259
10	552	7	110	6	600			3	51
10	426	6	133	6	480			2	109
7	473	2	19	5	389			2	67
7	217	2	27	6	439			2	333
3	125	1	51	6	381			2	274
6	291	11	270	5	492			1	28
8	206	4	184	7	488			3	148
17	468	21	459	9	1136			7	187
6	429	14	411	10	1664	1	7	5	359
26	367	120	2216	7	947			5	553
14	818	5	181	8	726			2	280

1-1-7 续表 7

指标名称	其他金融活动		房地产业		租赁业		商务服务业	
	单位数	从业人数	单位数	从业人数	单位数	从业人数	单位数	从业人数
合 计	**42**	**935**	**3412**	**125370**	**227**	**3515**	**3317**	**61986**
万州区	1	2	141	3239	21	226	136	1828
涪陵区	1	3	122	3017	6	30	102	2021
渝中区	19	757	701	28659	28	757	1097	25450
大渡口区			65	2681	5	89	25	1628
江北区	4	31	291	10348	4	79	293	6131
沙坪坝区	1	18	233	7884	12	204	157	2402
九龙坡区	2	30	333	15544	35	480	246	4805
南岸区	4	24	241	10287	27	293	188	3331
北碚区	1	2	106	3150	3	25	65	1650
万盛区			26	465	1	1	21	193
双桥区			8	141			8	204
渝北区			302	11666	36	458	147	1583
巴南区			94	4799	18	562	48	2057
黔江区			17	839	2	9	33	469
长寿区	1	6	48	1413	2	16	12	175
綦江县	2	15	67	1833	4	9	48	384
潼南县			16	365	2	20	35	193
铜梁县			27	487			31	245
大足县	1	2	31	610			48	415
荣昌县			30	699			31	271
璧山县			36	876	4	127	30	402
梁平县			6	170	2	17	25	402
城口县							7	37
丰都县			24	576			53	585
垫江县			17	552	1	5	14	77
武隆县			5	136			18	92
忠县			22	1068			12	152
开县	1	18	43	2941	1	15	33	408
云阳县			13	710			15	153
奉节县			18	711			14	319
巫山县			13	291			45	665
巫溪县	1	1	3	89			15	77
石柱县			5	138	1	6	12	92
秀山县			13	289			5	65
酉阳县			1	39			9	142
彭水县			20	682			19	171
江津市			69	1756	7	54	57	972
合川市	2	11	81	1731	2	10	79	513
永川市	1	15	97	3849	3	23	56	897
南川市			27	640			28	330

单位：个、人

研究与试验发展		专业技术服务业		科技交流和推广服务业		地质勘查业		水利管理业	
单位数	从业人数	单位数	从业人数	单位数	从业人数	单位数	从业人数	单位数	从业人数
174	**9496**	**981**	**26813**	**1220**	**13964**	**37**	**4525**	**353**	**5340**
10	271	70	1546	110	1114	3	13	22	528
6	142	44	1208	79	705			53	492
28	314	162	7612	43	975	10	1089	5	634
1	2	13	455	12	343				
7	516	85	3910	31	518	1	15	2	13
20	375	66	1807	75	865			3	14
23	3098	67	1577	34	341	1	30	2	7
13	3141	28	922	19	402			1	8
9	406	19	540	25	312	2	511	6	67
1	3	11	112	32	234			7	93
		6	59						
5	100	67	2423	15	153	7	1099	14	250
1	137	13	228	39	465	2	271	12	98
4	30	18	198	12	106			6	62
6	55	10	107	5	38	1	1	4	106
1	31	19	284	33	395	1	5	5	41
		4	41	7	92			10	98
1	4	16	160	43	663			5	194
1	27	21	218	23	393			11	143
2	267	14	113	43	608			10	65
2	39	12	154	40	557			13	83
		14	123	53	690			26	481
		5	35	7	82	1	2		
		11	107	42	543			11	90
		14	196	33	352			6	128
		5	69	23	293	3	83	6	31
1	5	7	81	2	18			6	115
1	1	13	261	64	412			20	339
		13	487	17	126	1	3	10	221
2	14	8	81	1	1			1	10
4	36	18	212	8	70				
2	23	24	132	65	201			17	125
		3	24			1	11	2	119
		4	60					2	183
		3	53	19	298				
		12	106	45	179			2	5
1	88	17	388	11	103			20	116
16	166	16	280	52	591			5	69
2	33	15	322	35	489	2	1386	17	158
4	172	14	122	23	237	1	6	11	154

1-1-7 续表 8

指标名称	环境管理业		公共设施管理业		居民服务业		其他服务业	
	单位数	从业人数	单位数	从业人数	单位数	从业人数	单位数	从业人数
合 计	**212**	**11712**	**302**	**11718**	**553**	**10920**	**599**	**11407**
万州区	20	390	10	280	42	623	24	182
涪陵区	9	691	12	350	7	135	7	117
渝中区	27	3002	17	1366	111	2395	86	2578
大渡口区	5	83	3	126	10	890	9	176
江北区	12	483	14	672	51	1302	68	1201
沙坪坝区	4	1188	11	827	50	801	48	689
九龙坡区	9	315	17	970	44	1261	138	3136
南岸区	6	67	12	1020	28	755	15	115
北碚区	3	268	8	417	8	123	13	229
万盛区	3	50	11	305	7	46	4	216
双桥区	2	12	1	5				
渝北区	18	757	19	1367	43	468	54	656
巴南区	1	170	39	326	15	246	3	25
黔江区	2	191	6	143	1	12	6	80
长寿区	1	12	6	256			4	359
綦江县	7	264	5	102	6	61	8	49
潼南县	1	164	4	56	2	19	1	10
铜梁县	3	33	2	35	6	76	2	20
大足县			4	88	3	31	5	42
荣昌县	1	58	5	91	11	200	5	38
璧山县	10	174	10	91	7	56	1	4
梁平县	4	68	5	37	1	15	4	51
城口县	1	2	1	20	3	9	9	120
丰都县	5	60	7	350	2	22		
垫江县	2	280	6	91	7	87	4	91
武隆县	3	136	7	356	2	34	2	97
忠县	2	33	1	30	3	88	2	14
开县	4	347	3	148	3	54	2	41
云阳县	4	211	1	10			1	15
奉节县	1	322	10	223	4	29	2	25
巫山县	1	22	10	463	3	49	5	99
巫溪县	8	112	2	11	2	10	6	93
石柱县	4	178	2	98	2	8	1	5
秀山县	1	105			1	15		
酉阳县	1	97	2	30	3	30		
彭水县	3	17	1	1	2	54	1	4
江津市	6	381	8	574	11	109	13	146
合川市	2	354	8	210	7	280	20	297
永川市	9	352	7	79	41	487	25	355
南川市	7	263	5	94	4	40	1	32

单位：个、人

教育		卫生		社会保障业		社会福利业		新闻出版业	
单位数	从业人数	单位数	从业人数	单位数	从业人数	单位数	从业人数	单位数	从业人数
6389	**324070**	**2480**	**91583**	**134**	**1287**	**432**	**3157**	**71**	**8714**
354	17423	158	4846	8	101	21	164	1	72
246	13126	111	3603	3	65	12	53	2	274
249	14334	60	9910	18	184	8	88	38	4904
78	2640	15	1002			2	10		
159	6475	57	3988	6	124	4	155	5	129
154	19240	47	2908	4	46	22	387	1	180
217	12639	69	4256	3	48	9	68	2	305
118	10631	36	2319	11	63	4	118	3	1758
160	11088	50	2669	2	33	9	72	2	140
54	2796	16	675	6	18	11	32	1	6
16	558	9	116	2	5	2	3		
203	10151	65	2016	4	24	13	40	2	664
165	8274	53	2411	1	18	34	544		
81	4706	37	1341			2	30	1	85
71	7453	58	2171	1	4	29	103	1	21
174	8776	50	2173	8	113	9	44	1	11
197	7375	69	2310	2	21	6	50		
125	7097	74	2792	3	11	39	172		
178	8596	56	2036	5	41	3	8	1	18
185	6933	35	1703	4	25	8	39		
129	5125	49	2150	7	44	21	44	1	13
128	7267	69	2536	1	8	25	89		
54	2204	41	556	3	24	7	44		
268	6399	72	1581	1	9	18	83	1	14
123	8054	43	1616	2	17	13	158	1	13
100	3937	41	875	3	24	4	36		
173	8309	95	2892	2	20	1	1	1	10
280	12624	133	2877			8	35		
144	9148	107	2133	2	30	22	87		
159	8031	41	1497			3	8	1	7
117	4711	47	862	1	4	1	4		
114	5180	104	1121	2	23	5	5		
103	5135	37	1159			1	3	1	9
152	5454	40	1078	1	13	5	18		
152	6219	51	1196	4	22	4	28	1	24
104	6046	88	1008	2	4	2	6		
271	10681	58	2954	4	47	22	164	1	19
299	11931	100	3049	1	18	17	132	1	16
235	11404	67	3360	2	6	3	21	1	22
100	5900	72	1838	5	30	3	11		

1-1-7 续表 9

指标名称	广播、电视、电影和音像业		文化艺术业		体育		娱乐业	
	单位数	从业人数	单位数	从业人数	单位数	从业人数	单位数	从业人数
合　计	**210**	**4734**	**336**	**5600**	**60**	**684**	**208**	**4124**
万州区	7	218	35	569	7	94	43	380
涪陵区	3	245	11	204	1	1		
渝中区	33	928	43	1780	17	230	35	753
大渡口区	3	76	4	23	1	9	7	100
江北区	4	77	4	31	1	82	11	489
沙坪坝区	10	214	11	531	3	41	22	447
九龙坡区	23	866	17	192			15	261
南岸区	10	117	9	82	1	60	6	144
北碚区	2	74	4	109	3	19	7	127
万盛区	2	15	3	34			2	34
双桥区	2	12	3	10				
渝北区	5	79	14	244	2	10	10	79
巴南区	1	9	7	91	1	9	5	198
黔江区	4	86	5	33	2	18	1	1
长寿区	3	69	3	39			2	32
綦江县	5	116	6	96	1	5	2	22
潼南县	1	34	5	111			2	65
铜梁县			15	168	1	6	2	63
大足县	3	57	12	164	2	15	1	3
荣昌县	5	42	7	44			1	39
璧山县	2	57	3	23	2	15	3	53
梁平县	24	121	6	61				
城口县	12	86	6	14				
丰都县	4	110	6	32	1	6	1	14
垫江县	8	78	4	31	1	11	1	20
武隆县			4	18	2	5		
忠县	1	63	6	63			5	14
开县	3	115	9	98	1	6		
云阳县	2	94	5	62	1	2	1	20
奉节县	3	140	6	52				
巫山县	2	78	5	29				
巫溪县	8	83	11	45				
石柱县			4	23				
秀山县	1	25	3	21				
酉阳县	2	34	6	75			1	28
彭水县	2	64	4	24	3	3		
江津市	1	34	7	59	5	35	4	197
合川市	4	105	8	98	1	2	5	83
永川市	1	17	10	172			12	450
南川市	4	96	5	45			1	8

单位：个、人

中国共产党机关		国家机构		人民政协和民主党派		群众团体、社会团体和宗教组织		基层群众自治组织	
单位数	从业人数	单位数	从业人数	单位数	从业人数	单位数	从业人数	单位数	从业人数
782	**10283**	**7576**	**205836**	**119**	**1498**	**2469**	**24704**	**12100**	**62236**
79	824	545	12906	10	95	173	1251	631	2727
1	106	441	10845	6	56	147	527	417	2023
27	1226	177	22586	17	376	349	5533	108	1930
12	98	116	1937			32	119	77	519
16	1005	148	7497	7	41	60	987	117	683
27	179	215	4863	9	44	82	361	198	1351
19	335	147	5673	6	29	77	1348	194	1671
15	119	122	4882	1	21	73	571	139	932
27	322	143	4212	1	24	77	312	183	932
15	126	130	1923	3	17	39	454	80	429
7	39	85	657			20	59	22	132
10	190	234	9837	2	31	25	392	324	1444
32	392	206	3817	6	30	37	302	368	1748
27	241	137	5231	2	42	49	956	222	1270
7	114	289	4804	2	28	48	693	265	1185
26	307	174	4208	3	27	77	518	361	1835
7	101	123	4459	1	25	16	105	303	1397
45	345	230	3422	1	28	70	556	620	2815
10	127	247	4774	3	30	75	505	292	1890
12	146	177	3281	3	41	69	501	251	1154
10	125	171	3621	1	26	68	355	185	713
39	297	193	3824	1	23	31	267	332	1494
7	86	144	2467	1	22	14	36	203	830
10	126	197	3844	1	24	32	286	366	2051
6	205	149	4097	1	25	16	76	297	1254
11	135	173	3445	1	22	32	1267	213	802
49	405	420	5804	2	26	61	316	363	1779
8	179	168	4970	1	23	61	451	507	2583
11	130	162	4499	1	27	12	50	722	2490
9	139	110	4704	1	25	53	171	386	1433
10	120	131	3604	1	20	31	73	344	1498
13	84	193	2562	1	21	46	260	372	1400
43	299	131	3175	1	25	33	176	243	858
9	136	82	3446	1	18	26	192	262	1579
7	104	120	4784	1	26	9	454	278	1255
9	119	162	3412	2	30	33	72	300	1542
33	420	139	5861	4	25	56	293	425	3110
48	497	251	5334	4	42	137	1213	619	3782
23	221	235	6147	6	31	76	2337	255	2434
6	114	159	4422	4	32	47	309	256	1282

1-1-8 按行业、开业（成立）

指标名称	总计	# 1949年以前	# 1950年-1977年	# 1978年-1991年	# 1992年-1995年
合 计	**85850**	**1391**	**9185**	**11275**	**8626**
农、林、牧、渔业	**27**	**1**	**16**	**1**	**4**
农业	3				
林业	2		2		
农、林、牧、渔服务业	22	1	14	1	4
采矿业	**2676**	**5**	**158**	**451**	**275**
煤炭开采和洗选业	1337	5	146	315	158
石油和天然气开采业	2			1	
黑色金属矿采选业	178			9	8
有色金属矿采选业	19			3	1
非金属矿采选业	1140		12	123	108
制造业	**17720**	**44**	**727**	**1908**	**2315**
农副食品加工业	1179	1	41	91	106
食品制造业	573	2	23	56	55
饮料制造业	812	1	39	155	102
烟草制品业	5		1		
纺织业	1123	7	20	57	105
纺织服装、鞋、帽制造业	227		25	22	33
皮革、毛皮、羽毛(绒)及其制品业	222		8	26	30
木材加工及木、竹、藤、棕、草制品业	182		7	17	14
家具制造业	369		7	22	45
造纸及纸制品业	446	1	20	44	51
印刷业和记录媒介的复制	673		32	129	134
文教体育用品制造业	50		3	7	4
石油加工、炼焦及核燃料加工业	66		4	3	2
化学原料及化学制品制造业	838	6	41	103	122
医药制造业	172	1	12	16	20
化学纤维制造业	7		1		1
橡胶制品业	200	1	11	22	31
塑料制品业	625	1	17	66	80
非金属矿物制品业	2784	5	89	388	477
黑色金属冶炼及压延加工业	346		12	32	42
有色金属冶炼及压延加工业	214		9	23	26
金属制品业	818	1	52	88	98
通用设备制造业	1164	4	63	146	159
专用设备制造业	426	4	28	46	48
交通运输设备制造业	3074	5	98	239	391

时间分组的法人单位数

单位：个

#1996年	#1997年	#1998年	#1999年	#2000年	#2001年	#2002年	#2003年	#2004年
2220	**2987**	**4263**	**3429**	**4623**	**9251**	**8082**	**9795**	**9173**
	1		**1**		**1**	**1**		**1**
			1			1		1
	1				1			
94	**91**	**178**	**95**	**161**	**176**	**213**	**353**	**281**
66	46	79	47	79	76	84	134	83
				1				
5	5	9	3	11	26	15	37	20
		2	1	1	1	2	1	2
23	40	88	44	69	73	112	181	176
701	**842**	**1210**	**945**	**1441**	**1517**	**1670**	**2284**	**1628**
37	58	81	76	113	121	138	146	125
26	32	44	31	38	52	62	70	62
31	43	74	49	64	63	57	75	47
		1	1	1	1			
18	35	62	39	96	98	141	291	141
8	12	13	18	14	11	25	23	17
9	12	13	11	19	20	18	19	20
5	5	19	7	17	16	10	26	35
13	18	37	24	39	44	27	51	36
20	15	30	21	45	42	41	66	37
25	49	53	26	34	44	32	61	44
	4	4	2	3	3	3	7	7
4	4	5	5	4	1	5	18	8
42	43	54	35	71	71	76	87	64
7	6	8	12	15	15	15	18	9
		2				1		1
5	9	11	10	17	20	18	22	21
28	32	39	37	50	55	61	81	65
138	127	200	158	235	227	200	271	209
11	16	20	16	27	21	35	58	44
5	8	6	10	15	13	28	35	26
29	38	51	39	66	70	91	99	77
42	49	70	68	80	80	110	141	121
19	14	28	15	27	40	39	59	42
128	148	203	175	270	302	318	439	279

1-1-8 续表 1

指标名称	总 计	#1949年以前	#1950年-1977年	#1978年-1991年	#1992年-1995年
电气机械及器材制造业	463	4	29	53	53
通信设备、计算机及其他电子设备制造业	98		6	6	14
仪器仪表及文化、办公用机械制造业	321		20	26	52
工艺品及其他制造业	191		9	20	17
废弃资源和废旧材料回收加工业	52			5	3
电力、燃气及水的生产和供应业	**1079**	**4**	**128**	**289**	**89**
电力、热力的生产和供应业	591	2	93	167	38
燃气生产和供应业	87		1	9	10
水的生产和供应业	401	2	34	113	41
建筑业	**2916**		**160**	**438**	**539**
房屋和土木工程建筑业	1611		150	367	345
建筑安装业	365		5	32	60
建筑装饰业	710		2	23	109
其他建筑业	230		3	16	25
交通运输、仓储和邮政业	**1717**	**3**	**180**	**127**	**140**
铁路运输业	2		1	1	
道路运输业	936	1	84	50	67
城市公共交通业	78		4	10	19
水上运输业	194	1	21	13	10
航空运输业	10		1	1	
管道运输业	1				
装卸搬运和其他运输服务业	354	1	50	33	35
仓储业	138		19	19	9
邮政业	4				
信息传输、计算机服务和软件业	**1041**		**5**	**9**	**22**
电信和其他信息传输服务业	221		5	6	8
计算机服务业	649			2	8
软件业	171			1	6
批发和零售业	**11819**	**10**	**750**	**547**	**977**
批发业	6686	3	267	290	612
零售业	5133	7	483	257	365
住宿和餐饮业	**1481**	**1**	**64**	**107**	**117**
住宿业	546		27	76	65
餐饮业	935	1	37	31	52
金融业	**621**	**10**	**24**	**151**	**59**
银行业	409	2	23	134	37
证券业	14				6
保险业	156	8	1	16	12
其他金融活动	42			1	4

单位：个

#1996年	#1997年	#1998年	#1999年	#2000年	#2001年	#2002年	#2003年	#2004年
18	30	36	24	28	35	46	45	40
4	9	7	9	6	11	8	8	4
20	21	21	19	26	21	32	35	19
8	5	17	6	21	14	25	19	20
1		1	2		6	8	14	8
23	**31**	**60**	**40**	**77**	**67**	**50**	**88**	**74**
9	16	26	18	33	25	22	49	47
4	4	8	6	8	13	8	6	5
10	11	26	16	36	29	20	33	22
149	**208**	**231**	**139**	**172**	**215**	**219**	**192**	**216**
84	108	104	53	67	114	79	64	67
18	30	42	28	29	27	34	37	21
36	62	70	47	60	61	77	72	76
11	8	15	11	16	13	29	19	52
37	**75**	**124**	**105**	**94**	**144**	**208**	**231**	**204**
19	46	64	58	54	75	143	136	116
1	3	7	4	3	8	6	8	2
6	3	15	6	8	26	21	29	27
		2			1	1	1	2
	1							
10	20	16	23	20	17	29	45	46
1	1	20	13	9	16	8	12	10
	1		1		1			1
18	**27**	**25**	**45**	**88**	**126**	**196**	**250**	**213**
4	4	9	11	12	29	39	51	42
12	15	10	23	57	74	132	167	141
2	8	6	11	19	23	25	32	30
391	**569**	**736**	**656**	**877**	**1150**	**1428**	**1938**	**1516**
248	344	446	410	493	704	832	1086	789
143	225	290	246	384	446	596	852	727
53	**74**	**87**	**68**	**125**	**136**	**171**	**245**	**216**
26	31	38	32	41	39	50	61	55
27	43	49	36	84	97	121	184	161
60	**48**	**27**	**25**	**27**	**31**	**39**	**60**	**56**
30	28	22	18	14	25	13	17	46
	2		1	3			1	1
26	10	1	3	7	3	25	35	8
4	8	4	3	3	3	1	7	1

1-1-8 续表 2

指标名称	总计	# 1949年以前	# 1950年-1977年	# 1978年-1991年	# 1992年-1995年
房地产业	**3412**	**2**	**75**	**82**	**389**
房地产业	3412	2	75	82	389
租赁和商务服务业	**3544**	**1**	**53**	**270**	**359**
租赁业	227		1	3	7
商务服务业	3317	1	52	267	352
科学研究、技术服务和地质勘查业	**2412**	**11**	**215**	**427**	**229**
研究与试验发展	174	3	25	26	18
专业技术服务业	981	3	55	190	74
科技交流和推广服务业	1220	4	126	205	132
地质勘查业	37	1	9	6	5
水利、环境和公共设施管理业	**867**	**5**	**108**	**169**	**62**
水利管理业	353	1	74	88	24
环境管理业	212	2	15	37	14
公共设施管理业	302	2	19	44	24
居民服务和其他服务业	**1152**	**1**	**37**	**87**	**110**
居民服务业	553	1	29	45	48
其他服务业	599		8	42	62
教育	**6389**	**923**	**1871**	**965**	**536**
教育	6389	923	1871	965	536
卫生、社会保障和社会福利业	**3045**	**49**	**1272**	**590**	**299**
卫生	2479	46	1206	383	239
社会保障业	134		3	35	11
社会福利业	432	3	63	172	49
文化、体育和娱乐业	**885**	**7**	**148**	**187**	**64**
新闻出版业	71		5	21	7
广播、电视、电影和音像业	210	1	54	33	21
文化艺术业	336	6	82	118	25
体育	60		5	13	4
娱乐业	208		2	2	7
公共管理和社会组织	**23047**	**314**	**3194**	**4470**	**2041**
中国共产党机关	782	56	212	170	134
国家机构	7577	125	1239	1771	1026
人民政协和民主党派	119	14	25	43	8
群众团体、社会团体和宗教组织	2469	33	171	694	309
基层群众自治组织	12100	86	1547	1792	564

单位：个

#1996年	#1997年	#1998年	#1999年	#2000年	#2001年	#2002年	#2003年	#2004年
120	**265**	**375**	**288**	**264**	**329**	**342**	**461**	**344**
120	265	375	288	264	329	342	461	344
98	**159**	**236**	**242**	**251**	**320**	**403**	**510**	**510**
4	10	16	14	21	22	35	40	50
94	149	220	228	230	298	368	470	460
31	**56**	**94**	**89**	**132**	**414**	**231**	**246**	**198**
1	5	8	2	10	8	21	22	18
22	38	46	62	72	84	100	136	82
8	12	40	23	47	319	106	87	96
	1		2	3	3	4	1	2
12	**25**	**36**	**34**	**40**	**115**	**94**	**69**	**79**
6	5	12	6	14	54	18	23	27
3	7	6	5	8	29	31	22	26
3	13	18	23	18	32	45	24	26
31	**61**	**74**	**57**	**73**	**79**	**158**	**176**	**185**
14	32	33	22	33	47	73	78	85
17	29	41	35	40	32	85	98	100
127	**138**	**167**	**172**	**242**	**368**	**304**	**275**	**297**
127	138	167	172	242	368	304	275	297
42	**58**	**67**	**51**	**47**	**200**	**113**	**126**	**128**
35	39	43	33	31	159	84	84	94
3	5	3	4	5	12	12	23	18
4	14	21	14	11	29	17	19	16
11	**26**	**45**	**26**	**50**	**76**	**64**	**93**	**80**
1	2	3	5	8	2	5	2	10
2	5	13	4	10	27	13	15	10
2	4	7	6	6	24	14	19	20
1	1	6	1	3	3	4	11	8
5	14	16	10	23	20	28	46	32
222	**233**	**491**	**351**	**462**	**3787**	**2178**	**2198**	**2947**
4	3	15	4	13	104	10	4	32
95	97	241	119	207	1211	401	455	529
	5	6	1	1	5	5	2	1
39	52	112	161	156	152	205	184	201
84	76	117	66	85	2315	1557	1553	2184

1-1-9 按行业、开业（成立)时间

指标名称	总计	# 1949年以前	# 1950年-1977年	# 1978年-1991年	# 1992年-1995年
合 计	**4074495**	**205265**	**722449**	**622578**	**510658**
农、林、牧、渔业	**733**	**9**	**359**	**3**	**46**
农业	293				
林业	160		160		
农、林、牧、渔服务业	280	9	199	3	46
采矿业	**212969**	**13071**	**29662**	**41662**	**17122**
煤炭开采和洗选业	162499	13071	29107	34034	12986
石油和天然气开采业	1308			1171	
黑色金属矿采选业	11854			870	621
有色金属矿采选业	421			79	5
非金属矿采选业	36887		555	5508	3510
制造业	**1209463**	**73814**	**148380**	**129541**	**169977**
农副食品加工业	38100	16	1511	1832	6615
食品制造业	24444	2396	1068	2560	3979
饮料制造业	21627	1143	3543	1674	3088
烟草制品业	5467		1339		
纺织业	86461	16476	1851	12635	7088
纺织服装、鞋、帽制造业	12204		883	1209	1734
皮革、毛皮、羽毛(绒)及其制品业	12675		357	1856	2337
木材加工及木、竹、藤、棕、草制品业	4991		251	380	513
家具制造业	10568		474	764	1286
造纸及纸制品业	20965	39	1271	1808	2126
印刷业和记录媒介的复制	18059		1887	3141	3019
文教体育用品制造业	1040		23	259	101
石油加工、炼焦及核燃料加工业	4755		173	84	16
化学原料及化学制品制造业	77077	4575	16905	10389	5528
医药制造业	24948	640	6801	1182	8062
化学纤维制造业	628		40		36
橡胶制品业	13980	978	1302	1438	835
塑料制品业	20087	5	996	1466	3558
非金属矿物制品业	163311	1828	16486	29548	26761
黑色金属冶炼及压延加工业	38971		2152	1317	3056
有色金属冶炼及压延加工业	23589		8733	1701	1859
金属制品业	36408	882	4347	4163	7963
通用设备制造业	76775	4682	17694	12205	8098
专用设备制造业	59997	27181	14268	2024	1606
交通运输设备制造业	331646	10745	31587	29930	59024

分组的法人单位从业人数

单位：人

# 1996年	# 1997年	# 1998年	# 1999年	# 2000年	# 2001年	# 2002年	# 2003年	# 2004年
149771	**207444**	**238664**	**168465**	**193376**	**268891**	**265590**	**305036**	**9173**
	9		**260**		**14**	**7**		**1**
			260			7		1
	9				14			
10092	**6840**	**12965**	**6757**	**9483**	**11325**	**23886**	**16601**	**281**
5784	4375	8884	5258	6398	8399	18725	10534	83
				137				
3235	834	1252	165	790	797	843	1152	20
		62	80	30	11	41	30	2
1073	1631	2767	1254	2128	2118	4277	4885	176
54674	**72900**	**72708**	**54627**	**74085**	**85730**	**88779**	**115858**	**1628**
492	2603	3416	2928	3173	3856	3863	4359	125
846	1068	3150	1032	1247	1679	2042	1732	62
772	985	1184	1062	1353	1308	2515	1936	47
		2474	913	144	597			
1517	2325	5411	1786	5187	4621	9037	11402	141
380	956	632	1586	786	292	1260	1359	17
220	706	671	325	1344	875	943	1840	20
30	681	568	86	460	327	423	688	35
230	346	1576	551	1238	925	686	1669	36
982	1755	2013	807	2393	2247	1478	2658	37
1049	1610	1369	637	807	1326	710	1522	44
	50	158	18	31	58	39	123	7
1043	1121	433	125	68	3	47	1264	8
2803	2927	2539	4865	4117	10789	5470	3539	64
811	1060	606	553	1232	924	692	1335	9
		435				9		1
97	874	1503	571	1047	910	2848	798	21
712	1370	1320	1519	1639	1602	1629	2506	65
6574	8751	11398	7044	9218	13396	9028	13969	209
2465	12787	750	926	1743	2321	1430	7625	44
1099	108	421	327	686	1109	2115	2784	26
897	1977	1571	1635	2774	2053	3652	2584	77
1837	2235	2876	2381	4269	3933	5344	4381	121
1511	588	1374	478	1302	803	1213	6153	42
24070	22406	17734	15751	24591	24400	24377	34620	279

1-1-9 续表 1

指标名称	总计	# 1949年以前	# 1950年-1977年	# 1978年-1991年	# 1992年-1995年
电气机械及器材制造业	31939	2228	4525	3445	3669
通信设备、计算机及其他电子设备制造业	10842		3088	271	1269
仪器仪表及文化、办公用机械制造业	29378		4483	1478	4847
工艺品及其他制造业	6971		342	694	1857
废弃资源和废旧材料回收加工业	1560			88	47
电力、燃气及水的生产和供应业	**70132**	**4212**	**11513**	**8347**	**6357**
电力、热力的生产和供应业	51160	1965	5723	5581	5001
燃气生产和供应业	6494		2158	1155	615
水的生产和供应业	12478	2247	3632	1611	741
建筑业	**917763**		**134116**	**235464**	**171183**
房屋和土木工程建筑业	811598		128889	222337	148390
建筑安装业	50124		4684	8614	9941
建筑装饰业	34716		234	2645	8771
其他建筑业	21325		309	1868	4081
交通运输、仓储和邮政业	**197617**	**535**	**82947**	**17363**	**15857**
铁路运输业	32395		32026	369	
道路运输业	65423	30	22179	4325	5237
城市公共交通业	31211		9966	5920	3419
水上运输业	32363	480	12573	2406	2515
航空运输业	4384		2142	1583	
管道运输业	14				
装卸搬运和其他运输服务业	14831	25	2820	1907	3988
仓储业	6294		1241	853	698
邮政业	10702				
信息传输、计算机服务和软件业	**33471**		**1277**	**217**	**2082**
电信和其他信息传输服务业	22000		1277	117	1648
计算机服务业	7541			80	305
软件业	3930			20	129
批发和零售业	**239537**	**366**	**27097**	**20377**	**24933**
批发业	132322	298	10714	15907	12783
零售业	107215	68	16383	4470	12150
住宿和餐饮业	**79794**	**67**	**2115**	**5279**	**5769**
住宿业	37240		1673	4428	2951
餐饮业	42554	67	442	851	2818
金融业	**67740**	**1538**	**3605**	**21736**	**3805**
银行业	43175	384	3585	20709	3064
证券业	1225				299
保险业	22405	1154	20	893	390
其他金融活动	935			134	52

单位：人

#1996年	#1997年	#1998年	#1999年	#2000年	#2001年	#2002年	#2003年	#2004年
908	1375	3385	759	937	3186	4799	1384	40
208	543	1233	891	552	647	447	1042	4
2606	1575	2088	4868	1189	1265	1478	1463	19
506	118	413	184	558	213	521	738	20
9		7	19		65	684	385	8
493	**12932**	**1989**	**1418**	**1615**	**2142**	**1748**	**8593**	**74**
76	12546	1391	890	1027	485	615	7667	47
30	146	169	239	132	1233	348	158	5
387	240	429	289	456	424	785	768	22
44471	**50220**	**74539**	**34054**	**32209**	**53545**	**33070**	**41701**	**216**
40541	41658	62253	27038	26806	44786	24988	35416	67
1405	4061	5302	2769	2405	6011	2326	1972	21
2126	3947	5396	1397	2056	1978	3064	1438	76
399	554	1588	2850	942	770	2692	2875	52
2828	**3989**	**9939**	**18741**	**5863**	**10150**	**11437**	**12225**	**204**
1422	2397	4517	3958	2637	3474	7519	3918	116
187	293	3635	322	1821	345	345	4933	2
689	663	698	1963	504	4186	2432	2239	27
		397			95	109	13	2
	14							
526	604	358	1367	516	364	889	741	46
4	10	334	452	385	1679	143	381	10
	8		10679		7			1
1619	**937**	**583**	**1169**	**5467**	**3502**	**6771**	**8276**	**213**
50	276	169	419	3919	2399	4773	6463	42
1509	444	134	500	536	745	1248	1269	141
60	217	280	250	1012	358	750	544	30
7685	**18171**	**15780**	**13478**	**18202**	**19911**	**24361**	**26658**	**1516**
4935	6074	11317	8208	10195	12373	14297	14611	789
2750	12097	4463	5270	8007	7538	10064	12047	727
2365	**6876**	**7218**	**3728**	**7741**	**7774**	**8547**	**12282**	**216**
1586	2576	4460	2384	3218	3120	3258	3963	55
779	4300	2758	1344	4523	4654	5289	8319	161
6994	**1902**	**1939**	**1847**	**1409**	**1021**	**8045**	**6452**	**56**
3088	718	1562	701	453	733	261	979	46
	27		807	56			7	1
3878	1078	230	264	692	270	7766	5305	8
28	79	147	75	208	18	18	161	1

1-1-9 续表 2

指标名称	总计	# 1949年以前	# 1950年-1977年	# 1978年-1991年	# 1992年-1995年
房地产业	**125370**	**280**	**1889**	**4764**	**17348**
房地产业	125370	280	1889	4764	17348
租赁和商务服务业	**65501**	**428**	**1447**	**7034**	**7039**
租赁业	3515		8	176	388
商务服务业	61986	428	1439	6858	6651
科学研究、技术服务和地质勘查业	**54798**	**762**	**14899**	**7382**	**6073**
研究与试验发展	9496	522	5175	557	1609
专业技术服务业	26813	182	3875	4888	3055
科技交流和推广服务业	13964	43	2150	1807	1103
地质勘查业	4525	15	3699	130	306
水利、环境和公共设施管理业	**28770**	**1921**	**4662**	**6827**	**2963**
水利管理业	5340	497	1181	1448	172
环境管理业	11712	1301	1240	3468	1322
公共设施管理业	11718	123	2241	1911	1469
居民服务和其他服务业	**22327**	**52**	**910**	**2795**	**2035**
居民服务业	10920	52	758	1308	486
其他服务业	11407		152	1487	1549
教育	**324070**	**78308**	**124143**	**42718**	**18263**
教育	324070	78308	124143	42718	18263
卫生、社会保障和社会福利业	**96000**	**15429**	**52399**	**12468**	**3029**
卫生	91556	15260	51333	10975	2579
社会保障业	1287		88	525	184
社会福利业	3157	169	978	968	266
文化、体育和娱乐业	**23856**	**366**	**4958**	**3787**	**747**
新闻出版业	8714		605	1393	149
广播、电视、电影和音像业	4734	49	1404	791	225
文化艺术业	5600	317	2775	1429	179
体育	684		139	165	17
娱乐业	4124		35	9	177
公共管理和社会组织	**304584**	**14107**	**76071**	**54814**	**36030**
中国共产党机关	10283	1313	3464	1497	1170
国家机构	205863	11524	61218	35319	29949
人民政协和民主党派	1498	412	407	433	31
群众团体、社会团体和宗教组织	24704	468	2581	8661	2083
基层群众自治组织	62236	390	8401	8904	2797

单位：人

#1996年	#1997年	#1998年	#1999年	#2000年	#2001年	#2002年	#2003年	#2004年
6845	**12105**	**16180**	**11087**	**10332**	**10608**	**11461**	**13626**	**344**
6845	12105	16180	11087	10332	10608	11461	13626	344
2037	**4147**	**4363**	**5924**	**4941**	**4615**	**9511**	**6536**	**510**
127	312	282	188	331	193	329	567	50
1910	3835	4081	5736	4610	4422	9182	5969	460
1670	**1823**	**1983**	**2343**	**2676**	**5234**	**3396**	**3454**	**198**
1	159	124	7	326	94	351	294	18
1635	1274	1409	2115	1681	1495	1590	2168	82
34	386	450	197	634	3478	1402	934	96
	4		24	35	167	53	58	2
240	**1716**	**1324**	**970**	**1192**	**1584**	**2720**	**1247**	**79**
104	134	220	50	274	452	289	255	27
107	1238	554	47	353	378	1054	295	26
29	344	550	873	565	754	1377	697	26
657	**1802**	**1737**	**1565**	**1250**	**1502**	**2439**	**2778**	**185**
446	1339	876	976	471	912	1176	1026	85
211	463	861	589	779	590	1263	1752	100
3678	**4347**	**4964**	**4920**	**4671**	**11548**	**8522**	**8850**	**297**
3678	4347	4964	4920	4671	11548	8522	8850	297
936	**896**	**920**	**569**	**1587**	**1668**	**2066**	**1864**	**128**
882	784	829	500	1437	1508	1887	1588	94
28	24	8	23	37	51	71	166	18
26	88	83	46	113	109	108	110	16
405	**521**	**797**	**1095**	**3867**	**1437**	**1186**	**1345**	**80**
211	295	53	995	2606	67	463	21	10
64	70	336	13	269	786	211	264	10
68	16	69	28	84	155	137	160	20
21	4	60	5	19	12	12	107	8
41	136	279	54	889	417	363	793	32
2082	**5311**	**8736**	**3913**	**6786**	**35581**	**17638**	**16690**	**2947**
31	49	261	25	162	845	78	32	32
1540	4450	7135	2010	4953	20955	7516	7280	529
	6	81	1	41	45	8	7	1
167	410	526	1237	1142	1687	1883	2140	201
344	396	733	640	488	12049	8153	7231	2184

1-1-10 按地区、开业（成立）

指标名称	总计	#1949年以前	#1950年-1977年	#1978年-1991年	#1992年-1995年
合 计	**85850**	**1391**	**9185**	**11275**	**8626**
万州区	4409	80	413	498	466
涪陵区	2963	44	305	348	278
渝中区	7119	50	420	554	976
大渡口区	1540	7	92	174	129
江北区	3548	42	173	330	443
沙坪坝区	5028	37	326	490	591
九龙坡区	6422	31	242	398	512
南岸区	3224	34	162	269	335
北碚区	2594	59	255	341	316
万盛区	880	10	131	198	85
双桥区	389	1	28	84	37
渝北区	3422	23	207	294	295
巴南区	2456	41	307	370	258
黔江区	899	7	61	75	38
长寿区	1525	17	210	228	112
綦江县	1962	27	169	277	187
潼南县	1308	28	133	193	260
铜梁县	2334	45	226	725	354
大足县	1953	29	230	340	207
荣昌县	1581	36	216	254	195
璧山县	1812	37	192	279	203
梁平县	1367	34	554	171	111
城口县	740	5	136	150	25
丰都县	1519	26	197	259	203
垫江县	1689	25	182	244	125
武隆县	867	25	127	124	47
忠 县	1620	49	242	279	168
开 县	2014	98	637	362	188
云阳县	1580	65	354	437	154
奉节县	1231	32	123	164	55
巫山县	1046	35	205	170	83
巫溪县	1255	35	215	176	43
石柱县	863	23	116	121	28
秀山县	972	19	127	101	26
酉阳县	872	28	193	101	36
彭水县	1141	32	128	93	42
江津市	2518	56	381	473	257
合川市	2804	42	318	475	290
永川市	2836	40	223	319	308
南川市	1548	37	229	337	160

时间分组的法人单位数

单位：个

#1996年	#1997年	#1998年	#1999年	#2000年	#2001年	#2002年	#2003年	#2004年
2220	**2987**	**4263**	**3429**	**4623**	**9251**	**8082**	**9795**	**9173**
100	140	228	194	229	276	339	419	987
79	92	224	157	123	274	454	218	308
279	377	437	442	446	615	695	831	684
45	114	108	61	107	141	191	182	152
112	196	228	189	212	313	322	421	458
139	189	265	217	339	465	540	880	494
205	334	487	376	540	601	829	956	805
105	205	250	165	209	324	347	401	344
79	91	159	121	175	201	179	277	281
22	25	26	36	33	57	88	74	83
19	11	12	11	25	44	31	48	28
85	155	186	160	205	296	336	617	439
113	108	94	89	101	288	225	186	196
6	16	21	19	132	183	186	67	72
24	52	77	40	82	75	98	152	341
44	66	74	63	100	523	134	131	154
28	34	46	31	54	86	288	85	38
51	38	93	44	73	217	105	161	163
54	67	80	75	95	121	135	368	132
55	49	70	48	52	116	234	147	99
58	58	84	67	99	106	135	193	281
25	19	36	24	51	75	92	101	62
11	11	18	15	28	99	19	32	164
27	19	55	39	57	373	100	85	62
26	44	102	98	143	374	122	94	98
11	10	17	22	34	62	46	81	255
24	29	38	49	42	125	384	123	63
29	36	52	71	78	100	126	145	86
40	19	57	23	33	75	75	75	161
19	27	23	35	56	63	58	449	115
14	24	22	23	20	64	36	56	279
12	7	23	16	43	521	45	57	21
12	11	21	33	23	203	155	77	32
18	17	30	24	27	105	108	272	58
3	8	14	19	20	77	75	187	111
13	14	23	19	49	209	100	279	124
55	69	121	79	121	416	134	177	153
59	49	99	80	116	631	184	243	177
81	98	181	108	192	226	220	329	492
39	59	82	47	59	131	112	119	121

1-1-11 按地区、开业（成立）

指标名称	总计	# 1949年以前	# 1950年-1977年	# 1978年-1991年	# 1992年-1995年
合 计	**4074495**	**205265**	**722449**	**622578**	**510658**
万州区	189803	11695	35523	27475	30272
涪陵区	156462	5690	27004	20828	29671
渝中区	421526	12749	110602	37782	51016
大渡口区	98901	1407	5924	15970	11791
江北区	218506	21754	17217	20792	30003
沙坪坝区	261081	15254	46624	36233	32014
九龙坡区	360026	18178	67733	29469	47196
南岸区	201381	15431	25825	26359	25953
北碚区	155091	4609	32363	27329	18758
万盛区	39521	12176	5566	6763	2481
双桥区	12982	4	913	1544	1650
渝北区	186689	3589	17334	25154	29782
巴南区	155240	7199	24691	36209	23632
黔江区	31699	740	4019	3876	2326
长寿区	92702	4724	11888	28574	8867
綦江县	86779	4006	16633	11501	6902
潼南县	57951	2605	7458	20592	14545
铜梁县	66986	2901	8399	13871	10239
大足县	60413	1757	11304	13286	6483
荣昌县	72941	2971	22580	8047	8183
璧山县	82311	3370	10278	14801	9868
梁平县	50738	2101	11708	3496	4198
城口县	14418	202	4009	1700	1012
丰都县	41509	2279	6378	6550	6555
垫江县	64700	2556	14817	15874	3706
武隆县	29533	934	5688	4980	2556
忠 县	55312	3388	11584	17175	5542
开 县	89832	4170	18354	16197	14772
云阳县	47896	3443	8488	8077	5743
奉节县	43440	1981	7501	8994	3266
巫山县	28689	2025	6178	6513	3366
巫溪县	21922	1340	6004	4745	656
石柱县	26874	1622	6598	4567	1324
秀山县	37760	1946	6698	5141	1585
酉阳县	24352	2447	6390	5174	2304
彭水县	29234	3234	5879	3031	1341
江津市	142537	5984	35786	25273	13900
合川市	98685	5945	15606	16883	12508
永川市	138926	3435	20664	26071	11701
南川市	79147	3424	14241	15682	12991

时间分组的法人单位从业人数

单位：个

#1996年	#1997年	#1998年	#1999年	#2000年	#2001年	#2002年	#2003年	#2004年
149771	**207444**	**238664**	**168465**	**193376**	**268891**	**265590**	**305036**	**193427**
3338	9272	11337	5792	10148	10118	12683	10960	10740
4179	7952	9557	6698	4732	8213	7638	16184	7503
14154	30132	24992	33090	16800	18895	27939	25792	14916
11710	17058	6038	3919	5278	5293	5840	5288	3103
20766	10450	25640	10239	9512	10538	9261	20025	9276
6744	16712	12824	9576	13916	16441	17025	25636	11161
17710	24169	20504	17468	27674	23482	28699	20308	16089
4624	7520	18441	10569	11548	13371	15963	14356	10060
6334	7353	9831	8825	7287	9779	6399	7537	8026
937	625	690	1456	2262	1319	2400	1533	1069
189	82	447	219	817	468	763	5339	449
9734	16479	12430	10713	9147	13104	12228	16184	8347
5339	3164	7621	6195	5002	11706	7118	10305	6230
332	1266	2002	639	4274	4895	3074	2207	1936
2147	3723	3595	1386	4124	8779	5051	4043	5221
2746	2721	2428	1236	4626	6058	18707	4968	4028
1200	1402	1682	617	889	1177	2528	2005	1235
2222	911	4015	1414	4271	6358	3730	3767	4663
1181	2680	2760	1537	2008	3448	3445	6810	3248
3241	3275	2682	2906	1550	5463	4402	5106	2370
4031	5354	4473	2076	4745	6847	4891	5643	5769
777	491	1060	1451	2712	3402	4145	11656	3280
255	1038	231	454	514	1501	330	577	2263
2108	726	5417	1097	676	2981	2646	1833	1980
1172	1563	2366	2919	3601	4920	4344	4232	2424
569	854	533	367	1824	3691	1208	1849	4133
1625	887	1035	1196	1457	2006	4457	3389	1542
1719	2432	3332	3893	4759	5355	6922	5204	2692
1747	1587	2069	583	1730	2962	3553	3355	4034
1224	1947	2418	875	1520	2990	1820	4635	4113
803	1221	588	503	748	1385	869	1998	2284
86	139	375	308	558	3861	407	1380	1349
637	115	2238	1515	996	3672	1754	1002	729
1131	648	1882	3047	1843	3353	2859	4588	2149
42	263	346	506	488	2952	866	1722	852
486	621	651	1235	1466	2906	2103	3749	2250
907	3830	9714	2435	3595	7417	10264	16923	6000
3493	2536	3799	4348	2915	11946	6688	8020	3505
4667	10618	13382	3996	8488	9456	5216	11573	9439
3465	3628	3239	1167	2876	6383	5355	3355	2970

1-1-12 按地区、学历分组的法人单位从业人数

单位：个、人

指标名称	单位数	从业人数	研究生及以上	大学本科	大专	高中	初中及以下
合计	**85850**	**4074495**	**27405**	**356248**	**678917**	**1361823**	**1650102**
万州区	4409	189803	534	16254	34341	70753	67921
涪陵区	2963	156462	538	12997	29085	53545	60297
渝中区	7119	421526	6156	60983	89715	148655	116017
大渡口区	1540	98901	376	7244	12930	35754	42597
江北区	3548	218506	1683	24664	36890	74569	80700
沙坪坝区	5028	261081	4078	23755	32663	90525	110060
九龙坡区	6422	360026	3555	38696	65814	128008	123953
南岸区	3224	201381	2908	23219	35004	73825	66425
北碚区	2594	155091	1748	11271	20379	50262	71431
万盛区	880	39521	64	2134	4399	13483	19441
双桥区	389	12982	33	1078	1799	4705	5367
渝北区	3422	186689	1523	20391	30712	60535	73528
巴南区	2456	155240	468	9628	20943	58050	66151
黔江区	899	31699	249	5032	9068	9658	7692
长寿区	1525	92702	170	6997	13053	28732	43750
綦江县	1962	86779	168	4614	12797	29802	39398
潼南县	1308	57951	171	3262	8782	15433	30303
铜梁县	2334	66986	105	4056	8771	16184	37870
大足县	1953	60413	104	3812	11059	16110	29328
荣昌县	1581	72941	184	4358	11660	20130	36609
璧山县	1812	82311	120	4171	8956	24381	44683
梁平县	1367	50738	51	3229	7193	12137	28128
城口县	740	14418	74	957	2941	4743	5703
丰都县	1519	41509	118	3300	8634	13273	16184
垫江县	1689	64701	198	3884	10954	20796	28868
武隆县	867	29533	40	2088	6119	9691	11595
忠县	1620	55312	104	3814	9658	17952	23784
开县	2014	89832	73	4909	13945	30123	40782
云阳县	1580	47896	152	2939	10074	16205	18526
奉节县	1231	43440	105	2751	8532	13728	18324
巫山县	1046	28689	32	1548	6104	8956	12049
巫溪县	1255	21922	54	1429	4927	7181	8331
石柱县	863	26874	33	2120	6596	7427	10698
秀山县	972	37760	31	1699	6665	10824	18541
酉阳县	872	24352	129	2023	6666	7644	7890
彭水县	1141	29234	70	1953	6537	9245	11429
江津市	2518	142537	268	7928	17703	50235	66403
合川市	2804	98685	387	7717	15713	28849	46019
永川市	2836	138926	452	10559	21612	44513	61790
南川市	1548	79147	99	2785	9524	25202	41537

1-1-13 按行业、学历分组的法人单位从业人数

单位：个、人

指标名称	单位数	从业人数	研究生及以上	大学本科	大专	高中	初中及以下
合计	**85850**	**4074495**	**27405**	**356248**	**678917**	**1361823**	**1650102**
农、林、牧、渔业	**27**	**733**		**9**	**95**	**371**	**258**
农业	3	293		3	26	171	93
林业	2	160		3	20	75	62
农、林、牧、渔服务业	22	280		3	49	125	103
采矿业	**2676**	**212969**	**64**	**1482**	**6475**	**44930**	**160018**
煤炭开采和洗选业	1337	162499	37	1020	4524	34074	122844
石油和天然气开采业	2	1308	1	37	281	569	420
黑色金属矿采选业	178	11854	3	139	529	3216	7967
有色金属矿采选业	19	421	1	8	18	83	311
非金属矿采选业	1140	36887	22	278	1123	6988	28476
制造业	**17720**	**1209463**	**3074**	**50364**	**118687**	**454161**	**583177**
农副食品加工业	1179	38100	99	934	3027	12985	21055
食品制造业	573	24444	93	1016	2960	8502	11873
饮料制造业	812	21627	63	926	1987	7285	11366
烟草制品业	5	5467	10	522	1377	1725	1833
纺织业	1123	86461	28	595	2615	27773	55450
纺织服装、鞋、帽制造业	227	12204	24	245	1038	4827	6070
皮革、毛皮、羽毛(绒)及其制品业	222	12675	42	192	685	4283	7473
木材加工及木、竹、藤、棕、草制品业	182	4991	8	56	303	1562	3062
家具制造业	369	10568	18	289	746	3671	5844
造纸及纸制品业	446	20965	12	415	1206	7076	12256
印刷业和记录媒介的复制	673	18059	33	429	1455	8021	8121
文教体育用品制造业	50	1040		41	86	391	522
石油加工、炼焦及核燃料加工业	66	4755	10	210	345	1648	2542
化学原料及化学制品制造业	838	77077	162	3484	9058	27640	36733
医药制造业	172	24948	181	2505	4387	9557	8318
化学纤维制造业	7	628		22	60	236	310
橡胶制品业	200	13980	28	322	916	5591	7123
塑料制品业	625	20087	34	545	1362	6545	11601
非金属矿物制品业	2784	163311	176	2139	6945	42740	111311
黑色金属冶炼及压延加工业	346	38971	51	1466	4085	17355	16014
有色金属冶炼及压延加工业	214	23589	50	1293	3171	8126	10949
金属制品业	818	36408	188	1875	4852	12131	17362
通用设备制造业	1164	76775	162	3355	8469	32697	32092
专用设备制造业	426	59997	354	6963	10731	26640	15309
交通运输设备制造业	3074	331646	830	14556	33674	140714	141872

1-1-13 续表 1

单位：个、人

指标名称	单位数	从业人数	研究生及以上	大学本科	大专	高中	初中及以下
电气机械及器材制造业	463	31939	87	1473	3736	15254	11389
通信设备、计算机及其他电子设备制造业	98	10842	187	1501	2033	4530	2591
仪器仪表及文化、办公用机械制造业	321	29378	134	2801	6900	12412	7131
工艺品及其他制造业	191	6971	9	145	350	1789	4678
废弃资源和废旧材料回收加工业	52	1560	1	49	128	455	927
电力、燃气及水的生产和供应业	**1079**	**70132**	**245**	**4532**	**14010**	**27038**	**24307**
电力、热力的生产和供应业	591	51160	189	3529	10376	19247	17819
燃气生产和供应业	87	6494	23	483	1351	2536	2101
水的生产和供应业	401	12478	33	520	2283	5255	4387
建筑业	**2916**	**917763**	**986**	**22276**	**74060**	**277500**	**542941**
房屋和土木工程建筑业	1611	811598	557	15071	58924	246404	490642
建筑安装业	365	50124	191	3283	6667	16429	23554
建筑装饰业	710	34716	173	2816	6208	9512	16007
其他建筑业	230	21325	65	1106	2261	5155	12738
交通运输、仓储和邮政业	**1717**	**197617**	**190**	**6296**	**20161**	**86252**	**84718**
铁路运输业	2	32395	12	816	2173	17735	11659
道路运输业	936	65423	85	2023	7475	24630	31210
城市公共交通业	78	31211	19	570	2224	18611	9787
水上运输业	194	32363	11	797	2982	12835	15738
航空运输业	10	4384	17	730	1250	1135	1252
管道运输业	1	14			5	6	3
装卸搬运和其他运输服务业	354	14831	20	564	806	4053	9388
仓储业	138	6294	23	242	950	3297	1782
邮政业	4	10702	3	554	2296	3950	3899
信息传输、计算机服务和软件业	**1041**	**33471**	**992**	**8537**	**12934**	**8106**	**2902**
电信和其他信息传输服务业	221	22000	350	4919	8713	5807	2211
计算机服务业	649	7541	373	1994	2773	1798	603
软件业	171	3930	269	1624	1448	501	88
批发和零售业	**11819**	**239537**	**1467**	**17550**	**52431**	**112939**	**55150**
批发业	6686	132322	969	11815	30509	57553	31476
零售业	5133	107215	498	5735	21922	55386	23674
住宿和餐饮业	**1481**	**79794**	**123**	**2434**	**9189**	**37759**	**30289**
住宿业	546	37240	59	1196	5349	18866	11770
餐饮业	935	42554	64	1238	3840	18893	18519
金融业	**621**	**67740**	**975**	**13686**	**24275**	**21990**	**6814**
银行业	409	43175	552	10297	18359	10474	3493
证券业	14	1225	229	498	347	129	22
保险业	156	22405	110	2512	5352	11184	3247
其他金融活动	42	935	84	379	217	203	52

1-1-13 续表 2

单位：个、人

指标名称	单位数	从业人数	研究生及以上	大学本科	大专	高中	初中及以下
房地产业	**3412**	**125370**	**1480**	**15574**	**33137**	**46219**	**28960**
房地产业	3412	125370	1480	15574	33137	46219	28960
租赁和商务服务业	**3544**	**65501**	**1779**	**13019**	**19458**	**21004**	**10241**
租赁业	227	3515	20	322	621	1233	1319
商务服务业	3317	61986	1759	12697	18837	19771	8922
科学研究、技术服务和地质勘查业	**2412**	**54798**	**1609**	**15480**	**17507**	**13601**	**6601**
研究与试验发展	174	9496	382	3290	2382	2298	1144
专业技术服务业	981	26813	970	9162	8998	5226	2457
科技交流和推广服务业	1220	13964	247	2394	5388	4280	1655
地质勘查业	37	4525	10	634	739	1797	1345
水利、环境和公共设施管理业	**867**	**28770**	**165**	**2344**	**5244**	**8250**	**12767**
水利管理业	353	5340	41	491	1401	1665	1742
环境管理业	212	11712	88	708	1310	2301	7305
公共设施管理业	302	11718	36	1145	2533	4284	3720
居民服务和其他服务业	**1152**	**22327**	**209**	**1539**	**3611**	**8306**	**8662**
居民服务业	553	10920	71	563	1916	4250	4120
其他服务业	599	11407	138	976	1695	4056	4542
教育	**6389**	**324070**	**8629**	**89291**	**134469**	**71919**	**19762**
教育	6389	324070	8629	89291	134469	71919	19762
卫生、社会保障和社会福利业	**3046**	**96027**	**757**	**10893**	**26987**	**41734**	**15656**
卫生	2480	91583	727	10361	25895	40534	14066
社会保障业	134	1287	28	327	516	325	91
社会福利业	432	3157	2	205	576	875	1499
文化、体育和娱乐业	**885**	**23856**	**334**	**5129**	**7137**	**7476**	**3780**
新闻出版业	71	8714	216	2890	2438	2029	1141
广播、电视、电影和音像业	210	4734	53	821	1584	1644	632
文化艺术业	336	5600	50	947	2060	1776	767
体育	60	684	5	117	220	194	148
娱乐业	208	4124	10	354	835	1833	1092
公共管理和社会组织	**23046**	**304557**	**4327**	**75813**	**99050**	**72267**	**53099**
中国共产党机关	782	10283	515	4673	3270	1323	502
国家机构	7576	205836	3153	64597	83985	38605	15496
人民政协和民主党派	119	1498	27	562	511	312	86
群众团体、社会团体和宗教组织	2469	24704	611	5357	6124	5687	6925
基层群众自治组织	12100	62236	21	624	5160	26341	30090

1-1-14 按登记注册类型、学历分组的法人单位从业人数

单位：个、人

指标名称	单位数	从业人数	研究生及以上	大学本科	大专	高中	初中及以下
合计	**85850**	**4074495**	**27405**	**356248**	**678917**	**1361823**	**1650102**
内资	**85095**	**3963630**	**26435**	**345274**	**659580**	**1312735**	**1619605**
国有	21172	1101730	14873	204729	324262	326830	231036
集体	6409	266502	345	5923	19159	88778	152297
股份合作	1505	85735	503	5196	13044	24907	42085
联营	295	11875	36	544	979	3963	6353
国有联营	23	706	3	174	122	272	135
集体联营	99	2677	7	58	201	660	1751
国有与集体联营	53	3057	4	103	269	1230	1451
其他联营	120	5435	22	209	387	1801	3016
有限责任公司	8631	983384	3923	54912	135132	357136	432281
国有独资公司	323	122342	573	12476	24985	47519	36789
其他有限责任公司	8308	861042	3350	42436	110147	309617	395492
股份有限公司	1831	201394	1192	16695	32031	82706	68770
私营	29460	1193921	4579	47619	117045	386451	638227
私营独资	12114	286196	539	5000	14660	78846	187151
私营合伙	2837	77088	578	3287	5177	19014	49032
私营有限责任公司	12679	734642	3156	35893	87086	255248	353259
私营股份有限公司	1830	95995	306	3439	10122	33343	48785
其他	15792	119089	984	9656	17928	41965	48556
港、澳、台商投资	**359**	**43273**	**270**	**3765**	**7299**	**20643**	**11296**
合资经营(港或澳、台资)	201	22279	162	1987	3681	10383	6066
合作经营(港或澳、台资)	17	2417	21	282	475	1085	554
港、澳、台商独资经营	136	6654	61	714	1579	2778	1522
港、澳、台商投资股份有限公司	5	11923	26	782	1564	6397	3154
外商投资	**396**	**67592**	**700**	**7209**	**12038**	**28444**	**19201**
中外合资经营	250	47418	474	4590	7049	20809	14496
中外合作经营	19	4758	24	515	1000	2324	895
外资	117	14603	190	1998	3852	4955	3608
外商投资股份有限公司	10	813	12	106	137	356	202

1-1-15 按地区、专业技术职称分组的法人单位从业人数

单位：个、人

指标名称	单位数	从业人数	#高级技术职称	#中级技术职称	#初级技术职称
合　计	**85850**	**4074495**	**80292**	**324975**	**515472**
万州区	4409	189803	3491	18759	24506
涪陵区	2963	156462	3129	12837	21913
渝中区	7119	421526	14362	42129	47775
大渡口区	1540	98901	1958	7087	9394
江北区	3548	218506	5496	18069	22756
沙坪坝区	5028	261081	7028	17888	20493
九龙坡区	6422	360026	8764	29067	36182
南岸区	3224	201381	6195	17232	21617
北碚区	2594	155091	3697	10438	15446
万盛区	880	39521	312	2297	4747
双桥区	389	12982	190	1047	1055
渝北区	3422	186689	3945	15062	24927
巴南区	2456	155240	2631	11130	17593
黔江区	899	31699	697	3934	6661
长寿区	1525	92702	1055	7319	12897
綦江县	1962	86779	883	5600	11819
潼南县	1308	57951	714	4360	9559
铜梁县	2334	66986	685	4352	9265
大足县	1953	60413	734	3648	8080
荣昌县	1581	72941	838	4874	11101
璧山县	1812	82311	728	4699	9331
梁平县	1367	50738	345	3925	8659
城口县	740	14418	334	1537	2207
丰都县	1519	41509	690	4121	6517
垫江县	1689	64700	755	4603	8607
武隆县	867	29533	267	2325	5407
忠　县	1620	55312	573	5147	13370
开　县	2014	89832	742	7258	14310
云阳县	1580	47896	547	5120	9610
奉节县	1231	43440	364	3841	8574
巫山县	1046	28689	316	2368	4771
巫溪县	1255	21922	286	2715	4923
石柱县	863	26874	350	2002	4735
秀山县	972	37760	220	2065	5938
酉阳县	872	24352	271	2446	6896
彭水县	1141	29234	444	2910	5030
江津市	2518	142537	1627	9774	18941
合川市	2804	98685	1469	7053	13715
永川市	2836	138926	2302	9576	17238
南川市	1548	79147	858	4361	8907

1-1-16 按行业、专业技术职称分组的法人单位从业人数

单位：个、人

指标名称	单位数	从业人数	#高级技术职称	#中级技术职称	#初级技术职称
合　计	**85850**	**4074495**	**80292**	**324975**	**515472**
农、林、牧、渔业	**27**	**733**	**8**	**101**	**156**
农业	3	293	7	34	45
林业	2	160		1	23
农、林、牧、渔服务业	22	280	1	66	88
采矿业	**2676**	**212969**	**746**	**3965**	**10878**
煤炭开采和洗选业	1337	162499	583	3005	8601
石油和天然气开采业	2	1308	22	74	144
黑色金属矿采选业	178	11854	34	430	401
有色金属矿采选业	19	421	5	6	16
非金属矿采选业	1140	36887	102	450	1716
制造业	**17720**	**1209463**	**14648**	**55365**	**88700**
农副食品加工业	1179	38100	202	1066	2096
食品制造业	573	24444	279	1467	1831
饮料制造业	812	21627	132	885	1920
烟草制品业	5	5467	8	132	633
纺织业	1123	86461	156	1078	2871
纺织服装、鞋、帽制造业	227	12204	42	282	515
皮革、毛皮、羽毛(绒)及其制品业	222	12675	306	514	541
木材加工及木、竹、藤、棕、草制品业	182	4991	32	88	184
家具制造业	369	10568	46	449	628
造纸及纸制品业	446	20965	87	526	1181
印刷业和记录媒介的复制	673	18059	168	797	1082
文教体育用品制造业	50	1040	4	47	90
石油加工、炼焦及核燃料加工业	66	4755	49	206	269
化学原料及化学制品制造业	838	77077	925	4035	6872
医药制造业	172	24948	544	1811	3216
化学纤维制造业	7	628	4	43	53
橡胶制品业	200	13980	75	425	661
塑料制品业	625	20087	218	619	888
非金属矿物制品业	2784	163311	931	4082	9051
黑色金属冶炼及压延加工业	346	38971	543	1831	2735
有色金属冶炼及压延加工业	214	23589	308	1406	1899
金属制品业	818	36408	424	1905	3410
通用设备制造业	1164	76775	1340	4433	6404
专用设备制造业	426	59997	1887	5766	7882
交通运输设备制造业	3074	331646	4272	16048	24243

1-1-16 续表 1

单位：个、人

指标名称	单位数	从业人数	#高级技术职称	#中级技术职称	#初级技术职称
电气机械及器材制造业	463	31939	512	1857	2480
通信设备、计算机及其他电子设备制造业	98	10842	379	1015	1288
仪器仪表及文化、办公用机械制造业	321	29378	682	2309	3257
工艺品及其他制造业	191	6971	68	175	452
废弃资源和废旧材料回收加工业	52	1560	25	68	68
电力、燃气及水的生产和供应业	**1079**	**70132**	**1021**	**5095**	**10118**
电力、热力的生产和供应业	591	51160	861	4001	8056
燃气生产和供应业	87	6494	80	454	655
水的生产和供应业	401	12478	80	640	1407
建筑业	**2916**	**917763**	**10063**	**59519**	**99013**
房屋和土木工程建筑业	1611	811598	7504	48999	87466
建筑安装业	365	50124	1272	4693	5603
建筑装饰业	710	34716	859	4139	3922
其他建筑业	230	21325	428	1688	2022
交通运输、仓储和邮政业	**1717**	**197617**	**1378**	**7572**	**12764**
铁路运输业	2	32395	79	756	1614
道路运输业	936	65423	542	2741	4960
城市公共交通业	78	31211	198	937	1083
水上运输业	194	32363	411	2076	3208
航空运输业	10	4384	26	311	554
管道运输业	1	14		2	1
装卸搬运和其他运输服务业	354	14831	46	233	377
仓储业	138	6294	24	280	464
邮政业	4	10702	52	236	503
信息传输、计算机服务和软件业	**1041**	**33471**	**1112**	**2964**	**4226**
电信和其他信息传输服务业	221	22000	688	1483	2791
计算机服务业	649	7541	163	731	838
软件业	171	3930	261	750	597
批发和零售业	**11819**	**239537**	**2679**	**12864**	**22121**
批发业	6686	132322	1812	8869	14454
零售业	5133	107215	867	3995	7667
住宿和餐饮业	**1481**	**79794**	**634**	**2734**	**4000**
住宿业	546	37240	214	1162	1733
餐饮业	935	42554	420	1572	2267
金融业	**621**	**67740**	**655**	**8783**	**19445**
银行业	409	43175	462	7493	18272
证券业	14	1225	21	168	111
保险业	156	22405	118	879	925
其他金融活动	42	935	54	243	137

1-1-16 续表 2 单位：个、人

指标名称	单位数	从业人数	# 高级技术职称	# 中级技术职称	# 初级技术职称
房地产业	**3412**	**125370**	**5182**	**19530**	**18378**
房地产业	3412	125370	5182	19530	18378
租赁和商务服务业	**3544**	**65501**	**2640**	**7073**	**6046**
租赁业	227	3515	115	321	339
商务服务业	3317	61986	2525	6752	5707
科学研究、技术服务和地质勘查业	**2412**	**54798**	**6636**	**12088**	**11424**
研究与试验发展	174	9496	1581	1995	1656
专业技术服务业	981	26813	4137	7254	4805
科技交流和推广服务业	1220	13964	727	2192	4301
地质勘查业	37	4525	191	647	662
水利、环境和公共设施管理业	**867**	**28770**	**486**	**1648**	**2368**
水利管理业	353	5340	113	522	914
环境管理业	212	11712	153	436	396
公共设施管理业	302	11718	220	690	1058
居民服务和其他服务业	**1152**	**22327**	**568**	**1507**	**1294**
居民服务业	553	10920	212	500	512
其他服务业	599	11407	356	1007	782
教育	**6389**	**324070**	**21098**	**87768**	**135650**
教育	6389	324070	21098	87768	135650
卫生、社会保障和社会福利业	**3046**	**96027**	**4674**	**16779**	**45539**
卫生	2480	91583	4629	16585	45115
社会保障业	134	1287	30	108	208
社会福利业	432	3157	15	86	216
文化、体育和娱乐业	**885**	**23856**	**1056**	**2814**	**2972**
新闻出版业	71	8714	345	1083	1009
广播、电视、电影和音像业	210	4734	136	537	725
文化艺术业	336	5600	520	1043	1071
体育	60	684	32	59	46
娱乐业	208	4124	23	92	121
公共管理和社会组织	**23046**	**304557**	**5008**	**16806**	**20380**
中国共产党机关	782	10283	81	193	107
国家机构	7576	205836	3024	13337	17360
人民政协和民主党派	119	1498	31	38	12
群众团体、社会团体和宗教组织	2469	24704	1771	2518	1573
基层群众自治组织	12100	62236	101	720	1328

1-1-17 按登记注册类型、专业技术职称分组的法人单位从业人数

单位：个、人

指标名称	单位数	从业人数	#高级技术职称	#中级技术职称	#初级技术职称
合 计	**85850**	**4074495**	**80292**	**324975**	**515472**
内资	**85095**	**3963630**	**78322**	**318426**	**506734**
国有	21172	1101730	37290	150362	243781
集体	6409	266502	2505	12786	29539
股份合作	1505	85735	1565	5894	13035
联营	295	11875	221	501	1018
国有联营	23	706	23	61	70
集体联营	99	2677	42	95	140
国有与集体联营	53	3057	47	168	290
其他联营	120	5435	109	177	518
有限责任公司	8631	983384	15286	65435	101101
国有独资公司	323	122342	3058	10662	16108
其他有限责任公司	8308	861042	12228	54773	84993
股份有限公司	1831	201394	2821	13236	20566
私营	29460	1193921	15639	63630	90879
私营独资	12114	286196	1960	7193	12000
私营合伙	2837	77088	741	2569	4400
私营有限责任公司	12679	734642	11627	48114	65972
私营股份有限公司	1830	95995	1311	5754	8507
其他	15792	119089	2995	6582	6815
港、澳、台商投资	**359**	**43273**	**926**	**3038**	**3583**
合资经营(港或澳、台资)	201	22279	420	1348	1820
合作经营(港或澳、台资)	17	2417	71	264	431
港、澳、台商独资经营	136	6654	158	595	352
港、澳、台商投资股份有限公司	5	11923	277	831	980
外商投资	**396**	**67592**	**1044**	**3511**	**5155**
中外合资经营	250	47418	760	2465	3822
中外合作经营	19	4758	72	393	511
外资	117	14603	195	616	765
外商投资股份有限公司	10	813	17	37	57

1-1-18 按地区、技术等级分组的法人单位从业人数

单位：个、人

指标名称	单位数	从业人数				
			# 高级技师	# 技师	# 高级工	# 中级工
合　计	**85850**	**4074495**	**14275**	**39079**	**131045**	**301389**
万州区	4409	189803	568	1706	5677	14777
涪陵区	2963	156462	570	1496	4068	10718
渝中区	7119	421526	1243	3657	25888	39875
大渡口区	1540	98901	405	1375	3656	9765
江北区	3548	218506	782	2509	8382	13574
沙坪坝区	5028	261081	833	2380	7096	18204
九龙坡区	6422	360026	1585	3488	10654	26149
南岸区	3224	201381	1620	3129	7053	13493
北碚区	2594	155091	345	1596	5632	9658
万盛区	880	39521	59	326	389	1653
双桥区	389	12982	71	111	559	982
渝北区	3422	186689	1537	3633	7126	14050
巴南区	2456	155240	933	2348	7106	17896
黔江区	899	31699	122	352	867	2108
长寿区	1525	92702	209	554	3849	12988
綦江县	1962	86779	258	536	2175	5014
潼南县	1308	57951	212	479	1821	5459
铜梁县	2334	66986	97	371	1030	2556
大足县	1953	60413	255	442	1389	3164
荣昌县	1581	72941	224	720	2055	5217
璧山县	1812	82311	209	416	1506	3632
梁平县	1367	50738	111	143	1054	6423
城口县	740	14418	7	78	295	656
丰都县	1519	41509	59	269	1210	2181
垫江县	1689	64700	209	1230	1831	5079
武隆县	867	29533	86	198	444	1306
忠　县	1620	55312	106	511	1445	4084
开　县	2014	89832	152	660	1871	4295
云阳县	1580	47896	106	350	1123	3328
奉节县	1231	43440	65	242	628	1218
巫山县	1046	28689	79	74	404	1188
巫溪县	1255	21922	33	102	332	1167
石柱县	863	26874	32	52	339	891
秀山县	972	37760	6	81	375	1083
酉阳县	872	24352	78	111	634	2116
彭水县	1141	29234	45	123	567	1210
江津市	2518	142537	138	710	3418	12668
合川市	2804	98685	315	1207	3153	7501
永川市	2836	138926	392	894	2863	10270
南川市	1548	79147	119	420	1081	3793

1-1-19 按行业、技术等级分组的法人单位从业人数

单位：个、人

指标名称	单位数	从业人数	#高级技师	#技师	#高级工	#中级工
合 计	**85850**	**4074495**	**14275**	**39079**	**131045**	**301389**
农、林、牧、渔业	**27**	**733**	**1**		**8**	**46**
农业	3	293			1	3
林业	2	160			5	42
农、林、牧、渔服务业	22	280	1		2	1
采矿业	**2676**	**212969**	**196**	**794**	**1758**	**4704**
煤炭开采和洗选业	1337	162499	147	685	1268	3090
石油和天然气开采业	2	1308		1	21	123
黑色金属矿采选业	178	11854	4	26	229	543
有色金属矿采选业	19	421		2	2	15
非金属矿采选业	1140	36887	45	80	238	933
制造业	**17720**	**1209463**	**5037**	**14538**	**39496**	**88837**
农副食品加工业	1179	38100	90	387	445	990
食品制造业	573	24444	110	227	408	620
饮料制造业	812	21627	50	163	277	516
烟草制品业	5	5467		80	574	1039
纺织业	1123	86461	43	319	1067	4058
纺织服装、鞋、帽制造业	227	12204	30	69	97	283
皮革、毛皮、羽毛(绒)及其制品业	222	12675	255	279	555	1011
木材加工及木、竹、藤、棕、草制品业	182	4991	7	43	65	79
家具制造业	369	10568	15	85	180	509
造纸及纸制品业	446	20965	38	146	291	797
印刷业和记录媒介的复制	673	18059	83	266	629	1272
文教体育用品制造业	50	1040	3	2	28	95
石油加工、炼焦及核燃料加工业	66	4755	10	46	119	432
化学原料及化学制品制造业	838	77077	246	770	2590	6262
医药制造业	172	24948	168	415	1327	2553
化学纤维制造业	7	628		2	1	4
橡胶制品业	200	13980	30	102	432	1213
塑料制品业	625	20087	89	205	355	657
非金属矿物制品业	2784	163311	307	979	1824	5425
黑色金属冶炼及压延加工业	346	38971	94	451	1668	5058
有色金属冶炼及压延加工业	214	23589	57	214	543	2024
金属制品业	818	36408	472	649	870	2053
通用设备制造业	1164	76775	372	1304	4823	9781
专用设备制造业	426	59997	283	1159	4047	6665
交通运输设备制造业	3074	331646	1718	4782	11724	28149

1-1-19 续表 1 单位：个、人

指标名称	单位数	从业人数				
			#高级技师	#技师	#高级工	#中级工
电气机械及器材制造业	463	31939	229	492	1031	2780
通信设备、计算机及其他电子设备制造业	98	10842	71	186	648	818
仪器仪表及文化、办公用机械制造业	321	29378	138	643	2601	3260
工艺品及其他制造业	191	6971	22	65	274	413
废弃资源和废旧材料回收加工业	52	1560	7	8	3	21
电力、燃气及水的生产和供应业	**1079**	**70132**	**118**	**1119**	**6200**	**6813**
电力、热力的生产和供应业	591	51160	89	981	4976	4791
燃气生产和供应业	87	6494	7	52	570	709
水的生产和供应业	401	12478	22	86	654	1313
建筑业	**2916**	**917763**	**4096**	**13335**	**31055**	**125743**
房屋和土木工程建筑业	1611	811598	3156	11367	27041	116277
建筑安装业	365	50124	445	948	2480	4594
建筑装饰业	710	34716	350	699	946	2988
其他建筑业	230	21325	145	321	588	1884
交通运输、仓储和邮政业	**1717**	**197617**	**696**	**1340**	**17022**	**25088**
铁路运输业	2	32395	17	143	9874	9812
道路运输业	936	65423	352	507	3272	4499
城市公共交通业	78	31211	15	93	833	3662
水上运输业	194	32363	284	515	799	3859
航空运输业	10	4384	3	20	170	20
管道运输业	1	14		1	1	1
装卸搬运和其他运输服务业	354	14831	16	7	60	657
仓储业	138	6294	9	28	158	110
邮政业	4	10702		26	1855	2468
信息传输、计算机服务和软件业	**1041**	**33471**	**110**	**278**	**1007**	**1904**
电信和其他信息传输服务业	221	22000	56	124	857	1650
计算机服务业	649	7541	32	49	133	205
软件业	171	3930	22	105	17	49
批发和零售业	**11819**	**239537**	**751**	**1585**	**2604**	**6473**
批发业	6686	132322	468	972	1528	3432
零售业	5133	107215	283	613	1076	3041
住宿和餐饮业	**1481**	**79794**	**235**	**752**	**1239**	**2642**
住宿业	546	37240	94	372	820	1565
餐饮业	935	42554	141	380	419	1077
金融业	**621**	**67740**	**73**	**167**	**517**	**3229**
银行业	409	43175	39	40	294	311
证券业	14	1225				1
保险业	156	22405	28	122	215	2913
其他金融活动	42	935	6	5	8	4

1-1-19 续表 2 单位：个、人

指标名称	单位数	从业人数				
			#高级技师	#技师	#高级工	#中级工
房地产业	**3412**	**125370**	**950**	**2159**	**3153**	**5730**
房地产业	3412	125370	950	2159	3153	5730
租赁和商务服务业	**3544**	**65501**	**239**	**318**	**918**	**1616**
租赁业	227	3515	16	21	52	101
商务服务业	3317	61986	223	297	866	1515
科学研究、技术服务和地质勘查业	**2412**	**54798**	**235**	**520**	**2929**	**3616**
研究与试验发展	174	9496	38	132	795	866
专业技术服务业	981	26813	122	234	834	1001
科技交流和推广服务业	1220	13964	66	138	489	877
地质勘查业	37	4525	9	16	811	872
水利、环境和公共设施管理业	**867**	**28770**	**66**	**174**	**2559**	**2677**
水利管理业	353	5340	12	49	503	586
环境管理业	212	11712	13	8	543	737
公共设施管理业	302	11718	41	117	1513	1354
居民服务和其他服务业	**1152**	**22327**	**183**	**434**	**679**	**1343**
居民服务业	553	10920	97	234	314	514
其他服务业	599	11407	86	200	365	829
教育	**6389**	**324070**	**816**	**538**	**8892**	**6545**
教育	6389	324070	816	538	8892	6545
卫生、社会保障和社会福利业	**3046**	**96027**	**175**	**256**	**2407**	**3936**
卫生	2480	91583	173	249	2060	3629
社会保障业	134	1287		3	44	58
社会福利业	432	3157	2	4	303	249
文化、体育和娱乐业	**885**	**23856**	**67**	**111**	**751**	**1017**
新闻出版业	71	8714	16	3	291	260
广播、电视、电影和音像业	210	4734	14	29	160	385
文化艺术业	336	5600	30	16	249	320
体育	60	684		1	36	21
娱乐业	208	4124	7	62	15	31
公共管理和社会组织	**23046**	**304557**	**231**	**661**	**7851**	**9430**
中国共产党机关	782	10283	4	53	346	235
国家机构	7576	205836	156	386	7116	8671
人民政协和民主党派	119	1498		8	63	53
群众团体、社会团体和宗教组织	2469	24704	50	95	308	357
基层群众自治组织	12100	62236	21	119	18	114

1-1-20 按登记注册类型、技术等级分组的法人单位从业人数

单位：个、人

指标名称	单位数	从业人数	#高级技师	#技师	#高级工	#中级工
合 计	**85850**	**4074495**	**14275**	**39079**	**131045**	**301389**
内资	**85095**	**3963630**	**13916**	**37957**	**127729**	**293436**
国有	21172	1101730	1929	4956	54061	81048
集体	6409	266502	785	2476	4829	17726
股份合作	1505	85735	657	1480	2297	4803
联营	295	11875	21	105	259	433
国有联营	23	706	1	45	88	100
集体联营	99	2677	4	17	54	37
国有与集体联营	53	3057	9	16	60	104
其他联营	120	5435	7	27	57	192
有限责任公司	8631	983384	3965	11539	34915	91269
国有独资公司	323	122342	359	1957	9197	12883
其他有限责任公司	8308	861042	3606	9582	25718	78386
股份有限公司	1831	201394	637	2259	7490	20713
私营	29460	1193921	5747	14605	22926	75849
私营独资	12114	286196	806	1941	2578	7143
私营合伙	2837	77088	269	493	624	2304
私营有限责任公司	12679	734642	4255	10103	17309	54706
私营股份有限公司	1830	95995	417	2068	2415	11696
其他	15792	119089	175	537	952	1595
港、澳、台商投资	**359**	**43273**	**158**	**618**	**1775**	**4608**
合资经营(港或澳、台资)	201	22279	88	308	560	1348
合作经营(港或澳、台资)	17	2417	3	31	174	85
港、澳、台商独资经营	136	6654	44	79	180	178
港、澳、台商投资股份有限公司	5	11923	23	200	861	2997
外商投资	**396**	**67592**	**201**	**504**	**1541**	**3345**
中外合资经营	250	47418	127	342	1083	2542
中外合作经营	19	4758	38	114	237	225
外资	117	14603	31	41	211	562
外商投资股份有限公司	10	813	5	7	10	16

第2篇

企业篇

1-2-1 按地区、行业分组的

指标名称	总计		农业		煤炭开采和洗选业		石油和天然气开采业		黑色金属矿采选业	
	单位数	从业人数	单位数	从业人数	单位数	从业人数	单位数	从业人数	单位数	从业人数
合计	**49841**	**3271658**	**3**	**293**	**1337**	**162499**	**2**	**1308**	**178**	**11854**
万州区	2181	145195			44	2340				
涪陵区	1374	122335			14	2009				
渝中区	5788	350173								
大渡口区	1186	92232							2	2397
江北区	2888	196151					1	137		
沙坪坝区	4161	227922			3	719				
九龙坡区	5604	331766			1	1638				
南岸区	2603	174949			1	41				
北碚区	1886	132962			61	10949				
万盛区	457	32395	1	7	63	16648			1	154
双桥区	211	11331			14	1137				
渝北区	2409	157875			36	3814				
巴南区	1438	135892								
黔江区	279	16874			16	1037				
长寿区	714	75614			37	2948				
綦江县	997	67612			47	16693			8	413
潼南县	548	41351			2	17				
铜梁县	1048	48579			47	3223				
大足县	989	41040			42	6672				
荣昌县	738	57496			62	14569				
璧山县	1071	68828			25	1424				
梁平县	415	33355			41	3639			1	22
城口县	218	7757			9	415			29	1736
丰都县	455	25700	1	26	6	190				
垫江县	960	48246			20	1367	1	1171		
武隆县	230	18340			24	2589			4	208
忠　县	431	35390			4	268				
开　县	695	63764	1	260	104	8033				
云阳县	347	27858			68	3625				
奉节县	433	26280			144	11143				
巫山县	319	16949			49	4515				
巫溪县	254	10289			34	1079				
石柱县	246	15108			23	2704				
秀山县	379	25047			14	1095			130	6793
酉阳县	208	9384								
彭水县	350	16174			34	3467			1	31
江津市	1457	117686			2	50				
合川市	1215	70987			39	4335				
永川市	1852	111116			141	15548				
南川市	807	63656			66	12559			2	100

企业法人单位数及从业人数

单位：个、人

有色金属矿采选业		非金属矿采选业		农副食品加工业		食品制造业		饮料制造业		烟草制品业	
单位数	从业人数	单位数	从业人数	单位数	从业人数	单位数	从业人数	单位数	从业人数	单位数	从业人数
19	**421**	**1140**	**36887**	**1179**	**38100**	**573**	**24444**	**812**	**21627**	**5**	**5467**
1	1	51	2971	42	1943	30	1838	35	3521	1	144
		21	863	143	7233	14	664	28	1081		
		1	12	8	130	16	4150	6	148		
		24	593	7	847	12	295	7	411		
		10	339	21	2358	33	1282	7	410		
1	1	17	1239	13	454	18	742	16	188		
1	5	31	1905	18	434	51	2017	28	3445		
		11	375	17	391	25	1885	16	561	2	3071
		66	1622	15	456	10	174	9	134		
1	17	34	682	9	200	6	28	11	251		
		4	64	2	165						
		62	1746	25	986	36	855	14	330		
		79	2945	29	967	20	481	22	250		
				16	376			8	380	1	1339
		45	743	34	1141	10	152	11	395		
		37	1158	22	625	12	253	14	362		
		23	581	48	719	19	651	22	318		
		54	3350	54	1001	31	592	43	523		
		27	2366	38	565	11	359	33	509		
		19	286	61	1921	10	78	72	1161		
		21	581	17	434	13	613	23	359		
		11	263	25	1069	6	115	11	91		
5	42	27	990	5	47	3	97	11	162		
		7	141	33	1103	3	94	9	73		
		54	1177	117	2543	19	257	45	766		
		3	90	8	252	2	228	2	17		
		12	129	14	331	5	166	9	126		
		9	159	39	1758	8	394	16	296		
		3	41	11	327	4	208	7	263		
		10	143	9	282	6	102	6	114		
		2	35	3	128			3	24		
		9	68	14	151	3	67	3	105		
6	214	1	30	22	1073	6	220	2	218		
		5	107	17	209	2	38	3	28		
2	75	4	183	10	360	2	129	13	153		
		17	600	15	441	2	84	16	314	1	913
		88	2431	55	952	42	1406	75	1574		
		45	1085	26	949	34	1948	22	283		
		110	2327	73	1151	33	1014	86	1027		
2	66	86	2467	44	1628	16	768	48	1256		

1-2-1 续表 1

指标名称	纺织业		纺织服装、鞋、帽制造业		皮革、毛皮、羽毛(绒)及其制品业		木材加工及木、竹、藤、棕、草制品业		家具制造业	
	单位数	从业人数	单位数	从业人数	单位数	从业人数	单位数	从业人数	单位数	从业人数
合 计	**1123**	**86461**	**227**	**12204**	**222**	**12675**	**182**	**4991**	**369**	**10568**
万州区	10	5467	9	128	10	1042	5	194	17	639
涪陵区	5	6757	3	98			2	40	4	80
渝中区	9	254	38	1448	5	361	3	18	11	252
大渡口区	5	97	5	260	16	971	19	503	17	428
江北区	9	349	14	848	6	284	6	205	26	1973
沙坪坝区	669	28111	10	396	4	173	12	377	38	1187
九龙坡区	31	1047	9	241	2	31	10	955	20	774
南岸区	22	4207	33	3103	38	3551	9	65	15	305
北碚区	96	4637	6	372	5	123	7	133	10	298
万盛区	1	47	1	295			6	59	1	5
双桥区					1	3				
渝北区	5	272	11	554	10	489	2	44	13	1053
巴南区	11	795	5	231	3	846	6	177	17	431
黔江区			1	65					1	31
长寿区	9	2978	3	60	6	87	1	5	23	470
綦江县	5	417	2	11			5	33	1	17
潼南县	22	1800	4	33	4	37	4	118	20	305
铜梁县	55	3324	4	380	30	836	4	82	10	204
大足县	6	89	1	43	1	16	6	98		
荣昌县	14	1500	1	13			4	164	9	331
璧山县	41	2167	12	697	44	2450	3	98	7	78
梁平县	3	689	3	57			5	148	1	4
城口县	1	2					1	30	1	2
丰都县	5	1058	5	313			2	2	3	62
垫江县	13	1072	6	106	4	53	16	205	41	668
武隆县	2	1373								
忠 县	5	1423							2	7
开 县	2	101	1	88			4	93	7	123
云阳县	3	230	2	115			3	34		
奉节县			1	1					1	12
巫山县									2	79
巫溪县	2	461	1	13			3	206	2	46
石柱县	4	501	1	108	1	12	1	250		
秀山县			2	3						
酉阳县					3	32	1	2	1	47
彭水县			1	200					1	11
江津市	16	2642	12	196	7	116	20	467	25	286
合川市	29	7366	5	191	1	36	2	31	2	16
永川市	9	3287	11	1324	11	607	9	141	10	118
南川市	4	1941	4	213	10	519	1	14	10	226

单位：个、人

造纸及纸制品业		印刷业和记录媒介的复制		文教体育用品制　造　业		石油加工、炼焦及核燃料加工业		化学原料及化学制品制造业		医药制造业	
单位数	从业人数	单位数	从业人数	单位数	从业人数	单位数	从业人数	单位数	从业人数	单位数	从业人数
446	**20965**	**673**	**18059**	**50**	**1040**	**66**	**4755**	**838**	**77077**	**172**	**24948**
8	501	32	838	2	53	1	34	17	1187	9	2787
10	1810	20	322			1	10	21	7789	3	2391
9	309	68	1731	6	22	1	49	12	670	3	64
16	447	15	723	4	112			33	2023	3	151
22	952	55	1517	6	234	1	17	53	4076	15	5415
31	1547	50	1528	7	144	1	32	66	3088	13	2513
36	1191	51	2344	6	111	7	1342	65	4689	14	1529
23	775	54	1590	3	99	2	26	59	3557	20	2733
29	2157	24	531	1	14	5	134	39	2430	8	1327
7	332	3	21			1	163	15	1038	1	89
1	45							7	131		
9	314	37	1718	1	25	5	140	41	3010	10	720
13	684	28	929	1	80			45	3714	7	283
3	500	2	78					1	80	1	204
5	197	7	175			1	7	40	11708	3	244
4	255	10	114			3	109	10	1016		
6	906	4	137			1	9	6	566	1	25
47	2006	7	129	3	40	3	185	29	2961	4	400
11	429	12	129	1	10	1	8	16	1291		
8	102	5	99			2	230	4	475	8	974
25	819	35	495			5	116	17	1047	5	173
16	822	6	246	1	17	1	1	24	4367	1	37
		2	13			1	1	5	86	3	100
2	86	12	139					7	236	2	103
11	353	16	292	1	11	2	102	21	2209	3	279
2	113	2	9					4	503	1	90
1	20	3	23					5	436	2	95
7	420	7	169					9	682	1	24
		4	37			1	15	5	516	2	144
1	6	3	67					2	62		
		2	20							1	25
1	8	2	14					4	154	4	222
1	10	2	25					2	151	2	356
		2	20	2	28	3	251	8	322	1	10
3	37	1	25	1	5			10	368	1	92
3	201	3	29					3	189	1	1
11	372	27	408	1	20	2	20	43	2104	3	256
25	835	18	410	1	1	2	79	13	1018	11	1008
20	391	29	681	2	14	12	789	53	3209	5	84
19	1013	13	284			1	886	24	3919		

1-2-1 续表 2

指标名称	化学纤维制造业		橡胶制品业		塑料制品业		非金属矿物制品业		黑色金属冶炼及压延加工业	
	单位数	从业人数	单位数	从业人数	单位数	从业人数	单位数	从业人数	单位数	从业人数
合　计	**7**	**628**	**200**	**13980**	**625**	**20087**	**2784**	**163311**	**346**	**38971**
万州区			2	92	34	922	131	5779	11	636
涪陵区			6	469	17	602	105	8124	6	575
渝中区			11	742	9	146	5	111		
大渡口区			5	138	10	145	55	6144	18	14188
江北区			19	702	47	1576	37	1731	7	1058
沙坪坝区			18	719	55	2293	113	5576	41	5562
九龙坡区	2	78	25	2221	51	1853	125	5984	17	596
南岸区	2	49	20	1888	65	2490	48	3828	1	36
北碚区			15	772	33	1116	111	12617	16	887
万盛区			2	56	6	67	22	2195	1	185
双桥区	1	48	1	45			4	58		
渝北区			10	273	21	385	75	3615	7	98
巴南区			14	844	23	674	116	8421	11	1277
黔江区					3	87	8	710		
长寿区			1	133	12	616	86	4078	5	771
綦江县			3	54	11	286	55	2896	15	2432
潼南县			1	120	5	174	109	3587	3	352
铜梁县			5	195	16	307	130	5013	17	566
大足县			3	35	17	512	113	3993	40	1355
荣昌县			2	34	12	607	86	3562	13	548
璧山县	1	60	11	718	50	1700	96	4032	15	1117
梁平县					6	148	57	2309	6	460
城口县							11	256	10	672
丰都县					3	50	42	2299	1	60
垫江县			3	70	19	388	193	5864	8	146
武隆县			1	150			11	1093	3	219
忠　县					1	8	47	2021	1	6
开　县			2	770	5	206	82	6708	8	371
云阳县					2	97	37	2290		
奉节县					1	8	24	1197		
巫山县							11	925		
巫溪县					1	70	25	819	1	13
石柱县					2	11	24	2124		
秀山县					2	134	30	1516	14	1145
酉阳县							19	877	3	742
彭水县							32	2329	1	90
江津市	1	393	9	1390	21	1010	144	10532	7	1320
合川市			2	58	14	457	104	11258	11	415
永川市			4	116	38	361	177	6033	20	782
南川市			5	1176	13	581	84	10807	8	291

单位：个、人

有色金属冶炼及压延加工业		金属制品业		通用设备制造业		专用设备制造业		交通运输设备制造业		电气机械及器材制造业	
单位数	从业人数	单位数	从业人数	单位数	从业人数	单位数	从业人数	单位数	从业人数	单位数	从业人数
214	**23589**	**818**	**36408**	**1164**	**76775**	**426**	**59997**	**3074**	**331646**	**463**	**31939**
7	535	19	305	22	2822	6	175	31	974	8	2332
2	659	8	150	4	78	7	107	57	6886	10	821
4	205	22	688	40	2044	23	488	81	6240	38	2887
7	159	53	2142	67	4843	22	1826	202	18445	30	959
4	66	62	2845	90	5614	33	18965	202	33485	36	1738
25	1160	84	3656	222	13738	56	4901	550	54667	61	3841
41	9228	108	3408	116	8648	52	16384	436	56145	73	7947
9	385	52	6789	75	4556	32	1435	188	24736	42	2144
13	930	38	1432	88	5172	31	1234	332	23141	43	2754
		1	190	11	139	1	2	12	522	3	20
1	22	1	20	14	235	4	172	38	6831		
6	321	33	934	32	1475	19	1248	158	22206	22	2054
16	578	50	3142	94	9199	19	968	194	27926	28	2043
1	40	2	32	1	13						
1	29	12	196	13	1665	6	160	22	948	8	309
17	2252	20	2398	17	1073	1	15	85	7749	5	141
1	8	8	128	3	52	13	377	7	258	3	81
5	252	13	324	17	902	1	15	23	1282	2	32
4	86	72	1624	55	1212	24	530	82	2566	10	421
2	80	12	833	16	889	11	6224	17	1017	3	18
7	397	21	1470	40	1702	6	131	168	22186	7	174
		6	70			2	16	4	165	4	261
2	181	1	3					2	24	1	5
				1	6			6	403		
1	20	20	605	7	203	3	117	2	34	4	144
1	160			1	15	1	31				
				4	468			4	102	1	30
		8	161	2	152			9	251	1	50
				2	10	1	26	5	925		
		2	14	1	30			4	124		
								2	90		
		3	14			2	10				
		1	7					3	35		
24	5610	1	7			1	18	5	90		
		2	26			11	226				
		1	58			2	134	6	165		
2	22	33	860	40	7561	11	2780	50	2549	5	106
2	21	15	758	25	1117	5	334	34	1623	7	235
7	108	19	592	25	363	15	802	32	5587	5	333
2	75	15	527	19	779	5	146	21	1269	3	59

1-2-1 续表 3

指标名称	通信设备、计算机及其他电子设备制造业		仪器仪表及文化、办公用机械制造业		工艺品及其他制造业		废弃资源和废旧材料回收加工业		电力、热力的生产和供应业	
	单位数	从业人数	单位数	从业人数	单位数	从业人数	单位数	从业人数	单位数	从业人数
合　计	**98**	**10842**	**321**	**29378**	**191**	**6971**	**52**	**1560**	**591**	**51160**
万州区	1	138	4	929	17	2058	1	5	33	3162
涪陵区	3	132			2	5	1	61	45	4319
渝中区	6	1058	23	509	6	58			2	11792
大渡口区	3	129	7	784	1	10	3	442		
江北区	8	826	29	3023	6	248				
沙坪坝区	10	880	20	854	1	20	6	174	1	2
九龙坡区	21	2117	22	1491	11	158	6	45	5	347
南岸区	18	2624	28	2622	11	468			1	5
北碚区	10	1203	148	15973	7	184	2	106	5	205
万盛区			1	25			2	35	5	194
双桥区	2	82					2	56		
渝北区	8	1024	24	2239	11	210	1	9	9	187
巴南区	2	50	7	126	5	338	1	61	22	351
黔江区									4	1193
长寿区			1	20	2	77	1	28	21	2036
綦江县			1	1	3	484	3	33	32	736
潼南县					5	45			3	811
铜梁县					11	338	6	209	18	1293
大足县	2	60	1	8	10	118			9	564
荣昌县	1	145			7	109	2	21	3	397
璧山县	1	37	5	774	6	103			6	39
梁平县	1	9			2	53			4	93
城口县					1	1			11	565
丰都县					1	1			22	1089
垫江县					11	190	2	26	7	945
武隆县									49	1868
忠　县									17	1278
开　县							1	18	30	2585
云阳县					1	130			17	2052
奉节县					3	24	1	33	15	1609
巫山县							1	16	19	1335
巫溪县					1	6			31	1869
石柱县					3	591			11	861
秀山县									10	701
酉阳县									6	134
彭水县									15	736
江津市					9	50	7	155	44	2286
合川市					13	462			6	818
永川市	1	328			22	399	3	27	12	569
南川市					2	33			41	2134

单位：个、人

燃气生产和供应业		水的生产和供应业		房屋和土木工程建筑业		建筑安装业		建筑装饰业		其他建筑业	
单位数	从业人数	单位数	从业人数	单位数	从业人数	单位数	从业人数	单位数	从业人数	单位数	从业人数
87	**6494**	**401**	**12478**	**1611**	**811598**	**365**	**50124**	**710**	**34716**	**230**	**21325**
4	331	16	905	121	58046	8	730	18	783	13	902
1	316	10	685	71	33054	4	1099	13	682	2	229
		1	1999	85	31972	98	11967	194	10571	34	2960
		1	35	36	12672	17	4415	12	448	4	288
4	3174	3	551	49	38597	31	3513	76	3016	23	1308
1	60	5	106	89	37974	18	961	64	2517	1	33
2	56	13	219	88	67305	77	7947	100	6722	37	2535
		7	108	64	28164	34	6269	76	2603	24	4242
		9	96	39	23786	8	515	11	214	6	132
1	64	5	105	19	4791	2	95	2	59		
1	20	2	38	5	416	2	188	6	58	2	4
5	213	9	138	110	53901	36	4408	38	2628	23	621
6	396	17	305	81	46155	3	681	19	920	4	174
1	42	3	130	25	4292			2	85		
		11	225	39	32095	5	1091	5	375	1	45
4	91	5	258	47	16208			3	55	9	1307
2	85	8	148	39	25680			1	18	1	290
3	131	18	196	24	11226			3	353	1	114
2	106	14	300	35	9716			3	80	1	48
6	83	12	169	29	14040			1	82		
3	77	17	315	35	15930	1	148	7	260		
1	115	3	126	16	12635	1	120	1	15		
		1	61	5	955						
3	114	30	671	17	7996	1	1980			1	143
9	125	27	465	27	18034	5	1111	3	100		
1	14	5	252	18	5012	2	35	1	132	1	5
3	136	4	234	20	18812			3	278	2	8
4	100	15	411	44	28063			2	73	2	150
1	116	6	221	33	10985					1	29
1	32	4	288	25	4601	1	46				
1	29	3	261	12	2559			1	58	3	124
		4	97	11	2761						
2	64	2	267	8	1828			2	17		
		3	106	7	3857						
		7	196	6	2952			1	120		
1	14	4	152	11	1478						
6	146	47	437	60	56050			16	235	22	777
5	158	29	487	72	19549	3	774	18	429	5	1675
3	86	18	256	56	38949	6	1551	6	718	6	2767
		3	459	33	8502	2	480	2	12	1	415

1-2-1 续表 4

指标名称	铁路运输业		道路运输业		城市公共交通业		水上运输业		航空运输业	
	单位数	从业人数	单位数	从业人数	单位数	从业人数	单位数	从业人数	单位数	从业人数
合　计	**2**	**32395**	**878**	**59621**	**78**	**31211**	**189**	**32260**	**10**	**4384**
万州区			44	4728	6	645	24	3900	1	113
涪陵区			42	2424	5	473	46	6290		
渝中区	1	32026	70	11515	13	9110	22	14981		
大渡口区			22	874			2	234		
江北区			60	1861	6	2471	3	90		
沙坪坝区			61	2084	2	4592				
九龙坡区			91	8427			1	61		
南岸区			50	1198	5	8271	3	66		
北碚区			9	367	1	1676	6	348		
万盛区			9	251						
双桥区			6	181						
渝北区			43	3018	5	1777	1	20	8	4258
巴南区			28	2626	1	37	3	459		
黔江区			2	392	4	549	1	18	1	13
长寿区			14	1530	4	134	3	329		
綦江县			56	594			3	31		
潼南县			15	381	1	3	1	6		
铜梁县			12	1384			1	41		
大足县			17	739	1	19				
荣昌县			17	1189						
璧山县			20	465						
梁平县			13	1652						
城口县			3	235	1	4				
丰都县			7	749			7	876		
垫江县			7	353						
武隆县			4	478	1	4	1	38		
忠　县			10	1328	1	284	4	859		
开　县			11	1144	4	404				
云阳县			1	6	3	31	8	541		
奉节县			5	380	2	270	11	647		
巫山县			4	185	1	2	15	1075		
巫溪县			2	14			3	172		
石柱县			6	160	1	3				
秀山县			5	183	1	6				
酉阳县			3	119						
彭水县			9	147	2	22				
江津市			37	2836	1	103	9	643		
合川市			20	936	1	5	8	427		
永川市			31	1232	3	176	3	108		
南川市	1	369	12	1256	2	140				

单位：个、人

管道运输业		装卸搬运和其他运输服务业		仓储业		邮政业		电信和其他信息传输服务业	
单位数	从业人数	单位数	从业人数	单位数	从业人数	单位数	从业人数	单位数	从业人数
1	**14**	**352**	**14782**	**130**	**6160**	**4**	**10702**	**179**	**19795**
1	14	3	126	7	118			22	150
		15	888	9	189				
		83	2027			3	10695	13	7250
		12	1923	5	255			2	8
		61	1016	11	281	1	7	4	900
		19	904	5	342			6	104
		23	2022	35	1531			48	9228
		5	127	2	23			8	162
		11	1010	1	67				
		5	246						
		3	164	2	60			1	13
		20	173	1	1223			46	223
		1	140	3	65			1	3
				1	20			1	15
		10	369	2	72			1	30
		14	357	1	28				
				1	37				
		1	29	2	4			1	151
				1	18			3	117
		4	90	1	30			5	291
				11	139			2	30
								1	2
		4	565	1	2				
		1	70	2	266			1	38
		1	47					1	24
		4	54					1	189
				11	300				
		4	52					1	195
		2	70	1	74				
		4	306					1	45
				1	3			1	32
		1	56						
		3	25					1	50
		1	93	1	8				
		6	398					1	55
		26	1392	3	741			1	9
		2	29	2	72			2	245
		3	14	5	48			2	150
				2	144			1	86

1-2-1 续表 5

指标名称	计算机服务业		软件业		批发业		零售业		住宿业	
	单位数	从业人数	单位数	从业人数	单位数	从业人数	单位数	从业人数	单位数	从业人数
合　计	**627**	**7435**	**165**	**3847**	**6686**	**132322**	**5133**	**107215**	**536**	**37102**
万州区	116	344	9	46	368	8211	192	2367	28	1982
涪陵区	5	46	3	18	93	2251	165	6426	11	1681
渝中区	138	1452	57	1468	1311	32078	681	28564	109	11157
大渡口区	2	7			169	2085	64	909	3	31
江北区	8	171	19	864	406	7100	336	5616	17	569
沙坪坝区	31	275	15	349	638	8621	235	6145	29	1832
九龙坡区	171	4628	26	686	1357	19821	954	15351	28	4371
南岸区	6	28	10	58	405	11908	334	5539	19	2553
北碚区			3	59	100	1260	126	2064	14	275
万盛区	8	24			54	776	38	521	4	101
双桥区	4	13			43	419	12	54	4	138
渝北区	31	160	19	267	298	4205	230	3820	17	1894
巴南区					75	1682	59	1246	18	580
黔江区					29	953	57	954	11	697
长寿区	1	2			40	979	59	2055	6	465
綦江县	2	8			130	1392	106	1234	9	237
潼南县					51	845	12	252	2	10
铜梁县	1	3			92	1352	99	877	5	190
大足县					89	1209	68	507	10	397
荣昌县	3	16			38	1272	52	878	9	479
璧山县	30	58			51	1038	63	919	7	55
梁平县	4	17			33	735	22	347	7	177
城口县	5	10			11	306	27	300	4	27
丰都县	1	2			59	1061	47	730	12	533
垫江县					30	1485	82	1373	9	522
武隆县	4	7			17	889	10	261	11	587
忠　县					83	2001	73	1273	4	274
开　县	2	15	1	11	75	1994	75	1363	11	658
云阳县					26	775	33	921	5	283
奉节县	1	1			58	1462	24	1004	10	552
巫山县	15	37			17	964	50	1558	10	426
巫溪县					23	359	31	294	7	473
石柱县					33	1283	41	754	6	192
秀山县					22	673	31	825	3	125
酉阳县					26	547	35	547	6	291
彭水县	23	53			28	939	56	1166	8	206
江津市	1	2			75	2395	98	1621	17	468
合川市	1	11	2	9	90	1366	209	1674	6	429
永川市	10	36	1	12	106	2680	187	2875	26	367
南川市	3	9			37	951	60	2031	14	818

单位：个、人

餐饮业		银行业		证券业		保险业		其他金融活动	
单位数	从业人数	单位数	从业人数	单位数	从业人数	单位数	从业人数	单位数	从业人数
923	**42400**	**375**	**41376**	**13**	**1196**	**155**	**22367**	**39**	**915**
47	1555	10	3255			11	1614	1	2
31	1690	12	2001	1	6	8	1604	1	3
106	6097	76	6347	7	1129	21	8448	19	757
17	424	6	512	1	19	2	144		
68	5966	20	1729			7	368	4	31
62	3273	18	1881			5	385	1	18
70	4781	40	2524	1	21	6	717	2	30
69	4878	16	2073			5	130	3	19
15	592	8	1052			4	286	1	2
9	173	2	179			2	40		
2	46	2	15						
50	3128	16	1294	1	8	2	559		
23	1019	9	1036			6	1225		
1	1	7	573			5	486		
4	302	8	835			4	57	1	6
13	370	6	792			2	42		
7	203	4	494			2	60		
15	510	5	628			2	424		
10	208	5	524			3	249	1	2
19	437	6	675			2	380		
8	493	6	615			3	377		
7	369	4	772			2	213		
4	38	3	213			2	55		
9	145	6	687			2	434		
35	817	6	653			2	337		
1	27	4	399			3	356		
23	305	5	773			3	199		
2	173	3	825	1	6	3	530	1	18
3	319	4	671			2	259		
7	110	5	572			3	51		
6	133	5	450			2	109		
2	19	3	366			2	67	1	1
2	27	5	410			2	333		
1	51	4	353			2	274		
11	270	4	468			1	28		
4	184	4	438			3	148		
21	459	8	1091			7	187		
14	411	8	1610	1	7	5	359	2	11
120	2216	6	899			5	553	1	15
5	181	6	692			2	280		

1-2-1 续表 6

指标名称	房地产业		租赁业		商务服务业		研究与试验发展		专业技术服务业	
	单位数	从业人数	单位数	从业人数	单位数	从业人数	单位数	从业人数	单位数	从业人数
合 计	**3394**	**125008**	**223**	**3495**	**2605**	**52966**	**93**	**3600**	**576**	**19758**
万州区	141	3239	21	226	97	1464			31	694
涪陵区	119	2964	6	30	62	1508	2	11	21	683
渝中区	699	28624	28	757	928	22464	24	213	138	6808
大渡口区	64	2676	5	89	21	1593	1	2	13	455
江北区	291	10348	4	79	247	5432	3	260	62	2784
沙坪坝区	233	7884	12	204	136	2035	17	263	49	1597
九龙坡区	331	15510	34	472	224	4467	17	2405	63	1547
南岸区	240	10271	27	293	156	2853	7	192	17	690
北碚区	106	3150	3	25	50	759	8	87	12	474
万盛区	26	465	1	1	12	155	1	3	5	84
双桥区	8	141			6	202			3	47
渝北区	300	11652	35	455	125	1328	5	100	47	1590
巴南区	94	4799	18	562	40	1994			3	110
黔江区	17	839			18	278	1	5	9	120
长寿区	48	1413	2	16	10	170				
綦江县	67	1833	4	9	29	251			8	180
潼南县	16	365	2	20	30	163				
铜梁县	27	487			23	148	1	4	8	68
大足县	31	610			33	325			6	80
荣昌县	29	691			21	192	1	12	5	46
璧山县	36	876	4	127	24	331			1	10
梁平县	6	170	2	17	14	351			3	45
城口县					3	16				
丰都县	24	576			26	463			7	67
垫江县	17	552	1	5	7	46			1	61
武隆县	5	136			3	38			3	47
忠 县	22	1068			7	119	1	5	4	50
开 县	41	2814	1	15	7	260			3	50
云阳县	13	710			13	136			5	427
奉节县	18	711			8	263			1	3
巫山县	13	291			38	625	2	15	6	93
巫溪县	2	59			3	28			2	29
石柱县	5	138	1	6	6	28				
秀山县	13	289			4	55			2	38
酉阳县	1	39			8	130			1	33
彭水县	20	682			6	44			4	34
江津市	67	1724	7	54	45	885			13	348
合川市	81	1731	2	10	58	381	1	3	8	175
永川市	97	3849	3	23	46	798	1	20	8	143
南川市	26	632			11	188			4	48

单位：个、人

科技交流和推广服务业		地质勘查业		水利管理业		环境管理业		公共设施管理业	
单位数	从业人数	单位数	从业人数	单位数	从业人数	单位数	从业人数	单位数	从业人数
230	**3693**	**17**	**1693**	**52**	**1001**	**79**	**1277**	**129**	**4700**
14	93			2	90	13	158	6	40
26	271					2	27	8	159
38	774	6	212	2	69	14	234	8	706
3	274					4	34		
17	392					8	187	9	499
40	648			1	5	1	15	2	137
24	274	1	30			5	139	8	452
9	283					4	48	6	443
7	184	1	28	2	42	1	14	3	159
4	4			2	60			7	249
6	40	5	175	4	147	3	31	12	415
3	22	1	158	1	2			3	48
1	1					1	50	2	83
				1	92			3	160
7	23			3	34	2	8	1	5
				1	4			3	34
				1	120	1	12		
						1	58		
								4	22
4	28			1	8	2	12	3	25
								1	20
1	3			5	16	2	24	3	70
2	119					1	5	2	25
1	11	2	71			1	13	5	337
1	15			2	25	1	2	1	30
1	1			2	154	1	32		
1	3			1	1	2	24	1	10
				1	10			5	88
								7	249
				2	10	1	13	1	4
								1	18
1	9							1	1
6	41			14	72	4	95	5	80
7	53							3	92
3	16	1	1019	3	34	4	42	4	23
3	111			1	6			1	17

1-2-1 续表 7

指标名称	居民服务业		其他服务业		教育		卫生		社会保障业	
	单位数	从业人数	单位数	从业人数	单位数	从业人数	单位数	从业人数	单位数	从业人数
合 计	**424**	**8950**	**564**	**11060**	**153**	**4284**	**87**	**3210**	**2**	**32**
万州区	35	537	24	182	13	448	12	167		
涪陵区	4	91	7	117	3	45				
渝中区	107	2334	80	2532	20	518	13	300	1	2
大渡口区	9	862	9	176	3	10				
江北区	39	1165	68	1201	25	1022	15	658		
沙坪坝区	41	559	47	603	11	208	4	25		
九龙坡区	36	1084	123	3011	16	556	12	906	1	30
南岸区	20	470	14	112	4	105	1	185		
北碚区	5	67	12	221	7	91	3	302		
万盛区	2	30	4	216			1	2		
双桥区										
渝北区	26	332	54	656	8	461	5	95		
巴南区	11	187	3	25	9	135	1	83		
黔江区	1	12	6	80	2	16				
长寿区			4	359						
綦江县	3	30	7	44	2	56				
潼南县			1	10						
铜梁县	4	54	2	20	1	4	1	32		
大足县	2	23	4	38	1	5				
荣昌县	6	116	5	38	2	52				
璧山县	3	26	1	4						
梁平县	1	15	4	51						
城口县			5	85						
丰都县	1	7					3	179		
垫江县	3	61	3	79	3	117	2	16		
武隆县	1	15	2	97						
忠 县	2	36	2	14	3	52	1	21		
开 县	2	25	2	41	4	152	1	110		
云阳县			1	15	1	43				
奉节县			2	25	2	42	1	4		
巫山县	1	3	5	99			1	24		
巫溪县			6	93						
石柱县	1	5			1	13				
秀山县					1	12				
酉阳县	3	30								
彭水县	1	4	1	4	1	3				
江津市	9	64	12	132	1	6	3	64		
合川市	4	242	19	294	4	43	2	17		
永川市	38	446	24	354	4	42	5	20		
南川市	3	18	1	32	1	27				

单位：个、人

社会福利业		新闻出版业		广播、电视、电影和音像业		文化艺术业		体育		娱乐业	
单位数	从业人数	单位数	从业人数	单位数	从业人数	单位数	从业人数	单位数	从业人数	单位数	从业人数
2	**23**	**17**	**1961**	**64**	**2067**	**53**	**590**	**12**	**169**	**196**	**4002**
				1	28	4	46	3	44	43	380
		1	102	2	135	1	2				
		11	1248	17	383	9	95	6	26	31	718
				1	64	1	2			7	100
		1	6	3	58	2	17	1	82	11	489
		1	180	3	115	3	53	2	17	21	436
		1	285	17	831	15	180			14	256
				3	38	3	14			5	143
		2	140	2	74					7	127
				1	1					2	34
				1	33	1	2			10	79
				1	9					5	198
						1	5				
										2	32
				3	84	1	3			2	22
										2	65
						6	137			2	63
										1	3
1	20					2	10			1	39
				1	27					3	53
				1	55	1	4			1	14
				1	8					1	20
										4	9
				1	3						
				1	37						
1	3					1	2				
				1	34					3	181
				1	25	2	18			5	83
				1	17					12	450
				1	8					1	8

1-2-2 按行业分组的企业产业活动单位数及从业人数

单位：个、人

指标名称	单位数	多产业法人所属的产业活动单位	从业人数	多产业法人所属的产业活动单位
合　计	**71599**	**25753**	**3322492**	**981789**
农、林、牧、渔业	**4**	**4**	**234**	**234**
农业	4	4	234	234
采矿业	**2919**	**308**	**213677**	**55192**
煤炭开采和洗选业	1496	199	162922	47030
石油和天然气开采业	9	8	1308	1171
黑色金属矿采选业	184	7	11854	2394
有色金属矿采选业	19		421	
非金属矿采选业	1211	94	37172	4597
制造业	**19309**	**2200**	**1220577**	**311131**
农副食品加工业	1308	178	38163	5886
食品制造业	736	193	25182	6563
饮料制造业	909	142	22256	5458
烟草制品业	6	2	5467	2474
纺织业	1181	79	86633	17845
纺织服装、鞋、帽制造业	252	34	12454	911
皮革、毛皮、羽毛(绒)及其制品业	232	14	12678	702
木材加工及木、竹、藤、棕、草制品业	190	11	4991	744
家具制造业	402	53	10680	1969
造纸及纸制品业	463	26	21001	3175
印刷业和记录媒介的复制	706	60	18220	1451
文教体育用品制造业	54	8	1097	82
石油加工、炼焦及核燃料加工业	74	14	4813	2239
化学原料及化学制品制造业	946	141	78027	27033
医药制造业	205	41	25121	7145
化学纤维制造业	7		628	
橡胶制品业	216	22	14031	1594
塑料制品业	633	16	20093	228
非金属矿物制品业	2933	215	163780	22169
黑色金属冶炼及压延加工业	402	67	39056	18832
有色金属冶炼及压延加工业	230	24	23611	9109
金属制品业	881	98	36520	8394
通用设备制造业	1286	169	78106	23587
专用设备制造业	511	105	63014	43219

1-2-2　续表 1　　　　单位：个、人

指标名称	单位数	多产业法人所属的产业活动单位	从业人数	多产业法人所属的产业活动单位
交通运输设备制造业	3290	308	333753	80854
电气机械及器材制造业	518	79	32163	6169
通信设备、计算机及其他电子设备制造业	112	18	10969	3205
仪器仪表及文化、办公用机械制造业	375	70	29523	10021
工艺品及其他制造业	196	9	6986	57
废弃资源和废旧材料回收加工业	55	4	1561	16
电力、燃气及水的生产和供应业	**1771**	**817**	**73681**	**47640**
电力、热力的生产和供应业	1086	566	53048	36186
燃气生产和供应业	139	71	6572	4738
水的生产和供应业	546	180	14061	6716
建筑业	**3317**	**583**	**926902**	**171858**
房屋和土木工程建筑业	1951	484	820504	163249
建筑安装业	392	41	50234	6275
建筑装饰业	738	49	34809	1769
其他建筑业	236	9	21355	565
交通运输、仓储和邮政业	**4068**	**2653**	**184401**	**116577**
铁路运输业	37	36	21770	21401
道路运输业	1346	589	61866	32092
城市公共交通业	138	75	31637	25063
水上运输业	329	173	32562	21373
航空运输业	10		4384	
管道运输业	1		14	
装卸搬运和其他运输服务业	416	94	14862	3526
仓储业	220	118	6604	2443
邮政业	1571	1568	10702	10679
信息传输、计算机服务和软件业	**2510**	**1578**	**43311**	**30346**
电信和其他信息传输服务业	1701	1545	32018	29910
计算机服务业	638	21	7437	199
软件业	171	12	3856	237
批发和零售业	**20940**	**10776**	**245977**	**105734**
批发业	11825	5976	135863	52583
零售业	9115	4800	110114	53151

1-2-2 续表 2 单位：个、人

指标名称	单位数	多产业法人所属的产业活动单位	从业人数	多产业法人所属的产业活动单位
住宿和餐饮业	**1952**	**672**	**80770**	**24228**
住宿业	747	296	37618	11846
餐饮业	1205	376	43152	12382
金融业	**4251**	**3922**	**71631**	**59014**
银行业	3605	3423	44235	38426
证券业	43	33	1229	933
保险业	564	466	25252	19655
其他金融活动	39		915	
房地产业	**4059**	**962**	**128206**	**27045**
房地产业	4059	962	128206	27045
租赁和商务服务业	**3300**	**652**	**59357**	**15787**
租赁业	251	37	3640	684
商务服务业	3049	615	55717	15103
科学研究、技术服务和地质勘查业	**981**	**102**	**28923**	**4328**
研究与试验发展	100	11	3600	619
专业技术服务业	606	50	19818	2142
科技交流和推广服务业	249	31	3812	548
地质勘查业	26	10	1693	1019
水利、环境和公共设施管理业	**298**	**53**	**7098**	**1020**
水利管理业	65	17	1001	307
环境管理业	80	2	1281	49
公共设施管理业	153	34	4816	664
居民服务和其他服务业	**1184**	**269**	**20674**	**5917**
居民服务业	556	177	9442	3848
其他服务业	628	92	11232	2069
教育	**241**	**116**	**4431**	**2354**
教育	241	116	4431	2354
卫生、社会保障和社会福利业	**97**	**10**	**3290**	**447**
卫生	91	7	3235	427
社会保障业	2		32	
社会福利业	4	3	23	20
文化、体育和娱乐业	**398**	**76**	**9352**	**2937**
新闻出版业	26	12	2032	769
广播、电视、电影和音像业	89	32	2239	1294
文化艺术业	56	6	590	9
体育	12		169	
娱乐业	215	26	4322	865

1-2-3 按行业、营业状态分组的企业法人单位数及从业人数

单位：个、人

指标名称	单位数	营业	停业	筹建	当年关闭	当年破产	其他
合　计	**49841**	**45398**	**2322**	**1393**	**401**	**120**	**207**
农、林、牧、渔业	**3**	**3**					
农业	3	3					
采矿业	**2676**	**2392**	**88**	**145**	**28**	**5**	**18**
煤炭开采和洗选业	1337	1270	24	19	7	4	13
石油和天然气开采业	2	2					
黑色金属矿采选业	178	129	17	30	2		
有色金属矿采选业	19	12	2	5			
非金属矿采选业	1140	979	45	91	19	1	5
制造业	**17720**	**15901**	**1007**	**488**	**216**	**58**	**50**
农副食品加工业	1179	1031	81	45	15	6	1
食品制造业	573	476	64	20	6	5	2
饮料制造业	812	719	63	12	13	2	3
烟草制品业	5	5					
纺织业	1123	1044	48	13	12	4	2
纺织服装、鞋、帽制造业	227	190	26	6	3		2
皮革、毛皮、羽毛(绒)及其制品业	222	176	27	17	1	1	
木材加工及木、竹、藤、棕、草制品业	182	161	13	4	4		
家具制造业	369	345	14	6	3		1
造纸及纸制品业	446	399	22	13	4	3	5
印刷业和记录媒介的复制	673	630	23	10	7	1	2
文教体育用品制造业	50	42	5	3			
石油加工、炼焦及核燃料加工业	66	56	4	3	1	2	
化学原料及化学制品制造业	838	741	57	23	10	4	3
医药制造业	172	139	12	18	2		1
化学纤维制造业	7	5	1	1			
橡胶制品业	200	184	10	2	4		
塑料制品业	625	564	33	13	11	1	3
非金属矿物制品业	2784	2519	146	60	38	7	14
黑色金属冶炼及压延加工业	346	293	29	12	12		
有色金属冶炼及压延加工业	214	187	13	10	4		
金属制品业	818	732	49	19	12	4	2
通用设备制造业	1164	1065	49	31	13	5	1
专用设备制造业	426	379	25	17	2	3	

1-2-3 续表 1 单位：个、人

指标名称	单位数						
		营业	停业	筹建	当年关闭	当年破产	其他
交通运输设备制造业	3074	2860	99	79	28	4	4
电气机械及器材制造业	463	400	33	22	5	2	1
通信设备、计算机及其他电子设备制造业	98	88	3	6			1
仪器仪表及文化、办公用机械制造业	321	277	34	9			1
工艺品及其他制造业	191	150	21	10	5	4	1
废弃资源和废旧材料回收加工业	52	44	3	4	1		
电力、燃气及水的生产和供应业	**1079**	**994**	**19**	**59**	**4**		**3**
电力、热力的生产和供应业	591	532	10	46	3		
燃气生产和供应业	87	79	2	5	1		
水的生产和供应业	401	383	7	8			3
建筑业	**2916**	**2808**	**61**	**38**		**4**	**5**
房屋和土木工程建筑业	1611	1571	25	9		4	2
建筑安装业	365	357	5	2			1
建筑装饰业	710	676	17	15			2
其他建筑业	230	204	14	12			
交通运输、仓储和邮政业	**1644**	**1493**	**78**	**47**	**8**	**7**	**11**
铁路运输业	2	2					
道路运输业	878	795	40	25	6	4	8
城市公共交通业	78	74	1	3			
水上运输业	189	173	6	8	1		1
航空运输业	10	9		1			
管道运输业	1	1					
装卸搬运和其他运输服务业	352	314	24	9		3	2
仓储业	130	121	7	1	1		
邮政业	4	4					
信息传输、计算机服务和软件业	**971**	**927**	**22**	**17**		**5**	
电信和其他信息传输服务业	179	173	1	1		4	
计算机服务业	627	608	11	8			
软件业	165	146	10	8		1	
批发和零售业	**11819**	**10751**	**628**	**274**	**84**	**22**	**60**
批发业	6686	6103	332	162	45	10	34
零售业	5133	4648	296	112	39	12	26

1-2-3 续表 2

单位：个、人

指标名称	单位数	营业	停业	筹建	当年关闭	当年破产	其他
住宿和餐饮业	**1459**	**1371**	**53**	**17**	**10**	**3**	**5**
住宿业	536	508	19	5	1	1	2
餐饮业	923	863	34	12	9	2	3
金融业	**582**	**575**	**3**	**4**			
银行业	375	374	1				
证券业	13	13					
保险业	155	154		1			
其他金融活动	39	34	2	3			
房地产业	**3394**	**3129**	**121**	**76**	**13**	**3**	**52**
房地产业	3394	3129	121	76	13	3	52
租赁和商务服务业	**2828**	**2538**	**127**	**132**	**21**	**8**	**2**
租赁业	223	209	8	4	2		
商务服务业	2605	2329	119	128	19	8	2
科学研究、技术服务和地质勘查业	**916**	**819**	**47**	**39**	**7**	**4**	
研究与试验发展	93	82	4	7			
专业技术服务业	576	531	19	17	5	4	
科技交流和推广服务业	230	189	24	15	2		
地质勘查业	17	17					
水利、环境和公共设施管理业	**260**	**228**	**12**	**19**		**1**	
水利管理业	52	49	2	1			
环境管理业	79	67	4	7		1	
公共设施管理业	129	112	6	11			
居民服务和其他服务业	**988**	**926**	**32**	**23**	**6**		**1**
居民服务业	424	399	8	13	4		
其他服务业	564	527	24	10	2		1
教育	**153**	**146**	**1**	**4**	**2**		
教育	153	146	1	4	2		
卫生、社会保障和社会福利业	**91**	**87**	**1**	**3**			
卫生	87	83	1	3			
社会保障业	2	2					
社会福利业	2	2					
文化、体育和娱乐业	**342**	**310**	**22**	**8**	**2**		
新闻出版业	17	17					
广播、电视、电影和音像业	64	56	6	2			
文化艺术业	53	45	5	3			
体育	12	10	2				
娱乐业	196	182	9	3	2		

1-2-3 续表 3

单位：个、人

指标名称	从业人数						
		营业	停业	筹建	当年关闭	当年破产	其他
合　计	**3271658**	**3196747**	**35832**	**18312**	**6141**	**8529**	**6097**
农、林、牧、渔业	**293**	**293**					
农业	293	293					
采矿业	**212969**	**206403**	**1411**	**2313**	**1070**	**5**	**1767**
煤炭开采和洗选业	162499	159167	886	371	353		1722
石油和天然气开采业	1308	1308					
黑色金属矿采选业	11854	11214	137	503			
有色金属矿采选业	421	371	2	48			
非金属矿采选业	36887	34343	386	1391	717	5	45
制造业	**1209463**	**1167163**	**20546**	**9009**	**3338**	**7464**	**1943**
农副食品加工业	38100	36468	966	372	280	13	1
食品制造业	24444	22790	1046	307	86	120	95
饮料制造业	21627	20752	444	328	54		49
烟草制品业	5467	5467					
纺织业	86461	77837	3046	115	248	5212	3
纺织服装、鞋、帽制造业	12204	11515	596	42			51
皮革、毛皮、羽毛(绒)及其制品业	12675	12081	535	57	2		
木材加工及木、竹、藤、棕、草制品业	4991	4849	56	20	66		
家具制造业	10568	10394	103	24	29		18
造纸及纸制品业	20965	20149	402	149	16	93	156
印刷业和记录媒介的复制	18059	17220	560	161	23	1	94
文教体育用品制造业	1040	926	109	5			
石油加工、炼焦及核燃料加工业	4755	4678	44	16	17		
化学原料及化学制品制造业	77077	73750	2012	723	135	364	93
医药制造业	24948	24316	94	466			72
化学纤维制造业	628	571	9	48			
橡胶制品业	13980	13828	127	3	22		
塑料制品业	20087	19297	274	252	177	69	18
非金属矿物制品业	163311	158222	2070	1772	539	7	701
黑色金属冶炼及压延加工业	38971	36988	1262	434	287		
有色金属冶炼及压延加工业	23589	21813	1178	597	1		
金属制品业	36408	34989	1169	177	55	1	17
通用设备制造业	76775	75142	709	617	112	18	177
专用设备制造业	59997	58958	555	394	45	45	

1-2-3 续表 4

单位：个、人

指标名称	从业人数						
		营业	停业	筹建	当年关闭	当年破产	其他
交通运输设备制造业	331646	326369	1087	1215	1081	1516	378
电气机械及器材制造业	31939	30756	810	348	17	3	5
通信设备、计算机及其他电子设备制造业	10842	10684	34	119			5
仪器仪表及文化、办公用机械制造业	29378	28442	852	79			5
工艺品及其他制造业	6971	6542	341	47	34	2	5
废弃资源和废旧材料回收加工业	1560	1370	56	122	12		
电力、燃气及水的生产和供应业	**70132**	**68311**	**226**	**1235**	**289**		**71**
电力、热力的生产和供应业	51160	49681	140	1054	285		
燃气生产和供应业	6494	6370	68	52	4		
水的生产和供应业	12478	12260	18	129			71
建筑业	**917763**	**914902**	**2339**	**447**		**10**	**65**
房屋和土木工程建筑业	811598	810045	1251	271		10	21
建筑安装业	50124	49791	291	12			30
建筑装饰业	34716	34462	133	107			14
其他建筑业	21325	20604	664	57			
交通运输、仓储和邮政业	**191529**	**189070**	**1554**	**358**	**160**	**173**	**214**
铁路运输业	32395	32395					
道路运输业	59621	58770	467	128	10	120	126
城市公共交通业	31211	31191	6	14			
水上运输业	32260	31684	282	131	148		15
航空运输业	4384	4371		13			
管道运输业	14	14					
装卸搬运和其他运输服务业	14782	14337	255	64		53	73
仓储业	6160	5606	544	8	2		
邮政业	10702	10702					
信息传输、计算机服务和软件业	**31077**	**30791**	**153**	**83**		**50**	
电信和其他信息传输服务业	19795	19785	5	5			
计算机服务业	7435	7358	47	30			
软件业	3847	3648	101	48		50	
批发和零售业	**239537**	**230562**	**5693**	**1754**	**416**	**193**	**919**
批发业	132322	127925	2751	1058	220	36	332
零售业	107215	102637	2942	696	196	157	587

1-2-3 续表 5　　　　单位：个、人

指标名称	从业人数						
		营业	停业	筹建	当年关闭	当年破产	其他
住宿和餐饮业	**79502**	**78266**	**726**	**284**	**62**	**28**	**136**
住宿业	37102	36449	389	148	1		115
餐饮业	42400	41817	337	136	61	28	21
金融业	**65854**	**65826**	**6**	**22**			
银行业	41376	41375	1				
证券业	1196	1196					
保险业	22367	22351		16			
其他金融活动	915	904	5	6			
房地产业	**125008**	**120986**	**1415**	**843**	**691**	**103**	**970**
房地产业	125008	120986	1415	843	691	103	970
租赁和商务服务业	**56461**	**53754**	**1049**	**1107**	**47**	**497**	**7**
租赁业	3495	3453	29	13			
商务服务业	52966	50301	1020	1094	47	497	7
科学研究、技术服务和地质勘查业	**28744**	**28104**	**238**	**389**	**13**		
研究与试验发展	3600	3502	12	86			
专业技术服务业	19758	19514	87	149	8		
科技交流和推广服务业	3693	3395	139	154	5		
地质勘查业	1693	1693					
水利、环境和公共设施管理业	**6978**	**6666**	**79**	**227**		**6**	
水利管理业	1001	973	25	3			
环境管理业	1277	1189	31	51		6	
公共设施管理业	4700	4504	23	173			
居民服务和其他服务业	**20010**	**19626**	**249**	**123**	**7**		**5**
居民服务业	8950	8804	60	79	7		
其他服务业	11060	10822	189	44			5
教育	**4284**	**4264**	**1**	**13**	**6**		
教育	4284	4264	1	13	6		
卫生、社会保障和社会福利业	**3265**	**3232**	**8**	**25**			
卫生	3210	3177	8	25			
社会保障业	32	32					
社会福利业	23	23					
文化、体育和娱乐业	**8789**	**8528**	**139**	**80**	**42**		
新闻出版业	1961	1961					
广播、电视、电影和音像业	2067	1977	87	3			
文化艺术业	590	558	22	10			
体育	169	167	2				
娱乐业	4002	3865	28	67	42		

1-2-4 按行业、开业(成立)时间分组的企业法人单位数及从业人数

单位：个、人

指标名称	总计		#1949年以前		#1950-1977年		#1978-1991年	
	单位数	从业人数	单位数	从业人数	单位数	从业人数	单位数	从业人数
合　计	**49841**	**3271658**	**78**	**94162**	**2340**	**445021**	**4317**	**494969**
农、林、牧、渔业	**3**	**293**						
农业	3	293						
采矿业	**2676**	**212969**	**5**	**13071**	**158**	**29662**	**451**	**41662**
煤炭开采和洗选业	1337	162499	5	13071	146	29107	315	34034
石油和天然气开采业	2	1308					1	1171
黑色金属矿采选业	178	11854					9	870
有色金属矿采选业	19	421					3	79
非金属矿采选业	1140	36887			12	555	123	5508
制造业	**17720**	**1209463**	**44**	**73814**	**727**	**148380**	**1908**	**129541**
农副食品加工业	1179	38100	1	16	41	1511	91	1832
食品制造业	573	24444	2	2396	23	1068	56	2560
饮料制造业	812	21627	1	1143	39	3543	155	1674
烟草制品业	5	5467			1	1339		
纺织业	1123	86461	7	16476	20	1851	57	12635
纺织服装、鞋、帽制造业	227	12204			25	883	22	1209
皮革、毛皮、羽毛(绒)及其制品业	222	12675			8	357	26	1856
木材加工及木、竹、藤、棕、草制品业	182	4991			7	251	17	380
家具制造业	369	10568			7	474	22	764
造纸及纸制品业	446	20965	1	39	20	1271	44	1808
印刷业和记录媒介的复制	673	18059			32	1887	129	3141
文教体育用品制造业	50	1040			3	23	7	259
石油加工、炼焦及核燃料加工业	66	4755			4	173	3	84
化学原料及化学制品制造业	838	77077	6	4575	41	16905	103	10389
医药制造业	172	24948	1	640	12	6801	16	1182
化学纤维制造业	7	628			1	40		
橡胶制品业	200	13980	1	978	11	1302	22	1438
塑料制品业	625	20087	1	5	17	996	66	1466
非金属矿物制品业	2784	163311	5	1828	89	16486	388	29548
黑色金属冶炼及压延加工业	346	38971			12	2152	32	1317
有色金属冶炼及压延加工业	214	23589			9	8733	23	1701
金属制品业	818	36408	1	882	52	4347	88	4163
通用设备制造业	1164	76775	4	4682	63	17694	146	12205
专用设备制造业	426	59997	4	27181	28	14268	46	2024

1-2-4 续表 1 单位：个、人

指标名称	总计		# 1949年以前		# 1950-1977年		# 1978-1991年	
	单位数	从业人数	单位数	从业人数	单位数	从业人数	单位数	从业人数
交通运输设备制造业	3074	331646	5	10745	98	31587	239	29930
电气机械及器材制造业	463	31939	4	2228	29	4525	53	3445
通信设备、计算机及其他电子设备制造业	98	10842			6	3088	6	271
仪器仪表及文化、办公用机械制造业	321	29378			20	4483	26	1478
工艺品及其他制造业	191	6971			9	342	20	694
废弃资源和废旧材料回收加工业	52	1560					5	88
电力、燃气及水的生产和供应业	**1079**	**70132**	**4**	**4212**	**128**	**11513**	**289**	**8347**
电力、热力的生产和供应业	591	51160	2	1965	93	5723	167	5581
燃气生产和供应业	87	6494			1	2158	9	1155
水的生产和供应业	401	12478	2	2247	34	3632	113	1611
建筑业	**2916**	**917763**			**160**	**134116**	**438**	**235464**
房屋和土木工程建筑业	1611	811598			150	128889	367	222337
建筑安装业	365	50124			5	4684	32	8614
建筑装饰业	710	34716			2	234	23	2645
其他建筑业	230	21325			3	309	16	1868
交通运输、仓储和邮政业	**1644**	**191529**	**2**	**505**	**154**	**79942**	**116**	**16853**
铁路运输业	2	32395			1	32026	1	369
道路运输业	878	59621			61	19287	42	3847
城市公共交通业	78	31211			4	9966	10	5920
水上运输业	189	32260	1	480	20	12558	11	2377
航空运输业	10	4384			1	2142	1	1583
管道运输业	1	14						
装卸搬运和其他运输服务业	352	14782	1	25	50	2820	33	1907
仓储业	130	6160			17	1143	18	850
邮政业	4	10702						
信息传输、计算机服务和软件业	**971**	**31077**					**5**	**106**
电信和其他信息传输服务业	179	19795					2	6
计算机服务业	627	7435					2	80
软件业	165	3847					1	20
批发和零售业	**11819**	**239537**	**10**	**366**	**750**	**27097**	**547**	**20377**
批发业	6686	132322	3	298	267	10714	290	15907
零售业	5133	107215	7	68	483	16383	257	4470

1-2-4 续表 2

单位：个、人

指标名称	总计		#1949年以前		#1950-1977年		#1978-1991年	
	单位数	从业人数	单位数	从业人数	单位数	从业人数	单位数	从业人数
住宿和餐饮业	**1459**	**79502**	**1**	**67**	**63**	**2112**	**103**	**5195**
住宿业	536	37102			26	1670	73	4359
餐饮业	923	42400	1	67	37	442	30	836
金融业	**582**	**65854**	**9**	**1419**	**15**	**2981**	**135**	**20960**
银行业	375	41376	1	265	14	2961	118	19933
证券业	13	1196						
保险业	155	22367	8	1154	1	20	16	893
其他金融活动	39	915					1	134
房地产业	**3394**	**125008**	**2**	**280**	**74**	**1871**	**81**	**4734**
房地产业	3394	125008	2	280	74	1871	81	4734
租赁和商务服务业	**2828**	**56461**	**1**	**428**	**28**	**919**	**82**	**5440**
租赁业	223	3495			1	8	3	176
商务服务业	2605	52966	1	428	27	911	79	5264
科学研究、技术服务和地质勘查业	**916**	**28744**			**22**	**4171**	**60**	**2616**
研究与试验发展	93	3600			4	789	4	51
专业技术服务业	576	19758			9	2085	36	2297
科技交流和推广服务业	230	3693			8	278	18	225
地质勘查业	17	1693			1	1019	2	43
水利、环境和公共设施管理业	**260**	**6978**			**14**	**205**	**14**	**238**
水利管理业	52	1001			14	205	10	100
环境管理业	79	1277					1	50
公共设施管理业	129	4700					3	88
居民服务和其他服务业	**988**	**20010**			**20**	**342**	**60**	**2340**
居民服务业	424	8950			14	280	23	895
其他服务业	564	11060			6	62	37	1445
教育	**153**	**4284**			**2**	**28**	**8**	**178**
教育	153	4284			2	28	8	178
卫生、社会保障和社会福利业	**91**	**3265**			**8**	**717**	**7**	**407**
卫生	87	3210			7	715	6	404
社会保障业	2	32			1	2		
社会福利业	2	23					1	3
文化、体育和娱乐业	**342**	**8789**			**17**	**965**	**13**	**511**
新闻出版业	17	1961			1	311	5	336
广播、电视、电影和音像业	64	2067			14	619	4	61
文化艺术业	53	590					2	102
体育	12	169					1	8
娱乐业	196	4002			2	35	1	4

1-2-4 续表 3

单位：个、人

指标名称	#1992-1995年		#1996年		#1997年		#1998年	
	单位数	从业人数	单位数	从业人数	单位数	从业人数	单位数	从业人数
合计	**5371**	**448122**	**1782**	**142137**	**2497**	**195111**	**3405**	**221889**
农、林、牧、渔业								
农业								
采矿业	**275**	**17122**	**94**	**10092**	**91**	**6840**	**178**	**12965**
煤炭开采和洗选业	158	12986	66	5784	46	4375	79	8884
石油和天然气开采业								
黑色金属矿采选业	8	621	5	3235	5	834	9	1252
有色金属矿采选业	1	5					2	62
非金属矿采选业	108	3510	23	1073	40	1631	88	2767
制造业	**2315**	**169977**	**701**	**54674**	**842**	**72900**	**1210**	**72708**
农副食品加工业	106	6615	37	492	58	2603	81	3416
食品制造业	55	3979	26	846	32	1068	44	3150
饮料制造业	102	3088	31	772	43	985	74	1184
烟草制品业							1	2474
纺织业	105	7088	18	1517	35	2325	62	5411
纺织服装、鞋、帽制造业	33	1734	8	380	12	956	13	632
皮革、毛皮、羽毛(绒)及其制品业	30	2337	9	220	12	706	13	671
木材加工及木、竹、藤、棕、草制品业	14	513	5	30	5	681	19	568
家具制造业	45	1286	13	230	18	346	37	1576
造纸及纸制品业	51	2126	20	982	15	1755	30	2013
印刷业和记录媒介的复制	134	3019	25	1049	49	1610	53	1369
文教体育用品制造业	4	101			4	50	4	158
石油加工、炼焦及核燃料加工业	2	16	4	1043	4	1121	5	433
化学原料及化学制品制造业	122	5528	42	2803	43	2927	54	2539
医药制造业	20	8062	7	811	6	1060	8	606
化学纤维制造业	1	36					2	435
橡胶制品业	31	835	5	97	9	874	11	1503
塑料制品业	80	3558	28	712	32	1370	39	1320
非金属矿物制品业	477	26761	138	6574	127	8751	200	11398
黑色金属冶炼及压延加工业	42	3056	11	2465	16	12787	20	750
有色金属冶炼及压延加工业	26	1859	5	1099	8	108	6	421
金属制品业	98	7963	29	897	38	1977	51	1571
通用设备制造业	159	8098	42	1837	49	2235	70	2876
专用设备制造业	48	1606	19	1511	14	588	28	1374

1-2-4 续表 4 单位：个、人

指标名称	# 1992-1995年		# 1996年		# 1997年		# 1998年	
	单位数	从业人数	单位数	从业人数	单位数	从业人数	单位数	从业人数
交通运输设备制造业	391	59024	128	24070	148	22406	203	17734
电气机械及器材制造业	53	3669	18	908	30	1375	36	3385
通信设备、计算机及其他电子设备制造业	14	1269	4	208	9	543	7	1233
仪器仪表及文化、办公用机械制造业	52	4847	20	2606	21	1575	21	2088
工艺品及其他制造业	17	1857	8	506	5	118	17	413
废弃资源和废旧材料回收加工业	3	47	1	9			1	7
电力、燃气及水的生产和供应业	**89**	**6357**	**23**	**493**	**31**	**12932**	**60**	**1989**
电力、热力的生产和供应业	38	5001	9	76	16	12546	26	1391
燃气生产和供应业	10	615	4	30	4	146	8	169
水的生产和供应业	41	741	10	387	11	240	26	429
建筑业	**539**	**171183**	**149**	**44471**	**208**	**50220**	**231**	**74539**
房屋和土木工程建筑业	345	148390	84	40541	108	41658	104	62253
建筑安装业	60	9941	18	1405	30	4061	42	5302
建筑装饰业	109	8771	36	2126	62	3947	70	5396
其他建筑业	25	4081	11	399	8	554	15	1588
交通运输、仓储和邮政业	**134**	**15747**	**34**	**2587**	**73**	**3961**	**118**	**9318**
铁路运输业								
道路运输业	63	5144	17	1185	44	2369	58	3896
城市公共交通业	19	3419	1	187	3	293	7	3635
水上运输业	10	2515	6	689	3	663	15	698
航空运输业							2	397
管道运输业					1	14		
装卸搬运和其他运输服务业	34	3978	10	526	20	604	16	358
仓储业	8	691			1	10	20	334
邮政业					1	8		
信息传输、计算机服务和软件业	**19**	**2059**	**16**	**1573**	**26**	**920**	**24**	**573**
电信和其他信息传输服务业	5	1625	3	7	4	276	8	159
计算机服务业	8	305	11	1506	15	444	10	134
软件业	6	129	2	60	7	200	6	280
批发和零售业	**977**	**24933**	**391**	**7685**	**569**	**18171**	**736**	**15780**
批发业	612	12783	248	4935	344	6074	446	11317
零售业	365	12150	143	2750	225	12097	290	4463

1-2-4 续表 5

单位：个、人

指标名称	# 1992-1995年		# 1996年		# 1997年		# 1998年	
	单位数	从业人数	单位数	从业人数	单位数	从业人数	单位数	从业人数
住宿和餐饮业	**113**	**5721**	**51**	**2342**	**74**	**6876**	**87**	**7218**
住宿业	64	2937	24	1563	31	2576	38	4460
餐饮业	49	2784	27	779	43	4300	49	2758
金融业	**58**	**3794**	**60**	**6994**	**48**	**1902**	**27**	**1939**
银行业	37	3064	30	3088	28	718	22	1562
证券业	6	299			2	27		
保险业	12	390	26	3878	10	1078	1	230
其他金融活动	3	41	4	28	8	79	4	147
房地产业	**385**	**17205**	**118**	**6832**	**265**	**12105**	**375**	**16180**
房地产业	385	17205	118	6832	265	12105	375	16180
租赁和商务服务业	**248**	**5591**	**83**	**1882**	**138**	**3865**	**195**	**3758**
租赁业	7	388	4	127	10	312	16	282
商务服务业	241	5203	79	1755	128	3553	179	3476
科学研究、技术服务和地质勘查业	**81**	**4649**	**21**	**1573**	**41**	**1698**	**50**	**1593**
研究与试验发展	16	1574	1	1	5	159	7	122
专业技术服务业	40	2579	19	1571	26	1164	30	1221
科技交流和推广服务业	22	198	1	1	9	371	13	250
地质勘查业	3	298			1	4		
水利、环境和公共设施管理业	**19**	**899**	**2**	**12**	**9**	**361**	**13**	**363**
水利管理业	3	15	1	7	2	129	1	6
环境管理业	5	160			1	11	2	15
公共设施管理业	11	724	1	5	6	221	10	342
居民服务和其他服务业	**82**	**1755**	**29**	**644**	**51**	**1712**	**66**	**1584**
居民服务业	26	259	12	433	26	1307	26	727
其他服务业	56	1496	17	211	25	405	40	857
教育	**15**	**820**	**3**	**29**	**9**	**136**	**10**	**865**
教育	15	820	3	29	9	136	10	865
卫生、社会保障和社会福利业	**9**	**75**	**1**	**2**	**1**	**35**	**3**	**73**
卫生	8	55	1	2	1	35	3	73
社会保障业								
社会福利业	1	20						
文化、体育和娱乐业	**13**	**235**	**6**	**252**	**21**	**477**	**22**	**444**
新闻出版业			1	211	2	295		
广播、电视、电影和音像业	4	53			3	31	2	76
文化艺术业	2	5			1	11	2	46
体育					1	4	2	43
娱乐业	7	177	5	41	14	136	16	279

1-2-4 续表 6

单位：个、人

指标名称	# 1999年		# 2000年		# 2001年	
	单位数	从业人数	单位数	从业人数	单位数	从业人数
合 计	**2744**	**157189**	**3732**	**175088**	**4349**	**214498**
农、林、牧、渔业	**1**	**260**				
农业	1	260				
采矿业	**95**	**6757**	**161**	**9483**	**176**	**11325**
煤炭开采和洗选业	47	5258	79	6398	76	8399
石油和天然气开采业			1	137		
黑色金属矿采选业	3	165	11	790	26	797
有色金属矿采选业	1	80	1	30	1	11
非金属矿采选业	44	1254	69	2128	73	2118
制造业	**945**	**54627**	**1441**	**74085**	**1517**	**85730**
农副食品加工业	76	2928	113	3173	121	3856
食品制造业	31	1032	38	1247	52	1679
饮料制造业	49	1062	64	1353	63	1308
烟草制品业	1	913	1	144	1	597
纺织业	39	1786	96	5187	98	4621
纺织服装、鞋、帽制造业	18	1586	14	786	11	292
皮革、毛皮、羽毛(绒)及其制品业	11	325	19	1344	20	875
木材加工及木、竹、藤、棕、草制品业	7	86	17	460	16	327
家具制造业	24	551	39	1238	44	925
造纸及纸制品业	21	807	45	2393	42	2247
印刷业和记录媒介的复制	26	637	34	807	44	1326
文教体育用品制造业	2	18	3	31	3	58
石油加工、炼焦及核燃料加工业	5	125	4	68	1	3
化学原料及化学制品制造业	35	4865	71	4117	71	10789
医药制造业	12	553	15	1232	15	924
化学纤维制造业						
橡胶制品业	10	571	17	1047	20	910
塑料制品业	37	1519	50	1639	55	1602
非金属矿物制品业	158	7044	235	9218	227	13396
黑色金属冶炼及压延加工业	16	926	27	1743	21	2321
有色金属冶炼及压延加工业	10	327	15	686	13	1109
金属制品业	39	1635	66	2774	70	2053
通用设备制造业	68	2381	80	4269	80	3933
专用设备制造业	15	478	27	1302	40	803

1-2-4 续表 7 单位：个、人

指标名称	#1999年		#2000年		#2001年	
	单位数	从业人数	单位数	从业人数	单位数	从业人数
交通运输设备制造业	175	15751	270	24591	302	24400
电气机械及器材制造业	24	759	28	937	35	3186
通信设备、计算机及其他电子设备制造业	9	891	6	552	11	647
仪器仪表及文化、办公用机械制造业	19	4868	26	1189	21	1265
工艺品及其他制造业	6	184	21	558	14	213
废弃资源和废旧材料回收加工业	2	19			6	65
电力、燃气及水的生产和供应业	**40**	**1418**	**77**	**1615**	**67**	**2142**
电力、热力的生产和供应业	18	890	33	1027	25	485
燃气生产和供应业	6	239	8	132	13	1233
水的生产和供应业	16	289	36	456	29	424
建筑业	**139**	**34054**	**172**	**32209**	**215**	**53545**
房屋和土木工程建筑业	53	27038	67	26806	114	44786
建筑安装业	28	2769	29	2405	27	6011
建筑装饰业	47	1397	60	2056	61	1978
其他建筑业	11	2850	16	942	13	770
交通运输、仓储和邮政业	**101**	**18596**	**93**	**5856**	**143**	**10143**
铁路运输业						
道路运输业	55	3825	53	2630	75	3474
城市公共交通业	4	322	3	1821	8	345
水上运输业	6	1963	8	504	26	4186
航空运输业					1	95
管道运输业						
装卸搬运和其他运输服务业	23	1367	20	516	17	364
仓储业	12	440	9	385	15	1672
邮政业	1	10679			1	7
信息传输、计算机服务和软件业	**43**	**999**	**81**	**5417**	**119**	**3387**
电信和其他信息传输服务业	9	249	9	3907	25	2298
计算机服务业	23	500	53	498	71	731
软件业	11	250	19	1012	23	358
批发和零售业	**656**	**13478**	**877**	**18202**	**1150**	**19911**
批发业	410	8208	493	10195	704	12373
零售业	246	5270	384	8007	446	7538

1-2-4 续表 8 单位：个、人

指标名称	# 1999年		# 2000年		# 2001年	
	单位数	从业人数	单位数	从业人数	单位数	从业人数
住宿和餐饮业	**67**	**3718**	**124**	**7703**	**135**	**7762**
住宿业	32	2384	41	3218	39	3120
餐饮业	35	1334	83	4485	96	4642
金融业	**25**	**1847**	**26**	**1371**	**28**	**1008**
银行业	18	701	14	453	24	729
证券业	1	807	3	56		
保险业	3	264	6	654	3	270
其他金融活动	3	75	3	208	1	9
房地产业	**287**	**11071**	**263**	**10303**	**326**	**10565**
房地产业	287	11071	263	10303	326	10565
租赁和商务服务业	**200**	**5448**	**205**	**3474**	**249**	**3696**
租赁业	14	188	20	323	22	193
商务服务业	186	5260	185	3151	227	3503
科学研究、技术服务和地质勘查业	**57**	**2048**	**78**	**2030**	**81**	**1591**
研究与试验发展	1	6	8	308	3	37
专业技术服务业	45	1930	50	1304	59	1140
科技交流和推广服务业	9	88	18	386	18	274
地质勘查业	2	24	2	32	1	140
水利、环境和公共设施管理业	**14**	**678**	**22**	**682**	**29**	**865**
水利管理业			4	163	3	27
环境管理业	2	34	6	116	15	238
公共设施管理业	12	644	12	403	11	600
居民服务和其他服务业	**48**	**1480**	**68**	**1172**	**66**	**1371**
居民服务业	17	917	30	406	35	784
其他服务业	31	563	38	766	31	587
教育	**8**	**344**	**11**	**273**	**18**	**327**
教育	8	344	11	273	18	327
卫生、社会保障和社会福利业	**1**	**17**	**1**	**8**	**2**	**24**
卫生	1	17	1	8	2	24
社会保障业						
社会福利业						
文化、体育和娱乐业	**17**	**349**	**32**	**1205**	**28**	**1106**
新闻出版业	3	281	2	147		
广播、电视、电影和音像业	1	4	5	139	6	664
文化艺术业	3	10	3	35	4	48
体育					1	3
娱乐业	10	54	22	884	17	391

1-2-4 续表 9 单位：个、人

指标名称	# 2002年		# 2003年		# 2004年	
	单位数	从业人数	单位数	从业人数	单位数	从业人数
合　计	**5250**	**233948**	**7009**	**275567**	**5576**	**155649**
农、林、牧、渔业	**1**	**7**			**1**	**26**
农业	1	7			1	26
采矿业	**213**	**23886**	**353**	**16601**	**281**	**11190**
煤炭开采和洗选业	84	18725	134	10534	83	4573
石油和天然气开采业						
黑色金属矿采选业	15	843	37	1152	20	792
有色金属矿采选业	2	41	1	30	2	35
非金属矿采选业	112	4277	181	4885	176	5790
制造业	**1670**	**88779**	**2284**	**115858**	**1628**	**59381**
农副食品加工业	138	3863	146	4359	125	3064
食品制造业	62	2042	70	1732	62	1338
饮料制造业	57	2515	75	1936	47	736
烟草制品业						
纺织业	141	9037	291	11402	141	7010
纺织服装、鞋、帽制造业	25	1260	23	1359	17	1085
皮革、毛皮、羽毛(绒)及其制品业	18	943	19	1840	20	1144
木材加工及木、竹、藤、棕、草制品业	10	423	26	688	35	564
家具制造业	27	686	51	1669	36	799
造纸及纸制品业	41	1478	66	2658	37	1239
印刷业和记录媒介的复制	32	710	61	1522	44	821
文教体育用品制造业	3	39	7	123	7	175
石油加工、炼焦及核燃料加工业	5	47	18	1264	8	362
化学原料及化学制品制造业	76	5470	87	3539	64	1908
医药制造业	15	692	18	1335	9	584
化学纤维制造业	1	9			1	60
橡胶制品业	18	2848	22	798	21	776
塑料制品业	61	1629	81	2506	65	1513
非金属矿物制品业	200	9028	271	13969	209	7538
黑色金属冶炼及压延加工业	35	1430	58	7625	44	1965
有色金属冶炼及压延加工业	28	2115	35	2784	26	2050
金属制品业	91	3652	99	2584	77	1733
通用设备制造业	110	5344	141	4381	121	6223
专用设备制造业	39	1213	59	6153	42	1102

1-2-4 续表 10

单位：个、人

指标名称	#2002年		#2003年		#2004年	
	单位数	从业人数	单位数	从业人数	单位数	从业人数
交通运输设备制造业	318	24377	439	34620	279	11196
电气机械及器材制造业	46	4799	45	1384	40	991
通信设备、计算机及其他电子设备制造业	8	447	8	1042	4	532
仪器仪表及文化、办公用机械制造业	32	1478	35	1463	19	1959
工艺品及其他制造业	25	521	19	738	20	780
废弃资源和废旧材料回收加工业	8	684	14	385	8	134
电力、燃气及水的生产和供应业	**50**	**1748**	**88**	**8593**	**74**	**7538**
电力、热力的生产和供应业	22	615	49	7667	47	7139
燃气生产和供应业	8	348	6	158	5	59
水的生产和供应业	20	785	33	768	22	340
建筑业	**219**	**33070**	**192**	**41701**	**216**	**12744**
房屋和土木工程建筑业	79	24988	64	35416	67	8225
建筑安装业	34	2326	37	1972	21	622
建筑装饰业	77	3064	72	1438	76	1557
其他建筑业	29	2692	19	2875	52	2340
交通运输、仓储和邮政业	**205**	**11017**	**226**	**11947**	**200**	**4703**
铁路运输业						
道路运输业	141	7150	133	3651	113	3039
城市公共交通业	6	345	8	4933	2	11
水上运输业	20	2381	28	2231	27	884
航空运输业	1	109	1	13	2	32
管道运输业						
装卸搬运和其他运输服务业	29	889	45	741	45	623
仓储业	8	143	11	378	10	106
邮政业					1	8
信息传输、计算机服务和软件业	**185**	**6698**	**231**	**7799**	**205**	**1463**
电信和其他信息传输服务业	32	4714	42	6077	39	472
计算机服务业	130	1242	160	1236	136	729
软件业	23	742	29	486	30	262
批发和零售业	**1428**	**24361**	**1938**	**26658**	**1516**	**20764**
批发业	832	14297	1086	14611	789	9552
零售业	596	10064	852	12047	727	11212

1-2-4 续表 11

单位：个、人

指标名称	# 2002年		# 2003年		# 2004年	
	单位数	从业人数	单位数	从业人数	单位数	从业人数
住宿和餐饮业	**170**	**8545**	**242**	**12247**	**212**	**9712**
住宿业	49	3256	59	3936	55	3475
餐饮业	121	5289	183	8311	157	6237
金融业	**39**	**8045**	**59**	**6273**	**49**	**7299**
银行业	13	261	16	800	40	6841
证券业			1	7		
保险业	25	7766	35	5305	8	449
其他金融活动	1	18	7	161	1	9
房地产业	**341**	**11453**	**459**	**13607**	**342**	**7959**
房地产业	341	11453	459	13607	342	7959
租赁和商务服务业	**340**	**8766**	**466**	**6178**	**461**	**5909**
租赁业	35	329	39	562	48	594
商务服务业	305	8437	427	5616	413	5315
科学研究、技术服务和地质勘查业	**117**	**2171**	**160**	**2624**	**109**	**1591**
研究与试验发展	9	224	17	151	11	92
专业技术服务业	75	1326	104	1872	66	1120
科技交流和推广服务业	31	580	38	543	30	345
地质勘查业	2	41	1	58	2	34
水利、环境和公共设施管理业	**46**	**1442**	**30**	**548**	**29**	**458**
水利管理业	5	151	5	130	3	65
环境管理业	15	317	12	161	13	124
公共设施管理业	26	974	13	257	13	269
居民服务和其他服务业	**148**	**2355**	**164**	**2658**	**163**	**2474**
居民服务业	64	1096	69	921	69	846
其他服务业	84	1259	95	1737	94	1628
教育	**22**	**365**	**25**	**663**	**18**	**243**
教育	22	365	25	663	18	243
卫生、社会保障和社会福利业	**15**	**392**	**21**	**492**	**19**	**998**
卫生	15	392	20	462	19	998
社会保障业			1	30		
社会福利业						
文化、体育和娱乐业	**41**	**848**	**71**	**1120**	**53**	**1197**
新闻出版业	1	350			2	30
广播、电视、电影和音像业	5	80	11	210	7	127
文化艺术业	7	60	14	137	12	126
体育	1	2	4	23	2	86
娱乐业	27	356	42	750	30	828

1-2-5 按登记注册类型、营业状态分组的企业法人单位数及从业人数

单位：个、人

指标名称	单位数						
		营业	停业	筹建	当年关闭	当年破产	其他
合　计	**49841**	**45398**	**2322**	**1393**	**401**	**120**	**207**
内资	**49102**	**44715**	**2305**	**1362**	**398**	**119**	**203**
国有	2606	2282	241	22	25	22	14
集体	5043	4416	486	23	72	18	28
股份合作	1462	1335	83	28	6	2	8
联营	256	230	17	6	2		1
国有联营	22	16	4	2			
集体联营	81	74	6	1			
国有与集体联营	44	39	3	1	1		
其他联营	109	101	4	2	1		1
有限责任公司	8610	7972	286	283	24	6	39
国有独资公司	311	276	13	16		1	5
其他有限责任公司	8299	7696	273	267	24	5	34
股份有限公司	1829	1714	54	43	4	5	9
私营	28344	25948	1069	939	240	49	99
私营独资	11288	10293	521	252	159	29	34
私营合伙	2573	2351	83	105	16	9	9
私营有限责任公司	12665	11662	393	499	55	6	50
私营股份有限公司	1818	1642	72	83	10	5	6
其他	952	818	69	18	25	17	5
港、澳、台商投资	**345**	**318**	**10**	**12**	**2**	**1**	**2**
合资经营(港或澳、台资)	193	176	3	10	1	1	2
合作经营(港或澳、台资)	16	14	2				
港、澳、台商独资经营	131	125	4	2			
港、澳、台商投资股份有限公司	5	3	1		1		
外商投资	**394**	**365**	**7**	**19**	**1**		**2**
中外合资经营	249	233	4	10	1		1
中外合作经营	18	17		1			
外资	117	106	3	7			1
外商投资股份有限公司	10	9		1			

1-2-5 续表 1 单位：个、人

指标名称	从业人数						
		营业	停业	筹建	当年关闭	当年破产	其他
合 计	**3271658**	**3196747**	**35832**	**18312**	**6141**	**8529**	**6097**
内资	**3161786**	**3089136**	**35495**	**16786**	**6099**	**8529**	**5741**
国有	436929	422689	9717	317	559	2400	1247
集体	243740	233054	7548	299	1619	410	810
股份合作	84043	81707	929	407	912		88
联营	11122	10807	196	43	19		57
国有联营	701	605	83	13			
集体联营	2396	2361	33	2			
国有与集体联营	2837	2766	38	14	19		
其他联营	5188	5075	42	14			57
有限责任公司	982611	965693	5297	4540	898	5081	1102
国有独资公司	121728	119643	1259	312			514
其他有限责任公司	860883	846050	4038	4228	898	5081	588
股份有限公司	201355	199162	899	597	3	420	274
私营	1180906	1156318	9933	10348	1979	208	2120
私营独资	277763	269246	4350	1967	1418	69	713
私营合伙	72862	70356	598	1482	270	7	149
私营有限责任公司	734416	723387	3424	5998	289	125	1193
私营股份有限公司	95865	93329	1561	901	2	7	65
其他	21080	19706	976	235	110	10	43
港、澳、台商投资	**42858**	**41859**	**242**	**623**	**42**		**92**
合资经营(港或澳、台资)	21979	21422	116	314	35		92
合作经营(港或澳、台资)	2408	2359	49				
港、澳、台商独资经营	6548	6177	62	309			
港、澳、台商投资股份有限公司	11923	11901	15		7		
外商投资	**67014**	**65752**	**95**	**903**			**264**
中外合资经营	46845	46149	22	671			3
中外合作经营	4753	4587		166			
外资	14603	14228	73	41			261
外商投资股份有限公司	813	788		25			

1-2-6　按地区、开业（成立)时间分组的企业法人单位数及从业人数

单位：个、人

指标名称	总计		#1949年以前		#1950-1977年		#1978-1991年		#1992-1995年	
	单位数	从业人数	单位数	从业人数	单位数	从业人数	单位数	从业人数	单位数	从业人数
合　计	**49841**	**3271658**	**78**	**94162**	**2340**	**445021**	**4317**	**494969**	**5371**	**448122**
万州区	2181	145195	2	5676	91	23334	147	19459	198	25742
涪陵区	1374	122335			88	18923	130	15500	151	26834
渝中区	5788	350173	7	6278	211	78449	249	27492	852	47975
大渡口区	1186	92232	2	713	37	3223	91	14700	89	11096
江北区	2888	196151	8	19141	85	11934	182	15654	384	28324
沙坪坝区	4161	227922	5	4737	128	32457	298	33035	424	29970
九龙坡区	5604	331766	6	15753	101	55027	211	25026	450	45080
南岸区	2603	174949	4	11725	60	15757	148	22940	256	24729
北碚区	1886	132962	4	1698	135	20687	218	25203	257	17704
万盛区	457	32395	1	11256	45	2603	81	5470	53	2001
双桥区	211	11331			4	389	16	812	27	1618
渝北区	2409	157875	1	1501	55	10849	111	19136	200	26148
巴南区	1438	135892	3	4435	64	16540	188	33712	191	22838
黔江区	279	16874			12	2310	22	2574	15	1293
长寿区	714	75614	4	2781	39	6604	109	26645	83	7832
綦江县	997	67612	2	994	75	11415	125	8687	107	5366
潼南县	548	41351			25	2299	77	17690	117	11730
铜梁县	1048	48579	2	434	73	4344	144	9419	123	7256
大足县	989	41040	2	161	47	4944	144	9930	109	4243
荣昌县	738	57496	3	723	46	16618	86	5935	86	6207
璧山县	1071	68828	3	342	80	6945	134	12381	148	8946
梁平县	415	33355			20	2640	32	1410	35	2761
城口县	218	7757			24	1234	16	248	6	833
丰都县	455	25700	1	401	45	2051	65	3610	57	4176
垫江县	960	48246	1	5	48	9116	127	12934	95	2645
武隆县	230	18340			13	2204	35	3118	21	1987
忠　县	431	35390	1	25	55	4776	54	14615	26	3179
开　县	695	63764	1	7	54	6118	97	12096	72	12599
云阳县	347	27858			12	1034	47	5320	18	3424
奉节县	433	26280			15	1462	81	6550	43	3027
巫山县	319	16949	1	14	24	2210	40	4520	33	2219
巫溪县	254	10289	5	16	15	948	37	3013	10	242
石柱县	246	15108	1	41	23	2718	34	2676	19	845
秀山县	379	25047			30	1741	39	3443	13	1349
酉阳县	208	9384	1	26	39	1167	37	3119	22	1880
彭水县	350	16174	2	400	21	2126	19	1188	18	988
江津市	1457	117686	1	978	164	27441	236	20987	160	12011
合川市	1215	70987	4	3901	71	7153	112	11588	110	10479
永川市	1852	111116			87	13916	179	20109	178	8154
南川市	807	63656			79	9315	119	13025	115	12392

1-2-6 续表 1 单位：个、人

指标名称	#1996年		#1997年		#1998年		#1999年		#2000年	
	单位数	从业人数	单位数	从业人数	单位数	从业人数	单位数	从业人数	单位数	从业人数
合　计	**1782**	**142137**	**2497**	**195111**	**3405**	**221889**	**2744**	**157189**	**3732**	**175088**
万州区	68	2641	99	8125	147	9259	146	5284	177	9058
涪陵区	54	3365	69	7215	105	6755	100	5980	90	4306
渝中区	260	13833	339	27817	373	23205	354	30599	363	12238
大渡口区	40	11695	110	17036	102	6020	50	3849	94	5125
江北区	101	20573	178	10150	189	25191	171	10019	190	8800
沙坪坝区	126	6555	176	16620	239	12291	205	9424	315	13470
九龙坡区	197	17540	315	23338	449	19387	339	16952	509	27259
南岸区	97	4564	178	7137	226	17749	146	10040	193	11359
北碚区	72	6169	83	7280	139	9288	108	8670	162	6435
万盛区	19	889	21	607	15	659	20	1340	25	2231
双桥区	11	141	8	75	10	440	8	190	20	784
渝北区	72	9389	143	15217	156	11892	142	9818	180	8350
巴南区	62	5123	55	2871	76	7184	79	6076	87	4770
黔江区	4	198	9	826	14	1511	11	506	19	1360
长寿区	22	207.6	46	3409	69	3509	29	1277	77	3809
綦江县	37	2638	61	2590	65	2366	49	1171	81	4458
潼南县	22	1111	25	1000	34	1445	20	387	36	570
铜梁县	39	1656	21	496	71	3332	37	1266	58	4141
大足县	45	1106	51	2563	64	2434	58	1458	71	1465
荣昌县	35	3034	33	3139	51	2375	32	2654	42	1442
璧山县	49	3942	44	4945	66	4361	53	2031	77	4463
梁平县	12	631	12	451	32	1022	19	1256	40	2657
城口县	5	236	9	1031	9	210	8	299	23	432
丰都县	15	1988	8	482	37	5182	22	921	27	435
垫江县	22	967	41	1433	91	1941	86	2554	113	3277
武隆县	8	532	6	810	9	470	10	211	25	1732
忠　县	11	1322	11	388	16	864	30	984	21	1219
开　县	20	1538	19	2203	34	3085	36	3303	46	4281
云阳县	10	1054	16	1521	20	1587	15	507	22	1651
奉节县	13	1010	19	1703	18	2178	25	833	38	1269
巫山县	12	714	13	1142	10	450	18	430	16	735
巫溪县	3	48	4	31	10	188	6	237	15	433
石柱县	10	620	8	100	18	2223	22	1278	18	970
秀山县	8	959	10	579	14	1783	16	2961	17	1743
酉阳县	3	42	7	259	10	323	15	444	11	368
彭水县	10	475	10	567	16	585	11	1209	29	1409
江津市	43	745	54	3607	104	9598	66	2341	105	3150
合川市	45	3345	43	2454	75	3551	58	3578	84	2638
永川市	68	4343	89	10377	150	12906	88	3755	167	8234
南川市	32	3330	54	3517	72	3090	36	1097	49	2562

1-2-6 续表 2

单位：个、人

指标名称	# 2001年		# 2002年		# 2003年		# 2004年	
	单位数	从业人数	单位数	从业人数	单位数	从业人数	单位数	从业人数
合　计	**4349**	**214498**	**5250**	**233948**	**7009**	**275567**	**5576**	**155649**
万州区	182	9062	272	11604	337	9585	275	5916
涪陵区	110	6631	127	5328	141	14914	153	5983
渝中区	508	17288	594	25177	755	24530	628	12975
大渡口区	105	4895	132	5508	164	5146	134	2968
江北区	229	9130	284	8570	389	18934	421	8988
沙坪坝区	404	15745	480	16573	838	25204	470	10934
九龙坡区	544	22639	738	27831	904	19583	756	15313
南岸区	246	12362	292	13485	372	13958	314	7840
北碚区	124	8964	142	6150	213	7062	169	6991
万盛区	32	1123	45	2145	45	963	45	878
双桥区	22	382	16	706	39	5318	22	397
渝北区	199	11016	273	11240	378	13446	383	7461
巴南区	122	10139	131	5824	168	9980	141	5693
黔江区	33	1936	41	1391	41	1744	46	1133
长寿区	62	8188	74	4135	47	1746	41	3180
綦江县	82	2380	97	17913	109	4838	94	2577
潼南县	45	808	49	1241	62	1846	32	1208
铜梁县	90	4491	85	3387	135	3646	135	4505
大足县	69	2442	86	2756	133	4863	95	2588
荣昌县	47	4797	75	3508	119	4751	73	2148
璧山县	76	6546	96	4486	132	5182	93	4093
梁平县	39	3104	63	3886	60	10548	43	2820
城口县	22	775	16	290	25	549	30	1292
丰都县	36	714	35	2136	52	1580	40	1824
垫江县	85	3337	89	3690	76	3988	82	2333
武隆县	30	2975	19	615	26	853	22	2486
忠　县	28	1123	58	2378	64	3043	52	1451
开　县	63	5099	74	6192	125	4841	48	2371
云阳县	34	2600	49	3028	60	2829	40	2977
奉节县	38	2281	39	1481	50	2957	42	1373
巫山县	28	991	33	856	47	1672	29	788
巫溪县	38	1589	20	329	38	1198	15	1325
石柱县	19	1035	25	1214	24	766	22	547
秀山县	42	1690	46	2531	64	3306	41	2081
酉阳县	15	823	11	142	20	478	17	313
彭水县	31	1110	63	1632	68	2416	36	1787
江津市	128	5015	116	9879	160	16683	95	4748
合川市	132	6766	115	5323	198	6768	127	2950
永川市	155	7124	190	4894	258	10820	224	6264
南川市	55	5383	60	4494	73	3033	51	2150

1-2-7 按地区、登记注册类型分组的

指标名称	总计		内资					
					国有		集体	
	单位数	从业人数	单位数	从业人数	单位数	从业人数	单位数	从业人数
合　计	**49841**	**3271658**	**49102**	**3161786**	**2606**	**436929**	**5043**	**243740**
万州区	2181	145195	2168	142991	120	18503	164	7484
涪陵区	1374	122335	1362	121267	105	17794	180	10955
渝中区	5788	350173	5617	335120	401	109218	422	13347
大渡口区	1186	92232	1173	77566	36	12809	179	10659
江北区	2888	196151	2798	183245	197	42955	225	14920
沙坪坝区	4161	227922	4105	222613	121	30330	489	23958
九龙坡区	5604	331766	5489	317769	184	35855	346	23446
南岸区	2603	174949	2517	161171	94	29942	121	5234
北碚区	1886	132962	1876	131557	94	9369	358	13506
万盛区	457	32395	454	31713	31	807	132	5125
双桥区	211	11331	209	10944	7	163	24	1391
渝北区	2409	157875	2348	147194	70	12327	155	7105
巴南区	1438	135892	1406	129549	53	8313	218	9402
黔江区	279	16874	278	16854	38	4192	12	726
长寿区	714	75614	711	75213	44	11931	68	5583
綦江县	997	67612	986	66893	48	2955	155	5159
潼南县	548	41351	547	41265	46	4741	109	13676
铜梁县	1048	48579	1041	47274	19	1850	160	4662
大足县	989	41040	985	40102	38	2448	87	3248
荣昌县	738	57496	737	57144	20	7185	73	3378
璧山县	1071	68828	1066	68273	25	1407	170	6526
梁平县	415	33355	413	33275	39	2667	26	1432
城口县	218	7757	218	7757	31	1686	13	837
丰都县	455	25700	451	25437	56	2820	97	2472
垫江县	960	48246	960	48246	47	7791	89	4864
武隆县	230	18340	230	18340	19	1970	22	598
忠　县	431	35390	430	35384	76	3545	100	1861
开　县	695	63764	694	63716	32	1767	53	2649
云阳县	347	27858	345	27530	22	1045	15	1186
奉节县	433	26280	433	26280	31	2398	29	1244
巫山县	319	16949	318	16876	59	4250	49	4439
巫溪县	254	10289	252	10265	35	2157	16	379
石柱县	246	15108	246	15108	38	3640	28	1001
秀山县	379	25047	378	24817	40	3055	45	3522
酉阳县	208	9384	206	8829	43	1474	25	1230
彭水县	350	16174	350	16174	35	2478	20	768
江津市	1457	117686	1448	114666	78	9021	276	8107
合川市	1215	70987	1212	69693	36	6123	99	5132
永川市	1852	111116	1843	110283	44	10581	120	6414
南川市	807	63656	802	63393	54	3367	74	6115

企业法人单位数及从业人数

单位：个、人

股份合作		国有联营		集体联营		国有与集体联营		其他联营	
单位数	从业人数	单位数	从业人数	单位数	从业人数	单位数	从业人数	单位数	从业人数
1462	**84043**	**22**	**701**	**81**	**2396**	**44**	**2837**	**109**	**5188**
29	1659			3	75	1	2	8	283
7	1116			3	208	1	19	1	63
251	5813	2	36	5	66	1	20	9	223
18	1369	1	50	2	7	1	15		
64	3484	2	284	1	13	1	10	3	46
97	4462			3	94	4	176	11	249
153	5919	1	3	11	398	8	707	3	26
173	5922	2	15	4	131	1	15	2	84
38	1827			7	107	3	333		
28	1833	1	3					2	180
2	54								
105	10148			4	285			2	55
29	2492			3	216	3	198	1	400
7	253					1	27	1	4
23	1367	1	18	3	164				
63	6900	4	68	1	15	1	3	2	7
31	2012								
15	2336			2	23				
23	1985			1	22			2	39
13	809			4	50	1	9	3	111
34	3162			3	48	1	15	1	20
8	531								
11	370	1	55	1	11	1	2	4	17
5	352					1	678	5	32
22	1595			4	42			6	2371
3	298							1	5
5	710							2	38
26	2633			1	17	1	40	1	103
10	934							1	15
12	1055	4	80						
4	259			1	10				
9	679					2	108	1	40
12	492					1	13	1	3
2	205								
4	380					1	36		
14	365			1	178	2	17	3	14
45	2409							4	426
26	3377	2	9	7	63	2	220	23	144
31	1776			5	141	3	102	3	28
10	701	1	80	1	12	2	72	3	162

1-2-7 续表 1

指标名称	国有独资公司		其他有限责任公司		股份有限公司		私营独资	
	单位数	从业人数	单位数	从业人数	单位数	从业人数	单位数	从业人数
合　计	**311**	**121728**	**8299**	**860883**	**1829**	**201355**	**11288**	**277763**
万州区	18	961	605	62424	90	16218	580	8871
涪陵区	17	6385	188	28650	51	11114	218	5666
渝中区	44	17617	1536	94192	270	32113	340	3091
大渡口区	10	2645	248	16764	21	1691	162	3975
江北区	19	17878	427	33029	107	16774	272	7362
沙坪坝区	12	1808	547	54856	122	15575	1083	32004
九龙坡区	20	21329	1616	114313	308	20952	611	10497
南岸区	8	7906	589	44774	124	11736	195	6259
北碚区	12	4776	214	34145	38	3454	563	20106
万盛区	6	208	67	16059	19	677	78	1965
双桥区	2	236	54	6655	10	154	47	1187
渝北区	15	4346	333	31322	85	9237	324	4441
巴南区	12	6688	217	41210	44	14186	345	9326
黔江区	4	143	49	4005	22	1454	50	1194
长寿区	7	412	145	32982	29	3257	243	7187
綦江县	3	1030	122	29616	35	2333	237	4182
潼南县	7	711	24	7046	16	1072	232	3822
铜梁县			48	4469	32	2725	540	11799
大足县	2	30	86	9423	29	1236	513	13634
荣昌县	7	6567	84	7660	12	876	253	5194
璧山县	3	4199	50	5353	14	988	317	6802
梁平县	5	171	27	5117	9	400	121	3955
城口县	1	180	10	372	9	193	66	970
丰都县	7	266	65	9993	15	725	108	2563
垫江县	6	1425	45	5533	28	4960	480	8600
武隆县	4	397	44	4738	8	549	61	2996
忠　县	4	617	64	17586	8	989	81	1374
开　县	7	1083	112	27293	25	2077	197	6548
云阳县	5	290	48	5300	12	713	89	4050
奉节县	2	231	47	4698	15	2373	171	8577
巫山县	5	746	38	2131	2	56	59	1836
巫溪县	6	96	28	2390	6	522	72	1085
石柱县			17	1129	24	2890	84	2555
秀山县	1	2050	10	2579	5	499	161	6153
酉阳县	2	942	13	1689	2	152	37	749
彭水县	3	625	31	2477	14	564	100	2701
江津市	10	5905	134	37391	44	6966	478	7384
合川市	4	95	108	13985	41	1566	391	9626
永川市	9	697	172	29834	76	6752	961	20520
南川市	2	37	37	7701	8	587	368	16957

单位：个、人

私营合伙		私营有限责任公司		私营股份有限公司		其他内资		港澳台商投资	
单位数	从业人数	单位数	从业人数	单位数	从业人数	单位数	从业人数	单位数	从业人数
2573	**72862**	**12665**	**734416**	**1818**	**95865**	**952**	**21080**	**345**	**42858**
103	2295	347	22327	42	1078	58	811	4	776
62	1616	463	32812	52	4654	14	215	6	512
114	1249	1978	51233	175	5646	69	1256	101	7203
47	1107	391	23911	40	2380	17	184	5	12307
159	2962	1116	37006	133	4922	72	1600	42	5642
157	4286	1289	50427	145	3830	25	558	27	2420
155	2543	1611	69034	292	9314	170	3433	44	2750
89	1387	922	40721	149	5821	44	1224	42	4729
68	2128	398	39171	40	1712	43	923	3	383
19	655	54	3814	14	375	3	12	1	645
15	280	40	761	7	58	1	5		
138	2284	945	60684	123	3520	49	1440	22	1643
54	1579	368	32901	43	2503	16	135	13	1520
12	266	65	3640	13	875	4	75		
42	1516	76	9130	26	1573	4	93	2	100
40	1161	167	9499	31	1050	77	2915	5	103
16	366	48	6474	14	1276	4	69		
48	1199	133	14706	37	3470	7	35	2	250
63	1656	76	3088	54	3186	11	107	2	73
84	5364	122	12547	41	7067	20	327		
50	2205	338	33961	57	3575	3	12	1	35
71	3728	84	5937	19	8661	4	676	2	80
11	317	46	2461	10	266	3	20		
24	378	55	4542	12	408	1	208	2	98
122	3438	49	3407	21	3647	41	573		
20	562	44	6145	4	82				
18	1113	64	7448	5	98	3	5	1	6
98	3437	108	12504	20	3154	13	411	1	48
51	1835	77	11704	10	398	5	60	1	303
58	2689	47	2219	13	691	4	25		
18	638	73	2329	6	99	4	83	1	73
34	639	32	1943	11	227				
14	626	18	2270	8	480	1	9		
45	1304	59	4548	9	872	1	30		
8	367	39	964	8	241	24	605	1	70
40	2514	72	3201	6	116	9	156		
96	1826	216	32108	47	2932	20	191	4	310
149	3190	266	24275	26	749	32	1139	2	58
122	4073	201	24440	45	4295	51	630	6	608
39	2084	168	24124	10	564	25	830	2	113

1-2-7 续表 2

指标名称	与港澳台商合资经营		与港澳台商合作经营		港澳台商独资		港澳台商投资股份有限公司	
	单位数	从业人数	单位数	从业人数	单位数	从业人数	单位数	从业人数
合　计	**193**	**21979**	**16**	**2408**	**131**	**6548**	**5**	**11923**
万州区	3	508			1	268		
涪陵区	2	209	1	260	3	43		
渝中区	50	4241	4	560	46	2387	1	15
大渡口区	3	464			1	140	1	11703
江北区	24	4699	1	184	17	759		
沙坪坝区	16	1472	2	654	9	294		
九龙坡区	26	2168	1	27	17	555		
南岸区	24	3524	2	271	16	934		
北碚区	1	200	1	130	1	53		
万盛区	1	645						
双桥区								
渝北区	14	1252	1	225	7	166		
巴南区	9	1200			3	187	1	133
黔江区								
长寿区					2	100		
綦江县	2	15	1	44	2	44		
潼南县								
铜梁县	2	250						
大足县	2	73						
荣昌县								
璧山县	1	35						
梁平县	1	15					1	65
城口县								
丰都县	1	13			1	85		
垫江县								
武隆县								
忠　县	1	6						
开　县			1	48				
云阳县					1	303		
奉节县								
巫山县					1	73		
巫溪县								
石柱县								
秀山县								
酉阳县					1	70		
彭水县								
江津市	4	310						
合川市	1	53	1	5				
永川市	3	514			2	87	1	7
南川市	2	113						

单位：个、人

外商投资		中外合资经营		中外合作经营		外资		外商投资股份有限公司	
单位数	从业人数	单位数	从业人数	单位数	从业人数	单位数	从业人数	单位数	从业人数
394	**67014**	**249**	**46845**	**18**	**4753**	**117**	**14603**	**10**	**813**
9	1428	8	1338			1	90		
6	556	2	42			4	514		
70	7850	36	3003	3	2233	29	2549	2	65
8	2359	7	2298			1	61		
48	7264	30	5591	3	786	13	747	2	140
29	2889	16	2502	1	50	11	310	1	27
71	11247	49	5467	3	322	19	5458		
44	9049	22	5813	1	489	19	2459	2	288
7	1022	4	920	1	10	2	92		
2	37	2	37						
2	387	2	387						
39	9038	28	7143	2	226	8	1654	1	15
19	4823	16	4702			2	73	1	48
1	20	1	20						
1	301	1	301						
6	616	5	551			1	65		
1	86					1	86		
5	1055	4	597	1	458				
2	865	2	865						
1	352	1	352						
4	520	3	395			1	125		
2	165	2	165						
1	25	1	25						
2	24	1	3			1	21		
1	230							1	230
1	485	1	485						
5	2710	2	2577	1	44	2	89		
1	1236	1	1236						
3	225	1	15			2	210		
3	150	1	15	2	135				

1-2-8 按行业、登记注册

指标名称	总计	内资	国有	集体	股份合作
合　计	**1481320966**	**1396217446**	**524806937**	**18939797**	**111166327**
农、林、牧、渔业	**22212**	**22212**			
农业	22212	22212			
采矿业	**12560777**	**12558258**	**1335593**	**795237**	**255370**
煤炭开采和洗选业	8937555	8936124	701856	477302	131334
石油和天然气开采业	429105	429105			110138
黑色金属矿采选业	1150906	1150906	621459	56706	
有色金属矿采选业	18096	18096	3778	840	351
非金属矿采选业	2025115	2024027	8500	260389	13547
制造业	**246790425**	**209576488**	**27713199**	**6208564**	**1938482**
农副食品加工业	4280581	3495635	253021	168955	57795
食品制造业	2884066	2423167	283870	62736	32917
饮料制造业	4339945	3803451	321668	40110	27195
烟草制品业	5086439	5086439	1438284		
纺织业	5657326	5566133	1239294	216841	54398
纺织服装、鞋、帽制造业	774440	559971	20634	99806	25489
皮革、毛皮、羽毛(绒)及其制品业	839750	819966	6422	22646	19893
木材加工及木、竹、藤、棕、草制品业	494040	469356	38088	57791	1962
家具制造业	1265425	727995	17011	49349	38580
造纸及纸制品业	2940514	2709852	122270	121464	46554
印刷业和记录媒介的复制	1984974	1788107	273284	123953	42773
文教体育用品制造业	60406	55735	4824	16372	11169
石油加工、炼焦及核燃料加工业	954401	954401	9828	3787	3558
化学原料及化学制品制造业	20370726	16423712	6135718	319598	109938
医药制造业	11846646	11653560	518690	24120	22775
化学纤维制造业	194378	194378		1120	
橡胶制品业	2011047	1359540	387034	64535	31367
塑料制品业	2597454	1958704	92497	224813	75882
非金属矿物制品业	21299797	15289182	738551	998888	208283
黑色金属冶炼及压延加工业	13659023	6306149	3276459	209991	24559
有色金属冶炼及压延加工业	8923101	8791931	443913	78654	17789
金属制品业	4316162	4157680	493058	373485	164182
通用设备制造业	12992274	11022181	3612055	547499	118895
专用设备制造业	17107682	16909142	2212405	121133	31755

类型分组的企业资产总额

单位：千元

国有联营	集体联营	国有与集体联营	其他联营	国有独资公司	其他有限责任公司	股份有限公司
607810	**155776**	**379320**	**402567**	**112616163**	**221410914**	**251734996**
					21210	
					21210	
	150		**19770**	**879206**	**4239782**	**1096486**
			13120	879206	4109802	33409
						318967
					55238	
					400	
	150		6650		74342	744110
50587	**102693**	**67707**	**30225**	**31780616**	**54005994**	**36800473**
	250		80	383175	824222	112180
	1275			18003	724595	540504
	4752		2200	1774	989905	1466362
					3648155	
					1873217	35875
				3190	42633	8743
					268630	9770
				37049	95006	2116
	500		270	7272	32955	11989
		2850			1545148	50066
			960		461593	38342
				2006	3679	520
				2500	248607	303715
	1460	2663		168221	4419540	2785547
					3763597	5928374
					157357	
	9591				433892	2297
	2391	18820	16323	25022	592786	6123
20929	12008	17048	5354	77841	3073027	1301098
	1500			227064	973971	44988
	783			143870	6292924	626782
	866	1795			589858	35792
	53194	22109	900	2510703	1797976	563848
	5000	855	500	13047172	665943	268734

1-2-8 续表 1

指标名称	总计	内资	国有	集体	股份合作
交通运输设备制造业	80825888	70464208	4006443	1866002	496757
电气机械及器材制造业	8398736	7166330	654305	239272	213451
通信设备、计算机及其他电子设备制造业	4393157	3503012		50212	24447
仪器仪表及文化、办公用机械制造业	5694739	5401181	1096667	77063	31345
工艺品及其他制造业	417480	335562	16906	17058	2924
废弃资源和废旧材料回收加工业	179828	179828		11311	1850
电力、燃气及水的生产和供应业	**55846823**	**50370731**	**4972581**	**677376**	**36734**
电力、热力的生产和供应业	46675374	42095061	2313289	200500	27808
燃气生产和供应业	2979475	2973875	307558	254150	1039
水的生产和供应业	6191974	5301795	2351734	222726	7887
建筑业	**63799497**	**63620347**	**9415724**	**4230029**	**1779377**
房屋和土木工程建筑业	53816231	53782579	8617734	3792339	1541385
建筑安装业	5049067	5040063	447117	307811	107433
建筑装饰业	3068566	2956528	195911	71626	82072
其他建筑业	1865633	1841177	154962	58253	48487
交通运输、仓储和邮政业	**72910168**	**71893808**	**43584357**	**726575**	**340381**
铁路运输业	15932681	15932681	15932681		
道路运输业	29398368	29096448	14383034	235216	249141
城市公共交通业	5991981	5683317	4472568	25801	3031
水上运输业	10483726	10455073	5150074	151148	33766
航空运输业	5242960	5242960	14877	15628	1641
管道运输业	25027	25027			
装卸搬运和其他运输服务业	1560115	1524486	197737	76434	29976
仓储业	2673608	2332114	1832019	222058	22826
邮政业	1601702	1601702	1601367	290	
信息传输、计算机服务和软件业	**31940424**	**26323260**	**1821262**	**1549**	**30572**
电信和其他信息传输服务业	25600307	20089939	1742568		15971
计算机服务业	5080183	5027493	77018	535	12726
软件业	1259934	1205828	1676	1014	1875
批发和零售业	**75352682**	**73810326**	**21721269**	**2558804**	**871693**
批发业	56146085	55583753	17726942	1731107	565355
零售业	19206597	18226573	3994327	827697	306338

单位：千元

国有联营	集体联营	国有与集体联营	其他联营	国有独资公司	其他有限责任公司	股份有限公司
29658	2011	1567	3638	14526969	10956658	20650595
	5738			226998	4478715	493819
				325217	2698574	40563
	1374			44031	2231690	1451964
					80764	7749
				2539	40377	12018
440131	**648**	**39944**	**21683**	**27446283**	**11914393**	**3467514**
440131	406	6230	20820	24197680	11036345	3131001
			863	1433599	494561	154689
	242	33714		1815004	383487	181824
	13568	**9178**	**124471**	**2541619**	**24046170**	**3277997**
	12021	8658	110596	2331857	19834164	2805408
			13875	37990	2547574	367150
	1547	520		147223	830473	91492
				24549	833959	13947
36820	**10787**	**35695**	**13466**	**4157805**	**13405336**	**5212285**
	9506	7566	1200	692518	10600274	517885
	697		2831	109879	257834	258108
		28129	9435		1509976	2520065
				2779858	536024	1893110
					25027	
36820	584			575550	371243	18412
					104958	4705
			96	**693374**	**19340323**	**2849790**
				685266	17586423	2184
			96		820923	2792862
				8108	932977	54744
27539	**15661**	**143826**	**60344**	**6206213**	**16155323**	**10920143**
26690	4264	139572	50901	5677241	11123668	8423818
849	11397	4254	9443	528972	5031655	2496325

1-2-8 续表 2

指标名称	总计	内资	国有	集体	股份合作
住宿和餐饮业	**11421566**	**8759761**	**1717023**	**568690**	**175212**
住宿业	7947800	5885624	1595792	369062	53909
餐饮业	3473766	2874137	121231	199628	121303
金融业	**624453062**	**624012457**	**337253947**		**103053882**
银行业	598035376	597790856	333938699		103052665
证券业	3261746	3261746			
保险业	11745775	11549690	354219		
其他金融活动	11410165	11410165	2961029		1217
房地产业	**162570847**	**135580090**	**12286119**	**1568297**	**1554382**
房地产业	162570847	135580090	12286119	1568297	1554382
租赁和商务服务业	**99543867**	**97215431**	**54473481**	**1147513**	**114919**
租赁业	2367272	1639865	84709	9276	11072
商务服务业	97176595	95575566	54388772	1138237	103847
科学研究、技术服务和地质勘查业	**7961535**	**7756059**	**3808682**	**59251**	**889085**
研究与试验发展	1058366	877543	445551	10811	18291
专业技术服务业	5649884	5628213	2688182	22285	854650
科技交流和推广服务业	1149963	1146981	593063	26155	8246
地质勘查业	103322	103322	81886		7898
水利、环境和公共设施管理业	**8422154**	**7514788**	**2120407**	**25115**	**49100**
水利管理业	3984727	3984727	522747	2200	4700
环境管理业	728902	725026	328074	17569	
公共设施管理业	3708525	2805035	1269586	5346	44400
居民服务和其他服务业	**3313684**	**3171805**	**1232466**	**139762**	**21346**
居民服务业	809153	695059	18681	20123	8741
其他服务业	2504531	2476746	1213785	119639	12605
教育	**584147**	**579720**	**32701**	**222758**	**18305**
教育	584147	579720	32701	222758	18305
卫生、社会保障和社会福利业	**305052**	**278202**	**54072**	**4371**	**24383**
卫生	296672	269822	54072	3936	24383
社会保障业	2989	2989			
社会福利业	5391	5391		435	
文化、体育和娱乐业	**3522044**	**3173703**	**1264054**	**5906**	**13104**
新闻出版业	1404400	1404400	1061002		
广播、电视、电影和音像业	972955	969967	196880	890	12691
文化艺术业	61224	29806	502	882	267
体育	81146	81146		130	
娱乐业	1002319	688384	5670	4004	146

单位：千元

国有联营	集体联营	国有与集体联营	其他联营	国有独资公司	其他有限责任公司	股份有限公司
	6340	**10000**	**900**	**149891**	**2250150**	**628036**
	6340		900	145051	1492960	494663
		10000		4840	757190	133373
				4851309	**5943052**	**172852354**
						160799492
					3011450	250296
						11195471
				4851309	2931602	607095
52733	**780**	**52083**	**114336**	**9947518**	**51234572**	**9778064**
52733	780	52083	114336	9947518	51234572	9778064
	4291	**20327**	**1591**	**22285724**	**10799438**	**4213069**
			297	218	374993	931651
	4291	20327	1294	22285506	10424445	3281418
	818	**530**	**12145**	**800752**	**1456514**	**80175**
	818			17280	216155	29409
		530	12145	756208	894667	49279
				27264	343048	1487
					2644	
			170	**324710**	**4549644**	**74877**
				30396	3419230	4279
			150	129581	214273	7825
			20	164733	916141	62773
	40	**30**	**386**	**501122**	**649688**	**33436**
					387097	11614
	40	30	386	501122	262591	21822
					27480	**142095**
					27480	142095
			2984		**69518**	**9164**
			2984		69518	9164
				50021	**1302327**	**299038**
					72908	261850
				47162	668135	3456
				2859	8689	780
					79783	
					472812	32952

1-2-8 续表 3

指标名称	私营独资	私营合伙	私营有限责任公司	私营股份有限公司	其他内资
合　计	**14193517**	**3562029**	**120346833**	**12506508**	**3387952**
农、林、牧、渔业			**1002**		
农业			1002		
采矿业	**1916092**	**841867**	**1033061**	**100602**	**45042**
煤炭开采和洗选业	1328971	663858	529610	58586	9070
石油和天然气开采业					
黑色金属矿采选业	130290	28177	246192	12844	
有色金属矿采选业	6971	3256		1400	1100
非金属矿采选业	449860	146576	257259	27772	34872
制造业	**8926297**	**1591061**	**36800172**	**3206671**	**353747**
农副食品加工业	649629	83210	746658	181295	35165
食品制造业	230096	28384	463908	24388	12491
饮料制造业	363432	46245	450439	83607	5762
烟草制品业					
纺织业	911319	88800	1113923	5359	27107
纺织服装、鞋、帽制造业	76994	15461	233436	33585	
皮革、毛皮、羽毛(绒)及其制品业	149899		338764	3742	200
木材加工及木、竹、藤、棕、草制品业	58351	11992	118474	47162	1365
家具制造业	203370	5238	324907	29290	7264
造纸及纸制品业	264319	34379	449456	69436	3910
印刷业和记录媒介的复制	119181	37804	647424	38647	4146
文教体育用品制造业	4708	485	4566	3853	3553
石油加工、炼焦及核燃料加工业	47914	14400	316673	3419	
化学原料及化学制品制造业	316376	90927	1803221	264752	5751
医药制造业	69976	35547	1124034	139672	26775
化学纤维制造业	573		35328		
橡胶制品业	116084	21409	264853	23934	4544
塑料制品业	203525	69815	567540	54473	8694
非金属矿物制品业	1715566	410901	5996583	643214	69891
黑色金属冶炼及压延加工业	432366	32720	872288	200489	9754
有色金属冶炼及压延加工业	245563	20847	828590	90723	1493
金属制品业	309149	55036	2005325	118480	10654
通用设备制造业	325616	50825	1262953	104783	50825
专用设备制造业	130000	37847	319823	66922	1053

单位：千元

港澳台商投资	与港澳台商合资经营	与港澳台商合作经营	港澳台商独资	港澳台商投资股份有限公司	外商投资	中外合资经营	中外合作经营	外资	外商投资股份有限公司
35064415	**18672863**	**3251213**	**5820108**	**7320231**	**50039105**	**35307144**	**3056119**	**11049018**	**626824**
2219	**788**		**1431**		**300**	**300**			
1431			1431						
788	788				300	300			
11708699	**3063141**	**604535**	**726461**	**7314562**	**25505238**	**21396818**	**923990**	**2934678**	**249752**
6306	400		5906		778640	268917		505587	4136
11400	600		10800		449499	13963		435536	
206353	3022		203331		330141	251573		78568	
41456	41456				49737	4000		45737	
137384	136817		567		77085	23928		53157	
15500	4827		10673		4284			4284	
23184	22593		591		1500			1500	
4231	4231				533199	521123	2198	9878	
97540	90217		7323		133122	31058	6382	80808	14874
156655	154699		1956		40212	10075	29537	600	
					4671			4671	
754779	722126		32653		3192235	3061644	119976	10615	
51693	51693				141393	109456			31937
					651507	71503		580004	
306292	61096		245196		332458	197094		135364	
879159	560479	107952	80466	130262	5131456	3842658	765897	324096	198805
7201325			17025	7184300	151549	151549			
119366	69064	50302			11804	11804			
21917	5265		16652		136565	19862		116703	
460877	128545	321019	11313		1509216	1476317		32899	
95984	67792		28192		102556	102556			

1-2-8 续表 4

指标名称	私营独资	私营合伙	私营有限责任公司	私营股份有限公司	其他内资
交通运输设备制造业	1709361	322688	15037531	802480	51850
电气机械及器材制造业	114648	24463	675152	38679	1090
通信设备、计算机及其他电子设备制造业	12913	1262	252303	97521	
仪器仪表及文化、办公用机械制造业	83232	8343	341671	25021	8780
工艺品及其他制造业	53657	5176	141872	7826	1630
废弃资源和废旧材料回收加工业	8480	36857	62477	3919	
电力、燃气及水的生产和供应业	**306949**	**158079**	**585000**	**116539**	**186877**
电力、热力的生产和供应业	169870	136537	357209	48619	8616
燃气生产和供应业	86900	1380	175001	61535	2600
水的生产和供应业	50179	20162	52790	6385	175661
建筑业	**248598**	**102525**	**15852112**	**1791890**	**187089**
房屋和土木工程建筑业	194169	81684	12771669	1626943	53952
建筑安装业	27041	519	1110249	40523	32781
建筑装饰业	23925	18802	1393529	97328	2080
其他建筑业	3463	1520	576665	27096	98276
交通运输、仓储和邮政业	**229406**	**72790**	**3298647**	**673933**	**95525**
铁路运输业					
道路运输业	157059	52724	1627841	487683	74801
城市公共交通业	36755		368825	130648	16340
水上运输业	14270	10333	991028	35489	1360
航空运输业			1822		
管道运输业					
装卸搬运和其他运输服务业	13416	9733	186822	7696	63
仓储业	7906		122264	12417	2961
邮政业			45		
信息传输、计算机服务和软件业	**160361**	**8326**	**1364348**	**49088**	**4171**
电信和其他信息传输服务业	25823	1250	19702	10423	329
计算机服务业	81241	5715	1207372	25273	3732
软件业	53297	1361	137274	13392	110
批发和零售业	**722118**	**390621**	**11968307**	**996077**	**1052388**
批发业	403027	267108	8100179	620785	723096
零售业	319091	123513	3868128	375292	329292

单位：千元

港澳台商投资	与港澳台商合资经营	与港澳台商合作经营	港澳台商独资	港澳台商投资股份有限公司	外商投资	中外合资经营	中外合作经营	外资	外商投资股份有限公司
709908	599325	93885	16698		9651772	9262944		388828	
128702	98303		30399		1103704	1023414		80290	
242024	232360	8704	960		648121	648121			
36064	8231	22673	5160		257494	218397		39097	
600			600		81318	74862		6456	
6838	**750**		**6088**		**5469254**	**4316813**	**1152441**		
750	750				4579563	4310913	268650		
					5600	5600			
6088			6088		884091	300	883791		
98121	**82582**	**5668**	**9871**		**81029**	**49560**	**15033**	**16436**	
1200		1200			32452	16711		15741	
6238			6238		2766	2071		695	
90683	82582	4468	3633		21355	6322	15033		
					24456	24456			
196453	**170029**		**26424**		**819907**	**512878**	**272217**	**34812**	
384	384				301536	29319	272217		
167416	140992		26424		141248	141248			
28653	28653								
					35629	817		34812	
					341494	341494			
300	**300**				**5616864**	**77138**		**5539726**	
300	300				5510068	2778		5507290	
					52690	52690			
					54106	21670		32436	
137692	**65655**		**72037**		**1404664**	**620101**	**692438**	**52620**	**39505**
89098	40828		48270		473234	362787	32333	39446	38668
48594	24827		23767		931430	257314	660105	13174	837

1-2-8 续表 5

指标名称	私营独资	私营合伙	私营有限责任公司	私营股份有限公司	其他内资
住宿和餐饮业	**848669**	**98264**	**2052868**	**118019**	**135699**
住宿业	357875	26925	1189996	79201	72950
餐饮业	490794	71339	862872	38818	62749
金融业	**460**		**32118**	**5676**	**19659**
银行业					
证券业					
保险业					
其他金融活动	460		32118	5676	19659
房地产业	**348396**	**81446**	**42650142**	**5007746**	**903476**
房地产业	348396	81446	42650142	5007746	903476
租赁和商务服务业	**138622**	**89490**	**3468691**	**274125**	**184150**
租赁业	34899	5169	173390	10201	3990
商务服务业	103723	84321	3295301	263924	180160
科学研究、技术服务和地质勘查业	**93515**	**14975**	**430453**	**59373**	**49791**
研究与试验发展	19725	1795	87056	30381	271
专业技术服务业	67580	11225	215795	20012	35655
科技交流和推广服务业	6100	1955	123733	8980	6950
地质勘查业	110		3869		6915
水利、环境和公共设施管理业	**7886**	**20601**	**270567**	**41568**	**30143**
水利管理业	30	600	508		37
环境管理业	230	4031	21455	1523	315
公共设施管理业	7626	15970	248604	40045	29791
居民服务和其他服务业	**104605**	**27454**	**319379**	**27122**	**114969**
居民服务业	43923	9479	180053	11509	3839
其他服务业	60682	17975	139326	15613	111130
教育	**20036**	**4937**	**98416**	**6917**	**6075**
教育	20036	4937	98416	6917	6075
卫生、社会保障和社会福利业	**47025**	**24595**	**8196**	**19947**	**13947**
卫生	47025	24595	5547	14991	13607
社会保障业			2649		340
社会福利业				4956	
文化、体育和娱乐业	**74482**	**34998**	**113354**	**11215**	**5204**
新闻出版业			8640		
广播、电视、电影和音像业	880	1330	36788	1755	
文化艺术业	5408	855	8036		1528
体育	240		988		5
娱乐业	67954	32813	58902	9460	3671

单位：千元

港澳台商投资	与港澳台商合资经营	与港澳台商合作经营	港澳台商独　资	港澳台商投资股份有限公司	外商投资	中外合资经　营	中外合作经　营	外资	外商投资股份有限公司
2172213	**2143613**		**28600**		**489592**	**80864**		**408228**	**500**
1645220	1644980		240		416956	72238		344718	
526993	498633		28360		72636	8626		63510	500
					440605			**440605**	
					244520			244520	
					196085			196085	
20194926	**12917162**	**2577158**	**4696406**	**4200**	**6795831**	**5296971**		**1189684**	**309176**
20194926	12917162	2577158	4696406	4200	6795831	5296971		1189684	309176
193115	**156841**	**32434**	**3840**		**2135321**	**1803633**		**331688**	
					727407	727407			
193115	156841	32434	3840		1407914	1076226		331688	
130			**130**		**205346**	**199254**		**3294**	**2798**
					180823	177583		3240	
					21671	21671			
130			130		2852			54	2798
1622			**1622**		**905744**	**821065**		**84679**	
1622			1622		2254	2254			
					903490	818811		84679	
107158	**20**		**107138**		**34721**	**1487**		**8141**	**25093**
106214	20		106194		7880	1487		6393	
944			944		26841			1748	25093
					4427			**4427**	
					4427			4427	
26850	**23239**		**3611**						
26850	23239		3611						
218079	**48743**	**31418**	**136449**	**1469**	**130262**	**130262**			
2988			1519	1469					
31418		31418							
183673	48743		134930		130262	130262			

1-2-9 按行业、登记注册类型

指标名称	总计	内资	国有	集体	股份合作
合计	**577192392**	**521725195**	**85719663**	**19057661**	**10118523**
农、林、牧、渔业	**11651**	**11651**			
农业	11651	11651			
采矿业	**13652801**	**13645224**	**940595**	**1306771**	**290528**
煤炭开采和洗选业	8776160	8773293	366314	737530	241695
石油和天然气开采业	307348	307348			39506
黑色金属矿采选业	1525911	1525911	558487	76124	
有色金属矿采选业	21744	21744	1904	2650	4117
非金属矿采选业	3021638	3016928	13890	490467	5210
制造业	**228940284**	**189229031**	**16501703**	**7598543**	**2339157**
农副食品加工业	8374278	6897601	295858	342422	67114
食品制造业	3429832	2624112	234251	69353	31269
饮料制造业	3353970	2934920	285927	81182	24740
烟草制品业	4254831	4254831	1338687		
纺织业	7506604	7430207	737603	393273	71713
纺织服装、鞋、帽制造业	830903	614470	23944	94294	15477
皮革、毛皮、羽毛(绒)及其制品业	1750043	1639139	627	11788	13897
木材加工及木、竹、藤、棕、草制品业	526734	495817	12165	113924	5314
家具制造业	1669186	914365	2993	45281	32491
造纸及纸制品业	2837243	2469226	88848	156267	64999
印刷业和记录媒介的复制	1800652	1671112	89034	156616	45494
文教体育用品制造业	54310	54310	2586	8365	10769
石油加工、炼焦及核燃料加工业	1082314	1082314	21787	11368	2354
化学原料及化学制品制造业	15622974	13136406	3718003	337764	131692
医药制造业	5173665	5004232	50568	11046	5271
化学纤维制造业	123164	123164		510	
橡胶制品业	1451222	1116706	177895	61591	40988
塑料制品业	2453697	2196853	56193	209775	106799
非金属矿物制品业	14730783	12350256	361420	1099037	290258
黑色金属冶炼及压延加工业	14883897	6098589	1361994	450635	39408
有色金属冶炼及压延加工业	9512916	9143833	325507	198837	17754
金属制品业	4258411	4216732	191414	430866	202381
通用设备制造业	11230411	9014290	2667379	566242	169833
专用设备制造业	7570611	7461754	1425612	100263	23632

分组的企业全年营业收入

单位：千元

国有联营	集体联营	国有与集体联营	其他联营	国有独资公司	其他有限责任公司	股份有限公司	私营独资	私营合伙
157049	**164256**	**204009**	**573965**	**33441321**	**147361299**	**71276423**	**25861515**	**5783190**
					11416			
					11416			
	300		**75945**	**794000**	**2396739**	**709362**	**3779924**	**1376504**
			11250	794000	2241015	80768	2303795	1112459
						267842		
					45209		318198	58758
							7367	2556
	300		64695		110515	360752	1150564	202731
29328	**88741**	**71641**	**37833**	**12702560**	**50932528**	**26247865**	**18148184**	**2878727**
	4000		1200	284381	1550928	325768	1595638	252828
	2455			1077	503615	697262	443740	50851
	2202		3225	1570	594823	770251	563196	61180
					2916144			
					1498705	61504	2499454	187577
				5500	61851	9869	109083	21116
					310005	8393	447536	
				4697	142037	7078	109320	27372
	2153		660	10483	55379	11278	421332	20511
		3948			884781	26471	439118	99159
			2500		385143	54497	199014	59048
					11389	179	7545	1454
				62920	243016	334811	55411	54670
	7080	3264		121178	4582055	1713540	508558	127864
					1594494	2578556	37562	13958
					69060		120	
	5532				297150	5344	160127	44554
	8923	11102	14380	20007	378850	7496	406618	173357
3473	15694	19326	9557	21629	1743043	692706	2930346	573785
				332527	1485510	63998	846968	73777
	3066			150	4693752	451167	687882	98602
	1602	3211			701327	36507	681212	100274
	20581	24826	680	1274363	1339612	305581	766766	107600
	2000	463		4756378	419149	47452	262785	45735

1-2-9 续表 1

指标名称	总计	内资	国　有	集　体	股份合作
交通运输设备制造业	87833787	72018288	2013937	2209105	667716
电气机械及器材制造业	8499399	75[illegible]1033	338114	253798	216153
通信设备、计算机及其他电子设备制造业	3165852	2081147		57075	9329
仪器仪表及文化、办公用机械制造业	4136283	3859201	659882	93221	27890
工艺品及其他制造业	492397	434208	19475	19269	2922
废弃资源和废旧材料回收加工业	329915	329915		15376	1500
电力、燃气及水的生产和供应业	**19924380**	**17882759**	**1481811**	**507177**	**23838**
电力、热力的生产和供应业	16699420	14841783	711505	126734	21497
燃气生产和供应业	1957423	1956709	150481	312657	396
水的生产和供应业	1267537	1084267	619825	67786	1945
建筑业	**66104854**	**65950092**	**10244780**	**4637616**	**1324862**
房屋和土木工程建筑业	57419435	57417834	9268651	4021925	1120478
建筑安装业	4846665	4834723	688238	464537	136845
建筑装饰业	2382756	2248609	127245	86791	54356
其他建筑业	1455998	1448926	160646	64363	13183
交通运输、仓储和邮政业	**21262194**	**20207769**	**9166644**	**446857**	**178937**
铁路运输业	4114060	4114060	4114060		
道路运输业	7107456	7074745	1768113	176268	91891
城市公共交通业	1478846	1253420	600065	4555	2684
水上运输业	3168196	3165504	997317	149656	30463
航空运输业	1822338	1822338	6081	12418	1519
管道运输业	1155	1155			
装卸搬运和其他运输服务业	1227899	1216851	292460	79370	36554
仓储业	1430636	648088	477264	24268	15826
邮政业	911608	911608	911284	322	
信息传输、计算机服务和软件业	**14219498**	**10524613**	**360960**	**178**	**17563**
电信和其他信息传输服务业	10000935	6433938	239316		6874
计算机服务业	3504711	3416958	119443	178	9816
软件业	713852	673717	2201		873
批发和零售业	**126739745**	**123998884**	**27191900**	**3661061**	**1491226**
批发业	96036632	95056456	21370046	2881563	1067612
零售业	30703113	28942428	5821854	779498	423614

单位：千元

国有联营	集体联营	国有与集体联营	其他联营	国有独资公司	其他有限责任公司	股份有限公司	私营独资	私营合伙
25855	4828	5501	5631	5510517	15538732	17189765	3401302	488818
	7012			59412	5171362	333061	232685	45545
				157275	1655700	22540	29593	315
	1613			78496	1924181	464846	148882	26151
					77052	9905	139618	10725
					103683	18040	16773	111901
48021	**833**	**3829**	**6602**	**11586327**	**2658117**	**967317**	**203884**	**71692**
48021	163	1544	6586	10509467	2250858	874494	114230	56973
			16	926594	318246	62754	43092	1422
	670	2285		150266	89013	30069	46562	13297
	9861	**1430**	**169947**	**2031477**	**26805422**	**2934556**	**290854**	**89865**
	7011	1400	140344	1818412	23171859	2616080	240816	77142
			29603	17374	2208434	247299	24906	219
	2850	30		183643	713976	60461	22954	12374
				12048	711153	10716	2178	130
9984	**14168**	**29673**	**108505**	**578254**	**3840208**	**2626418**	**247201**	**54253**
	12341	1822	2500	286149	2514041	350538	188645	40358
	45		367	96859	59519	243329	27360	
		27851	105638		592904	452609	12940	9886
				195246	41220	1565300		
					1155			
9984	1782				557886	11843	13183	4009
					73483	2799	5073	
			56	**216167**	**7292777**	**2074642**	**113357**	**5475**
				216166	5937529	888	15005	310
			56		843038	2036558	82627	3196
				1	512210	37196	15725	1969
66836	**45211**	**90464**	**146364**	**4220894**	**35625709**	**17233308**	**1964786**	**958703**
63706	19132	52946	136473	3376330	26883068	12996512	1297642	777274
3130	26079	37518	9891	844564	8742641	4236796	667144	181429

1-2-9 续表 2

指标名称	总计	内资			
			国有	集体	股份合作
住宿和餐饮业	**4588195**	**4106464**	**587380**	**179184**	**77229**
住宿业	2191060	1889023	523098	108837	11049
餐饮业	2397135	2217441	64282	70347	66180
金融业	**34731048**	**34725088**	**14121187**		**3913380**
银行业	25318959	25315364	13414841		3913370
证券业	294074	294074			
保险业	8754899	8752534	669119		
其他金融活动	363116	363116	37227		10
房地产业	**33301708**	**28413756**	**1527264**	**261420**	**202491**
房地产业	33301708	28413756	1527264	261420	202491
租赁和商务服务业	**6557738**	**6180770**	**1105299**	**219548**	**118987**
租赁业	349346	287656	10013	10584	3143
商务服务业	6208392	5893114	1095286	208964	115844
科学研究、技术服务和地质勘查业	**2784221**	**2716230**	**1485162**	**67432**	**88286**
研究与试验发展	402958	400514	309183	5868	11989
专业技术服务业	1975105	1910608	1000026	21487	36995
科技交流和推广服务业	260471	259421	65540	40077	20704
地质勘查业	145687	145687	110413		18598
水利、环境和公共设施管理业	**1457535**	**1355748**	**149985**	**16438**	**5501**
水利管理业	988270	988270	35059	1298	3411
环境管理业	70540	69559	11162	9352	
公共设施管理业	398725	297919	103764	5788	2090
居民服务和其他服务业	**1046068**	**934321**	**205057**	**74301**	**16093**
居民服务业	418399	324938	9262	16306	2304
其他服务业	627669	609383	195795	57995	13789
教育	**230253**	**230148**	**23593**	**68437**	**17651**
教育	230253	230148	23593	68437	17651
卫生、社会保障和社会福利业	**139454**	**133056**	**40474**	**4990**	**11718**
卫生	136844	130446	40474	4878	11718
社会保障业	948	948			
社会福利业	1662	1662		112	
文化、体育和娱乐业	**1500765**	**1479591**	**585869**	**7708**	**1076**
新闻出版业	857841	857841	515727		
广播、电视、电影和音像业	348149	347652	67331	300	974
文化艺术业	48581	45706	326	3203	72
体育	31563	31563	10	250	
娱乐业	214631	196829	2475	3955	30

单位：千元

国有联营	集体联营	国有与集体联营	其他联营	国有独资公司	其他有限责任公司	股份有限公司	私营独资	私营合伙
	1311	**1300**	**70**	**70950**	**1115172**	**194700**	**560793**	**128339**
	1311		70	69826	597782	122347	128199	14841
		1300		1124	517390	72353	432594	113498
				105051	**430558**	**16152768**	**300**	
						7987153		
					273133	20941		
						8083415		
				105051	157425	61259	300	
2880	**452**	**2236**	**11756**	**494016**	**11215356**	**1502245**	**245274**	**35813**
2880	452	2236	11756	494016	11215356	1502245	245274	35813
	2257	**1586**	**1685**	**565642**	**2470203**	**343016**	**102048**	**86996**
			811	20	73097	103426	21839	1767
	2257	1586	874	565622	2397106	239590	80209	85229
	972	**1800**	**6159**	**22891**	**680399**	**40239**	**32467**	**11149**
	972			9512	22982	4451	9021	2818
		1800	6159	11900	564623	34224	13875	6724
				1479	91295	1564	9271	1607
					1499		300	
			160	**23814**	**1072002**	**19690**	**6111**	**1604**
				6698	933786	7716	100	100
			120	4204	31824	5050	882	1349
			40	12912	106392	6924	5129	155
	150	**50**	**296**	**20919**	**217932**	**35648**	**95164**	**27293**
					93084	7521	36004	8247
	150	50	296	20919	124848	28127	59160	19046
					30290	**8261**	**18197**	**5079**
					30290	8261	18197	5079
			8587		**3091**	**1592**	**13642**	**24713**
			8587		3091	1592	13642	24713
				8359	**563380**	**184796**	**39329**	**26985**
					170851	167653		
				7606	256757	86	2000	605
				753	29729	100	1556	171
					30952		326	
					75091	16957	35447	26209

1-2-9 续表 3

指标名称	私营有限责任公司	私营股份有限公司	其他内资	港澳台商投资	与港澳台商合资经营
合 计	**107815559**	**10805279**	**3385483**	**18072750**	**6762189**
农、林、牧、渔业	**235**				
农业	235				
采矿业	**1682861**	**159648**	**132047**	**3427**	**560**
煤炭开采和洗选业	767292	100998	16177	2867	
石油和天然气开采业					
黑色金属矿采选业	446924	22211			
有色金属矿采选业			3150		
非金属矿采选业	468645	36439	112720	560	560
制造业	**47211106**	**3889645**	**551470**	**13091283**	**3477858**
农副食品加工业	1583283	516120	78061	9842	2250
食品制造业	530565	53195	6479	6926	454
饮料制造业	489470	43735	13419	156850	5080
烟草制品业					
纺织业	1909792	17884	52702	24794	24794
纺织服装、鞋、帽制造业	249864	23472		144414	142195
皮革、毛皮、羽毛(绒)及其制品业	839913	6830	150	90937	56437
木材加工及木、竹、藤、棕、草制品业	70763	732	2415	23367	22050
家具制造业	268727	25817	17260	3107	3107
造纸及纸制品业	629713	65779	10143	161180	157932
印刷业和记录媒介的复制	632850	39566	7350	84542	82075
文教体育用品制造业	8752	2281	990		
石油加工、炼焦及核燃料加工业	285158	10819			
化学原料及化学制品制造业	1601725	270252	13431	558565	548346
医药制造业	564799	103855	44123	43908	43908
化学纤维制造业	53474				
橡胶制品业	306008	14513	3004		
塑料制品业	724945	77052	1356	122510	68608
非金属矿物制品业	4135081	356155	98746	551969	314015
黑色金属冶炼及压延加工业	1077535	304926	61311	8612860	
有色金属冶炼及压延加工业	2345811	316665	4640	296042	257305
金属制品业	1690755	156672	20511	15389	3877
通用设备制造业	1533765	200780	36282	589504	326206
专用设备制造业	331612	45643	1030	53973	47422

单位：千元

与港澳台商合作经营	港澳台商独资	港澳台商投资股份有限公司	外商投资	中外合资经营	中外合作经营	外资	外商投资股份有限公司
1023062	**1687655**	**8599844**	**37394447**	**28410856**	**2092262**	**6578333**	**312996**
	2867		**4150**	**4150**			
	2867						
			4150	4150			
496421	**517180**	**8599824**	**26619970**	**23793554**	**369477**	**2378303**	**78636**
	7592		1466835	1020781		436322	9732
	6472		798794	21776		777018	
	151770		262200	230260		31940	
			51603	14800		36803	
	2219		72019	10427		61592	
	34500		19967			19967	
	1317		7550			7550	
			751714	748246	1158	2310	
	3248		206837	89646	848	109908	6435
	2467		44998	9213	35635	150	
	10219		1928003	1755896	159682	12425	
			125525	80920			44605
			334516	41781		292735	
	53902		134334	100501		33833	
68592	137882	31480	1828558	1498931	172154	139609	17864
	44516	8568344	172448	172448			
38737			73041	73041			
	11512		26290	10307		15983	
261240	2058		1626617	1591116		35501	
	6551		54884	54884			

1-2-9 续表 4

指标名称	私营有限责任公司	私营股份有限公司	其他内资	港澳台商投资	与港澳台商合资经营
交通运输设备制造业	23822455	1075142	58984	1237668	1147811
电气机械及器材制造业	823234	79474	1183	67626	37086
通信设备、计算机及其他电子设备制造业	120800	28520		200257	172956
仪器仪表及文化、办公用机械制造业	388524	31770	13745	34753	13944
工艺品及其他制造业	138345	12742	4155	300	
废弃资源和废旧材料回收加工业	53388	9254			
电力、燃气及水的生产和供应业	**255826**	**30160**	**37325**	**10268**	**1002**
电力、热力的生产和供应业	89841	21886	7984	1002	1002
燃气生产和供应业	134550	1801	4700		
水的生产和供应业	31435	6473	24641	9266	
建筑业	**15432994**	**1738397**	**238031**	**134121**	**123081**
房屋和土木工程建筑业	13156095	1652836	124785		
建筑安装业	977277	30791	9200	10584	
建筑装饰业	941704	40754	1471	123537	123081
其他建筑业	357918	14016	102575		
交通运输、仓储和邮政业	**2627590**	**216893**	**62184**	**78200**	**69296**
铁路运输业					
道路运输业	1455594	135751	50734	68	68
城市公共交通业	168379	41688	8570	75440	66536
水上运输业	765697	20383	160	2692	2692
航空运输业	554				
管道运输业					
装卸搬运和其他运输服务业	203092	6560	128		
仓储业	34272	12511	2592		
邮政业	2				
信息传输、计算机服务和软件业	**422848**	**18408**	**2182**	**7**	**7**
电信和其他信息传输服务业	15950	1708	192	7	7
计算机服务业	304030	16075	1941		
软件业	102868	625	49		
批发和零售业	**26774409**	**2968755**	**1559258**	**238856**	**131734**
批发业	20376213	2332320	1425619	161271	84967
零售业	6398196	636435	133639	77585	46767

单位：千元

与港澳台商合作经营	港澳台商独资	港澳台商投资股份有限公司	外商投资	中外合资经营	中外合作经营	外资	外商投资股份有限公司
81182	8675		14577831	14231501		346330	
	30540		870740	866141		4599	
26861	440		884448	884448			
19809	1000		242329	229401		12928	
	300		57889	57089		800	
	9266		**2031353**	**1786580**	**244773**		
			1856635	1785792	70843		
			714	714			
	9266		174004	74	173930		
205	**10835**		**20641**	**9738**	**8920**	**1983**	
			1601	818		783	
	10584		1358	158		1200	
205	251		10610	1690	8920		
			7072	7072			
	8904		**976225**	**942651**	**30474**	**3100**	
			32643	2169	30474		
	8904		149986	149986			
			11048	7948		3100	
			782548	782548			
			3694878	**90673**		**3604205**	
			3566990	1		3566989	
			87753	87753			
			40135	2919		37216	
	107122		**2502005**	**739367**	**1438618**	**139128**	**184892**
	76304		818905	478131	31781	124357	184636
	30818		1683100	261236	1406837	14771	256

1-2-9 续表 5

指标名称					
	私营有限责任公司	私营股份有限公司	其他内资	港澳台商投资	与港澳台商合资经营
住宿和餐饮业	**1067522**	**78321**	**44193**	**282298**	**251507**
住宿业	267140	32787	11736	203086	201604
餐饮业	800382	45534	32457	79212	49903
金融业	**1524**	**320**			
银行业					
证券业					
保险业					
其他金融活动	1524	320			
房地产业	**10781471**	**1517642**	**613440**	**3846435**	**2460977**
房地产业	10781471	1517642	613440	3846435	2460977
租赁和商务服务业	**963593**	**123917**	**75993**	**274247**	**237134**
租赁业	57339	3617	2000		
商务服务业	906254	120300	73993	274247	237134
科学研究、技术服务和地质勘查业	**224125**	**28335**	**26814**	**1048**	
研究与试验发展	17205	6007	506		
专业技术服务业	179516	19889	13390		
科技交流和推广服务业	23038	2439	2407	1048	
地质勘查业	4366		10511		
水利、环境和公共设施管理业	**48008**	**3795**	**8640**	**890**	
水利管理业	10		92		
环境管理业	4551	912	153	890	
公共设施管理业	43447	2883	8395		
居民服务和其他服务业	**214803**	**16211**	**10404**	**91340**	**50**
居民服务业	137141	10889	4180	91311	50
其他服务业	77662	5322	6224	29	
教育	**46492**	**8845**	**3303**		
教育	46492	8845	3303		
卫生、社会保障和社会福利业	**3497**	**3486**	**17266**	**6398**	**4063**
卫生	2571	1936	17244	6398	4063
社会保障业	926		22		
社会福利业		1550			
文化、体育和娱乐业	**56655**	**2501**	**2933**	**13932**	**4920**
新闻出版业	3610				
广播、电视、电影和音像业	11240	753		497	
文化艺术业	8570		1226	2875	
体育	20		5		
娱乐业	33215	1748	1702	10560	4920

单位：千元

与港澳台商合作经营	港澳台商独资	港澳台商投资股份有限公司	外商投资	中外合资经营	中外合作经营	外资	外商投资股份有限公司
	30791		**199433**	**26353**		**173080**	
	1482		98951	25055		73896	
	29309		100482	1298		99184	
			5960			**5960**	
			3595			3595	
			2365			2365	
489394	**896044**	**20**	**1041517**	**771384**		**236508**	**33625**
489394	896044	20	1041517	771384		236508	33625
34167	**2946**		**102721**	**82240**		**20481**	
			61690	61690			
34167	2946		41031	20550		20481	
	1048		**66943**	**66682**		**259**	**2**
			2444	2185		259	
			64497	64497			
	1048		2				2
	890		**100897**	**90237**		**10660**	
	890		91	91			
			100806	90146		10660	
	91290		**20407**	**5**		**4561**	**15841**
	91261		2150	5		2145	
	29		18257			2416	15841
			105			**105**	
			105			105	
	2335						
	2335						
2875	**6137**		**7242**	**7242**			
	497						
2875							
	5640		7242	7242			

1-2-10 按地区、学历分组的企业法人单位从业人数

单位：个、人

指标名称	单位数	从业人数					
			研究生及以上	大学本科	大专	高中	初中及以下
合 计	**49841**	**3271658**	**12467**	**165999**	**396945**	**1156111**	**1540136**
万州区	2181	145195	169	4826	17860	59988	62352
涪陵区	1374	122335	245	4483	16060	44706	56841
渝中区	5788	350173	3193	36060	70339	134786	105795
大渡口区	1186	92232	291	4737	10742	34459	42003
江北区	2888	196151	1145	17114	29735	69804	78353
沙坪坝区	4161	227922	1221	12280	24771	84007	105643
九龙坡区	5604	331766	2404	28761	57054	122432	121115
南岸区	2603	174949	1277	13761	28194	68442	63275
北碚区	1886	132962	334	4973	13445	45814	68396
万盛区	457	32395	23	459	1747	11701	18465
双桥区	211	11331	21	621	1086	4391	5212
渝北区	2409	157875	818	10186	21153	55257	70461
巴南区	1438	135892	247	4666	13968	53083	63928
黔江区	279	16874	83	1329	2893	6338	6231
长寿区	714	75614	55	2393	6740	24539	41887
綦江县	997	67612	97	947	5453	24590	36525
潼南县	548	41351	25	588	2811	10287	27640
铜梁县	1048	48579	43	749	2663	11721	33403
大足县	989	41040	20	415	2912	10726	26967
荣昌县	738	57496	74	1216	4676	16367	35163
璧山县	1071	68828	48	1387	4174	20316	42903
梁平县	415	33355	6	290	1387	6539	25133
城口县	218	7757	50	181	647	2170	4709
丰都县	455	25700	50	739	2609	9031	13271
垫江县	960	48246	27	698	3685	16893	26943
武隆县	230	18340	13	451	1612	6264	10000
忠 县	431	35390	58	775	2200	11833	20524
开 县	695	63764	23	924	4413	21102	37302
云阳县	347	27858	21	391	2370	9728	15348
奉节县	433	26280	6	276	2122	7369	16507
巫山县	319	16949	10	195	1567	4980	10197
巫溪县	254	10289	10	122	926	2979	6252
石柱县	246	15108	14	346	1608	4232	8908
秀山县	379	25047	6	264	1416	6786	16575
酉阳县	208	9384	12	154	844	2705	5669
彭水县	350	16174	14	336	1552	4624	9648
江津市	1457	117686	122	2434	8740	43716	62674
合川市	1215	70987	59	1587	5722	22172	41447
永川市	1852	111116	90	3163	11784	39252	56827
南川市	807	63656	43	722	3265	19982	39644

1-2-11 按行业、学历分组的企业法人单位从业人数

单位：个、人

指标名称	单位数	从业人数					
			研究生及以上	大学本科	大专	高中	初中及以下
合　计	**49841**	**3271658**	**12467**	**165999**	**396945**	**1156111**	**1540136**
农、林、牧、渔业	**3**	**293**		**3**	**26**	**171**	**93**
农业	3	293		3	26	171	93
采矿业	**2676**	**212969**	**64**	**1482**	**6475**	**44930**	**160018**
煤炭开采和洗选业	1337	162499	37	1020	4524	34074	122844
石油和天然气开采业	2	1308	1	37	281	569	420
黑色金属矿采选业	178	11854	3	139	529	3216	7967
有色金属矿采选业	19	421	1	8	18	83	311
非金属矿采选业	1140	36887	22	278	1123	6988	28476
制造业	**17720**	**1209463**	**3074**	**50364**	**118687**	**454161**	**583177**
农副食品加工业	1179	38100	99	934	3027	12985	21055
食品制造业	573	24444	93	1016	2960	8502	11873
饮料制造业	812	21627	63	926	1987	7285	11366
烟草制品业	5	5467	10	522	1377	1725	1833
纺织业	1123	86461	28	595	2615	27773	55450
纺织服装、鞋、帽制造业	227	12204	24	245	1038	4827	6070
皮革、毛皮、羽毛(绒)及其制品业	222	12675	42	192	685	4283	7473
木材加工及木、竹、藤、棕、草制品业	182	4991	8	56	303	1562	3062
家具制造业	369	10568	18	289	746	3671	5844
造纸及纸制品业	446	20965	12	415	1206	7076	12256
印刷业和记录媒介的复制	673	18059	33	429	1455	8021	8121
文教体育用品制造业	50	1040		41	86	391	522
石油加工、炼焦及核燃料加工业	66	4755	10	210	345	1648	2542
化学原料及化学制品制造业	838	77077	162	3484	9058	27640	36733
医药制造业	172	24948	181	2505	4387	9557	8318
化学纤维制造业	7	628		22	60	236	310
橡胶制品业	200	13980	28	322	916	5591	7123
塑料制品业	625	20087	34	545	1362	6545	11601
非金属矿物制品业	2784	163311	176	2139	6945	42740	111311
黑色金属冶炼及压延加工业	346	38971	51	1466	4085	17355	16014
有色金属冶炼及压延加工业	214	23589	50	1293	3171	8126	10949
金属制品业	818	36408	188	1875	4852	12131	17362
通用设备制造业	1164	76775	162	3355	8469	32697	32092
专用设备制造业	426	59997	354	6963	10731	26640	15309

1-2-11 续表 1 单位数：个、人

指标名称	单位数	从业人数	研究生及以上	大学本科	大专	高中	初中及以下
交通运输设备制造业	3074	331646	830	14556	33674	140714	141872
电气机械及器材制造业	463	31939	87	1473	3736	15254	11389
通信设备、计算机及其他电子设备制造业	98	10842	187	1501	2033	4530	2591
仪器仪表及文化、办公用机械制造业	321	29378	134	2801	6900	12412	7131
工艺品及其他制造业	191	6971	9	145	350	1789	4678
废弃资源和废旧材料回收加工业	52	1560	1	49	128	455	927
电力、燃气及水的生产和供应业	**1079**	**70132**	**245**	**4532**	**14010**	**27038**	**24307**
电力、热力的生产和供应业	591	51160	189	3529	10376	19247	17819
燃气生产和供应业	87	6494	23	483	1351	2536	2101
水的生产和供应业	401	12478	33	520	2283	5255	4387
建筑业	**2916**	**917763**	**986**	**22276**	**74060**	**277500**	**542941**
房屋和土木工程建筑业	1611	811598	557	15071	58924	246404	490642
建筑安装业	365	50124	191	3283	6667	16429	23554
建筑装饰业	710	34716	173	2816	6208	9512	16007
其他建筑业	230	21325	65	1106	2261	5155	12738
交通运输、仓储和邮政业	**1644**	**191529**	**180**	**6009**	**19090**	**84744**	**81506**
铁路运输业	2	32395	12	816	2173	17735	11659
道路运输业	878	59621	75	1745	6482	23217	28102
城市公共交通业	78	31211	19	570	2224	18611	9787
水上运输业	189	32260	11	790	2930	12791	15738
航空运输业	10	4384	17	730	1250	1135	1252
管道运输业	1	14			5	6	3
装卸搬运和其他运输服务业	352	14782	20	564	806	4052	9340
仓储业	130	6160	23	240	924	3247	1726
邮政业	4	10702	3	554	2296	3950	3899
信息传输、计算机服务和软件业	**971**	**31077**	**965**	**7704**	**12140**	**7524**	**2744**
电信和其他信息传输服务业	179	19795	324	4123	8003	5278	2067
计算机服务业	627	7435	372	1976	2733	1765	589
软件业	165	3847	269	1605	1404	481	88
批发和零售业	**11819**	**239537**	**1467**	**17550**	**52431**	**112939**	**55150**
批发业	6686	132322	969	11815	30509	57553	31476
零售业	5133	107215	498	5735	21922	55386	23674

1-2-11 续表 2 单位数：个、人

指标名称	单位数	从业人数	研究生及以上	大学本科	大专	高中	初中及以下
住宿和餐饮业	**1459**	**79502**	**123**	**2429**	**9156**	**37622**	**30172**
住宿业	536	37102	59	1193	5331	18798	11721
餐饮业	923	42400	64	1236	3825	18824	18451
金融业	**582**	**65854**	**889**	**12876**	**23772**	**21607**	**6710**
银行业	375	41376	495	9522	17867	10101	3391
证券业	13	1196	210	488	347	129	22
保险业	155	22367	100	2489	5351	11181	3246
其他金融活动	39	915	84	377	207	196	51
房地产业	**3394**	**125008**	**1470**	**15512**	**33026**	**46079**	**28921**
房地产业	3394	125008	1470	15512	33026	46079	28921
租赁和商务服务业	**2828**	**56461**	**1284**	**10337**	**16600**	**18960**	**9280**
租赁业	223	3495	20	322	617	1226	1310
商务服务业	2605	52966	1264	10015	15983	17734	7970
科学研究、技术服务和地质勘查业	**916**	**28744**	**1131**	**9684**	**8814**	**6161**	**2954**
研究与试验发展	93	3600	135	1479	884	824	278
专业技术服务业	576	19758	780	6975	6573	3561	1869
科技交流和推广服务业	230	3693	213	1034	1066	938	442
地质勘查业	17	1693	3	196	291	838	365
水利、环境和公共设施管理业	**260**	**6978**	**92**	**900**	**1384**	**2694**	**1908**
水利管理业	52	1001	22	100	194	317	368
环境管理业	79	1277	44	280	312	500	141
公共设施管理业	129	4700	26	520	878	1877	1399
居民服务和其他服务业	**988**	**20010**	**205**	**1367**	**3129**	**7523**	**7786**
居民服务业	424	8950	67	429	1503	3589	3362
其他服务业	564	11060	138	938	1626	3934	4424
教育	**153**	**4284**	**62**	**759**	**931**	**1804**	**728**
教育	153	4284	62	759	931	1804	728
卫生、社会保障和社会福利业	**91**	**3265**	**43**	**609**	**961**	**1318**	**334**
卫生	87	3210	43	589	948	1311	319
社会保障业	2	32		20	12		
社会福利业	2	23			1	7	15
文化、体育和娱乐业	**342**	**8789**	**187**	**1606**	**2253**	**3336**	**1407**
新闻出版业	17	1961	141	854	581	327	58
广播、电视、电影和音像业	64	2067	21	276	626	916	228
文化艺术业	53	590	15	115	162	261	37
体育	12	169		19	76	59	15
娱乐业	196	4002	10	342	808	1773	1069

1-2-12 按登记注册类型、学历分组的企业法人单位从业人数

单位：个、人

指标名称	单位数	从业人数	研究生及以上	大学本科	大专	高中	初中及以下
合　计	**49841**	**3271658**	**12467**	**165999**	**396945**	**1156111**	**1540136**
内资	**49102**	**3161786**	**11529**	**155519**	**377966**	**1107076**	**1509696**
国有	2606	436929	1599	28466	67507	171465	167892
集体	5043	243740	296	4750	14416	78523	145755
股份合作	1462	84043	386	4696	12597	24560	41804
联营	256	11122	16	431	801	3751	6123
国有联营	22	701	3	174	122	267	135
集体联营	81	2396	7	53	166	562	1608
国有与集体联营	44	2837	1	56	194	1183	1403
其他联营	109	5188	5	148	319	1739	2977
有限责任公司	8610	982611	3902	54740	134916	356899	432154
国有独资公司	311	121728	552	12322	24829	47341	36684
其他有限责任公司	8299	860883	3350	42418	110087	309558	395470
股份有限公司	1829	201355	1192	16686	32014	82699	68764
私营	28344	1180906	4057	44555	113005	382552	636737
私营独资	11288	277763	422	3657	12083	75642	185959
私营合伙	2573	72862	208	1715	3794	18367	48778
私营有限责任公司	12665	734416	3131	35780	87038	255222	353245
私营股份有限公司	1818	95865	296	3403	10090	33321	48755
其他	952	21080	81	1195	2710	6627	10467
港、澳、台商投资	**345**	**42858**	**241**	**3569**	**7167**	**20611**	**11270**
合资经营(港或澳、台资)	193	21979	135	1828	3591	10362	6063
合作经营(港或澳、台资)	16	2408	21	280	470	1084	553
港、澳、台商独资经营	131	6548	59	679	1542	2768	1500
港、澳、台商投资股份有限公司	5	11923	26	782	1564	6397	3154
外商投资	**394**	**67014**	**697**	**6911**	**11812**	**28424**	**19170**
中外合资经营	249	46845	471	4295	6823	20791	14465
中外合作经营	18	4753	24	512	1000	2322	895
外资	117	14603	190	1998	3852	4955	3608
外商投资股份有限公司	10	813	12	106	137	356	202

1-2-13 按地区、专业技术职称分组的企业法人单位从业人数

单位：个、人

指标名称	单位数	从业人数	#高级技术职称	#中级技术职称	#初级技术职称
合　计	**49841**	**3271658**	**46079**	**194389**	**302048**
万州区	2181	145195	1414	9800	15600
涪陵区	1374	122335	1683	7467	12812
渝中区	5788	350173	8266	29387	34096
大渡口区	1186	92232	1673	5736	7934
江北区	2888	196151	4234	14409	18531
沙坪坝区	4161	227922	3319	11591	14397
九龙坡区	5604	331766	6556	24084	30632
南岸区	2603	174949	3592	12450	16740
北碚区	1886	132962	1702	6088	10012
万盛区	457	32395	197	1102	2885
双桥区	211	11331	151	840	745
渝北区	2409	157875	2868	11314	17600
巴南区	1438	135892	1992	8211	11860
黔江区	279	16874	286	1528	3066
长寿区	714	75614	613	4095	7267
綦江县	997	67612	446	2688	5182
潼南县	548	41351	336	1927	3836
铜梁县	1048	48579	299	1854	3423
大足县	989	41040	263	1231	3010
荣昌县	738	57496	439	2584	5251
璧山县	1071	68828	419	2473	4762
梁平县	415	33355	57	1208	2835
城口县	218	7757	126	560	751
丰都县	455	25700	291	1355	2611
垫江县	960	48246	325	1652	3770
武隆县	230	18340	99	955	2433
忠　县	431	35390	206	2350	6280
开　县	695	63764	264	2705	5620
云阳县	347	27858	208	1860	3416
奉节县	433	26280	160	1084	3005
巫山县	319	16949	97	585	1837
巫溪县	254	10289	122	792	1298
石柱县	246	15108	103	481	1320
秀山县	379	25047	59	489	1569
酉阳县	208	9384	82	494	1805
彭水县	350	16174	117	775	1490
江津市	1457	117686	924	6031	11286
合川市	1215	70987	587	3076	6366
永川市	1852	111116	1108	5153	10283
南川市	807	63656	396	1925	4432

1-2-14 按行业、专业技术职称分组的企业法人单位从业人数

单位：个、人

指标名称	单位数	从业人数			
			# 高级技术职称	# 中级技术职称	# 初级技术职称
合 计	**49841**	**3271658**	**46079**	**194389**	**302048**
农、林、牧、渔业	**3**	**293**	**7**	**34**	**45**
农业	3	293	7	34	45
采矿业	**2676**	**212969**	**746**	**3965**	**10878**
煤炭开采和洗选业	1337	162499	583	3005	8601
石油和天然气开采业	2	1308	22	74	144
黑色金属矿采选业	178	11854	34	430	401
有色金属矿采选业	19	421	5	6	16
非金属矿采选业	1140	36887	102	450	1716
制造业	**17720**	**1209463**	**14648**	**55365**	**88700**
农副食品加工业	1179	38100	202	1066	2096
食品制造业	573	24444	279	1467	1831
饮料制造业	812	21627	132	885	1920
烟草制品业	5	5467	8	132	633
纺织业	1123	86461	156	1078	2871
纺织服装、鞋、帽制造业	227	12204	42	282	515
皮革、毛皮、羽毛(绒)及其制品业	222	12675	306	514	541
木材加工及木、竹、藤、棕、草制品业	182	4991	32	88	184
家具制造业	369	10568	46	449	628
造纸及纸制品业	446	20965	87	526	1181
印刷业和记录媒介的复制	673	18059	168	797	1082
文教体育用品制造业	50	1040	4	47	90
石油加工、炼焦及核燃料加工业	66	4755	49	206	269
化学原料及化学制品制造业	838	77077	925	4035	6872
医药制造业	172	24948	544	1811	3216
化学纤维制造业	7	628	4	43	53
橡胶制品业	200	13980	75	425	661
塑料制品业	625	20087	218	619	888
非金属矿物制品业	2784	163311	931	4082	9051
黑色金属冶炼及压延加工业	346	38971	543	1831	2735
有色金属冶炼及压延加工业	214	23589	308	1406	1899
金属制品业	818	36408	424	1905	3410
通用设备制造业	1164	76775	1340	4433	6404
专用设备制造业	426	59997	1887	5766	7882

1-2-14 续表 1

单位数：个、人

指标名称	单位数	从业人数			
			# 高级技术职称	# 中级技术职称	# 初级技术职称
交通运输设备制造业	3074	331646	4272	16048	24243
电气机械及器材制造业	463	31939	512	1857	2480
通信设备、计算机及其他电子设备制造业	98	10842	379	1015	1288
仪器仪表及文化、办公用机械制造业	321	29378	682	2309	3257
工艺品及其他制造业	191	6971	68	175	452
废弃资源和废旧材料回收加工业	52	1560	25	68	68
电力、燃气及水的生产和供应业	**1079**	**70132**	**1021**	**5095**	**10118**
电力、热力的生产和供应业	591	51160	861	4001	8056
燃气生产和供应业	87	6494	80	454	655
水的生产和供应业	401	12478	80	640	1407
建筑业	**2916**	**917763**	**10063**	**59519**	**99013**
房屋和土木工程建筑业	1611	811598	7504	48999	87466
建筑安装业	365	50124	1272	4693	5603
建筑装饰业	710	34716	859	4139	3922
其他建筑业	230	21325	428	1688	2022
交通运输、仓储和邮政业	**1644**	**191529**	**1351**	**7371**	**12341**
铁路运输业	2	32395	79	756	1614
道路运输业	878	59621	517	2545	4547
城市公共交通业	78	31211	198	937	1083
水上运输业	189	32260	409	2071	3205
航空运输业	10	4384	26	311	554
管道运输业	1	14		2	1
装卸搬运和其他运输服务业	352	14782	46	233	377
仓储业	130	6160	24	280	457
邮政业	4	10702	52	236	503
信息传输、计算机服务和软件业	**971**	**31077**	**960**	**2719**	**3758**
电信和其他信息传输服务业	179	19795	545	1258	2360
计算机服务业	627	7435	158	719	820
软件业	165	3847	257	742	578
批发和零售业	**11819**	**239537**	**2679**	**12864**	**22121**
批发业	6686	132322	1812	8869	14454
零售业	5133	107215	867	3995	7667

1-2-14 续表 2 单位数：个、人

指标名称	单位数	从业人数	# 高级技术职称	# 中级技术职称	# 初级技术职称
住宿和餐饮业	**1459**	**79502**	**631**	**2727**	**3980**
住宿业	536	37102	214	1161	1726
餐饮业	923	42400	417	1566	2254
金融业	**582**	**65854**	**597**	**8163**	**18793**
银行业	375	41376	414	6907	17635
证券业	13	1196	16	155	110
保险业	155	22367	113	863	913
其他金融活动	39	915	54	238	135
房地产业	**3394**	**125008**	**5180**	**19511**	**18275**
房地产业	3394	125008	5180	19511	18275
租赁和商务服务业	**2828**	**56461**	**2309**	**6214**	**5352**
租赁业	223	3495	115	321	339
商务服务业	2605	52966	2194	5893	5013
科学研究、技术服务和地质勘查业	**916**	**28744**	**4409**	**7267**	**4632**
研究与试验发展	93	3600	581	728	660
专业技术服务业	576	19758	3405	5682	3178
科技交流和推广服务业	230	3693	359	645	614
地质勘查业	17	1693	64	212	180
水利、环境和公共设施管理业	**260**	**6978**	**267**	**601**	**774**
水利管理业	52	1001	37	103	186
环境管理业	79	1277	81	202	188
公共设施管理业	129	4700	149	296	400
居民服务和其他服务业	**988**	**20010**	**534**	**1419**	**1180**
居民服务业	424	8950	192	435	416
其他服务业	564	11060	342	984	764
教育	**153**	**4284**	**225**	**413**	**234**
教育	153	4284	225	413	234
卫生、社会保障和社会福利业	**91**	**3265**	**262**	**589**	**1173**
卫生	87	3210	242	576	1173
社会保障业	2	32	20	12	
社会福利业	2	23		1	
文化、体育和娱乐业	**342**	**8789**	**190**	**553**	**681**
新闻出版业	17	1961	118	266	266
广播、电视、电影和音像业	64	2067	37	171	273
文化艺术业	53	590	6	11	4
体育	12	169	6	13	17
娱乐业	196	4002	23	92	121

1-2-15 按登记注册类型、专业技术职称分组的企业法人单位从业人数

单位：个、人

指标名称	单位数	从业人数	#高级技术职称	#中级技术职称	#初级技术职称
合　计	**49841**	**3271658**	**46079**	**194389**	**302048**
内资	**49102**	**3161786**	**44209**	**187989**	**293498**
国有	2606	436929	7373	29432	48074
集体	5043	243740	2096	10647	19492
股份合作	1462	84043	1401	5575	12818
联营	256	11122	160	427	987
国有联营	22	701	23	61	70
集体联营	81	2396	21	76	119
国有与集体联营	44	2837	38	144	288
其他联营	109	5188	78	146	510
有限责任公司	8610	982611	15231	65345	101020
国有独资公司	311	121728	3017	10597	16039
其他有限责任公司	8299	860883	12214	54748	84981
股份有限公司	1829	201355	2812	13226	20566
私营	28344	1180906	14903	62157	89213
私营独资	11288	277763	1486	6257	10858
私营合伙	2573	72862	499	2066	3910
私营有限责任公司	12665	734416	11607	48082	65941
私营股份有限公司	1818	95865	1311	5752	8504
其他	952	21080	233	1180	1328
港、澳、台商投资	**345**	**42858**	**905**	**2979**	**3528**
合资经营(港或澳、台资)	193	21979	400	1290	1768
合作经营(港或澳、台资)	16	2408	71	264	431
港、澳、台商独资经营	131	6548	157	594	349
港、澳、台商投资股份有限公司	5	11923	277	831	980
外商投资	**394**	**67014**	**965**	**3421**	**5022**
中外合资经营	249	46845	683	2376	3690
中外合作经营	18	4753	70	392	510
外资	117	14603	195	616	765
外商投资股份有限公司	10	813	17	37	57

1-2-16 按地区、技术等级分组的企业法人单位从业人数

单位：个、人

指标名称	单位数	从业人数	#高级技师	#技师	#高级工	#中级工
合 计	**49841**	**3271658**	**12965**	**37373**	**105548**	**274218**
万州区	2181	145195	398	1641	3906	13323
涪陵区	1374	122335	553	1443	3250	9204
渝中区	5788	350173	1139	3499	22245	36976
大渡口区	1186	92232	398	1367	3514	9611
江北区	2888	196151	763	2451	7613	12953
沙坪坝区	4161	227922	777	2312	5097	17003
九龙坡区	5604	331766	1547	3411	9599	25229
南岸区	2603	174949	1532	3070	5691	12263
北碚区	1886	132962	338	1548	4165	8790
万盛区	457	32395	50	312	166	1405
双桥区	211	11331	69	106	527	915
渝北区	2409	157875	1408	3465	6363	13137
巴南区	1438	135892	923	2302	6495	17160
黔江区	279	16874	111	331	667	1607
长寿区	714	75614	200	541	3356	12339
綦江县	997	67612	229	514	1644	4403
潼南县	548	41351	187	452	1270	4644
铜梁县	1048	48579	90	323	710	2197
大足县	989	41040	235	422	1025	2662
荣昌县	738	57496	186	691	1682	4794
璧山县	1071	68828	157	382	1073	3119
梁平县	415	33355	92	118	445	5543
城口县	218	7757	4	69	156	465
丰都县	455	25700	39	184	779	1560
垫江县	960	48246	112	1169	1345	4554
武隆县	230	18340	44	190	211	912
忠 县	431	35390	66	445	932	3385
开 县	695	63764	133	598	1394	3743
云阳县	347	27858	87	299	686	2755
奉节县	433	26280	59	221	276	860
巫山县	319	16949	30	66	168	835
巫溪县	254	10289	28	90	137	946
石柱县	246	15108	17	37	109	643
秀山县	379	25047	5	68	48	605
酉阳县	208	9384	46	99	148	1389
彭水县	350	16174	35	117	356	925
江津市	1457	117686	125	654	2829	12162
合川市	1215	70987	288	1130	2487	6667
永川市	1852	111116	362	842	2239	9461
南川市	807	63656	103	394	745	3074

1-2-17　按行业、技术等级分组的企业法人单位从业人数

单位：个、人

指标名称	单位数	从业人数	# 高级技师	# 技师	# 高级工	# 中级工
合　计	**49841**	**3271658**	**12965**	**37373**	**105548**	**274218**
农、林、牧、渔业	**3**	**293**			**1**	**3**
农业	3	293			1	3
采矿业	**2676**	**212969**	**196**	**794**	**1758**	**4704**
煤炭开采和洗选业	1337	162499	147	685	1268	3090
石油和天然气开采业	2	1308		1	21	123
黑色金属矿采选业	178	11854	4	26	229	543
有色金属矿采选业	19	421		2	2	15
非金属矿采选业	1140	36887	45	80	238	933
制造业	**17720**	**1209463**	**5037**	**14538**	**39496**	**88837**
农副食品加工业	1179	38100	90	387	445	990
食品制造业	573	24444	110	227	408	620
饮料制造业	812	21627	50	163	277	516
烟草制品业	5	5467		80	574	1039
纺织业	1123	86461	43	319	1067	4058
纺织服装、鞋、帽制造业	227	12204	30	69	97	283
皮革、毛皮、羽毛(绒)及其制品业	222	12675	255	279	555	1011
木材加工及木、竹、藤、棕、草制品业	182	4991	7	43	65	79
家具制造业	369	10568	15	85	180	509
造纸及纸制品业	446	20965	38	146	291	797
印刷业和记录媒介的复制	673	18059	83	266	629	1272
文教体育用品制造业	50	1040	3	2	28	95
石油加工、炼焦及核燃料加工业	66	4755	10	46	119	432
化学原料及化学制品制造业	838	77077	246	770	2590	6262
医药制造业	172	24948	168	415	1327	2553
化学纤维制造业	7	628		2	1	4
橡胶制品业	200	13980	30	102	432	1213
塑料制品业	625	20087	89	205	355	657
非金属矿物制品业	2784	163311	307	979	1824	5425
黑色金属冶炼及压延加工业	346	38971	94	451	1668	5058
有色金属冶炼及压延加工业	214	23589	57	214	543	2024
金属制品业	818	36408	472	649	870	2053
通用设备制造业	1164	76775	372	1304	4823	9781
专用设备制造业	426	59997	283	1159	4047	6665

1-2-17 续表 1 单位数：个、人

指标名称	单位数	从业人数				
			#高级技师	#技师	#高级工	#中级工
交通运输设备制造业	3074	331646	1718	4782	11724	28149
电气机械及器材制造业	463	31939	229	492	1031	2780
通信设备、计算机及其他电子设备制造业	98	10842	71	186	648	818
仪器仪表及文化、办公用机械制造业	321	29378	138	643	2601	3260
工艺品及其他制造业	191	6971	22	65	274	413
废弃资源和废旧材料回收加工业	52	1560	7	8	3	21
电力、燃气及水的生产和供应业	**1079**	**70132**	**118**	**1119**	**6200**	**6813**
电力、热力的生产和供应业	591	51160	89	981	4976	4791
燃气生产和供应业	87	6494	7	52	570	709
水的生产和供应业	401	12478	22	86	654	1313
建筑业	**2916**	**917763**	**4096**	**13335**	**31055**	**125743**
房屋和土木工程建筑业	1611	811598	3156	11367	27041	116277
建筑安装业	365	50124	445	948	2480	4594
建筑装饰业	710	34716	350	699	946	2988
其他建筑业	230	21325	145	321	588	1884
交通运输、仓储和邮政业	**1644**	**191529**	**694**	**1328**	**15709**	**23626**
铁路运输业	2	32395	17	143	9874	9812
道路运输业	878	59621	350	499	2000	3054
城市公共交通业	78	31211	15	93	833	3662
水上运输业	189	32260	284	515	797	3856
航空运输业	10	4384	3	20	170	20
管道运输业	1	14		1	1	1
装卸搬运和其他运输服务业	352	14782	16	7	60	657
仓储业	130	6160	9	24	119	96
邮政业	4	10702		26	1855	2468
信息传输、计算机服务和软件业	**971**	**31077**	**107**	**274**	**943**	**1783**
电信和其他信息传输服务业	179	19795	54	122	794	1540
计算机服务业	627	7435	32	49	133	205
软件业	165	3847	21	103	16	38
批发和零售业	**11819**	**239537**	**751**	**1585**	**2604**	**6473**
批发业	6686	132322	468	972	1528	3432
零售业	5133	107215	283	613	1076	3041

1-2-17 续表 2 单位数：个、人

指标名称	单位数	从业人数	#高级技师	#技师	#高级工	#中级工
住宿和餐饮业	**1459**	**79502**	**235**	**752**	**1231**	**2605**
住宿业	536	37102	94	372	815	1542
餐饮业	923	42400	141	380	416	1063
金融业	**582**	**65854**	**69**	**161**	**473**	**3220**
银行业	375	41376	35	37	254	305
证券业	13	1196				1
保险业	155	22367	28	122	215	2913
其他金融活动	39	915	6	2	4	1
房地产业	**3394**	**125008**	**950**	**2159**	**3129**	**5704**
房地产业	3394	125008	950	2159	3129	5704
租赁和商务服务业	**2828**	**56461**	**198**	**294**	**582**	**1377**
租赁业	223	3495	16	21	52	101
商务服务业	2605	52966	182	273	530	1276
科学研究、技术服务和地质勘查业	**916**	**28744**	**180**	**338**	**1029**	**1347**
研究与试验发展	93	3600	29	58	89	190
专业技术服务业	576	19758	104	208	457	487
科技交流和推广服务业	230	3693	38	58	78	147
地质勘查业	17	1693	9	14	405	523
水利、环境和公共设施管理业	**260**	**6978**	**60**	**90**	**317**	**284**
水利管理业	52	1001	6	21	78	37
环境管理业	79	1277	13	4	8	46
公共设施管理业	129	4700	41	65	231	201
居民服务和其他服务业	**988**	**20010**	**180**	**426**	**562**	**1219**
居民服务业	424	8950	97	227	215	408
其他服务业	564	11060	83	199	347	811
教育	**153**	**4284**	**58**	**67**	**295**	**179**
教育	153	4284	58	67	295	179
卫生、社会保障和社会福利业	**91**	**3265**	**7**	**37**	**88**	**149**
卫生	87	3210	7	37	88	149
社会保障业	2	32				
社会福利业	2	23				
文化、体育和娱乐业	**342**	**8789**	**29**	**76**	**76**	**152**
新闻出版业	17	1961	15	2	4	5
广播、电视、电影和音像业	64	2067	4	9	55	114
文化艺术业	53	590	3	2	1	1
体育	12	169		1	2	1
娱乐业	196	4002	7	62	14	31

1-2-18 按登记注册类型、技术等级分组的企业法人单位从业人数

单位：个、人

指标名称	单位数	从业人数	#高级技师	#技师	#高级工	#中级工
合　计	**49841**	**3271658**	**12965**	**37373**	**105548**	**274218**
内资	**49102**	**3161786**	**12632**	**36282**	**102252**	**266293**
国有	2606	436929	914	3833	29715	55862
集体	5043	243740	728	2323	4483	16858
股份合作	1462	84043	628	1446	2281	4793
联营	256	11122	14	101	234	412
国有联营	22	701	1	45	88	100
集体联营	81	2396	4	17	34	37
国有与集体联营	44	2837	2	12	55	83
其他联营	109	5188	7	27	57	192
有限责任公司	8610	982611	3965	11539	34818	91227
国有独资公司	311	121728	359	1957	9101	12843
其他有限责任公司	8299	860883	3606	9582	25717	78384
股份有限公司	1829	201355	637	2259	7490	20713
私营	28344	1180906	5675	14506	22815	75655
私营独资	11288	277763	757	1870	2474	6986
私营合伙	2573	72862	248	469	618	2273
私营有限责任公司	12665	734416	4253	10101	17309	54702
私营股份有限公司	1818	95865	417	2066	2414	11694
其他	952	21080	71	275	416	773
港、澳、台商投资	**345**	**42858**	**157**	**618**	**1774**	**4608**
合资经营(港或澳、台资)	193	21979	87	308	559	1348
合作经营(港或澳、台资)	16	2408	3	31	174	85
港、澳、台商独资经营	131	6548	44	79	180	178
港、澳、台商投资股份有限公司	5	11923	23	200	861	2997
外商投资	**394**	**67014**	**176**	**473**	**1522**	**3317**
中外合资经营	249	46845	102	311	1064	2514
中外合作经营	18	4753	38	114	237	225
外资	117	14603	31	41	211	562
外商投资股份有限公司	10	813	5	7	10	16

1-2-19 按地区、行业分组的国有绝对控股企业法人单位数及从业人数

单位：个、人

指标名称	总计		采矿业		制造业		电力、燃气及水的生产和供应业	
	单位数	从业人数	单位数	从业人数	单位数	从业人数	单位数	从业人数
合　计	**3978**	**849633**	**54**	**55362**	**605**	**305371**	**195**	**51885**
万州区	196	29726	2	362	41	9104	12	1787
涪陵区	162	40177	1	288	24	21621	11	4465
渝中区	652	164850			47	7763	2	13662
大渡口区	66	31311	1	2394	23	19752		
江北区	304	88535	1	137	58	43278	4	3174
沙坪坝区	202	53830	1	670	45	29438	2	68
九龙坡区	333	91678	1	1638	71	43745	3	155
南岸区	160	53036			38	24885	2	69
北碚区	154	31606	6	6695	47	17289	2	95
万盛区	58	13391	2	11286	8	667	4	186
双桥区	22	5631			5	4903	2	31
渝北区	116	21368	1	1501	17	4095	7	230
巴南区	87	28786			21	20393	7	366
黔江区	53	6207	1	160	4	2017	4	1297
长寿区	62	17889	1	229	13	10991	7	1889
綦江县	76	21181	1	12662	20	6155	7	681
潼南县	56	5526			3	393	3	897
铜梁县	32	5180	1	782	5	825	3	992
大足县	51	3596	2	1460	2	69	4	540
荣昌县	35	14755	1	6166	3	6181	3	494
璧山县	35	6500			4	4436	4	329
梁平县	47	3141	1	1593	1	17	2	229
城口县	34	1960	1	156	2	220	3	589
丰都县	79	5253			1	6	8	1517
垫江县	67	12159	2	1529	8	1775	7	962
武隆县	30	4220	1	665	4	1476	4	583
忠　县	90	4658	1	42	3	322	5	1512
开　县	50	4648			1	38	8	1987
云阳县	35	4236			2	90	5	2026
奉节县	41	3971	1	425	1	33	3	1120
巫山县	68	5352	2	715	1	16	4	1295
巫溪县	42	2288	1	137	1	25	9	1496
石柱县	48	4876	2	482	8	1540	5	937
秀山县	46	5814	5	1252	7	484	4	618
酉阳县	46	2452	1	45	3	5	4	166
彭水县	47	3334	3	910	2	14	5	744
江津市	102	17167			23	11943	11	2019
合川市	63	8240	2	26	12	4881	4	1083
永川市	63	12385	2	654	9	4010	5	249
南川市	68	8720	6	301	17	476	6	1346

1-2-19 续表 1　　单位：个、人

指标名称	建筑业		交通运输、仓储和邮政业		信息传输、计算机服务和软件业		批发和零售业	
	单位数	从业人数	单位数	从业人数	单位数	从业人数	单位数	从业人数
合　计	**213**	**140350**	**222**	**114904**	**48**	**14078**	**1083**	**57709**
万州区	6	5382	13	4022	1	96	57	3792
涪陵区	10	4531	15	1655			36	2123
渝中区	39	17097	30	30297	12	7046	139	15950
大渡口区	5	3958	5	2158			8	153
江北区	20	27934	21	1660	4	916	59	2172
沙坪坝区	11	11446	11	5608	3	72	41	1182
九龙坡区	25	20197	18	5581	9	4238	99	4738
南岸区	15	14857	5	4091			35	4436
北碚区	6	1648	5	2534	1	5	31	468
万盛区	4	177	3	262			14	369
双桥区	1	165	1	125	1	13	4	146
渝北区	5	3426	9	7965	1	54	28	990
巴南区	4	2241	4	223			18	766
黔江区	3	298	4	327	1	15	19	846
长寿区	5	3362	2	72			18	544
綦江县	3	402	2	56			20	361
潼南县	5	3269	2	66			16	468
铜梁县	1	468	2	42			10	887
大足县	6	372	2	4	1	151	17	345
荣昌县	1	196	1	18	1	113	10	516
璧山县	1	28			1	280	12	226
梁平县	2	68	11	139	1	27	11	320
城口县	2	185	3	235			15	370
丰都县	2	279	9	1282			29	1035
垫江县	6	5010	2	266	1	38	25	1319
武隆县	1	95			1	24	7	733
忠　县	1	23	2	173	1	189	62	1752
开　县	1	129	12	765			9	458
云阳县	1	350			1	195	17	659
奉节县	1	220	3	583			18	926
巫山县	4	704	2	162	1	45	25	1605
巫溪县			1	3	1	32	16	289
石柱县	3	475					17	969
秀山县	1	2050	3	172	1	50	18	735
酉阳县	2	1041	2	44			25	602
彭水县			5	101			20	1146
江津市	1	340	2	681	1	9	22	767
合川市	1	183	5	271	1	236	18	403
永川市	3	3068			1	148	22	1341
南川市	5	4676	5	179	1	86	16	802

1-2-19 续表 2

单位：个、人

指标名称	住宿和餐饮业		金融业		房地产业		租赁和商务服务业	
	单位数	从业人数	单位数	从业人数	单位数	从业人数	单位数	从业人数
合 计	**165**	**15867**	**362**	**39286**	**333**	**17545**	**293**	**15361**
万州区	4	488	15	3598	13	351	14	334
涪陵区	9	1375	10	2151	11	441	13	992
渝中区	50	6414	53	6927	110	5730	96	5471
大渡口区			6	507	8	644	3	1101
江北区	13	1153	20	1711	36	1956	24	2099
沙坪坝区	7	836	15	1782	21	556	11	597
九龙坡区	10	970	25	2129	31	3093	14	967
南岸区	5	386	16	2081	24	1331	7	185
北碚区	4	71	10	1052	10	333	9	228
万盛区	2	72	2	99	4	23	6	57
双桥区	1	9	2	15	2	33	1	156
渝北区	6	1089	11	930	6	77	8	220
巴南区	6	315	10	1366	9	1655	5	1280
黔江区	2	298	9	862	1	9	1	8
长寿区			9	571			5	124
綦江县	1	10	6	502	6	226	1	4
潼南县	1	26	5	234	4	100	17	73
铜梁县	1	120	7	1052				
大足县	1	50	7	524	1	8	7	67
荣昌县	3	248	7	702	1	28	2	69
璧山县			8	988	2	56	1	120
梁平县	2	111	5	539	2	16	2	7
城口县	1	5	3	120				
丰都县	2	10	7	818	5	106	4	32
垫江县	4	444	7	664	1	2	1	18
武隆县			5	460	1	14	2	20
忠 县			7	534	4	59	2	30
开 县	2	74	5	769	6	106	1	3
云阳县			5	547			1	3
奉节县	3	37	6	348	1	46	2	218
巫山县	4	81	5	290	1	30	11	290
巫溪县	2	78	5	178			2	9
石柱县	1	126	5	263	2	47	3	17
秀山县			5	434			2	19
酉阳县	3	247	4	226	1	39	1	37
彭水县	6	160	4	251			1	7
江津市	4	298	9	722	1	6	6	133
合川市			10	982	2	71	3	59
永川市	4	216	7	995	4	335	3	303
南川市	1	50	5	363	2	18	1	4

1-2-19 续表 3 单位：个、人

指标名称	科学研究、技术服务和地质勘查业		水利、环境和公共设施管理业		居民服务和其他服务业	
	单位数	从业人数	单位数	从业人数	单位数	从业人数
合 计	**198**	**12922**	**87**	**2450**	**53**	**1892**
万州区	9	211	4	113	3	17
涪陵区	13	201	2	81	4	89
渝中区	39	3072	8	751	12	810
大渡口区	5	578				
江北区	25	1541	2	174	9	297
沙坪坝区	24	1109	2	105	4	73
九龙坡区	13	2438	1	12	6	205
南岸区	6	536	2	29	2	112
北碚区	12	561	3	102	1	18
万盛区	4	49	4	143		
双桥区	2	35				
渝北区	8	605	4	75	3	48
巴南区	3	181				
黔江区	2	15	1	50	1	5
长寿区			2	107		
綦江县	3	14	3	24		
潼南县						
铜梁县	2	12				
大足县	1	6				
荣昌县	1	19				
璧山县	1	10				
梁平县	3	25	3	20	1	30
城口县					4	80
丰都县	3	23	8	90		
垫江县	1	104	1	20		
武隆县	2	48	1	13	1	89
忠 县	1	6	1	16		
开 县	1	10	2	184	1	16
云阳县	1	360	2	6		
奉节县			2	15		
巫山县	2	28	5	54		
巫溪县	1	18	3	23		
石柱县			1	18		
秀山县						
酉阳县						
彭水县			1	1		
江津市	4	38	17	177		
合川市	3	17			1	3
永川市	1	1019	1	30		
南川市	2	33	1	17		

1-2-19 续表 4 单位：个、人

指标名称	教育		卫生、社会保障和社会福利业		文化、体育和娱乐业	
	单位数	从业人数	单位数	从业人数	单位数	从业人数
合 计	**10**	**354**	**8**	**1149**	**49**	**3148**
万州区					2	69
涪陵区	1	28			2	136
渝中区	2	27	3	103	10	1017
大渡口区					2	66
江北区	3	75	3	237	2	21
沙坪坝区					4	288
九龙坡区	2	93	1	542	4	937
南岸区					3	38
北碚区	1	22	1	267	5	218
万盛区					1	1
双桥区						
渝北区					2	63
巴南区						
黔江区						
长寿区						
綦江县					3	84
潼南县						
铜梁县						
大足县						
荣昌县					1	5
璧山县					1	27
梁平县						
城口县						
丰都县					1	55
垫江县					1	8
武隆县						
忠 县						
开 县	1	109				
云阳县						
奉节县						
巫山县					1	37
巫溪县						
石柱县					1	2
秀山县						
酉阳县						
彭水县						
江津市					1	34
合川市					1	25
永川市					1	17
南川市						

1-2-20 按行业、营业状态分组的国有

指标名称	单位数	营业	停业	筹建	当年关闭	当年破产	其他
合 计	**3978**	**3533**	**306**	**62**	**30**	**25**	**22**
采矿业	**54**	**42**	**7**		**2**		**3**
煤炭开采和洗选业	38	28	5		2		3
石油和天然气开采业	2	2					
黑色金属矿采选业	4	3	1				
有色金属矿采选业	1	1					
非金属矿采选业	9	8	1				
制造业	**605**	**495**	**82**	**5**	**5**	**14**	**4**
农副食品加工业	49	35	9	1	1	3	
食品制造业	25	16	4		1	3	1
饮料制造业	16	13	3				
烟草制品业	4	4					
纺织业	22	14	7			1	
纺织服装、鞋、帽制造业	5	4	1				
皮革、毛皮、羽毛(绒)及其制品业	1		1				
木材加工及木、竹、藤、棕、草制品业	7	5	2				
家具制造业	5	4			1		
造纸及纸制品业	11	7	2			2	
印刷业和记录媒介的复制	26	20	5				1
文教体育用品制造业	6	4	2				
石油加工、炼焦及核燃料加工业	3	3					
化学原料及化学制品制造业	47	41	4			1	1
医药制造业	16	16					
橡胶制品业	8	7	1				
塑料制品业	9	8	1				
非金属矿物制品业	44	33	9	1			1
黑色金属冶炼及压延加工业	14	12	2				
有色金属冶炼及压延加工业	17	14	2		1		
金属制品业	19	15	4				
通用设备制造业	53	48	4			1	
专用设备制造业	33	29	3			1	
交通运输设备制造业	92	84	6		1	1	

绝对控股企业法人单位数及从业人数

单位：个、人

从业人数	营业	停业	筹建	当年关闭	当年破产	其他
849633	**830374**	**12700**	**1311**	**1044**	**2400**	**1804**
55362	**53897**	**332**		**60**		**1073**
49813	48391	289		60		1073
1308	1308					
3198	3197	1				
45	45					
998	956	42				
305371	**294235**	**8400**	**113**	**576**	**1848**	**199**
4228	3623	545	1	46	13	
4392	4028	121		35	118	90
4564	4499	65				
4554	4554					
21551	19370	2050			131	
481	478	3				
11		11				
325	303	22				
191	181			10		
1700	1566	41			93	
2778	2412	277				89
129	125	4				
1238	1238					
28882	27607	1269				6
9229	9229					
2414	2337	77				
600	599	1				
9765	9493	256	2			14
20839	20211	628				
9968	8949	1019				
3785	3119	666				
27497	27471	26				
46159	45766	393				
71608	69237	395		485	1491	

1-2-20 续表 1

指标名称	单位数	营业	停业	筹建	当年关闭	当年破产	其他
电气机械及器材制造业	25	23	1			1	
通信设备、计算机及其他电子设备制造业	9	9					
仪器仪表及文化、办公用机械制造业	31	22	9				
工艺品及其他制造业	5	5					
废弃资源和废旧材料回收加工业	3			3			
电力、燃气及水的生产和供应业	**195**	**170**	**5**	**18**	**1**		**1**
电力、热力的生产和供应业	83	67	3	12	1		
燃气生产和供应业	21	20	1				
水的生产和供应业	91	83	1	6			1
建筑业	**213**	**206**	**6**				**1**
房屋和土木工程建筑业	148	143	4				1
建筑安装业	27	27					
建筑装饰业	21	20	1				
其他建筑业	17	16	1				
交通运输、仓储和邮政业	**222**	**207**	**11**	**3**	**1**		
铁路运输业	2	2					
道路运输业	82	78	4				
城市公共交通业	18	18					
水上运输业	20	18	1	1			
航空运输业	6	5		1			
管道运输业	1	1					
装卸搬运和其他运输服务业	29	24	4	1			
仓储业	62	59	2		1		
邮政业	2	2					
信息传输、计算机服务和软件业	**48**	**48**					
电信和其他信息传输服务业	27	27					
计算机服务业	12	12					
软件业	9	9					
批发和零售业	**1083**	**908**	**135**	**9**	**16**	**8**	**7**
批发业	675	567	84	5	9	5	5
零售业	408	341	51	4	7	3	2

单位：个、人

从业人数	营业	停业	筹建	当年关闭	当年破产	其他
8944	8938	4			2	
4565	4565					
14530	14003	527				
334	334					
110			110			
51885	**50666**	**185**	**714**	**274**		**46**
38583	37601	116	592	274		
4843	4779	64				
8459	8286	5	122			46
140350	**140248**	**91**				**11**
121184	121153	20				11
12152	12152					
2143	2140	3				
4871	4803	68				
114904	**114725**	**128**	**49**	**2**		
32395	32395					
24305	24249	56				
21278	21278					
15404	15374	12	18			
4161	4148		13			
14	14					
3880	3807	55	18			
2780	2773	5		2		
10687	10687					
14078	**14078**					
13406	13406					
457	457					
215	215					
57709	**54552**	**2512**	**113**	**105**	**62**	**365**
38522	37158	1123	75	48	31	87
19187	17394	1389	38	57	31	278

1-2-20 续表 2

指标名称	单位数						
		营业	停业	筹建	当年关闭	当年破产	其他
住宿和餐饮业	**165**	**156**	**7**			**1**	**1**
住宿业	130	122	6			1	1
餐饮业	35	34	1				
金融业	**362**	**358**	**1**	**3**			
银行业	253	252	1				
证券业	3	3					
保险业	98	97		1			
其他金融活动	8	6		2			
房地产业	**333**	**305**	**15**	**5**	**3**		**5**
房地产业	333	305	15	5	3		5
租赁和商务服务业	**293**	**270**	**14**	**5**	**2**	**2**	
租赁业	8	8					
商务服务业	285	262	14	5	2	2	
科学研究、技术服务和地质勘查业	**198**	**184**	**13**	**1**			
研究与试验发展	10	10					
专业技术服务业	127	123	3	1			
科技交流和推广服务业	54	44	10				
地质勘查业	7	7					
水利、环境和公共设施管理业	**87**	**74**	**5**	**8**			
水利管理业	36	33	2	1			
环境管理业	18	14		4			
公共设施管理业	33	27	3	3			
居民服务和其他服务业	**53**	**51**		**2**			
居民服务业	14	13		1			
其他服务业	39	38		1			
教育	**10**	**10**					
教育	10	10					
卫生、社会保障和社会福利业	**8**	**8**					
卫生	8	8					
文化、体育和娱乐业	**49**	**41**	**5**	**3**			
新闻出版业	10	10					
广播、电视、电影和音像业	27	23	3	1			
文化艺术业	6	4	1	1			
体育	2	1	1				
娱乐业	4	3		1			

单位：个、人

从业人数	营业	停业	筹建	当年关闭	当年破产	其他
15867	**15730**	**105**				**32**
12831	12717	82				32
3036	3013	23				
39286	**39266**	**1**	**19**			
27388	27387	1				
97	97					
11509	11493		16			
292	289		3			
17545	**17012**	**385**	**64**	**6**		**78**
17545	17012	385	64	6		78
15361	**14432**	**386**	**32**	**21**	**490**	
173	173					
15188	14259	386	32	21	490	
12922	**12806**	**62**	**54**			
2184	2184					
8188	8108	26	54			
1175	1139	36				
1375	1375					
2450	**2294**	**42**	**114**			
615	587	25	3			
407	374		33			
1428	1333	17	78			
1892	**1887**		**5**			
405	403		2			
1487	1484		3			
354	**354**					
354	354					
1149	**1149**					
1149	1149					
3148	**3043**	**71**	**34**			
1334	1334					
1654	1585	68	1			
31	26	2	3			
42	41	1				
87	57		30			

1-2-21 按行业、开业（成立)时间分组的

指标名称	总计		#1949年以前		#1950-1977年	
	单位数	从业人数	单位数	从业人数	单位数	从业人数
合　计	**3978**	**849633**	**60**	**86072**	**715**	**261455**
采矿业	**54**	**55362**	**3**	**12779**	**23**	**14560**
煤炭开采和洗选业	38	49813	3	12779	23	14560
石油和天然气开采业	2	1308				
黑色金属矿采选业	4	3198				
有色金属矿采选业	1	45				
非金属矿采选业	9	998				
制造业	**605**	**305371**	**32**	**66181**	**169**	**99118**
农副食品加工业	49	4228			9	565
食品制造业	25	4392	1	2266	6	826
饮料制造业	16	4564	1	1143	5	2435
烟草制品业	4	4554			1	1339
纺织业	22	21551	6	11943	1	633
纺织服装、鞋、帽制造业	5	481				
皮革、毛皮、羽毛(绒)及其制品业	1	11				
木材加工及木、竹、藤、棕、草制品业	7	325			3	209
家具制造业	5	191			1	10
造纸及纸制品业	11	1700	1	39	2	143
印刷业和记录媒介的复制	26	2778			6	1103
文教体育用品制造业	6	129				
石油加工、炼焦及核燃料加工业	3	1238			2	150
化学原料及化学制品制造业	47	28882	3	2756	12	11606
医药制造业	16	9229	1	640	7	5651
橡胶制品业	8	2414	1	978	1	1101
塑料制品业	9	600			1	123
非金属矿物制品业	44	9765	3	1814	15	2776
黑色金属冶炼及压延加工业	14	20839			3	1808
有色金属冶炼及压延加工业	17	9968			5	7924
金属制品业	19	3785	1	882	6	2191
通用设备制造业	53	27497	4	4682	22	14374
专用设备制造业	33	46159	4	27181	16	13110
交通运输设备制造业	92	71608	4	10580	21	21179
电气机械及器材制造业	25	8944	2	1277	11	3115
通信设备、计算机及其他电子设备制造业	9	4565			2	2782
仪器仪表及文化、办公用机械制造业	31	14530			11	3965
工艺品及其他制造业	5	334				

国有绝对控股企业法人单位数及从业人数

单位：个、人

#1978-1991年		#1992-1995年		#1996年		#1997年	
单位数	从业人数	单位数	从业人数	单位数	从业人数	单位数	从业人数
707	**121811**	**615**	**71484**	**141**	**38001**	**180**	**41907**
13	**9824**	**1**	**60**	**1**	**2394**		
6	7716						
1	1171						
1	1			1	2394		
1	45						
4	891	1	60				
95	**26822**	**83**	**21569**	**26**	**14884**	**23**	**18838**
9	351	3	2110	1	5	5	116
5	487	4	129			1	70
		4	677	1	235	2	32
5	6590	4	100	2	825	1	22
2	65	1	140				
1	11						
2	41						
		3	538			1	10
10	451	3	193	3	246	1	524
2	9	2	89			1	9
						1	1088
3	3739	8	551	3	668	1	118
3	464	1	1170				
2	90					1	133
1	128	3	113	1	27	1	50
8	3870	6	378	1	12		
1	260	1	753	1	368	2	11739
1	10	3	226	1	1018		
2	162	4	305	2	108	1	15
11	5004	6	818				
3	294	2	27	2	815	1	193
20	4726	17	10790	4	8306	2	4631
1	32	3	214	1	425	1	88
		1	729				
3	38	3	1494	3	1826		
		1	25				

1-2-21 续表 1

指标名称	总计		#1949年以前		#1950-1977年	
	单位数	从业人数	单位数	从业人数	单位数	从业人数
电力、燃气及水的生产和供应业	**3**	**110**	**4**	**4212**	**33**	**8620**
电力、热力的生产和供应业	195	51885	2	1965	11	3364
燃气生产和供应业	83	38583			1	2158
水的生产和供应业	21	4843	2	2247	21	3098
建筑业	**91**	**8459**			**35**	**45817**
房屋和土木工程建筑业	213	140350			32	41916
建筑安装业	148	121184			1	3624
建筑装饰业	27	12152			1	214
其他建筑业	21	2143			1	63
交通运输、仓储和邮政业	**17**	**4871**	**1**	**480**	**45**	**68526**
铁路运输业	222	114904			1	32026
道路运输业	2	32395			17	12839
城市公共交通业	82	24305			4	9966
水上运输业	20	15404	1	480	5	10345
航空运输业	6	4161			1	2142
管道运输业	1	14				
装卸搬运和其他运输服务业	29	3880			2	94
仓储业	62	2780			15	1114
邮政业	2	10687				
信息传输、计算机服务和软件业	**48**	**14078**				
电信和其他信息传输服务业	27	13406				
计算机服务业	12	457				
软件业	9	215				
批发和零售业	**1083**	**57709**	**9**	**356**	**316**	**14400**
批发业	675	38522	2	288	164	8505
零售业	408	19187	7	68	152	5895
住宿和餐饮业	**165**	**15867**			**17**	**1504**
住宿业	130	12831			13	1382
餐饮业	35	3036			4	122
金融业	**362**	**39286**	**8**	**1356**	**11**	**1865**
银行业	253	27388	1	265	10	1845
证券业	3	97				
保险业	98	11509	7	1091	1	20
其他金融活动	8	292				

单位：个、人

#1978-1991年		#1992-1995年		#1996年		#1997年	
单位数	从业人数	单位数	从业人数	单位数	从业人数	单位数	从业人数
28	**4107**	**19**	**2813**	**4**	**307**	**7**	**12119**
10	2427	7	2051			3	12020
7	1045	3	252	2	14	1	20
11	635	9	510	2	293	3	79
48	**27311**	**52**	**17482**	**9**	**12949**	**9**	**1730**
35	24233	35	14400	7	12834	6	1598
6	2021	4	816	1	17	1	32
3	385	10	1043	1	98	2	100
4	672	3	1223				
33	**9919**	**30**	**4635**	**2**	**210**	**13**	**1061**
1	369						
11	1298	13	1058			5	775
4	5590	4	1037			1	136
		2	20	1	120		
1	1583						
						1	14
4	376	7	2357	1	90	5	128
12	703	4	163				
						1	8
2	**80**	**4**	**1098**	**1**	**21**	**5**	**211**
		2	1003			2	199
2	80	2	95	1	21	3	12
191	**13347**	**165**	**9597**	**25**	**1769**	**24**	**1693**
145	12006	116	4004	16	1487	14	710
46	1341	49	5593	9	282	10	983
29	**1770**	**34**	**2553**	**9**	**655**	**11**	**886**
28	1756	24	1717	7	437	7	671
1	14	10	836	2	218	4	215
122	**18382**	**36**	**2630**	**31**	**2920**	**30**	**1157**
108	17526	29	2441	14	522	25	627
		2	90				
14	856	4	90	17	2398	5	530
		1	9				

1-2-21 续表 2

指标名称	总计		#1949年以前		#1950-1977年	
	单位数	从业人数	单位数	从业人数	单位数	从业人数
房地产业	**333**	**17545**	**2**	**280**	**11**	**581**
房地产业	333	17545	2	280	11	581
租赁和商务服务业	**293**	**15361**	**1**	**428**	**10**	**657**
租赁业	8	173				
商务服务业	285	15188	1	428	10	657
科学研究、技术服务和地质勘查业	**198**	**12922**			**18**	**4040**
研究与试验发展	10	2184			3	748
专业技术服务业	127	8188			9	2085
科技交流和推广服务业	54	1175			5	188
地质勘查业	7	1375			1	1019
水利、环境和公共设施管理业	**87**	**2450**			**9**	**182**
水利管理业	36	615			9	182
环境管理业	18	407				
公共设施管理业	33	1428				
居民服务和其他服务业	**53**	**1892**			**2**	**26**
居民服务业	14	405				
其他服务业	39	1487			2	26
教育	**10**	**354**				
教育	10	354				
卫生、社会保障和社会福利业	**8**	**1149**			**2**	**637**
卫生	8	1149			2	637
文化、体育和娱乐业	**49**	**3148**			**14**	**922**
新闻出版业	10	1334			1	311
广播、电视、电影和音像业	27	1654			13	611
文化艺术业	6	31				
体育	2	42				
娱乐业	4	87				

单位：个、人

#1978-1991年		#1992-1995年		#1996年		#1997年	
单位数	从业人数	单位数	从业人数	单位数	从业人数	单位数	从业人数
31	**2340**	**78**	**2804**	**12**	**793**	**23**	**1796**
31	2340	78	2804	12	793	23	1796
38	**4465**	**52**	**1715**	**14**	**940**	**16**	**1168**
1	80					2	56
37	4385	52	1715	14	940	14	1112
44	**2293**	**37**	**3228**	**5**	**149**	**10**	**594**
		3	1177	1	1	2	108
28	2048	19	1623	3	147	6	267
14	202	12	130	1	1	2	219
2	43	3	298				
10	**148**	**8**	**483**	**1**	**7**	**2**	**129**
9	98	2	6	1	7	2	129
1	50	1	15				
		5	462				
9	**167**	**9**	**596**	**1**	**3**	**5**	**223**
2	13	1	10	1	3	4	203
7	154	8	586			1	20
2	**57**	**4**	**211**				
2	57	4	211				
2	**379**	**1**	**6**				
2	379	1	6				
10	**400**	**2**	**4**			**2**	**302**
5	336					1	285
3	58					1	17
1	2	1	2				
1	4	1	2				

1-2-21 续表 3

指标名称	# 1998年		# 1999年		# 2000年	
	单位数	从业人数	单位数	从业人数	单位数	从业人数
合 计	**247**	**40433**	**243**	**41679**	**178**	**15389**
采矿业	**8**	**1174**	**1**	**1638**	**2**	**267**
煤炭开采和洗选业	3	328	1	1638	1	130
石油和天然气开采业					1	137
黑色金属矿采选业	2	803				
有色金属矿采选业						
非金属矿采选业	3	43				
制造业	**36**	**6302**	**17**	**8674**	**24**	**2238**
农副食品加工业	9	684	2	22	1	8
食品制造业	2	101	2	75		
饮料制造业	2	34				
烟草制品业	1	2474			1	144
纺织业					2	158
纺织服装、鞋、帽制造业					1	3
皮革、毛皮、羽毛(绒)及其制品业						
木材加工及木、竹、藤、棕、草制品业	3	99				
家具制造业			1	76		
造纸及纸制品业					2	344
印刷业和记录媒介的复制					1	25
文教体育用品制造业	1	22				
石油加工、炼焦及核燃料加工业						
化学原料及化学制品制造业	4	1023	2	2908	3	268
医药制造业	2	401				
橡胶制品业			1	77		
塑料制品业					1	28
非金属矿物制品业	1	36	3	466	2	120
黑色金属冶炼及压延加工业	1	150			2	239
有色金属冶炼及压延加工业	1	72	1	35	1	17
金属制品业			1	44	1	62
通用设备制造业	1	47			1	67
专用设备制造业					2	391
交通运输设备制造业	5	937	1	32	2	64
电气机械及器材制造业	1	12				
通信设备、计算机及其他电子设备制造业	1	138	2	452		
仪器仪表及文化、办公用机械制造业	1	72	1	4487	1	300
工艺品及其他制造业						

单位：个、人

# 2001年		# 2002年		# 2003年		# 2004年	
单位数	从业人数	单位数	从业人数	单位数	从业人数	单位数	从业人数
208	**25409**	**214**	**34805**	**240**	**49639**	**168**	**20238**
		1	**12662**	**1**	**4**		
		1	12662				
				1	4		
27	**9180**	**21**	**5608**	**30**	**20268**	**17**	**5576**
2	139	2	40	2	42	3	145
3	374			1	64		
		1	8				
1	597						
						1	1280
		1	273				
1	17						
						1	64
1	426			1	200		
1	89	1	147				
4	4725	2	124	2	396		
				1	699	1	204
1	27			1	8		
						1	131
1	63	3	228				
1	597			2	4925		
2	148	1	238			1	280
				1	16		
2	970	2	887	2	395	2	253
1	42			2	4106		
3	238			9	8374	4	1751
1	447	2	2889	2	445		
2	281	1	183				
		5	591	2	485	1	1272
				2	113	2	196

1-2-21 续表 4

指标名称	#1998年		#1999年		#2000年	
	单位数	从业人数	单位数	从业人数	单位数	从业人数
电力、燃气及水的生产和供应业	**9**	**1278**	**9**	**866**	**7**	**570**
电力、热力的生产和供应业	3	1034	4	645	4	519
燃气生产和供应业	1	36				
水的生产和供应业	5	208	5	221	3	51
建筑业	**17**	**20329**	**10**	**5335**	**6**	**1562**
房屋和土木工程建筑业	8	17811	5	4004	3	919
建筑安装业	5	1499	2	69	2	75
建筑装饰业	1	28	2	92		
其他建筑业	3	991	1	1170	1	568
交通运输、仓储和邮政业	**21**	**2046**	**18**	**14824**	**6**	**334**
铁路运输业						
道路运输业	3	1430	6	1783	1	61
城市公共交通业	1	11				
水上运输业			2	1648	1	18
航空运输业	2	397				
管道运输业						
装卸搬运和其他运输服务业			2	501	2	136
仓储业	15	208	7	213	2	119
邮政业			1	10679		
信息传输、计算机服务和软件业	**2**	**73**	**3**	**61**	**4**	**3580**
电信和其他信息传输服务业	1	38	2	39	1	3500
计算机服务业			1	22		
软件业	1	35			3	80
批发和零售业	**50**	**2446**	**86**	**3076**	**39**	**3061**
批发业	35	2234	57	2028	24	2503
零售业	15	212	29	1048	15	558
住宿和餐饮业	**17**	**2269**	**9**	**1490**	**7**	**575**
住宿业	14	1875	8	1327	5	457
餐饮业	3	394	1	163	2	118
金融业	**10**	**1199**	**17**	**877**	**17**	**1034**
银行业	10	1199	13	550	8	172
证券业						
保险业			3	264	6	654
其他金融活动			1	63	3	208

单位：个、人

#2001年		#2002年		#2003年		#2004年	
单位数	从业人数	单位数	从业人数	单位数	从业人数	单位数	从业人数
12	**1188**	**8**	**676**	**17**	**7585**	**20**	**6830**
2	27	2	260	9	7022	14	6657
4	1064	2	254				
6	97	4	162	8	563	6	173
7	**4631**	**8**	**1961**	**6**	**258**	**6**	**985**
4	918	4	1410	4	163	5	978
3	3713	1	216	1	70		
		1	183				
		2	152	1	25	1	7
15	**2571**	**9**	**3960**	**16**	**5787**	**10**	**502**
5	372	7	3273	9	1065	5	351
1	21			3	4517		
4	1944	1	678	1	103	1	30
						1	26
				2	85	3	95
5	234	1	9	1	17		
15	**2051**	**5**	**761**	**4**	**5872**	**3**	**270**
12	1982	2	534	3	5852	2	259
		3	227				
3	69			1	20	1	11
49	**1831**	**53**	**3425**	**37**	**1316**	**30**	**1279**
25	657	36	2009	22	1095	14	921
24	1174	17	1416	15	221	16	358
7	**775**	**8**	**668**	**9**	**1551**	**8**	**1171**
6	683	5	612	7	887	6	1027
1	92	3	56	2	664	2	144
11	**362**	**16**	**850**	**34**	**4725**	**16**	**1910**
10	171	4	64	8	227	13	1779
				1	7		
1	191	12	786	25	4491	2	122
						1	9

1-2-21 续表 5

指标名称	#1998年		#1999年		#2000年	
	单位数	从业人数	单位数	从业人数	单位数	从业人数
房地产业	**37**	**2396**	**26**	**1320**	**19**	**903**
房地产业	37	2396	26	1320	19	903
租赁和商务服务业	**21**	**368**	**19**	**2300**	**22**	**626**
租赁业			1	7		
商务服务业	21	368	18	2293	22	626
科学研究、技术服务和地质勘查业	**9**	**182**	**13**	**815**	**12**	**177**
研究与试验发展						
专业技术服务业	6	136	12	809	7	76
科技交流和推广服务业	3	46	1	6	4	86
地质勘查业					1	15
水利、环境和公共设施管理业	**5**	**209**	**5**	**162**	**5**	**187**
水利管理业	1	6			1	1
环境管理业			1	13		
公共设施管理业	4	203	4	149	4	186
居民服务和其他服务业	**3**	**57**	**7**	**192**	**3**	**90**
居民服务业	1	6	1	7		
其他服务业	2	51	6	185	3	90
教育					**2**	**27**
教育					2	27
卫生、社会保障和社会福利业						
卫生						
文化、体育和娱乐业	**2**	**105**	**3**	**49**	**3**	**158**
新闻出版业			1	40		
广播、电视、电影和音像业	1	64			1	92
文化艺术业			2	9	1	15
体育	1	41				
娱乐业					1	51

单位：个、人

#2001年		#2002年		#2003年		#2004年	
单位数	从业人数	单位数	从业人数	单位数	从业人数	单位数	从业人数
19	**1003**	**28**	**1855**	**30**	**880**	**12**	**530**
19	1003	28	1855	30	880	12	530
24	**883**	**21**	**618**	**25**	**372**	**25**	**789**
		2	21	1	3	1	6
24	883	19	597	24	369	24	783
12	**142**	**11**	**482**	**17**	**682**	**9**	**84**
		1	150				
10	113	4	100	14	651	8	79
2	29	6	232	3	31	1	5
8	**156**	**14**	**473**	**6**	**114**	**6**	**86**
2	21	3	64	2	33	3	65
4	132	4	153	1	2	2	9
2	3	7	256	3	79	1	12
		8	**408**	**2**	**44**	**2**	**81**
		3	161				
		5	247	2	44	2	81
		1	**7**	**1**	**52**		
		1	7	1	52		
				1	**30**	**2**	**97**
				1	30	2	97
2	**636**	**2**	**391**	**4**	**99**	**2**	**48**
		1	350			1	12
2	636	1	41	3	98	1	36
				1	1		

1-2-22 按登记注册类型、营业状态分组的

指标名称	单位数	营业	停业	筹建	当年关闭	当年破产	其他
合　计	**3978**	**3533**	**306**	**62**	**30**	**25**	**22**
内资	**3937**	**3494**	**305**	**62**	**30**	**25**	**21**
国有	2606	2282	241	22	25	22	14
集体	116	93	19	1	2	1	
股份合作	36	33	3				
联营	42	34	5	3			
国有联营	22	16	4	2			
集体联营	1	1					
国有与集体联营	17	15	1	1			
其他联营	2	2					
有限责任公司	839	760	35	33	2	2	7
国有独资公司	310	275	13	16		1	5
其他有限责任公司	529	485	22	17	2	1	2
股份有限公司	290	285	2	3			
其他	8	7			1		
港、澳、台商投资	**19**	**17**	**1**				**1**
合资经营(港或澳、台资)	16	14	1				1
合作经营(港或澳、台资)	2	2					
港、澳、台商投资股份有限公司	1	1					
外商投资	**22**	**22**					
中外合资经营	18	18					
中外合作经营	3	3					
外商投资股份有限公司	1	1					

国有绝对控股企业法人单位数及从业人数

单位：个、人

从业人数	营业	停业	筹建	当年关闭	当年破产	其他
849633	**830374**	**12700**	**1311**	**1044**	**2400**	**1804**
827660	**808522**	**12599**	**1311**	**1044**	**2400**	**1784**
436929	422689	9717	317	559	2400	1247
5392	5093	236	63			
2789	2786	3				
2379	2249	103	27			
701	605	83	13			
209	209					
1441	1407	20	14			
28	28					
300319	295988	2512	797	485		537
121724	119639	1259	312			514
178595	176349	1253	485	485		23
79364	79229	28	107			
488	488					
14246	**14125**	**101**				**20**
1726	1605	101				20
817	817					
11703	11703					
7727	**7727**					
7281	7281					
200	200					
246	246					

1-2-23 按地区、开业（成立)时间分组的

指标名称	总计		# 1949年以前		# 1950-1977年	
	单位数	从业人数	单位数	从业人数	单位数	从业人数
合　计	**3978**	**849633**	**60**	**86072**	**715**	**261455**
万州区	196	29726	1	1143	44	12539
涪陵区	162	40177			28	12336
渝中区	652	164850	5	6081	61	63897
大渡口区	66	31311	2	713	3	176
江北区	304	88535	8	19141	27	7532
沙坪坝区	202	53830	4	4734	30	24441
九龙坡区	333	91678	3	14260	41	31270
南岸区	160	53036	4	11725	22	12812
北碚区	154	31606	2	1510	33	8358
万盛区	58	13391	1	11256	8	256
双桥区	22	5631			1	80
渝北区	116	21368	1	1501	13	6455
巴南区	87	28786	2	3583	15	13387
黔江区	53	6207			7	1586
长寿区	62	17889	3	2774	17	2919
綦江县	76	21181	2	994	17	302
潼南县	56	5526			15	727
铜梁县	32	5180	2	434	7	1478
大足县	51	3596	1	145	16	2303
荣昌县	35	14755	1	22	10	12636
璧山县	35	6500	3	342	12	4554
梁平县	47	3141			5	1787
城口县	34	1960			18	906
丰都县	79	5253	1	401	17	1023
垫江县	67	12159			25	4703
武隆县	30	4220			4	856
忠　县	90	4658			23	605
开　县	50	4648			11	1505
云阳县	35	4236			6	190
奉节县	41	3971			7	1010
巫山县	68	5352	1	14	14	836
巫溪县	42	2288	5	16	7	693
石柱县	48	4876	1	41	13	1992
秀山县	46	5814			20	1398
酉阳县	46	2452	1	26	22	587
彭水县	47	3334	1	337	15	1350
江津市	102	17167	1	978	31	11538
合川市	63	8240	4	3901	16	1471
永川市	63	12385			24	7778
南川市	68	8720			10	1183

国有绝对控股企业法人单位数及从业人数

单位：个、人

#1978-1991年		#1992-1995年		#1996年		#1997年	
单位数	从业人数	单位数	从业人数	单位数	从业人数	单位数	从业人数
707	**121811**	**615**	**71484**	**141**	**38001**	**180**	**41907**
35	5688	30	1700	5	827	9	883
26	9101	25	7103	6	264	6	430
103	16926	167	16765	28	1570	31	14721
13	5196	8	2085	7	7986	7	12116
61	5333	62	5241	9	16810	15	563
24	7819	41	2448	4	573	13	5167
45	4657	73	14493	13	1718	17	2950
29	11619	27	1679	5	728	7	267
31	8721	18	2302	7	1308	5	311
3	111	7	205	2	29	1	150
4	262	4	503			1	20
18	5206	15	2136	7	487	11	1147
12	3090	17	2922	4	254	2	198
14	1954	3	176	1	18	3	532
14	6330	5	254	1	12	2	113
15	1935	8	326	4	1368	2	28
20	3312	5	481			2	190
7	1104	1	49	1	468	1	24
9	442	4	78	2	119	2	25
4	285	4	160	3	452	2	403
5	421	5	141	1	24	1	18
8	469	6	201	3	195	2	53
6	166	1	14	2	71		
19	1067	10	531	2	20	1	24
15	4636	5	161	1	303	2	101
7	969	4	262			1	18
15	1118	4	161			1	26
5	605	4	879	4	405	1	3
8	534	3	484	1	20		
14	1308	1	46			2	33
16	1808	10	752	5	513	4	288
12	451	1	1	1	7		
9	1776	3	35	1	12	1	20
14	865			1	260	2	88
11	1308	3	196			3	209
7	769	2	27	2	93	3	74
16	1530	13	649	2	34	3	40
9	666	5	964	2	316	2	143
13	721	4	503	4	737	3	225
11	1533	7	4371			9	306

1-2-23 续表 1

指标名称	#1998年		#1999年		#2000年	
	单位数	从业人数	单位数	从业人数	单位数	从业人数
合　计	**247**	**40433**	**243**	**41679**	**178**	**15389**
万州区	10	841	6	355	9	1714
涪陵区	14	1763	12	2313	8	644
渝中区	43	6402	46	16262	33	1020
大渡口区	8	1553	3	762	2	116
江北区	15	15972	22	2887	13	771
沙坪坝区	12	433	13	2024	11	990
九龙坡区	22	1344	15	4860	19	3949
南岸区	13	3493	8	1456	11	1873
北碚区	6	125	9	4747	10	213
万盛区	2	19	7	544	8	531
双桥区	2	290	2	36	1	156
渝北区	8	467	3	24	5	70
巴南区	11	3498	2	18	2	339
黔江区	1	72	1	15	2	5
长寿区			2	293	2	136
綦江县	2	8	1	44	1	17
潼南县	5	153			4	29
铜梁县	1	37	1	3	2	351
大足县	4	115	3	16	1	6
荣昌县	3	249	2	130	1	28
璧山县			1	10		
梁平县	11	139	1	30	1	106
城口县	1	49			1	39
丰都县	3	11	5	365	1	1
垫江县	5	96	2	53	2	7
武隆县	2	118	2	31	3	475
忠　县	5	115	21	459	3	169
开　县	3	83	9	430	2	177
云阳县			6	209		
奉节县	1	914	5	150	1	16
巫山县	1	33	3	81	1	302
巫溪县			2	187	1	50
石柱县	5	216	8	423	1	117
秀山县	3	953	3	2059		
酉阳县	2	28	2	58		
彭水县	2	54	3	94	1	130
江津市	4	201	3	56	8	382
合川市	2	62	2	8	5	129
永川市	1	34	1	7	1	314
南川市	14	493	6	180	1	17

单位：个、人

# 2001年		# 2002年		# 2003年		# 2004年	
单位数	从业人数	单位数	从业人数	单位数	从业人数	单位数	从业人数
208	**25409**	**214**	**34805**	**240**	**49639**	**168**	**20238**
4	874	13	1148	18	1364	9	608
9	918	7	129	11	4489	5	590
30	5880	34	4025	33	9154	28	1995
2	21	6	492	3	51	2	44
19	3090	16	1564	19	8586	15	949
16	1136	11	455	14	3101	9	509
23	1892	22	6528	26	2274	13	1470
9	1655	8	622	7	4521	8	542
6	50	11	1606	8	810	3	1430
8	165	5	95	2	21	1	4
2	14			4	4269		
9	938	9	1851	8	734	5	285
5	375	6	211	5	408	3	501
7	512	6	416	5	690	2	218
3	4510	4	83	5	272	4	193
7	136	6	13018	3	2387	5	604
1	5			2	579	2	50
2	129	1	50	3	134	3	919
4	90	2	159			2	96
1	77	1	61	2	154		
2	400	1	2	3	542	1	46
1	27	2	73	5	49	1	4
				1	5	4	710
3	56	3	713	5	126	6	856
4	640	2	76	2	1061	2	322
		1	13	3	89	3	1389
3	245	4	41	6	1031	5	688
3	72	1	38	4	378	2	61
1	195	2	88	5	677	3	1839
		3	27	3	314	2	72
2	74	5	130	4	504	1	1
3	41	2	30	2	167	1	501
2	177			1	11	1	1
1	50	1	93	1	48		
1	4			1	36		
1	6	4	109	3	19	3	272
7	104	5	170	6	364	3	1121
1	13	5	244	4	50	5	270
4	543	2	303	1	147	4	1059
2	295	3	142	2	23	2	19

1-2-24 按地区、登记注册类型分组的

指标名称	总计		内资		国有		集体	
	单位数	从业人数	单位数	从业人数	单位数	从业人数	单位数	从业人数
合　计	**3978**	**849633**	**3937**	**827660**	**2606**	**436929**	**116**	**5392**
万州区	196	29726	195	29698	120	18503	7	166
涪陵区	162	40177	160	39965	105	17794	3	49
渝中区	652	164850	645	164218	401	109218	10	762
大渡口区	66	31311	63	17821	36	12809	3	146
江北区	304	88535	300	87245	197	42955	22	1650
沙坪坝区	202	53830	199	52916	121	30330	4	157
九龙坡区	333	91678	323	91061	184	35855	11	920
南岸区	160	53036	156	52555	94	29942	5	568
北碚区	154	31606	152	31396	94	9369	13	158
万盛区	58	13391	58	13391	31	807	2	55
双桥区	22	5631	22	5631	7	163	1	11
渝北区	116	21368	115	21349	70	12327	5	50
巴南区	87	28786	84	25372	53	8313		
黔江区	53	6207	53	6207	38	4192	1	17
长寿区	62	17889	62	17889	44	11931		
綦江县	76	21181	76	21181	48	2955	5	48
潼南县	56	5526	56	5526	46	4741		
铜梁县	32	5180	32	5180	19	1850		
大足县	51	3596	51	3596	38	2448	1	2
荣昌县	35	14755	35	14755	20	7185		
璧山县	35	6500	35	6500	25	1407	1	2
梁平县	47	3141	47	3141	39	2667	1	106
城口县	34	1960	34	1960	31	1686		
丰都县	79	5253	79	5253	56	2820	2	40
垫江县	67	12159	67	12159	47	7791	4	361
武隆县	30	4220	30	4220	19	1970		
忠　县	90	4658	90	4658	76	3545	3	21
开　县	50	4648	50	4648	32	1767	1	16
云阳县	35	4236	35	4236	22	1045	1	11
奉节县	41	3971	41	3971	31	2398		
巫山县	68	5352	68	5352	59	4250	1	15
巫溪县	42	2288	42	2288	35	2157		
石柱县	48	4876	48	4876	38	3640		
秀山县	46	5814	46	5814	40	3055		
酉阳县	46	2452	46	2452	43	1474		
彭水县	47	3334	47	3334	35	2478	1	10
江津市	102	17167	101	16501	78	9021	3	2
合川市	63	8240	63	8240	36	6123	4	43
永川市	63	12385	63	12385	44	10581	1	6
南川市	68	8720	68	8720	54	3367		

国有绝对控股企业法人单位数及从业人数

单位：个、人

股份合作		国有联营		集体联营		国有与集体联营		其他联营		国有独资公司	
单位数	从业人数	单位数	从业人数	单位数	从业人数	单位数	从业人数	单位数	从业人数	单位数	从业人数
36	**2789**	**22**	**701**	**1**	**209**	**17**	**1441**	**2**	**28**	**310**	**121724**
1	16									18	961
										17	6385
4	124	2	36			1	20			44	17617
		1	50							10	2645
3	294	2	284							19	17878
4	65					1	11			12	1808
5	170	1	3	1	209	3	109			19	21325
1	274	2	15							8	7906
						3	333			12	4776
1	19	1	3							6	208
1	9									2	236
1	1									15	4346
1	379					2	151			12	6688
										4	143
		1	18							7	412
2	104	4	68							3	1030
										7	711
1	328										
										2	30
										7	6567
1	265									3	4199
										5	171
		1	55							1	180
1	13					1	678			7	266
								1	1	6	1425
										4	397
										4	617
1	129									7	1083
1	360									5	290
		4	80							2	231
										5	746
										6	96
2	12					1	13				
										1	2050
						1	36			2	942
1	8					1	6			3	625
1	5							1	27	10	5905
1	87	2	9							4	95
1	92					2	34			9	697
1	35	1	80			1	50			2	37

1-2-24 续表 1

指标名称	其他有限责任公司		股份有限公司		其他内资		港澳台商投资		与港澳台商合资经营	
	单位数	从业人数	单位数	从业人数	单位数	从业人数	单位数	从业人数	单位数	从业人数
合　计	**529**	**178595**	**290**	**79364**	**8**	**488**	**19**	**14246**	**16**	**1726**
万州区	31	4299	17	5751	1	2				
涪陵区	22	11373	13	4364			1	184	1	184
渝中区	117	23495	65	12941	1	5	6	612	6	612
大渡口区	10	1778	3	393			2	12047	1	344
江北区	35	13998	22	10186			1	184		
沙坪坝区	40	13784	17	6761			2	796	1	163
九龙坡区	72	23833	24	8162	3	475	3	50	3	50
南岸区	28	7578	18	6272			2	154	2	154
北碚区	23	15145	7	1615			1	200	1	200
万盛区	12	12098	5	201						
双桥区	10	5198	1	14						
渝北区	18	2770	6	1855			1	19	1	19
巴南区	9	358	7	9483						
黔江区	4	1160	6	695						
长寿区	5	5346	5	182						
綦江县	11	16629	3	347						
潼南县			3	74						
铜梁县	5	1521	7	1481						
大足县	6	805	4	311						
荣昌县	5	576	3	427						
璧山县	1	195	4	432						
梁平县	1	14	1	183						
城口县			1	39						
丰都县	8	938	4	498						
垫江县	3	111	6	2470						
武隆县	5	1572	2	281						
忠　县	3	189	4	286						
开　县	4	1095	5	558						
云阳县	3	2245	3	285						
奉节县	1	914	3	348						
巫山县	2	328	1	13						
巫溪县	1	35								
石柱县	4	484	3	727						
秀山县	3	435	2	274						
酉阳县										
彭水县			5	205	1	2				
江津市	8	1541								
合川市	8	1455	6	424	2	4				
永川市	3	199	3	776						
南川市	8	5101	1	50						

单位：个、人

与港澳台商合作经营		港澳台商投资股份有限公司		外商投资		中外合资经营		中外合作经营		外商投资股份有限公司	
单位数	从业人数	单位数	从业人数	单位数	从业人数	单位数	从业人数	单位数	从业人数	单位数	从业人数
2	**817**	**1**	**11703**	**22**	**7727**	**18**	**7281**	**3**	**200**	**1**	**246**
				1	28	1	28				
				1	28	1	28				
				1	20	1	20				
		1	11703	1	1443	1	1443				
1	184			3	1106	3	1106				
1	633			1	118	1	118				
				7	567	5	377	2	190		
				2	327	1	81			1	246
				1	10			1	10		
				3	3414	3	3414				
				1	666	1	666				

1-2-25 按行业、登记注册类型分组的国有绝对控股企业资产总额

单位：千元

指标名称	资产总额	内资				
			国有	集体	股份合作	国有联营
合　计	**890935929**	**872174666**	**524806937**	**737313**	**13918114**	**607810**
采矿业	**6381251**	**6381251**	**1335593**	**365**	**110138**	
煤炭开采和洗选业	5225539	5225539	701856			
石油和天然气开采业	429105	429105			110138	
黑色金属矿采选业	638631	638631	621459			
有色金属矿采选业	3778	3778	3778			
非金属矿采选业	84198	84198	8500	365		
制造业	**125414520**	**111931050**	**27713199**	**176519**	**26159**	**50587**
农副食品加工业	685861	675121	253021	5902		
食品制造业	814073	810608	283870			
饮料制造业	2082333	2082333	321668			
烟草制品业	4914925	4914925	1438284			
纺织业	1911748	1911748	1239294	19254		
纺织服装、鞋、帽制造业	23824	23824	20634			
皮革、毛皮、羽毛(绒)及其制品业	6422	6422	6422			
木材加工及木、竹、藤、棕、草制品业	76221	76221	38088			
家具制造业	26187	26187	17011			
造纸及纸制品业	561684	485705	122270			
印刷业和记录媒介的复制	449684	379767	273284	5866		
文教体育用品制造业	8084	8084	4824	1254		
石油加工、炼焦及核燃料加工业	295442	295442	9828			
化学原料及化学制品制造业	10471097	10116690	6135718	953		
医药制造业	6437586	6405649	518690			
橡胶制品业	393734	393734	387034	3360		
塑料制品业	171260	124239	92497	741		
非金属矿物制品业	3255726	1185428	738551	4336		20929
黑色金属冶炼及压延加工业	11312119	4127819	3276459			
有色金属冶炼及压延加工业	5977013	5977013	443913	3659		
金属制品业	565907	565907	493058	14006	5692	
通用设备制造业	6941950	6607735	3612055	1541		
专用设备制造业	15529176	15529176	2212405	9146		
交通运输设备制造业	44186186	41196227	4006443	100863	4130	29658

1-2-25 续表 1

单位：千元

指标名称	资产总额	内资				
			国有	集体	股份合作	国有联营
电气机械及器材制造业	3240492	3236109	654305		16337	
通信设备、计算机及其他电子设备制造业	1966440	1826829				
仪器仪表及文化、办公用机械制造业	3083368	2916130	1096667	5638		
工艺品及其他制造业	23439	23439	16906			
废弃资源和废旧材料回收加工业	2539	2539				
电力、燃气及水的生产和供应业	**45728494**	**41417581**	**4972581**	**252802**		**440131**
电力、热力的生产和供应业	38838615	34527702	2313289	452		440131
燃气生产和供应业	2404118	2404118	307558	246214		
水的生产和供应业	4485761	4485761	2351734	6136		
建筑业	**16758824**	**16692476**	**9415724**	**193728**	**4719**	
房屋和土木工程建筑业	14513120	14513120	8617734	162983	1000	
建筑安装业	1079618	1079618	447117	27520	3719	
建筑装饰业	449798	407906	195911			
其他建筑业	716288	691832	154962	3225		
交通运输、仓储和邮政业	**61128299**	**61128299**	**43584357**	**9221**	**17517**	**36820**
铁路运输业	15932681	15932681	15932681			
道路运输业	24290384	24290384	14383034		2787	
城市公共交通业	4905329	4905329	4472568			
水上运输业	6384592	6384592	5150074	1722		
航空运输业	5223869	5223869	14877			
管道运输业	25027	25027				
装卸搬运和其他运输服务业	868796	868796	197737	7369		36820
仓储业	1896254	1896254	1832019	130	14730	
邮政业	1601367	1601367	1601367			
信息传输、计算机服务和软件业	**19728787**	**19728787**	**1821262**		**5998**	
电信和其他信息传输服务业	19463960	19463960	1742568			
计算机服务业	199572	199572	77018		5998	
软件业	65255	65255	1676			
批发和零售业	**36895092**	**36889058**	**21721269**	**54773**	**16565**	**27539**
批发业	31488733	31482739	17726942	32974	13475	26690
零售业	5406359	5406319	3994327	21799	3090	849

1-2-25 续表 2　　　　　　　　单位：千元

指标名称	资产总额	内资				
			国有	集体	股份合作	国有联营
住宿和餐饮业	**2572966**	**2508853**	**1717023**	**14628**	**3017**	
住宿业	2248193	2184080	1595792	370	2105	
餐饮业	324773	324773	121231	14258	912	
金融业	**442613333**	**442613333**	**337253947**		**12437874**	
银行业	432724223	432724223	333938699		12437874	
证券业	305679	305679				
保险业	1771093	1771093	354219			
其他金融活动	7812338	7812338	2961029			
房地产业	**36162991**	**35340380**	**12286119**	**27091**	**423939**	**52733**
房地产业	36162991	35340380	12286119	27091	423939	52733
租赁和商务服务业	**81624048**	**81617998**	**54473481**	**5272**	**30723**	
租赁业	997742	991692	84709			
商务服务业	80626306	80626306	54388772	5272	30723	
科学研究、技术服务和地质勘查业	**5517708**	**5515984**	**3808682**		**837665**	
研究与试验发展	462831	462831	445551			
专业技术服务业	4338819	4337095	2688182		837665	
科技交流和推广服务业	634172	634172	593063			
地质勘查业	81886	81886	81886			
水利、环境和公共设施管理业	**6224819**	**6224819**	**2120407**	**2539**		
水利管理业	3916864	3916864	522747			
环境管理业	591043	591043	328074	2539		
公共设施管理业	1716912	1716912	1269586			
居民服务和其他服务业	**1832929**	**1832929**	**1232466**	**375**	**3800**	
居民服务业	68280	68280	18681	17	3800	
其他服务业	1764649	1764649	1213785	358		
教育	**32701**	**32701**	**32701**			
教育	32701	32701	32701			
卫生、社会保障和社会福利业	**54072**	**54072**	**54072**			
卫生	54072	54072	54072			
文化、体育和娱乐业	**2265095**	**2265095**	**1264054**			
新闻出版业	1322852	1322852	1061002			
广播、电视、电影和音像业	907334	907334	196880			
文化艺术业	5457	5457	502			
体育	23782	23782				
娱乐业	5670	5670	5670			

1-2-25 续表 3

单位：千元

指标名称	集体联营	国有与集体联营	其他联营	国有独资公司	其他有限责任公司	股份有限公司	其他内资
合　计	**12001**	**255369**	**2999**	**112615212**	**86666009**	**132433782**	**119120**
采矿业				**879206**	**3661649**	**393905**	**395**
煤炭开采和洗选业				879206	3644477		
石油和天然气开采业						318967	
黑色金属矿采选业					17172		
有色金属矿采选业							
非金属矿采选业						74938	395
制造业		**18955**	**2136**	**31780616**	**24379177**	**27783552**	**150**
农副食品加工业				383175	24708	8165	150
食品制造业				18003	25738	482997	
饮料制造业				1774	301915	1456976	
烟草制品业					3476641		
纺织业					653200		
纺织服装、鞋、帽制造业				3190			
皮革、毛皮、羽毛(绒)及其制品业							
木材加工及木、竹、藤、棕、草制品业				37049	1084		
家具制造业				7272	1904		
造纸及纸制品业					363435		
印刷业和记录媒介的复制					100617		
文教体育用品制造业				2006			
石油加工、炼焦及核燃料加工业				2500		283114	
化学原料及化学制品制造业				168221	1974946	1836852	
医药制造业					1636812	4250147	
橡胶制品业					3340		
塑料制品业				25022	5979		
非金属矿物制品业		3794		77841	284121	55856	
黑色金属冶炼及压延加工业				227064	624296		
有色金属冶炼及压延加工业				143870	5385571		
金属制品业		942			52209		
通用设备制造业		14219		2510703	448015	21202	
专用设备制造业				13047172	2475	257978	
交通运输设备制造业			2136	14526969	3643183	18882845	

1-2-25 续表 4 单位：千元

指标名称	集体联营	国有与集体联营	其他联营	国有独资公司	其他有限责任公司	股份有限公司	其他内资
电气机械及器材制造业				226998	2097582	240887	
通信设备、计算机及其他电子设备制造业				325217	1501612		
仪器仪表及文化、办公用机械制造业				44031	1769794		
工艺品及其他制造业						6533	
废弃资源和废旧材料回收加工业				2539			
电力、燃气及水的生产和供应业		**26891**	**863**	**27446283**	**7889509**	**388521**	
电力、热力的生产和供应业				24197680	7245396	330754	
燃气生产和供应业			863	1433599	358117	57767	
水的生产和供应业		26891		1815004	285996		
建筑业	**12001**	**520**		**2541619**	**3945855**	**483910**	**94400**
房屋和土木工程建筑业	12001			2331857	2948053	439492	
建筑安装业				37990	525639	37633	
建筑装饰业		520		147223	57467	6785	
其他建筑业				24549	414696		94400
交通运输、仓储和邮政业		**35695**		**4157805**	**10154088**	**3132796**	
铁路运输业							
道路运输业		7566		692518	9181044	23435	
城市公共交通业				109879	100319	222563	
水上运输业		28129			219560	985107	
航空运输业				2779858	536024	1893110	
管道运输业					25027		
装卸搬运和其他运输服务业				575550	42739	8581	
仓储业					49375		
邮政业							
信息传输、计算机服务和软件业				**693374**	**17169614**	**38539**	
电信和其他信息传输服务业				685266	17036126		
计算机服务业					116556		
软件业				8108	16932	38539	
批发和零售业		**142131**		**6206213**	**2568787**	**6151781**	
批发业		138330		5677241	2036392	5830695	
零售业		3801		528972	532395	321086	

1-2-25　续表 5　　　　单位：千元

指标名称	集体联营	国有与集体联营	其他联营	国有独资公司	其他有限责任公司	股份有限公司	其他内资
住宿和餐饮业		**10000**		**149891**	**570567**	**43727**	
住宿业				145051	397035	43727	
餐饮业		10000		4840	173532		
金融业				**4851309**	**139237**	**87930966**	
银行业						86347650	
证券业					139237	166442	
保险业						1416874	
其他金融活动				4851309			
房地产业		**924**		**9947518**	**8146769**	**4432080**	**23207**
房地产业		924		9947518	8146769	4432080	23207
租赁和商务服务业		**20253**		**22284773**	**3425533**	**1377963**	
租赁业				218	552	906213	
商务服务业		20253		22284555	3424981	471750	
科学研究、技术服务和地质勘查业				**800752**	**54753**	**14132**	
研究与试验发展				17280			
专业技术服务业				756208	40908	14132	
科技交流和推广服务业				27264	13845		
地质勘查业							
水利、环境和公共设施管理业				**324710**	**3776803**	**60**	**300**
水利管理业				30396	3363661	60	
环境管理业				129581	130849		
公共设施管理业				164733	282293		300
居民服务和其他服务业				**501122**	**94498**		**668**
居民服务业					45294		488
其他服务业				501122	49204		180
教育							
教育							
卫生、社会保障和社会福利业							
卫生							
文化、体育和娱乐业				**50021**	**689170**	**261850**	
新闻出版业						261850	
广播、电视、电影和音像业				47162	663292		
文化艺术业				2859	2096		
体育					23782		
娱乐业							

1-2-25 续表 6 单位：千元

指标名称	港澳台商投资	与港澳台商合资经营	与港澳台商合作经营	港澳台商投资股份有限公司	外商投资	中外合资经营	中外合作经营	外商投资股份有限公司
合　计	**8673283**	**1074079**	**414904**	**7184300**	**10087980**	**10020124**	**35919**	**31937**
采矿业								
煤炭开采和洗选业								
石油和天然气开采业								
黑色金属矿采选业								
有色金属矿采选业								
非金属矿采选业								
制造业	**8133744**	**534540**	**414904**	**7184300**	**5349726**	**5281870**	**35919**	**31937**
农副食品加工业					10740	10740		
食品制造业					3465	3465		
饮料制造业								
烟草制品业								
纺织业								
纺织服装、鞋、帽制造业								
皮革、毛皮、羽毛(绒)及其制品业								
木材加工及木、竹、藤、棕、草制品业								
家具制造业								
造纸及纸制品业	69597	69597			6382		6382	
印刷业和记录媒介的复制	40380	40380			29537		29537	
文教体育用品制造业								
石油加工、炼焦及核燃料加工业								
化学原料及化学制品制造业	354407	354407						
医药制造业					31937			31937
橡胶制品业								
塑料制品业					47021	47021		
非金属矿物制品业	21148	21148			2049150	2049150		
黑色金属冶炼及压延加工业	7184300			7184300				
有色金属冶炼及压延加工业								
金属制品业								
通用设备制造业	334215	13196	321019					
专用设备制造业								
交通运输设备制造业	93885		93885		2896074	2896074		

1-2-25 续表 7 单位：千元

指标名称	港澳台商投资	与港澳台商合资经营	与港澳台商合作经营	港澳台商投资股份有限公司	外商投资	中外合资经营	中外合作经营	外商投资股份有限公司
电气机械及器材制造业					4383	4383		
通信设备、计算机及其他电子设备制造业	35812	35812			103799	103799		
仪器仪表及文化、办公用机械制造业					167238	167238		
工艺品及其他制造业								
废弃资源和废旧材料回收加工业								
电力、燃气及水的生产和供应业					**4310913**	**4310913**		
电力、热力的生产和供应业					4310913	4310913		
燃气生产和供应业								
水的生产和供应业								
建筑业	**41892**	**41892**			**24456**	**24456**		
房屋和土木工程建筑业								
建筑安装业								
建筑装饰业	41892	41892						
其他建筑业					24456	24456		
交通运输、仓储和邮政业								
铁路运输业								
道路运输业								
城市公共交通业								
水上运输业								
航空运输业								
管道运输业								
装卸搬运和其他运输服务业								
仓储业								
邮政业								
信息传输、计算机服务和软件业								
电信和其他信息传输服务业								
计算机服务业								
软件业								
批发和零售业	**5994**	**5994**			**40**	**40**		
批发业	5994	5994						
零售业					40	40		

1-2-25 续表 8 单位：千元

指标名称	港澳台商投资	与港澳台商合资经营	与港澳台商合作经营	港澳台商投资股份有限公司	外商投资	中外合资经营	中外合作经营	外商投资股份有限公司
住宿和餐饮业	**64113**	**64113**						
住宿业	64113	64113						
餐饮业								
金融业								
银行业								
证券业								
保险业								
其他金融活动								
房地产业	**427540**	**427540**			**395071**	**395071**		
房地产业	427540	427540			395071	395071		
租赁和商务服务业					**6050**	**6050**		
租赁业					6050	6050		
商务服务业								
科学研究、技术服务和地质勘查业					**1724**	**1724**		
研究与试验发展								
专业技术服务业					1724	1724		
科技交流和推广服务业								
地质勘查业								
水利、环境和公共设施管理业								
水利管理业								
环境管理业								
公共设施管理业								
居民服务和其他服务业								
居民服务业								
其他服务业								
教育								
教育								
卫生、社会保障和社会福利业								
卫生								
文化、体育和娱乐业								
新闻出版业								
广播、电视、电影和音像业								
文化艺术业								
体育								
娱乐业								

1-2-26 按地区、学历分组的国有绝对控股企业法人单位从业人数

单位：个、人

指标名称	单位数	从业人数	研究生及以上	大学本科	大专	高中	初中及以下
合　计	**3978**	**849633**	**3384**	**62217**	**138936**	**336612**	**308484**
万州区	196	29726	35	1578	5465	12308	10340
涪陵区	162	40177	81	2274	7189	13251	17382
渝中区	652	164850	994	15112	28893	66121	53730
大渡口区	66	31311	101	2132	4141	13156	11781
江北区	304	88535	409	7814	12055	28551	39706
沙坪坝区	202	53830	431	4231	6769	26874	15525
九龙坡区	333	91678	456	9905	19691	36363	25263
南岸区	160	53036	341	4192	8184	22462	17857
北碚区	154	31606	163	2643	6876	11093	10831
万盛区	58	13391	2	233	855	5884	6417
双桥区	22	5631	4	446	673	2686	1822
渝北区	116	21368	72	1898	3586	8273	7539
巴南区	87	28786	56	1752	4691	14943	7344
黔江区	53	6207	8	599	1369	2453	1778
长寿区	62	17889	29	1112	2609	6063	8076
綦江县	76	21181	30	435	2142	11072	7502
潼南县	56	5526	3	194	818	1392	3119
铜梁县	32	5180	4	233	705	1491	2747
大足县	51	3596	3	111	600	1035	1847
荣昌县	35	14755	12	557	2142	3484	8560
璧山县	35	6500	5	601	1262	3453	1179
梁平县	47	3141	1	75	410	741	1914
城口县	34	1960	5	29	147	815	964
丰都县	79	5253	20	183	894	2090	2066
垫江县	67	12159	11	311	1895	3900	6042
武隆县	30	4220	4	103	567	1537	2009
忠　县	90	4658	4	151	715	2000	1788
开　县	50	4648	10	275	1166	1896	1301
云阳县	35	4236	5	102	651	1852	1626
奉节县	41	3971	1	56	542	1673	1699
巫山县	68	5352	6	70	713	2141	2422
巫溪县	42	2288		44	374	956	914
石柱县	48	4876	5	113	641	1279	2838
秀山县	46	5814	1	75	532	1733	3473
酉阳县	46	2452		58	357	652	1385
彭水县	47	3334	2	60	558	1153	1561
江津市	102	17167	36	1036	2973	7292	5830
合川市	63	8240	7	277	1108	5005	1843
永川市	63	12385	23	936	3006	5444	2976
南川市	68	8720	4	211	972	2045	5488

1-2-27 按行业、学历分组的国有绝对控股企业法人单位从业人数

单位：个、人

指标名称	单位数	从业人数					
			研究生及以上	大学本科	大专	高中	初中及以下
合　计	**3978**	**849633**	**3384**	**62217**	**138936**	**336612**	**308484**
采矿业	**54**	**55362**	**31**	**942**	**3502**	**17810**	**33077**
煤炭开采和洗选业	38	49813	29	804	2850	15316	30814
石油和天然气开采业	2	1308	1	37	281	569	420
黑色金属矿采选业	4	3198	1	91	329	1834	943
有色金属矿采选业	1	45				3	42
非金属矿采选业	9	998		10	42	88	858
制造业	**605**	**305371**	**787**	**22595**	**48492**	**137831**	**95666**
农副食品加工业	49	4228	5	93	400	2165	1565
食品制造业	25	4392	18	217	633	1836	1688
饮料制造业	16	4564	23	283	546	2301	1411
烟草制品业	4	4554	9	496	1313	1663	1073
纺织业	22	21551	9	118	925	8748	11751
纺织服装、鞋、帽制造业	5	481	9	60	200	89	123
皮革、毛皮、羽毛(绒)及其制品业	1	11				7	4
木材加工及木、竹、藤、棕、草制品业	7	325	2	15	87	39	182
家具制造业	5	191		1	29	72	89
造纸及纸制品业	11	1700	1	70	145	662	822
印刷业和记录媒介的复制	26	2778	2	81	254	1308	1133
文教体育用品制造业	6	129		11	13	19	86
石油加工、炼焦及核燃料加工业	3	1238	7	141	163	630	297
化学原料及化学制品制造业	47	28882	30	1723	4838	11201	11090
医药制造业	16	9229	44	976	1636	3497	3076
橡胶制品业	8	2414	4	59	198	1465	688
塑料制品业	9	600		40	89	265	206
非金属矿物制品业	44	9765	14	239	601	3565	5346
黑色金属冶炼及压延加工业	14	20839	32	1163	2899	10724	6021
有色金属冶炼及压延加工业	17	9968	22	919	2202	3824	3001
金属制品业	19	3785	1	348	748	920	1768
通用设备制造业	53	27497	42	1519	3766	12394	9776
专用设备制造业	33	46159	237	6084	9123	20933	9782
交通运输设备制造业	92	71608	200	5321	10748	36161	19178

1-2-27 续表 1

单位：个、人

指标名称	单位数	从业人数					
			研究生及以上	大学本科	大专	高中	初中及以下
电气机械及器材制造业	25	8944	6	204	857	5575	2302
通信设备、计算机及其他电子设备制造业	9	4565	28	677	966	1850	1044
仪器仪表及文化、办公用机械制造业	31	14530	39	1713	5047	5744	1987
工艺品及其他制造业	5	334	3	24	52	93	162
废弃资源和废旧材料回收加工业	3	110			14	81	15
电力、燃气及水的生产和供应业	**195**	**51885**	**211**	**3925**	**11652**	**19491**	**16606**
电力、热力的生产和供应业	83	38583	168	3121	8960	14012	12322
燃气生产和供应业	21	4843	20	408	1075	1849	1491
水的生产和供应业	91	8459	23	396	1617	3630	2793
建筑业	**213**	**140350**	**164**	**4535**	**13923**	**35648**	**86080**
房屋和土木工程建筑业	148	121184	104	3488	11563	30964	75065
建筑安装业	27	12152	20	492	1402	3196	7042
建筑装饰业	21	2143	8	167	409	639	920
其他建筑业	17	4871	32	388	549	849	3053
交通运输、仓储和邮政业	**222**	**114904**	**81**	**4227**	**12941**	**54909**	**42746**
铁路运输业	2	32395	12	816	2173	17735	11659
道路运输业	82	24305	27	934	3306	9796	10242
城市公共交通业	18	21278	11	337	1497	12947	6486
水上运输业	20	15404	5	568	1739	6344	6748
航空运输业	6	4161	17	720	1186	1076	1162
管道运输业	1	14			5	6	3
装卸搬运和其他运输服务业	29	3880	4	201	263	1810	1602
仓储业	62	2780	2	98	484	1251	945
邮政业	2	10687	3	553	2288	3944	3899
信息传输、计算机服务和软件业	**48**	**14078**	**162**	**2870**	**5932**	**3662**	**1452**
电信和其他信息传输服务业	27	13406	126	2687	5580	3578	1435
计算机服务业	12	457	21	103	258	59	16
软件业	9	215	15	80	94	25	1
批发和零售业	**1083**	**57709**	**246**	**3682**	**12187**	**27011**	**14583**
批发业	675	38522	198	2983	8663	16525	10153
零售业	408	19187	48	699	3524	10486	4430

1-2-27 续表 2 单位：个、人

指标名称	单位数	从业人数					
			研究生及以上	大学本科	大专	高中	初中及以下
住宿和餐饮业	**165**	**15867**	**40**	**554**	**2276**	**7868**	**5129**
住宿业	130	12831	34	484	1928	6371	4014
餐饮业	35	3036	6	70	348	1497	1115
金融业	**362**	**39286**	**384**	**8584**	**15208**	**12683**	**2427**
银行业	253	27388	303	6878	11814	6972	1421
证券业	3	97	11	38	28	13	7
保险业	98	11509	55	1527	3307	5639	981
其他金融活动	8	292	15	141	59	59	18
房地产业	**333**	**17545**	**186**	**1831**	**4180**	**6366**	**4982**
房地产业	333	17545	186	1831	4180	6366	4982
租赁和商务服务业	**293**	**15361**	**320**	**2327**	**3405**	**6804**	**2505**
租赁业	8	173	2	11	49	98	13
商务服务业	285	15188	318	2316	3356	6706	2492
科学研究、技术服务和地质勘查业	**198**	**12922**	**568**	**4717**	**3112**	**2947**	**1578**
研究与试验发展	10	2184	54	975	521	487	147
专业技术服务业	127	8188	427	3227	2083	1388	1063
科技交流和推广服务业	54	1175	85	384	292	322	92
地质勘查业	7	1375	2	131	216	750	276
水利、环境和公共设施管理业	**87**	**2450**	**35**	**265**	**561**	**1024**	**565**
水利管理业	36	615	19	55	132	232	177
环境管理业	18	407	11	68	97	206	25
公共设施管理业	33	1428	5	142	332	586	363
居民服务和其他服务业	**53**	**1892**	**18**	**165**	**330**	**795**	**584**
居民服务业	14	405	2	45	80	140	138
其他服务业	39	1487	16	120	250	655	446
教育	**10**	**354**		**32**	**38**	**169**	**115**
教育	10	354		32	38	169	115
卫生、社会保障和社会福利业	**8**	**1149**	**5**	**198**	**306**	**500**	**140**
卫生	8	1149	5	198	306	500	140
文化、体育和娱乐业	**49**	**3148**	**146**	**768**	**891**	**1094**	**249**
新闻出版业	10	1334	131	576	390	223	14
广播、电视、电影和音像业	27	1654	12	161	454	813	214
文化艺术业	6	31	1	14	13	3	
体育	2	42		1	12	20	9
娱乐业	4	87	2	16	22	35	12

1-2-28 按登记注册类型、学历分组的国有绝对控股企业法人单位从业人数

单位：个、人

指标名称	单位数	从业人数					
			研究生及以上	大学本科	大专	高中	初中及以下
合　计	**3978**	**849633**	**3384**	**62217**	**138936**	**336612**	**308484**
内资	**3937**	**827660**	**3281**	**60482**	**135989**	**325049**	**302859**
国有	2606	436929	1599	28466	67507	171465	167892
集体	116	5392	15	305	638	1611	2823
股份合作	36	2789	23	497	972	789	508
联营	42	2379	3	197	224	872	1083
国有联营	22	701	3	174	122	267	135
集体联营	1	209		11	24	18	156
国有与集体联营	17	1441		10	75	581	775
其他联营	2	28		2	3	6	17
有限责任公司	839	300319	1106	22560	51848	114514	110291
国有独资公司	310	121724	552	12321	24827	47340	36684
其他有限责任公司	529	178595	554	10239	27021	67174	73607
股份有限公司	290	79364	534	8414	14703	35726	19987
其他	8	488	1	43	97	72	275
港、澳、台商投资	**19**	**14246**	**37**	**1014**	**1929**	**7547**	**3719**
合资经营(港或澳、台资)	16	1726	7	157	277	692	593
合作经营(港或澳、台资)	2	817	4	88	111	535	79
港、澳、台商投资股份有限公司	1	11703	26	769	1541	6320	3047
外商投资	**22**	**7727**	**66**	**721**	**1018**	**4016**	**1906**
中外合资经营	18	7281	62	699	958	3793	1769
中外合作经营	3	200	1	1	22	72	104
外商投资股份有限公司	1	246	3	21	38	151	33

1-2-29 按地区、专业技术职称分组的国有绝对控股企业法人单位从业人数

单位：个、人

指标名称	单位数	从业人数	#高级技术职称	#中级技术职称	#初级技术职称
合 计	**3978**	**849633**	**14529**	**57279**	**94980**
万州区	196	29726	354	1872	4305
涪陵区	162	40177	491	2177	4433
渝中区	652	164850	3314	11780	18043
大渡口区	66	31311	756	2229	3244
江北区	304	88535	1812	6345	9520
沙坪坝区	202	53830	1001	3354	4758
九龙坡区	333	91678	2423	8236	10806
南岸区	160	53036	973	3377	5445
北碚区	154	31606	644	2437	3846
万盛区	58	13391	110	429	1176
双桥区	22	5631	71	592	480
渝北区	116	21368	278	1464	2148
巴南区	87	28786	518	1971	3163
黔江区	53	6207	51	435	1161
长寿区	62	17889	183	1354	1909
綦江县	76	21181	175	754	1999
潼南县	56	5526	49	343	485
铜梁县	32	5180	100	273	516
大足县	51	3596	27	161	641
荣昌县	35	14755	218	1025	1501
璧山县	35	6500	84	544	1031
梁平县	47	3141	9	135	408
城口县	34	1960	30	357	276
丰都县	79	5253	50	356	692
垫江县	67	12159	67	526	1547
武隆县	30	4220	13	129	227
忠 县	90	4658	24	252	731
开 县	50	4648	27	264	666
云阳县	35	4236	22	189	691
奉节县	41	3971	13	159	795
巫山县	68	5352	51	207	757
巫溪县	42	2288	29	203	392
石柱县	48	4876	35	179	538
秀山县	46	5814	13	108	569
酉阳县	46	2452	11	131	343
彭水县	47	3334	8	156	444
江津市	102	17167	235	1174	2074
合川市	63	8240	57	507	1095
永川市	63	12385	136	808	1438
南川市	68	8720	67	287	687

1-2-30 按行业、专业技术职称分组的国有绝对控股企业法人单位从业人数

单位：个、人

指标名称	单位数	从业人数	#高级技术职称	#中级技术职称	#初级技术职称
合 计	**3978**	**849633**	**14529**	**57279**	**94980**
采矿业	**54**	**55362**	**448**	**1940**	**4003**
煤炭开采和洗选业	38	49813	407	1478	3596
石油和天然气开采业	2	1308	22	74	144
黑色金属矿采选业	4	3198	18	383	247
有色金属矿采选业	1	45			3
非金属矿采选业	9	998	1	5	13
制造业	**605**	**305371**	**5440**	**21062**	**32781**
农副食品加工业	49	4228	5	88	221
食品制造业	25	4392	25	137	499
饮料制造业	16	4564	33	166	600
烟草制品业	4	4554	8	131	633
纺织业	22	21551	44	410	1032
纺织服装、鞋、帽制造业	5	481		9	28
皮革、毛皮、羽毛(绒)及其制品业	1	11			3
木材加工及木、竹、藤、棕、草制品业	7	325	1	13	29
家具制造业	5	191	3	18	25
造纸及纸制品业	11	1700	8	33	97
印刷业和记录媒介的复制	26	2778	23	127	198
文教体育用品制造业	6	129		9	14
石油加工、炼焦及核燃料加工业	3	1238	33	127	110
化学原料及化学制品制造业	47	28882	419	2063	3117
医药制造业	16	9229	191	573	1304
橡胶制品业	8	2414	13	113	179
塑料制品业	9	600	6	24	72
非金属矿物制品业	44	9765	32	258	671
黑色金属冶炼及压延加工业	14	20839	389	1349	1828
有色金属冶炼及压延加工业	17	9968	205	1038	1269
金属制品业	19	3785	29	192	379
通用设备制造业	53	27497	574	2066	3037
专用设备制造业	33	46159	1584	4860	6762
交通运输设备制造业	92	71608	1161	5030	7410

1-2-30 续表 1 单位：个、人

指标名称	单位数	从业人数	#高级技术职称	#中级技术职称	#初级技术职称
电气机械及器材制造业	25	8944	53	303	578
通信设备、计算机及其他电子设备制造业	9	4565	195	488	625
仪器仪表及文化、办公用机械制造业	31	14530	391	1424	2045
工艺品及其他制造业	5	334	13	8	11
废弃资源和废旧材料回收加工业	3	110	2	5	5
电力、燃气及水的生产和供应业	**195**	**51885**	**830**	**3864**	**7701**
电力、热力的生产和供应业	83	38583	724	3110	6216
燃气生产和供应业	21	4843	57	362	528
水的生产和供应业	91	8459	49	392	957
建筑业	**213**	**140350**	**1756**	**7537**	**12024**
房屋和土木工程建筑业	148	121184	1380	6144	10331
建筑安装业	27	12152	164	777	1188
建筑装饰业	21	2143	57	259	224
其他建筑业	17	4871	155	357	281
交通运输、仓储和邮政业	**222**	**114904**	**485**	**3582**	**7426**
铁路运输业	2	32395	79	756	1614
道路运输业	82	24305	135	1143	2257
城市公共交通业	18	21278	47	218	593
水上运输业	20	15404	129	685	1490
航空运输业	6	4161	24	311	552
管道运输业	1	14		2	1
装卸搬运和其他运输服务业	29	3880	5	33	63
仓储业	62	2780	14	198	353
邮政业	2	10687	52	236	503
信息传输、计算机服务和软件业	**48**	**14078**	**476**	**965**	**1980**
电信和其他信息传输服务业	27	13406	411	859	1895
计算机服务业	12	457	36	69	66
软件业	9	215	29	37	19
批发和零售业	**1083**	**57709**	**606**	**3680**	**8221**
批发业	675	38522	484	2959	6090
零售业	408	19187	122	721	2131

1-2-30 续表 2 单位：个、人

指标名称	单位数	从业人数	# 高级技术职称	# 中级技术职称	# 初级技术职称
住宿和餐饮业	**165**	**15867**	**132**	**754**	**872**
住宿业	130	12831	102	505	528
餐饮业	35	3036	30	249	344
金融业	**362**	**39286**	**388**	**6042**	**12238**
银行业	253	27388	308	5364	11629
证券业	3	97		11	6
保险业	98	11509	55	542	531
其他金融活动	8	292	25	125	72
房地产业	**333**	**17545**	**648**	**1843**	**1703**
房地产业	333	17545	648	1843	1703
租赁和商务服务业	**293**	**15361**	**763**	**1805**	**2110**
租赁业	8	173	4	10	17
商务服务业	285	15188	759	1795	2093
科学研究、技术服务和地质勘查业	**198**	**12922**	**2229**	**3123**	**2416**
研究与试验发展	10	2184	475	567	464
专业技术服务业	127	8188	1598	2199	1513
科技交流和推广服务业	54	1175	132	229	306
地质勘查业	7	1375	24	128	133
水利、环境和公共设施管理业	**87**	**2450**	**65**	**203**	**285**
水利管理业	36	615	26	59	122
环境管理业	18	407	15	58	35
公共设施管理业	33	1428	24	86	128
居民服务和其他服务业	**53**	**1892**	**61**	**269**	**239**
居民服务业	14	405	7	27	20
其他服务业	39	1487	54	242	219
教育	**10**	**354**	**14**	**18**	**10**
教育	10	354	14	18	10
卫生、社会保障和社会福利业	**8**	**1149**	**51**	**207**	**546**
卫生	8	1149	51	207	546
文化、体育和娱乐业	**49**	**3148**	**137**	**385**	**425**
新闻出版业	10	1334	108	237	202
广播、电视、电影和音像业	27	1654	28	128	216
文化艺术业	6	31	1		
体育	2	42		1	5
娱乐业	4	87		19	2

1-2-31 按登记注册类型、专业技术职称分组的国有绝对控股企业法人单位从业人数

单位：个、人

指标名称	单位数	从业人数	#高级技术职称	#中级技术职称	#初级技术职称
合 计	**3978**	**849633**	**14529**	**57279**	**94980**
内资	**3937**	**827660**	**14043**	**55858**	**92809**
国有	2606	436929	7373	29432	48074
集体	116	5392	90	412	721
股份合作	36	2789	20	285	872
联营	42	2379	58	173	256
国有联营	22	701	23	61	70
集体联营	1	209	7	24	23
国有与集体联营	17	1441	28	85	158
其他联营	2	28		3	5
有限责任公司	839	300319	5490	20358	33386
国有独资公司	310	121724	3017	10597	16039
其他有限责任公司	529	178595	2473	9761	17347
股份有限公司	290	79364	1002	5129	9470
其他	8	488	10	69	30
港、澳、台商投资	**19**	**14246**	**342**	**1028**	**1305**
合资经营(港或澳、台资)	16	1726	50	133	264
合作经营(港或澳、台资)	2	817	17	77	81
港、澳、台商投资股份有限公司	1	11703	275	818	960
外商投资	**22**	**7727**	**144**	**393**	**866**
中外合资经营	18	7281	136	370	845
中外合作经营	3	200	1	8	11
外商投资股份有限公司	1	246	7	15	10

1-2-32 按地区、技术等级分组的国有绝对控股企业法人单位从业人数

单位：个、人

指标名称	单位数	从业人数	#高级技师	#技师	#高级工	#中级工
合　计	**3978**	**849633**	**1789**	**8470**	**52957**	**101364**
万州区	196	29726	36	298	1127	3633
涪陵区	162	40177	99	379	1044	2105
渝中区	652	164850	230	1125	18580	25957
大渡口区	66	31311	59	363	2088	5939
江北区	304	88535	249	1128	4932	7340
沙坪坝区	202	53830	104	509	1948	8470
九龙坡区	333	91678	228	853	4555	9315
南岸区	160	53036	144	743	2512	4116
北碚区	154	31606	81	579	2517	3764
万盛区	58	13391	30	112	38	170
双桥区	22	5631	14	51	439	462
渝北区	116	21368	23	307	783	1499
巴南区	87	28786	125	475	2541	6696
黔江区	53	6207	14	97	324	679
长寿区	62	17889	17	137	1405	2713
綦江县	76	21181	9	31	1062	2228
潼南县	56	5526	105	167	353	1231
铜梁县	32	5180		17	34	345
大足县	51	3596	3	54	70	89
荣昌县	35	14755	95	209	688	1845
璧山县	35	6500	11	47	601	571
梁平县	47	3141	3	8	59	123
城口县	34	1960	2	8	62	213
丰都县	79	5253	2	32	536	292
垫江县	67	12159	30	111	663	2307
武隆县	30	4220		6	23	22
忠　县	90	4658	5	13	46	183
开　县	50	4648	1	39	307	222
云阳县	35	4236	20	39	101	542
奉节县	41	3971		10	26	101
巫山县	68	5352	2	13	32	104
巫溪县	42	2288		3	24	348
石柱县	48	4876			12	293
秀山县	46	5814	2	2	17	467
酉阳县	46	2452	7	13	18	248
彭水县	47	3334	1	4	12	122
江津市	102	17167	11	250	1880	2356
合川市	63	8240	6	63	629	1884
永川市	63	12385	15	107	785	2286
南川市	68	8720	6	68	84	84

1-2-33 按行业、技术等级分组的国有绝对控股企业法人单位从业人数

单位：个、人

指标名称	单位数	从业人数	# 高级技师	# 技师	# 高级工	# 中级工
合 计	**3978**	**849633**	**1789**	**8470**	**52957**	**101364**
采矿业	**54**	**55362**	**78**	**363**	**1037**	**1971**
煤炭开采和洗选业	38	49813	78	354	796	1371
石油和天然气开采业	2	1308		1	21	123
黑色金属矿采选业	4	3198		8	218	477
有色金属矿采选业	1	45				
非金属矿采选业	9	998			2	
制造业	**605**	**305371**	**705**	**4326**	**20659**	**44704**
农副食品加工业	49	4228	7	34	31	26
食品制造业	25	4392	3	29	104	121
饮料制造业	16	4564	4	27	113	210
烟草制品业	4	4554		79	560	1002
纺织业	22	21551	7	77	691	2673
纺织服装、鞋、帽制造业	5	481			12	21
皮革、毛皮、羽毛(绒)及其制品业	1	11				
木材加工及木、竹、藤、棕、草制品业	7	325		3		6
家具制造业	5	191				1
造纸及纸制品业	11	1700		13	35	138
印刷业和记录媒介的复制	26	2778	10	38	167	122
文教体育用品制造业	6	129			1	
石油加工、炼焦及核燃料加工业	3	1238	1	22	87	250
化学原料及化学制品制造业	47	28882	35	309	1973	3754
医药制造业	16	9229	63	108	577	1584
橡胶制品业	8	2414		25	65	735
塑料制品业	9	600	2	6	7	7
非金属矿物制品业	44	9765		47	79	247
黑色金属冶炼及压延加工业	14	20839	29	266	1324	4416
有色金属冶炼及压延加工业	17	9968	17	107	358	1360
金属制品业	19	3785	20	78	155	539
通用设备制造业	53	27497	67	496	2863	5823
专用设备制造业	33	46159	147	889	3485	5591
交通运输设备制造业	92	71608	208	1076	5254	12526

1-2-33 续表 1

单位：个、人

指标名称	单位数	从业人数	#高级技师	#技师	#高级工	#中级工
电气机械及器材制造业	25	8944	24	98	225	546
通信设备、计算机及其他电子设备制造业	9	4565	13	77	452	470
仪器仪表及文化、办公用机械制造业	31	14530	45	416	2023	2435
工艺品及其他制造业	5	334	3	6	17	98
废弃资源和废旧材料回收加工业	3	110			1	3
电力、燃气及水的生产和供应业	**195**	**51885**	**66**	**850**	**5849**	**5689**
电力、热力的生产和供应业	83	38583	51	761	4694	3960
燃气生产和供应业	21	4843		40	557	667
水的生产和供应业	91	8459	15	49	598	1062
建筑业	**213**	**140350**	**388**	**1562**	**6466**	**20034**
房屋和土木工程建筑业	148	121184	344	1359	5373	18196
建筑安装业	27	12152	25	152	908	1429
建筑装饰业	21	2143	8	19	27	226
其他建筑业	17	4871	11	32	158	183
交通运输、仓储和邮政业	**222**	**114904**	**194**	**575**	**14495**	**20808**
铁路运输业	2	32395	17	143	9874	9812
道路运输业	82	24305	95	212	1296	1553
城市公共交通业	18	21278	7	16	660	3380
水上运输业	20	15404	69	138	543	2944
航空运输业	6	4161	3	20	168	20
管道运输业	1	14		1	1	1
装卸搬运和其他运输服务业	29	3880			10	565
仓储业	62	2780	3	19	88	65
邮政业	2	10687		26	1855	2468
信息传输、计算机服务和软件业	**48**	**14078**	**19**	**62**	**647**	**1334**
电信和其他信息传输服务业	27	13406	13	58	637	1320
计算机服务业	12	457	6	4	8	14
软件业	9	215			2	
批发和零售业	**1083**	**57709**	**63**	**184**	**1006**	**2734**
批发业	675	38522	43	136	795	1631
零售业	408	19187	20	48	211	1103

1-2-33 续表 2 单位：个、人

指标名称	单位数	从业人数	#高级技师	#技师	#高级工	#中级工
住宿和餐饮业	**165**	**15867**	**41**	**166**	**603**	**1306**
住宿业	130	12831	35	146	494	993
餐饮业	35	3036	6	20	109	313
金融业	**362**	**39286**	**41**	**45**	**251**	**317**
银行业	253	27388	29	27	226	285
证券业	3	97				
保险业	98	11509	11	18	25	32
其他金融活动	8	292	1			
房地产业	**333**	**17545**	**66**	**72**	**328**	**446**
房地产业	333	17545	66	72	328	446
租赁和商务服务业	**293**	**15361**	**36**	**61**	**286**	**488**
租赁业	8	173		3	2	9
商务服务业	285	15188	36	58	284	479
科学研究、技术服务和地质勘查业	**198**	**12922**	**63**	**130**	**776**	**982**
研究与试验发展	10	2184	10	35	75	168
专业技术服务业	127	8188	31	53	318	283
科技交流和推广服务业	54	1175	15	30	33	63
地质勘查业	7	1375	7	12	350	468
水利、环境和公共设施管理业	**87**	**2450**	**7**	**14**	**264**	**153**
水利管理业	36	615	4	10	68	29
环境管理业	18	407		3	2	7
公共设施管理业	33	1428	3	1	194	117
居民服务和其他服务业	**53**	**1892**	**5**	**38**	**66**	**89**
居民服务业	14	405			2	3
其他服务业	39	1487	5	38	64	86
教育	**10**	**354**		**6**	**83**	**54**
教育	10	354		6	83	54
卫生、社会保障和社会福利业	**8**	**1149**		**12**	**83**	**137**
卫生	8	1149		12	83	137
文化、体育和娱乐业	**49**	**3148**	**17**	**4**	**58**	**118**
新闻出版业	10	1334	15	1	4	5
广播、电视、电影和音像业	27	1654	2	2	52	111
文化艺术业	6	31				
体育	2	42		1	2	1
娱乐业	4	87				1

1-2-34 按登记注册类型、技术等级分组的国有绝对控股企业法人单位从业人数

单位：个、人

指标名称	单位数	从业人数	#高级技师	#技师	#高级工	#中级工
合　计	**3978**	**849633**	**1789**	**8470**	**52957**	**101364**
内资	**3937**	**827660**	**1744**	**8219**	**51517**	**97942**
国有	2606	436929	914	3833	29715	55862
集体	116	5392	10	48	174	350
股份合作	36	2789	13	10	70	170
联营	42	2379	2	52	127	170
国有联营	22	701	1	45	88	100
集体联营	1	209				
国有与集体联营	17	1441	1	6	39	70
其他联营	2	28		1		
有限责任公司	839	300319	614	3504	17243	30672
国有独资公司	310	121724	359	1957	9101	12843
其他有限责任公司	529	178595	255	1547	8142	17829
股份有限公司	290	79364	186	762	4148	10708
其他	8	488	5	10	40	10
港、澳、台商投资	**19**	**14246**	**38**	**221**	**1123**	**3086**
合资经营(港或澳、台资)	16	1726	15	16	135	63
合作经营(港或澳、台资)	2	817		8	134	41
港、澳、台商投资股份有限公司	1	11703	23	197	854	2982
外商投资	**22**	**7727**	**7**	**30**	**317**	**336**
中外合资经营	18	7281	4	28	313	320
中外合作经营	3	200				11
外商投资股份有限公司	1	246	3	2	4	5

1-2-35 按地区、行业分组的国有相对

<table>
<tr><th rowspan="2">指标名称</th><th colspan="2">总计</th><th colspan="2">采矿业</th><th colspan="2">制造业</th></tr>
<tr><th>单位数</th><th>从业人数</th><th>单位数</th><th>从业人数</th><th>单位数</th><th>从业人数</th></tr>
<tr><td>合　计</td><td>**468**</td><td>**82943**</td><td>**6**</td><td>**1588**</td><td>**118**</td><td>**37331**</td></tr>
<tr><td>万州区</td><td>15</td><td>9052</td><td>1</td><td>1350</td><td>4</td><td>5203</td></tr>
<tr><td>涪陵区</td><td>19</td><td>3022</td><td></td><td></td><td>1</td><td>30</td></tr>
<tr><td>渝中区</td><td>89</td><td>21468</td><td></td><td></td><td>9</td><td>3046</td></tr>
<tr><td>大渡口区</td><td>15</td><td>3960</td><td></td><td></td><td>3</td><td>654</td></tr>
<tr><td>江北区</td><td>34</td><td>7258</td><td></td><td></td><td>13</td><td>6166</td></tr>
<tr><td>沙坪坝区</td><td>21</td><td>5605</td><td></td><td></td><td>7</td><td>4591</td></tr>
<tr><td>九龙坡区</td><td>61</td><td>7413</td><td></td><td></td><td>12</td><td>4979</td></tr>
<tr><td>南岸区</td><td>23</td><td>5665</td><td></td><td></td><td>9</td><td>1889</td></tr>
<tr><td>北碚区</td><td>17</td><td>880</td><td></td><td></td><td>11</td><td>757</td></tr>
<tr><td>万盛区</td><td>7</td><td>145</td><td></td><td></td><td></td><td></td></tr>
<tr><td>双桥区</td><td>2</td><td>147</td><td></td><td></td><td></td><td></td></tr>
<tr><td>渝北区</td><td>17</td><td>4940</td><td></td><td></td><td>3</td><td>2618</td></tr>
<tr><td>巴南区</td><td>19</td><td>2148</td><td></td><td></td><td>9</td><td>2019</td></tr>
<tr><td>黔江区</td><td>5</td><td>499</td><td></td><td></td><td>1</td><td>37</td></tr>
<tr><td>长寿区</td><td>11</td><td>1357</td><td></td><td></td><td>4</td><td>543</td></tr>
<tr><td>綦江县</td><td>6</td><td>877</td><td>1</td><td>12</td><td>2</td><td>196</td></tr>
<tr><td>潼南县</td><td>1</td><td>50</td><td></td><td></td><td></td><td></td></tr>
<tr><td>铜梁县</td><td>2</td><td>285</td><td></td><td></td><td>1</td><td>270</td></tr>
<tr><td>大足县</td><td>2</td><td>102</td><td></td><td></td><td></td><td></td></tr>
<tr><td>荣昌县</td><td>5</td><td>580</td><td></td><td></td><td>4</td><td>571</td></tr>
<tr><td>璧山县</td><td></td><td></td><td></td><td></td><td></td><td></td></tr>
<tr><td>梁平县</td><td>1</td><td>39</td><td></td><td></td><td></td><td></td></tr>
<tr><td>城口县</td><td>2</td><td>8</td><td></td><td></td><td>2</td><td>8</td></tr>
<tr><td>丰都县</td><td>1</td><td>73</td><td></td><td></td><td></td><td></td></tr>
<tr><td>垫江县</td><td>11</td><td>1254</td><td></td><td></td><td>3</td><td>542</td></tr>
<tr><td>武隆县</td><td>4</td><td>453</td><td></td><td></td><td></td><td></td></tr>
<tr><td>忠　县</td><td>1</td><td>10</td><td></td><td></td><td></td><td></td></tr>
<tr><td>开　县</td><td>3</td><td>160</td><td></td><td></td><td>1</td><td>40</td></tr>
<tr><td>云阳县</td><td>2</td><td>38</td><td></td><td></td><td></td><td></td></tr>
<tr><td>奉节县</td><td>7</td><td>134</td><td></td><td></td><td></td><td></td></tr>
<tr><td>巫山县</td><td>4</td><td>568</td><td></td><td></td><td></td><td></td></tr>
<tr><td>巫溪县</td><td>3</td><td>120</td><td>1</td><td>40</td><td></td><td></td></tr>
<tr><td>石柱县</td><td>4</td><td>142</td><td></td><td></td><td>1</td><td>108</td></tr>
<tr><td>秀山县</td><td>3</td><td>996</td><td></td><td></td><td>2</td><td>952</td></tr>
<tr><td>酉阳县</td><td>2</td><td>13</td><td></td><td></td><td>1</td><td>7</td></tr>
<tr><td>彭水县</td><td>3</td><td>105</td><td></td><td></td><td></td><td></td></tr>
<tr><td>江津市</td><td>22</td><td>1143</td><td>2</td><td>26</td><td>10</td><td>1006</td></tr>
<tr><td>合川市</td><td>11</td><td>359</td><td></td><td></td><td>1</td><td>144</td></tr>
<tr><td>永川市</td><td>8</td><td>1407</td><td></td><td></td><td>4</td><td>955</td></tr>
<tr><td>南川市</td><td>5</td><td>468</td><td>1</td><td>160</td><td></td><td></td></tr>
</table>

控股企业法人单位数及从业人数

单位：个、人

电力、燃气及水的生产和供应业		建筑业		交通运输、仓储和邮政业	
单位数	从业人数	单位数	从业人数	单位数	从业人数
25	**3544**	**25**	**4988**	**23**	**8886**
1	2082			3	287
2	65	4	478	5	2335
		5	494	2	235
		9	3242		
1	62				
		1	14	1	58
2	193	1	358	1	79
		1	40	1	3197
		1	46		
				1	48
1	27				
1	65			2	1316
				1	390
		1	195	2	223
				1	66
1	9				
2	20				
3	378				
1	64				
1	18				
2	43	1	46		
1	12			1	510
		1	75		
1	11			1	82
4	135				
1	360				
				1	60

1-2-35 续表 1

指标名称	信息传输、计算机服务和软件业		批发和零售业		住宿和餐饮业	
	单位数	从业人数	单位数	从业人数	单位数	从业人数
合 计	**5**	**481**	**112**	**10081**	**13**	**1328**
万州区			2	81		
涪陵区			3	75		
渝中区	2	158	17	6787	3	604
大渡口区			1	24		
江北区			8	283	2	34
沙坪坝区			2	138	1	342
九龙坡区	3	323	23	1037		
南岸区			4	72	2	195
北碚区			3	46		
万盛区			3	64	1	11
双桥区					1	120
渝北区			5	314		
巴南区			5	55		
黔江区			1	27		
长寿区			3	100		
綦江县			2	4		
潼南县			1	50		
铜梁县						
大足县			1	36		
荣昌县						
璧山县						
梁平县			1	39		
城口县						
丰都县						
垫江县			5	366		
武隆县						
忠 县			1	10		
开 县			1	56		
云阳县			1	20		
奉节县			2	8		
巫山县						
巫溪县					1	5
石柱县			2	31		
秀山县			1	44		
酉阳县			1	6		
彭水县			1	12		
江津市			5	76	2	17
合川市			4	47		
永川市			2	37		
南川市			1	136		

单位：个、人

金融业		房地产业		租赁和商务服务业	
单位数	从业人数	单位数	从业人数	单位数	从业人数
65	**7833**	**31**	**1823**	**17**	**4048**
1	39	1	6	1	3
2	27			1	2
32	5618	9	462	6	3853
		2	40		
1	19	5	186		
4	408	3	33		
6	109	6	194	1	18
2	33	2	204	2	35
		1	15		
1	21			1	1
4	569	1	18		
2	49			2	16
2	45				
1	296				
		1	665		
				1	73
1	326				
1	75				
1	43			1	3
2	33				
1	55				
1	68			1	44

1-2-35 续表 2

指标名称	科学研究、技术服务和地质勘查业		水利、环境和公共设施管理业		居民服务和其他服务业	
	单位数	从业人数	单位数	从业人数	单位数	从业人数
合 计	**11**	**428**	**3**	**267**	**8**	**122**
万州区						
涪陵区	1	10				
渝中区	1	33			2	45
大渡口区						
江北区	2	281	2	227		
沙坪坝区	1	5			1	16
九龙坡区	4	80			2	43
南岸区						
北碚区	1	16				
万盛区						
双桥区						
渝北区			1	40		
巴南区						
黔江区						
长寿区						
綦江县						
潼南县						
铜梁县						
大足县						
荣昌县						
璧山县						
梁平县						
城口县						
丰都县						
垫江县						
武隆县						
忠 县						
开 县						
云阳县						
奉节县	1	3				
巫山县						
巫溪县						
石柱县						
秀山县						
酉阳县						
彭水县						
江津市					3	18
合川市						
永川市						
南川市						

单位：个、人

教育		卫生、社会保障和社会福利业		文化、体育和娱乐业	
单位数	从业人数	单位数	从业人数	单位数	从业人数
1	**34**	**1**	**3**	**4**	**158**
				1	1
				1	133
				1	9
				1	15
1	34				
		1	3		

1-2-36　按行业、营业状态分组的国有

指标名称	单位数	营业	停业	筹建	当年关闭	当年破产	其他
合　计	**468**	**433**	**24**	**3**	**5**	**1**	**2**
采矿业	**6**	**5**			**1**		
煤炭开采和洗选业	3	3					
非金属矿采选业	3	2			1		
制造业	**118**	**106**	**9**	**1**	**1**	**1**	
农副食品加工业	6	5	1				
食品制造业	3	2	1				
饮料制造业	2	2					
纺织业	3	1			1	1	
纺织服装、鞋、帽制造业	1	1					
造纸及纸制品业	2	2					
印刷业和记录媒介的复制	4	4					
化学原料及化学制品制造业	14	11	3				
医药制造业	8	8					
橡胶制品业	2	2					
塑料制品业	1	1					
非金属矿物制品业	6	6					
黑色金属冶炼及压延加工业	1	1					
有色金属冶炼及压延加工业	2	1	1				
金属制品业	5	3	2				
通用设备制造业	13	12		1			
专用设备制造业	4	4					
交通运输设备制造业	22	21	1				
电气机械及器材制造业	10	10					
通信设备、计算机及其他电子设备制造业	3	3					
仪器仪表及文化、办公用机械制造业	5	5					
废弃资源和废旧材料回收加工业	1	1					
电力、燃气及水的生产和供应业	**25**	**24**		**1**			
电力、热力的生产和供应业	11	10		1			
燃气生产和供应业	1	1					
水的生产和供应业	13	13					
建筑业	**25**	**24**	**1**				
房屋和土木工程建筑业	14	14					
建筑安装业	8	7	1				
建筑装饰业	2	2					
其他建筑业	1	1					
交通运输、仓储和邮政业	**23**	**23**					
道路运输业	10	10					
城市公共交通业	2	2					
水上运输业	5	5					
装卸搬运和其他运输服务业	4	4					
仓储业	2	2					

相对控股企业法人单位数及从业人数

单位：个、人

从业人数	营业	停业	筹建	当年关闭	当年破产	其他
82943	**76915**	**598**	**108**	**781**	**4533**	**8**
1588	**1570**			**18**		
212	212					
1376	1358			18		
37331	**32449**	**210**	**61**	**78**	**4533**	
932	857	75				
19	14	5				
409	409					
4767	156			78	4533	
108	108					
138	138					
174	174					
3819	3750	69				
4390	4390					
665	665					
37	37					
1571	1571					
65	65					
789	745	44				
514	501	13				
3628	3567		61			
274	274					
9101	9097	4				
3388	3388					
798	798					
1333	1333					
412	412					
3544	**3532**		**12**			
3079	3067		12			
108	108					
357	357					
4988	**4723**	**265**				
3761	3761					
954	689	265				
163	163					
110	110					
8886	**8886**					
1081	1081					
3281	3281					
2974	2974					
248	248					
1302	1302					

1-2-36 续表 1

指标名称	单位数	营业	停业	筹建	当年关闭	当年破产	其他
信息传输、计算机服务和软件业	**5**	**5**					
电信和其他信息传输服务业	1	1					
计算机服务业	4	4					
批发和零售业	**112**	**99**	**9**	**1**	**1**		**2**
批发业	68	58	8	1			1
零售业	44	41	1		1		1
住宿和餐饮业	**13**	**12**	**1**				
住宿业	9	8	1				
餐饮业	4	4					
金融业	**65**	**65**					
银行业	49	49					
证券业	3	3					
保险业	12	12					
其他金融活动	1	1					
房地产业	**31**	**30**			**1**		
房地产业	31	30			1		
租赁和商务服务业	**17**	**13**	**3**		**1**		
租赁业	1	1					
商务服务业	16	12	3		1		
科学研究、技术服务和地质勘查业	**11**	**11**					
研究与试验发展	3	3					
专业技术服务业	8	8					
水利、环境和公共设施管理业	**3**	**3**					
环境管理业	1	1					
公共设施管理业	2	2					
居民服务和其他服务业	**8**	**8**					
居民服务业	4	4					
其他服务业	4	4					
教育	**1**	**1**					
教育	1	1					
卫生、社会保障和社会福利业	**1**	**1**					
社会福利业	1	1					
文化、体育和娱乐业	**4**	**3**	**1**				
新闻出版业	1	1					
广播、电视、电影和音像业	1	1					
文化艺术业	1	1					
体育	1		1				

单位：个、人

从业人数	营业	停业	筹建	当年关闭	当年破产	其他
481	**481**					
17	17					
464	464					
10081	**9943**	**76**	**35**	**19**		**8**
3101	3005	55	35			6
6980	6938	21		19		2
1328	**1314**	**14**				
794	780	14				
534	534					
7833	**7833**					
2088	2088					
833	833					
4778	4778					
134	134					
1823	**1158**			**665**		
1823	1158			665		
4048	**4015**	**32**		**1**		
30	30					
4018	3985	32		1		
428	**428**					
42	42					
386	386					
267	**267**					
40	40					
227	227					
122	**122**					
30	30					
92	92					
34	**34**					
34	34					
3	**3**					
3	3					
158	**157**	**1**				
133	133					
9	9					
15	15					
1		1				

1-2-37 按行业、开业（成立）时间分组的国有相对控股企业法人单位数及从业人数

单位：个、人

指标名称	总计		#1949年以前		#1950-1977年		#1978-1991年	
	单位数	从业人数	单位数	从业人数	单位数	从业人数	单位数	从业人数
合　计	**468**	**82943**	**3**	**6769**	**32**	**8771**	**54**	**7906**
采矿业	**6**	**1588**					**2**	**172**
煤炭开采和洗选业	3	212					2	172
非金属矿采选业	3	1376						
制造业	**118**	**37331**	**3**	**6769**	**8**	**1231**	**13**	**3552**
农副食品加工业	6	932			1	152		
食品制造业	3	19			1	10	1	4
饮料制造业	2	409						
纺织业	3	4767	1	4533				
纺织服装、鞋、帽制造业	1	108			1	108		
造纸及纸制品业	2	138			1	98		
印刷业和记录媒介的复制	4	174					2	71
化学原料及化学制品制造业	14	3819	1	1384	1	7	2	102
医药制造业	8	4390						
橡胶制品业	2	665						
塑料制品业	1	37						
非金属矿物制品业	6	1571			1	808	1	207
黑色金属冶炼及压延加工业	1	65						
有色金属冶炼及压延加工业	2	789					1	745
金属制品业	5	514					2	13
通用设备制造业	13	3628					2	1675
专用设备制造业	4	274			1	9		
交通运输设备制造业	22	9101						
电气机械及器材制造业	10	3388	1	852	1	39		
通信设备、计算机及其他电子设备制造业	3	798					1	139
仪器仪表及文化、办公用机械制造业	5	1333					1	596
废弃资源和废旧材料回收加工业	1	412						
电力、燃气及水的生产和供应业	**25**	**3544**			**1**	**158**	**9**	**748**
电力、热力的生产和供应业	11	3079			1	158	4	591
燃气生产和供应业	1	108					1	108
水的生产和供应业	13	357					4	49
建筑业	**25**	**4988**			**3**	**1607**	**6**	**1381**
房屋和土木工程建筑业	14	3761			3	1607	2	920
建筑安装业	8	954					4	461
建筑装饰业	2	163						
其他建筑业	1	110						
交通运输、仓储和邮政业	**23**	**8886**			**1**	**58**		
道路运输业	10	1081						
城市公共交通业	2	3281						
水上运输业	5	2974						
装卸搬运和其他运输服务业	4	248			1	58		
仓储业	2	1302						

1-2-37 续表 1 单位：个、人

指标名称	总计		# 1949年以前		# 1950-1977年		# 1978-1991年	
	单位数	从业人数	单位数	从业人数	单位数	从业人数	单位数	从业人数
信息传输、计算机服务和软件业	**5**	**481**						
电信和其他信息传输服务业	1	17						
计算机服务业	4	464						
批发和零售业	**112**	**10081**			**14**	**5676**	**8**	**272**
批发业	68	3101			4	63	5	97
零售业	44	6980			10	5613	3	175
住宿和餐饮业	**13**	**1328**			**2**	**24**	**5**	**635**
住宿业	9	794					5	635
餐饮业	4	534			2	24		
金融业	**65**	**7833**					**5**	**378**
银行业	49	2088					3	223
证券业	3	833						
保险业	12	4778					1	21
其他金融活动	1	134					1	134
房地产业	**31**	**1823**			**1**	**7**	**1**	**665**
房地产业	31	1823			1	7	1	665
租赁和商务服务业	**17**	**4048**					**1**	**73**
租赁业	1	30						
商务服务业	16	4018					1	73
科学研究、技术服务和地质勘查业	**11**	**428**					**1**	**3**
研究与试验发展	3	42						
专业技术服务业	8	386					1	3
水利、环境和公共设施管理业	**3**	**267**						
环境管理业	1	40						
公共设施管理业	2	227						
居民服务和其他服务业	**8**	**122**			**2**	**10**	**2**	**24**
居民服务业	4	30			2	10	1	8
其他服务业	4	92					1	16
教育	**1**	**34**						
教育	1	34						
卫生、社会保障和社会福利业	**1**	**3**					**1**	**3**
社会福利业	1	3					1	3
文化、体育和娱乐业	**4**	**158**						
新闻出版业	1	133						
广播、电视、电影和音像业	1	9						
文化艺术业	1	15						
体育	1	1						

1-2-37 续表 2　　　　单位：个、人

指标名称	# 1992-1995年		# 1996年		# 1997年	
	单位数	从业人数	单位数	从业人数	单位数	从业人数
合　计	**75**	**12986**	**23**	**1931**	**24**	**2994**
采矿业	**1**	**8**				
煤炭开采和洗选业						
非金属矿采选业	1	8				
制造业	**21**	**5850**	**5**	**373**	**5**	**1686**
农副食品加工业						
食品制造业						
饮料制造业						
纺织业	1	78				
纺织服装、鞋、帽制造业						
造纸及纸制品业						
印刷业和记录媒介的复制	1	7				
化学原料及化学制品制造业	1	92	1	25		
医药制造业	2	3292	1	13	1	820
橡胶制品业						
塑料制品业						
非金属矿物制品业	2	89				
黑色金属冶炼及压延加工业						
有色金属冶炼及压延加工业	1	44				
金属制品业	1	5				
通用设备制造业	4	1577			1	21
专用设备制造业	1	18				
交通运输设备制造业	4	350	2	330	1	400
电气机械及器材制造业	1	152	1	5		
通信设备、计算机及其他电子设备制造业					1	366
仪器仪表及文化、办公用机械制造业	2	146			1	79
废弃资源和废旧材料回收加工业						
电力、燃气及水的生产和供应业	**3**	**2267**			**2**	**39**
电力、热力的生产和供应业	2	2258			1	36
燃气生产和供应业						
水的生产和供应业	1	9			1	3
建筑业	**9**	**1015**			**1**	**300**
房屋和土木工程建筑业	4	405			1	300
建筑安装业	3	447				
建筑装饰业	2	163				
其他建筑业						
交通运输、仓储和邮政业	**2**	**2081**			**1**	**510**
道路运输业						
城市公共交通业						
水上运输业	1	2061			1	510
装卸搬运和其他运输服务业	1	20				
仓储业						

1-2-37 续表 3　　　　单位：个、人

指标名称	# 1992-1995年		# 1996年		# 1997年	
	单位数	从业人数	单位数	从业人数	单位数	从业人数
信息传输、计算机服务和软件业	**1**	**134**				
电信和其他信息传输服务业						
计算机服务业	1	134				
批发和零售业	**12**	**255**	**5**	**109**	**8**	**118**
批发业	9	113	4	107	6	104
零售业	3	142	1	2	2	14
住宿和餐饮业	**3**	**489**			**1**	**40**
住宿业	2	19				
餐饮业	1	470			1	40
金融业	**7**	**152**	**11**	**1438**	**1**	**22**
银行业	5	110	7	361	1	22
证券业	1	20				
保险业	1	22	4	1077		
其他金融活动						
房地产业	**5**	**133**	**2**	**11**	**4**	**239**
房地产业	5	133	2	11	4	239
租赁和商务服务业	**6**	**61**				
租赁业						
商务服务业	6	61				
科学研究、技术服务和地质勘查业	**2**	**281**				
研究与试验发展						
专业技术服务业	2	281				
水利、环境和公共设施管理业	**1**	**187**			**1**	**40**
环境管理业						
公共设施管理业	1	187			1	40
居民服务和其他服务业	**2**	**73**				
居民服务业						
其他服务业	2	73				
教育						
教育						
卫生、社会保障和社会福利业						
社会福利业						
文化、体育和娱乐业						
新闻出版业						
广播、电视、电影和音像业						
文化艺术业						
体育						

1-2-37 续表 4

单位：个、人

指标名称	#1998年		#1999年		#2000年	
	单位数	从业人数	单位数	从业人数	单位数	从业人数
合　计	**35**	**7681**	**29**	**3615**	**43**	**4492**
采矿业			**1**	**18**	**1**	**40**
煤炭开采和洗选业					1	40
非金属矿采选业			1	18		
制造业	**8**	**2031**	**11**	**1998**	**15**	**2804**
农副食品加工业			2	683	2	82
食品制造业	1	5				
饮料制造业					2	409
纺织业					1	156
纺织服装、鞋、帽制造业						
造纸及纸制品业						
印刷业和记录媒介的复制					1	96
化学原料及化学制品制造业			3	604	1	731
医药制造业	1	27	1	37	1	144
橡胶制品业	1	647			1	18
塑料制品业						
非金属矿物制品业			1	30		
黑色金属冶炼及压延加工业					1	65
有色金属冶炼及压延加工业						
金属制品业			2	496		
通用设备制造业	1	66	2	148		
专用设备制造业						
交通运输设备制造业	2	75			3	785
电气机械及器材制造业	1	699			1	25
通信设备、计算机及其他电子设备制造业					1	293
仪器仪表及文化、办公用机械制造业	1	512				
废弃资源和废旧材料回收加工业						
电力、燃气及水的生产和供应业	**2**	**82**				
电力、热力的生产和供应业						
燃气生产和供应业						
水的生产和供应业	2	82				
建筑业	**1**	**148**	**2**	**192**	**1**	**195**
房屋和土木工程建筑业	1	148	1	146	1	195
建筑安装业			1	46		
建筑装饰业						
其他建筑业						
交通运输、仓储和邮政业	**4**	**3741**	**2**	**110**	**4**	**400**
道路运输业	2	424	1	60	3	316
城市公共交通业	1	3197			1	84
水上运输业						
装卸搬运和其他运输服务业	1	120	1	50		
仓储业						

1-2-37 续表 5

单位：个、人

指标名称	#1998年		#1999年		#2000年	
	单位数	从业人数	单位数	从业人数	单位数	从业人数
信息传输、计算机服务和软件业			**1**	**77**		
电信和其他信息传输服务业						
计算机服务业			1	77		
批发和零售业	**3**	**977**	**3**	**123**	**15**	**837**
批发业	2	967	1	27	10	546
零售业	1	10	2	96	5	291
住宿和餐饮业						
住宿业						
餐饮业						
金融业	**8**	**290**	**3**	**855**	**3**	**50**
银行业	8	290	2	48	2	44
证券业			1	807	1	6
保险业						
其他金融活动						
房地产业	**6**	**328**	**2**	**49**	**2**	**153**
房地产业	6	328	2	49	2	153
租赁和商务服务业	**2**	**51**	**1**	**30**		
租赁业	1	30				
商务服务业	1	21	1	30		
科学研究、技术服务和地质勘查业	**1**	**33**	**1**	**18**	**1**	**10**
研究与试验发展					1	10
专业技术服务业	1	33	1	18		
水利、环境和公共设施管理业						
环境管理业						
公共设施管理业						
居民服务和其他服务业			**1**	**12**	**1**	**3**
居民服务业			1	12		
其他服务业					1	3
教育						
教育						
卫生、社会保障和社会福利业						
社会福利业						
文化、体育和娱乐业			**1**	**133**		
新闻出版业			1	133		
广播、电视、电影和音像业						
文化艺术业						
体育						

1-2-37 续表 6 单位：个、人

指标名称	# 2001年		# 2002年		# 2003年		# 2004年	
	单位数	从业人数	单位数	从业人数	单位数	从业人数	单位数	从业人数
合　计	**52**	**9872**	**34**	**9991**	**30**	**3888**	**31**	**1939**
采矿业			**1**	**1350**				
煤炭开采和洗选业								
非金属矿采选业			1	1350				
制造业	**13**	**7064**	**5**	**839**	**4**	**2113**	**6**	**960**
农副食品加工业					1	15		
食品制造业								
饮料制造业								
纺织业								
纺织服装、鞋、帽制造业								
造纸及纸制品业	1	40						
印刷业和记录媒介的复制								
化学原料及化学制品制造业	1	226	2	378			1	270
医药制造业	1	57						
橡胶制品业								
塑料制品业	1	37						
非金属矿物制品业							1	437
黑色金属冶炼及压延加工业								
有色金属冶炼及压延加工业								
金属制品业								
通用设备制造业			1	34	1	46		
专用设备制造业			1	15	1	232		
交通运输设备制造业	7	5235			1	1820	2	106
电气机械及器材制造业	2	1469					2	147
通信设备、计算机及其他电子设备制造业								
仪器仪表及文化、办公用机械制造业								
废弃资源和废旧材料回收加工业			1	412				
电力、燃气及水的生产和供应业	**3**	**88**			**1**	**64**	**3**	**86**
电力、热力的生产和供应业							2	24
燃气生产和供应业								
水的生产和供应业	3	88			1	64	1	62
建筑业	**1**	**40**			**1**	**110**		
房屋和土木工程建筑业	1	40						
建筑安装业								
建筑装饰业								
其他建筑业					1	110		
交通运输、仓储和邮政业	**3**	**1353**			**5**	**468**	**1**	**165**
道路运输业	2	130			2	151		
城市公共交通业								
水上运输业					2	238	1	165
装卸搬运和其他运输服务业								
仓储业	1	1223			1	79		

1-2-37 续表 7

单位：个、人

指标名称	#2001年		#2002年		#2003年		#2004年	
	单位数	从业人数	单位数	从业人数	单位数	从业人数	单位数	从业人数
信息传输、计算机服务和软件业					**1**	**229**	**2**	**41**
电信和其他信息传输服务业							1	17
计算机服务业					1	229	1	24
批发和零售业	**21**	**971**	**13**	**297**	**5**	**320**	**4**	**91**
批发业	10	589	9	169	4	224	3	60
零售业	11	382	4	128	1	96	1	31
住宿和餐饮业	**1**	**20**			**1**	**120**		
住宿业	1	20			1	120		
餐饮业								
金融业	**6**	**275**	**8**	**3614**	**6**	**342**	**7**	**417**
银行业	5	200	4	63	5	310	7	417
证券业								
保险业	1	75	4	3551	1	32		
其他金融活动								
房地产业	**2**	**38**	**2**	**54**	**1**	**80**	**3**	**66**
房地产业	2	38	2	54	1	80	3	66
租赁和商务服务业	**1**	**18**	**2**	**3772**	**3**	**16**	**1**	**27**
租赁业								
商务服务业	1	18	2	3772	3	16	1	27
科学研究、技术服务和地质勘查业	**1**	**5**	**1**	**16**	**1**	**25**	**2**	**37**
研究与试验发展			1	16			1	16
专业技术服务业	1	5			1	25	1	21
水利、环境和公共设施管理业			**1**	**40**				
环境管理业			1	40				
公共设施管理业								
居民服务和其他服务业								
居民服务业								
其他服务业								
教育							**1**	**34**
教育							1	34
卫生、社会保障和社会福利业								
社会福利业								
文化、体育和娱乐业			**1**	**9**	**1**	**1**	**1**	**15**
新闻出版业								
广播、电视、电影和音像业			1	9				
文化艺术业							1	15
体育					1	1		

1-2-38　按登记注册类型、营业状态分组的

指标名称	单位数						
		营业	停业	筹建	当年关闭	当年破产	其他
合　计	**468**	**433**	**24**	**3**	**5**	**1**	**2**
内资	**443**	**410**	**22**	**3**	**5**	**1**	**2**
国有							
集体	98	81	14		2		1
股份合作	25	23		1	1		
联营	14	13			1		
国有联营							
集体联营							
国有与集体联营	11	10			1		
其他联营	3	3					
有限责任公司	170	160	6	2		1	1
国有独资公司							
其他有限责任公司	170	160	6	2		1	1
股份有限公司	133	131	1		1		
私营							
私营独资							
私营合伙							
私营有限责任公司							
私营股份有限公司							
其他	3	2	1				
港、澳、台商投资	**6**	**5**	**1**				
合资经营(港或澳、台资)	5	5					
合作经营(港或澳、台资)	1		1				
港、澳、台商独资经营							
港、澳、台商投资股份有限公司							
外商投资	**19**	**18**	**1**				
中外合资经营	19	18	1				
中外合作经营							
外资							
外商投资股份有限公司							

国有相对控股企业法人单位数及从业人数

单位：个、人

从业人数	营业	停业	筹建	当年关闭	当年破产	其他
82943	**76915**	**598**	**108**	**781**	**4533**	**8**
70313	**64337**	**546**	**108**	**781**	**4533**	**8**
6400	5961	341		96		2
2073	1396		12	665		
848	829			19		
793	774			19		
55	55					
33262	28502	125	96		4533	6
33262	28502	125	96		4533	6
27636	27630	5		1		
94	19	75				
838	**794**	**44**				
794	794					
44		44				
11792	**11784**	**8**				
11792	11784	8				

1-2-39 按地区、开业（成立）时间分组的

指标名称	总计		#1949年以前		#1950-1977年		#1978-1991年	
	单位数	从业人数	单位数	从业人数	单位数	从业人数	单位数	从业人数
合　计	**468**	**82943**	**3**	**6769**	**32**	**8771**	**54**	**7906**
万州区	15	9052	1	4533				
涪陵区	19	3022						
渝中区	89	21468			2	5325	4	334
大渡口区	15	3960			3	1607	6	1345
江北区	34	7258			1	5	3	601
沙坪坝区	21	5605			2	65	3	470
九龙坡区	61	7413	1	1384			3	723
南岸区	23	5665					2	1257
北碚区	17	880			2	57		
万盛区	7	145			2	59	1	21
[illegible]桥区	2	147						
[illegible]北区	17	4940					3	145
[illegible]区	19	2148	1	852	3	16		
[illegible]	5	499						
长寿区	11	1357			1	80	1	8
綦江县	6	877			1	152	3	679
潼南县	1	50						
铜梁县	2	285						
大足县	2	102			1	36		
荣昌县	5	580						
璧山县								
梁平县	1	39						
城口县	2	8					1	3
丰都县	1	73					1	73
垫江县	11	1254			1	73	3	147
武隆县	4	453			1	158	2	220
忠　县	1	10			1	10		
开　县	3	160					1	56
云阳县	2	38						
奉节县	7	134					3	60
巫山县	4	568					1	43
巫溪县	3	120						
石柱县	4	142			1	108	1	3
秀山县	3	996					2	952
酉阳县	2	13						
彭水县	3	105					1	11
江津市	22	1143			8	873	3	17
合川市	11	359			1	11	3	150
永川市	8	1407					1	360
南川市	5	468			1	136	2	228

国有相对控股企业法人单位数及从业人数

单位：个、人

# 1992-1995年		# 1996年		# 1997年	
单位数	从业人数	单位数	从业人数	单位数	从业人数
75	**12986**	**23**	**1931**	**24**	**2994**
3	2113	1	6		
6	2413			2	56
19	1354	7	528	4	263
				1	300
6	3697	2	32	5	934
4	1508	3	53	3	788
9	697	1	55	2	27
3	207			2	48
4	185	2	30		
1	1			1	15
		1	510	2	50
3	313	2	313		
1	5				
1	44	1	2		
1	9				
1	4	1	326		
				1	510
2	80				
1	4				
1	12				
5	118				
2	26			1	3
1	152	2	76		
1	44				

1-2-39 续表 1

指标名称	#1998年		#1999年		#2000年	
	单位数	从业人数	单位数	从业人数	单位数	从业人数
合 计	**35**	**7681**	**29**	**3615**	**43**	**4492**
万州区	1	34	1	618		
涪陵区	2	268	2	80	4	121
渝中区	10	1962	10	1287	4	315
大渡口区	1	15			1	25
江北区	3	593	3	641	3	437
沙坪坝区					3	622
九龙坡区	7	865	3	178	8	413
南岸区	3	3303			2	309
北碚区	1	4	3	96	2	40
万盛区						
双桥区						
渝北区	2	95			2	192
巴南区	2	137				
黔江区	1	390	1	27		
长寿区					4	574
綦江县						
潼南县						
铜梁县						
大足县						
荣昌县			1	481	1	18
璧山县						
梁平县						
城口县	1	5				
丰都县						
垫江县			1	65	2	477
武隆县						
忠 县						
开 县						
云阳县						
奉节县					1	4
巫山县						
巫溪县					1	40
石柱县						
秀山县						
酉阳县					1	7
彭水县						
江津市	1	10	3	82		
合川市					1	144
永川市					3	754
南川市			1	60		

单位：个、人

#2001年		#2002年		#2003年		#2004年	
单位数	从业人数	单位数	从业人数	单位数	从业人数	单位数	从业人数
52	**9872**	**34**	**9991**	**30**	**3888**	**31**	**1939**
		4	1491	4	257		
3	84						
5	251	9	7356	5	2029	9	429
		2	436	1	232		
3	55	1	40	2	130	2	93
2	1848			1	251		
11	2432	8	146	5	442	3	51
5	338	2	22	2	63	2	118
						3	468
1	48					1	1
1	27			1	120		
5	3767	1	20	1	161		
2	376	2	23	1	10	2	47
1	37			1	32	1	13
1	12	1	313			2	365
1	50						
						2	285
				1	66		
1	57			1	15		
1	39						
1	161	1	1				
1	75						
1	40			1	64		
1	20					1	18
1	32			1	4	1	34
				1	3		
1	27						
		1	44				
1	6						
1	82						
		1	34	1	9		
1	8					2	17
		1	65				

1-2-40 按地区、登记注册类型分组的

指标名称	总计		内资					
					集体		股份合作	
	单位数	从业人数	单位数	从业人数	单位数	从业人数	单位数	从业人数
合　计	**468**	**82943**	**443**	**70313**	**98**	**6400**	**25**	**2073**
万州区	15	9052	13	9021	1	1		
涪陵区	19	3022	18	3008	5	128		
渝中区	89	21468	86	21403	8	400	2	99
大渡口区	15	3960	15	3960	10	2610		
江北区	34	7258	33	6965	6	52	1	121
沙坪坝区	21	5605	19	3795	6	503	2	256
九龙坡区	61	7413	58	6670	7	616	2	91
南岸区	23	5665	18	867			1	65
北碚区	17	880	16	443	8	187	1	13
万盛区	7	145	7	145	2	12	1	48
双桥区	2	147	2	147				
渝北区	17	4940	13	1107	2	125	2	50
巴南区	19	2148	17	1586	3	15	1	9
黔江区	5	499	5	499				
长寿区	11	1357	11	1357	1	8	1	296
綦江县	6	877	5	833	3	16	1	665
潼南县	1	50	1	50				
铜梁县	2	285	2	285				
大足县	2	102	2	102				
荣昌县	5	580	5	580	1	15	1	57
璧山县								
梁平县	1	39	1	39				
城口县	2	8	2	8	1	3		
丰都县	1	73	1	73				
垫江县	11	1254	11	1254	1	4	2	81
武隆县	4	453	4	453				
忠　县	1	10	1	10				
开　县	3	160	3	160				
云阳县	2	38	2	38			1	20
奉节县	7	134	7	134	3	60	1	4
巫山县	4	568	4	568			1	12
巫溪县	3	120	3	120	1	5		
石柱县	4	142	4	142	2	7	1	108
秀山县	3	996	3	996	1	207		
酉阳县	2	13	2	13				
彭水县	3	105	3	105			1	12
江津市	22	1143	22	1143	19	1050		
合川市	11	359	11	359	5	64	1	6
永川市	8	1407	8	1407	1	152		
南川市	5	468	5	468	1	160	1	60

国有相对控股企业法人单位数及从业人数

单位：个、人

国有与集体联营		其他联营		其他有限责任公司	
单位数	从业人数	单位数	从业人数	单位数	从业人数
11	**793**	**3**	**55**	**170**	**33262**
				8	5481
1	19			8	689
				30	9594
				3	1301
				21	2967
1	40			7	2839
4	584	1	11	26	2878
1	15			8	410
				4	184
				1	48
				1	120
				3	278
				10	661
				3	454
				6	1010
				1	270
				1	36
1	9			2	499
				1	39
				2	406
				3	378
				1	10
1	40			1	64
				1	18
				2	36
				2	513
1	75	1	40		
				1	27
				1	745
				2	13
1	11			1	82
				2	83
		1	4	2	252
				4	833
				1	44

1-2-40 续表 1

指标名称	股份有限公司		其他内资		港澳台商投资		与港澳台商合资经营	
	单位数	从业人数	单位数	从业人数	单位数	从业人数	单位数	从业人数
合 计	**133**	**27636**	**3**	**94**	**6**	**838**	**5**	**794**
万州区	4	3539			1	18	1	18
涪陵区	4	2172						
渝中区	46	11310			1	14	1	14
大渡口区	2	49						
江北区	5	3825			1	293	1	293
沙坪坝区	3	157			1	342	1	342
九龙坡区	18	2490						
南岸区	8	377						
北碚区	2	41	1	18				
万盛区	3	37						
双桥区	1	27						
渝北区	6	654			1	127	1	127
巴南区	3	901						
黔江区	2	45						
长寿区	3	43						
綦江县	1	152			1	44		
潼南县	1	50						
铜梁县	1	15						
大足县	1	66						
荣昌县								
璧山县								
梁平县								
城口县	1	5						
丰都县	1	73						
垫江县	4	687	2	76				
武隆县	1	75						
忠 县								
开 县	1	56						
云阳县								
奉节县	1	34						
巫山县	1	43						
巫溪县								
石柱县								
秀山县	1	44						
酉阳县								
彭水县								
江津市	1	10						
合川市	2	33						
永川市	3	422						
南川市	2	204						

单位：个、人

与港澳台商合作经营		外商投资		中外合资经营	
单位数	从业人数	单位数	从业人数	单位数	从业人数
1	**44**	**19**	**11792**	**19**	**11792**
		1	13	1	13
		1	14	1	14
		2	51	2	51
		1	1468	1	1468
		3	743	3	743
		5	4798	5	4798
		1	437	1	437
		3	3706	3	3706
		2	562	2	562
1	44				

1-2-41 按行业、登记注册类型分组的

指标名称	总计	内资					
			集体	股份合作	国有与集体联营	其他联营	其他有限责任公司
合 计	**88372693**	**80254635**	**518547**	**6979118**	**23839**	**9416**	**12147307**
采矿业	**677181**	**677181**	**8094**			**2000**	
煤炭开采和洗选业	8689	8689	6689			2000	
非金属矿采选业	668492	668492	1405				
制造业	**12676903**	**5485245**	**196198**	**27897**	**9375**		**3408708**
农副食品加工业	139865	139865	577	350			116747
食品制造业	823	823	823				
饮料制造业	81803	81803					80705
纺织业	565380	565380	928				564452
纺织服装、鞋、帽制造业	9398	9398		9398			
造纸及纸制品业	31808	31808			2850		28958
印刷业和记录媒介的复制	11863	11863	2321				9542
化学原料及化学制品制造业	1333889	1019312	19522				490989
医药制造业	1423887	1418005		7558			549093
橡胶制品业	132458	132458					132458
塑料制品业	8792	8792					8792
非金属矿物制品业	51360	35455	33667				1788
黑色金属冶炼及压延加工业	1000	1000					
有色金属冶炼及压延加工业	193041	142739					142739
金属制品业	94124	94124	7680				86124
通用设备制造业	1258158	50183	4512		5063		40608
专用设备制造业	36753	35779	1320		855		33604
交通运输设备制造业	5179632	533859	32358	3211	607		490440
电气机械及器材制造业	1381895	517520	68014	7380			293282
通信设备、计算机及其他电子设备制造业	300558	214663	21025				193638
仪器仪表及文化、办公用机械制造业	431296	431296	3451				135629
废弃资源和废旧材料回收加工业	9120	9120					9120
电力、燃气及水的生产和供应业	**2465988**	**2465988**	**8565**	**3454**	**5323**		**186612**
电力、热力的生产和供应业	2289808	2289808	264	2146			110944
燃气生产和供应业	54065	54065					54065
水的生产和供应业	122115	122115	8301	1308	5323		21603
建筑业	**417351**	**400640**	**233582**		**8658**		**128977**
房屋和土木工程建筑业	248718	232007	132436		8658		90913
建筑安装业	122078	122078	89057				33021
建筑装饰业	41512	41512	12089				
其他建筑业	5043	5043					5043
交通运输、仓储和邮政业	**1943402**	**1431882**	**626**	**56385**			**158382**
道路运输业	188929	160151		49799			90802
城市公共交通业	156837	15589					
水上运输业	1246530	1246530					65180
装卸搬运和其他运输服务业	3026	3026	626				2400
仓储业	348080	6586		6586			

国有相对控股企业资产总额

单位：千元

股份有限公司	其他内资	港澳台商投资	与港澳台商合资经营	与港澳台商合作经营	外商投资	中外合资经营
60565527	**10881**	**313833**	**263531**	**50302**	**7804225**	**7804225**
667087						
667087						
1841467	**1600**	**210276**	**159974**	**50302**	**6981382**	**6981382**
20591	1600					
1098						
508801					314577	314577
861354					5882	5882
					15905	15905
1000						
		50302		50302		
320						
					1207975	1207975
		974	974			
7243		73105	73105		4572668	4572668
148844					864375	864375
		85895	85895			
292216						
2262034						
2176454						
85580						
29423					**16711**	**16711**
					16711	16711
29423						
1216489					**511520**	**511520**
19550					28778	28778
15589					141248	141248
1181350						
					341494	341494

1-2-41 续表 1

指标名称	总计	内资					
			集体	股份合作	国有与集体联营	其他联营	其他有限责任公司
信息传输、计算机服务和软件业	**131662**	**128884**					**114996**
电信和其他信息传输服务业	2778						
计算机服务业	128884	128884					114996
批发和零售业	**4485009**	**4431336**	**31359**	**10312**	**453**	**7416**	**1694851**
批发业	2251849	2198176	17958	7126		7416	1165382
零售业	2233160	2233160	13401	3186	453		529469
住宿和餐饮业	**256365**	**174501**	**1995**				**14467**
住宿业	176385	94521	1676				14467
餐饮业	79980	79980	319				
金融业	**61628872**	**61628872**		**6845304**			**5371042**
银行业	47326633	47326633		6845304			
证券业	2700229	2700229					2670086
保险业	8901054	8901054					
其他金融活动	2700956	2700956					2700956
房地产业	**3492085**	**3232231**	**29465**	**25000**			**957933**
房地产业	3492085	3232231	29465	25000			957933
租赁和商务服务业	**61401**	**61401**	**82**	**417**			**38106**
租赁业	4867	4867					
商务服务业	56534	56534	82	417			38106
科学研究、技术服务和地质勘查业	**36038**	**36038**	**1057**	**500**			**15512**
研究与试验发展	17021	17021					240
专业技术服务业	19017	19017	1057	500			15272
水利、环境和公共设施管理业	**66875**	**66875**					**43515**
环境管理业	40488	40488					40488
公共设施管理业	26387	26387					3027
居民服务和其他服务业	**7639**	**7639**	**7089**		**30**		
居民服务业	3545	3545	3025				
其他服务业	4094	4094	4064		30		
教育	**652**	**652**					
教育	652	652					
卫生、社会保障和社会福利业	**435**	**435**	**435**				
社会福利业	435	435	435				
文化、体育和娱乐业	**24835**	**24835**		**9849**			**14206**
新闻出版业	14206	14206					14206
广播、电视、电影和音像业	9849	9849		9849			
文化艺术业	780	780					

单位：千元

股份有限公司	其他内资	港澳台商投资	与港澳台商合资经营	与港澳台商合作经营	外商投资	中外合资经营
13888					**2778**	**2778**
					2778	2778
13888						
2677664	**9281**				**53673**	**53673**
1000294					53673	53673
1677370	9281					
158039		**81864**	**81864**			
78378		81864	81864			
79661						
49412526						
40481329						
30143						
8901054						
2219833		**21693**	**21693**		**238161**	**238161**
2219833		21693	21693		238161	238161
22796						
4867						
17929						
18969						
16781						
2188						
23360						
23360						
520						
520						
652						
652						
780						
780						

1-2-42 按地区、学历分组的国有相对控股企业法人单位从业人数

单位：个、人

指标名称	单位数	从业人数					
			研究生及以上	大学本科	大专	高中	初中及以下
合　计	**468**	**82943**	**656**	**6442**	**12585**	**40115**	**23145**
万州区	15	9052	19	357	1117	5610	1949
涪陵区	19	3022	3	49	230	805	1935
渝中区	89	21468	341	1987	4207	11441	3492
大渡口区	15	3960	14	163	486	1453	1844
江北区	34	7258	54	810	1090	2735	2569
沙坪坝区	21	5605	34	539	856	2514	1662
九龙坡区	61	7413	68	912	1306	2946	2181
南岸区	23	5665	20	252	666	2792	1935
北碚区	17	880	8	56	110	355	351
万盛区	7	145		6	14	61	64
双桥区	2	147	1	5	27	77	37
渝北区	17	4940	77	884	1024	2653	302
巴南区	19	2148	3	139	277	1363	366
黔江区	5	499	2	28	72	162	235
长寿区	11	1357	1	56	271	433	596
綦江县	6	877		10	33	744	90
潼南县	1	50			5	34	11
铜梁县	2	285		4	11	85	185
大足县	2	102		2	14	52	34
荣昌县	5	580	4	36	60	347	133
璧山县							
梁平县	1	39				16	23
城口县	2	8			2	5	1
丰都县	1	73	1	12	36	24	
垫江县	11	1254		20	97	613	524
武隆县	4	453		4	78	173	198
忠　县	1	10			3	4	3
开　县	3	160			14	81	65
云阳县	2	38			1	36	1
奉节县	7	134		5	13	89	27
巫山县	4	568	1	3	30	64	470
巫溪县	3	120			4	19	97
石柱县	4	142			4	92	46
秀山县	3	996		5	43	477	471
酉阳县	2	13				13	
彭水县	3	105			15	41	49
江津市	22	1143		6	25	569	543
合川市	11	359		14	63	169	113
永川市	8	1407	5	68	234	769	331
南川市	5	468		10	47	199	212

1-2-43 按行业、学历分组的国有相对控股企业法人单位从业人数

单位：个、人

指标名称	单位数	从业人数					
			研究生及以上	大学本科	大专	高中	初中及以下
合　计	**468**	**82943**	**656**	**6442**	**12585**	**40115**	**23145**
采矿业	**6**	**1588**	**15**	**78**	**410**	**866**	**219**
煤炭开采和洗选业	3	212			5	18	189
非金属矿采选业	3	1376	15	78	405	848	30
制造业	**118**	**37331**	**162**	**2592**	**4202**	**19007**	**11368**
农副食品加工业	6	932	2	58	83	164	625
食品制造业	3	19			2	6	11
饮料制造业	2	409		7	16	95	291
纺织业	3	4767		122	306	3538	801
纺织服装、鞋、帽制造业	1	108			2	76	30
造纸及纸制品业	2	138		12	26	66	34
印刷业和记录媒介的复制	4	174	1	4	16	70	83
化学原料及化学制品制造业	14	3819	11	253	548	1773	1234
医药制造业	8	4390	11	342	496	1699	1842
橡胶制品业	2	665		12	68	266	319
塑料制品业	1	37	2	8	25	2	
非金属矿物制品业	6	1571	1	12	65	868	625
黑色金属冶炼及压延加工业	1	65		3	6	10	46
有色金属冶炼及压延加工业	2	789		9	39	310	431
金属制品业	5	514	2	18	40	337	117
通用设备制造业	13	3628	8	231	500	1979	910
专用设备制造业	4	274	2	10	28	148	86
交通运输设备制造业	22	9101	59	986	1096	4729	2231
电气机械及器材制造业	10	3388	10	222	427	1960	769
通信设备、计算机及其他电子设备制造业	3	798	26	137	139	205	291
仪器仪表及文化、办公用机械制造业	5	1333	26	138	254	580	335
废弃资源和废旧材料回收加工业	1	412	1	8	20	126	257
电力、燃气及水的生产和供应业	**25**	**3544**	**12**	**152**	**548**	**1588**	**1244**
电力、热力的生产和供应业	11	3079	12	143	480	1387	1057
燃气生产和供应业	1	108		6	19	75	8
水的生产和供应业	13	357		3	49	126	179
建筑业	**25**	**4988**	**23**	**305**	**721**	**1584**	**2355**
房屋和土木工程建筑业	14	3761	13	121	413	1198	2016
建筑安装业	8	954		154	278	324	198
建筑装饰业	2	163	9	15	27	62	50
其他建筑业	1	110	1	15	3		91
交通运输、仓储和邮政业	**23**	**8886**	**21**	**106**	**598**	**3711**	**4450**
道路运输业	10	1081		14	95	433	539
城市公共交通业	2	3281		15	139	1457	1670
水上运输业	5	2974	1	15	121	759	2078
装卸搬运和其他运输服务业	4	248			30	72	146
仓储业	2	1302	20	62	213	990	17

1-2-43 续表 1　　　　单位：个、人

指标名称	单位数	从业人数					
			研究生及以上	大学本科	大专	高中	初中及以下
信息传输、计算机服务和软件业	**5**	**481**	**13**	**157**	**71**	**108**	**132**
电信和其他信息传输服务业	1	17	3	14			
计算机服务业	4	464	10	143	71	108	132
批发和零售业	**112**	**10081**	**47**	**711**	**2492**	**5519**	**1312**
批发业	68	3101	27	400	791	1505	378
零售业	44	6980	20	311	1701	4014	934
住宿和餐饮业	**13**	**1328**	**24**	**242**	**273**	**538**	**251**
住宿业	9	794	1	26	113	490	164
餐饮业	4	534	23	216	160	48	87
金融业	**65**	**7833**	**282**	**1439**	**1989**	**3965**	**158**
银行业	49	2088	50	678	882	387	91
证券业	3	833	193	341	209	75	15
保险业	12	4778	12	355	877	3488	46
其他金融活动	1	134	27	65	21	15	6
房地产业	**31**	**1823**	**14**	**216**	**428**	**999**	**166**
房地产业	31	1823	14	216	428	999	166
租赁和商务服务业	**17**	**4048**	**17**	**90**	**534**	**2015**	**1392**
租赁业	1	30	1		2	20	7
商务服务业	16	4018	16	90	532	1995	1385
科学研究、技术服务和地质勘查业	**11**	**428**	**23**	**115**	**201**	**81**	**8**
研究与试验发展	3	42	8	18	9	7	
专业技术服务业	8	386	15	97	192	74	8
水利、环境和公共设施管理业	**3**	**267**	**1**	**151**	**64**	**28**	**23**
环境管理业	1	40		18	9	9	4
公共设施管理业	2	227	1	133	55	19	19
居民服务和其他服务业	**8**	**122**		**17**	**11**	**51**	**43**
居民服务业	4	30				12	18
其他服务业	4	92		17	11	39	25
教育	**1**	**34**			**2**	**22**	**10**
教育	1	34			2	22	10
卫生、社会保障和社会福利业	**1**	**3**			**1**	**2**	
社会福利业	1	3			1	2	
文化、体育和娱乐业	**4**	**158**	**2**	**71**	**40**	**31**	**14**
新闻出版业	1	133	2	67	35	26	3
广播、电视、电影和音像业	1	9		1	1	1	6
文化艺术业	1	15		2	4	4	5
体育	1	1		1			

1-2-44 按登记注册类型、学历分组的国有相对控股企业法人单位从业人数

单位：个、人

指标名称	单位数	从业人数	研究生及以上	大学本科	大专	高中	初中及以下
合　计	**468**	**82943**	**656**	**6442**	**12585**	**40115**	**23145**
内资	**443**	**70313**	**562**	**5180**	**10843**	**33480**	**20248**
国有							
集体	98	6400	15	285	741	2685	2674
股份合作	25	2073	5	196	374	1197	301
联营	14	848		4	30	358	456
国有联营							
集体联营							
国有与集体联营	11	793		2	29	347	415
其他联营	3	55		2	1	11	41
有限责任公司	170	33262	352	2354	4324	15482	10750
国有独资公司							
其他有限责任公司	170	33262	352	2354	4324	15482	10750
股份有限公司	133	27636	190	2338	5372	13725	6011
私营							
私营独资							
私营合伙							
私营有限责任公司							
私营股份有限公司							
其他	3	94		3	2	33	56
港、澳、台商投资	**6**	**838**	**3**	**57**	**123**	**368**	**287**
合资经营(港或澳、台资)	5	794	3	50	112	345	284
合作经营(港或澳、台资)	1	44		7	11	23	3
港、澳、台商独资经营							
港、澳、台商投资股份有限公司							
外商投资	**19**	**11792**	**91**	**1205**	**1619**	**6267**	**2610**
中外合资经营	19	11792	91	1205	1619	6267	2610
中外合作经营							
外资							
外商投资股份有限公司							

1-2-45 按地区、专业技术职称分组的国有相对控股企业法人单位从业人数

单位：个、人

指标名称	单位数	从业人数	# 高级技术职称	# 中级技术职称	# 初级技术职称
合　计	**468**	**82943**	**1160**	**4468**	**6776**
万州区	15	9052	87	271	650
涪陵区	19	3022	21	74	128
渝中区	89	21468	243	1129	1392
大渡口区	15	3960	31	184	377
江北区	34	7258	235	675	1012
沙坪坝区	21	5605	101	372	377
九龙坡区	61	7413	212	685	809
南岸区	23	5665	65	181	249
北碚区	17	880	18	51	58
万盛区	7	145		4	16
双桥区	2	147		2	4
渝北区	17	4940	42	210	338
巴南区	19	2148	24	150	190
黔江区	5	499	2	16	39
长寿区	11	1357	8	91	319
綦江县	6	877	8	2	20
潼南县	1	50		5	12
铜梁县	2	285	3	4	8
大足县	2	102	1	4	
荣昌县	5	580	4	46	43
璧山县					
梁平县	1	39			4
城口县	2	8		1	2
丰都县	1	73	2	6	
垫江县	11	1254		26	137
武隆县	4	453		7	24
忠　县	1	10		4	6
开　县	3	160		13	3
云阳县	2	38		1	30
奉节县	7	134	1	10	37
巫山县	4	568	2	4	26
巫溪县	3	120		2	17
石柱县	4	142			11
秀山县	3	996		6	70
酉阳县	2	13			6
彭水县	3	105			1
江津市	22	1143		19	98
合川市	11	359	7	20	63
永川市	8	1407	41	177	140
南川市	5	468	2	16	60

1-2-46 按行业、专业技术职称分组的国有相对控股企业法人单位从业人数

单位：个、人

指标名称	单位数	从业人数			
			#高级技术职称	#中级技术职称	#初级技术职称
合　计	**468**	**82943**	**1160**	**4468**	**6776**
采矿业	**6**	**1588**	**48**	**98**	**225**
煤炭开采和洗选业	3	212	2	10	35
非金属矿采选业	3	1376	46	88	190
制造业	**118**	**37331**	**569**	**1996**	**2719**
农副食品加工业	6	932	6	18	41
食品制造业	3	19		1	2
饮料制造业	2	409		12	36
纺织业	3	4767	24	30	147
纺织服装、鞋、帽制造业	1	108			5
造纸及纸制品业	2	138	10	25	13
印刷业和记录媒介的复制	4	174		4	3
化学原料及化学制品制造业	14	3819	67	305	385
医药制造业	8	4390	81	249	438
橡胶制品业	2	665	3	45	67
塑料制品业	1	37	1		5
非金属矿物制品业	6	1571	6	30	115
黑色金属冶炼及压延加工业	1	65		2	4
有色金属冶炼及压延加工业	2	789	5	5	53
金属制品业	5	514	3	35	13
通用设备制造业	13	3628	79	207	190
专用设备制造业	4	274	4	18	12
交通运输设备制造业	22	9101	95	407	515
电气机械及器材制造业	10	3388	88	346	323
通信设备、计算机及其他电子设备制造业	3	798	48	97	92
仪器仪表及文化、办公用机械制造业	5	1333	46	150	251
废弃资源和废旧材料回收加工业	1	412	3	10	9
电力、燃气及水的生产和供应业	**25**	**3544**	**34**	**219**	**485**
电力、热力的生产和供应业	11	3079	25	195	424
燃气生产和供应业	1	108	4	10	21
水的生产和供应业	13	357	5	14	40
建筑业	**25**	**4988**	**82**	**326**	**580**
房屋和土木工程建筑业	14	3761	42	220	468
建筑安装业	8	954	28	89	112
建筑装饰业	2	163	8	6	
其他建筑业	1	110	4	11	
交通运输、仓储和邮政业	**23**	**8886**	**9**	**90**	**287**
道路运输业	10	1081		29	96
城市公共交通业	2	3281	2	26	135
水上运输业	5	2974	7	26	50
装卸搬运和其他运输服务业	4	248		6	2
仓储业	2	1302		3	4

1-2-46 续表 1 单位：个、人

指标名称	单位数	从业人数			
			# 高级技术职称	# 中级技术职称	# 初级技术职称
信息传输、计算机服务和软件业	**5**	**481**	**18**	**37**	**22**
电信和其他信息传输服务业	1	17	1	4	
计算机服务业	4	464	17	33	22
批发和零售业	**112**	**10081**	**102**	**428**	**1035**
批发业	68	3101	67	236	677
零售业	44	6980	35	192	358
住宿和餐饮业	**13**	**1328**	**24**	**135**	**73**
住宿业	9	794	1	28	18
餐饮业	4	534	23	107	55
金融业	**65**	**7833**	**69**	**634**	**815**
银行业	49	2088	21	335	535
证券业	3	833	12	117	75
保险业	12	4778	17	132	181
其他金融活动	1	134	19	50	24
房地产业	**31**	**1823**	**77**	**232**	**191**
房地产业	31	1823	77	232	191
租赁和商务服务业	**17**	**4048**	**6**	**20**	**22**
租赁业	1	30		1	3
商务服务业	16	4018	6	19	19
科学研究、技术服务和地质勘查业	**11**	**428**	**67**	**116**	**191**
研究与试验发展	3	42	10	13	9
专业技术服务业	8	386	57	103	182
水利、环境和公共设施管理业	**3**	**267**	**44**	**111**	**72**
环境管理业	1	40	8	9	17
公共设施管理业	2	227	36	102	55
居民服务和其他服务业	**8**	**122**	**4**	**2**	**3**
居民服务业	4	30			
其他服务业	4	92	4	2	3
教育	**1**	**34**	**1**	**4**	**5**
教育	1	34	1	4	5
卫生、社会保障和社会福利业	**1**	**3**			
社会福利业	1	3			
文化、体育和娱乐业	**4**	**158**	**6**	**20**	**51**
新闻出版业	1	133	6	17	48
广播、电视、电影和音像业	1	9		3	3
文化艺术业	1	15			
体育	1	1			

1-2-47 按登记注册类型、专业技术职称分组的国有相对控股企业法人单位从业人数

单位：个、人

指标名称	单位数	从业人数	#高级技术职称	#中级技术职称	#初级技术职称
合 计	**468**	**82943**	**1160**	**4468**	**6776**
内资	**443**	**70313**	**994**	**3908**	**6150**
国有					
集体	98	6400	55	327	562
股份合作	25	2073	13	111	366
联营	14	848	7	40	94
国有联营					
集体联营					
国有与集体联营	11	793	7	40	83
其他联营	3	55			11
有限责任公司	170	33262	545	1850	2798
国有独资公司					
其他有限责任公司	170	33262	545	1850	2798
股份有限公司	133	27636	374	1574	2329
私营					
私营独资					
私营合伙					
私营有限责任公司					
私营股份有限公司					
其他	3	94		6	1
港、澳、台商投资	**6**	**838**	**18**	**53**	**48**
合资经营(港或澳、台资)	5	794	13	53	48
合作经营(港或澳、台资)	1	44	5		
港、澳、台商独资经营					
港、澳、台商投资股份有限公司					
外商投资	**19**	**11792**	**148**	**507**	**578**
中外合资经营	19	11792	148	507	578
中外合作经营					
外资					
外商投资股份有限公司					

1-2-48 按地区、技术等级分组的国有相对控股企业法人单位从业人数

单位：个、人

指标名称	单位数	从业人数	#高级技师	#技师	#高级工	#中级工
合　计	**468**	**82943**	**130**	**776**	**2625**	**7971**
万州区	15	9052	10	186	152	428
涪陵区	19	3022	4	11	14	25
渝中区	89	21468	43	87	643	3675
大渡口区	15	3960	1	20	23	72
江北区	34	7258	11	102	506	468
沙坪坝区	21	5605	11	91	420	1129
九龙坡区	61	7413	25	135	493	923
南岸区	23	5665	1	4	37	153
北碚区	17	880	6	19	34	60
万盛区	7	145				1
双桥区	2	147	1		1	
渝北区	17	4940		7	3	20
巴南区	19	2148	1	32	28	120
黔江区	5	499		1	11	2
长寿区	11	1357	1	2	5	2
綦江县	6	877				
潼南县	1	50				
铜梁县	2	285	3	4	10	7
大足县	2	102			1	
荣昌县	5	580	1	30	45	80
璧山县						
梁平县	1	39				
城口县	2	8		3		
丰都县	1	73	1		6	
垫江县	11	1254				34
武隆县	4	453		1	39	50
忠　县	1	10				
开　县	3	160			2	10
云阳县	2	38		1		2
奉节县	7	134		4	7	26
巫山县	4	568			61	417
巫溪县	3	120			5	2
石柱县	4	142				8
秀山县	3	996				
酉阳县	2	13				
彭水县	3	105				1
江津市	22	1143				1
合川市	11	359		2	3	3
永川市	8	1407	10	32	76	250
南川市	5	468		2		2

1-2-49 按行业、技术等级分组的国有相对控股企业法人单位从业人数

单位：个、人

指标名称	单位数	从业人数	#高级技师	#技师	#高级工	#中级工
合　计	**468**	**82943**	**130**	**776**	**2625**	**7971**
采矿业	**6**	**1588**	**1**	**12**	**135**	**403**
煤炭开采和洗选业	3	212		2		3
非金属矿采选业	3	1376	1	10	135	400
制造业	**118**	**37331**	**74**	**527**	**1762**	**3449**
农副食品加工业	6	932	3	12	15	21
食品制造业	3	19		3		
饮料制造业	2	409				27
纺织业	3	4767	4	56		
纺织服装、鞋、帽制造业	1	108				
造纸及纸制品业	2	138			4	11
印刷业和记录媒介的复制	4	174				2
化学原料及化学制品制造业	14	3819	9	91	82	154
医药制造业	8	4390	8	53	258	325
橡胶制品业	2	665	3	4	173	308
塑料制品业	1	37		1		
非金属矿物制品业	6	1571	7	18	28	44
黑色金属冶炼及压延加工业	1	65			11	23
有色金属冶炼及压延加工业	2	789				
金属制品业	5	514		30	45	81
通用设备制造业	13	3628	6	33	229	1004
专用设备制造业	4	274		19	19	10
交通运输设备制造业	22	9101	11	89	371	446
电气机械及器材制造业	10	3388	13	55	287	885
通信设备、计算机及其他电子设备制造业	3	798	1	15	25	10
仪器仪表及文化、办公用机械制造业	5	1333	9	47	215	98
废弃资源和废旧材料回收加工业	1	412		1		
电力、燃气及水的生产和供应业	**25**	**3544**	**5**	**123**	**158**	**247**
电力、热力的生产和供应业	11	3079	4	117	151	214
燃气生产和供应业	1	108		2	3	
水的生产和供应业	13	357	1	4	4	33
建筑业	**25**	**4988**	**19**	**37**	**161**	**189**
房屋和土木工程建筑业	14	3761	7	23	53	89
建筑安装业	8	954	2	12	96	97
建筑装饰业	2	163	4	2	7	
其他建筑业	1	110	6		5	3
交通运输、仓储和邮政业	**23**	**8886**		**7**	**74**	**427**
道路运输业	10	1081		3	12	5
城市公共交通业	2	3281		1	2	9
水上运输业	5	2974		3	60	413
装卸搬运和其他运输服务业	4	248				
仓储业	2	1302				

1-2-49 续表 1 单位：个、人

指标名称	单位数	从业人数	#高级技师	#技师	#高级工	#中级工
信息传输、计算机服务和软件业	**5**	**481**		**4**	**18**	**7**
电信和其他信息传输服务业	1	17				
计算机服务业	4	464		4	18	7
批发和零售业	**112**	**10081**	**14**	**20**	**52**	**99**
批发业	68	3101	2	8	5	25
零售业	44	6980	12	12	47	74
住宿和餐饮业	**13**	**1328**	**1**		**12**	**20**
住宿业	9	794	1		12	20
餐饮业	4	534				
金融业	**65**	**7833**	**4**	**25**	**190**	**2883**
银行业	49	2088			1	2
证券业	3	833				
保险业	12	4778		24	189	2881
其他金融活动	1	134	4	1		
房地产业	**31**	**1823**	**2**	**6**	**39**	**17**
房地产业	31	1823	2	6	39	17
租赁和商务服务业	**17**	**4048**	**1**		**6**	**197**
租赁业	1	30				1
商务服务业	16	4018	1		6	196
科学研究、技术服务和地质勘查业	**11**	**428**	**6**	**10**	**6**	**3**
研究与试验发展	3	42		1		
专业技术服务业	8	386	6	9	6	3
水利、环境和公共设施管理业	**3**	**267**				
环境管理业	1	40				
公共设施管理业	2	227				
居民服务和其他服务业	**8**	**122**	**3**	**2**	**12**	**30**
居民服务业	4	30				
其他服务业	4	92	3	2	12	30
教育	**1**	**34**				
教育	1	34				
卫生、社会保障和社会福利业	**1**	**3**				
社会福利业	1	3				
文化、体育和娱乐业	**4**	**158**		**3**		
新闻出版业	1	133				
广播、电视、电影和音像业	1	9		3		
文化艺术业	1	15				
体育	1	1				

1-2-50 按登记注册类型、技术等级分组的国有相对控股企业法人单位从业人数

单位：个、人

指标名称	单位数	从业人数	#高级技师	#技师	#高级工	#中级工
合　计	**468**	**82943**	**130**	**776**	**2625**	**7971**
内资	**443**	**70313**	**115**	**734**	**2284**	**6730**
国有						
集体	98	6400	12	39	266	354
股份合作	25	2073	2	9	15	35
联营	14	848			5	5
国有联营						
集体联营						
国有与集体联营	11	793			5	4
其他联营	3	55				1
有限责任公司	170	33262	67	370	1206	2464
国有独资公司						
其他有限责任公司	170	33262	67	370	1206	2464
股份有限公司	133	27636	34	316	792	3865
私营						
私营独资						
私营合伙						
私营有限责任公司						
私营股份有限公司						
其他	3	94				7
港、澳、台商投资	**6**	**838**	**1**	**1**	**6**	**8**
合资经营(港或澳、台资)	5	794	1	1	6	8
合作经营(港或澳、台资)	1	44				
港、澳、台商独资经营						
港、澳、台商投资股份有限公司						
外商投资	**19**	**11792**	**14**	**41**	**335**	**1233**
中外合资经营	19	11792	14	41	335	1233
中外合作经营						
外资						
外商投资股份有限公司						

第3篇

事业、机关、社团、民办非企业篇

1-3-1 按行业分组的事业法人单位数及从业人数

单位：个、人

指标名称	单位数	单产业法人	多产业法人	从业人数	# 女性
合 计	**14554**	**11428**	**3126**	**518542**	**217658**
农、林、牧、渔业	**24**		**24**	**440**	**94**
林业	2		2	160	40
农、林、牧、渔服务业	22		22	280	54
交通运输、仓储和邮政业	**61**	**43**	**18**	**5965**	**1680**
道路运输业	53	35	18	5757	1617
水上运输业	5	5		103	24
仓储业	3	3		105	39
信息传输、计算机服务和软件业	**36**	**29**	**7**	**2191**	**655**
电信和其他信息传输服务业	29	22	7	2153	641
计算机服务业	5	5		18	5
软件业	2	2		20	9
住宿和餐饮业	**4**	**4**		**56**	**36**
住宿业	3	3		41	24
餐饮业	1	1		15	12
金融业	**12**	**10**	**2**	**411**	**141**
银行业	8	6	2	329	113
证券业	1	1		29	6
保险业	1	1		38	15
其他金融活动	2	2		15	7
房地产业	**12**	**11**	**1**	**292**	**135**
房地产业	12	11	1	292	135
租赁和商务服务业	**387**	**369**	**18**	**4924**	**1837**
商务服务业	387	369	18	4924	1837
科学研究、技术服务和地质勘查业	**1451**	**1265**	**186**	**25712**	**7533**
研究与试验发展	71	60	11	5832	1946
专业技术服务业	394	382	12	6919	2058
科技交流和推广服务业	967	809	158	10131	2934
地质勘查业	19	14	5	2830	595
水利、环境和公共设施管理业	**593**	**516**	**77**	**21558**	**8531**
水利管理业	296	244	52	4283	1187
环境管理业	128	115	13	10372	4640
公共设施管理业	169	157	12	6903	2704
居民服务和其他服务业	**69**	**64**	**5**	**1150**	**429**
居民服务业	54	49	5	940	348
其他服务业	15	15		210	81
教育	**4757**	**2916**	**1841**	**299013**	**128121**
教育	4757	2916	1841	299013	128121
卫生、社会保障和社会福利业	**2583**	**1878**	**705**	**89519**	**46680**
卫生	2281	1583	698	86248	45195
社会保障业	126	122	4	1211	542
社会福利业	176	173	3	2060	943
文化、体育和娱乐业	**491**	**436**	**55**	**14697**	**6247**
新闻出版业	49	40	9	6675	2841
广播、电视、电影和音像业	143	132	11	2643	917
文化艺术业	271	239	32	4951	2332
体育	28	25	3	428	157
公共管理和社会组织	**4074**	**3887**	**187**	**52614**	**15539**
中国共产党机关	20	20		130	35
国家机构	4054	3867	187	52484	15504

1-3-2 按地区分组的事业法人单位数及从业人数

单位：个、人

指标名称	单位数	单产业法人	多产业法人	从业人数	#女性
合　计	**14554**	**11428**	**3126**	**518542**	**217658**
万州区	988	868	120	28901	11212
涪陵区	764	680	84	23441	10023
渝中区	456	326	130	39928	18191
大渡口区	131	123	8	3884	2391
江北区	282	250	32	12485	6431
沙坪坝区	385	327	58	26433	12391
九龙坡区	239	190	49	17077	8356
南岸区	253	230	23	19648	9243
北碚区	307	290	17	16363	7471
万盛区	198	171	27	4542	2049
双桥区	85	85		879	479
渝北区	418	334	84	17135	7425
巴南区	447	373	74	12980	6161
黔江区	194	181	13	7627	2922
长寿区	385	378	7	11534	5193
綦江县	386	298	88	13417	5414
潼南县	270	179	91	10903	3967
铜梁县	414	297	117	11659	4768
大足县	451	351	100	12977	5228
荣昌县	419	340	79	10971	5148
璧山县	364	285	79	9624	4466
梁平县	407	280	127	12037	4613
城口县	222	175	47	3870	1482
丰都县	481	351	130	10012	3590
垫江县	306	250	56	11477	4148
武隆县	282	183	99	6385	2348
忠　县	554	386	168	14314	4843
开　县	547	356	191	18104	6328
云阳县	360	241	119	12796	4556
奉节县	251	246	5	11002	4440
巫山县	254	181	73	6990	2493
巫溪县	456	352	104	7751	2923
石柱县	181	120	61	7651	3033
秀山县	123	76	47	7425	2765
酉阳县	246	205	41	9070	3029
彭水县	322	275	47	8210	2769
江津市	390	255	135	15844	7597
合川市	565	404	161	16770	6479
永川市	469	311	158	17101	7485
南川市	302	225	77	9325	3808

1-3-3 按地区、行业分组的事业法人单位数及从业人数

单位：个、人

指标名称	总计		林业		农、林、牧、渔服务业	
	单位数	从业人数	单位数	从业人数	单位数	从业人数
合　计	**14554**	**518542**	**2**	**160**	**22**	**280**
万州区	988	28901				
涪陵区	764	23441			1	18
渝中区	456	39928				
大渡口区	131	3884				
江北区	282	12485				
沙坪坝区	385	26433				
九龙坡区	239	17077				
南岸区	253	19648				
北碚区	307	16363				
万盛区	198	4542				
双桥区	85	879				
渝北区	418	17135				
巴南区	447	12980			6	103
黔江区	194	7627				
长寿区	385	11534				
綦江县	386	13417				
潼南县	270	10903				
铜梁县	414	11659				
大足县	451	12977				
荣昌县	419	10971			2	50
璧山县	364	9624				
梁平县	407	12037				
城口县	222	3870				
丰都县	481	10012	1	74		
垫江县	306	11477				
武隆县	282	6385				
忠　县	554	14314				
开　县	547	18104			13	109
云阳县	360	12796				
奉节县	251	11002				
巫山县	254	6990				
巫溪县	456	7751				
石柱县	181	7651				
秀山县	123	7425				
酉阳县	246	9070				
彭水县	322	8210	1	86		
江津市	390	15844				
合川市	565	16770				
永川市	469	17101				
南川市	302	9325				

1-3-3 续表 1 单位：个、人

指标名称	道路运输业		水上运输业		仓储业	
	单位数	从业人数	单位数	从业人数	单位数	从业人数
合　计	**53**	**5757**	**5**	**103**	**3**	**105**
万州区	1	160			1	1
涪陵区						
渝中区						
大渡口区						
江北区	2	37				
沙坪坝区	3	251				
九龙坡区						
南岸区	2	272			1	97
北碚区	2	242				
万盛区	4	143				
双桥区	2	29				
渝北区	1	132				
巴南区	2	218				
黔江区						
长寿区	1	12				
綦江县						
潼南县						
铜梁县	1	144				
大足县	1	199				
荣昌县	4	294			1	7
璧山县	1	32				
梁平县	1	29				
城口县	2	77				
丰都县	3	247	1	15		
垫江县						
武隆县	1	32				
忠　县						
开　县	3	418				
云阳县	2	657				
奉节县	2	327				
巫山县	1	190				
巫溪县	1	184				
石柱县	2	384				
秀山县	3	382				
酉阳县	1	229				
彭水县	3	76	3	80		
江津市						
合川市						
永川市						
南川市	1	360	1	8		

1-3-3 续表 2

单位：个、人

指标名称	电信和其他信息传输服务业		计算机服务业		软件业	
	单位数	从业人数	单位数	从业人数	单位数	从业人数
合　计	**29**	**2153**	**5**	**18**	**2**	**20**
万州区	3	180				
涪陵区	2	64				
渝中区						
大渡口区						
江北区	2	16			1	3
沙坪坝区	3	27			1	17
九龙坡区	3	1265				
南岸区	2	24				
北碚区						
万盛区						
双桥区						
渝北区						
巴南区	1	81				
黔江区						
长寿区						
綦江县	1	25				
潼南县	1	150				
铜梁县						
大足县	1	4	1	8		
荣昌县	1	10				
璧山县						
梁平县	1	2				
城口县			1	2		
丰都县						
垫江县	2	11				
武隆县						
忠　县	1	5				
开　县	1	223				
云阳县						
奉节县	1	12				
巫山县	1	43	1	3		
巫溪县			2	5		
石柱县						
秀山县						
酉阳县						
彭水县						
江津市						
合川市	1	8				
永川市						
南川市	1	3				

1-3-3 续表 3

单位：个、人

指标名称	住宿业		餐饮业		银行业	
	单位数	从业人数	单位数	从业人数	单位数	从业人数
合　计	**3**	**41**	**1**	**15**	**8**	**329**
万州区						
涪陵区						
渝中区					1	179
大渡口区						
江北区	1	5				
沙坪坝区						
九龙坡区						
南岸区						
北碚区						
万盛区						
双桥区						
渝北区	2	36				
巴南区						
黔江区					1	48
长寿区					1	46
綦江县						
潼南县						
铜梁县						
大足县						
荣昌县						
璧山县						
梁平县						
城口县						
丰都县						
垫江县						
武隆县						
忠　县			1	15	1	42
开　县						
云阳县						
奉节县						
巫山县						
巫溪县					1	2
石柱县						
秀山县					1	4
酉阳县						
彭水县					1	4
江津市						
合川市						
永川市						
南川市					1	4

1-3-3 续表 4

单位：个、人

指标名称	证券业		保险业		其他金融活动	
	单位数	从业人数	单位数	从业人数	单位数	从业人数
合 计	**1**	**29**	**1**	**38**	**2**	**15**
万州区						
涪陵区						
渝中区	1	29	1	38		
大渡口区						
江北区						
沙坪坝区						
九龙坡区						
南岸区						
北碚区						
万盛区						
双桥区						
渝北区						
巴南区						
黔江区						
长寿区						
綦江县					2	15
潼南县						
铜梁县						
大足县						
荣昌县						
璧山县						
梁平县						
城口县						
丰都县						
垫江县						
武隆县						
忠 县						
开 县						
云阳县						
奉节县						
巫山县						
巫溪县						
石柱县						
秀山县						
酉阳县						
彭水县						
江津市						
合川市						
永川市						
南川市						

1-3-3 续表 5

单位：个、人

指标名称	房地产业		商务服务业		研究与试验发展	
	单位数	从业人数	单位数	从业人数	单位数	从业人数
合　计	**12**	**292**	**387**	**4924**	**71**	**5832**
万州区			28	174	9	266
涪陵区	3	53	23	319	3	129
渝中区			72	1164	4	101
大渡口区			2	6		
江北区			21	408	4	256
沙坪坝区			16	283	3	112
九龙坡区	2	34	4	74	2	656
南岸区			17	308	4	2944
北碚区			7	822	1	319
万盛区			6	27		
双桥区			2	2		
渝北区			6	107		
巴南区			5	32	1	137
黔江区			9	105	3	25
长寿区			2	5	6	55
綦江县			15	97	1	31
潼南县			4	24		
铜梁县			5	60		
大足县			12	80	1	27
荣昌县	1	8	7	43	1	255
璧山县			4	15	2	39
梁平县			9	39		
城口县			3	7		
丰都县			8	24		
垫江县			3	17		
武隆县			3	11		
忠　县			3	14		
开　县	2	127	23	118	1	1
云阳县			1	2		
奉节县			3	23	2	14
巫山县			7	40	2	21
巫溪县	1	30	10	37	2	23
石柱县			3	35		
秀山县						
酉阳县			1	12		
彭水县			12	119		
江津市	2	32	9	55	1	88
合川市			9	74	15	163
永川市			5	75	1	13
南川市	1	8	8	67	2	157

1-3-3 续表 6 单位：个、人

指标名称	专业技术服务业		科技交流和推广服务业		地质勘查业	
	单位数	从业人数	单位数	从业人数	单位数	从业人数
合 计	**394**	**6919**	**967**	**10131**	**19**	**2830**
万州区	39	852	96	1021	3	13
涪陵区	22	520	52	427		
渝中区	24	804	5	201	4	877
大渡口区			9	69		
江北区	22	1119	5	81	1	15
沙坪坝区	16	204	35	217		
九龙坡区	4	30	7	51		
南岸区	11	232	9	105		
北碚区	7	66	18	128	1	483
万盛区	5	22	27	223		
双桥区	3	12				
渝北区	19	827	9	113	2	924
巴南区	9	102	36	443	1	113
黔江区	8	68	11	105		
长寿区	10	107	5	38	1	1
綦江县	10	79	24	352	1	5
潼南县	4	41	7	92		
铜梁县	8	92	43	663		
大足县	15	138	23	393		
荣昌县	9	67	42	602		
璧山县	11	144	40	557		
梁平县	11	78	49	662		
城口县	5	35	7	82		
丰都县	4	40	41	540		
垫江县	12	123	31	233		
武隆县	2	22	22	282	1	12
忠 县	3	31				
开 县	10	211	63	411		
云阳县	8	60	16	123	1	3
奉节县	7	78	1	1		
巫山县	12	119	8	70		
巫溪县	22	103	65	201		
石柱县	3	24			1	11
秀山县	2	22				
酉阳县	2	20	19	298		
彭水县	8	72	43	167		
江津市	4	40	5	62		
合川市	8	105	43	524		
永川市	6	149	32	473	1	367
南川市	9	61	19	121	1	6

1-3-3 续表 7 单位：个、人

指标名称	水利管理业		环境管理业		公共设施管理业	
	单位数	从业人数	单位数	从业人数	单位数	从业人数
合　计	**296**	**4283**	**128**	**10372**	**169**	**6903**
万州区	20	438	7	232	4	240
涪陵区	52	484	6	657	4	191
渝中区	2	532	12	2752	9	660
大渡口区			1	49	3	126
江北区	1	5	4	296	4	147
沙坪坝区	2	9	2	1152	9	690
九龙坡区	2	7	4	176	9	518
南岸区	1	8	2	19	6	577
北碚区	4	25	2	254	5	258
万盛区	5	33	2	42	4	56
双桥区			2	12	1	5
渝北区	10	103	14	715	7	952
巴南区	10	93	1	170	35	206
黔江区	6	62	1	141	4	60
长寿区	3	14	1	12	3	96
綦江县	1	3	5	256	4	97
潼南县	9	94	1	164	1	22
铜梁县	4	74	2	21	2	35
大足县	11	143			4	88
荣昌县	10	65			5	91
璧山县	13	83	10	174	6	69
梁平县	25	473	2	56	2	12
城口县			1	2		
丰都县	6	74	3	36	4	280
垫江县	6	128	1	275	4	66
武隆县	6	31	2	123	2	19
忠　县	4	90	1	31		
开　县	18	185	3	315	3	148
云阳县	9	220	2	187		
奉节县			1	322	4	133
巫山县			1	22	3	214
巫溪县	15	115	7	99	1	7
石柱县	2	119	4	178	1	80
秀山县	2	183	1	105		
酉阳县			1	97	2	30
彭水县	2	5	3	17		
江津市	6	44	2	286	3	494
合川市	5	69	2	354	5	118
永川市	14	124	5	310	3	56
南川市	10	148	7	263	3	62

1-3-3 续表 8

单位：个、人

指标名称	居民服务业		其他服务业		教育	
	单位数	从业人数	单位数	从业人数	单位数	从业人数
合　计	**54**	**940**	**15**	**210**	**4757**	**299013**
万州区	6	80			289	16030
涪陵区	2	34			181	12189
渝中区	3	60	5	39	118	11559
大渡口区					44	2355
江北区	3	36			110	5115
沙坪坝区	4	159	1	86	111	18173
九龙坡区	1	1	4	47	94	10333
南岸区	2	70			88	10086
北碚区	3	56			128	10415
万盛区	3	8			42	2726
双桥区					12	503
渝北区	2	43			141	7702
巴南区					128	7542
黔江区					69	4601
长寿区					67	7435
綦江县	1	20			138	8474
潼南县	2	19			120	6746
铜梁县	1	18			103	6732
大足县					130	7933
荣昌县	3	79			166	6723
璧山县	1	17			85	4791
梁平县					109	6766
城口县	3	9	4	35	53	2202
丰都县					199	5872
垫江县					113	7797
武隆县	1	19			96	3913
忠　县					119	7990
开　县	1	29			188	11785
云阳县					131	8573
奉节县	4	29			143	7857
巫山县	2	46			117	4711
巫溪县	2	10			112	5153
石柱县					88	5026
秀山县					52	5018
酉阳县					122	6072
彭水县					77	5933
江津市	1	41			219	10310
合川市	2	35	1	3	199	10008
永川市					173	10162
南川市	1	22			83	5702

1-3-3 续表 9 单位：个、人

指标名称	卫生		社会保障业		社会福利业	
	单位数	从业人数	单位数	从业人数	单位数	从业人数
合 计	**2281**	**86248**	**126**	**1211**	**176**	**2060**
万州区	140	4523	8	101	6	90
涪陵区	107	3555	3	65	8	45
渝中区	32	9492	17	182	6	78
大渡口区	10	930				
江北区	28	2784	6	124	3	154
沙坪坝区	37	2814	4	46	12	341
九龙坡区	31	2961	2	18	3	13
南岸区	29	1980	11	63	3	108
北碚区	46	2349	2	33	5	58
万盛区	15	673	6	18	4	11
双桥区	9	116	2	5	2	3
渝北区	50	1813	4	24	2	14
巴南区	50	2325	1	18	18	499
黔江区	36	1196			1	16
长寿区	58	2171	1	4	4	27
綦江县	50	2173	7	110	6	37
潼南县	68	2301	2	21	5	47
铜梁县	73	2760	3	11	3	8
大足县	56	2036	5	41	3	8
荣昌县	35	1703	4	25	2	9
璧山县	49	2150	6	26	17	36
梁平县	67	2534	1	8	5	27
城口县	41	556	3	24	2	2
丰都县	69	1402	1	9	9	66
垫江县	41	1600			1	21
武隆县	41	875	2	22		
忠 县	92	2861	2	20		
开 县	132	2767			7	34
云阳县	107	2133	2	30	14	68
奉节县	40	1493			3	8
巫山县	46	838	1	4	1	4
巫溪县	104	1121	2	23	2	2
石柱县	37	1159				
秀山县	39	1067	1	13		
酉阳县	51	1196	4	22	3	20
彭水县	87	1007	2	4	1	5
江津市	53	2885	4	47	7	70
合川市	94	3006	1	18	5	107
永川市	61	3338	1	2	2	18
南川市	70	1605	5	30	1	6

1-3-3 续表 10

单位：个、人

指标名称	新闻出版业		广播、电视、电影和音像业		文化艺术业	
	单位数	从业人数	单位数	从业人数	单位数	从业人数
合　计	**49**	**6675**	**143**	**2643**	**271**	**4951**
万州区	1	72	6	190	31	523
涪陵区	1	172	1	110	10	202
渝中区	23	3585	15	535	31	1669
大渡口区			2	12	3	21
江北区	3	116	1	19	2	14
沙坪坝区			7	99	8	478
九龙坡区	1	20	5	29	2	12
南岸区	3	1758	7	79	6	68
北碚区					4	109
万盛区	1	6	1	14	3	34
双桥区			2	12	3	10
渝北区	2	664	4	46	10	226
巴南区					6	77
黔江区	1	85	4	86	4	28
长寿区	1	21	3	69	3	39
綦江县	1	11	2	32	5	93
潼南县			1	34	5	111
铜梁县					8	29
大足县	1	18	2	49	12	164
荣昌县			5	42	5	34
璧山县	1	13	1	30	3	23
梁平县			24	121	6	61
城口县			12	86	6	14
丰都县	1	14	3	55	5	28
垫江县	1	13	7	70	4	31
武隆县					4	18
忠　县	1	10	1	63	5	59
开　县			3	115	9	98
云阳县			2	94	5	62
奉节县	1	7	2	137	5	51
巫山县			1	41	5	29
巫溪县			8	83	10	44
石柱县	1	9			3	21
秀山县			1	25	3	21
酉阳县	1	24	2	34	6	75
彭水县			2	64	4	24
江津市	1	19			6	54
合川市	1	16	3	80	6	80
永川市	1	22			10	172
南川市			3	88	5	45

1-3-3 续表 11

单位：个、人

指标名称	体育		中国共产党机关		国家机构	
	单位数	从业人数	单位数	从业人数	单位数	从业人数
合 计	**28**	**428**	**20**	**130**	**4054**	**52484**
万州区	3	49	1	1	286	3665
涪陵区					283	4207
渝中区	8	190	2	24	61	5178
大渡口区	1	9			56	307
江北区					58	1735
沙坪坝区	1	24			110	1251
九龙坡区			2	10	57	822
南岸区	1	60	1	2	47	788
北碚区	1	12			71	734
万盛区					70	506
双桥区			1	1	44	169
渝北区	1	7	3	45	129	2642
巴南区	1	9	1	3	135	809
黔江区	1	5			35	996
长寿区					215	1382
綦江县	1	5			111	1502
潼南县					40	1037
铜梁县			3	12	155	1000
大足县	1	8			172	1640
荣昌县			1	3	115	861
璧山县	1	14	1	3	112	1408
梁平县			1	1	94	1168
城口县					79	737
丰都县	1	6	1	4	121	1226
垫江县	1	11			79	1081
武隆县	1	4	1	20	97	982
忠 县					320	3083
开 县	1	6			66	1004
云阳县					60	584
奉节县					32	510
巫山县					45	595
巫溪县			1	1	88	508
石柱县					36	605
秀山县					18	585
酉阳县					31	941
彭水县	1	1			72	546
江津市	2	8			65	1309
合川市					165	2002
永川市					154	1820
南川市					70	559

1-3-4 按地区、学历分组的事业法人单位从业人数

单位：个、人

指标名称	单位数	从业人数	研究生及以上	大学本科	大专	高中	初中及以下
合 计	**14554**	**518542**	**9801**	**115872**	**193005**	**139019**	**60845**
万州区	988	28901	154	7050	11119	7289	3289
涪陵区	764	23441	168	5461	9473	6145	2194
渝中区	456	39928	1456	11662	9994	9050	7766
大渡口区	131	3884	13	1462	1319	769	321
江北区	282	12485	188	3966	4127	3024	1180
沙坪坝区	385	26433	2617	8919	5899	5207	3791
九龙坡区	239	17077	944	6693	4996	2969	1475
南岸区	253	19648	1495	6886	4727	4242	2298
北碚区	307	16363	1261	4477	4704	3288	2633
万盛区	198	4542	23	946	1834	1222	517
双桥区	85	879		185	481	183	30
渝北区	418	17135	169	5219	6205	3375	2167
巴南区	447	12980	150	3073	5046	3412	1299
黔江区	194	7627	61	1646	3586	1823	511
长寿区	385	11534	75	3163	4499	2867	930
綦江县	386	13417	17	2220	5650	3939	1591
潼南县	270	10903	51	1779	4009	3453	1611
铜梁县	414	11659	16	2156	4759	3210	1518
大足县	451	12977	49	2194	5914	3740	1080
荣昌县	419	10971	53	2090	5371	2687	770
璧山县	364	9624	13	1968	3678	2800	1165
梁平县	407	12037	17	1886	4230	4106	1798
城口县	222	3870	8	442	1398	1745	277
丰都县	481	10012	32	1642	4317	2803	1218
垫江县	306	11477	117	1845	5743	2767	1005
武隆县	282	6385	6	858	2733	2088	700
忠 县	554	14314	23	2160	5804	4555	1772
开 县	547	18104	13	2645	7337	6300	1809
云阳县	360	12796	61	1406	5324	4570	1435
奉节县	251	11002	38	1438	4054	4278	1194
巫山县	254	6990	8	835	2802	2626	719
巫溪县	456	7751	22	806	2859	3163	901
石柱县	181	7651	4	818	3590	2065	1174
秀山县	123	7425	7	731	3369	2451	867
酉阳县	246	9070	72	1095	3673	3319	911
彭水县	322	8210	12	760	3450	3216	772
江津市	390	15844	62	3684	6344	3934	1820
合川市	565	16770	105	3706	7239	3783	1937
永川市	469	17101	209	4839	7312	3187	1554
南川市	302	9325	12	1061	4037	3369	846

1-3-5 按行业、学历分组的事业法人单位从业人数

单位：个、人

指标名称	单位数	从业人数					
			研究生及以上	大学本科	大专	高中	初中及以下
合　计	**14554**	**518542**	**9801**	**115872**	**193005**	**139019**	**60845**
农、林、牧、渔业	**24**	**440**		**6**	**69**	**200**	**165**
林业	2	160		3	20	75	62
农、林、牧、渔服务业	22	280		3	49	125	103
交通运输、仓储和邮政业	**61**	**5965**	**10**	**285**	**1066**	**1476**	**3128**
道路运输业	53	5757	10	276	992	1396	3083
水上运输业	5	103		7	52	44	
仓储业	3	105		2	22	36	45
信息传输、计算机服务和软件业	**36**	**2191**	**24**	**813**	**714**	**500**	**140**
电信和其他信息传输服务业	29	2153	24	793	699	500	137
计算机服务业	5	18		6	9		3
软件业	2	20		14	6		
住宿和餐饮业	**4**	**56**		**4**	**2**	**32**	**18**
住宿业	3	41		2	2	20	17
餐饮业	1	15		2		12	1
金融业	**12**	**411**	**48**	**210**	**97**	**35**	**21**
银行业	8	329	19	175	87	28	20
证券业	1	29	19	10			
保险业	1	38	10	23	1	3	1
其他金融活动	2	15		2	9	4	
房地产业	**12**	**292**		**55**	**108**	**110**	**19**
房地产业	12	292		55	108	110	19
租赁和商务服务业	**387**	**4924**	**81**	**1030**	**1461**	**1569**	**783**
商务服务业	387	4924	81	1030	1461	1569	783
科学研究、技术服务和地质勘查业	**1451**	**25712**	**465**	**5681**	**8589**	**7347**	**3630**
研究与试验发展	71	5832	244	1792	1476	1460	860
专业技术服务业	394	6919	183	2137	2382	1629	588
科技交流和推广服务业	967	10131	31	1316	4283	3299	1202
地质勘查业	19	2830	7	436	448	959	980
水利、环境和公共设施管理业	**593**	**21558**	**72**	**1411**	**3814**	**5484**	**10777**
水利管理业	296	4283	19	374	1199	1341	1350
环境管理业	128	10372	44	422	987	1783	7136
公共设施管理业	169	6903	9	615	1628	2360	2291
居民服务和其他服务业	**69**	**1150**	**1**	**107**	**264**	**358**	**420**
居民服务业	54	940	1	72	211	287	369
其他服务业	15	210		35	53	71	51
教育	**4757**	**299013**	**7930**	**83249**	**126965**	**64086**	**16783**
教育	4757	299013	7930	83249	126965	64086	16783
卫生、社会保障和社会福利业	**2583**	**89519**	**671**	**9945**	**25279**	**39349**	**14275**
卫生	2281	86248	643	9454	24252	38340	13559
社会保障业	126	1211	27	306	504	310	64
社会福利业	176	2060	1	185	523	699	652
文化、体育和娱乐业	**491**	**14697**	**138**	**3430**	**4796**	**4009**	**2324**
新闻出版业	49	6675	71	1995	1846	1682	1081
广播、电视、电影和音像业	143	2643	32	544	946	718	403
文化艺术业	271	4951	35	815	1875	1503	723
体育	28	428		76	129	106	117
公共管理和社会组织	**4074**	**52614**	**361**	**9646**	**19781**	**14464**	**8362**
中国共产党机关	20	130	10	62	33	18	7
国家机构	4054	52484	351	9584	19748	14446	8355

1-3-6 按地区、专业技术职称分组的事业法人单位从业人数

单位：个、人

指标名称	单位数	从业人数	#高级技术职称	#中级技术职称	#初级技术职称
合　计	**14554**	**518542**	**28101**	**114513**	**195996**
万州区	988	28901	1905	8386	8377
涪陵区	764	23441	1236	4826	8577
渝中区	456	39928	3887	8681	8882
大渡口区	131	3884	240	1212	1369
江北区	282	12485	973	3078	3634
沙坪坝区	385	26433	3504	5956	5879
九龙坡区	239	17077	1925	4223	4805
南岸区	253	19648	2442	4448	4663
北碚区	307	16363	1855	3912	5088
万盛区	198	4542	107	1088	1786
双桥区	85	879	27	182	295
渝北区	418	17135	671	3037	6638
巴南区	447	12980	535	2594	5308
黔江区	194	7627	269	1671	2858
长寿区	385	11534	404	3017	5476
綦江县	386	13417	354	2595	6333
潼南县	270	10903	336	2176	5413
铜梁县	414	11659	341	2243	5637
大足县	451	12977	396	2181	4786
荣昌县	419	10971	364	2122	5606
璧山县	364	9624	251	2009	4437
梁平县	407	12037	242	2511	5644
城口县	222	3870	186	888	1396
丰都县	481	10012	359	2623	3762
垫江县	306	11477	388	2645	4564
武隆县	282	6385	136	1256	2805
忠　县	554	14314	285	2687	6948
开　县	547	18104	417	4246	8290
云阳县	360	12796	265	2852	5770
奉节县	251	11002	188	2515	5220
巫山县	254	6990	211	1688	2699
巫溪县	456	7751	143	1770	3542
石柱县	181	7651	219	1388	3176
秀山县	123	7425	151	1403	4029
酉阳县	246	9070	166	1832	4864
彭水县	322	8210	304	1990	3361
江津市	390	15844	593	3311	7126
合川市	565	16770	481	3307	6598
永川市	469	17101	976	3836	6429
南川市	302	9325	369	2128	3926

1-3-7 按行业、专业技术职称分组的事业法人单位从业人数

单位：个、人

指标名称	单位数	从业人数	# 高级技术职称	# 中级技术职称	# 初级技术职称
合　计	**14554**	**518542**	**28101**	**114513**	**195996**
农、林、牧、渔业	**24**	**440**	**1**	**67**	**111**
林业	2	160		1	23
农、林、牧、渔服务业	22	280	1	66	88
交通运输、仓储和邮政业	**61**	**5965**	**27**	**201**	**423**
道路运输业	53	5757	25	196	413
水上运输业	5	103	2	5	3
仓储业	3	105			7
信息传输、计算机服务和软件业	**36**	**2191**	**146**	**228**	**431**
电信和其他信息传输服务业	29	2153	143	221	421
计算机服务业	5	18	1	2	2
软件业	2	20	2	5	8
住宿和餐饮业	**4**	**56**		**3**	**13**
住宿业	3	41			1
餐饮业	1	15		3	12
金融业	**12**	**411**	**29**	**162**	**112**
银行业	8	329	19	130	99
证券业	1	29	5	13	1
保险业	1	38	5	16	12
其他金融活动	2	15		3	
房地产业	**12**	**292**		**17**	**101**
房地产业	12	292		17	101
租赁和商务服务业	**387**	**4924**	**205**	**562**	**451**
商务服务业	387	4924	205	562	451
科学研究、技术服务和地质勘查业	**1451**	**25712**	**2172**	**4755**	**6765**
研究与试验发展	71	5832	988	1257	996
专业技术服务业	394	6919	705	1530	1609
科技交流和推广服务业	967	10131	352	1533	3678
地质勘查业	19	2830	127	435	482
水利、环境和公共设施管理业	**593**	**21558**	**197**	**1007**	**1577**
水利管理业	296	4283	73	406	719
环境管理业	128	10372	70	233	208
公共设施管理业	169	6903	54	368	650
居民服务和其他服务业	**69**	**1150**	**16**	**62**	**60**
居民服务业	54	940	4	41	43
其他服务业	15	210	12	21	17
教育	**4757**	**299013**	**19193**	**84191**	**132497**
教育	4757	299013	19193	84191	132497
卫生、社会保障和社会福利业	**2583**	**89519**	**4186**	**15779**	**43438**
卫生	2281	86248	4164	15608	43019
社会保障业	126	1211	10	96	208
社会福利业	176	2060	12	75	211
文化、体育和娱乐业	**491**	**14697**	**836**	**2223**	**2244**
新闻出版业	49	6675	212	809	724
广播、电视、电影和音像业	143	2643	97	358	450
文化艺术业	271	4951	507	1018	1053
体育	28	428	20	38	17
公共管理和社会组织	**4074**	**52614**	**1093**	**5256**	**7773**
中国共产党机关	20	130	10	11	8
国家机构	4054	52484	1083	5245	7765

1-3-8 按地区、技术等级分组的事业法人单位从业人数

单位：个、人

指标名称	单位数	从业人数				
			# 高级技师	# 技师	# 高级工	# 中级工
合　计	**14554**	**518542**	**948**	**947**	**21500**	**22577**
万州区	988	28901	149	38	1546	1198
涪陵区	764	23441	6	33	624	1261
渝中区	456	39928	69	86	3147	2642
大渡口区	131	3884	2	2	112	111
江北区	282	12485	9	25	668	552
沙坪坝区	385	26433	16	23	1901	1099
九龙坡区	239	17077	7	37	859	740
南岸区	253	19648	79	41	1196	1122
北碚区	307	16363	3	34	1374	752
万盛区	198	4542	8	9	189	226
双桥区	85	879	2		15	49
渝北区	418	17135	95	76	592	680
巴南区	447	12980	1	19	488	644
黔江区	194	7627	2	1	99	348
长寿区	385	11534	1	8	388	599
綦江县	386	13417	16	15	426	508
潼南县	270	10903	15	8	477	673
铜梁县	414	11659	4	28	279	309
大足县	451	12977	19	16	289	421
荣昌县	419	10971	36	22	314	382
璧山县	364	9624	48	18	380	470
梁平县	407	12037	13	13	574	812
城口县	222	3870	2	6	110	119
丰都县	481	10012	15	80	372	573
垫江县	306	11477	91	58	428	412
武隆县	282	6385	41	3	193	284
忠　县	554	14314	36	55	439	644
开　县	547	18104	10	25	381	474
云阳县	360	12796	9	36	338	443
奉节县	251	11002	1	14	271	279
巫山县	254	6990	48		150	245
巫溪县	456	7751	2	9	133	164
石柱县	181	7651	15	14	177	200
秀山县	123	7425		12	262	290
酉阳县	246	9070	23	8	348	388
彭水县	322	8210	6	3	165	187
江津市	390	15844	9	24	484	426
合川市	565	16770	12	21	562	652
永川市	469	17101	23	14	499	620
南川市	302	9325	5	13	251	579

1-3-9 按行业、技术等级分组的事业法人单位从业人数

单位：个、人

指标名称	单位数	从业人数	# 高级技师	# 技师	# 高级工	# 中级工
合 计	**14554**	**518542**	**948**	**947**	**21500**	**22577**
农、林、牧、渔业	**24**	**440**	**1**		**7**	**43**
林业	2	160			5	42
农、林、牧、渔服务业	22	280	1		2	1
交通运输、仓储和邮政业	**61**	**5965**	**2**	**12**	**1313**	**1462**
道路运输业	53	5757	2	8	1272	1445
水上运输业	5	103			2	3
仓储业	3	105		4	39	14
信息传输、计算机服务和软件业	**36**	**2191**	**2**	**2**	**63**	**108**
电信和其他信息传输服务业	29	2153	2	2	63	108
计算机服务业	5	18				
软件业	2	20				
住宿和餐饮业	**4**	**56**			**4**	**16**
住宿业	3	41			1	4
餐饮业	1	15			3	12
金融业	**12**	**411**		**4**	**5**	**4**
银行业	8	329		3	2	2
证券业	1	29				
保险业	1	38				
其他金融活动	2	15		1	3	2
房地产业	**12**	**292**			**24**	**26**
房地产业	12	292			24	26
租赁和商务服务业	**387**	**4924**	**39**	**21**	**329**	**232**
商务服务业	387	4924	39	21	329	232
科学研究、技术服务和地质勘查业	**1451**	**25712**	**47**	**174**	**1892**	**2264**
研究与试验发展	71	5832	1	71	701	676
专业技术服务业	394	6919	18	22	374	510
科技交流和推广服务业	967	10131	28	79	411	729
地质勘查业	19	2830		2	406	349
水利、环境和公共设施管理业	**593**	**21558**	**5**	**84**	**2221**	**2368**
水利管理业	296	4283	5	28	425	548
环境管理业	128	10372		4	535	689
公共设施管理业	169	6903		52	1261	1131
居民服务和其他服务业	**69**	**1150**	**3**	**2**	**115**	**112**
居民服务业	54	940		2	99	99
其他服务业	15	210	3		16	13
教育	**4757**	**299013**	**604**	**285**	**8330**	**5971**
教育	4757	299013	604	285	8330	5971
卫生、社会保障和社会福利业	**2583**	**89519**	**160**	**206**	**2305**	**3752**
卫生	2281	86248	158	199	1963	3458
社会保障业	126	1211		3	44	54
社会福利业	176	2060	2	4	298	240
文化、体育和娱乐业	**491**	**14697**	**35**	**32**	**672**	**864**
新闻出版业	49	6675	1	1	287	255
广播、电视、电影和音像业	143	2643	9	17	104	271
文化艺术业	271	4951	25	14	247	318
体育	28	428			34	20
公共管理和社会组织	**4074**	**52614**	**50**	**125**	**4220**	**5355**
中国共产党机关	20	130		2	4	11
国家机构	4054	52484	50	123	4216	5344

1-3-10 按行业分组的机关法人单位数及从业人数

单位：个、人

指标名称	单位数			从业人数	
		单产业法人	多产业法人		#女性
合　计	**4429**	**3341**	**1088**	**166473**	**39208**
金融业	**26**	**23**	**3**	**1470**	**464**
银行业	26	23	3	1470	464
中央银行	26	23	3	1470	464
中央银行	26	23	3	1470	464
公共管理和社会组织	**4403**	**3318**	**1085**	**165003**	**38744**
中国共产党机关	762	748	14	10153	2240
中国共产党机关	762	748	14	10153	2240
中国共产党机关	762	748	14	10153	2240
国家机构	3522	2453	1069	153352	36149
国家权力机构	94	83	11	2246	515
国家权力机构	94	83	11	2246	515
国家行政机构	3298	2263	1035	140542	33130
综合事务管理机构	1684	977	707	60409	15580
对外事务管理机构	15	14	1	174	59
公共安全管理机构	142	83	59	34785	4863
社会事务管理机构	405	336	69	9432	2599
经济事务管理机构	496	403	93	19373	5727
政府事务管理机构	367	305	62	8841	2402
行政监督检查机构	189	145	44	7528	1900
人民法院和人民检察院	97	79	18	9197	2165
人民法院	47	30	17	5752	1355
人民检察院	50	49	1	3445	810
其他国家机构	33	28	5	1367	339
其他国家机构	33	28	5	1367	339
人民政协和民主党派	119	117	2	1498	355
人民政协	48	47	1	1250	252
人民政协	48	47	1	1250	252
民主党派	71	70	1	248	103
民主党派	71	70	1	248	103

1-3-11 按地区分组的机关法人单位数及从业人数

单位：个、人

指标名称	单位数	单产业法人	多产业法人	从业人数	#女性
合　计	**4429**	**3341**	**1088**	**166473**	**39208**
万州区	348	320	28	10350	2531
涪陵区	167	132	35	6954	1681
渝中区	159	109	50	19354	4385
大渡口区	72	59	13	1728	496
江北区	113	90	23	6808	2084
沙坪坝区	141	135	6	3835	1179
九龙坡区	113	80	33	5205	1251
南岸区	90	82	8	4232	1279
北碚区	100	94	6	3824	999
万盛区	78	74	4	1560	405
双桥区	47	47		526	140
渝北区	114	70	44	7371	2034
巴南区	109	99	10	3478	844
黔江区	132	97	35	4605	1005
长寿区	83	74	9	3564	768
綦江县	92	80	12	3040	643
潼南县	91	50	41	3548	723
铜梁县	118	90	28	2783	773
大足县	88	56	32	3291	870
荣昌县	76	64	12	2604	584
璧山县	69	62	7	2361	586
梁平县	139	134	5	3008	595
城口县	74	47	27	1862	418
丰都县	87	79	8	2803	546
垫江县	78	64	14	3279	677
武隆县	88	58	30	2633	564
忠　县	151	101	50	3152	562
开　县	112	95	17	4212	912
云阳县	115	41	74	4106	854
奉节县	89	38	51	4386	879
巫山县	98	45	53	3179	789
巫溪县	119	56	63	2179	448
石柱县	140	84	56	2923	563
秀山县	75	35	40	3039	625
酉阳县	98	83	15	3997	692
彭水县	103	92	11	3061	514
江津市	112	81	31	5042	1222
合川市	140	114	26	3925	782
永川市	111	78	33	4627	1356
南川市	100	52	48	4039	950

1-3-12 按地区、行业分组的机关法人单位数及从业人数

单位：个、人

指标名称	总计		金融业		银行业		中央银行	
	单位数	从业人数	单位数	从业人数	单位数	从业人数	单位数	从业人数
合　计	**4429**	**166473**	**26**	**1470**	**26**	**1470**	**26**	**1470**
万州区	348	10350	1	191	1	191	1	191
涪陵区	167	6954	2	154	2	154	2	154
渝中区	159	19354	1	368	1	368	1	368
大渡口区	72	1728						
江北区	113	6808						
沙坪坝区	141	3835						
九龙坡区	113	5205						
南岸区	90	4232						
北碚区	100	3824						
万盛区	78	1560						
双桥区	47	526						
渝北区	114	7371						
巴南区	109	3478	1	51	1	51	1	51
黔江区	132	4605	1	87	1	87	1	87
长寿区	83	3564						
綦江县	92	3040						
潼南县	91	3548						
铜梁县	118	2783						
大足县	88	3291						
荣昌县	76	2604						
璧山县	69	2361						
梁平县	139	3008	1	33	1	33	1	33
城口县	74	1862	1	24	1	24	1	24
丰都县	87	2803	1	39	1	39	1	39
垫江县	78	3279	1	33	1	33	1	33
武隆县	88	2633	1	33	1	33	1	33
忠　县	151	3152						
开　县	112	4212	1	44	1	44	1	44
云阳县	115	4106	1	34	1	34	1	34
奉节县	89	4386	1	28	1	28	1	28
巫山县	98	3179	1	30	1	30	1	30
巫溪县	119	2179	1	21	1	21	1	21
石柱县	140	2923	1	29	1	29	1	29
秀山县	75	3039	1	24	1	24	1	24
酉阳县	98	3997	1	24	1	24	1	24
彭水县	103	3061	2	46	2	46	2	46
江津市	112	5042	1	45	1	45	1	45
合川市	140	3925	2	54	2	54	2	54
永川市	111	4627	1	48	1	48	1	48
南川市	100	4039	1	30	1	30	1	30

1-3-12 续表 1 单位：个、人

指标名称	公共管理和社会组织		中国共产党机关		国家机构		国家权力机构	
	单位数	从业人数	单位数	从业人数	单位数	从业人数	单位数	从业人数
合 计	**4403**	**165003**	**762**	**10153**	**3522**	**153352**	**94**	**2246**
万州区	347	10159	78	823	259	9241	6	121
涪陵区	165	6800	1	106	158	6638	1	57
渝中区	158	18986	25	1202	116	17408	2	215
大渡口区	72	1728	12	98	60	1630	1	7
江北区	113	6808	16	1005	90	5762	3	166
沙坪坝区	141	3835	27	179	105	3612	17	77
九龙坡区	113	5205	17	325	90	4851	1	29
南岸区	90	4232	14	117	75	4094	2	65
北碚区	100	3824	27	322	72	3478	1	26
万盛区	78	1560	15	126	60	1417	2	22
双桥区	47	526	6	38	41	488	3	17
渝北区	114	7371	7	145	105	7195	7	280
巴南区	108	3427	31	389	71	3008	1	43
黔江区	131	4518	27	241	102	4235		
长寿区	83	3564	7	114	74	3422		
綦江县	92	3040	26	307	63	2706	2	95
潼南县	91	3548	7	101	83	3422	1	23
铜梁县	118	2783	42	333	75	2422	1	23
大足县	88	3291	10	127	75	3134	3	146
荣昌县	76	2604	11	143	62	2420	1	60
璧山县	69	2361	9	122	59	2213	1	27
梁平县	138	2975	38	296	99	2656	11	146
城口县	73	1838	7	86	65	1730	1	21
丰都县	86	2764	9	122	76	2618	1	32
垫江县	77	3246	6	205	70	3016	1	34
武隆县	87	2600	10	115	76	2463	1	27
忠 县	151	3152	49	405	100	2721	1	35
开 县	111	4168	8	179	102	3966	2	66
云阳县	114	4072	11	130	102	3915	1	27
奉节县	88	4358	9	139	78	4194	1	31
巫山县	97	3149	10	120	86	3009	1	27
巫溪县	118	2158	12	83	105	2054	1	27
石柱县	139	2894	43	299	95	2570	1	24
秀山县	74	3015	9	136	64	2861	1	29
酉阳县	97	3973	7	104	89	3843	1	32
彭水县	101	3015	9	119	90	2866	3	18
江津市	111	4997	33	420	74	4552	2	74
合川市	138	3871	48	497	86	3332	1	26
永川市	110	4579	23	221	81	4327	1	35
南川市	99	4009	6	114	89	3863	6	36

1-3-12　续表 2　　单位：个、人

指标名称	国家行政机构		人民法院和人民检察院		其他国家机构	
	单位数	从业人数	单位数	从业人数	单位数	从业人数
合　计	**3298**	**140542**	**97**	**9197**	**33**	**1367**
万州区	249	8422	4	698		
涪陵区	151	6081	4	418	2	82
渝中区	105	16296	5	855	4	42
大渡口区	55	1502	2	107	2	14
江北区	82	5270	2	201	3	125
沙坪坝区	86	3281	2	254		
九龙坡区	77	4372	2	229	10	221
南岸区	69	3785	3	230	1	14
北碚区	69	3241	2	211		
万盛区	56	1286	2	109		
双桥区	36	429	2	42		
渝北区	93	6058	4	836	1	21
巴南区	67	2739	2	218	1	8
黔江区	98	3965	4	270		
长寿区	71	3200	3	222		
綦江县	59	2403	2	208		
潼南县	80	3227	2	172		
铜梁县	72	2229	2	170		
大足县	70	2794	2	194		
荣昌县	59	2200	2	160		
璧山县	56	2022	2	164		
梁平县	82	2044	3	173	3	293
城口县	62	1594	2	115		
丰都县	73	2418	2	168		
垫江县	67	2815	2	167		
武隆县	72	2311	2	115	1	10
忠　县	96	2446	2	180	1	60
开　县	98	3695	2	205		
云阳县	99	3718	2	170		
奉节县	75	3994	2	169		
巫山县	83	2837	2	145		
巫溪县	102	1900	2	127		
石柱县	91	2418	3	128		
秀山县	61	2702	2	130		
酉阳县	85	3633	2	148	1	30
彭水县	83	2699	3	126	1	23
江津市	70	4185	2	293		
合川市	82	3019	2	276	1	11
永川市	77	4069	3	223		
南川市	80	3243	2	171	1	413

1-3-12 续表 3 单位：个、人

指标名称	人民政协和民主党派		人民政协		民主党派	
	单位数	从业人数	单位数	从业人数	单位数	从业人数
合　计	**119**	**1498**	**48**	**1250**	**71**	**248**
万州区	10	95	4	80	6	15
涪陵区	6	56	1	45	5	11
渝中区	17	376	2	247	15	129
大渡口区						
江北区	7	41	1	23	6	18
沙坪坝区	9	44	2	29	7	15
九龙坡区	6	29	1	22	5	7
南岸区	1	21	1	21		
北碚区	1	24	1	24		
万盛区	3	17	2	16	1	1
双桥区						
渝北区	2	31	1	30	1	1
巴南区	6	30	1	25	5	5
黔江区	2	42	1	41	1	1
长寿区	2	28	1	22	1	6
綦江县	3	27	1	25	2	2
潼南县	1	25	1	25		
铜梁县	1	28	1	28		
大足县	3	30	1	28	2	2
荣昌县	3	41	1	28	2	13
璧山县	1	26	1	26		
梁平县	1	23	1	23		
城口县	1	22	1	22		
丰都县	1	24	1	24		
垫江县	1	25	1	25		
武隆县	1	22	1	22		
忠　县	2	26	1	21	1	5
开　县	1	23	1	23		
云阳县	1	27	1	27		
奉节县	1	25	1	25		
巫山县	1	20	1	20		
巫溪县	1	21	1	21		
石柱县	1	25	1	25		
秀山县	1	18	1	18		
酉阳县	1	26	1	26		
彭水县	2	30	2	30		
江津市	4	25	1	19	3	6
合川市	4	42	1	36	3	6
永川市	6	31	1	26	5	5
南川市	4	32	4	32		

1-3-13 按地区、学历分组的机关法人单位从业人数

单位：个、人

指标名称	单位数	从业人数					
			研究生及以上	大学本科	大专	高中	初中及以下
合　计	**4429**	**166473**	**3372**	**60786**	**68390**	**26121**	**7804**
万州区	348	10350	181	3880	4495	1426	368
涪陵区	167	6954	85	2653	2789	1038	389
渝中区	159	19354	819	9379	5938	2339	879
大渡口区	72	1728	58	941	554	124	51
江北区	113	6808	288	2980	2266	875	399
沙坪坝区	141	3835	110	1934	1333	365	93
九龙坡区	113	5205	123	2265	2075	523	219
南岸区	90	4232	74	2097	1415	468	178
北碚区	100	3824	61	1477	1738	424	124
万盛区	78	1560	17	641	616	204	82
双桥区	47	526	7	253	185	62	19
渝北区	114	7371	348	3910	2132	672	309
巴南区	109	3478	47	1609	1272	440	110
黔江区	132	4605	97	1858	2074	490	86
长寿区	83	3564	36	1263	1448	589	228
綦江县	92	3040	44	1223	1298	337	138
潼南县	91	3548	93	832	1605	862	156
铜梁县	118	2783	42	983	1030	312	416
大足县	88	3291	27	1000	1655	528	81
荣昌县	76	2604	44	899	1158	401	102
璧山县	69	2361	16	725	824	693	103
梁平县	139	3008	25	968	1261	591	163
城口县	74	1862	16	324	863	574	85
丰都县	87	2803	22	781	1350	477	173
垫江县	78	3279	35	1255	1375	485	129
武隆县	88	2633	18	616	1282	625	92
忠　县	151	3152	23	836	1423	622	248
开　县	112	4212	26	1201	1791	992	202
云阳县	115	4106	68	946	2123	800	169
奉节县	89	4386	61	988	2042	933	362
巫山县	98	3179	14	504	1674	828	159
巫溪县	119	2179	20	450	1052	547	110
石柱县	140	2923	13	925	1261	596	128
秀山县	75	3039	18	666	1718	530	107
酉阳县	98	3997	43	754	2060	890	250
彭水县	103	3061	44	831	1441	668	77
江津市	112	5042	77	1643	2252	860	210
合川市	140	3925	67	1454	1828	436	140
永川市	111	4627	127	1938	1741	543	278
南川市	100	4039	38	904	1953	952	192

1-3-14 按行业、学历分组的机关法人单位从业人数

单位：个、人

指标名称	单位数	从业人数	研究生及以上	大学本科	大专	高中	初中及以下
合 计	**4429**	**166473**	**3372**	**60786**	**68390**	**26121**	**7804**
金融业	**26**	**1470**	**38**	**600**	**405**	**345**	**82**
银行业	26	1470	38	600	405	345	82
中央银行	26	1470	38	600	405	345	82
中央银行	26	1470	38	600	405	345	82
公共管理和社会组织	**4403**	**165003**	**3334**	**60186**	**67985**	**25776**	**7722**
中国共产党机关	762	10153	505	4611	3237	1305	495
中国共产党机关	762	10153	505	4611	3237	1305	495
中国共产党机关	762	10153	505	4611	3237	1305	495
国家机构	3522	153352	2802	55013	64237	24159	7141
国家权力机构	94	2246	63	907	859	319	98
国家权力机构	94	2246	63	907	859	319	98
国家行政机构	3298	140542	2455	48820	59862	22789	6616
综合事务管理机构	1684	60409	1075	17616	27029	11711	2978
对外事务管理机构	15	174	17	102	36	12	7
公共安全管理机构	142	34785	199	13155	15566	4439	1426
社会事务管理机构	405	9432	250	3682	3586	1539	375
经济事务管理机构	496	19373	514	7370	7439	3007	1043
政府事务管理机构	367	8841	242	3691	3332	1131	445
行政监督检查机构	189	7528	158	3204	2874	950	342
人民法院和人民检察院	97	9197	268	4920	2936	732	341
人民法院	47	5752	173	2932	2029	471	147
人民检察院	50	3445	95	1988	907	261	194
其他国家机构	33	1367	16	366	580	319	86
其他国家机构	33	1367	16	366	580	319	86
人民政协和民主党派	119	1498	27	562	511	312	86
人民政协	48	1250	16	436	423	296	79
人民政协	48	1250	16	436	423	296	79
民主党派	71	248	11	126	88	16	7
民主党派	71	248	11	126	88	16	7

1-3-15 按地区、专业技术职称分组的机关法人单位从业人数

单位：个、人

指标名称	单位数	从业人数			
			#高级技术职称	#中级技术职称	#初级技术职称
合　计	**4429**	**166473**	**2072**	**8768**	**10244**
万州区	348	10350	53	277	213
涪陵区	167	6954	86	243	242
渝中区	159	19354	807	2610	4062
大渡口区	72	1728	11	58	32
江北区	113	6808	58	256	166
沙坪坝区	141	3835	28	89	71
九龙坡区	113	5205	50	236	118
南岸区	90	4232	32	120	72
北碚区	100	3824	35	179	176
万盛区	78	1560	5	63	40
双桥区	47	526	1	5	8
渝北区	114	7371	76	286	182
巴南区	109	3478	18	138	129
黔江区	132	4605	81	494	436
长寿区	83	3564	22	146	108
綦江县	92	3040	24	158	128
潼南县	91	3548	40	190	193
铜梁县	118	2783	17	121	91
大足县	88	3291	36	140	161
荣昌县	76	2604	18	98	114
璧山县	69	2361	23	105	73
梁平县	139	3008	12	61	64
城口县	74	1862	16	88	60
丰都县	87	2803	20	57	36
垫江县	78	3279	38	239	217
武隆县	88	2633	8	41	89
忠　县	151	3152	76	81	55
开　县	112	4212	36	199	206
云阳县	115	4106	40	259	269
奉节县	89	4386	13	210	306
巫山县	98	3179	8	88	229
巫溪县	119	2179	11	69	77
石柱县	140	2923	24	120	214
秀山县	75	3039	7	129	259
酉阳县	98	3997	22	119	227
彭水县	103	3061	22	142	176
江津市	112	5042	59	271	223
合川市	140	3925	11	125	143
永川市	111	4627	78	258	274
南川市	100	4039	50	200	305

1-3-16 按行业、专业技术职称分组的机关法人单位从业人数

单位：个、人

指标名称	单位数	从业人数	#高级技术职称	#中级技术职称	#初级技术职称
合　计	**4429**	**166473**	**2072**	**8768**	**10244**
金融业	**26**	**1470**	**29**	**456**	**538**
银行业	26	1470	29	456	538
中央银行	26	1470	29	456	538
中央银行	26	1470	29	456	538
公共管理和社会组织	**4403**	**165003**	**2043**	**8312**	**9706**
中国共产党机关	762	10153	71	182	99
中国共产党机关	762	10153	71	182	99
中国共产党机关	762	10153	71	182	99
国家机构	3522	153352	1941	8092	9595
国家权力机构	94	2246	48	124	56
国家权力机构	94	2246	48	124	56
国家行政机构	3298	140542	1772	7800	9384
综合事务管理机构	1684	60409	430	2452	3059
对外事务管理机构	15	174	9	33	19
公共安全管理机构	142	34785	557	2020	3994
社会事务管理机构	405	9432	198	570	351
经济事务管理机构	496	19373	358	1687	1383
政府事务管理机构	367	8841	122	605	333
行政监督检查机构	189	7528	98	433	245
人民法院和人民检察院	97	9197	57	127	76
人民法院	47	5752	42	97	50
人民检察院	50	3445	15	30	26
其他国家机构	33	1367	64	41	79
其他国家机构	33	1367	64	41	79
人民政协和民主党派	119	1498	31	38	12
人民政协	48	1250	20	29	10
人民政协	48	1250	20	29	10
民主党派	71	248	11	9	2
民主党派	71	248	11	9	2

1-3-17 按地区、技术等级分组的机关法人单位从业人数

单位：个、人

指标名称	单位数	从业人数	#高级技师	#技师	#高级工	#中级工
合　计	**4429**	**166473**	**114**	**322**	**3343**	**3608**
万州区	348	10350	2	8	209	224
涪陵区	167	6954	6	10	185	234
渝中区	159	19354	9	42	405	184
大渡口区	72	1728	4	3	29	26
江北区	113	6808	8	17	62	46
沙坪坝区	141	3835	2	4	62	68
九龙坡区	113	5205	2	12	93	78
南岸区	90	4232		3	157	97
北碚区	100	3824		6	83	103
万盛区	78	1560	1	1	32	21
双桥区	47	526		3	17	18
渝北区	114	7371	2	13	116	136
巴南区	109	3478	1	11	94	47
黔江区	132	4605	5	6	67	125
长寿区	83	3564	6	4	101	40
綦江县	92	3040	3	2	72	77
潼南县	91	3548	3	17	68	139
铜梁县	118	2783		4	32	28
大足县	88	3291	1	1	66	72
荣昌县	76	2604	1		54	39
璧山县	69	2361		9	46	32
梁平县	139	3008	6	5	30	50
城口县	74	1862	1	3	29	44
丰都县	87	2803	4	5	56	36
垫江县	78	3279	1	2	54	99
武隆县	88	2633	1	4	33	92
忠　县	151	3152	4	11	74	46
开　县	112	4212	4	9	85	64
云阳县	115	4106	2	12	85	112
奉节县	89	4386	5	6	80	76
巫山县	98	3179	1	8	84	108
巫溪县	119	2179	3	3	61	55
石柱县	140	2923		1	52	46
秀山县	75	3039	1	1	60	179
酉阳县	98	3997	8	4	137	338
彭水县	103	3061	4	3	41	96
江津市	112	5042	1	11	91	67
合川市	140	3925	4	11	47	39
永川市	111	4627	3	36	113	97
南川市	100	4039	5	11	81	130

1-3-18 按行业、技术等级分组的机关法人单位从业人数

单位：个、人

指标名称	单位数	从业人数				
			# 高级技师	# 技师	# 高级工	# 中级工
合　计	**4429**	**166473**	**114**	**322**	**3343**	**3608**
金融业	**26**	**1470**	**4**		**38**	**4**
银行业	26	1470	4		38	4
中央银行	26	1470	4		38	4
中央银行	26	1470	4		38	4
公共管理和社会组织	**4403**	**165003**	**110**	**322**	**3305**	**3604**
中国共产党机关	762	10153	4	51	342	224
中国共产党机关	762	10153	4	51	342	224
中国共产党机关	762	10153	4	51	342	224
国家机构	3522	153352	106	263	2900	3327
国家权力机构	94	2246	5	6	96	96
国家权力机构	94	2246	5	6	96	96
国家行政机构	3298	140542	98	250	2679	3058
综合事务管理机构	1684	60409	54	132	1086	1509
对外事务管理机构	15	174			6	2
公共安全管理机构	142	34785		7	223	225
社会事务管理机构	405	9432	11	33	300	293
经济事务管理机构	496	19373	12	35	636	683
政府事务管理机构	367	8841	19	26	277	196
行政监督检查机构	189	7528	2	17	151	150
人民法院和人民检察院	97	9197	2	3	63	82
人民法院	47	5752		3	34	49
人民检察院	50	3445	2		29	33
其他国家机构	33	1367	1	4	62	91
其他国家机构	33	1367	1	4	62	91
人民政协和民主党派	119	1498		8	63	53
人民政协	48	1250		7	55	48
人民政协	48	1250		7	55	48
民主党派	71	248		1	8	5
民主党派	71	248		1	8	5

1-3-19 按地区、行业分组的社团法人单位数及从业人数

单位：个、人

指标名称	群众团体、社会团体和宗教组织		群众团体		社会团体		宗教组织	
	单位数	从业人数	单位数	从业人数	单位数	从业人数	单位数	从业人数
合　计	**2466**	**24666**	**290**	**2039**	**2010**	**18625**	**166**	**4002**
万州区	172	1246	22	96	146	1119	4	31
涪陵区	147	527	6	58	136	432	5	37
渝中区	349	5533	21	548	321	4706	7	279
大渡口区	32	119	5	27	26	88	1	4
江北区	59	984	4	41	50	472	5	471
沙坪坝区	82	361	21	69	54	238	7	54
九龙坡区	77	1348	13	163	56	761	8	424
南岸区	73	571	9	53	55	334	9	184
北碚区	77	312	6	43	65	196	6	73
万盛区	39	454	4	12	30	420	5	22
双桥区	20	59	3	6	16	48	1	5
渝北区	25	392	4	28	21	364		
巴南区	37	302	4	18	26	255	7	29
黔江区	49	956	3	17	44	923	2	16
长寿区	48	693	3	13	44	679	1	1
綦江县	77	518	5	31	69	475	3	12
潼南县	16	105	8	51	6	37	2	17
铜梁县	70	556	8	31	51	468	11	57
大足县	75	505	23	106	48	323	4	76
荣昌县	69	501	4	13	60	427	5	61
璧山县	68	355	6	27	55	297	7	31
梁平县	31	267	5	15	23	208	3	44
城口县	14	36	3	14	10	19	1	3
丰都县	32	286	5	25	25	256	2	5
垫江县	16	76	4	19	10	44	2	13
武隆县	32	1267	3	16	29	1251		
忠　县	61	316	5	22	53	283	3	11
开　县	61	451	7	50	52	370	2	31
云阳县	12	50	5	19	5	26	2	5
奉节县	53	171	5	18	43	122	5	31
巫山县	31	73	7	31	23	34	1	8
巫溪县	46	260	5	20	41	240		
石柱县	33	176	5	33	28	143		
秀山县	26	192	6	27	20	165		
酉阳县	9	454	3	13	6	441		
彭水县	33	72	3	12	29	49	1	11
江津市	56	293	7	55	37	175	12	63
合川市	137	1213	7	38	106	1045	24	130
永川市	75	2307	15	85	53	460	7	1762
南川市	47	309	8	76	38	232	1	1

1-3-20 按地区分组的社团法人单位数及从业人数

单位：个、人

指标名称	单位数	单产业法人	多产业法人	从业人数	#女性
合 计	**2466**	**2389**	**77**	**24666**	**7382**
万州区	172	169	3	1246	317
涪陵区	147	147		527	129
渝中区	349	329	20	5533	1363
大渡口区	32	30	2	119	45
江北区	59	55	4	984	585
沙坪坝区	82	80	2	361	146
九龙坡区	77	72	5	1348	553
南岸区	73	67	6	571	207
北碚区	77	77		312	87
万盛区	39	37	2	454	207
双桥区	20	20		59	22
渝北区	25	24	1	392	132
巴南区	37	37		302	47
黔江区	49	49		956	333
长寿区	48	45	3	693	191
綦江县	77	77		518	117
潼南县	16	16		105	39
铜梁县	70	69	1	556	151
大足县	75	75		505	130
荣昌县	69	65	4	501	126
璧山县	68	66	2	355	106
梁平县	31	30	1	267	62
城口县	14	14		36	14
丰都县	32	32		286	59
垫江县	16	16		76	20
武隆县	32	30	2	1267	264
忠 县	61	60	1	316	38
开 县	61	57	4	451	81
云阳县	12	12		50	15
奉节县	53	52	1	171	56
巫山县	31	30	1	73	26
巫溪县	46	46		260	73
石柱县	33	31	2	176	56
秀山县	26	26		192	38
酉阳县	9	9		454	20
彭水县	33	33		72	18
江津市	56	55	1	293	100
合川市	137	136	1	1213	245
永川市	75	71	4	2307	1112
南川市	47	43	4	309	52

1-3-21 按地区、学历分组的社团法人单位从业人数

单位：个、人

指标名称	单位数	从业人数					
			研究生及以上	大学本科	大专	高中	初中及以下
合 计	**2466**	**24666**	**611**	**5357**	**6123**	**5664**	**6911**
万州区	172	1246	12	169	295	258	512
涪陵区	147	527	11	159	158	122	77
渝中区	349	5533	327	2054	1710	976	466
大渡口区	32	119	1	44	32	32	10
江北区	59	984	12	227	163	125	457
沙坪坝区	82	361	48	131	76	55	51
九龙坡区	77	1348	21	259	328	626	114
南岸区	73	571	6	176	88	77	224
北碚区	77	312	58	112	84	44	14
万盛区	39	454	1	61	60	72	260
双桥区	20	59	5	17	24	8	5
渝北区	25	392	16	101	128	76	71
巴南区	37	302	3	49	79	153	18
黔江区	49	956	6	137	263	448	102
长寿区	48	693	4	169	288	163	69
綦江县	77	518	3	134	161	174	46
潼南县	16	105	2	30	38	16	19
铜梁县	70	556		50	90	90	326
大足县	75	505	7	88	161	106	143
荣昌县	69	501	4	98	226	104	69
璧山县	68	355	3	45	91	66	150
梁平县	31	267	2	39	72	83	71
城口县	14	36		8	16	12	
丰都县	32	286		25	61	153	47
垫江县	16	76	2	8	14	20	32
武隆县	32	1267	3	155	337	275	497
忠 县	61	316		27	98	127	64
开 县	61	451		40	57	153	201
云阳县	12	50	2	14	20	13	1
奉节县	53	171		25	86	41	19
巫山县	31	73		13	36	19	5
巫溪县	46	260	2	45	57	96	60
石柱县	33	176	2	14	57	91	12
秀山县	26	192		15	47	84	46
酉阳县	9	454	2	18	13	111	310
彭水县	33	72		17	25	16	14
江津市	56	293	4	74	82	58	75
合川市	137	1213	17	318	270	219	389
永川市	75	2307	19	159	169	210	1750
南川市	47	309	6	33	63	92	115

1-3-22 按地区、专业技术职称分组的社团法人单位从业人数

单位：个、人

指标名称	单位数	从业人数			
			#高级技术职称	#中级技术职称	#初级技术职称
合 计	**2466**	**24666**	**1771**	**2518**	**1573**
万州区	172	1246	31	80	53
涪陵区	147	527	36	45	23
渝中区	349	5533	1035	728	395
大渡口区	32	119	4	19	9
江北区	59	984	60	54	10
沙坪坝区	82	361	50	65	14
九龙坡区	77	1348	101	127	74
南岸区	73	571	11	24	3
北碚区	77	312	53	38	8
万盛区	39	454	2	33	8
双桥区	20	59	6	9	2
渝北区	25	392	33	67	64
巴南区	37	302	12	40	160
黔江区	49	956	37	191	200
长寿区	48	693	14	46	9
綦江县	77	518	26	115	137
潼南县	16	105	1	5	2
铜梁县	70	556	5	23	11
大足县	75	505	8	18	17
荣昌县	69	501	15	44	52
璧山县	68	355	13	16	7
梁平县	31	267	25	92	27
城口县	14	36		1	
丰都县	32	286		36	48
垫江县	16	76		3	3
武隆县	32	1267	23	69	76
忠 县	61	316	2	4	5
开 县	61	451	3	6	5
云阳县	12	50	1	15	
奉节县	53	171	1	9	7
巫山县	31	73		3	
巫溪县	46	260	10	74	
石柱县	33	176		1	
秀山县	26	192	1	6	9
酉阳县	9	454	1		
彭水县	33	72	1	3	2
江津市	56	293	14	22	4
合川市	137	1213	82	220	49
永川市	75	2307	49	157	72
南川市	47	309	5	10	8

1-3-23 按地区、技术等级分组的社团法人单位从业人数

单位：个、人

指标名称	单位数	从业人数	#高级技师	#技师	#高级工	#中级工
合　计	**2466**	**24666**	**50**	**95**	**308**	**357**
万州区	172	1246	2	4	2	8
涪陵区	147	527	2	5	6	7
渝中区	349	5533	9	11	47	22
大渡口区	32	119	1			1
江北区	59	984		4	8	3
沙坪坝区	82	361		1	2	3
九龙坡区	77	1348	10	11	78	54
南岸区	73	571	4		1	5
北碚区	77	312	1		4	2
万盛区	39	454			2	1
双桥区	20	59				
渝北区	25	392	6	42	28	48
巴南区	37	302				2
黔江区	49	956	4	7	30	27
长寿区	48	693	2		4	9
綦江县	77	518		2	33	25
潼南县	16	105			3	2
铜梁县	70	556			2	1
大足县	75	505			6	9
荣昌县	69	501			5	2
璧山县	68	355	2	1	5	2
梁平县	31	267		5	2	3
城口县	14	36				1
丰都县	32	286			1	
垫江县	16	76	3		2	
武隆县	32	1267			5	16
忠　县	61	316				
开　县	61	451	2			1
云阳县	12	50			1	1
奉节县	53	171			1	
巫山县	31	73			2	
巫溪县	46	260			1	
石柱县	33	176			1	2
秀山县	26	192			3	4
酉阳县	9	454	1		1	1
彭水县	33	72			5	1
江津市	56	293		1	4	4
合川市	137	1213			2	2
永川市	75	2307	1	1	11	87
南川市	47	309				1

1-3-24 按行业分组的社团法人单位数及从业人数

单位：个、人

指标名称	单位数	单产业法人	多产业法人	从业人数	#女性
合 计	**2466**	**2389**	**77**	**24666**	**7382**
公共管理和社会组织	**2466**	**2389**	**77**	**24666**	**7382**
群众团体、社会团体和宗教组织	2466	2389	77	24666	7382
群众团体	290	276	14	2039	876
工会	73	67	6	758	281
妇联	54	53	1	336	259
共青团	50	48	2	269	105
其他群众团体	113	108	5	676	231
社会团体	2010	1965	45	18625	4412
专业性团体	865	851	14	6837	1875
行业性团体	760	741	19	8553	1675
其他社会团体	385	373	12	3235	862
宗教组织	166	148	18	4002	2094
宗教组织	166	148	18	4002	2094

1-3-25 按行业、学历分组的社团法人单位从业人数

单位：个、人

指标名称	单位数	从业人数	研究生及以上	大学本科	大专	高中	初中及以下
合 计	**2466**	**24666**	**611**	**5357**	**6123**	**5664**	**6911**
公共管理和社会组织	**2466**	**24666**	**611**	**5357**	**6123**	**5664**	**6911**
群众团体、社会团体和宗教组织	2466	24666	611	5357	6123	5664	6911
群众团体	290	2039	68	758	672	438	103
工会	73	758	18	203	281	204	52
妇联	54	336	15	153	102	62	4
共青团	50	269	24	161	61	19	4
其他群众团体	113	676	11	241	228	153	43
社会团体	2010	18625	532	4520	5257	4557	3759
专业性团体	865	6837	232	1974	2011	1654	966
行业性团体	760	8553	183	1928	2432	2126	1884
其他社会团体	385	3235	117	618	814	777	909
宗教组织	166	4002	11	79	194	669	3049
宗教组织	166	4002	11	79	194	669	3049

1-3-26　按行业、专业技术职称分组的社团法人单位从业人数

单位：个、人

指标名称	单位数	从业人数	#高级技术职称	#中级技术职称	#初级技术职称
合　计	**2466**	**24666**	**1771**	**2518**	**1573**
公共管理和社会组织	**2466**	**24666**	**1771**	**2518**	**1573**
群众团体、社会团体和宗教组织	2466	24666	1771	2518	1573
群众团体	290	2039	33	77	39
工会	73	758	13	34	20
妇联	54	336	2	7	6
共青团	50	269	2	1	2
其他群众团体	113	676	16	35	11
社会团体	2010	18625	1738	2432	1510
专业性团体	865	6837	705	1373	935
行业性团体	760	8553	915	689	402
其他社会团体	385	3235	118	370	173
宗教组织	166	4002		9	24
宗教组织	166	4002		9	24

1-3-27　按行业、技术等级分组的社团法人单位从业人数

单位：个、人

指标名称	单位数	从业人数	#高级技师	#技师	#高级工	#中级工
合　计	**2466**	**24666**	**50**	**95**	**308**	**357**
公共管理和社会组织	**2466**	**24666**	**50**	**95**	**308**	**357**
群众团体、社会团体和宗教组织	2466	24666	50	95	308	357
群众团体	290	2039	4	6	53	36
工会	73	758	1		24	11
妇联	54	336		3	7	4
共青团	50	269			1	2
其他群众团体	113	676	3	3	21	19
社会团体	2010	18625	43	87	241	234
专业性团体	865	6837	25	41	172	132
行业性团体	760	8553	12	16	28	40
其他社会团体	385	3235	6	30	41	62
宗教组织	166	4002	3	2	14	87
宗教组织	166	4002	3	2	14	87

1-3-28 按行业分组的民办非企业法人单位数及从业人数

单位：个、人

指标名称	单位数			从业人数	
		单产业法人	多产业法人		#女性
合　计	**1592**	**1543**	**49**	**21946**	**12607**
信息传输、计算机服务和软件业	**2**	**2**		**8**	**3**
软件业	2	2		8	3
租赁和商务服务业	**46**	**46**		**466**	**111**
商务服务业	46	46		466	111
科学研究、技术服务和地质勘查业	**10**	**10**		**54**	**16**
研究与试验发展	6	6		27	7
专业技术服务业	2	2		19	6
科技交流和推广服务业	2	2		8	3
水利、环境和公共设施管理业	**5**	**5**		**71**	**22**
水利管理业	2	2		16	1
环境管理业	2	2		29	10
公共设施管理业	1	1		26	11
居民服务和其他服务业	**31**	**31**		**434**	**281**
居民服务业	30	30		432	281
其他服务业	1	1		2	
教育	**1306**	**1259**	**47**	**18968**	**11220**
教育	1306	1259	47	18968	11220
卫生、社会保障和社会福利业	**173**	**171**	**2**	**1844**	**921**
卫生	63	62	1	1372	796
社会保障业	1	1		18	
社会福利业	109	108	1	454	125
文化、体育和娱乐业	**19**	**19**		**101**	**33**
文化艺术业	3	3		14	7
体育	11	11		51	11
娱乐业	5	5		36	15

1-3-29 按地区分组的民办非企业法人单位数及从业人数

单位：个、人

指标名称	单位数	单产业法人	多产业法人	从业人数	#女性
合　计	**1592**	**1543**	**49**	**21946**	**12607**
万州区	54	53	1	949	484
涪陵区	66	65	1	972	483
渝中区	123	117	6	2279	1517
大渡口区	37	37		374	252
江北区	32	28	4	461	257
沙坪坝区	51	46	5	1062	600
九龙坡区	97	96	1	1473	926
南岸区	30	30		566	355
北碚区	25	25		582	363
万盛区	15	15		90	74
双桥区	4	4		55	39
渝北区	80	79	1	2153	1191
巴南区	32	31	1	645	307
黔江区	9	9		250	117
长寿区	5	5		20	17
綦江县	33	33		204	100
潼南县	77	77		629	370
铜梁县	58	57	1	516	178
大足县	41	41		643	365
荣昌县	19	19		184	101
璧山县	53	53		424	243
梁平县	31	29	2	539	338
城口县	4	4		35	10
丰都县	72	69	3	541	313
垫江县	6	6		135	51
武隆县	4	1	3	24	20
忠　县	44	43	1	273	194
开　县	88	82	6	687	362
云阳县	17	17		537	286
奉节县	1	1		11	8
巫溪县	3	2	1	17	16
石柱县	8	8		56	37
秀山县	101	101		439	265
酉阳县	27	27		141	54
彭水县	27	27		113	86
江津市	58	51	7	403	283
合川市	82	79	3	1865	889
永川市	59	57	2	1187	795
南川市	19	19		412	261

1-3-30 按地区、行业分组的民办非企业法人单位数及从业人数

单位：个、人

指标名称	总计		软件业		商务服务业	
	单位数	从业人数	单位数	从业人数	单位数	从业人数
合　计	**1592**	**21946**	**2**	**8**	**46**	**466**
万州区	54	949			3	18
涪陵区	66	972			4	70
渝中区	123	2279	1	3	8	50
大渡口区	37	374			2	29
江北区	32	461			6	72
沙坪坝区	51	1062			1	1
九龙坡区	97	1473			2	13
南岸区	30	566				
北碚区	25	582				
万盛区	15	90				
双桥区	4	55				
渝北区	80	2153	1	5	3	11
巴南区	32	645			2	22
黔江区	9	250			1	31
长寿区	5	20				
綦江县	33	204			1	3
潼南县	77	629				
铜梁县	58	516				
大足县	41	643				
荣昌县	19	184			3	36
璧山县	53	424			2	56
梁平县	31	539			1	6
城口县	4	35			1	14
丰都县	72	541			1	10
垫江县	6	135				
武隆县	4	24				
忠　县	44	273				
开　县	88	687				
云阳县	17	537				
奉节县	1	11				
巫山县						
巫溪县	3	17				
石柱县	8	56				
秀山县	101	439				
酉阳县	27	141				
彭水县	27	113			1	8
江津市	58	403				
合川市	82	1865				
永川市	59	1187			2	2
南川市	19	412			2	14

1-3-30 续表 1

单位：个、人

指标名称	研究与试验发展		专业技术服务业		科技交流和推广服务业	
	单位数	从业人数	单位数	从业人数	单位数	从业人数
合　计	**6**	**27**	**2**	**19**	**2**	**8**
万州区	1	5				
涪陵区						
渝中区						
大渡口区						
江北区						
沙坪坝区			1	6		
九龙坡区	1	2				
南岸区	2	5				
北碚区						
万盛区					1	7
双桥区						
渝北区						
巴南区						
黔江区						
长寿区						
綦江县					1	1
潼南县						
铜梁县						
大足县						
荣昌县						
璧山县						
梁平县						
城口县						
丰都县						
垫江县						
武隆县						
忠　县						
开　县						
云阳县						
奉节县						
巫山县						
巫溪县						
石柱县						
秀山县						
酉阳县						
彭水县						
江津市						
合川市						
永川市						
南川市	2	15	1	13		

1-3-30 续表 2

单位：个、人

指标名称	水利管理业		环境管理业		公共设施管理业	
	单位数	从业人数	单位数	从业人数	单位数	从业人数
合　计	**2**	**16**	**2**	**29**	**1**	**26**
万州区						
涪陵区	1	8				
渝中区						
大渡口区						
江北区	1	8			1	26
沙坪坝区			1	21		
九龙坡区						
南岸区						
北碚区						
万盛区			1	8		
双桥区						
渝北区						
巴南区						
黔江区						
长寿区						
綦江县						
潼南县						
铜梁县						
大足县						
荣昌县						
璧山县						
梁平县						
城口县						
丰都县						
垫江县						
武隆县						
忠　县						
开　县						
云阳县						
奉节县						
巫山县						
巫溪县						
石柱县						
秀山县						
酉阳县						
彭水县						
江津市						
合川市						
永川市						
南川市						

1-3-30 续表 3 单位：个、人

指标名称	居民服务业		其他服务业		教育	
	单位数	从业人数	单位数	从业人数	单位数	从业人数
合　计	**30**	**432**	**1**	**2**	**1306**	**18968**
万州区					38	773
涪陵区	1	10			57	838
渝中区					102	2135
大渡口区					31	275
江北区	5	49			15	247
沙坪坝区	5	83			32	859
九龙坡区			1	2	74	1087
南岸区	2	148			22	299
北碚区					25	582
万盛区	1	5			11	65
双桥区					4	55
渝北区	6	26			51	1978
巴南区	3	29			25	582
黔江区					7	74
长寿区					4	18
綦江县	1	1			29	197
潼南县					77	629
铜梁县	1	4			20	353
大足县					40	636
荣昌县					16	148
璧山县	2	10			44	334
梁平县					19	501
城口县						
丰都县					68	525
垫江县					4	97
武隆县					4	24
忠　县	1	52			41	211
开　县					88	687
云阳县					11	522
奉节县					1	11
巫山县						
巫溪县					1	15
石柱县					8	56
秀山县					97	421
酉阳县					27	141
彭水县					24	103
江津市					48	350
合川市	1	3			74	1832
永川市	1	12			56	1173
南川市					11	135

1-3-30 续表 4 单位：个、人

指标名称	卫生		社会保障业		社会福利业	
	单位数	从业人数	单位数	从业人数	单位数	从业人数
合 计	**63**	**1372**	**1**	**18**	**109**	**454**
万州区	3	110			9	43
涪陵区	3	46				
渝中区	5	59			2	10
大渡口区	4	70				
江北区	4	59				
沙坪坝区	5	62			5	19
九龙坡区	17	333			2	36
南岸区	2	103			1	10
北碚区						
万盛区					1	5
双桥区						
渝北区	8	104			8	14
巴南区					2	12
黔江区	1	145				
长寿区					1	2
綦江县					1	2
潼南县						
铜梁县					35	151
大足县						
荣昌县						
璧山县			1	18	3	5
梁平县	2	2			9	30
城口县					3	21
丰都县					3	6
垫江县					2	38
武隆县						
忠 县	2	10				
开 县						
云阳县					6	15
奉节县						
巫山县						
巫溪县					2	2
石柱县						
秀山县	1	11			3	7
酉阳县						
彭水县	1	1				
江津市	1	4			6	16
合川市	2	20			4	8
永川市						
南川市	2	233			1	2

1-3-30 续表 5 单位：个、人

指标名称	文化艺术业		体育		娱乐业	
	单位数	从业人数	单位数	从业人数	单位数	从业人数
合 计	**3**	**14**	**11**	**51**	**5**	**36**
万州区						
涪陵区						
渝中区			3	14	2	8
大渡口区						
江北区						
沙坪坝区					1	11
九龙坡区						
南岸区					1	1
北碚区						
万盛区						
双桥区						
渝北区	2	12	1	3		
巴南区						
黔江区						
长寿区						
綦江县						
潼南县						
铜梁县	1	2	1	6		
大足县			1	7		
荣昌县						
璧山县			1	1		
梁平县						
城口县						
丰都县						
垫江县						
武隆县						
忠 县						
开 县						
云阳县						
奉节县						
巫山县						
巫溪县						
石柱县						
秀山县						
酉阳县						
彭水县			1	1		
江津市			2	17	1	16
合川市			1	2		
永川市						
南川市						

1-3-31 按地区、学历分组的民办非企业法人单位从业人数

单位：个、人

指标名称	单位数	从业人数					
			研究生及以上	大学本科	大专	高中	初中及以下
合　计	**1592**	**21946**	**709**	**5246**	**6782**	**6410**	**2799**
万州区	54	949	8	200	257	307	177
涪陵区	66	972	18	166	386	303	99
渝中区	123	2279	80	714	837	472	176
大渡口区	37	374	13	44	108	146	63
江北区	32	461	21	154	153	87	46
沙坪坝区	51	1062	64	393	283	191	131
九龙坡区	97	1473	30	229	560	474	180
南岸区	30	566	21	111	138	190	106
北碚区	25	582	33	183	221	113	32
万盛区	15	90		13	24	37	16
双桥区	4	55		2	18	16	19
渝北区	80	2153	159	890	641	272	191
巴南区	32	645	19	193	203	130	100
黔江区	9	250	1	38	132	66	13
长寿区	5	20			4	12	4
綦江县	33	204	7	40	68	56	33
潼南县	77	629		30	292	248	59
铜梁县	58	516	3	100	134	126	153
大足县	41	643	1	108	237	220	77
荣昌县	19	184	9	19	71	70	15
璧山县	53	424	40	28	80	149	127
梁平县	31	539	1	45	200	195	98
城口县	4	35			9	7	19
丰都县	72	541	10	91	177	221	42
垫江县	6	135	15	51	12	18	39
武隆县	4	24		1	4	17	2
忠　县	44	273		6	58	163	46
开　县	88	687	9	80	230	318	50
云阳县	17	537		169	143	86	139
奉节县	1	11		1	10		
巫山县							
巫溪县	3	17		1	2	12	2
石柱县	8	56		1	20	34	1
秀山县	101	439		21	100	274	44
酉阳县	27	141		1	36	84	20
彭水县	27	113		3	20	81	9
江津市	58	403	3	65	84	205	46
合川市	82	1865	138	598	336	498	295
永川市	59	1187	6	411	380	302	88
南川市	19	412		46	114	210	42

1-3-32 按行业、学历分组的民办非企业法人单位从业人数

单位：个、人

指标名称	单位数	从业人数	研究生及以上	大学本科	大专	高中	初中及以下
合　计	**1592**	**21946**	**709**	**5246**	**6782**	**6410**	**2799**
信息传输、计算机服务和软件业	**2**	**8**		**1**	**7**		
软件业	2	8		1	7		
租赁和商务服务业	**46**	**466**	**54**	**144**	**155**	**40**	**73**
商务服务业	46	466	54	144	155	40	73
科学研究、技术服务和地质勘查业	**10**	**54**	**5**	**16**	**21**	**11**	**1**
研究与试验发展	6	27		9	11	7	
专业技术服务业	2	19	5	4	7	3	
科技交流和推广服务业	2	8		3	3	1	1
水利、环境和公共设施管理业	**5**	**71**	**1**	**7**	**15**	**7**	**41**
水利管理业	2	16				1	15
环境管理业	2	29			1	2	26
公共设施管理业	1	26	1	7	14	4	
居民服务和其他服务业	**31**	**434**	**3**	**14**	**120**	**192**	**105**
居民服务业	30	432	3	14	119	191	105
其他服务业	1	2			1	1	
教育	**1306**	**18968**	**615**	**4819**	**5956**	**5493**	**2085**
教育	1306	18968	615	4819	5956	5493	2085
卫生、社会保障和社会福利业	**173**	**1844**	**26**	**212**	**488**	**629**	**489**
卫生	63	1372	26	208	468	565	105
社会保障业	1	18					18
社会福利业	109	454		4	20	64	366
文化、体育和娱乐业	**19**	**101**	**5**	**33**	**20**	**38**	**5**
文化艺术业	3	14		6	4	4	
体育	11	51	5	17	5	22	2
娱乐业	5	36		10	11	12	3

1-3-33　按地区、专业技术职称分组的民办非企业法人单位从业人数

单位：个、人

指标名称	单位数	从业人数	# 高级技术职称	# 中级技术职称	# 初级技术职称
合　计	**1592**	**21946**	**1808**	**3294**	**3335**
万州区	54	949	73	140	164
涪陵区	66	972	77	210	177
渝中区	123	2279	261	487	162
大渡口区	37	374	30	40	39
江北区	32	461	92	105	57
沙坪坝区	51	1062	115	134	73
九龙坡区	97	1473	85	231	343
南岸区	30	566	74	100	48
北碚区	25	582	44	183	106
万盛区	15	90		2	
双桥区	4	55	5	10	5
渝北区	80	2153	296	341	417
巴南区	32	645	40	59	59
黔江区	9	250	16	30	69
长寿区	5	20			2
綦江县	33	204	16	25	12
潼南县	77	629	1	60	87
铜梁县	58	516	21	83	13
大足县	41	643	29	69	102
荣昌县	19	184	1	12	49
璧山县	53	424	20	87	37
梁平县	31	539	8	41	77
城口县	4	35	6		
丰都县	72	541	12	40	36
垫江县	6	135	3	53	32
武隆县	4	24			
忠　县	44	273		12	49
开　县	88	687	17	67	109
云阳县	17	537	31	123	130
奉节县	1	11			
巫山县					
巫溪县	3	17		1	
石柱县	8	56		1	16
秀山县	101	439	1	33	67
酉阳县	27	141		1	
彭水县	27	113			
江津市	58	403	28	31	71
合川市	82	1865	299	277	406
永川市	59	1187	82	142	131
南川市	19	412	25	64	190

1-3-34 按行业、专业技术职称分组的民办非企业法人单位从业人数

单位：个、人

指标名称	单位数	从业人数	# 高级技术职称	# 中级技术职称	# 初级技术职称
合　计	**1592**	**21946**	**1808**	**3294**	**3335**
信息传输、计算机服务和软件业	**2**	**8**			**1**
软件业	2	8			1
租赁和商务服务业	**46**	**466**	**22**	**30**	**51**
商务服务业	46	466	22	30	51
科学研究、技术服务和地质勘查业	**10**	**54**	**16**	**9**	**7**
研究与试验发展	6	27	10	4	
专业技术服务业	2	19	6	5	7
科技交流和推广服务业	2	8			
水利、环境和公共设施管理业	**5**	**71**	**3**	**24**	
水利管理业	2	16		1	
环境管理业	2	29			
公共设施管理业	1	26	3	23	
居民服务和其他服务业	**31**	**434**	**2**	**2**	**19**
居民服务业	30	432	2	2	19
其他服务业	1	2			
教育	**1306**	**18968**	**1614**	**2965**	**2690**
教育	1306	18968	1614	2965	2690
卫生、社会保障和社会福利业	**173**	**1844**	**146**	**249**	**558**
卫生	63	1372	145	244	555
社会保障业	1	18			
社会福利业	109	454	1	5	3
文化、体育和娱乐业	**19**	**101**	**5**	**15**	**9**
文化艺术业	3	14	1	9	3
体育	11	51	4	6	6
娱乐业	5	36			

1-3-35 按地区、技术等级分组的民办非企业法人单位从业人数

单位：个、人

指标名称	单位数	从业人数				
			#高级技师	#技师	#高级工	#中级工
合　计	**1592**	**21946**	**149**	**183**	**256**	**391**
万州区	54	949	13	8	7	13
涪陵区	66	972			3	3
渝中区	123	2279	9	17	32	26
大渡口区	37	374		2		13
江北区	32	461	1	8	31	13
沙坪坝区	51	1062	37	38	29	27
九龙坡区	97	1473	1	4	11	23
南岸区	30	566	2	5	1	2
北碚区	25	582	3	1	4	10
万盛区	15	90				
双桥区	4	55				
渝北区	80	2153	26	33	27	44
巴南区	32	645	8	12	5	13
黔江区	9	250			2	
长寿区	5	20				
綦江县	33	204	9	2		
潼南县	77	629	7	1	3	1
铜梁县	58	516	3	7	7	18
大足县	41	643		2	3	
荣昌县	19	184				
璧山县	53	424	2	5	2	8
梁平县	31	539				12
城口县	4	35				
丰都县	72	541			2	8
垫江县	6	135				
武隆县	4	24				
忠　县	44	273				4
开　县	88	687	2	4	11	12
云阳县	17	537	7		13	8
奉节县	1	11				
巫山县						
巫溪县	3	17				
石柱县	8	56				
秀山县	101	439				
酉阳县	27	141				
彭水县	27	113				
江津市	58	403	3	2	6	3
合川市	82	1865	11	29	55	124
永川市	59	1187	2	1	1	
南川市	19	412	3	2	1	6

1-3-36 按行业、技术等级分组的民办非企业法人单位从业人数

单位：个、人

指标名称	单位数	从业人数	# 高级技师	# 技师	# 高级工	# 中级工
合 计	**1592**	**21946**	**149**	**183**	**256**	**391**
信息传输、计算机服务和软件业	**2**	**8**				
软件业	2	8				
租赁和商务服务业	**46**	**466**			**2**	
商务服务业	46	466			2	
科学研究、技术服务和地质勘查业	**10**	**54**	**1**			
研究与试验发展	6	27	1			
专业技术服务业	2	19				
科技交流和推广服务业	2	8				
水利、环境和公共设施管理业	**5**	**71**				**1**
水利管理业	2	16				1
环境管理业	2	29				
公共设施管理业	1	26				
居民服务和其他服务业	**31**	**434**		**3**		
居民服务业	30	432		3		
其他服务业	1	2				
教育	**1306**	**18968**	**144**	**172**	**244**	**374**
教育	1306	18968	144	172	244	374
卫生、社会保障和社会福利业	**173**	**1844**	**4**	**8**	**9**	**15**
卫生	63	1372	4	8	8	13
社会保障业	1	18				
社会福利业	109	454			1	2
文化、体育和娱乐业	**19**	**101**			**1**	**1**
文化艺术业	3	14				1
体育	11	51				
娱乐业	5	36			1	

第 4 篇

个体经营户状况

1-4-1 按行业分组的个体经营户总户数、从业人数及样本数

单位：户、人

指标名称	总体数			从业人数	样本数
		有营业执照	无营业执照		
合　计	**843810**	**527816**	**315994**	**2128881**	**101251**
工业	79282	33638	45644	471076	19517
建筑业	5956	2429	3527	26595	2813
交通运输业	100229	58999	41230	174982	8432
仓储业	558	334	224	1767	496
批发业	41124	34269	6855	96434	3054
零售业	395228	263751	131477	787273	30952
住宿业	4169	3265	904	11960	1134
餐饮业	72535	45109	27426	248906	14322
房地产业	309	248	61	952	266
租赁和商务服务业	8027	5882	2145	15586	1220
教育业	2134	1369	765	8320	1352
卫生和福利业	18652	13070	5582	30538	1501
居民服务业	56794	32134	24660	127567	6957
文化体育和娱乐业	20734	9767	10967	44673	3217
信息传输、计算机服务和软件业（不包括电信业）	3435	3005	430	8690	1097
其他服务业	34644	20547	14097	73562	4921

注：对个体经营户的调查除城口县和武隆县采取普查外，其他区县均采用抽样调查方式。

1-4-2 按行业分组的个体经营户主要经济指标

单位：千元

指标名称	营业收入	营业支出			固定资产原价
			#雇员报酬	#缴纳税费	
合　计	**150517584**	**116150726**	**5630610**	**3694196**	**24005089**
工业	32380273	25011416	2329912	710678	5167303
建筑业	1135591	865972	134361	28923	124423
交通运输业	12513800	8115765	597917	1299288	7264903
仓储业	123629	90343	5634	1826	30679
批发业	29279406	23606273	187428	276554	485975
零售业	54402639	44054832	1003807	885882	4963968
住宿业	421918	247156	29389	12663	595109
餐饮业	11399607	8494102	652209	251752	2511280
房地产业	24631	15549	4071	671	3759
租赁和商务服务业	523307	335695	32785	14380	247424
教育业	157324	100374	33411	2814	120623
卫生和福利业	1152519	757737	26824	22483	386944
居民服务业	3245521	2035362	321956	80214	813004
文化体育和娱乐业	1268838	747800	104457	40441	519568
信息传输、计算机服务和软件业（不包括电信业）	381883	252744	24809	15360	284248
其他服务业	2106698	1419606	141640	50268	485880

1-4-3 按行业分组的个体经营户主要指标平均值

单位：人/户、元/户

指标名称	从业人数	营业收入	营业支出	缴纳税费
合　计	**2.52**	**178379**	**137650**	**4378**
工业	5.94	408419	315474	8964
建筑业	4.47	190663	145395	4856
交通运输业	1.75	124852	80972	12963
仓储业	3.17	221557	161905	3273
批发业	2.34	711979	574027	6725
零售业	1.99	137649	111467	2241
住宿业	2.87	101204	59284	3037
餐饮业	3.43	157160	117103	3471
房地产业	3.08	79711	50320	2170
租赁和商务服务业	1.94	65193	41821	1791
教育业	3.90	73722	47036	1318
卫生和福利业	1.64	61791	40625	1205
居民服务业	2.25	57145	35838	1412
文化体育和娱乐业	2.15	61196	36066	1950
信息传输、计算机服务和软件业（不包括电信业）	2.53	111174	73579	4472
其他服务业	2.12	60810	40977	1451

1-4-4 按区县分组的个体经营户总户数、样本数

单位：户、%

指标名称	总体数	有营业执照	无营业执照	样本数	抽样比
合　计	**843810**	**527816**	**315994**	**101251**	**10.20**
万州区	35483	26440	9043	2972	8.38
涪陵区	40140	23798	16342	3260	8.12
渝中区	39734	22962	16772	3311	8.33
大渡口区	12272	4894	7378	1708	13.92
江北区	20552	10908	9644	2924	14.23
沙坪坝区	29422	14672	14750	2570	8.73
九龙坡区	43381	20523	22858	3659	8.43
南岸区	28217	14751	13466	2274	8.06
北碚区	16818	13038	3780	2273	13.52
万盛区	8681	5559	3122	1606	18.50
双桥区	2481	1389	1092	516	20.80
渝北区	28833	21914	6919	2470	8.57
巴南区	24164	16993	7171	2075	8.59
黔江区	14726	9053	5673	2069	14.05
长寿区	20035	16302	3733	2692	13.44
綦江县	26761	15078	11683	2212	8.27
潼南县	19009	12078	6931	2491	13.10
铜梁县	23037	14127	8910	1967	8.54
大足县	24987	17440	7547	2108	8.44
荣昌县	21495	12971	8524	1859	8.65
璧山县	19054	12173	6881	2592	13.60
梁平县	19203	13597	5606	2520	13.12
城口县	6697	3880	2817	6697	-
丰都县	16194	10360	5834	2194	13.55
垫江县	13375	10629	2746	1806	13.50
武隆县	8454	6879	1575	8454	-
忠　县	18855	14401	4454	2517	13.35
开　县	25286	15723	9563	2109	8.34
云阳县	23476	12257	11219	2012	8.57
奉节县	21386	10014	11372	1871	8.75
巫山县	13008	6481	6527	1845	14.18
巫溪县	8929	5408	3521	1711	19.16
石柱县	8632	7249	1383	1665	19.29
秀山县	14140	8157	5983	1959	13.85
酉阳县	13683	9480	4203	1913	13.98
彭水县	12642	7658	4984	1766	13.97
江津市	32872	24189	8683	2690	8.18
合川市	33746	21864	11882	2725	8.08
永川市	39075	21662	17413	3205	8.20
南川市	14875	10865	4010	1984	13.34

注：全市抽样比计算，不含城口县、武隆县普查数据。

1-4-5 按区县分组的个体经营户主要经济指标

单位：人、千元

指标名称	从业人数	营业收入	营业支出	#雇员报酬	#缴纳税费	固定资产原价
合　计	**2128881**	**150517584**	**116150726**	**5630610**	**3694196**	**24005089**
万州区	92137	5671026	4017530	200948	107093	711273
涪陵区	137622	5884256	4337196	413484	165909	1319427
渝中区	97345	15387778	12749929	272585	141146	515962
大渡口区	26458	1251536	901149	68696	56225	312416
江北区	46231	4042827	3451786	122717	88741	348815
沙坪坝区	84443	9238486	8388067	264733	74267	625854
九龙坡区	114156	11512258	6776685	290348	308072	708155
南岸区	109672	6136423	4932200	506560	168206	1249384
北碚区	40752	2896393	2162964	147783	98582	573006
万盛区	18369	1052205	789310	46530	38645	293513
双桥区	4609	199860	147229	6659	3968	38048
渝北区	72170	3908693	2564625	174430	90086	637669
巴南区	74920	3495708	2837420	139189	54251	465917
黔江区	27029	1494653	1097044	57580	32258	274173
长寿区	50374	2663966	1773024	136551	60522	503514
綦江县	68493	4441038	3839791	131095	91626	796764
潼南县	38597	3205745	2395827	64759	97407	593601
铜梁县	61600	4636420	3571899	169945	151579	1510463
大足县	68351	5948727	5031701	153736	99913	720980
荣昌县	61201	3518446	2497993	100644	67358	405550
璧山县	56704	4929107	4127647	271381	126705	751599
梁平县	50481	3108171	2502295	103154	110313	763524
城口县	11111	403031	296931	22289	10179	106257
丰都县	33199	1879756	1553813	68851	55948	630214
垫江县	39561	2000193	1598368	58141	59707	404541
武隆县	14676	1024011	782031	26133	18356	223568
忠　县	37767	2267148	1663421	76977	60996	454886
开　县	60659	3520405	2707865	132096	88982	844925
云阳县	44498	2417083	1779495	90592	83546	545507
奉节县	57132	2245214	1465105	307003	81630	635806
巫山县	24763	1092692	843188	43241	38031	436237
巫溪县	15992	828525	603499	22504	23934	167446
石柱县	15880	1443867	1140530	33362	29461	214721
秀山县	28922	1815684	1366957	79973	49131	317203
酉阳县	22050	983877	716610	23174	17359	233665
彭水县	21805	1216002	745744	34405	45851	422670
江津市	72607	7220798	5876154	182004	275266	1509320
合川市	91871	5600308	4552416	363959	270397	1225208
永川市	98838	7738405	5831669	161662	187169	1168785
南川市	35836	2196868	1733621	60740	65382	344526

1-4-6 按区县分组的个体经营户主要指标平均值

单位：人/户、元/户

指标名称	从业人数	营业收入	营业支出	#缴纳税费
合　计	**2.52**	**178379**	**137650**	**4378**
万州区	2.60	159824	113224	3018
涪陵区	3.43	146593	108052	4133
渝中区	2.45	387270	320882	3552
大渡口区	2.16	101983	73431	4582
江北区	2.25	196712	167954	4318
沙坪坝区	2.87	313999	285095	2524
九龙坡区	2.63	265376	156213	7102
南岸区	3.89	217473	174795	5961
北碚区	2.42	172220	128610	5862
万盛区	2.12	121208	90924	4452
双桥区	1.86	80556	59343	1599
渝北区	2.50	135563	88948	3124
巴南区	3.10	144666	117423	2245
黔江区	1.84	101498	74497	2191
长寿区	2.51	132966	88496	3021
綦江县	2.56	165952	143485	3424
潼南县	2.03	168644	126036	5124
铜梁县	2.67	201260	155051	6580
大足县	2.74	238073	201373	3999
荣昌县	2.85	163687	116213	3134
璧山县	2.98	258691	216629	6650
梁平县	2.63	161859	130307	5745
城口县	1.66	60181	44338	1520
丰都县	2.05	116077	95950	3455
垫江县	2.96	149547	119504	4464
武隆县	1.74	121127	92504	2171
忠　县	2.00	120241	88222	3235
开　县	2.40	139223	107090	3519
云阳县	1.90	102960	75801	3559
奉节县	2.67	104985	68508	3817
巫山县	1.90	84002	64821	2924
巫溪县	1.79	92790	67589	2680
石柱县	1.84	167269	132128	3413
秀山县	2.05	128408	96673	3475
酉阳县	1.61	71905	52372	1269
彭水县	1.72	96187	58989	3627
江津市	2.21	219664	178759	8374
合川市	2.72	165955	134902	8013
永川市	2.53	198040	149243	4790
南川市	2.41	147689	116546	4395

第1篇

工业企业生产经营及财务状况

2-1-1 工业企业

指标名称	企业数	#亏损企业数	工业总产值	工业销售产值	#出口交货值	年末存货
合　计	**20509**	**3241**	**259884377**	**258568666**	**13916763**	**37672079**
按登记注册类型分组						
内资企业	20169	3131	217601268	216962336	11590749	31402481
国有企业	423	146	17926020	18076848	908878	4060483
集体企业	2649	517	9353841	9279139	134832	1315448
股份合作企业	615	146	2679200	2684599	22025	356626
联营企业	93	20	375900	369120	2000	70667
有限责任公司	1918	533	78772640	79079775	3026084	14723704
股份有限公司	354	78	26899728	26991116	1672488	3427093
私营企业	13781	1665	80850910	79761306	5813749	7414008
其他企业	336	26	743029	720433	10693	34452
港、澳、台商投资企业	141	53	13702713	13342631	616744	2290885
外商投资企业	199	57	28580396	28263699	1709270	3978713
按轻重工业分组						
轻工业	8707	1372	92213888	91296894	8598275	12323107
重工业	11802	1869	167670489	167271772	5318488	25348972
按国民经济行业大类分组						
采矿业	2536	168	12943587	13241416	149911	578366
煤炭开采和洗选业	1312	97	8293012	8333391	30	333414
石油和天然气开采业	2		306094	301771		19570
黑色金属矿采选业	141	11	1305425	1494767		130380
有色金属矿采选业	13		23854	23038		598
非金属矿采选业	1068	60	3015202	3088449	149881	94404
其他采矿业						
制造业	16945	2875	228629306	226832578	13766852	36704125
农副食品加工业	1109	81	8449851	8396126	412039	672930
食品制造业	534	75	3184404	3198098	122969	348200
饮料制造业	779	66	3339100	3331667	74610	656180
烟草制品业	5		4231851	4232292	1130	1795807

注：本表统计范围为财务指标不全为零的单位，下同。

主要经济指标

单位：个、千元、人

资产总计	固定资产原价	本年折旧	负债合计	实收资本	国家资本	集体资本	法人资本
310997449	**171818788**	**9744401**	**183921915**	**85559273**	**21007159**	**2979829**	**35523254**
268358583	144023471	8188873	159764004	73455388	19467023	2860881	31356873
30679778	21922409	1133552	23335375	8774916	7260752	10460	1479445
7552374	4244251	390295	5045293	2120985	107046	1649259	154866
2185878	1226097	91447	1180617	790914	15559	102058	258015
773038	622932	22044	566810	211461	24249	51314	119690
129790788	71665404	3583159	77567910	35693724	10240156	638721	20063101
41360153	18669549	1069388	21253088	9575606	1740300	180814	4841938
55431358	25259644	1871409	30619617	16128336	70408	225641	4387242
585216	413185	27579	195294	159446	8553	2614	52576
11677376	7601687	383397	6125737	2554200	779212	17895	412932
30961490	20193630	1172131	18032174	9549685	760924	101053	3753449
84399476	38189956	2359531	53684301	21234715	4477503	1002451	7352374
226597973	133628832	7384870	130237614	64324558	16529656	1977378	28170880
12504086	8675272	472671	5503191	4825568	436898	194111	2664749
8902675	6660813	325212	4003836	3625586	142012	132322	2376410
429105	338645	20074	126432	130355	63237		67118
1150906	580131	41425	523340	312201	194590	8003	25662
17696	15779	703	8048	8447	2789	2715	590
2003704	1079904	85257	841535	748979	34270	51071	194969
242913061	116278645	6964009	145931848	66386758	11518644	2420452	28938818
4255344	2179353	134488	2551029	1302693	197727	74441	284427
2843209	1943847	100721	1553263	980455	173322	43819	295285
4315233	2753244	163297	2243585	1407849	210811	21431	460062
5086439	2453888	179113	3317169	830075	684575		145500

2-1-1 续表 1

指标名称	企业数	#亏损企业数	工业总产值	工业销售产值	#出口交货值	年末存货
纺织业	1100	86	7461602	7374533	932644	1087576
纺织服装、鞋、帽制造业	212	60	916823	846238	64338	228846
皮革、毛皮、羽毛(绒)及其制品业	198	21	1883768	1760552	74898	164459
木材加工及木、竹、藤、棕、草制品业	171	24	548065	528575	21962	48157
家具制造业	362	36	1644708	1652706	6268	165589
造纸及纸制品业	426	83	2938091	2906623	1400	406028
印刷业和记录媒介的复制	653	154	1866815	1863329		216497
文教体育用品制造业	47	16	59314	55973	298	10789
石油加工、炼焦及核燃料加工业	61	13	1047858	1026265		170170
化学原料及化学制品制造业	794	159	15349351	15311378	1104716	1964934
医药制造业	153	37	5899325	5930929	344190	925579
化学纤维制造业	6		133830	131909	164	56222
橡胶制品业	194	48	1475314	1467687	32428	313108
塑料制品业	593	113	2494558	2481229	8289	394192
非金属矿物制品业	2679	309	14971902	14997163	1161220	2062058
黑色金属冶炼及压延加工业	327	45	14781825	14553196	159448	2409912
有色金属冶炼及压延加工业	198	40	9601100	9423342	954866	1391118
金属制品业	775	169	4291891	4206754	201704	783074
通用设备制造业	1122	225	11433928	11201597	548741	2523578
专用设备制造业	409	119	6426549	7431152	369312	1535887
交通运输设备制造业	2978	616	86312414	85657384	6390793	12627158
电气机械及器材制造业	435	134	8607250	8085166	153723	1614382
通信设备、计算机及其他电子设备制造业	93	34	3989770	3587455	94397	1030391
仪器仪表及文化、办公用机械制造业	311	78	4438046	4360091	382534	962475
工艺品及其他制造业	170	23	533877	503079	147771	113333
废弃资源和废旧材料回收加工业	51	11	316126	330090		25496
电力、燃气及水的生产和供应业	1028	198	18311484	18494672		389588
电力、热力的生产和供应业	552	85	15456686	15500353		246209
燃气生产和供应业	85	12	1699139	1841008		91502
水的生产和供应业	391	101	1155659	1153311		51877

单位：个、千元、人

资产总计	固定资产原价	本年折旧	负债合计	实收资本	国家资本	集体资本	法人资本
5651988	3577699	251867	4225859	1717491	535379	65615	284529
763043	260860	19631	470125	251856	6400	24838	68768
836195	296396	26970	397217	235067	11609	18331	54240
494040	241127	14710	203370	144112	23169	27906	36913
1251241	494707	35976	694198	417888	5186	19592	144008
2940144	1161847	81549	1512453	1206165	30717	77685	630250
1942281	1200008	100030	1038427	635314	81969	61295	167273
60406	34547	2011	16804	31280	4089	5582	6990
943820	540432	66829	379275	359844	3556	27984	211196
20261205	14333622	882529	10561800	6159116	2547482	206017	1859595
11480140	4201519	213518	6278985	3011611	646618	23916	1518018
166292	147583	5244	115710	7761		938	
1944917	772926	41930	1422848	412794	6799	16421	120715
2593020	1339918	89688	1566073	1090204	69161	147964	182340
21149092	12665918	834413	12965874	6318640	325047	329611	2365259
11256537	7298020	321959	5598051	2688647	1332709	93563	206827
8766933	6478734	186034	5990834	4431318	200422	21188	3912399
4153535	1882235	164187	2434654	1495707	46399	114160	579650
12989801	5981448	338137	8172155	3978726	544979	268730	1954859
17093665	7079862	412881	13299869	3037305	766667	46032	1926109
80597189	31157113	1917072	45592234	19209475	1961278	433119	9562233
8396027	2524011	208242	6521948	1945486	331144	131895	651199
4392557	1078266	75698	2852602	1379578	351506	49688	675355
5694739	2001759	84690	3643657	1482360	407941	42664	562386
414201	140319	7770	217587	141557	5483	18559	46781
179828	57437	2825	94193	76384	6500	7468	25652
55580302	46864871	2307721	32486876	14346947	9051617	365266	3919687
46525343	40157943	1988383	28541409	10950276	6854187	116196	3263748
2978475	1638918	84517	1303490	1108808	829734	86299	122038
6076484	5068010	234821	2641977	2287863	1367696	162771	533901

2-1-1 续表 2

指标名称	个人资本	港澳台资本	外商资本	营业收入	#主营业务收入	产品销售成本
合　计	**17136238**	**2627594**	**6285199**	**262367541**	**255198540**	**207463987**
按登记注册类型分组						
内资企业	16956280	1111633	1702698	220607090	213850277	174832796
国有企业	10619	9000	4640	18826737	17967474	13867255
集体企业	209814			9394244	9203577	7811745
股份合作企业	415282			2641730	2611320	2234934
联营企业	16208			363073	360166	290189
有限责任公司	2646897	1039067	1065782	81058382	78101417	63090950
股份有限公司	2208117	11637	592800	27924544	26373652	20353483
私营企业	11353640	51929	39476	79677538	78518888	66570436
其他企业	95703			720842	713783	613804
港、澳、台商投资企业	68186	1255605	20370	13104978	13048506	10864392
外商投资企业	111772	260356	4562131	28655473	28299757	21766799
按轻重工业分组						
轻工业	6690982	531528	1179877	92094617	89406349	72435706
重工业	10445256	2096066	5105322	170272924	165792191	135028281
按国民经济行业大类分组						
采矿业	1522680	6000	1130	13647956	13085273	9542410
煤炭开采和洗选业	972842	2000		8771315	8265465	5896946
石油和天然气开采业				307348	298408	205230
黑色金属矿采选业	83946			1525911	1486157	1070407
有色金属矿采选业	2353			21744	21744	16290
非金属矿采选业	463539	4000	1130	3021638	3013499	2353537
其他采矿业						
制造业	14801471	2494144	6213229	228804142	222823556	182159905
农副食品加工业	602505	8350	135243	8361386	8308350	7419008
食品制造业	268725	7734	191570	3429832	3340447	2690434
饮料制造业	443716	83490	188339	3353970	3312550	2237861
烟草制品业				4254831	4208373	1828316

单位：个、千元、人

产品销售税金及附加	费用合计	营业利润	利润总额	亏损企业亏损额	从业人员劳动报酬	劳动、失业保险费	从业人员年平均人数
5146423	**32613197**	**11622380**	**14419469**	**2446752**	**17365190**	**929593**	**1446227**
4569929	27935162	7947289	10523901	2141701	15958607	811020	1374477
564510	4020468	-38006	225124	888464	2043747	199407	142893
158469	993998	425493	415806	111559	1091455	42238	117353
39300	251749	108945	126918	26393	271814	7436	29272
6025	53232	17195	15390	12186	42644	1713	4205
1641035	11711533	1458160	2748715	622803	5364435	394983	378283
585525	4278468	1500528	2409049	96726	1362882	81113	81805
1562859	6567849	4427130	4537153	381921	5720921	83366	613303
12206	57865	47844	45746	1649	60709	764	7363
59932	1059258	1090278	1073254	123350	607697	91207	27465
516562	3618777	2584813	2822314	181701	798886	27366	44285
2605615	9930765	2932080	3109350	1058068	5255424	184476	518019
2540808	22682432	8690300	11310119	1388684	12109766	745117	928208
344907	1791074	1562692	1525874	44618	2363851	139610	207522
208978	1268755	938675	946975	35166	1828340	130827	160728
5615	44061	50201	65732		23574	3070	1308
29329	154705	254172	226757	1434	174575	1316	10863
670	2793	4424	3122		2966	196	371
100315	320760	315220	283288	8018	334396	4201	34252
4649774	28414624	9362717	11838598	2205455	13673168	735729	1170150
71381	630215	336996	298197	41109	311278	5185	36067
37880	472889	168468	179211	25609	224185	6731	24327
188591	709294	228051	231334	51593	217594	3717	19048
1490878	637178	271990	275467		193145	34642	5763

2-1-1 续表 3

指标名称	个人资本	港澳台资本	外商资本	营业收入	#主营业务收入	产品销售成本
纺织业	809958	3116	18894	7506551	7329940	6766521
纺织服装、鞋、帽制造业	108563	11194	32093	830898	821540	650089
皮革、毛皮、羽毛(绒)及其制品业	120950	25087	4850	1750043	1742806	1494360
木材加工及木、竹、藤、棕、草制品业	53522	1602	1000	526734	511621	440522
家具制造业	189386	1450	58266	1669059	1638452	1413572
造纸及纸制品业	435377	7142	24994	2836443	2812367	2435394
印刷业和记录媒介的复制	296862	16166	11749	1800652	1785064	1504429
文教体育用品制造业	9660		4959	54310	54101	42607
石油加工、炼焦及核燃料加工业	117108			1082314	1042039	839062
化学原料及化学制品制造业	964485	71242	510295	15618867	15338182	11824938
医药制造业	759968	41799	21292	5172592	5078151	3113179
化学纤维制造业	6823			123164	123164	105659
橡胶制品业	144313	8270	116276	1451109	1436161	1216368
塑料制品业	391150	224423	75166	2452451	2441832	2148108
非金属矿物制品业	2360687	206625	731411	14728205	14516722	11657814
黑色金属冶炼及压延加工业	616334	422219	16995	14811278	14662419	12622358
有色金属冶炼及压延加工业	285234	11722	353	9512766	9155834	8447785
金属制品业	647495	20679	87324	4257039	4178440	3464619
通用设备制造业	726180	15744	468234	11230360	10963299	8872722
专用设备制造业	248433	29377	20687	7570055	7234247	5969583
交通运输设备制造业	3163273	1151244	2938328	87795387	84777485	71394578
电气机械及器材制造业	417243	77920	336085	8499399	8184907	5330424
通信设备、计算机及其他电子设备制造业	126283	42248	134498	3165852	2946756	2478937
仪器仪表及文化、办公用机械制造业	383996	4475	80898	4136283	4061604	3081667
工艺品及其他制造业	66478	826	3430	492397	486989	372669
废弃资源和废旧材料回收加工业	36764			329915	329714	296322
电力、燃气及水的生产和供应业	812087	127450	70840	19915443	19289711	15761672
电力、热力的生产和供应业	645305		70840	16699420	16301993	13586900
燃气生产和供应业	70737			1957423	1869017	1390844
水的生产和供应业	96045	127450		1258600	1118701	783928

单位：个、千元、人

产品销售税金及附加	费用合计	营业利润	利润总额	亏损企业亏损额	从业人员劳动报酬	劳动、失业保险费	从业人员年平均人数
50944	558889	9500	-23347	258248	678758	22329	84811
8617	146548	16168	32678	12545	100626	2097	11140
12052	157693	104906	114275	3403	144650	1076	11792
8310	52041	23573	19444	2086	43467	671	4770
19934	161105	72821	66417	51429	110175	2615	9888
30935	290050	108062	170306	41496	174294	3281	19418
23605	214239	66741	78832	42964	165747	14499	17704
1464	7974	2883	2716	988	8711	686	908
16248	108578	86315	72167	2921	51866	8564	4474
124354	2288997	1278302	1500231	144242	969661	79076	78616
50796	1526653	377220	412416	80747	325872	26852	23172
507	10049	6877	8008		4586	230	588
16330	192933	46179	46493	32529	128942	4848	13919
26634	240891	39914	34711	68517	179192	3624	19382
606758	1971526	864820	883123	242175	1442144	32706	158221
44821	935227	1094197	1073671	77895	696697	111433	38179
38186	574873	137157	223668	40264	378840	41491	23470
43571	502379	251705	211170	52676	351418	10014	34403
109843	1527022	527631	609969	51993	936335	62485	75588
122314	3614864	-558886	144916	291156	892584	29831	55900
1419239	8856295	3181465	4466494	420185	3975704	167626	321905
40881	670180	333653	302246	75746	375366	12904	30265
6629	430888	62298	101150	32207	150709	4579	10008
26139	849204	158622	234468	47058	375170	40019	29089
7298	57633	52648	56475	2551	45709	819	5846
4635	18317	12441	11692	11123	19743	1099	1489
151742	2407499	696971	1054997	196679	1328171	54254	68555
115247	1672673	494767	827101	137597	997655	41982	49762
22290	403869	105586	118349	8930	151350	3773	6398
14205	330957	96618	109547	50152	179166	8499	12395

2-1-2 国有及国有控股

指标名称	企业数	#亏损企业数	工业总产值	工业销售产值	#出口交货值	年末存货
合 计	**942**	**302**	**119521555**	**119979442**	**4669911**	**21472085**
按登记注册类型分组						
内资企业	901	289	91875468	92808978	3774789	17371857
国有企业	423	146	17926020	18076848	908878	4060483
集体企业	85	23	752432	740777		88679
股份合作企业	11	3	73824	74823		9356
联营企业	18	7	137344	134226		29021
有限责任公司	308	100	51242267	51867438	1501058	10630499
股份有限公司	53	10	21738537	21910782	1364853	2553803
私营企业						
其他企业	3		5044	4084		16
港、澳、台商投资企业	13	5	9713992	9526500	114161	1672939
外商投资企业	28	8	17932095	17643964	780961	2427289
按轻重工业分组						
轻工业	358	133	24098413	23772509	1737139	5308145
重工业	584	169	95423142	96206933	2932772	16163940
按国民经济行业大类分组						
采矿业	59	4	3565879	3703601	20563	299139
煤炭开采和洗选业	40	4	2574858	2510335		202524
石油和天然气开采业	2		306094	301771		19570
黑色金属矿采选业	4		336020	527166		61130
有色金属矿采选业	1		1904	1904		70
非金属矿采选业	12		347003	362425	20563	15845
其他采矿业						
制造业	676	218	99410344	99549409	4649348	20834742
农副食品加工业	50	8	796330	785293	20754	130922
食品制造业	25	7	655147	661386	92	79305
饮料制造业	16	1	1318162	1327065		426347
烟草制品业	4		4181101	4161879	1130	1790540

工业企业主要经济指标

单位：个、千元、人

资产总计	固定资产原价	本年折旧	负债合计	实收资本	国家资本	集体资本	法人资本
189664985	**115133195**	**5860888**	**114219549**	**49681582**	**20327393**	**340360**	**22361882**
164719324	96810659	4880675	100576271	43395576	19036920	312390	19669621
30679778	21922409	1133552	23335375	8774916	7260752	10460	1479445
642543	365039	24322	435966	165120	40495	122246	2329
163518	112255	6178	58355	70104	4300	2150	53142
556261	484987	15055	463654	121030	22073	4285	93355
99338513	58576556	2799518	58843199	27130166	10085986	116365	14514596
33336566	15348755	902004	17438284	7133069	1623214	56884	3526354
2145	658	46	1438	1171	100		400
8303640	6010815	256597	3973311	1424127	759546	750	140546
16642021	12311721	723616	9669967	4861879	530927	27220	2551715
35855377	17810809	991709	25035848	7693374	4274687	94263	2217520
153809608	97322386	4869179	89183701	41988208	16052706	246097	20144362
7025932	5162340	192917	3326388	2538102	424148	4225	2073463
5201728	4159700	134068	2386632	2073814	132512	3563	1917505
429105	338645	20074	126432	130355	63237		67118
638631	419558	25738	301570	193091	191711		750
3778	6516	45	3165	2789	2789		
752690	237921	12992	508589	138053	33899	662	88090
134664649	69165241	3620874	83183396	34884589	10915530	210511	17364431
818201	455102	17853	672983	190646	173487	1278	10261
808248	581372	19932	600200	244980	168145	1274	71439
2155112	1399955	82792	1247204	401298	110008	428	162842
4914925	2280652	166212	3246194	745075	684575		60500

2-1-2 续表 1

指标名称	企业数	#亏损企业数	工业总产值	工业销售产值	#出口交货值	年末存货
纺织业	23	12	1435478	1388201	340670	428168
纺织服装、鞋、帽制造业	6	1	24216	32344		6662
皮革、毛皮、羽毛(绒)及其制品业	1	1	627	627		
木材加工及木、竹、藤、棕、草制品业	6	2	26803	19197		4557
家具制造业	4	3	16084	16842		3141
造纸及纸制品业	11	2	469085	476564		117919
印刷业和记录媒介的复制	27	12	243313	250375		47977
文教体育用品制造业	5	3	6239	5575		943
石油加工、炼焦及核燃料加工业	3	1	388430	360445		98706
化学原料及化学制品制造业	56	18	8102032	8115206	731987	1106302
医药制造业	23	8	3529338	3612915	184696	548177
化学纤维制造业						
橡胶制品业	9	4	280218	292107		92738
塑料制品业	10	4	92273	96139		22404
非金属矿物制品业	47	22	1195822	1261362	488617	265702
黑色金属冶炼及压延加工业	13	1	11083273	11014123	111400	1952685
有色金属冶炼及压延加工业	18	3	4342983	4323014	611934	932259
金属制品业	20	7	426948	413619	10287	119486
通用设备制造业	63	17	6010550	5883516	194578	1560175
专用设备制造业	37	18	5124009	6118962	341925	1276021
交通运输设备制造业	110	32	40334673	40144228	1184248	7657073
电气机械及器材制造业	34	15	5215084	4698050	148676	1034203
通信设备、计算机及其他电子设备制造业	12	3	1086307	1103656	25093	413949
仪器仪表及文化、办公用机械制造业	35	10	2935313	2882276	243491	715244
工艺品及其他制造业	5	2	30343	27303	9770	2617
废弃资源和废旧材料回收加工业	3	1	60163	77140		520
电力、燃气及水的生产和供应业	207	80	16545332	16726432		338204
电力、热力的生产和供应业	85	33	14311633	14359630		218928
燃气生产和供应业	22	2	1453196	1595428		81723
水的生产和供应业	100	45	780503	771374		37553

单位：个、千元、人

资产总计	固定资产原价	本年折旧	负债合计	实收资本	国家资本	集体资本	法人资本
2472880	1749252	158132	2465207	676461	535194	4228	135783
33222	16708	1036	15861	5938	5440	200	
6422	6926	258	9542	10309	10309		
76221	47694	2511	46167	23925	12969		10856
12003	3645	208	9728	3402	3062	204	136
593492	153256	4280	443353	88364	29167		10600
421167	304556	20099	316017	117961	79837	16735	15460
8084	3494	100	1383	4089	4089		
295442	179553	50350	125449	167961	3054		164907
11704323	9723781	590875	6252303	3698062	2529874	61653	747297
7494967	2874870	145483	4472840	1666121	640887	5000	786766
460062	251176	8881	398004	41002	6799		33757
180052	81425	3096	95150	91222	55550	15600	5072
3304618	2064435	125540	2494065	1039188	218955	16924	622873
8940336	6083490	236429	4384055	1776189	1322609	700	6082
6026184	5306752	119415	4290276	3591462	135897	1119	3437523
507392	309577	14888	501901	142417	32444	7132	101323
8200108	4087804	194062	5374765	2422765	519863	10859	1535070
15565929	6597224	367379	12470990	2492918	750277	1610	1734080
49226112	20967874	1130968	25216364	12771350	1861117	5651	6815495
4622387	1293446	56865	3952296	923846	272997	35265	288542
2266998	740120	43594	1357867	852352	343786	5470	444656
3514664	1590576	58896	2701808	679694	399156	18833	156335
23439	5095	345	13825	6316	4483	348	
11659	5431	395	7599	9276	1500		6776
47974404	40805614	2047097	27709765	12258891	8987715	125624	2923988
41023728	35841289	1796745	24946148	9509778	6811417	2754	2496767
2458183	1285645	69945	1029299	956645	829734	64400	56496
4492493	3678680	180407	1734318	1792468	1346564	58470	370725

2-1-2 续表 2

指标名称	个人资本	港澳台资本	外商资本	营业收入	#主营业务收入	产品销售成本
合 计	**1682566**	**1613769**	**3355612**	**123985532**	**119327294**	**93433774**
按登记注册类型分组						
内资企业	1682566	1047899	1646180	96768871	92177997	72277263
国有企业	10619	9000	4640	18826737	17967474	13867255
集体企业	50			767449	758359	648553
股份合作企业	10512			82884	74301	56507
联营企业	1317			130558	129101	89181
有限责任公司	322905	1038774	1051540	54096090	51883031	41213202
股份有限公司	1336492	125	590000	22861049	21361647	16399222
私营企业						
其他企业	671			4104	4084	3343
港、澳、台商投资企业		523135	150	9446395	9423966	7902721
外商投资企业		42735	1709282	17770266	17725331	13253790
按轻重工业分组						
轻工业	727508	57512	321884	24146218	22883646	14765984
重工业	955058	1556257	3033728	99839314	96443648	78667790
按国民经济行业大类分组						
采矿业	36266			4192876	3672375	2783664
煤炭开采和洗选业	20234			2939068	2464138	1917719
石油和天然气开采业				307348	298408	205230
黑色金属矿采选业	630			563517	527166	414224
有色金属矿采选业				1904	1904	1126
非金属矿采选业	15402			381039	380759	245365
其他采矿业						
制造业	1424736	1613769	3355612	101721618	98123828	75983900
农副食品加工业	4939		681	813207	777159	654492
食品制造业	1523		2599	836487	825997	651822
饮料制造业	78020		50000	1351036	1335382	731601
烟草制品业				4184418	4137960	1789178

单位：个、千元、人

产品销售税金及附加	费用合计	营业利润	利润总额	亏损企业亏损额	从业人员劳动报酬	劳动、失业保险费	从业人员年平均人数
2996068	**19314523**	**4000362**	**6453394**	**1380437**	**7632430**	**719024**	**450326**
2491916	16401444	1337682	3623291	1342343	6870701	620449	421567
564510	4020468	-38006	225124	888464	2043747	199407	142893
8336	84396	31323	38373	10328	66237	3060	5145
1276	13746	10519	21560	1343	12846	161	707
902	30230	9677	9418	6246	14921	409	1558
1379178	8687242	136116	1354930	378642	3707193	347560	217859
537636	3564876	1187856	1973689	57320	1025319	69849	53324
78	486	197	197		438	3	81
192	561153	976571	964717	8730	437924	88099	14201
503960	2351926	1686109	1865386	29364	323805	10476	14558
1797706	4165102	438455	462887	598577	1404694	129699	101623
1198362	15149421	3561907	5990507	781860	6227736	589325	348703
56038	786036	157207	197186	3951	765496	102406	57713
28116	613080	-5755	25273	3951	623045	98363	50838
5615	44061	50201	65732		23574	3070	1308
12466	42291	66794	60505		85387	638	3210
13	202	564	564		350	118	45
9828	86402	45403	45112		33140	217	2312
2826376	16531200	3431048	5548740	1217793	5697105	569794	338340
5458	113800	42879	22272	15176	45617	1458	4721
7927	158693	12731	23874	15660	52795	3412	4326
120839	395187	96844	98788	12500	81262	1205	4604
1490111	618186	245136	264031		182714	33797	4935

2-1-2 续表 3

指标名称	个人资本	港澳台资本	外商资本	营业收入	#主营业务收入	产品销售成本
纺织业	1256			1376832	1355118	1240739
纺织服装、鞋、帽制造业	298			32921	32890	25998
皮革、毛皮、羽毛(绒)及其制品业				627	627	
木材加工及木、竹、藤、棕、草制品业	100			19439	19216	15909
家具制造业				15552	15539	14651
造纸及纸制品业	41737	1160	5700	450650	443769	376597
印刷业和记录媒介的复制	1530		4399	257773	248262	205398
文教体育用品制造业				5511	5489	4231
石油加工、炼焦及核燃料加工业				411621	377382	312357
化学原料及化学制品制造业	244173	31384	83681	8421787	8235533	6610737
医药制造业	225028		8440	2999531	2911900	1637794
化学纤维制造业						
橡胶制品业	446			275100	273289	225354
塑料制品业			15000	92676	91527	71688
非金属矿物制品业	7125	35520	137791	1291646	1238055	870870
黑色金属冶炼及压延加工业	32854	413944		11209244	11078592	9478820
有色金属冶炼及压延加工业	6933	9990		4404554	4136257	3676463
金属制品业	1518			424603	410807	364782
通用设备制造业	10002	3372	343599	5974040	5803074	4489486
专用设备制造业	6801		150	6257054	5950888	4961521
交通运输设备制造业	580947	1081059	2427081	41641389	39904311	32375350
电气机械及器材制造业	61789	9000	256253	4985221	4688733	2309502
通信设备、计算机及其他电子设备制造业	27100	28340	3000	1161630	1058850	824822
仪器仪表及文化、办公用机械制造业	88132		17238	2720684	2663020	1970662
工艺品及其他制造业	1485			29245	27062	19369
废弃资源和废旧材料回收加工业	1000			77140	77140	73707
电力、燃气及水的生产和供应业	221564			18071038	17531091	14666210
电力、热力的生产和供应业	198840			15563755	15169295	12922849
燃气生产和供应业	6015			1666366	1598222	1215931
水的生产和供应业	16709			840917	763574	527430

单位：个、千元、人

产品销售税金及附加	费用合计	营业利润	利润总额	亏损企业亏损额	从业人员劳动报酬	劳动、失业保险费	从业人员年平均人数
6951	323750	-181356	-203185	211589	210982	16741	26166
477	6614	-162	1217	33	5122	144	481
	840		-213	213	57		11
602	4145	5685	-121	959	2268	342	264
185	3692	-1734	-801	1807	1654	46	169
1941	42961	20350	17350	3877	19046	229	1776
1653	62896	-15447	-17335	30208	31612	10752	3247
50	1276	111	82	209	883	1	119
3449	58031	20390	5585	574	19412	5449	1074
49191	1301624	363162	587178	74222	542465	51528	35016
30165	1075429	188917	217303	56939	211205	24275	13173
4881	56932	-12095	-20737	25114	34375	2850	3036
500	23110	6525	509	3032	6672	262	692
10386	267675	106770	81867	84558	125923	9511	11510
10265	697881	937400	922915	13027	521909	104944	20859
11179	415149	69603	101934	9536	242676	39144	11676
1454	62622	-8803	-5223	13937	50690	3440	3416
46485	1032507	270205	326865	28250	490455	49232	31428
97723	3415824	-630686	67648	272929	774463	24413	43701
894190	5246304	1566155	2712011	280315	1528660	138480	78399
12784	295515	205814	178286	26226	167647	7826	11443
2358	220110	27393	63360	3180	93860	3132	5510
13885	616182	98337	105708	30131	241258	36316	15881
592	8550	-249	376	465	3406		223
695	5715	-2827	-2804	3127	8017	865	484
113654	1997287	412107	707468	158693	1169829	46824	54273
89162	1415332	306080	567932	110135	899074	37889	40449
16676	329534	68387	88879	6142	135958	2382	4933
7816	252421	37640	50657	42416	134797	6553	8891

2-1-3 集体工业企业

指标名称	企业数	#亏损企业数	工业总产值	工业销售产值	#出口交货值	年末存货
合　计	**2649**	**517**	**9353841**	**9279139**	**134832**	**1315448**
按轻重工业分组						
轻工业	957	190	2777534	2786913	61046	433208
重工业	1692	327	6576307	6492226	73786	882240
按国民经济行业大类分组						
采矿业	388	35	1315233	1313251		37580
煤炭开采和洗选业	199	22	731115	738528		19783
石油和天然气开采业						
黑色金属矿采选业	15	3	82225	76462		3847
有色金属矿采选业	1		2650	2650		21
非金属矿采选业	173	10	499243	495611		13929
其他采矿业						
制造业	1954	417	7553362	7494897	134832	1268390
农副食品加工业	80	6	371790	363782	49693	22463
食品制造业	38	4	69011	68024		2804
饮料制造业	90	6	82289	80818	340	3933
烟草制品业						
纺织业	61	10	350003	365280	1087	42964
纺织服装、鞋、帽制造业	33	6	94736	94976	56	8873
皮革、毛皮、羽毛(绒)及其制品业	18	5	10979	10836	1107	1611
木材加工及木、竹、藤、棕、草制品业	12	1	112247	112052		13286
家具制造业	27	5	41180	39283		30992
造纸及纸制品业	43	10	168895	160233		14351
印刷业和记录媒介的复制	137	32	157577	154377		21715
文教体育用品制造业	11	6	10791	10134		3832
石油加工、炼焦及核燃料加工业	3	1	10547	10763		1073
化学原料及化学制品制造业	94	26	326401	332784	5814	36104
医药制造业	7	4	11511	11046		2752
化学纤维制造业	1		1160	1160		
橡胶制品业	25	8	63453	61355		7297
塑料制品业	72	19	210223	211062		60371
非金属矿物制品业	359	52	1128587	1155897	370	90323
黑色金属冶炼及压延加工业	31	8	379530	371215		50877
有色金属冶炼及压延加工业	28	6	194882	194299		23884
金属制品业	112	32	436488	420722	60118	140468
通用设备制造业	176	34	591584	567573		112099
专用设备制造业	50	20	96727	96899	3664	38838
交通运输设备制造业	317	70	2188562	2158287	8763	432099
电气机械及器材制造业	60	22	256971	252216		72305
通信设备、计算机及其他电子设备制造业	9	3	53264	56953		11232
仪器仪表及文化、办公用机械制造业	42	15	99790	98822	3820	19957
工艺品及其他制造业	14	4	18808	18673		1738
废弃资源和废旧材料回收加工业	4	2	15376	15376		149
电力、燃气及水的生产和供应业	307	65	485246	470991		9478
电力、热力的生产和供应业	152	24	130670	129135		2714
燃气生产和供应业	6	1	282803	271719		5224
水的生产和供应业	149	40	71773	70137		1540

主要经济指标

单位：个、千元、人

资产总计	固定资产原　价	本年折旧	负债合计	实收资本	国家资本	集体资本	法人资本
7552374	**4244251**	**390295**	**5045293**	**2120985**	**107046**	**1649259**	**154866**
2354467	1403280	115691	1708191	715966	49177	574946	50282
5197907	2840971	274604	3337102	1405019	57869	1074313	104584
793237	493223	44960	400203	229869	3310	143380	23006
475302	321404	28529	277421	137293	3075	94285	12309
56706	14244	1118	37153	9613		7381	172
840	140	1		325		25	300
260389	157435	15312	85629	82638	235	41689	10225
6081850	3110526	298438	4373414	1603470	82997	1261236	120390
168955	98598	3423	139443	46253	2985	33763	1952
57776	39723	4492	31071	33456		30497	1210
40110	27566	2076	14450	18746		10991	2648
215756	159858	6457	171424	62331	3215	53513	2101
94737	29395	3711	63534	20266	500	17506	1927
20091	17263	385	15407	16916		16531	385
57791	22876	2303	28312	18019		18009	
49349	36417	1165	41653	16661	1724	14100	12
121314	82279	5467	113251	37126		31476	4399
122137	73948	8369	58687	43740	4156	33945	886
16372	8733	446	7641	5764	500	4752	
3787	2843	134	2460	640		458	182
316222	116314	8253	198647	70842	5416	49632	2030
24120	5726	3139	26239	9775		9775	
1120	800	45		800		800	
64535	28666	3551	40772	13415	1386	9951	840
224366	93700	6038	162089	66139	8987	47786	3784
926893	726018	77845	608045	278999	1709	195531	23379
180288	101389	10040	162798	51481	1000	49698	783
78654	30558	7155	51113	21491	926	18296	1579
370520	212610	25858	242210	126176	17515	85724	19410
547499	224673	18313	387447	148066	19	134760	5378
121133	44169	3820	87160	34190	5336	25559	1445
1866002	769723	82118	1427509	348761	23792	269897	37884
239147	96488	9320	192732	62970	475	57528	4303
50212	17431	2021	33915	15227	2990	11004	1140
77063	27678	2187	45050	22406	366	16960	2713
14590	13917	277	10377	11346		11326	20
11311	1167	30	9978	1468		1468	
677287	640502	46897	271676	287646	20739	244643	11470
200411	227491	18924	72228	97865	3959	78356	9046
254150	204903	10626	98363	66619		66619	
222726	208108	17347	101085	123162	16780	99668	2424

2-1-3 续表 1

指标名称	个人资本	港澳台资本	外商资本	营业收入	#主营业务收入	产品销售成本
合 计	**209814**			**9394244**	**9203577**	**7811745**
按轻重工业分组						
轻工业	41561			2766038	2700220	2412053
重工业	168253			6628206	6503357	5399692
按国民经济行业大类分组						
采矿业	60173			1302771	1302211	940875
煤炭开采和洗选业	27624			733530	733082	527218
石油和天然气开采业						
黑色金属矿采选业	2060			76124	76124	48078
有色金属矿采选业				2650	2650	2582
非金属矿采选业	30489			490467	490355	362997
其他采矿业						
制造业	138847			7584296	7400396	6477700
农副食品加工业	7553			342422	341152	309977
食品制造业	1749			69353	68805	51032
饮料制造业	5107			81182	80195	62068
烟草制品业						
纺织业	3502			393273	360064	332010
纺织服装、鞋、帽制造业	333			94289	90326	75057
皮革、毛皮、羽毛(绒)及其制品业				11788	11560	9681
木材加工及木、竹、藤、棕、草制品业	10			113924	99544	88874
家具制造业	825			45281	40090	34208
造纸及纸制品业	1251			156267	154229	139252
印刷业和记录媒介的复制	4753			156616	155469	126630
文教体育用品制造业	512			8365	8220	7152
石油加工、炼焦及核燃料加工业				11368	10393	9666
化学原料及化学制品制造业	13764			337764	329227	276544
医药制造业				11046	11046	9925
化学纤维制造业				510	510	40
橡胶制品业	1238			61591	61383	52408
塑料制品业	5582			208529	207916	180348
非金属矿物制品业	58380			1096609	1081686	926935
黑色金属冶炼及压延加工业				440067	432971	370561
有色金属冶炼及压延加工业	690			198837	194123	176716
金属制品业	3527			430866	418753	367829
通用设备制造业	7909			566242	560141	482760
专用设备制造业	1850			100263	97043	83337
交通运输设备制造业	17188			2209105	2152067	1927711
电气机械及器材制造业	664			253798	250824	229158
通信设备、计算机及其他电子设备制造业	93			57075	56148	44550
仪器仪表及文化、办公用机械制造业	2367			93221	91866	73630
工艺品及其他制造业				19269	19269	15029
废弃资源和废旧材料回收加工业				15376	15376	14612
电力、燃气及水的生产和供应业	10794			507177	500970	393170
电力、热力的生产和供应业	6504			126734	126104	94833
燃气生产和供应业				312657	308887	248667
水的生产和供应业	4290			67786	65979	49670

单位：个、千元、人

产品销售税金及附加	费用合计	营业利润	利润总额	亏损企业亏损额	从业人员劳动报酬	劳动、失业保险费	从业人员年平均人数
158469	**993998**	**425493**	**415806**	**111559**	**1091455**	**42238**	**117353**
37278	229974	55178	61317	48161	250937	12060	32188
121191	764024	370315	354489	63398	840518	30178	85185
40436	158780	188318	157972	5376	271999	4097	26487
20935	93893	99411	83685	4276	182031	3435	17756
1821	13576	12762	11736	671	21910	409	1671
33	15	20	25		169	7	33
17647	51296	76125	62526	429	67889	246	7027
107698	767690	195295	213938	100855	757752	36741	86491
4507	24602	12708	13097	1233	12805	418	1753
1756	10788	5651	5406	232	8523	150	690
5555	6791	7207	6782	266	7064	98	871
2682	25385	6714	6645	4559	36480	1421	4610
1190	11814	3713	4004	1784	10226	1024	1282
487	1630	90	122	679	3190	470	430
720	11118	575	1665	1	9488	119	843
850	7401	2940	3202	88	4622	1210	637
2452	12019	780	553	5077	12064	216	1559
3696	16150	10683	10761	1627	18143	798	2249
151	1728	-659	-408	464	2198		283
74	562	91	116	5	491		69
7758	37821	14163	16031	4067	36774	3627	4213
101	1801	-663	-1498	1694	1140	6	121
40	380	50	50		210		40
1004	7295	954	1034	1137	6371	396	813
2841	22081	3950	9769	3238	18616	505	1899
25411	110000	34096	37245	19489	136544	2792	17137
4173	65775	4372	-5649	11802	39521	5303	2894
2012	21561	1930	7891	468	12864	877	1339
2476	39477	12204	15241	5407	38536	1248	4549
9275	57266	21273	24200	3473	65786	3774	7445
1698	24704	547	-891	4312	13727	627	1556
22004	188074	37144	43643	24488	218873	7898	24453
2093	32607	8996	9696	2820	19609	1588	2108
523	9150	1411	1845	353	6539	181	661
1303	15992	3930	2944	1576	13175	1604	1407
852	2975	436	436	394	3312	349	521
14	743	9	6	122	861	42	59
10335	67528	41880	43896	5328	61704	1400	4375
3587	19041	15026	13976	1041	19984	560	2331
4759	32831	23776	26683	34	31700	29	870
1989	15656	3078	3237	4253	10020	811	1174

2-1-4 私营工业企业

指标名称	企业数	#亏损企业数	工业总产值	工业销售产值	#出口交货值	年末存货
合　计	**13781**	**1665**	**80850910**	**79761306**	**5813749**	**7414008**
按轻重工业分组						
轻工业	6076	716	43101949	42321351	4782272	3964576
重工业	7705	949	37748961	37439955	1031477	3449432
按国民经济行业大类分组						
采矿业	1890	104	6912528	7050039	121212	207681
煤炭开采和洗选业	964	54	4190033	4254442	30	87943
石油和天然气开采业						
黑色金属矿采选业	119	7	842257	846469		61473
有色金属矿采选业	9		12030	11217		496
非金属矿采选业	798	43	1868208	1937911	121182	57769
其他采矿业						
制造业	11504	1533	73379331	72155393	5692537	7189945
农副食品加工业	800	45	4040435	3977647	245956	262884
食品制造业	369	41	1103269	1075803	45716	128995
饮料制造业	593	41	1113526	1117415	59023	139141
烟草制品业						
纺织业	925	46	4647808	4560926	320927	460636
纺织服装、鞋、帽制造业	141	40	430007	402546	837	110132
皮革、毛皮、羽毛(绒)及其制品业	155	12	1412966	1301949	58184	111888
木材加工及木、竹、藤、棕、草制品业	127	12	211839	206340		18458
家具制造业	293	19	742136	735491	6268	65884
造纸及纸制品业	305	45	1276823	1235491		109583
印刷业和记录媒介的复制	367	71	949607	939631		84698
文教体育用品制造业	20	4	20436	19866	298	1042
石油加工、炼焦及核燃料加工业	39	7	399459	406620		41493
化学原料及化学制品制造业	454	69	2496544	2532517	97277	283185
医药制造业	76	16	843103	768488	29765	149024
化学纤维制造业	2		53594	53594		15811
橡胶制品业	114	24	534905	529025		101136
塑料制品业	409	66	1402781	1376595	830	147430
非金属矿物制品业	1970	162	8113967	8122282	386355	740884
黑色金属冶炼及压延加工业	240	24	2430881	2327513	1020	289927
有色金属冶炼及压延加工业	121	25	3508336	3450704	280188	269027
金属制品业	509	90	2650476	2607039	80487	349672
通用设备制造业	666	124	2749887	2775381	53489	369466
专用设备制造业	246	61	711138	690833	1296	100486
交通运输设备制造业	1980	373	28984655	28463950	3915566	2551641
电气机械及器材制造业	223	56	1229557	1188994	153	125554
通信设备、计算机及其他电子设备制造业	37	11	187492	181549		21687
仪器仪表及文化、办公用机械制造业	158	36	615986	604570	58195	74773
工艺品及其他制造业	129	9	323268	311447	50707	44645
废弃资源和废旧材料回收加工业	36	4	194450	191187		20763
电力、燃气及水的生产和供应业	387	28	559051	555874		16382
电力、热力的生产和供应业	237	17	289021	286837		8052
燃气生产和供应业	41	4	176141	175382		6870
水的生产和供应业	109	7	93889	93655		1460

主要经济指标

单位：个、千元、人

资产总计	固定资产原价	本年折旧	负债合计	实收资本	国家资本	集体资本	法人资本
55431358	**25259644**	**1871409**	**30619617**	**16128336**	**70408**	**225641**	**4387242**
26247283	9890330	721053	15473671	6480106	36729	57148	1877519
29184075	15369314	1150356	15145946	9648230	33679	168493	2509723
3882967	2529506	204664	1321871	1792168	3274	29342	425866
2580645	1771247	139145	956836	1214090	365	19107	335297
417503	142196	14495	153813	102875	2879		19535
11627	8183	610	4083	4873		2690	90
873192	607880	50414	207139	470330	30	7545	70944
50393011	21776647	1614934	28760421	13873766	60068	188904	3850447
1658206	925445	72605	663601	666002	3960	29421	177246
745108	445753	29090	352017	286214	808	607	92320
928035	568588	33786	379798	403884	27470	1699	62710
2119401	1190955	65483	1114190	723540		500	87892
353148	158034	9967	213501	127686	460	1772	29844
491405	157449	13180	214681	142118		1350	22211
235979	100981	5603	58609	52208		2	6771
562805	263071	18921	235347	215844	400	1362	48118
817370	416816	41010	388022	332730	1550	1000	94762
842559	508191	49737	377982	307419	820	1959	71394
13612	8222	1002	3260	9233		30	5470
371825	209995	12200	140221	59181			16547
2471094	1229198	108101	1200053	766668	76	59170	257404
1369229	500845	21320	665433	528621		241	191621
35901	16637	244	28813	1102			
426280	162421	9805	279348	139718		142	46705
891566	444832	33372	509908	316183		109	77136
8762190	5297825	375788	4827134	2587025	7237	45298	745740
1537863	863752	53596	767159	650963	9000	11243	75113
1173425	376194	32016	807439	269004	25	100	70176
2487690	1017532	99188	1304158	876287	300	2397	330645
1741704	710685	51806	1074210	545747	1009	4744	125874
553877	231391	28062	242177	230368		1700	62932
17811262	5264517	401459	11859992	2930303	5853	10533	938403
850358	294316	22890	460522	276678		581	62364
363399	146528	7335	201304	94849		10000	49571
458267	145505	10394	247859	186712	600		42656
207720	72832	4808	98082	95439		2944	39946
111733	48137	2166	45601	52040	500		18876
1155380	953491	51811	537325	462402	7066	7395	110929
702155	625949	36890	343832	297832	6586	1605	53096
323816	210593	7779	147049	96701		4080	48946
129409	116949	7142	46444	67869	480	1710	8887

2-1-4 续表 1

指标名称	个人资本	港澳台资本	外商资本	营业收入	#主营业务收入	产品销售成本
合　计	**11353640**	**51929**	**39476**	**79677538**	**78518888**	**66570436**
按轻重工业分组						
轻工业	4483077	25633		42727332	41911269	36584346
重工业	6870563	26296	39476	36950206	36607619	29986090
按国民经济行业大类分组						
采矿业	1327556	5000	1130	6998937	6978432	4984713
煤炭开采和洗选业	858321	1000		4284544	4270429	2887104
石油和天然气开采业						
黑色金属矿采选业	80461			846091	842688	595115
有色金属矿采选业	2093			9923	9923	7329
非金属矿采选业	386681	4000	1130	1858379	1855392	1495165
其他采矿业						
制造业	9689072	46929	38346	72117899	70995616	61182948
农副食品加工业	455375			3939663	3932723	3421875
食品制造业	192479			1078351	1068526	895383
饮料制造业	312005			1157581	1142989	886156
烟草制品业						
纺织业	634515	633		4614707	4568672	4231864
纺织服装、鞋、帽制造业	95610			403535	400934	315987
皮革、毛皮、羽毛(绒)及其制品业	93557	25000		1294279	1287270	1114048
木材加工及木、竹、藤、棕、草制品业	45435			208187	207689	172022
家具制造业	165964			736387	725892	588401
造纸及纸制品业	235418			1232969	1227044	1078820
印刷业和记录媒介的复制	233246			930478	927736	799281
文教体育用品制造业	3733			20032	19990	16158
石油加工、炼焦及核燃料加工业	42634			406058	405878	323004
化学原料及化学制品制造业	450018			2508399	2485921	2035133
医药制造业	336759			720174	717298	528151
化学纤维制造业	1102			53594	53594	52373
橡胶制品业	92871			525202	521881	476619
塑料制品业	238938			1381972	1378379	1220409
非金属矿物制品业	1751334	7536	29880	7995217	7918785	6370815
黑色金属冶炼及压延加工业	555607			2303206	2296852	2040380
有色金属冶炼及压延加工业	198303	400		3448960	3375660	3215865
金属制品业	521199	13280	8466	2628913	2587887	2079060
通用设备制造业	414120			2608860	2568201	2224374
专用设备制造业	165736			685219	678459	549143
交通运输设备制造业	1975434	80		28787717	28066248	24530853
电气机械及器材制造业	213733			1180938	1176200	1013634
通信设备、计算机及其他电子设备制造业	35278			179228	178708	140848
仪器仪表及文化、办公用机械制造业	143456			595327	586879	476803
工艺品及其他制造业	52549			301430	298206	221471
废弃资源和废旧材料回收加工业	32664			191316	191115	164018
电力、燃气及水的生产和供应业	337012			560702	544840	402775
电力、热力的生产和供应业	236545			282930	282624	196806
燃气生产和供应业	43675			180865	170088	133832
水的生产和供应业	56792			96907	92128	72137

单位：个、千元、人

产品销售税金及附加	费用合计	营业利润	利润总额	亏损企业亏损额	从业人员劳动报酬	劳动、失业保险费	从业人员年平均人数
1562859	**6567849**	**4427130**	**4537153**	**381921**	**5720921**	**83366**	**613303**
528662	3112210	1617838	1767004	120291	2459304	22288	271786
1034197	3455639	2809292	2770149	261630	3261617	61078	341517
226084	709710	1081507	1045888	27643	1123219	29973	104568
144788	457529	749182	741468	21156	860784	26730	77224
14355	90992	150666	139079	643	58960	269	5276
383	2407	2236	1617		1649	65	223
66558	158782	179423	163724	5844	201826	2909	21845
1319191	5776606	3285642	3441576	341483	4547559	51591	503377
51755	340551	188533	181433	11735	175287	1521	21478
18846	95965	68578	65430	4231	86834	1581	10645
45317	124117	115856	133705	2836	76270	914	9215
35077	148973	153764	153147	21152	353280	2390	43225
6095	57371	17725	25670	3302	54993	625	6817
7501	96955	78008	85263	1695	113057	524	8179
4842	23770	10723	9768	338	19116	191	2512
16985	80580	55058	47813	1373	65046	980	6600
20852	87391	59608	99152	8474	84751	1525	10517
13291	86466	39488	48672	5762	72207	861	7773
567	1746	1848	1528	203	2684	96	305
8626	25573	35653	36794	1014	19558	1501	1971
32546	276880	189715	198689	14561	178033	3968	22091
8339	136176	46587	49890	16204	41579	1188	4372
74	774	373	373		558		69
7155	43248	22865	26622	4511	50443	544	6560
19196	99269	58765	54979	9859	88289	1079	11099
533543	956911	572219	572451	58524	770914	10022	91041
26507	123779	85272	81489	49365	105705	1066	11409
19558	102616	27868	62757	29581	87937	303	7407
29942	315542	213253	165590	19469	194127	1928	19321
40004	190366	137617	135924	11501	209831	3202	22435
16258	76025	46873	43907	5222	62207	2563	6841
328437	2017130	916198	1003514	42608	1437367	10826	151190
13058	103176	52711	60809	8550	87342	648	7940
1977	37255	10280	13057	5498	14399	229	1655
5929	87616	19995	20327	2713	60403	767	6722
5269	33044	40249	43137	1033	26347	357	3243
1645	7341	19960	19686	169	8995	192	745
17584	81533	59981	49689	12795	50143	1802	5358
9905	52015	27258	24964	10513	31016	687	3469
4427	19376	20917	13662	2054	9619	829	1045
3252	10142	11806	11063	228	9508	286	844

2-1-5 港澳台及外商投资

指标名称	企业数	#亏损企业数	工业总产值	工业销售产值	#出口交货值	年末存货
合计	**340**	**110**	**42283109**	**41606330**	**2326014**	**6269598**
按轻重工业分组						
轻工业	142	47	7499139	7479710	799545	948438
重工业	198	63	34783970	34126620	1526469	5321160
按国民经济行业大类分组						
采矿业	4	1	7583	7577		202
煤炭开采和洗选业	1		2867	2867		139
石油和天然气开采业						
黑色金属矿采选业						
有色金属矿采选业						
非金属矿采选业	3	1	4716	4710		63
其他采矿业						
制造业	328	108	40277021	39592287	2326014	6184366
农副食品加工业	16	2	1477375	1473774	90769	153897
食品制造业	10	5	705943	741087	885	46463
饮料制造业	5	2	496397	463213		33571
烟草制品业						
纺织业	7	1	81241	82098	29440	22397
纺织服装、鞋、帽制造业	6	3	279477	225402	63445	79822
皮革、毛皮、羽毛(绒)及其制品业	5	2	121182	110866	2108	7097
木材加工及木、竹、藤、棕、草制品业	3	2	31449	31212	21962	926
家具制造业	6	2	721455	741776		51668
造纸及纸制品业	7	2	340667	369651		35383
印刷业和记录媒介的复制	10	3	185482	186248		20012
文教体育用品制造业	1	1				1430
石油加工、炼焦及核燃料加工业						
化学原料及化学制品制造业	32	9	2620535	2449632	253379	315411
医药制造业	8	2	165682	164811	80245	21440
化学纤维制造业						
橡胶制品业	5	3	333331	328855	32428	95297
塑料制品业	17	8	254898	269412	7459	65196
非金属矿物制品业	35	12	2372707	2456596	467785	480473
黑色金属冶炼及压延加工业	3		8931659	8768736	149063	1575930
有色金属冶炼及压延加工业	4		425650	362480	4121	43411
金属制品业	11	5	42528	38488	24655	42002
通用设备制造业	18	2	2173922	2189604	395099	361699
专用设备制造业	8	3	82679	108130	13905	41843
交通运输设备制造业	62	15	16099428	15764127	460104	2223871
电气机械及器材制造业	17	8	825357	831125	12514	201787
通信设备、计算机及其他电子设备制造业	15	6	1152536	1102038	83304	152322
仪器仪表及文化、办公用机械制造业	13	7	295204	274737	91042	82911
工艺品及其他制造业	4	2	60237	58189	42302	28107
废弃资源和废旧材料回收加工业						
电力、燃气及水的生产和供应业	8	1	1998505	2006466		85030
电力、热力的生产和供应业	3		1855811	1855811		75976
燃气生产和供应业	2	1	680	680		44
水的生产和供应业	3		142014	149975		9010

工业企业主要经济指标

单位：个、千元、人

资产总计	固定资产原价	本年折旧	负债合计	实收资本	国家资本	集体资本	法人资本
42638866	**27795317**	**1555528**	**24157911**	**12103885**	**1540136**	**118948**	**4166381**
6825522	4185977	229194	4300872	2402240	349223	42965	446907
35813344	23609340	1326334	19857039	9701645	1190913	75983	3719474
2519	10052	122	1612	1569		69	
1431	9381	54	1139	1000			
1088	671	68	473	569		69	
37160255	19988743	1217118	20140927	10752211	1511551	118879	3047951
784946	394506	21948	574910	171240	17021		2600
460899	503105	25860	170353	211819			12515
536494	458357	27825	294573	296274	61835		
91193	46299	4777	43095	27491			5794
214469	33780	3371	145731	76239			32056
19784	10300	1129	6861	16773			13320
24684	16722	1075	14540	4576			1974
537430	154692	13334	355062	144853			79912
230662	89788	4018	135339	41111	3500		4897
156487	81179	8897	84185	61262	2709	12443	17895
4671	41	5	38	4959			
3946514	2502267	141152	1845450	1261719		9250	631650
193086	69586	5279	75946	101289	3515		32903
651507	206281	13822	506403	152826			28280
638750	442138	29180	324944	428652	27950	68911	30245
6010615	3602301	211950	3864304	1728487	170438	4900	636187
7352874	5238215	209969	3428938	1082219	650000		5500
131170	126473	15250	75347	57682	39960		2050
158482	104304	6392	83864	98327			10970
1970093	1036505	66479	809774	901869	208800		207951
185738	30376	3398	114214	75155	15190		8911
10361680	3922795	315825	5499552	2719450	220852	17952	982252
1232406	589667	56350	912697	622328	10594	2103	208666
890145	186908	18105	528239	329083	76410	750	60054
293558	109356	11181	204900	120802	2777		31369
81918	32802	547	41668	15726		2570	
5476092	7796522	338288	4015372	1350105	28585		1118430
4580313	7033061	316611	3377944	1133255	28585		1033330
5600	5300	61	1300	5300			1100
890179	758161	21616	636128	211550			84000

2-1-5 续表 1

指标名称	个人资本	港澳台资本	外商资本	营业收入	#主营业务收入	产品销售成本
合　计	**179958**	**1515961**	**4582501**	**41760451**	**41348263**	**32631191**
按轻重工业分组						
轻工业	63170	496485	1003490	7447152	7271573	6244805
重工业	116788	1019476	3579011	34313299	34076690	26386386
按国民经济行业大类分组						
采矿业	500	1000		7577	7577	6531
煤炭开采和洗选业		1000		2867	2867	2245
石油和天然气开采业						
黑色金属矿采选业						
有色金属矿采选业						
非金属矿采选业	500			4710	4710	4286
其他采矿业						
制造业	174658	1387511	4511661	39711253	39354219	31271691
农副食品加工业	8026	8350	135243	1476677	1469981	1411803
食品制造业		7734	191570	805720	741010	611139
饮料制造业	12610	83490	138339	419050	415624	302085
烟草制品业						
纺织业	320	2483	18894	76397	76397	56857
纺织服装、鞋、帽制造业	896	11194	32093	216433	216396	174294
皮革、毛皮、羽毛(绒)及其制品业	263	87	3103	110904	110904	96554
木材加工及木、竹、藤、棕、草制品业		1602	1000	30917	30917	21587
家具制造业	5225	1450	58266	754821	741775	681005
造纸及纸制品业	578	7142	24994	368017	365699	312045
印刷业和记录媒介的复制	300	16166	11749	129540	129031	95389
文教体育用品制造业			4959			
石油加工、炼焦及核燃料加工业						
化学原料及化学制品制造业	39282	71242	510295	2486568	2439074	1471917
医药制造业	1780	41799	21292	169433	169334	121072
化学纤维制造业						
橡胶制品业		8270	116276	334516	325393	272969
塑料制品业	2250	224130	75166	256844	254891	234283
非金属矿物制品业	16467	198964	701531	2380527	2357586	1808837
黑色金属冶炼及压延加工业		422219	4500	8785308	8768687	7389591
有色金属冶炼及压延加工业	3997	11322	353	369083	362318	347130
金属制品业	1100	7399	78858	41679	40083	35331
通用设备制造业	1140	15744	468234	2216121	2194185	1704593
专用设备制造业	990	29377	20687	108857	107596	77058
交通运输设备制造业	53528	100878	1343988	15815499	15694774	11961356
电气机械及器材制造业	600	68920	331445	938366	926958	833167
通信设备、计算机及其他电子设备制造业	15123	42248	134498	1084705	1084168	970515
仪器仪表及文化、办公用机械制造业	1283	4475	80898	277082	273249	231652
工艺品及其他制造业	8900	826	3430	58189	58189	49462
废弃资源和废旧材料回收加工业						
电力、燃气及水的生产和供应业	4800	127450	70840	2041621	1986467	1352969
电力、热力的生产和供应业	500		70840	1857637	1855800	1269224
燃气生产和供应业	4200			714	714	405
水的生产和供应业	100	127450		183270	129953	83340

单位：个、千元、人

产品销售税金及附加	费用合计	营业利润	利润总额	亏损企业亏损额	从业人员劳动报酬	劳动、失业保险费	从业人员年平均人数
576494	**4678035**	**3675091**	**3895568**	**305051**	**1406583**	**118573**	**71750**
63285	870978	230050	205159	167598	311813	4711	22248
513209	3807057	3445041	3690409	137453	1094770	113862	49502
118	1234	1054	424	195	1173		106
11	207	404	404		901		73
107	1027	650	20	195	272		33
576310	4407133	3297804	3501284	304821	1366026	118038	70281
541	58222	41083	43164	1309	24662	119	1464
824	94309	36507	38743	4967	30036	289	1635
157	121736	-3795	-19789	29563	32042	371	1597
161	9315	10220	10264	1792	6418	208	700
	54107	-11874	-4978	6867	20816	24	1518
56	3956	8585	8482	252	6536	8	527
695	2870	5776	5308	185	2267	16	231
284	54840	7832	8009	47646	27722	332	1501
268	50401	31306	31557	311	11123	97	958
23	9556	24736	23100	1464	8744	343	580
	249	-249	-249	249	136	25	3
8287	420758	545028	545566	40654	86670	5183	4508
61	24779	24245	11973	2033	6890	330	487
4	40075	15242	19272	933	20704	110	1671
62	43972	-25780	-26914	33371	15902	322	1312
4946	361588	188677	210017	57484	173336	6865	12419
752	448976	935016	929926		388539	87582	12405
2	5758	11288	16251	5154	3323		322
806	6354	-2298	-1604	4355	5714	814	491
18929	310337	154027	167281	1056	124565	3511	4863
1296	18580	11773	12520	874	8645	138	476
536838	2027863	1231331	1421617	20599	267786	8111	15164
813	96917	29246	27297	20474	41711	585	1784
138	89098	24092	19289	14520	25908	1269	1486
367	45851	3646	3105	8465	21844	1386	1552
	6666	2144	2077	244	3987		627
66	269668	376233	393860	35	39384	535	1363
21	232061	333737	350910		23842	265	778
44	170	95	95	35	185		29
1	37437	42401	42855		15357	270	556

2-1-6 亏损工业企业

指标名称	亏损企业数	工业总产值	工业销售产值	#出口交货值	年末存货
合 计	**3241**	**26348753**	**27353026**	**1185386**	**6319166**
按登记注册类型分组					
内资企业	3131	23837762	24942775	1004615	5646671
国有企业	146	2384800	2467527	273881	676192
集体企业	517	1735453	1722915	11195	568009
股份合作企业	146	293167	293874		63065
联营企业	20	92956	90405		29290
有限责任公司	533	11270048	12572927	549413	2776362
股份有限公司	78	1451339	1437799	5048	314613
私营企业	1665	6584819	6332674	165078	1212734
其他企业	26	25180	24654		6406
港、澳、台商投资企业	53	866169	800665	11586	241151
外商投资企业	57	1644822	1609586	169185	431344
按轻重工业分组					
轻工业	1372	9154774	8959533	637444	2036026
重工业	1869	17193979	18393493	547942	4283140
按国民经济行业大类分组					
采矿业	168	383492	372945	8136	35614
煤炭开采和洗选业	97	275881	270138		15860
石油和天然气开采业					
黑色金属矿采选业	11	31132	29142		3128
有色金属矿采选业					
非金属矿采选业	60	76479	73665	8136	16626
其他采矿业					
制造业	2875	24018041	25015924	1177250	6184486
农副食品加工业	81	1261489	1248223		121822
食品制造业	75	96747	95111	977	42984
饮料制造业	66	350499	324840	2584	30497
烟草制品业					

主要经济指标

单位：个、千元、人

资产总计	固定资产原价	本年折旧	负债合计	实收资本	国家资本	集体资本	法人资本
49043074	**29287044**	**1761148**	**38427653**	**17549116**	**5630601**	**1036585**	**6836843**
44694402	26420063	1554005	35256142	15789464	5408681	1008313	6562004
8355645	5901088	326308	9563881	2462596	1836381	131	623805
2338992	1441670	119876	2055597	682872	48772	568891	41186
396862	244801	18371	280933	157314	2235	36306	32207
115422	62827	4209	89334	54212	19154	8270	25308
22124604	12733809	623155	15671693	7875207	3348895	204482	3686127
3239612	2213717	160984	2051540	1742048	146621	102825	1337754
8069918	3794122	291936	5520834	2798543	6623	86511	811910
53347	28029	9166	22330	16672		897	3707
1298687	1006112	69063	820073	689770	100065	16876	86148
3049985	1860869	138080	2351438	1069882	121855	11396	188691
16078524	8305395	517824	12603688	5732699	1394670	426773	2370903
32964550	20981649	1243324	25823965	11816417	4235931	609812	4465940
595192	311421	22761	413623	210614	30431	21365	39140
461470	245154	17053	341291	142575	30431	15592	16356
32248	6027	346	18081	11470		4715	2700
101474	60240	5362	54251	56569		1058	20084
39861656	21068535	1422056	33472954	13251850	2546545	873378	5995052
1056462	557584	23497	937150	263176	57653	6702	49771
306277	249170	8247	294204	170445	67184	16556	58368
639370	404005	27350	500885	248357	12598	1298	76084

2-1-6 续表 1

指标名称	亏损企业数	工业总产值	工业销售产值	#出口交货值	年末存货
纺织业	86	1298053	1288222	256785	261896
纺织服装、鞋、帽制造业	60	282949	239182	209	93376
皮革、毛皮、羽毛(绒)及其制品业	21	214341	147405	4497	45126
木材加工及木、竹、藤、棕、草制品业	24	32752	32764		7898
家具制造业	36	277546	293953		33398
造纸及纸制品业	83	457754	447341		102210
印刷业和记录媒介的复制	154	267933	284440		65861
文教体育用品制造业	16	10119	9722	298	4894
石油加工、炼焦及核燃料加工业	13	85002	81805		11378
化学原料及化学制品制造业	159	958859	944132	87154	200340
医药制造业	37	140355	132029	5251	68829
化学纤维制造业					
橡胶制品业	48	233066	234184	1186	68932
塑料制品业	113	507864	516877	7459	174685
非金属矿物制品业	309	2144954	2079758	105825	607879
黑色金属冶炼及压延加工业	45	848882	866362	1020	140706
有色金属冶炼及压延加工业	40	523557	511940	43155	68490
金属制品业	169	621899	608969	29228	212770
通用设备制造业	225	750578	725037	21915	320875
专用设备制造业	119	1966057	3043277	193421	575529
交通运输设备制造业	616	9362576	9537246	301127	2452969
电气机械及器材制造业	134	563542	587241	10092	193380
通信设备、计算机及其他电子设备制造业	34	311073	305034	12456	103944
仪器仪表及文化、办公用机械制造业	78	415350	398133	92168	163901
工艺品及其他制造业	23	20484	20110	443	6118
废弃资源和废旧材料回收加工业	11	13761	12587		3799
电力、燃气及水的生产和供应业	198	1947220	1964157		99066
电力、热力的生产和供应业	85	1687596	1718743		80098
燃气生产和供应业	12	7817	7526		1761
水的生产和供应业	101	251807	237888		17207

单位：个、千元、人

资产总计	固定资产原价	本年折旧	负债合计	实收资本			
					国家资本	集体资本	法人资本
1717056	1485145	141630	2189166	481152	257771	20300	45222
249783	57254	4932	199509	93332	702	10687	44757
163861	46466	2440	126585	49174	10309	6385	900
61594	43102	2818	43406	17637	6000	36	3580
202380	63644	6861	156153	98492	2780	1675	44640
884126	207555	16052	358517	553247	1630	13190	452059
519837	381088	27168	378807	187964	55889	20392	44497
16879	7404	288	4745	13969	3583	3544	850
88553	59319	1095	57524	32011	3054	943	16900
2375675	1192361	83394	1991724	564917	197634	83617	149435
1853827	583593	21406	1078206	905979	202355	4977	557360
414260	244148	10668	395072	76711	6012	6727	30281
1263950	703075	40508	899332	546219	20289	66283	27656
5079076	3473706	204935	3934344	1655533	188914	102164	723740
990355	504197	19020	760980	451649	151407	65676	15799
389091	297874	22181	302485	119456	61257	3538	13123
1312486	561402	52472	1093330	424037	41506	30817	86939
1345211	640947	47256	1052808	485663	103818	61737	126966
4033299	2708228	148861	4475976	923577	558434	26012	289488
12113474	5305487	357657	10048833	3727952	314558	188305	2745220
1238663	748262	115263	1014221	515484	92196	75422	129741
729700	208480	19502	406748	394690	37500	14847	196065
743793	316828	15213	710761	215426	85812	27951	57400
30666	13871	978	27358	15174	1200	7111	1435
41952	4340	364	34125	20427	4500	6486	6776
8586226	7907088	316331	4541076	4086652	3053625	141842	802651
6759723	6310574	241389	3732945	3215362	2662881	36568	449217
99035	83170	2558	77964	23496	7181	869	13235
1727468	1513344	72384	730167	847794	383563	104405	340199

2-1-6 续表 2

指标名称				营业收入	#主营业务收入	产品销售成本
	个人资本	港澳台资本	外商资本			
合 计	**2801959**	**562330**	**680798**	**27923132**	**27200142**	**24848504**
按登记注册类型分组						
内资企业	2771610	7229	31627	25608733	24912954	22812345
国有企业	2279			2938538	2703787	2484987
集体企业	24023			1783274	1738610	1590172
股份合作企业	86566			287175	281283	255616
联营企业	1480			82531	81078	84184
有限责任公司	633663	293	1747	12818697	12534181	11251540
股份有限公司	154848			1468731	1412109	1373614
私营企业	1856683	6936	29880	6204209	6136378	5750079
其他企业	12068			25578	25528	22153
港、澳、台商投资企业	10392	470689	5600	715775	710216	564725
外商投资企业	19957	84412	643571	1598624	1576972	1471434
按轻重工业分组						
轻工业	1074848	217108	248397	9046001	8772949	8168202
重工业	1727111	345222	432401	18877131	18427193	16680302
按国民经济行业大类分组						
采矿业	119678			372319	359005	296172
煤炭开采和洗选业	80196			271911	258744	214500
石油和天然气开采业						
黑色金属矿采选业	4055			28959	28959	25361
有色金属矿采选业						
非金属矿采选业	35427			71449	71302	56311
其他采矿业						
制造业	2593747	562330	680798	25477009	24859205	22746356
农副食品加工业	48038		101012	1254026	1227798	1236713
食品制造业	23004	2734	2599	92746	90521	77420
饮料制造业	71387	82790	4200	275596	270705	188049
烟草制品业						

单位：个、千元、人

产品销售税金及附加	费用合计	营业利润	利润总额	亏损企业亏损额	从业人员劳动报酬	劳动、失业保险费	从业人员年平均人数
263484	**6881992**	**-2627051**	**-2446752**	**2446752**	**2830147**	**194791**	**271851**
252663	6300714	-2330617	-2141701	2141701	2660161	189193	258247
23818	1282859	-900257	-888464	888464	550512	67564	50789
16319	259542	-107999	-111559	111559	245865	20140	30115
2909	56927	-21519	-26393	26393	43055	3014	4954
783	7985	-11070	-12186	12186	13015	972	1584
141443	3772585	-744327	-622803	622803	984331	64255	78951
7527	250074	-214017	-96726	96726	179008	23039	14462
59270	665514	-330022	-381921	381921	640151	10206	76843
594	5228	-1406	-1649	1649	4224	3	549
8603	254914	-120502	-123350	123350	63777	1204	4999
2218	326364	-175932	-181701	181701	106209	4394	8605
61487	1671858	-975180	-1058068	1058068	983146	57329	103580
201997	5210134	-1651871	-1388684	1388684	1847001	137462	168271
9467	87919	-26199	-44618	44618	106561	1588	11127
6242	63763	-19391	-35166	35166	78307	1536	8656
453	4526	-1381	-1434	1434	14005		666
2772	19630	-5427	-8018	8018	14249	52	1805
234382	6219880	-2416063	-2205455	2205455	2466519	173323	241633
1496	74924	-37493	-41109	41109	36655	779	4226
2048	37961	-23666	-25609	25609	16642	592	2239
5718	114517	-34256	-51593	51593	27941	660	2520

2-1-6 续表 3

指标名称	个人资本	港澳台资本	外商资本	营业收入	#主营业务收入	产品销售成本
纺织业	142472		15387	1271715	1251073	1209558
纺织服装、鞋、帽制造业	26312	10874		229964	229607	184269
皮革、毛皮、羽毛(绒)及其制品业	27230		4350	145265	144990	132578
木材加工及木、竹、藤、棕、草制品业	6149	872	1000	32528	32478	30180
家具制造业	26325	1450	21622	297198	293506	298138
造纸及纸制品业	84346	780	1242	427430	424226	411864
印刷业和记录媒介的复制	64183	2484	519	293811	282996	252656
文教体育用品制造业	1033		4959	9456	9379	8407
石油加工、炼焦及核燃料加工业	11114			99006	98665	92361
化学原料及化学制品制造业	101936	24815	7480	981394	965950	858936
医药制造业	134494		6793	131654	125133	117786
化学纤维制造业						
橡胶制品业	18031		15660	212630	210476	166927
塑料制品业	168107	218923	44961	496860	491723	456413
非金属矿物制品业	418398	140507	81810	1928412	1840026	1667752
黑色金属冶炼及压延加工业	218767			902217	878199	805301
有色金属冶炼及压延加工业	31548	9990		518829	501057	511698
金属制品业	227254	1113	36408	611835	597695	560812
通用设备制造业	191057	2085		719601	700685	648477
专用设备制造业	46656	810	2177	3065709	3027477	2584584
交通运输设备制造业	290497	19858	169514	10158509	9862078	9130654
电气机械及器材制造业	126041	19231	72853	581989	574885	518518
通信设备、计算机及其他电子设备制造业	52408	17713	76157	301897	299836	236967
仪器仪表及文化、办公用机械制造业	30123	4475	9665	403458	395185	329943
工艺品及其他制造业	4172	826	430	20837	20419	14063
废弃资源和废旧材料回收加工业	2665			12437	12437	15332
电力、燃气及水的生产和供应业	88534			2073804	1981932	1805976
电力、热力的生产和供应业	66696			1759274	1703090	1577055
燃气生产和供应业	2211			46746	45457	8693
水的生产和供应业	19627			267784	233385	220228

单位：个、千元、人

产品销售税金及附加	费用合计	营业利润	利润总额	亏损企业亏损额	从业人员劳动报酬	劳动、失业保险费	从业人员年平均人数
5413	251115	-222817	-258248	258248	168050	8463	23377
912	64914	-18508	-12545	12545	32140	1033	3205
407	16089	-3194	-3403	3403	9874	466	1166
864	3407	-1587	-2086	2086	3155	187	396
684	51675	-51667	-51429	51429	15813	282	1388
3018	60638	-45511	-41496	41496	32589	772	4184
3105	79134	-42463	-42964	42964	47511	11716	5658
77	1912	-917	-988	988	2271	30	302
525	7731	-1332	-2921	2921	3976		551
12728	244646	-129827	-144242	144242	85588	7042	10760
546	109146	-96280	-80747	80747	23533	8895	2224
5207	57646	-19073	-32529	32529	33174	1613	3540
3028	87787	-67431	-68517	68517	43331	1508	4761
25715	391313	-223867	-242175	242175	281825	12924	36099
7942	132021	-82024	-77895	77895	68628	5281	5858
2656	29857	-26090	-40264	40264	30559	1555	2279
3339	88822	-56395	-52676	52676	82745	3469	8172
5378	111747	-52247	-51993	51993	96296	5675	12141
89543	2530900	-374450	-291156	291156	246006	15457	20584
45593	1351671	-671449	-420185	420185	917748	75720	71657
3587	115295	-57173	-75746	75746	69351	3745	6466
530	93320	-29731	-32207	32207	25274	458	1752
3943	94434	-33263	-47058	47058	59669	3635	5174
262	9111	-2342	-2551	2551	3867	495	718
118	8147	-11010	-11123	11123	2308	871	236
19635	574193	-184789	-196679	196679	257067	19880	19091
16804	422962	-127206	-137597	137597	196230	15586	13561
334	45127	-6936	-8930	8930	1899	71	208
2497	106104	-50647	-50152	50152	58938	4223	5322

2-1-7 规模以上工业

指标名称	企业数	#亏损企业数	工业总产值	工业销售产值	#出口交货值	工业增加值
合 计	**2634**	**546**	**214272607**	**213987725**	**13658649**	**59568938**
按登记注册类型分组						
内资企业	2453	511	172670828	173021573	11427313	47828645
国有企业	244	93	17261577	17425341	907908	6039933
集体企业	178	42	4404413	4433112	121615	1242182
股份合作企业	74	10	1443335	1448691	21955	438029
联营企业	9	5	153229	153791		52508
有限责任公司	656	151	74252196	74754672	2983524	20363458
股份有限公司	107	19	26086627	26212960	1668792	7611327
私营企业	1176	191	48841552	48369086	5714629	12002511
其他企业	9		227899	223920	8890	78698
港、澳、台商投资企业	61	15	13438335	13089682	600258	3907438
外商投资企业	120	20	28163444	27876470	1631078	7832855
按轻重工业分组						
轻工业	1101	234	73269681	72855712	8479704	19047709
重工业	1533	312	141002926	141132013	5178945	40521229
按企业规模分组						
大型企业	49	5	94219474	94715408	5180570	24841958
中型企业	386	69	66139238	65640828	5323019	20378898
小型企业	2199	472	53913895	53631489	3155060	14348082
按国民经济行业大类分组						
采矿业	184	15	6350555	6695826	149911	3248398
煤炭开采和洗选业	143	14	4355753	4384470	30	2205085
石油和天然气开采业	2		306094	301771		182432
黑色金属矿采选业	16		833940	1035496		451128
有色金属矿采选业	1		1904	1904		1104
非金属矿采选业	22	1	852864	972185	149881	408648
其他采矿业						
制造业	2321	482	190749723	189929869	13508738	49245117
农副食品加工业	104	14	5810777	5840316	386377	800883
食品制造业	49	4	2204438	2243681	117854	628536

企业主要经济指标

单位：个、千元、人

资产总计	#流动资产合计	#应收帐款净额	#存货	#产成品	流动资产年平均余额	固定资产	固定资产原价	#生产经营用固定资产
271825050	**127350081**	**26660642**	**33311962**	**11476839**	**116413807**	**109981731**	**149702504**	**135000446**
230781987	108344889	22885990	27304962	9370046	98267807	90177484	122735726	109918331
29229039	13349959	2916147	3949251	1386843	12431069	12879841	20613325	17382924
3507931	2057276	533734	734315	353341	2031782	1119048	1774527	1534069
1087142	612098	223941	183770	96207	582938	398841	621674	558540
562294	92384	30438	40333	14565	97997	451060	489840	465135
120796274	53253327	9143749	13999578	4093097	48477866	50724566	67274364	60436870
40289534	19254803	4403415	3302999	1362357	17428619	13038746	18069608	17075094
35026166	19656503	5621468	5082651	2059313	17151153	11393257	13657945	12242631
283607	68539	13098	12065	4323	66383	172125	234443	223068
11143378	5429520	811253	2193668	628879	4964358	5440115	7355643	7005941
29899685	13575672	2963399	3813332	1477914	13181642	14364132	19611135	18076174
69303673	38400165	8896037	10487098	3302720	34785541	22704605	30339978	26405973
202521377	88949916	17764605	22824864	8174119	81628266	87277126	119362526	108594473
126462342	58935224	8563741	14584236	4008160	51081289	49577772	69244417	63692364
90872966	42526138	10684691	11601201	4346612	39801138	37838085	51934459	46670809
54489742	25888719	7412210	7126525	3122067	25531380	22565874	28523628	24637273
8588051	3256726	508310	420902	156893	2878545	4306543	5979491	5244220
6202007	2265176	368486	257493	80704	2022551	3186301	4727987	4154584
429105	109112	15878	19570	4882	89052	210850	338645	336065
933996	483510	70324	109094	56163	401269	400174	502013	437218
3778	1192	115	70	7	1138	2586	6516	6019
1019165	397736	53507	34675	15137	364535	506632	404330	310334
211803328	111291619	24702496	32529452	11302576	101903174	73726969	100592956	90141298
2750613	1336676	170871	512666	168661	1218542	1210127	1277200	1133553
1916480	854543	157377	237726	71569	904398	821697	1330422	1281173

2-1-7 续表 1

指标名称	企业数	#亏损企业数	工业总产值	工业销售产值	#出口交货值	工业增加值
饮料制造业	40	9	2396614	2396481	71116	927647
烟草制品业	5		4231851	4232292	1130	2881422
纺织业	111	39	3919864	3942894	919856	981278
纺织服装、鞋、帽制造业	19	4	584551	517054	64073	158544
皮革、毛皮、羽毛(绒)及其制品业	43	6	1389793	1279129	68261	351657
木材加工及木、竹、藤、棕、草制品业	10		305346	291027	21962	81665
家具制造业	20	4	926503	952485		167275
造纸及纸制品业	58	15	1964865	1949832	1400	537349
印刷业和记录媒介的复制	49	13	951954	971188		304305
文教体育用品制造业	3		14016	11995		6609
石油加工、炼焦及核燃料加工业	14	4	731415	705626		232861
化学原料及化学制品制造业	164	26	13765934	13771404	1064710	4668952
医药制造业	51	6	5351277	5430859	341243	1994110
化学纤维制造业	2		128988	127581	164	36856
橡胶制品业	26	5	1094074	1094693	31242	276381
塑料制品业	71	20	1256958	1268327		299331
非金属矿物制品业	259	89	9693665	9783800	1160760	3717470
黑色金属冶炼及压延加工业	76	19	13732543	13512985	159448	3502837
有色金属冶炼及压延加工业	67	11	9015739	8857266	951160	1584502
金属制品业	77	14	2586564	2549248	175246	724165
通用设备制造业	141	29	8711622	8580448	521458	2559393
专用设备制造业	50	13	5610591	6639675	363391	1584371
交通运输设备制造业	620	98	78867378	78451565	6342727	16582714
电气机械及器材制造业	100	23	7529634	7047232	152571	1406293
通信设备、计算机及其他电子设备制造业	24	5	3758096	3364049	92408	963111
仪器仪表及文化、办公用机械制造业	49	11	3707505	3618283	357601	1119156
工艺品及其他制造业	15	1	305585	279894	142580	114689
废弃资源和废旧材料回收加工业	4		201583	218560		50754
电力、燃气及水的生产和供应业	129	49	17172329	17362030		7075423
电力、热力的生产和供应业	70	28	14810537	14856930		6153220
燃气生产和供应业	22		1504057	1642053		394945
水的生产和供应业	37	21	857735	863047		527258

单位：个、千元、人

资产总计	#流动资产合计	#应收帐款净额	#存货	#产成品	流动资产年平均余额	固定资产	固定资产原价	#生产经营用固定资产
3594860	1422697	118447	599906	90122	1343791	1442203	2297321	2161471
5086439	3227889	332110	1795807	54595	3049597	1687324	2453888	1938608
4249026	1698540	258039	861519	381175	1784316	1815085	2692751	2282927
438637	304266	29493	159786	106185	278593	114184	117469	84407
521124	295773	75066	132996	60369	288510	104700	135353	111016
217189	94802	28318	22553	9669	104074	80076	103633	100692
726904	531208	248951	74456	27413	490204	175415	252401	238039
1809202	896484	269233	321368	176461	884674	660252	743480	653007
1044721	525573	122866	124977	40265	596692	440409	607497	547872
14152	9376	277	3579	2353	9685	4774	8651	8651
781201	275976	60294	122015	55054	243960	376583	442052	427576
18537786	7368944	1197855	1768031	783481	6776001	8754709	13435452	12222076
10083317	4886889	1138863	817592	336846	4326853	3316385	3683407	3164281
159344	65046	2821	55174	32995	60342	71572	142231	139987
1636961	783180	185193	273265	130306	790321	752230	625986	554326
1646952	794104	223797	259954	131799	771636	669086	824462	735188
16600772	6631791	1582663	1693388	775025	6223369	8197511	9899104	8808544
10653141	5072180	590920	2318563	563141	4262774	5319509	6957304	6808063
8190458	4571809	704989	1306177	304000	4543245	2649905	6073399	6003223
2900907	1701019	364224	500959	164738	1491917	879727	1224504	1147083
10946038	6704430	1863566	2108179	748285	6073685	3048629	5086158	4277970
16031373	5812909	1069889	1381394	467593	5607311	5087233	6730952	5024780
74920674	44363931	11034344	11759720	4484358	40313985	22491693	28735252	26503979
6977559	5085847	1316956	1428071	521487	3934616	1476821	1933692	1324544
3890715	2712420	687367	952904	257260	2292869	794827	917701	749703
5103672	3014048	841868	822817	318340	2996219	1209940	1784137	1634638
297522	189301	15462	97349	39031	179143	61079	69691	66925
75589	59968	10377	16561		61852	13284	7406	6996
51433671	12801736	1449836	361608	17370	11632088	31948219	43130057	39614928
44686555	10729045	1161492	238182	11512	9742241	28011119	38383041	36090980
2606217	1147509	172129	83546	5858	1052743	1125558	1381389	852997
4140899	925182	116215	39880		837104	2811542	3365627	2670951

2-1-7 续表 2

指标名称	累计折旧	#本年折旧	固定资产净值	固定资产净值年平均余额	无形资产	负债合计
合计	**52317691**	**7807298**	**97384813**	**93150032**	**10095446**	**165373984**
按登记注册类型分组						
内资企业	40343663	6352719	82392063	78045289	8762577	142221616
国有企业	8909002	1069346	11704323	11115089	354131	22207527
集体企业	772648	116871	1001879	1016291	83870	2440335
股份合作企业	257657	30958	364017	346733	19993	574513
联营企业	43251	12118	446589	453302	8952	458021
有限责任公司	20242999	3229632	47031365	44551946	4495630	73560458
股份有限公司	6637855	1026972	11431753	10759007	1696357	20705768
私营企业	3404582	860464	10253363	9655991	2061851	22167082
其他企业	75669	6358	158774	146930	41793	107912
港、澳、台商投资企业	3231069	361541	4124574	4098738	95907	5812451
外商投资企业	8742959	1093038	10868176	11006005	1236962	17339917
按轻重工业分组						
轻工业	9969943	1708735	20370035	19772477	3301166	46376695
重工业	42347748	6098563	77014778	73377555	6794280	118997289
按企业规模分组						
大型企业	25512816	3690592	43731601	41253546	4047405	72487100
中型企业	18919449	2657058	33015010	31754313	3891614	57244360
小型企业	7885426	1459648	20638202	20142173	2156427	35642524
按国民经济行业大类分组						
采矿业	2397569	249923	3581922	3367447	370423	4124802
煤炭开采和洗选业	2031125	169249	2696862	2600432	268314	2959000
石油和天然气开采业	152725	20074	185920	132835	9092	126432
黑色金属矿采选业	114451	34380	387562	341509	9501	434256
有色金属矿采选业	4025	45	2491	2513		3165
非金属矿采选业	95243	26175	309087	290158	83516	601949
其他采矿业						
制造业	36444309	5434858	64148647	61271353	9138996	130116666
农副食品加工业	314766	62949	962434	971434	123888	1969463
食品制造业	564749	55836	765673	732812	146248	1067728

单位：个、千元、人

流动负债合计	#应付帐款	长期负债合计	所有者权益合计	#实收资本	国家资本	集体资本	法人资本	个人资本	港澳台资本	外商资本
125137054	**30669302**	**38597977**	**106451066**	**68214117**	**19585438**	**1193648**	**30399682**	**8728605**	**2412227**	**5894517**
109661585	25993130	30996392	88560371	56991607	18105616	1137570	26380861	8586289	1079703	1701568
16318798	2750194	4968348	7021512	8087274	6657359	5664	1407142	3469	9000	4640
2113077	692513	267782	1067596	629465	12499	525741	44534	46691		
502712	142927	61603	512629	354197	1000	43045	111144	199008		
104617	79153	353404	104273	115440	2100	21290	89750	2300		
53605243	13113820	19777748	47235816	32057528	9775041	414717	17909107	1853931	1038950	1065782
17973332	4035463	2658486	19583766	8979252	1646931	75493	4556738	2095653	11637	592800
18997007	5165144	2870513	12859084	6743635	10686	51620	2240947	4381920	20116	38346
46799	13916	38508	175695	24816			21499	3317		
4739621	1311294	1071829	5330927	2262426	739162	14900	356615	51634	1091685	8430
10735848	3364878	6529756	12559768	8960084	740660	41178	3662206	90682	240839	4184519
38385333	9619604	7094495	22926978	14422545	4095772	393959	5181221	3306107	403286	1042200
86751721	21049698	31503482	83524088	53791572	15489666	799689	25218461	5422498	2008941	4852317
56155171	14555723	16261368	53975242	27695852	8904076	5000	14025311	990900	1465881	2304684
42642656	9570678	14010373	33628606	25122029	7355002	411663	11299814	3210533	372678	2472339
26339227	6542901	8326236	18847218	15396236	3326360	776985	5074557	4527172	573668	1117494
3056357	431568	1013004	4463249	2959858	416381	40983	2264560	237934		
2143955	322299	808171	3243007	2369997	122245	36441	2066088	145223		
81064	12269	45368	302673	130355	63237		67118			
400083	54400	26096	499740	233967	194211	1042	11786	26928		
1630	65	1535	613	2789	2789					
429625	42535	131834	417216	222750	33899	3500	119568	65783		
110148703	27240749	18476510	81686662	52919173	10740506	1056711	24914016	8098036	2286227	5823677
1462647	288755	497679	781150	586037	138258	28216	105755	174865	4200	134743
859087	135575	205321	848752	554729	135938	3932	152256	77267		185336

2-1-7 续表 3

指标名称	累计折旧	#本年折旧	固定资产净值	固定资产净值年平均余额	无形资产	负债合计
饮料制造业	932770	125737	1364551	1396147	241554	2024192
烟草制品业	986080	179113	1467808	1409877	19477	3317169
纺织业	859041	187243	1833710	1895502	248272	3460460
纺织服装、鞋、帽制造业	30249	8240	87220	81973	2585	268574
皮革、毛皮、羽毛(绒)及其制品业	34295	8470	101058	101656	78866	263724
木材加工及木、竹、藤、棕、草制品业	28708	6540	74925	74293	28133	97581
家具制造业	79159	15700	173242	161600	13142	481422
造纸及纸制品业	177611	42565	565869	548651	58458	1178196
印刷业和记录媒介的复制	226318	46476	381179	383052	20456	602415
文教体育用品制造业	4566	205	4085	4411		4557
石油加工、炼焦及核燃料加工业	123428	58116	318624	267705	107956	297106
化学原料及化学制品制造业	6186257	780155	7249195	6691147	923810	9698912
医药制造业	913737	188300	2769670	2593380	752631	5601189
化学纤维制造业	70659	4419	71572	88049		113292
橡胶制品业	140585	27455	485401	445987	70499	1253231
塑料制品业	269951	40915	554511	586391	103641	1058189
非金属矿物制品业	3023240	558619	6875864	6649171	725022	10683771
黑色金属冶炼及压延加工业	2912207	276765	4045097	4010553	138457	5324974
有色金属冶炼及压延加工业	2627303	160626	3446096	3443533	700058	5646225
金属制品业	414962	94356	809542	760588	105107	1764521
通用设备制造业	2248646	247837	2837512	2564707	460435	7064585
专用设备制造业	2209668	370599	4521284	4413170	556153	12797358
交通运输设备制造业	9355527	1667721	19379725	18142051	3019038	42429807
电气机械及器材制造业	593015	90182	1340677	1226071	164833	5537827
通信设备、计算机及其他电子设备制造业	403954	57770	513747	471956	215712	2584860
仪器仪表及文化、办公用机械制造业	698923	68078	1085214	1094252	99659	3318068
工艺品及其他制造业	13373	3371	56318	54833	14906	161112
废弃资源和废旧材料回收加工业	562	500	6844	6401		46158
电力、燃气及水的生产和供应业	13475813	2122517	29654244	28511232	586027	31132516
电力、热力的生产和供应业	12136745	1908560	26246296	25238605	289297	27770818
燃气生产和供应业	524288	72869	857101	839014	54904	1100328
水的生产和供应业	814780	141088	2550847	2433613	241826	2261370

单位：个、千元、人

流动负债合计	#应付帐款	长期负债合计	所有者权益合计	#实收资本	国家资本	集体资本	法人资本	个人资本	港澳台资本	外商资本
1687730	173635	313862	1570668	1013505	179951		381503	180222	83490	188339
2674181	521883	642988	1769270	830075	684575		145500			
2097191	273901	841739	788566	1106861	503941	37976	211404	350224	2483	833
247854	97017	8820	170063	129144		3788	51556	31041	10666	32093
241418	44187	21001	257400	117948	1300	450	36879	76985	87	2247
77451	16989	20130	119608	66541	10200	21103	27508	7000	730	
459315	249894	17547	245482	181780	2618	6205	94071	20820		58066
869053	263866	221616	631006	482573	27537	52675	158224	218481	6362	19294
486483	152136	114910	442306	209441	70134		61339	65010	10608	2350
4557	849		9595	4091	506			3585		
230732	95549	66374	484095	325845	3054	26862	202149	93780		
6931729	1108566	2434585	8838874	5369765	2477695	102604	1628659	602958	55527	502322
4684440	646677	888426	4482128	2285647	602834	5000	1193990	471514		12309
77182	15549	36110	46052	4965				4965		
1029918	163182	223313	383730	294204	4876		90191	77291	8270	113576
930483	159646	125767	588763	641682	62634	76004	65125	182766	221442	33711
7036613	1171725	3524734	5917001	4332195	275142	135867	1756405	1278875	204589	681317
4534877	1037769	771836	5328167	2443092	1317079	59166	133308	494325	422219	16995
4491963	874916	1154164	2544233	4210537	113674	15902	3844811	224475	11322	353
1615195	234088	131774	1136386	860721	19544	52031	424060	307347	13280	44459
6019672	1790478	903907	3881453	3053072	514508	69323	1715072	293384	9225	451560
11588842	1669521	1208061	3234015	2608111	722693	1953	1768343	88986	24636	1500
39158247	12767594	3142360	32490867	17426629	1905338	259080	9090612	2153020	1122427	2896152
5297009	1716821	229204	1439732	1375175	279700	60481	482226	231938	51210	269620
2268715	748369	301745	1305855	1079935	306286	15710	549718	52706	21317	134198
2918060	772288	399130	1785604	1217178	374806	21983	505542	270406	2137	42304
125501	22718	25807	136410	80845	5185		37810	37850		
42558	26606	3600	29431	26850	500	400		25950		
11931994	2996985	19108463	20301155	12335086	8428551	95954	3221106	392635	126000	70840
10515321	2791210	17222275	16915737	10085545	6647276	7631	2998027	361771		70840
724999	165858	375327	1505889	973261	821803	82980	58496	9982		
691674	39917	1510861	1879529	1276280	959472	5343	164583	20882	126000	

2-1-7 续表 4

指标名称	主营业务收入	主营业务成本	主营业务税金及附加	其他业务收入	其他业务利润	营业费用
合 计	**210884326**	**170290969**	**4093774**	**6724199**	**1456283**	**11189715**
按登记注册类型分组						
内资企业	170205559	138210062	3526280	6321421	1332369	9092021
国有企业	17313946	13271410	553467	819898	224114	800568
集体企业	4398052	3811798	38637	95687	33948	120338
股份合作企业	1402949	1209332	10382	18544	24850	33598
联营企业	139647	98865	916	2304	292	2372
有限责任公司	73730494	59366182	1571537	2867926	523352	4412884
股份有限公司	25599460	19701876	569188	1534353	289462	1959183
私营企业	47402217	40550138	781396	981889	234501	1759054
其他企业	218794	200461	757	820	1850	4024
港、澳、台商投资企业	12800985	10674480	57461	55131	28179	456757
外商投资企业	27877782	21406427	510033	347647	95735	1640937
按轻重工业分组						
轻工业	71055487	56514586	2254514	2494486	507386	3734079
重工业	139828839	113776383	1839260	4229713	948897	7455636
按企业规模分组						
大型企业	94675866	74101160	2776938	3928788	612161	6428951
中型企业	64056249	51341431	942036	1940282	500767	3176559
小型企业	52152211	44848378	374800	855129	343355	1584205
按国民经济行业大类分组						
采矿业	6599817	4782691	97939	534689	116294	240178
煤炭开采和洗选业	4362494	3222768	54180	485791	99828	108968
石油和天然气开采业	298408	205230	5615	8940	7700	11779
黑色金属矿采选业	1028002	703296	17761	39678	8578	26711
有色金属矿采选业	1904	1126	13			1
非金属矿采选业	909009	650271	20370	280	188	92719
其他采矿业						
制造业	186150154	150623451	3877128	5600714	1154820	10668182
农副食品加工业	5737392	5265532	12947	45306	13508	157014
食品制造业	2386739	1912593	14250	82819	4902	227374

单位：个、千元、人

管理费用	#税金	#财产保险费	#职工教育费	财务费用	#利息净支出	营业利润	投资收益	补贴收入	利税总额
13804927	**382833**	**146416**	**144681**	**3357575**	**3221621**	**8404939**	**1883552**	**1496329**	**24201628**
11893614	331412	119445	125760	2828991	2765233	4723969	1834021	1292278	17773679
2613011	44057	30859	22869	501281	396557	-79785	311515	218055	1699931
307251	14726	2353	4187	38053	30839	121506	6234	36656	364374
81908	5989	2417	1372	9268	8614	53656	10577	10252	138015
8576	219	42	171	20685	20600	8529		430	15728
5203880	124044	46120	56109	1441390	1462065	1325812	767939	648222	7440920
1886488	71602	17108	14190	333884	376566	1480499	716810	113032	4049777
1781932	70282	20426	26796	480997	466587	1812008	20946	263929	4054911
10568	493	120	66	3433	3405	1744		1702	10023
420196	7872	4815	7317	131329	125759	1077273	10490	8017	1735206
1491117	43549	22156	11604	397255	330629	2603697	39041	196034	4692743
3774813	122399	42806	39902	850045	803215	1923987	83440	229508	6459491
10030114	260434	103610	104779	2507530	2418406	6480952	1800112	1266821	17742137
5778788	121885	51562	65178	1345107	1333501	3683840	1553199	767720	12793655
4960212	135120	58638	48797	1264515	1149194	3192618	206104	400955	7334111
3065927	125828	36216	30706	747953	738926	1528481	124249	327654	4073862
861806	18436	5228	14603	42931	83708	577725	16397	106049	1169733
703022	15652	4273	12161	17962	55280	219570	4248	102633	624128
30636	1126	163	547	1646	1674	50201	18360		89825
75981	521	555	525	13327	10991	207979	-6210	1165	293343
190				11	11	564			590
51977	1137	237	1370	9985	15752	99411	-1	2251	161847
11976294	328276	125911	120674	2368976	2350184	7195329	1734356	1096168	20636658
147852	3899	1777	1750	36767	35931	132047	389	18105	188407
110764	3418	1454	3028	29819	27170	92226	12342	2306	232962

2-1-7 续表 5

指标名称	主营业务收入	主营业务成本	主营业务税金及附加	其他业务收入	其他业务利润	营业费用
饮料制造业	2392036	1506597	149471	26585	10221	385146
烟草制品业	4208373	1828316	1490878	46458	4649	157822
纺织业	3939626	3629550	17569	120812	27391	55444
纺织服装、鞋、帽制造业	496005	379342	2603	1988	14291	65007
皮革、毛皮、羽毛(绒)及其制品业	1264443	1076331	4742	6742	1558	72787
木材加工及木、竹、藤、棕、草制品业	272389	240970	1495	14257	2338	6419
家具制造业	949249	844415	2564	13298	4297	18504
造纸及纸制品业	1860045	1610425	11637	17652	7128	91020
印刷业和记录媒介的复制	900229	768446	6028	10566	27877	29134
文教体育用品制造业	11908	7890	141	22	52	883
石油加工、炼焦及核燃料加工业	721522	560303	6089	38787	6951	26298
化学原料及化学制品制造业	13804955	10543654	84233	260084	57109	812515
医药制造业	4586534	2724718	44592	83985	16239	734426
化学纤维制造业	119716	102853	445			2798
橡胶制品业	1064367	871974	8470	13038	4171	42085
塑料制品业	1229885	1088002	3257	7784	3177	43262
非金属矿物制品业	9399042	7368160	454677	167387	69528	591978
黑色金属冶炼及压延加工业	13601808	11734716	22431	144819	39883	252577
有色金属冶炼及压延加工业	8609811	7930749	31160	340376	27048	108754
金属制品业	2535775	2031484	10582	62665	22580	150251
通用设备制造业	8376147	6670174	59002	245314	71239	329713
专用设备制造业	6438654	5334081	100284	323574	53496	2083167
交通运输设备制造业	77559872	65038086	1287054	2938046	540338	3625888
电气机械及器材制造业	7103983	4328774	26392	304293	73548	218361
通信设备、计算机及其他电子设备制造业	2723058	2305758	3897	214287	12298	98113
仪器仪表及文化、办公用机械制造业	3373167	2531978	17704	64677	37985	272741
工艺品及其他制造业	264864	192469	1495	4961	890	7224
废弃资源和废旧材料回收加工业	218560	195111	1039	132	128	1477
电力、燃气及水的生产和供应业	18134355	14884827	118707	588796	185169	281355
电力、热力的生产和供应业	15663105	13103536	94437	386370	79822	84392
燃气生产和供应业	1638345	1233611	17590	86299	43461	170379
水的生产和供应业	832905	547680	6680	116127	61886	26584

单位：个、千元、人

管理费用	#税　金	#财产保险费	#职工教育费	财务费用	#利息净支出	营业利润	投资收益	补贴收入	利税总额
186428	7563	1983	896	54842	54678	114986	3656	2734	415652
370172	7471	7649	4389	109184	109627	271990	-1789	28815	2230469
317714	9526	3002	2182	71031	69018	-125393	477	13552	-14430
35881	1115	368	233	3921	3334	3060	6949	2432	39175
54017	3793	763	768	8326	8421	67651		2854	102493
16707	415	40	56	2803	2629	5310		3821	21469
73295	3328	459	561	1865	1678	14099	400	415	44246
87127	1418	1715	1141	27731	23344	66415	2501	18417	169222
80064	2177	1026	471	9222	7885	12974	1918	16367	83775
2180	76		9	14	-9	996		144	2065
59269	2910	843	539	4814	4941	70104	-590	320	99850
1060413	41502	24198	12875	222636	183919	1198991	215406	162976	2224434
597195	15248	4544	3332	115249	104190	345436	19132	15128	742522
3501	174	51	51	2937	2930	7110		907	11644
77576	1619	1681	1438	32010	26986	25245	21	5497	58512
74304	2393	1410	557	17967	17102	-7049	75	7056	27847
638339	26494	10854	6890	280229	260523	468732	13554	143456	1577766
492339	10689	3752	7796	123201	117527	992647	-1275	8591	1630760
301581	14580	1266	3316	126229	130692	129782	-6246	109838	488071
192973	6804	1208	1684	30514	33484	120552	-1543	8225	213071
880393	15997	6403	8208	86912	81127	380429	25024	55629	899252
1118241	13242	9076	11680	290442	300240	-600900	667335	44857	330020
4099244	107086	32902	38561	498330	563437	2883900	721816	367459	7708626
256229	14800	3278	2159	67013	69176	281199	16778	24772	523256
222393	1730	1289	2493	47341	42785	70691	4215	5153	156616
392989	7913	2868	3389	59940	60132	120904	33476	19858	355523
22433	483	44	135	7512	7200	34627	335	6484	50816
4681	413	8	87	175	87	16568			22567
966827	36121	15277	9404	945668	787729	631885	132799	294112	2395237
642164	24239	12491	5689	859933	755045	435556	108687	288708	2075830
168056	3407	681	2219	-414	4677	99796	7201	2954	175683
156607	8475	2105	1496	86149	28007	96533	16911	2450	143724

2-1-7 续表 6

指标名称	利润总额	亏损企业亏损额	应交所得税	广告费	劳动、待业保险费	养老保险和医疗保险费
合　计	**11558980**	**1857164**	**1280772**	**1054923**	**775331**	**1714538**
按登记注册类型分组						
内资企业	7639494	1627974	1068119	587486	662479	1510462
国有企业	242915	836095	105648	18454	191435	355149
集体企业	146956	50739	45458	869	11385	44774
股份合作企业	75508	7075	14806	802	2144	8256
联营企业	8096	6756	1246	16	572	1374
有限责任公司	2646684	458521	387075	194464	363007	857951
股份有限公司	2390376	74553	181144	268374	75819	185282
私营企业	2125259	194235	332097	104226	18060	57302
其他企业	3700		645	281	57	374
港、澳、台商投资企业	1072776	108774	54127	50380	90039	103539
外商投资企业	2846710	120416	158526	417057	22813	100537
按轻重工业分组						
轻工业	2151010	811815	413340	465785	139748	346500
重工业	9407970	1045349	867432	589138	635583	1368038
按企业规模分组						
大型企业	6046854	200997	384955	790633	399929	855636
中型企业	3543320	800566	522078	210784	299062	594695
小型企业	1968806	855601	373739	53506	76340	264207
按国民经济行业大类分组						
采矿业	619163	11139	86348	623	106759	151071
煤炭开采和洗选业	269566	9920	33540	467	102336	138693
石油和天然气开采业	65732		14854	110	3070	1318
黑色金属矿采选业	190546		19906	15	689	6651
有色金属矿采选业	564				118	
非金属矿采选业	92755	1219	18048	31	546	4409
其他采矿业						
制造业	9947745	1697290	1103910	1044168	621203	1357080
农副食品加工业	120380	25824	17007	5161	1843	10890
食品制造业	111496	13979	11744	31515	4221	12957

单位：个、千元、人

住房公积金和住房补贴	应付工资总额	#主营业务应付工资总额	应付福利费总额	#主营业务应付福利费总额	应交增值税	工业中间投入合计	#直接材料	从业人员平均人数
642619	**12384220**	**11135162**	**1602489**	**1373175**	**8548874**	**165077789**	**136283424**	**900546**
594433	11062546	9933023	1423890	1220607	6607905	132915601	109648111	836095
106110	1944204	1589602	263251	203120	903549	12310262	9397621	134921
4431	429781	365800	50615	40416	178781	3379074	2805051	41752
810	116681	111099	14309	13367	52125	1070853	919210	11370
330	13913	12393	1583	1513	6716	109046	73763	1276
433086	4874319	4454964	604552	559925	3222699	57735392	48113945	327816
48070	1269196	1165895	190319	141638	1090213	19798731	16024444	71715
1596	2403472	2223715	298354	259852	1148256	38355065	32188997	245734
	10980	9555	907	776	5566	157178	125080	1511
20018	572581	549275	66052	65131	604969	10255593	8693095	24132
28168	749093	652864	112547	87437	1336000	21906595	17942218	40319
87254	3500170	3108829	462613	384082	2053967	56859578	47906558	316428
555365	8884050	8026333	1139876	989093	6494907	108218211	88376866	584118
493868	4511536	4172891	540342	494735	3969863	74108559	62065298	223636
118563	4351851	3848771	643112	519966	2848755	49233523	39644886	327380
30188	3520833	3113500	419035	358474	1730256	41735707	34573240	349530
26564	1189080	1065611	147617	125943	452631	3669619	2292483	93637
23556	961225	849967	119671	110518	300382	2539467	1494061	79148
1025	23574	20167	3300	2823	18478	132568	77350	1308
1420	121182	113650	17777	6022	85036	506273	387961	6155
	350	350			13	878	563	45
563	82749	81477	6869	6580	48722	490433	332548	6981
296309	10024261	8995172	1297874	1109166	6811785	149075490	124549923	752999
796	152421	135533	19478	16083	55080	5021453	4540772	16422
1080	134020	130046	47669	13565	107216	1678304	1375568	13456

2-1-7 续表 7

指标名称	利润总额	亏损企业亏损额	应交所得税	广告费	劳动、待业保险费	养老保险和医疗保险费
饮料制造业	109493	47047	22558	55397	1784	25184
烟草制品业	275467		74931	26495	34642	29427
纺织业	-151477	240919	11906	461	18301	38633
纺织服装、鞋、帽制造业	19468	7670	1850	8456	324	1060
皮革、毛皮、羽毛(绒)及其制品业	73576	1866	12951	1454	510	1732
木材加工及木、竹、藤、棕、草制品业	8964		1490	7	148	2516
家具制造业	13336	49380	7557	2583	353	5037
造纸及纸制品业	89383	22806	17994	1197	896	7487
印刷业和记录媒介的复制	32199	23234	13120	233	10698	10181
文教体育用品制造业	979		399	3	515	319
石油加工、炼焦及核燃料加工业	58345	1610	3667	1010	6812	2700
化学原料及化学制品制造业	1431844	114095	167790	65697	69909	136570
医药制造业	391687	52542	51158	110823	24035	71157
化学纤维制造业	7897		5056	238	98	1342
橡胶制品业	26374	28148	4925	1934	2805	10898
塑料制品业	-9267	46481	5759	2178	780	11434
非金属矿物制品业	573695	141696	78813	10642	19230	54133
黑色金属冶炼及压延加工业	995307	70878	53441	272	110053	111991
有色金属冶炼及压延加工业	210174	29204	21714	3455	39611	42872
金属制品业	137553	30678	21269	17732	4339	11591
通用设备制造业	470671	32525	54529	9643	50642	112475
专用设备制造业	103665	271540	11767	53727	25000	233659
交通运输设备制造业	4185359	351954	342202	616739	145202	318140
电气机械及器材制造业	293736	36626	40258	4938	8190	33819
通信设备、计算机及其他电子设备制造业	106456	20214	11628	7268	3599	20596
仪器仪表及文化、办公用机械制造业	203457	35928	23666	4192	36362	36404
工艺品及其他制造业	40961	446	10255	718	183	1610
废弃资源和废旧材料回收加工业	16567		2506		118	266
电力、燃气及水的生产和供应业	992072	148735	90514	10132	47369	206387
电力、热力的生产和供应业	770505	126162	70169	9845	38879	160459
燃气生产和供应业	114837		18565	188	2659	15296
水的生产和供应业	106730	22573	1780	99	5831	30632

单位：个、千元、人

住房公积金和住房补贴	应付工资总额	#主营业务应付工资总额	应付福利费总额	#主营业务应付福利费总额	应交增值税	工业中间投入合计	#直接材料	从业人员平均人数
3563	140361	131942	16182	15525	156688	1670319	966190	9620
23433	193145	178453	25754	23055	464124	2004890	1514628	5763
579	377493	351727	39329	36341	119478	3082090	2657791	50258
	48008	46151	4201	3112	17104	429110	308055	4800
	89308	85064	7524	6988	24175	1037203	858227	6901
296	20689	17253	2598	2222	11010	229665	190418	1966
473	43800	42640	7201	6538	28346	780113	675323	2944
2126	90840	82238	10391	9576	68202	1467468	1211748	9204
1403	66366	62455	8412	7437	45548	682973	534229	6445
104	2336	2336	329	329	945	8407	6014	139
673	40422	40170	5045	5011	35416	548140	478191	3277
59045	791258	666408	100807	84635	708357	9973739	7878692	56782
22610	293811	281957	42993	41276	306243	3670322	2389961	19659
	3918	3918	514	514	3302	95569	80619	463
735	86034	83851	11181	6278	23668	859960	671427	8717
924	81637	62637	7365	6614	33857	978557	798955	7794
6994	811220	739011	107005	87664	549394	6797801	4692359	80246
21036	635176	546272	96371	79863	613022	10896175	9483194	31174
4566	340845	336069	17016	16445	246737	7724214	7081574	19447
2253	188120	183293	19257	12979	64936	1931342	1519441	16352
19268	656992	622046	96355	89932	369579	6537701	5322197	46351
39100	807264	732235	87429	77862	126071	4512906	3358272	46723
66073	3201317	2798477	410025	360950	2236213	64342009	55444639	236693
3751	283605	227797	44256	41060	203128	6309472	5668494	20497
4957	117202	100135	22153	18956	46263	2722124	2386215	7016
9999	295450	276366	37369	34956	134362	2731708	2164761	20486
124	20409	18968	2228	2090	8360	199085	154169	2821
348	10794	9724	1437	1310	4961	152671	137800	583
319746	1170879	1074379	156998	138066	1284458	12332680	9441018	53910
289857	894647	853574	124540	112438	1210888	10764550	8365791	40750
8429	139814	94440	14700	9077	43256	1166004	887687	5110
21460	136418	126365	17758	16551	30314	402126	187540	8050

2-1-8 规模以上国有及国有

指标名称	企业数	#亏损企业数	工业总产值	工业销售产值	#出口交货值	工业增加值
合 计	**529**	**173**	**117819044**	**118312759**	**4660447**	**34174066**
按登记注册类型分组						
内资企业	496	166	90236844	91201832	3767365	26311164
国有企业	244	93	17261577	17425341	907908	6039933
集体企业	7	1	515126	518290		129166
股份合作企业	3	1	49171	51215		23598
联营企业	5	3	106566	105610		39383
有限责任公司	199	62	50617282	51240538	1494604	13870442
股份有限公司	38	6	21687122	21860838	1364853	6208642
私营企业						
其他企业						
港、澳、台商投资企业	10	2	9694020	9509694	112173	2921352
外商投资企业	23	5	17888180	17601233	780909	4941551
按轻重工业分组						
轻工业	174	76	23680062	23352659	1736849	8251905
重工业	355	97	94138982	94960100	2923598	25922161
按企业规模分组						
大型企业	40	5	79896326	80352501	2622669	21847714
中型企业	171	42	30648791	30578501	1786325	10401239
小型企业	318	126	7273927	7381757	251453	1925113
按国民经济行业大类分组						
采矿业	37	3	3530038	3660131	20563	1809159
煤炭开采和洗选业	28	3	2560872	2488819		1273209
石油和天然气开采业	2		306094	301771		198073
黑色金属矿采选业	4		336020	527166		181977
有色金属矿采选业	1		1904	1904		1072
非金属矿采选业	2		325148	340471	20563	154828
其他采矿业						
制造业	388	126	98104097	98284025	4639884	26609402
农副食品加工业	13	2	721999	713818	20686	147701
食品制造业	10	4	643049	645469	92	152560

控股工业企业主要经济指标

单位：个、千元、人

资产总计	#流动资产合计	#应收帐款净额	#存货	#产成品	流动资产年平均余额	固定资产	固定资产原价	#生产经营用固定资产
184903581	**81879172**	**13915355**	**21159021**	**6526178**	**74469080**	**78578187**	**111759230**	**101533073**
160045079	69618358	12174371	17075043	5260514	63013681	66617202	93488847	83706790
29229039	13349959	2916147	3949251	1386843	12431069	12879841	20613325	17382924
394745	175767	27875	68257	52424	156066	194673	232280	220705
132167	46820	14234	5571	1619	43066	44386	94679	91979
486322	52030	13317	20812	4846	58680	423958	453527	452079
96630670	40102923	5588564	10498775	2778214	36071913	42210277	56852028	50941620
33172136	15890859	3614234	2532377	1036568	14252887	10864067	15243008	14617483
8262665	3766822	343574	1666930	327977	3379056	4475176	5984658	5888691
16595837	8493992	1397410	2417048	937687	8076343	7485809	12285725	11937592
34717195	18331176	3007598	5249614	1193999	16738535	11994545	16972729	15068805
150186386	63547996	10907757	15909407	5332179	57730545	66583642	94786501	86464268
117968179	53505458	7236051	13664729	3641953	47198779	47628874	67053228	61611608
50780512	22714847	5250033	6136807	2293940	21551270	22652145	34319607	31143132
16154890	5658867	1429271	1357485	590285	5719031	8297168	10386395	8778333
6966193	2538858	369186	297005	92741	2244714	3635033	5100802	4499408
5152654	1860693	278125	200508	61157	1672859	2695868	4100463	3639136
429105	109112	15878	19570	4882	89052	210850	338645	336065
638631	304935	36993	61130	23695	245735	329348	419558	362741
3778	1192	115	70	7	1138	2586	6516	6019
742025	262926	38075	15727	3000	235930	396381	235620	155447
132081310	67876304	12193070	20535470	6417895	61842361	46622569	67854453	60974609
732086	316829	45032	126347	35488	288325	399132	401065	380554
771302	362371	70927	71868	24484	384538	295567	484766	470124

2-1-8 续表 1

指标名称	企业数	#亏损企业数	工业总产值	工业销售产值	#出口交货值	工业增加值
饮料制造业	7	1	1298722	1306056		554890
烟草制品业	4		4181101	4161879	1130	2746856
纺织业	15	9	1425847	1379391	340670	318014
纺织服装、鞋、帽制造业						
皮革、毛皮、羽毛(绒)及其制品业						
木材加工及木、竹、藤、棕、草制品业	1		11500	3894		6197
家具制造业	2	2	11479	13234		1203
造纸及纸制品业	7	1	462369	469488		144000
印刷业和记录媒介的复制	15	7	192232	199994		56745
文教体育用品制造业	2		3108	2444		1189
石油加工、炼焦及核燃料加工业	2	1	325510	298445		63207
化学原料及化学制品制造业	39	10	8044566	8056265	728027	2564830
医药制造业	19	5	3517387	3602339	184644	1268368
化学纤维制造业						
橡胶制品业	4	2	273281	285274		56326
塑料制品业	6	2	85897	89535		18246
非金属矿物制品业	22	11	1110074	1188610	488617	452837
黑色金属冶炼及压延加工业	11	1	11069721	11004722	111400	2800613
有色金属冶炼及压延加工业	13	1	4262779	4241563	611134	740154
金属制品业	9	3	406248	393183	10287	95493
通用设备制造业	43	11	5920274	5802216	194578	1960358
专用设备制造业	21	9	5086341	6081902	341925	1081416
交通运输设备制造业	67	25	40059934	39880074	1184248	9219022
电气机械及器材制造业	22	11	4998629	4485351	148676	992238
通信设备、计算机及其他电子设备制造业	10	2	1030369	1053662	23105	265590
仪器仪表及文化、办公用机械制造业	20	5	2879123	2828459	240895	871008
工艺品及其他制造业	3	1	22395	19618	9770	10416
废弃资源和废旧材料回收加工业	1		60163	77140		19925
电力、燃气及水的生产和供应业	104	44	16184909	16368603		5755505
电力、热力的生产和供应业	55	24	14079206	14127842		4991195
燃气生产和供应业	16		1418545	1556541		356352
水的生产和供应业	33	20	687158	684220		407958

单位：个、千元、人

资产总计	#流动资产合计	#应收帐款净额	#存货	#产成品	流动资产年平均余额	固定资产	固定资产原价	#生产经营用固定资产
2146200	750136	51327	425027	24405	705090	878261	1396986	1340131
4914925	3198314	317245	1790540	54595	3008046	1549199	2280652	1826608
2381674	785584	108238	423960	228526	894597	991789	1672157	1383194
24796	11136	4213	2925	2741	11136	3804	5852	5852
9889	8737	2829	2090	759	9442	1152	2505	2505
579718	301055	90252	116157	97974	370472	172857	144166	127802
346583	148592	24325	36438	15171	210610	168745	244131	238599
3264	3187	19	886	600	3188	75	213	213
292942	180995	30568	95716	38545	164136	109853	176053	176053
11574044	4728753	657550	1097219	506708	4372131	5268641	9610337	8691740
7406447	3449513	799030	544370	242636	3136037	2548829	2803555	2398516
451504	247777	63480	90489	47607	248663	158909	245633	203959
170181	79638	34381	19949	12172	88978	62641	75198	57549
2979831	1097386	265326	237445	125936	1182726	1770454	1915150	1837018
8928106	4231161	439287	1947162	347686	3479827	4576124	6076600	6005411
5858695	3282977	446816	911315	139842	2651568	1678793	5161516	5138279
467169	302393	107823	114783	57120	272132	158462	290698	263330
8049015	5017319	1273169	1500672	513692	4508052	2248454	4025798	3416323
15364245	5376563	922613	1267156	429788	5205721	4943494	6544808	4860685
48597812	27247037	4815798	7625429	2761350	25070698	16024281	20758845	19375878
4450884	3325871	592412	1005167	299002	2357710	962456	1263776	756163
2137750	1233492	367858	393984	150250	1141680	637741	705936	565104
3416715	2172932	655180	685351	260818	2063655	1006004	1559717	1445729
16413	12199	4458	2505		8889	2089	3217	2577
9120	4357	2914	520		4314	4763	5123	4713
45856078	11464010	1353099	326546	15542	10382005	28320585	38803975	36059056
40447556	9553891	1075986	216144	10032	8633609	25419753	35187503	33086826
2386568	1050588	167782	80933	5510	969356	1019302	1240212	753252
3021954	859531	109331	29469		779040	1881530	2376260	2218978

2-1-8 续表 2

指标名称	累计折旧	#本年折旧	固定资产净值	固定资产净值年平均余额	无形资产	负债合计
合 计	**41696580**	**5678053**	**70062650**	**66803451**	**5481890**	**111782966**
按登记注册类型分组						
内资企业	32383265	4703229	61105582	57673779	4979529	98163446
国有企业	8909002	1069346	11704323	11115089	354131	22207527
集体企业	54187	11646	178093	168210	1340	211751
股份合作企业	53793	5661	40886	35061	1067	51500
联营企业	34040	10933	419487	425810	2332	415229
有限责任公司	17717032	2714112	39134996	36996973	3241604	57915737
股份有限公司	5615211	891531	9627797	8932636	1379055	17361702
私营企业						
其他企业						
港、澳、台商投资企业	2771662	254664	3212996	3207306	2585	3955533
外商投资企业	6541653	720160	5744072	5922366	499776	9663987
按轻重工业分组						
轻工业	6320024	951593	10652705	10375898	1230201	24163462
重工业	35376556	4726460	59409945	56427553	4251689	87619504
按企业规模分组						
大型企业	24978685	3493704	42074543	39865222	3481043	67495652
中型企业	13642582	1719468	20677025	19781662	1580207	32637265
小型企业	3075313	464881	7311082	7156567	420640	11650049
按国民经济行业大类分组						
采矿业	2126984	191167	2973818	2782638	295197	3295559
煤炭开采和洗选业	1847284	132401	2253179	2176807	199511	2357016
石油和天然气开采业	152725	20074	185920	132835	9092	126432
黑色金属矿采选业	90219	25738	329339	284568	4348	301570
有色金属矿采选业	4025	45	2491	2513		3165
非金属矿采选业	32731	12909	202889	185915	82246	507376
其他采矿业						
制造业	26905567	3529233	40948886	38995186	4816728	81282069
农副食品加工业	133132	15915	267933	273092	10063	622178
食品制造业	207184	18319	277582	280944	71500	552286

单位：个、千元、人

流动负债合计	#应付帐款	长期负债合计	所有者权益合计	#实收资本	国家资本	集体资本	法人资本	个人资本	港澳台资本	外商资本
82628607	**18906374**	**28096992**	**73120615**	**47696008**	**19227462**	**223060**	**21663713**	**1643442**	**1600556**	**3337775**
73305602	16298959	23816991	61881633	41501723	17979563	206710	18978046	1643442	1047782	1646180
16318798	2750194	4968348	7021512	8087274	6657359	5664	1407142	3469	9000	4640
211435	107038	316	182994	91390	2990	88400				
38300	8308	13200	80667	50759		2150	48295	314		
62417	43279	352812	71093	87945	2100	490	85355			
41337767	9889948	16494418	38714933	26150793	9705500	105006	13942699	307391	1038657	1051540
15336885	3500192	1987897	15810434	7033562	1611614	5000	3494555	1332268	125	590000
3088009	698303	867425	4307132	1371232	722046	750	138397		510039	
6234996	1909112	3412576	6931850	4823053	525853	15600	2547270		42735	1691595
19312962	3746168	4216114	10553733	7131765	3979635	12268	2065395	711720	57395	305352
63315645	15160206	23880878	62566882	40564243	15247827	210792	19598318	931722	1543161	3032423
51746418	13243248	15678673	50472527	26713518	8904076	5000	13186859	868764	1452601	2296218
23246246	4447360	8933509	18143247	15742286	7171731	140295	6864024	581570	89995	894671
7635943	1215766	3484810	4504841	5240204	3151655	77765	1612830	193108	57960	146886
2328292	365913	926559	3670634	2517518	407821	1089	2073463	35145		
1591492	271808	761702	2795638	2054013	116185	1089	1917505	19234		
81064	12269	45368	302673	130355	63237		67118			
298670	49008	2900	337061	193091	191711		750	630		
1630	65	1535	613	2789	2789					
355436	32763	115054	234649	137270	33899		88090	15281		
69619916	15588247	10737182	50799241	33934167	10427661	155806	17020974	1391395	1600556	3337775
432028	37272	190137	109908	133527	121145	478	8294	2929		681
391856	39428	160424	219016	206621	131903	1050	70919	150		2599

2-1-8 续表 3

指标名称	累计折旧	#本年折旧	固定资产净值	固定资产净值年平均余额	无形资产	负债合计
饮料制造业	585229	82653	811757	827358	138104	1237847
烟草制品业	942693	166212	1337959	1273362	19477	3246194
纺织业	657301	156838	1014856	1132802	191530	2354005
纺织服装、鞋、帽制造业						
皮革、毛皮、羽毛(绒)及其制品业						
木材加工及木、竹、藤、棕、草制品业	2235	141	3617	3616	9855	4097
家具制造业	1353	180	1152	1064		8346
造纸及纸制品业	20410	4097	123756	119638	10068	436513
印刷业和记录媒介的复制	108207	15841	135924	139913	3814	220157
文教体育用品制造业	138	19	75	75		281
石油加工、炼焦及核燃料加工业	85578	50000	90475	53420	63	122849
化学原料及化学制品制造业	4961546	587824	4648791	4216958	288838	6198157
医药制造业	742934	143085	2060621	1919956	497086	4345648
化学纤维制造业						
橡胶制品业	88702	7279	156931	158487	39439	391499
塑料制品业	35850	2799	39348	41356	1010	87606
非金属矿物制品业	504557	113421	1410593	1422039	70826	2090319
黑色金属冶炼及压延加工业	2764540	236155	3312060	3286554	94649	4377882
有色金属冶炼及压延加工业	2483182	104044	2678334	2686507	665629	4171222
金属制品业	147008	10224	143690	141677		449362
通用设备制造业	1904017	186212	2121781	1882846	317146	5232393
专用设备制造业	2146856	359745	4397952	4297313	507746	12391683
交通运输设备制造业	6999642	1114303	13759203	12810624	1667701	24963706
电气机械及器材制造业	409098	55010	854678	748159	56081	3844279
通信设备、计算机及其他电子设备制造业	345853	40792	360083	337301	107341	1287813
仪器仪表及文化、办公用机械制造业	627301	57617	932416	933382	48754	2629239
工艺品及其他制造业	661	158	2556	2489	8	8909
废弃资源和废旧材料回收加工业	360	350	4763	4254		7599
电力、燃气及水的生产和供应业	12664029	1957653	26139946	25025627	369965	27205338
电力、热力的生产和供应业	11469620	1777478	23717883	22709177	201726	24670624
燃气生产和供应业	486589	66364	753623	736272	49254	985106
水的生产和供应业	707820	113811	1668440	1580178	118985	1549608

单位：个、千元、人

流动负债合计	#应付帐款	长期负债合计	所有者权益合计	#实收资本	国家资本	集体资本	法人资本	个人资本	港澳台资本	外商资本
1027992	53613	209854	908353	395950	106708		161242	78000		50000
2603206	507739	642988	1668731	745075	684575		60500			
1147204	149964	702187	27669	642405	503941	2600	134608	1256		
4097	2579		20699	10504			10504			
8346	2986		1543	2618	2618					
327774	102789	48316	143205	80044	27537		10600	40747	1160	
137002	40923	82210	126426	84144	68984		13710	1450		
281	100		2983	506	506					
116575	70169	6274	170093	167961	3054		164907			
4522798	595746	1350316	5375887	3613241	2477444	58107	720004	242621	31384	83681
3690882	488604	654735	3060799	1605204	597103	5000	781766	219328		2007
375900	21764	15599	60005	37633	4876		32757			
76967	21906	10506	82575	86430	51950	15600	3880			15000
1228992	165856	860678	889512	876592	185212	6839	507486	3744	35520	137791
3654477	753777	706445	4550224	1769859	1316979		6082	32854	413944	
3211007	526471	960117	1687473	3537558	113674	830	3406131	6933	9990	
376968	61994	72392	17807	123915	19544	2150	101023	1198		
4533711	1248702	691458	2816622	2377013	507908	4985	1510999	6746	2776	343599
11225381	1575393	1165869	2972562	2463308	722693	600	1733330	6685		
23471435	6949478	1492244	23634106	12683466	1832088	2000	6768542	572813	1080942	2427081
3696472	1332429	139439	606605	875655	264627	33564	254267	59099	9000	255098
1084062	271374	203751	849937	763352	306286	5470	405656	27100	15840	3000
2258144	556951	371095	787476	645901	371621	16533	153767	86742		17238
8760	3719	148	7504	4185	4185					
7599	6521		1521	1500	500		1000			
10680399	2952214	16433251	18650740	11244323	8391980	66165	2569276	216902		
9583010	2763517	15054762	15776932	9272687	6610705	1875	2463097	197010		
655293	149965	329811	1401462	931601	821803	63900	39996	5902		
442096	38732	1048678	1472346	1040035	959472	390	66183	13990		

2-1-8 续表 4

指标名称	主营业务收入	主营业务成本	主营业务税金及附加	其他业务收入	其他业务利润	营业费用
合 计	**117654989**	**91911688**	**2972501**	**4578434**	**931469**	**7354723**
按登记注册类型分组						
内资企业	90564788	70796670	2468522	4511672	899739	6005877
国有企业	17313946	13271410	553467	819898	224114	800568
集体企业	534602	445240	5696	5848	1173	30402
股份合作企业	50224	36396	801	8583	7303	691
联营企业	99642	61552	633	1256	227	673
有限责任公司	51253947	40617951	1370845	2180452	397409	3481872
股份有限公司	21312427	16364121	537080	1495635	269513	1691671
私营企业						
其他企业						
港、澳、台商投资企业	9407068	7887381	106	22049	8886	173304
外商投资企业	17683133	13227637	503873	44713	22844	1175542
按轻重工业分组						
轻工业	22462021	14401444	1790757	1232040	238231	1632522
重工业	95192968	77510244	1181744	3346394	693238	5722201
按企业规模分组						
大型企业	80306949	62375320	2295864	3282261	531843	5548489
中型企业	30282497	23541605	628872	979024	292020	1561721
小型企业	7065543	5994763	47765	317149	107606	244513
按国民经济行业大类分组						
采矿业	3627468	2750598	55096	520501	109989	112850
煤炭开采和洗选业	2441185	1904316	27679	474930	93514	46763
石油和天然气开采业	298408	205230	5615	8940	7700	11779
黑色金属矿采选业	527166	414224	12466	36351	8607	1003
有色金属矿采选业	1904	1126	13			1
非金属矿采选业	358805	225702	9323	280	168	53304
其他采矿业						
制造业	96850448	74816350	2809010	3546774	683545	6982822
农副食品加工业	706708	591389	3828	35696	10812	48199
食品制造业	806422	638562	6080	9451	2175	84818

单位：个、千元、人

管理费用	#税　金	#财产保险费	#职工教育费	财务费用	#利息净支出	营业利润	投资收益	补贴收入	利税总额
9428111	**218422**	**97088**	**90708**	**2238426**	**2139006**	**3968177**	**1699595**	**1012650**	**15191503**
8214881	184137	78753	79159	1896406	1852587	1314520	1680503	835709	10475550
2613011	44057	30859	22869	501281	396557	-79785	311515	218055	1699931
24860	583	103	1057	2142	1011	35779	799	2954	59073
9359	96	13	66	398	335	9942	10577	451	26290
5815	100	42	118	20657	20576	10544		430	16304
3954392	82685	32682	43008	1118658	1136094	152134	705123	530427	5232201
1607444	56616	15054	12041	253270	298014	1185906	652489	83392	3441751
283166	5312	3691	6424	101071	94278	978654	-88	7268	1461453
930064	28973	14644	5125	240949	192141	1675003	19180	169673	3254500
1956970	54467	21925	14109	480642	465693	446351	64584	76722	3402792
7471141	163955	75163	76599	1757784	1673313	3521826	1635011	935928	11788711
5282653	114979	49025	53014	1292010	1276356	2899361	1547526	737441	11303333
3204335	78846	39169	30423	752314	677099	1208734	108365	236775	3625425
941123	24597	8894	7271	194102	185551	-139918	43704	38434	262745
644129	9023	2520	10928	22944	37373	148492	14341	100849	509176
551269	7457	2345	8936	10796	23135	-11219	2192	97673	232170
30636	1126	163	547	1646	1674	50201	18360		89825
35706	37	12	217	5582	6495	66794	-6210	1165	105884
190				11	11	564			590
26328	403		1228	4909	6058	42152	-1	2011	80707
7908264	179596	80844	70911	1409131	1444275	3389440	1627273	620550	12659538
47236	1139	297	587	12289	13008	37759	64	4784	43295
51541	1637	283	509	17042	14004	10563	12227	1386	59571

2-1-8 续表 5

指标名称	主营业务收入	主营业务成本	主营业务税金及附加	其他业务收入	其他业务利润	营业费用
饮料制造业	1314372	712264	120454	15654	5845	250134
烟草制品业	4137960	1789178	1490111	46458	4649	154168
纺织业	1346725	1234044	6834	17946	5475	27301
纺织服装、鞋、帽制造业						
皮革、毛皮、羽毛(绒)及其制品业						
木材加工及木、竹、藤、棕、草制品业	3956	2906	54	175	175	500
家具制造业	11931	11789	94	13	463	736
造纸及纸制品业	436601	371275	1841	6881	1478	16969
印刷业和记录媒介的复制	198148	171087	1410	9241	4653	4780
文教体育用品制造业	2358	1198	21	22	22	482
石油加工、炼焦及核燃料加工业	314462	252557	1279	34239	3324	20318
化学原料及化学制品制造业	8174898	6561167	47908	185978	25579	449870
医药制造业	2901591	1626211	30088	81561	12618	529991
化学纤维制造业						
橡胶制品业	266606	220421	4685	1499	666	14729
塑料制品业	85181	66272	381	1045	559	9394
非金属矿物制品业	1160670	800803	8389	51841	36272	60511
黑色金属冶炼及压延加工业	11069232	9469444	10188	130652	30740	211869
有色金属冶炼及压延加工业	4066514	3599581	10689	252413	8414	61465
金属制品业	391171	348339	1222	13545	2589	11889
通用设备制造业	5720227	4422492	45745	169882	52176	239084
专用设备制造业	5910564	4931082	96994	305965	51057	2054729
交通运输设备制造业	39631000	32125759	892168	1724432	327042	2352590
电气机械及器材制造业	4476046	2074154	11783	294214	55212	112453
通信设备、计算机及其他电子设备制造业	1008856	792959	2341	102400	11006	32826
仪器仪表及文化、办公用机械制造业	2611995	1915840	13402	53752	29781	232895
工艺品及其他制造业	19114	11870	326	1819	763	121
废弃资源和废旧材料回收加工业	77140	73707	695			1
电力、燃气及水的生产和供应业	17177073	14344740	108395	511159	137935	259051
电力、热力的生产和供应业	14939283	12709804	85508	384139	77304	77209
燃气生产和供应业	1562879	1195304	16433	68070	35434	161065
水的生产和供应业	674911	439632	6454	58950	25197	20777

单位：个、千元、人

管理费用	#税金	#财产保险费	#职工教育费	财务费用	#利息净支出	营业利润	投资收益	补贴收入	利税总额
104038	2171	1149	476	40486	40357	92893	-556	1933	320376
358406	6919	7649	4234	105612	106055	245136	-1789	28815	2208681
248155	5167	1804	1147	37194	36265	-174482	312	9457	-138019
1169	1		12	-7		-408			374
2305	758	31	11	-10		-2728		415	-1074
18922	61	259	130	6023	6524	19650	1995	364	34479
42797	1230	255	120	1957	2130	-21007	1967	569	-6352
541	3		4	-9	-9	291		144	454
36572	526	760	288	1141	1184	19440	-590		19574
695095	26618	19297	10332	145787	112531	362045	193108	121870	1034341
445339	12498	3601	2270	90826	78448	192828	18091	4878	475232
38797	791	492	275	1367	1401	-11650	21	2759	-4748
12403	454	397	97	739	652	6279		902	5785
118311	3349	2951	1146	67439	64723	120310	2996	8970	181068
382001	8280	3370	6820	103470	96436	938014	63	6740	1458836
233540	11856	953	2661	107512	112625	73768	4375	42634	218824
41848	833	198	194	5001	4017	-8089	315	3260	4857
728993	12305	4931	6274	48692	48812	267209	20971	34509	667769
1067247	12461	7970	10943	284043	293169	-630203	667302	41804	268061
2625840	54928	18438	17131	228964	305890	1567671	682259	279318	5179385
139749	9151	2082	1221	23459	26564	154412	13244	5765	311223
133812	1137	1125	1087	29930	30846	32764	4098	572	88058
323565	5261	2531	2918	49897	48426	96933	6800	18097	226226
7618	21	21	19	297	227	-282		605	1161
2424	41		5	-10	-10	324			2101
875718	29803	13724	8869	806351	657358	430245	57981	291251	2022789
590728	22226	11486	5364	733619	637980	305872	33921	288227	1782729
157023	1835	662	2157	-2887	2178	68173	7149	2954	147366
127967	5742	1576	1348	75619	17200	56200	16911	70	92694

2-1-8 续表 6

指标名称	利润总额	亏损企业亏损额	应交所得税	广告费	劳动、待业保险费	养老保险和医疗保险费
合 计	**6490828**	**1246197**	**532808**	**786250**	**694481**	**1416020**
按登记注册类型分组						
内资企业	3667429	1211979	445989	399788	595947	1266573
国有企业	242915	836095	105648	18454	191435	355149
集体企业	39251	113	1636	23	155	2157
股份合作企业	20983	1095	1832		127	675
联营企业	10100	3800	866	2	278	1043
有限责任公司	1381205	316053	203134	127484	334636	744989
股份有限公司	1972975	54823	132873	253825	69316	162560
私营企业						
其他企业						
港、澳、台商投资企业	966693	6754	38519	472	88069	96320
外商投资企业	1856706	27464	48300	385990	10465	53127
按轻重工业分组						
轻工业	490523	535438	141577	246215	121382	255494
重工业	6000305	710759	391231	540035	573099	1160526
按企业规模分组						
大型企业	5228269	200997	296581	688007	395942	831967
中型企业	1352747	555999	192558	93285	257958	445307
小型企业	-90188	489201	43669	4958	40581	138746
按国民经济行业大类分组						
采矿业	189290	3512	29058	550	100932	139210
煤炭开采和洗选业	19834	3512	4767	431	96892	128820
石油和天然气开采业	65732		14854	110	3070	1318
黑色金属矿采选业	60505		2594		638	5585
有色金属矿采选业	564				118	
非金属矿采选业	42655		6843	9	214	3487
其他采矿业						
制造业	5578260	1119838	447493	775638	549105	1081517
农副食品加工业	16142	13797	5397	1961	881	7491
食品制造业	23941	13979	1750	11250	2728	7047

单位：个、千元、人

住房公积金和住房补贴	应付工资总额	#主营业务应付工资总额	应付福利费总额	#主营业务应付福利费总额	应交增值税	工业中间投入合计	#直接材料	从业人员平均人数
617511	**7414736**	**6622571**	**978914**	**827236**	**5728174**	**90420276**	**73892459**	**430324**
581981	6656714	5946073	865226	730839	4339599	69071477	56110557	401899
106110	1944204	1589602	263251	203120	903549	12310262	9397621	134921
1887	45045	40971	1563	1398	14126	404044	342297	2201
293	9891	6202	1344	721	4506	30802	17829	331
330	8706	7186	956	886	5571	73961	42683	707
427967	3630030	3336308	443301	412501	2480151	39651994	32810104	211183
45394	1018838	965804	154811	112213	931696	16600414	13500023	52556
19899	436417	420091	60409	60127	494654	7356835	6270022	14098
15631	321605	256407	53279	36270	893921	13991964	11511880	14327
80076	1345419	1143847	205898	153740	1121512	16802515	13536595	94506
537435	6069317	5478724	773016	673496	4606662	73617761	60355864	335818
493218	4141326	3826697	499834	456282	3779200	62497246	52303103	196826
104437	2530386	2226183	382726	298591	1643806	22210061	17255262	172682
19856	743024	569691	96354	72363	305168	5712969	4334094	60816
25877	750518	639096	93046	74353	264790	2041103	1137741	56509
22938	609632	506996	74833	68174	184657	1511332	759806	49834
1025	23574	20167	3300	2823	18478	132568	77350	1308
1380	85387	80008	12543	986	32913	192532	162082	3210
	350	350			13	878	563	45
534	31575	31575	2370	2370	28729	203793	137940	2112
275688	5560696	4973505	738231	623753	4272268	76582299	63594643	324240
467	39408	32016	6654	4426	23325	602149	509208	3881
673	49713	48083	39272	6145	29550	524714	432636	3949

2-1-8 续表 7

指标名称	利润总额	亏损企业亏损额	应交所得税	广告费	劳动、待业保险费	养老保险和医疗保险费
饮料制造业	94837	12500	19080	21264	1068	19206
烟草制品业	264031		70808	26255	33797	28584
纺织业	-197941	206028	765	156	15723	32262
纺织服装、鞋、帽制造业						
皮革、毛皮、羽毛(绒)及其制品业						
木材加工及木、竹、藤、棕、草制品业			1		20	560
家具制造业	-1795	1795				57
造纸及纸制品业	16650	3656	2389	642	139	2357
印刷业和记录媒介的复制	-18272	20539	598	182	10293	7802
文教体育用品制造业	291		96		1	4
石油加工、炼焦及核燃料加工业	5585	574	973	947	5449	996
化学原料及化学制品制造业	586894	70816	76077	52339	49495	99077
医药制造业	221916	51784	31084	99673	23167	62883
化学纤维制造业						
橡胶制品业	-20180	24520	104	478	2508	7626
塑料制品业	261	2977	267	71	175	1343
非金属矿物制品业	116012	42419	6496	676	6223	14309
黑色金属冶炼及压延加工业	922710	13027	38121	115	104933	106836
有色金属冶炼及压延加工业	104488	5154	4672	3292	38763	37126
金属制品业	-4878	12296	582	191	2909	4224
通用设备制造业	323442	24186	39797	5570	48489	97107
专用设备制造业	68839	270400	8328	50622	24143	229469
交通运输设备制造业	2709792	274466	111777	493068	132560	239372
电气机械及器材制造业	173349	25441	10830	2498	6923	24896
通信设备、计算机及其他电子设备制造业	64708	1795	4034	940	3120	17591
仪器仪表及文化、办公用机械制造业	106772	27243	13360	3448	35598	31664
工艺品及其他制造业	343	446				1362
废弃资源和废旧材料回收加工业	323		107			266
电力、燃气及水的生产和供应业	723278	122847	56257	10062	44444	195293
电力、热力的生产和供应业	567501	102177	39947	9784	36818	154135
燃气生产和供应业	90283		14932	182	2190	14554
水的生产和供应业	65494	20670	1378	96	5436	26604

单位：个、千元、人

住房公积金和住房补贴	应付工资总额	#主营业务应付工资总额	应付福利费总额	#主营业务应付福利费总额	应交增值税	工业中间投入合计	#直接材料	从业人员平均人数
2891	79649	76549	10220	9785	105085	865919	372793	4474
23433	182714	168022	23055	23055	454539	1972950	1503670	4935
565	207526	192405	22097	20022	53088	1170665	956141	25769
46	910	610	127		320	5813	2910	137
	1119	409	123	123	627	10940	7527	84
1279	18155	18047	1850	1791	15988	338769	288772	1633
1343	27568	26590	3359	3307	10510	147736	116977	2680
	221	221	33	33	142	2097	1143	31
642	19412	19412	2674	2674	12710	276950	238013	1074
57142	534578	434491	69110	56778	399539	5957864	4749920	33990
22100	210038	201329	32029	30617	223228	2511111	1620268	13038
698	33299	33299	6984	2437	10747	229428	190081	2903
518	6055	3682	718	544	5143	73353	50631	608
2975	110634	100988	16008	8651	56667	727779	444073	9459
20825	520868	474681	77976	72021	525938	8880859	7741639	20723
4161	237351	236386	6072	5949	103647	3648951	3258390	11263
1769	39994	39446	8708	2948	8513	322194	269321	3016
18205	481287	460625	66840	64848	298582	4318565	3472640	30220
38826	769349	698008	79242	73447	102228	4140289	3071934	43221
60509	1505533	1278845	194114	168212	1577425	32700816	28104586	76007
3039	158747	128808	23600	22263	126091	4162885	3816022	10696
4116	86166	74505	16152	14511	21009	793926	639601	5265
9450	231245	217981	30098	28186	106052	2140855	1688713	14589
	1965	1945	132	123	492	12790	9610	185
16	7192	6122	984	857	1083	41932	37424	410
315946	1103522	1009970	147637	129130	1191116	11796874	9160075	49575
289000	852559	812534	118967	107024	1129720	10370666	8169206	37695
8255	134016	88924	13743	8160	40650	1113762	854851	4735
18691	116947	108512	14927	13946	20746	312446	136018	7145

2-1-9 规模以上集体工业

指标名称	企业数	#亏损企业数	工业总产值	工业销售产值	#出口交货值	工业增加值
合计	**178**	**42**	**4404413**	**4433112**	**121615**	**1242182**
按轻重工业分组						
轻工业	47	13	1319384	1370107	57423	293626
重工业	131	29	3085029	3063005	64192	948556
按企业规模分组						
大型企业						
中型企业	11	5	1294618	1274103	109811	386223
小型企业	167	37	3109795	3159009	11804	855959
按国民经济行业大类分组						
采矿业	22	1	370512	376146		230911
煤炭开采和洗选业	17	1	181282	185423		114577
石油和天然气开采业						
黑色金属矿采选业	1		18335	18335		13899
有色金属矿采选业						
非金属矿采选业	4		170895	172388		102436
其他采矿业						
制造业	154	41	3725545	3760937	121615	914560
农副食品加工业	4	1	223650	220921	49693	62355
食品制造业	2		24017	24287		15158
饮料制造业						
烟草制品业						
纺织业	7	3	168701	186162	1087	39928
纺织服装、鞋、帽制造业	1		58726	58726		24032
皮革、毛皮、羽毛(绒)及其制品业						
木材加工及木、竹、藤、棕、草制品业	2		101090	100962		16478
家具制造业	1		5052	5004		1407
造纸及纸制品业	4	2	83814	79316		25542
印刷业和记录媒介的复制						
文教体育用品制造业						
石油加工、炼焦及核燃料加工业	1		7640	7961		1324
化学原料及化学制品制造业	10	4	119790	127332	4074	20341
医药制造业						
化学纤维制造业						
橡胶制品业	1		5607	5015		1541
塑料制品业	6	3	69944	75460		8164
非金属矿物制品业	24	8	412199	443616		129253
黑色金属冶炼及压延加工业	5	2	313567	307466		63195
有色金属冶炼及压延加工业	4	1	138042	140609		32406
金属制品业	9	3	235678	229234	60118	53751
通用设备制造业	14	2	201912	190353		71585
专用设备制造业	1	1	7275	8056		1659
交通运输设备制造业	47	9	1317868	1322112	6643	311193
电气机械及器材制造业	7	1	173756	168332		21157
通信设备、计算机及其他电子设备制造业	2		30107	31924		7048
仪器仪表及文化、办公用机械制造业	1	1	12000	12979		3172
工艺品及其他制造业						
废弃资源和废旧材料回收加工业	1		15110	15110		3869
电力、燃气及水的生产和供应业	2		308356	296029		96710
电力、热力的生产和供应业	1		31253	30010		10021
燃气生产和供应业	1		277103	266019		86689
水的生产和供应业						

企业主要经济指标

单位：个、千元、人

资产总计	#流动资产合计	#应收帐款净额	#存货	#产成品	流动资产年平均余额	固定资产	固定资产原价	#生产经营用固定资产
3507931	**2057276**	**533734**	**734315**	**353341**	**2031782**	**1119048**	**1774527**	**1534069**
1071333	618314	144753	251878	149629	657491	336612	573458	488252
2436598	1438962	388981	482437	203712	1374291	782436	1201069	1045817
1155741	649124	76270	265362	108490	644972	383256	614392	549144
2352190	1408152	457464	468953	244851	1386810	735792	1160135	984925
282149	137917	13855	10152	3304	129868	97777	156617	135638
125592	47478	8179	6838	471	44639	57055	73028	57588
12095	7757	2239	1065	771	7695	4073	5610	5500
144462	82682	3437	2249	2062	77534	36649	77979	72550
2943711	1838296	515188	716861	343386	1828497	832584	1393765	1184495
108639	36132	6864	17837	7026	37602	48998	49403	43376
13287	6781	4989	1017	209	8572	4337	11314	5556
115897	66964	7383	22401	8900	69169	47105	84621	74365
25231	12515	628	1984	1302	12515	4933	2437	1256
50733	35761	11403	11411	2361	37343	13972	20933	20137
6967	4096	2747	595	33	4096	2486	4079	4079
53636	21541	10661	10032	5698	19274	30459	32714	32470
2900	2242	523	787	545	2318	558	2376	1900
101582	84565	39069	17444	8025	75078	13626	35358	33943
2734	676	277	176	176	786	2058	2984	2162
132862	89894	15346	46198	14500	87568	38884	50895	39234
382330	204234	82363	47832	19732	198846	151557	306034	234900
132947	59818	8206	29723	11220	58683	39659	74694	73808
44131	34476	11174	16658	10817	35042	8746	16580	16247
168121	105605	14382	44780	17526	83135	38937	52769	45218
232163	114067	39563	44383	32029	120767	81548	86706	68199
17172	16663	563	9961	228	17303	292	1392	1392
1146219	806615	227014	328464	165184	830436	253202	495268	435239
155317	101654	17573	56522	33511	97448	40497	48531	41615
26889	19851	9373	3637	792	18556	3830	8011	4143
16854	13946	5037	4889	3572	13780		6166	4756
7100	200	50	130		180	6900	500	500
282071	81063	4691	7302	6651	73417	188687	224145	213936
35857	22662	3225	2081	1430	22662	13194	26547	21304
246214	58401	1466	5221	5221	50755	175493	197598	192632

2-1-9 续表 1

指标名称	累计折旧	#本年折旧	固定资产净值	固定资产净值年平均余额	无形资产	负债合计
合 计	**772648**	**116871**	**1001879**	**1016291**	**83870**	**2440335**
按轻重工业分组						
轻工业	286302	39598	287156	319403	37148	842295
重工业	486346	77273	714723	696888	46722	1598040
按企业规模分组						
大型企业						
中型企业	254020	30069	360372	379987	30678	879727
小型企业	518628	86802	641507	636304	53192	1560608
按国民经济行业大类分组						
采矿业	69613	16405	87004	85895	16828	135194
煤炭开采和洗选业	26646	6732	46382	44678	16828	76542
石油和天然气开采业						
黑色金属矿采选业	1537	537	4073	3992		11675
有色金属矿采选业						
非金属矿采选业	41430	9136	36549	37225		46977
其他采矿业						
制造业	651558	88265	742207	768146	66309	2198323
农副食品加工业	8613	654	40790	43672	22274	90016
食品制造业	7114	601	4200	4467	27	4586
饮料制造业						
烟草制品业						
纺织业	37508	1375	47113	47648		73230
纺织服装、鞋、帽制造业	1837	901	600	564		542
皮革、毛皮、羽毛(绒)及其制品业						
木材加工及木、竹、藤、棕、草制品业	7308	2122	13625	13783		24068
家具制造业	2080	200	1999	1999		11382
造纸及纸制品业	7538	1582	25176	24180	1636	49176
印刷业和记录媒介的复制						
文教体育用品制造业						
石油加工、炼焦及核燃料加工业	1820	123	556	562		2206
化学原料及化学制品制造业	22772	1670	12586	14516	300	90363
医药制造业						
化学纤维制造业						
橡胶制品业	926	180	2058	2065		1203
塑料制品业	27373	2608	23522	24126	4000	107288
非金属矿物制品业	147282	15403	158752	157966	11522	249175
黑色金属冶炼及压延加工业	35990	3304	38704	38362	802	136289
有色金属冶炼及压延加工业	7744	6535	8836	9168	4	23753
金属制品业	14345	1018	38424	36846	4180	92314
通用设备制造业	29730	5248	56976	50406	11480	176523
专用设备制造业	1101	93	291	349	82	15453
交通运输设备制造业	264263	41647	231005	259210	9395	911892
电气机械及器材制造业	18737	2220	29794	31076	607	113930
通信设备、计算机及其他电子设备制造业	4180	469	3831	3825		14232
仪器仪表及文化、办公用机械制造业	3257	282	2909	2871		4102
工艺品及其他制造业						
废弃资源和废旧材料回收加工业	40	30	460	485		6600
电力、燃气及水的生产和供应业	51477	12201	172668	162250	733	106818
电力、热力的生产和供应业	13352	2175	13195	14231		11655
燃气生产和供应业	38125	10026	159473	148019	733	95163
水的生产和供应业						

单位：个、千元、人

流动负债合计	#应付帐款	长期负债合计	所有者权益合计	#实收资本	国家资本	集体资本	法人资本	个人资本	港澳台资本	外商资本
2113077	**692513**	**267782**	**1067596**	**629465**	**12499**	**525741**	**44534**	**46691**		
678325	213395	122468	229038	211310	8716	171888	22301	8405		
1434752	479118	145314	838558	418155	3783	353853	22233	38286		
805445	327815	68546	276014	196137		188767	7370			
1307632	364698	199236	791582	433328	12499	336974	37164	46691		
109666	11167	25299	146955	60565		27482	7370	25713		
65487	11099	10826	49050	27775		25062		2713		
7602		4073	420	420		420				
36577	68	10400	97485	32370		2000	7370	23000		
1897726	613474	241350	745388	496710	12499	428603	36570	19038		
65993	15837	24023	18623	13580	106	13248	226			
4586	1961		8701	2837		2675	162			
66152	8097	6404	42667	28835		27924		911		
232		310	24689	500			500			
21068	9359	3000	26665	11303		11303				
9789	2855		-4415	2429		2429				
24791	7779	24383	4460	12470		12470				
1708	701	498	694	182			182			
88252	35121	1889	11219	13270		12470		800		
1178	431	25	1531	1088				1088		
74948	8034	32340	25574	38838	8610	28334		1894		
200598	46509	44182	133155	62165	318	54869	2600	4378		
135989	32064	300	-3342	32396		32396				
23753	7151		20378	13842		13842				
79009	17251	9373	75807	35255		33211		2044		
140659	38494	26670	55640	25685		24262	1423			
15453	2419		1719	1158		1	1157			
819990	348155	52667	234327	169009		133573	27513	7923		
102244	20245	11686	41387	20328	475	18136	1717			
14232	9294		12657	5690	2990	1610	1090			
4102	217		12752	5450		5450				
3000	1500	3600	500	400		400				
105685	67872	1133	175253	72190		69656	594	1940		
10588	3952	1067	24202	8290		5756	594	1940		
95097	63920	66	151051	63900		63900				

2-1-9 续表 2

指标名称	主营业务收入	主营业务成本	主营业务税金及附加	其他业务收入	其他业务利润	营业费用
合计	**4398052**	**3811798**	**38637**	**95687**	**33948**	**120338**
按轻重工业分组						
轻工业	1297019	1196028	6179	20506	14935	19629
重工业	3101033	2615770	32458	75181	19013	100709
按企业规模分组						
大型企业						
中型企业	1345219	1117645	12062	33532	6144	43700
小型企业	3052833	2694153	26575	62155	27804	76638
按国民经济行业大类分组						
采矿业	372443	237203	8636		-27	20456
煤炭开采和洗选业	181954	124723	2754			5634
石油和天然气开采业						
黑色金属矿采选业	18101	9852	401		-29	173
有色金属矿采选业						
非金属矿采选业	172388	102628	5481		2	14649
其他采矿业						
制造业	3691410	3301324	25027	91453	33511	77693
农副食品加工业	199482	185805	54			5349
食品制造业	24287	16506	383	375	4	1718
饮料制造业						
烟草制品业						
纺织业	186119	171468	1206	9256	5570	1280
纺织服装、鞋、帽制造业	58726	50874	441		7411	1723
皮革、毛皮、羽毛(绒)及其制品业						
木材加工及木、竹、藤、棕、草制品业	88373	79746	569	14082	1053	1910
家具制造业	5004	4829	18			1
造纸及纸制品业	71816	66030	754	738	57	836
印刷业和记录媒介的复制						
文教体育用品制造业						
石油加工、炼焦及核燃料加工业	7961	7342	53	975		185
化学原料及化学制品制造业	123319	111313	896	5904	691	3402
医药制造业						
化学纤维制造业						
橡胶制品业	5015	4513	25			
塑料制品业	72705	61499	510	320	42	2279
非金属矿物制品业	404188	365421	4557	2706	3106	7768
黑色金属冶炼及压延加工业	339322	303701	2602	6827	3118	853
有色金属冶炼及压延加工业	140790	129000	1254	4260	2013	7551
金属制品业	234333	199975	553	5766	2752	9499
通用设备制造业	181266	159792	1412	1402	459	7194
专用设备制造业	8056	5832	104			1949
交通运输设备制造业	1316945	1186282	7896	36330	4758	12467
电气机械及器材制造业	166086	144663	1259	1641	2168	8318
通信设备、计算机及其他电子设备制造业	31924	24262	355	289	273	3060
仪器仪表及文化、办公用机械制造业	10583	8061	126	582	36	321
工艺品及其他制造业						
废弃资源和废旧材料回收加工业	15110	14410				30
电力、燃气及水的生产和供应业	334199	273271	4974	4234	464	22189
电力、热力的生产和供应业	30010	28289	293	464	464	5
燃气生产和供应业	304189	244982	4681	3770		22184
水的生产和供应业						

单位：个、千元、人

管理费用	#税金	#财产保险费	#职工教育费	财务费用	#利息净支出	营业利润	投资收益	补贴收入	利税总额
307251	**14726**	**2353**	**4187**	**38053**	**30839**	**121506**	**6234**	**36656**	**364374**
55582	4600	843	788	16531	13539	-2099	3957	6902	51868
251669	10126	1510	3399	21522	17300	123605	2277	29754	312506
119256	3238	620	1676	11747	8960	64913	550	4064	118357
187995	11488	1733	2511	26306	21879	56593	5684	32592	246017
33196	2323	226	665	4844	4433	75395	465	240	97432
16958	1983	226	500	1311	987	25103	465		41416
4670	284		145	1573	1573	1431			3613
11568	56		20	1960	1873	48861		240	52403
263819	12035	2102	2618	32522	25719	21656	5769	33462	227215
3564	223	101	113	3597	3596	2113		550	6241
4104	6	37	66	-14	-14	1589			4531
13039	356	80	110	1065	1061	1038	156		8870
1292	58	34	38	569		3827			7651
7636	129	40	9	31	31	-371		1244	5740
141				9		7			133
2777	374	16	35	2343	1997	-2120		975	3763
267	12	14		34	34	80			376
10048	51	68	67	799	714	-1530	30	1007	5796
250	9			90	90	137			266
7467	60	133	73	2323	2199	-526	3	3946	7173
24369	713	659	375	5991	5258	-2610	1185	10036	38187
49963	478	42	409	2889	112	-9588	50	415	6479
9145	77	9	115	126	126	871		3906	16448
11222	561	11	27	1219	1201	8336	1100	567	13368
13472	628	126	206	1215	1018	1215	64	2181	12402
557	29			99	99	-486			309
88002	5946	650	839	9416	7384	9763	3181	6148	67733
11785	2229	68	58	736	823	8720		1677	16286
1675	72		30	-6	1	1426		527	4685
2494	23	6	43	-9	-11	-355		283	628
550	1	8	5			120			150
10236	368	25	904	687	687	24455		2954	39727
1032		25	34	-57	-57	917			2659
9204	368		870	744	744	23538		2954	37068

2-1-9 续表 3

指标名称	利润总额	亏损企业亏损额	应交所得税	广告费	劳动、待业保险费	养老保险和医疗保险费
合计	**146956**	**50739**	**45458**	**869**	**11385**	**44774**
按轻重工业分组						
轻工业	6793	22610	6435	54	1687	9093
重工业	140163	28129	39023	815	9698	35681
按企业规模分组						
大型企业						
中型企业	54274	24475	17365	86	6055	17317
小型企业	92682	26264	28093	783	5330	27457
按国民经济行业大类分组						
采矿业	60012	143	16780	50	542	2721
煤炭开采和洗选业	22508	143	5951	30	515	1980
石油和天然气开采业						
黑色金属矿采选业	1402		210			50
有色金属矿采选业						
非金属矿采选业	36102		10619	20	27	691
其他采矿业						
制造业	59894	50596	27997	819	10839	41673
农副食品加工业	2791	204	75	6	19	84
食品制造业	1587		264		34	344
饮料制造业						
烟草制品业						
纺织业	987	3117	1005		45	2513
纺织服装、鞋、帽制造业	3827		12		256	397
皮革、毛皮、羽毛(绒)及其制品业						
木材加工及木、竹、藤、棕、草制品业	873		314		112	1457
家具制造业	7		1			101
造纸及纸制品业	-1422	4266	936		26	671
印刷业和记录媒介的复制						
文教体育用品制造业						
石油加工、炼焦及核燃料加工业	80		21			58
化学原料及化学制品制造业	120	1493	335	514	630	2155
医药制造业						
化学纤维制造业						
橡胶制品业	137		40			
塑料制品业	3351	2486	2066		90	767
非金属矿物制品业	6205	6675	4163	50	171	358
黑色金属冶炼及压延加工业	-9608	10930	1041		4958	4626
有色金属冶炼及压延加工业	6407	77	2264		654	1948
金属制品业	11174	1802	4259		94	1707
通用设备制造业	3541	1117	1571	26	212	2837
专用设备制造业	-486	486			4	
交通运输设备制造业	18041	17308	8105	210	2843	19736
电气机械及器材制造业	10514	316	1092	13	580	1154
通信设备、计算机及其他电子设备制造业	1967		393		16	267
仪器仪表及文化、办公用机械制造业	-319	319			60	493
工艺品及其他制造业						
废弃资源和废旧材料回收加工业	120		40		35	
电力、燃气及水的生产和供应业	27050		681		4	380
电力、热力的生产和供应业	625		205			277
燃气生产和供应业	26425		476		4	103
水的生产和供应业						

单位：个、千元、人

住房公积金和住房补贴	应付工资总额	#主营业务应付工资总额	应付福利费总额	#主营业务应付福利费总额	应交增值税	工业中间投入合计	#直接材料	从业人员平均人数
4431	**429781**	**365800**	**50615**	**40416**	**178781**	**3379074**	**2805051**	**41752**
963	91586	85723	11622	10438	38896	1073651	952053	12182
3468	338195	280077	38993	29978	139885	2305423	1852998	29570
1637	139740	107315	13788	9077	52021	972250	828465	11048
2794	290041	258485	36827	31339	126760	2406824	1976586	30704
	81269	80513	11169	10978	28784	175460	95009	7423
	49363	48657	6677	6493	16154	86370	41517	4605
	8323	8323	1355	1355	1810	6672	1395	566
	23583	23533	3137	3130	10820	82418	52097	2252
2794	315433	255103	39185	29177	142294	2981302	2539419	33231
	4866	4866	399	399	3396	166602	150413	707
270	4388	4367	624	2	2561	11884	10664	198
	17741	17448	2357	2357	6677	136673	118578	2187
	2544	2544	356	356	3383	38813	35031	352
250	8048	5272	987	738	4298	89415	80603	672
	360	360			108	3796	2741	60
59	4024	3686	383	344	4431	63486	56229	461
	388	324	54	40	243	6600	6229	53
99	9056	7609	1293	1066	4780	104852	88317	866
	421	421			104	4217	3324	55
386	6721	6721	939	808	3312	65342	52369	527
	40064	33453	4841	3998	27425	314331	230251	4923
81	34565	4022	5124	519	13485	265793	232683	2395
334	8534	8472	1172	1163	8787	115416	101545	802
11	12891	11538	1406	1307	1641	185215	159856	1454
	20016	15526	2180	1756	7449	139969	116130	2176
	860	860	120	120	691	6358	3258	82
1152	124220	116732	14710	13209	41796	1058006	909594	14171
97	9615	6152	1542	351	4513	157760	143422	695
55	2311	2130	281	281	2363	25638	19951	174
	3110	1910	321	267	821	9746	6941	191
	690	690	96	96	30	11390	11290	30
1637	33079	30184	261	261	7703	222312	170623	1098
	1863	1863	261	261	1741	23280	16001	258
1637	31216	28321			5962	199032	154622	840

2-1-10 规模以上私营

指标名称	企业数	#亏损企业数	工业总产值	工业销售产值	#出口交货值	工业增加值
合　计	**1176**	**191**	**48841552**	**48369086**	**5714629**	**12002511**
按轻重工业分组						
轻工业	579	86	28883452	28495400	4719051	5973192
重工业	597	105	19958100	19873686	995578	6029319
按企业规模分组						
大型企业	6		11153917	11149817	2315062	2205194
中型企业	98	7	13530452	13504854	1787977	3309751
小型企业	1072	184	24157183	23714415	1611590	6487566
按国民经济行业大类分组						
采矿业	88	7	1785632	1956196	121212	838867
煤炭开采和洗选业	67	7	1074429	1133017	30	503730
石油和天然气开采业						
黑色金属矿采选业	10		443588	450947		198642
有色金属矿采选业						
非金属矿采选业	11		267615	372232	121182	136495
其他采矿业						
制造业	1080	182	46954764	46312734	5593417	11120223
农副食品加工业	51	6	1984688	1983827	221554	356060
食品制造业	19		389750	386684	41486	115523
饮料制造业	19	3	343446	367555	57869	96864
烟草制品业						
纺织业	64	20	1515139	1523306	313220	393979
纺织服装、鞋、帽制造业	11	3	192890	173136	837	74744
皮革、毛皮、羽毛(绒)及其制品业	32	5	1015226	913068	54762	276117
木材加工及木、竹、藤、棕、草制品业	3		38583	37382		10602
家具制造业	11	1	164022	167531		45264
造纸及纸制品业	31	8	527096	492824		173371
印刷业和记录媒介的复制	22	4	420634	419685		112558
文教体育用品制造业						
石油加工、炼焦及核燃料加工业	5	2	237831	237963		94981
化学原料及化学制品制造业	50	5	1547860	1622868	78175	434177
医药制造业	14		494303	445121	29305	175688
化学纤维制造业	1		53474	53474		16420
橡胶制品业	15	2	294015	294356		63993
塑料制品业	29	6	531845	523572		165787
非金属矿物制品业	119	37	4296596	4328536	386355	1682622
黑色金属冶炼及压延加工业	43	12	1544916	1445625	1020	343869
有色金属冶炼及压延加工业	37	9	3166413	3126115	280188	608191
金属制品业	37	4	1480901	1465717	77147	450840
通用设备制造业	44	8	1109496	1101322	52836	269008
专用设备制造业	15	2	172794	169376		48675
交通运输设备制造业	346	38	24062618	23698258	3903527	4727843
电气机械及器材制造业	31	4	709667	691898		191644
通信设备、计算机及其他电子设备制造业	4	1	100122	95164		17082
仪器仪表及文化、办公用机械制造业	17	2	283526	279019	49420	75673
工艺品及其他制造业	8		150603	143042	45716	66864
废弃资源和废旧材料回收加工业	2		126310	126310		31783
电力、燃气及水的生产和供应业	8	2	101156	100156		43421
电力、热力的生产和供应业	4	2	52975	51975		20952
燃气生产和供应业	3		40936	40936		20229
水的生产和供应业	1		7245	7245		2241

工业企业主要经济指标

单位：个、千元、人

资产总计	#流动资产合计	#应收帐款净额	#存货	#产成品	流动资产年平均余额	固定资产	固定资产原价	#生产经营用固定资产
35026166	**19656503**	**5621468**	**5082651**	**2059313**	**17151153**	**11393257**	**13657945**	**12242631**
17746022	10903792	3424666	2803455	1057118	9216534	4736209	5429652	4846661
17280144	8752711	2196802	2279196	1002195	7934619	6657048	8228293	7395970
7024626	4442412	1068493	699365	254476	2905884	1516669	1718868	1660083
12353198	6798581	1858891	1751600	705774	6358611	4133282	4951656	4485035
15648342	8415510	2694084	2631686	1099063	7886658	5743306	6987421	6097513
844447	398676	92528	88464	49619	346033	344264	428382	347459
484185	199181	53706	30583	10967	169751	224188	290731	222458
263542	163299	31092	45249	30047	140187	65815	75907	68527
96720	36196	7730	12632	8605	36095	54261	61744	56474
33868449	19161655	5518984	4987535	2009346	16717094	10866219	12953827	11654855
612735	316499	40353	139980	63586	279323	252866	281968	245030
229538	116711	23263	60693	24828	114058	91326	119598	102458
401837	183789	22459	98570	38526	157400	153853	224839	209025
1089841	532806	69767	289523	105178	529385	463283	562708	504388
166284	101113	15547	65310	40245	100093	60140	74610	46813
345289	200247	57251	90700	36666	204985	62941	78525	71438
49525	19049	5068	3247	3015	17384	15465	16998	16525
164367	86133	29432	21705	9532	77152	70857	83265	77211
343644	173938	68139	53213	15335	155689	155859	143461	136172
393996	208302	50538	47392	9646	192063	170350	208863	177327
260230	38274	22536	5855	2773	23440	116632	137564	132644
1588818	760037	131794	181385	83685	686020	555196	773267	741345
520695	259924	60252	75702	37182	249397	183062	206525	176642
35328	19845	2668	15811	1568	19167	15483	15637	15483
251200	159895	45555	76657	35034	135195	68663	79065	60815
352994	180811	72277	68541	33347	166236	129936	174922	169477
6217866	2739129	610534	529410	286011	2439779	2908052	3595857	3174110
1056532	453663	48797	239015	158085	449194	538445	584672	528281
978067	700193	170043	224338	93345	688931	223028	274422	230377
1789383	977655	142359	240394	47562	857916	552671	687660	660473
793072	449688	118871	207611	51135	427566	243742	288946	267002
170121	101635	23470	32690	12424	91901	38824	52153	42495
14895009	9727798	3461152	2049838	761676	8065906	3471310	3920199	3540265
468011	282096	127803	72974	32566	225334	113508	141551	114496
269294	93614	20733	9189	4198	87594	109540	127302	122431
232783	150067	65055	37202	10484	143674	70501	67021	60986
132621	73333	5855	34679	11714	74954	29065	30446	29363
59369	55411	7413	15911		57358	1621	1783	1783
313270	96172	9956	6652	348	88026	182774	275736	240317
170276	34688	6444	3858		29159	106987	171438	159103
118794	59263	3266	2114	348	56471	56468	75370	63903
24200	2221	246	680		2396	19319	28928	17311

2-1-10 续表 1

指标名称	累计折旧	#本年折旧	固定资产净值	固定资产净值年平均余额	无形资产	负债合计
合　计	**3404582**	**860464**	**10253363**	**9655991**	**2061851**	**22167082**
按轻重工业分组						
轻工业	1272612	340671	4157040	3978942	1235336	11884816
重工业	2131970	519793	6096323	5677049	826515	10282266
按企业规模分组						
大型企业	454774	151142	1264094	1031143	543349	4130011
中型企业	1272418	320036	3679238	3507640	732829	8404870
小型企业	1677390	389286	5310031	5117208	785673	9632201
按国民经济行业大类分组						
采矿业	116349	31039	312033	299067	21306	383512
煤炭开采和洗选业	84591	20740	206140	195797	15288	247409
石油和天然气开采业						
黑色金属矿采选业	22665	8105	53242	52049	5153	102205
有色金属矿采选业						
非金属矿采选业	9093	2194	52651	51221	865	33898
其他采矿业						
制造业	3186645	816399	9767182	9179328	2010649	21597574
农副食品加工业	53299	18070	228669	215418	28110	337188
食品制造业	38354	5726	81244	85203	14491	132158
饮料制造业	56747	5089	168092	168433	39245	242666
烟草制品业						
纺织业	98272	14760	464436	431913	31814	672385
纺织服装、鞋、帽制造业	17445	3620	57165	51773	1815	108689
皮革、毛皮、羽毛(绒)及其制品业	18138	5342	60387	60377	68132	164910
木材加工及木、竹、藤、棕、草制品业	2022	972	14976	13909	14511	17648
家具制造业	13978	2043	69287	68981	2654	99763
造纸及纸制品业	33135	10443	110326	112502	10452	204992
印刷业和记录媒介的复制	61695	20915	147168	148638	2142	215802
文教体育用品制造业						
石油加工、炼焦及核燃料加工业	29212	6568	108352	96856	102573	96288
化学原料及化学制品制造业	250121	54617	523146	449962	211159	827225
医药制造业	45856	11765	160669	138837	70068	282133
化学纤维制造业	154	154	15483	15483		28624
橡胶制品业	12353	2370	66712	65349	2780	182092
塑料制品业	51765	8491	123157	128371	16828	241742
非金属矿物制品业	997192	210129	2598665	2390533	186470	3907715
黑色金属冶炼及压延加工业	54066	25406	530606	523083	19524	559770
有色金属冶炼及压延加工业	52934	23461	221488	212175	24328	693479
金属制品业	179805	69741	507855	456387	81493	1002184
通用设备制造业	62215	15790	226731	218582	56754	578747
专用设备制造业	13878	4253	38275	36691	3098	105240
交通运输设备制造业	969281	276820	2950918	2820486	907491	10273803
电气机械及器材制造业	32523	8330	109028	107588	31124	248418
通信设备、计算机及其他电子设备制造业	18076	5340	109226	92105	58758	145778
仪器仪表及文化、办公用机械制造业	17377	4072	49644	46029	9937	132139
工艺品及其他制造业	6590	1992	23856	22002	14898	64037
废弃资源和废旧材料回收加工业	162	120	1621	1662		31959
电力、燃气及水的生产和供应业	101588	13026	174148	177596	29896	185996
电力、热力的生产和供应业	73000	9637	98438	103444	25767	120692
燃气生产和供应业	18902	2154	56468	57008	1642	48291
水的生产和供应业	9686	1235	19242	17144	2487	17013

单位：个、千元、人

流动负债合计	#应付帐款	长期负债合计	所有者权益合计	#实收资本	国家资本	集体资本	法人资本	个人资本	港澳台资本	外商资本
18997007	**5165144**	**2870513**	**12859084**	**6743635**	**10686**	**51620**	**2240947**	**4381920**	**20116**	**38346**
10511633	3182262	1247049	5861206	2676673	700	18387	1035319	1622267		
8485374	1982882	1623464	6997878	4066962	9986	33233	1205628	2759653	20116	38346
3623304	931883	506707	2894615	686004			542122	122136	13280	8466
6979784	1630016	1297583	3948328	2365034	4440	9561	765842	1548475	6836	29880
8393919	2603245	1066223	6016141	3692597	6246	42059	932983	2711309		
349249	39802	20853	460935	236118	2500		92344	141274		
231183	26481	14476	236776	160504			70050	90454		
93811	5392	317	161337	39834	2500		11036	26298		
24255	7929	6060	62822	35780			11258	24522		
18535668	5101796	2775755	12270875	6443071	1700	47540	2113718	4221651	20116	38346
297669	75027	31209	275547	162576		11680	60420	90476		
111980	13191	18443	97380	59764		207	12606	46951		
216864	21687	15839	159171	104687			18808	85879		
591624	90821	68957	417456	248240			37834	210406		
88279	27866	8510	57595	43701			16000	27701		
155448	35692	8158	180379	70361			15719	54642		
17648	1037		31877	7000				7000		
83296	22167	16467	64604	33639			15089	18550		
146678	53208	34743	138652	106892			63639	43253		
190281	76797	25444	178194	58420			3200	55220		
45849	5314	50439	163942	37780			10000	27780		
721434	159272	100944	761593	332819		60	161762	170997		
263554	50833	17627	238562	121580			38021	83559		
28624	7546		6704	765				765		
170118	48622	11974	69108	64594			29854	34740		
199598	68516	41076	111252	71784		109	14385	57290		
2890813	474976	982300	2310151	1288423		18674	390475	842558	6836	29880
509285	184382	49184	496762	464522			23815	440707		
649363	218324	44116	284588	200255			50690	149565		
954388	81275	36678	787199	500503			246910	231847	13280	8466
456449	113181	34161	214325	143385	1000		33112	109273		
98937	24415	6303	64881	51262			6776	44486		
9098617	3041849	1117654	4621206	1929489	700	6500	748614	1173675		
237048	94884	9390	219593	108294		310	22999	84985		
102778	16957	28600	123516	63833		10000	43620	10213		
125377	67005	5885	100644	82793			17560	65233		
51710	8367	11654	68584	60760			31810	28950		
31959	18585		27410	24950				24950		
112090	23546	73905	127274	64446	6486	4080	34885	18995		
63586	9750	57105	49584	40432	6486		19885	14061		
36291	13796	12000	70503	19080		4080	15000			
12213		4800	7187	4934				4934		

2-1-10 续表 2

指标名称	主营业务收入	主营业务成本	主营业务税金及附加	其他业务收入	其他业务利润	营业费用
合 计	**47402217**	**40550138**	**781396**	**981889**	**234501**	**1759054**
按轻重工业分组						
轻工业	28154030	24594398	267180	723155	139835	985980
重工业	19248187	15955740	514216	258734	94666	773074
按企业规模分组						
大型企业	11148669	9059914	451460	554385	52382	661469
中型企业	13075095	11269357	160636	233769	57363	444679
小型企业	23178453	20220867	169300	193735	124756	652906
按国民经济行业大类分组						
采矿业	1925357	1334285	25317	9079	5630	86993
煤炭开采和洗选业	1186457	814945	17345	5752	5612	46561
石油和天然气开采业						
黑色金属矿采选业	448178	268807	4300	3327		25084
有色金属矿采选业						
非金属矿采选业	290722	250533	3672		18	15348
其他采矿业						
制造业	45382976	39150423	754973	960419	224026	1667405
农副食品加工业	1941673	1746855	7973	1695	1748	55816
食品制造业	381528	335041	1609	5274	177	18930
饮料制造业	400699	302547	14330	7055	2603	20271
烟草制品业						
纺织业	1560483	1438112	6867	18160	7513	17520
纺织服装、鞋、帽制造业	170295	121093	1742	74	5207	17257
皮革、毛皮、羽毛(绒)及其制品业	901934	774229	2747	6742	1559	42043
木材加工及木、竹、藤、棕、草制品业	36799	29416	167			2050
家具制造业	165599	124076	2359	117	2836	14393
造纸及纸制品业	485661	439504	4672	1821	2854	16033
印刷业和记录媒介的复制	415447	360922	2843	436	21890	17301
文教体育用品制造业						
石油加工、炼焦及核燃料加工业	237893	188688	1288		54	3735
化学原料及化学制品制造业	1580678	1274829	7902	9640	10481	60567
医药制造业	396254	268129	3484	507	8	54716
化学纤维制造业	53474	52269	71			680
橡胶制品业	286880	248899	1936	2384	296	6349
塑料制品业	518807	475552	1370	2324	1476	12212
非金属矿物制品业	4180963	3248260	419615	52334	21738	315263
黑色金属冶炼及压延加工业	1426152	1306465	7182	3189	1483	22456
有色金属冶炼及压延加工业	3056305	2921366	14562	73130	7643	31600
金属制品业	1451120	1101490	3890	38246	9925	114777
通用设备制造业	973300	846906	6207	29532	6317	26786
专用设备制造业	156059	129369	813	1961	891	7956
交通运输设备制造业	23304553	20330972	234287	692542	105386	732110
电气机械及器材制造业	677036	582704	3758	2174	8939	24147
通信设备、计算机及其他电子设备制造业	91758	68616	648	264		14316
仪器仪表及文化、办公用机械制造业	273660	238408	1454	7544	2747	11135
工艺品及其他制造业	131656	88712	853	3142	127	5540
废弃资源和废旧材料回收加工业	126310	106994	344	132	128	1446
电力、燃气及水的生产和供应业	93884	65430	1106	12391	4845	4656
电力、热力的生产和供应业	50093	42352	348	1	1	1161
燃气生产和供应业	36546	15913	705	9185	3125	3490
水的生产和供应业	7245	7165	53	3205	1719	5

单位：个、千元、人

管理费用	#税　金	#财产保险费	#职工教育费	财务费用	#利息净支出	营业利润	投资收益	补贴收入	利税总额
1781932	**70282**	**20426**	**26796**	**480997**	**466587**	**1812008**	**20946**	**263929**	**4054911**
898372	30502	9541	17031	233263	191454	770700	10349	91113	1603306
883560	39780	10885	9765	247734	275133	1041308	10597	172816	2451605
360120	4520	1682	11500	70287	56341	569654	4516	27871	1184638
526864	22983	5963	4199	191949	178901	472599	8725	86522	1099968
894948	42779	12781	11097	218761	231345	769755	7705	149536	1770305
109696	5728	1205	1918	12463	40220	261526	576	3766	416047
68536	4882	512	1678	4339	29675	136951	576	3766	230125
30762	200	543	163	6172	2923	116204			163745
10398	646	150	77	1952	7622	8371			22177
1658554	64175	18915	24765	461742	419581	1538719	20370	259763	3629088
44414	1185	385	643	8589	9559	35339	2	5871	68225
13395	658	218	146	3313	3516	6776		157	18867
35262	1020	197	212	5763	5534	18648	4212	351	52762
31416	2930	657	518	23606	22866	26730	1	2030	71693
15140	153	246	96	1942	1625	5134		2026	22805
35121	1271	589	653	5637	5746	46946		1385	68947
2396	214		11	953	944	1507			2571
17536	102	259	108	1585	1172	8553	400		12502
13761	397	476	539	4368	2503	12555	506	60	33001
19942	396	605	193	3412	1925	11393	-51	12322	46616
4349	289	27	146	2821	2821	23158		320	38505
88036	3344	1188	370	17681	17370	132742	2175	20111	202688
35103	808	358	279	7557	6838	26230		5192	53906
93						361			980
7515	282	200	41	3274	2969	6240		450	16029
15856	852	217	128	3916	2909	12386	72	454	24321
236471	11205	4233	2996	110009	105203	219953	4561	78325	931356
39384	1492	204	355	13560	18016	-396	-1391	359	57034
41885	1802	112	439	11660	13342	21131		43529	168707
101333	2121	302	1005	19887	24734	90021	143	509	140082
43084	1651	344	410	12376	10585	45268	3886	1831	74562
10082	289	49	92	2231	2754	6699	7	20	12030
739517	28566	7688	14948	187379	149832	695596	5512	67256	1354510
30286	1899	176	198	3435	2945	34094		7353	67470
7461	146	47	46	3497	1178	7185		3663	15007
17310	370	115	37	730	254	4842		371	17734
10699	362	23	79	2376	2344	23504	335	5818	35862
1707	371		77	185	97	16124			20316
13682	379	306	113	6792	6786	11763		400	9776
7547	299	295	59	5147	5143	-5136		400	-2662
5212	24	11	25	1252	1250	16476			11194
923	56		29	393	393	423			1244

2-1-10 续表 3

指标名称	利润总额	亏损企业亏损额	应交所得税	广告费	劳动、待业保险费	养老保险和医疗保险费
合 计	**2125259**	**194235**	**332097**	**104226**	**18060**	**57302**
按轻重工业分组						
轻工业	914858	48233	155808	78167	6656	19653
重工业	1210401	146002	176289	26059	11404	37649
按企业规模分组						
大型企业	601389		70756	60224	3077	8233
中型企业	593740	56034	91574	22109	5986	21716
小型企业	930130	138201	169767	21893	8997	27353
按国民经济行业大类分组						
采矿业	280820	4805	27378	23	3394	3579
煤炭开采和洗选业	153402	4805	12360	6	3333	3171
石油和天然气开采业						
黑色金属矿采选业	113553		14442	15	51	206
有色金属矿采选业						
非金属矿采选业	13865		576	2	10	202
其他采矿业						
制造业	1839947	180238	302809	104203	14611	52833
农副食品加工业	41342	5027	5018	1023	161	535
食品制造业	7759		1624	626	719	570
饮料制造业	27077	1573	3025	2518	124	1369
烟草制品业						
纺织业	27548	20041	4689	232	1033	1742
纺织服装、鞋、帽制造业	14360	1201	1088	703	21	296
皮革、毛皮、羽毛(绒)及其制品业	50473	1302	11036	927	481	1353
木材加工及木、竹、藤、棕、草制品业	1507		422			
家具制造业	6679	143	1409	2270	20	198
造纸及纸制品业	12757	4525	2918	30	69	774
印刷业和记录媒介的复制	23884	466	6699		103	1775
文教体育用品制造业						
石油加工、炼焦及核燃料加工业	25258	55	236	2	115	1540
化学原料及化学制品制造业	149894	4646	25073	6087	1733	5839
医药制造业	30823		4033	596	64	772
化学纤维制造业	361		12			
橡胶制品业	10257	2993	461	242	19	451
塑料制品业	13014	3005	2023	1245	15	553
非金属矿物制品业	281537	33696	46518	4076	4430	14588
黑色金属冶炼及压延加工业	9333	45425	8869	157	44	352
有色金属冶炼及压延加工业	51223	23973	7572	70	104	1010
金属制品业	99316	9614	10784	17422	117	1380
通用设备制造业	50589	3172	4519	600	100	1611
专用设备制造业	6363	326	714	628	22	197
交通运输设备制造业	797160	11756	122821	63633	4608	12821
电气机械及器材制造业	40761	2643	12016	388	205	2443
通信设备、计算机及其他电子设备制造业	9978	4280	6544	7	19	21
仪器仪表及文化、办公用机械制造业	5832	376	1280	3	19	395
工艺品及其他制造业	28738		9047	718	183	248
废弃资源和废旧材料回收加工业	16124		2359		83	
电力、燃气及水的生产和供应业	4492	9192	1910		55	890
电力、热力的生产和供应业	-6162	9192	345		55	649
燃气生产和供应业	9814		1439			76
水的生产和供应业	840		126			165

单位：个、千元、人

住房公积金和住房补贴	应付工资总额	#主营业务应付工资总额	应付福利费总额	#主营业务应付福利费总额	应交增值税	工业中间投入合计	#直接材料	从业人员平均人数
1596	**2403472**	**2223715**	**298354**	**259852**	**1148256**	**38355065**	**32188997**	**245734**
430	1223794	1123700	148487	132750	421268	23514552	20142332	130260
1166	1179678	1100015	149867	127102	726988	14840513	12046665	115474
	264259	258893	28716	27966	131789	9148081	7538956	19546
158	685760	600707	100486	82673	345592	10667707	8927530	68113
1438	1453453	1364115	169152	149213	670875	18539277	15722511	158075
658	225531	218878	28391	26577	109910	1082379	832970	18374
618	187736	183258	24294	22728	59378	645512	508751	14799
40	21192	19039	3299	3101	45892	296925	220998	1877
	16603	16581	798	748	4640	139942	103221	1698
899	2168763	1995857	268779	232130	1034168	37209443	31315005	226554
	58980	54126	7002	6135	18910	1658448	1453990	7183
27	23916	23323	3969	3927	9499	287266	245370	3279
6	17590	15512	1830	1697	11355	260905	216561	2042
	98610	91931	8920	8236	37278	1170510	1031411	14684
	21347	19490	2782	1795	6703	127139	89776	2461
	66982	62738	5341	4838	15727	763296	641136	4409
	3112	3112	437	437	897	29203	19689	456
	13101	12683	1270	1255	3464	123609	95100	1235
	23193	22114	2972	2882	15572	374609	327863	2990
	19431	18907	2281	1650	19889	331414	240335	2080
	10797	10689	1596	1576	11959	157719	144381	1137
26	74654	60684	10019	8112	44892	1171879	962580	8995
10	23037	22350	2858	2853	19599	343597	237337	2302
	510	510	37	37	548	38105	27117	60
	22933	20750	1872	1661	3836	235819	195918	3270
	22728	22537	2627	2407	9937	381075	328659	3077
8	330993	297679	44537	34327	230204	2895735	1906383	36277
82	56797	55774	6103	5793	40519	1252102	1061598	5768
8	71560	67838	7132	6696	102922	2679780	2510730	5309
	98756	95898	5257	4848	36876	1080751	820125	8321
	67425	63063	10622	8068	17766	866497	738003	6447
	12390	11052	4431	1681	4854	130464	109085	1377
242	940014	870766	125484	112333	323063	19802703	17043378	94992
34	45142	29410	4291	3881	22951	546846	466319	3454
	4150	4057	566	566	4381	87944	60717	423
	27136	25985	2997	2932	10448	220620	186987	2992
124	10567	9967	1189	1150	6271	92059	65371	1391
332	2912	2912	357	357	3848	99349	89086	143
39	9178	8980	1184	1145	4178	63243	41022	806
	4693	4495	616	577	3152	35817	25266	533
	2507	2507	292	292	675	22002	11636	180
39	1978	1978	276	276	351	5424	4120	93

2-1-11　规模以上港澳台及

指标名称	企业数	#亏损企业数	工业总产值	工业销售产值	#出口交货值	工业增加值
合　计	**181**	**35**	**41601779**	**40966152**	**2231336**	**11740293**
按轻重工业分组						
轻工业	74	16	7173119	7157966	757650	1532996
重工业	107	19	34428660	33808186	1473686	10207297
按企业规模分组						
大型企业	3		20967584	20480774	104040	5208336
中型企业	46	9	13455792	13341507	1314903	5009970
小型企业	132	26	7178403	7143871	812393	1521987
按国民经济行业大类分组						
采矿业						
煤炭开采和洗选业						
石油和天然气开采业						
黑色金属矿采选业						
有色金属矿采选业						
非金属矿采选业						
其他采矿业						
制造业	178	35	39614296	38970708	2231336	10561533
农副食品加工业	11	2	1458383	1455367	90769	122033
食品制造业	2	1	665170	700365		185232
饮料制造业	5	2	496397	463213		156979
烟草制品业						
纺织业	2		55791	56928	26433	20033
纺织服装、鞋、帽制造业	4	1	276357	222485	63236	62336
皮革、毛皮、羽毛(绒)及其制品业	3		117780	107399		49793
木材加工及木、竹、藤、棕、草制品业	1		22287	22050	21962	9855
家具制造业	3	1	713698	735301		123904
造纸及纸制品业	5	1	336789	365553		76806
印刷业和记录媒介的复制	2		140071	141895		89327
文教体育用品制造业						
石油加工、炼焦及核燃料加工业						
化学原料及化学制品制造业	20	1	2588728	2419642	240497	1157401
医药制造业	3		111806	112843	80193	19088
化学纤维制造业						
橡胶制品业	3	1	331065	326745	31242	81095
塑料制品业	10	4	236990	249465		56070
非金属矿物制品业	22	7	2320831	2407006	467785	871526
黑色金属冶炼及压延加工业	3		8931659	8768736	149063	2645487
有色金属冶炼及压延加工业	4	1	425650	362480	4121	99688
金属制品业	1	1	11945	11945	11945	1382
通用设备制造业	10	1	2126810	2150453	375559	656522
专用设备制造业	2		59416	89105	12979	35780
交通运输设备制造业	40	5	15947876	15617987	437149	3635321
电气机械及器材制造业	8	2	791699	802362	12514	143470
通信设备、计算机及其他电子设备制造业	9	2	1129263	1082547	81316	177345
仪器仪表及文化、办公用机械制造业	4	2	259198	241747	82471	71448
工艺品及其他制造业	1		58637	57089	42102	13611
废弃资源和废旧材料回收加工业						
电力、燃气及水的生产和供应业	3		1987483	1995444		1178760
电力、热力的生产和供应业	2		1854809	1854809		1098131
燃气生产和供应业						
水的生产和供应业	1		132674	140635		80630

外商投资工业企业主要经济指标

单位：个、千元、人

资产总计	#流动资产合计	#应收帐款净额	#存货	#产成品	流动资产年平均余额	固定资产	固定资产原价	#生产经营用固定资产
41043063	**19005192**	**3774652**	**6007000**	**2106793**	**18146000**	**19804247**	**26966778**	**25082115**
6316852	3050401	789474	867763	341477	3147693	2815386	3891566	2997150
34726211	15954791	2985178	5139237	1765316	14998307	16988861	23075212	22084965
13857236	7551716	417435	3183859	919566	7008035	5945356	7340852	7340852
20479654	7672762	2155058	1699810	705341	7339262	11597776	16409185	15024843
6706173	3780714	1202159	1123331	481886	3798703	2261115	3216741	2716420
35579709	17661785	3402808	5922483	2106793	16935805	15816773	19176863	17884944
777090	392923	49800	152737	34758	400775	312110	389418	326370
431131	157597	12005	43098	10346	200472	241129	478443	478443
536494	207729	24292	33571	9833	208579	250332	458357	399486
65901	37915	14252	15229	1873	38378	27584	32471	32430
212562	163138	10170	78494	56244	142068	43876	33283	29815
17060	7464	1168	5815	1863	7472	8455	9843	1935
22593	10282	1655	869	759	11228	12307	15354	14999
521123	416783	212468	43836	13167	383642	91821	151468	146955
216957	143403	44923	30331	9368	90458	70841	80721	76597
112226	82035	18376	14102	5322	109763	30175	44106	41346
3858950	1227581	296816	301550	153023	1212838	2415773	2443203	2230478
124947	92429	28756	17013	6079	69400	19965	33429	31643
647916	221625	69463	94156	39891	264797	403360	203649	194362
495536	148660	39800	56716	33826	166456	296857	341185	307331
5688777	1742276	461426	468271	176752	1721600	3379210	3469194	3167806
7352874	3243043	231174	1575930	272700	2872628	4091054	5238215	5228896
131170	69838	9223	43411	41269	50266	59875	126473	118168
52828	16774	6674	9140	9140	11636	35059	37466	37466
1907642	1280884	283178	345804	75177	1141868	488050	1019984	920710
119401	92165	41504	19976		97784	18504	21002	17457
10074050	6329377	912801	2174463	943476	6226828	3025272	3792538	3541001
1085048	709212	330474	180705	134923	635131	310360	489010	301672
824490	670975	224472	134175	49905	676470	101350	145461	127106
228081	163309	76659	55678	23623	160960	57635	93104	82986
74862	34368	1279	27413	3476	34308	25819	29486	29486
5463354	1343407	371844	84517		1210195	3987474	7789915	7197171
4579563	1303794	366986	75976		1181716	3225003	7032501	6965534
883791	39613	4858	8541		28479	762471	757414	231637

2-1-11 续表 1

指标名称	累计折旧	#本年折旧	固定资产净值	固定资产净值年平均余额	无形资产	负债合计
合　计	**11974028**	**1454579**	**14992750**	**15104743**	**1332869**	**23152368**
按轻重工业分组						
轻工业	1200399	193946	2691167	2671176	219167	4033265
重工业	10773629	1260633	12301583	12433567	1113702	19119103
按企业规模分组						
大型企业	3324416	389910	4016436	3853782	338386	6711254
中型企业	7596573	844070	8812612	9096611	728919	12441844
小型企业	1053039	220599	2163702	2154350	265564	3999270
按国民经济行业大类分组						
采矿业						
煤炭开采和洗选业						
石油和天然气开采业						
黑色金属矿采选业						
有色金属矿采选业						
非金属矿采选业						
其他采矿业						
制造业	7471799	1116607	11705064	11521547	1200564	19141536
农副食品加工业	84485	21526	304933	318281	20412	573022
食品制造业	237315	18951	241128	210636	13033	151205
饮料制造业	219568	27825	238789	256305	19919	294573
烟草制品业						
纺织业	5106	3189	27365	23611	23	26305
纺织服装、鞋、帽制造业	9064	3325	24219	24414	770	143964
皮革、毛皮、羽毛(绒)及其制品业	1388	1058	8455	8455		5731
木材加工及木、竹、藤、棕、草制品业	3048	921	12306	10503		13779
家具制造业	58753	12991	92715	81828	10488	348044
造纸及纸制品业	22954	3863	57767	56820	2637	128175
印刷业和记录媒介的复制	26432	4025	17674	19555		76533
文教体育用品制造业						
石油加工、炼焦及核燃料加工业						
化学原料及化学制品制造业	837563	120031	1605640	1654449	177336	1738934
医药制造业	13523	1860	19906	19580	1660	59414
化学纤维制造业						
橡胶制品业	23431	13635	180218	137245	18620	503866
塑料制品业	89821	19619	251364	261199	28920	231492
非金属矿物制品业	981393	206053	2487801	2493215	284181	3605780
黑色金属冶炼及压延加工业	2361551	209969	2876664	2878536	1580	3428938
有色金属冶炼及压延加工业	68608	15250	57865	52255	1038	75347
金属制品业	3576	2477	33890	28352		21338
通用设备制造业	536326	65169	483658	487294	51577	784207
专用设备制造业	2624	1735	18378	16452	8731	77115
交通运输设备制造业	1599843	302549	2192695	1997460	476172	5305346
电气机械及器材制造业	182168	35272	306842	321684	32163	842093
通信设备、计算机及其他电子设备制造业	62223	14935	83238	86036	47463	495351
仪器仪表及文化、办公用机械制造业	37369	9879	55735	51555	3841	169657
工艺品及其他制造业	3667	500	25819	25827		41327
废弃资源和废旧材料回收加工业						
电力、燃气及水的生产和供应业	4502229	337972	3287686	3583196	132305	4010832
电力、热力的生产和供应业	4461650	316603	2570851	2869142	50766	3377694
燃气生产和供应业						
水的生产和供应业	40579	21369	716835	714054	81539	633138

单位：个、千元、人

流动负债合计	#应付帐款	长期负债合计	所有者权益合计	#实收资本	国家资本	集体资本	法人资本	个人资本	港澳台资本	外商资本
15475469	**4676172**	**7601585**	**17890695**	**11222510**	**1479822**	**56078**	**4018821**	**142316**	**1332524**	**4192949**
3196765	1156212	830657	2283587	2057813	328959	27352	395051	46645	393993	865813
12278704	3519960	6770928	15607108	9164697	1150863	28726	3623770	95671	938531	3327136
5955500	1762625	755754	7145982	2384892	650000		666270		413944	654678
6480307	1818446	5946437	8037810	6278179	610538	9800	2791090	86527	345205	2435019
3039662	1095101	899394	2706903	2559439	219284	46278	561461	55789	573375	1103252
14885390	4627443	4195929	16438173	9879755	1451237	56078	2901491	142316	1206524	4122109
340511	113665	231751	204068	165690	17021		1800	7926	4200	134743
151205	48550		279926	190905			5569			185336
256710	73375	37500	241921	296274	61835			12610	83490	138339
21049	3026	5256	39596	9110			5794		2483	833
143964	66022		68598	75561			32056	746	10666	32093
5068	3080	663	11329	14170			13320	263	87	500
7439	82	6340	8814	2704			1974		730	
348044	220273		173079	136528			78462			58066
123644	52106	1000	88782	34631	3500		4897	578	6362	19294
76533	12408		35693	25953	1150		11845		10608	2350
880518	182930	857227	2120016	1221283		9250	617709	36475	55527	502322
59414	5980		65533	42396			30087			12309
349516	79083	154350	144050	149426			27580		8270	113576
209205	9664	21619	264044	332311	25400	23826	27725	500	221149	33711
1958376	351002	1594220	2082997	1662022	170438	4900	627709	9910	197628	651437
2717893	599921	711045	3923936	1082219	650000		5500		422219	4500
69322	27125	5927	55823	57682	39960		2050	3997	11322	353
21338	20748		31490	35993						35993
683341	366741	100453	1123435	870127	208800		199792	750	9225	451560
77115	17197		42286	30886			4750		24636	1500
4935279	1957032	370066	4768704	2604898	220852	17352	948086	44538	72258	1301812
841158	176174	925	242955	494596	10594		176812		42210	264980
429745	157116	65606	329139	261150	38910	750	50852	15123	21317	134198
151676	82245	17981	58424	74340	2777		27122		2137	42304
27327	1898	14000	33535	8900				8900		
590079	48729	3405656	1452522	1342755	28585		1117330		126000	70840
376529	47875	2986068	1201869	1132755	28585		1033330			70840
213550	854	419588	250653	210000			84000		126000	

2-1-11 续表 2

指标名称	主营业务收入	主营业务成本	主营业务税金及附加	其他业务收入	其他业务利润	营业费用
合 计	**40678767**	**32080907**	**567494**	**402778**	**123914**	**2097694**
按轻重工业分组						
轻工业	6953775	5992439	58110	174623	44398	449999
重工业	33724992	26088468	509384	228155	79516	1647695
按企业规模分组						
大型企业	20470796	16043338	484185	27057	16050	1187820
中型企业	13210259	9968407	76935	293821	84727	685957
小型企业	6997712	6069162	6374	81900	23137	223917
按国民经济行业大类分组						
采矿业						
煤炭开采和洗选业						
石油和天然气开采业						
黑色金属矿采选业						
有色金属矿采选业						
非金属矿采选业						
其他采矿业						
制造业	38703348	30732748	567494	347632	89261	2092962
农副食品加工业	1451574	1397465		6696	98	28447
食品制造业	700365	574365		64710	888	78550
饮料制造业	415624	302085	157	3426	2087	94171
烟草制品业						
纺织业	51227	36330				1179
纺织服装、鞋、帽制造业	213479	171464		37	5	38351
皮革、毛皮、羽毛(绒)及其制品业	107399	93157	56			863
木材加工及木、竹、藤、棕、草制品业	22050	13756	65			521
家具制造业	735300	676051		12946	789	1616
造纸及纸制品业	361603	309132		2318	64	41841
印刷业和记录媒介的复制	84856	65291		248	155	1182
文教体育用品制造业						
石油加工、炼焦及核燃料加工业						
化学原料及化学制品制造业	2409532	1448004	8114	46249	5453	235736
医药制造业	117719	94551				1481
化学纤维制造业						
橡胶制品业	323283	270949	4	9123	3189	7587
塑料制品业	235598	210192		1462	1750	12301
非金属矿物制品业	2304762	1759924	4465	22877	3844	88766
黑色金属冶炼及压延加工业	8768687	7389591	752	16621	5450	147789
有色金属冶炼及压延加工业	362318	347130	2	6765	6765	2487
金属制品业	11945	12151		114	114	575
通用设备制造业	2155184	1675090	18869	21716	8534	71084
专用设备制造业	89105	65271	10	123	5	6589
交通运输设备制造业	15553696	11837050	534924	118311	37563	1168719
电气机械及器材制造业	865053	776808		11390	6425	38763
通信设备、计算机及其他电子设备制造业	1065743	954722	76	87	950	8465
仪器仪表及文化、办公用机械制造业	240157	203576		2413	5133	15285
工艺品及其他制造业	57089	48643				614
废弃资源和废旧材料回收加工业						
电力、燃气及水的生产和供应业	1975419	1348159		55146	34653	4732
电力、热力的生产和供应业	1854806	1268698		1829	329	39
燃气生产和供应业						
水的生产和供应业	120613	79461		53317	34324	4693

单位：个、千元、人

管理费用	#税金	#财产保险费	#职工教育费	财务费用	#利息净支出	营业利润	投资收益	补贴收入	利税总额
1911313	**51421**	**26971**	**18921**	**528584**	**456388**	**3680970**	**49531**	**204051**	**6427949**
312729	10019	3088	1754	51192	50898	210721	4313	7894	448612
1598584	41402	23883	17167	477392	405490	3470249	45218	196157	5979337
777962	14835	6334	7863	82245	96307	1911297	16755	171083	3527570
784079	31559	15831	7658	368671	282399	1466430	21438	20541	2373072
349272	5027	4806	3400	77668	77682	303243	11338	12427	527307
1853765	35181	21619	18073	324650	329818	3307457	49531	201671	5798053
22094	297	382	208	5071	2853	39835	323	3502	46129
11170	236	16	111	1963	1851	35213			77333
24987	311	470	118	2578	2753	-3795		135	6932
4965	84	29	44	132	508	8621			10423
13804	887	52	50	1730	1598	-11739	6949	406	896
2745	1			-1	-4	8734			9506
1106	39		4	833	824	5770			6940
51700	2338	123	392	240	497	7779			31299
6805	65	160	15	1188	1196	30958			42997
3000		6		1661	1632	13877			20660
140682	2499	3234	1162	34045	29970	549367	1762	6887	756591
7811	66	74	21	917	881	12966		39	15652
14130	275	853	991	17970	17294	15540		688	21179
18243	610	637	98	5600	5808	-13511		207	-5722
165065	3886	3370	1608	94225	83655	197562		13331	356009
208017	4410	2335	5585	93170	84641	935016	3	7087	1396268
1952	71	12	21	1319	1239	11288		4	18535
1622	65			697		-3101	-3101	74	-3054
230451	1748	1295	2012	4068	3315	149052	2204	2473	266543
6595	47		389	266	397	10386			11626
805950	15623	6737	3831	24663	62107	1236344	40612	166686	2572031
24965	956	1341	193	15067	13353	42620	532		87102
64560	515	267	1083	11292	8303	26176	247	133	43644
19528	72	226	137	2213	1604	228		19	6263
1818	80			3743	3543	2271			2271
57548	16240	5352	848	203934	126570	373513		2380	629896
35368	13809	4823	780	196458	118855	333486			581479
22180	2431	529	68	7476	7715	40027		2380	48417

2-1-11 续表 3

指标名称	利润总额	亏损企业亏损额	应交所得税	广告费	劳动、待业保险费	养老保险和医疗保险费
合　计	**3919486**	**229190**	**212653**	**467437**	**112852**	**204076**
按轻重工业分组						
轻工业	200992	144969	26011	75688	3208	23797
重工业	3718494	84221	186642	391749	109644	180279
按企业规模分组						
大型企业	2085414		55661	382089	92143	113541
中型企业	1481161	143467	133280	78126	17289	72246
小型企业	352911	85723	23712	7222	3420	18289
按国民经济行业大类分组						
采矿业						
煤炭开采和洗选业						
石油和天然气开采业						
黑色金属矿采选业						
有色金属矿采选业						
非金属矿采选业						
其他采矿业						
制造业	3528370	229190	212653	467437	112317	193582
农副食品加工业	41926	1309	4164	1701	119	793
食品制造业	38906	3530	6365	18709	282	3364
饮料制造业	-19789	29563		30684	371	3406
烟草制品业						
纺织业	8596		586		154	50
纺织服装、鞋、帽制造业	-4580	6469	71	6938	24	279
皮革、毛皮、羽毛(绒)及其制品业	8734					
木材加工及木、竹、藤、棕、草制品业	5493		663	7	16	192
家具制造业	7956	47442	6009		332	4543
造纸及纸制品业	31209	260	1104	498	93	826
印刷业和记录媒介的复制	13797		2131		94	36
文教体育用品制造业						
石油加工、炼焦及核燃料加工业						
化学原料及化学制品制造业	551198	32394	53617	5767	4976	10284
医药制造业	12538		1305		107	404
化学纤维制造业						
橡胶制品业	19570	635	1621	252	110	1771
塑料制品业	-14850	21220	638	156	129	1374
非金属矿物制品业	218834	44769	10730	1618	5904	15442
黑色金属冶炼及压延加工业	929926		30336	68	87582	91335
有色金属冶炼及压延加工业	16251	5154	3665	18		121
金属制品业	-3054	3054			14	208
通用设备制造业	162126	742	19869	5233	3430	15914
专用设备制造业	10216			215	26	448
交通运输设备制造业	1426869	11794	67611	395208	6257	34447
电气机械及器材制造业	42638	2797	601	102	287	4127
通信设备、计算机及其他电子设备制造业	21374	12369	1567	115	949	2880
仪器仪表及文化、办公用机械制造业	215	5689		148	1061	1338
工艺品及其他制造业	2271					
废弃资源和废旧材料回收加工业						
电力、燃气及水的生产和供应业	391116				535	10494
电力、热力的生产和供应业	350659				265	7526
燃气生产和供应业						
水的生产和供应业	40457				270	2968

单位：个、千元、人

住房公积金和住房补贴	应付工资总额	#主营业务应付工资总额	应付福利费总额	#主营业务应付福利费总额	应交增值税	工业中间投入合计	#直接材料	从业人员平均人数
48186	**1321674**	**1202139**	**178599**	**152568**	**1940969**	**32162188**	**26635313**	**64451**
5225	279118	261349	27906	26664	189510	5876605	4954879	19124
42961	1042556	940790	150693	125904	1751459	26285583	21680434	45327
21620	488075	461415	73387	65170	957971	16876807	14351997	15871
22412	586351	526467	84241	70414	814976	9414308	7341596	31087
4154	247248	214257	20971	16984	168022	5871073	4941720	17493
42359	1284155	1165470	167277	141366	1702189	31078567	25895572	63194
283	23777	23548	2213	2184	4203	1344292	1247214	1397
88	26568	25976	128	128	38427	524041	422818	1302
666	32042	28920	2749	2687	26564	370792	247016	1597
	3838	3838	652	652	1827	38199	29710	362
	20124	20124	507	507	5476	221407	151226	1420
	6145	6145	20	20	716	70229	66517	464
	1814	1814	201	201	1382	14116	11289	183
473	26474	26459	5572	4924	23343	616934	551709	1362
	10598	7601	76	34	11788	274124	207854	885
	4672	4573	93	91	6863	60344	55814	285
1778	81381	66652	4628	4169	197279	1664070	1252070	3856
174	5493	5493	726	726	3114	96417	83623	333
37	20312	20312	1676	1676	1605	254060	198767	1603
172	13845	12485	1204	1091	9128	191766	144425	1125
4541	165327	151997	28074	20990	132710	1608719	1201155	11623
18389	388539	378635	58607	53618	465590	6832822	5861001	12405
	3323	3323	20	20	2282	331299	313632	322
	1917	1917				10605	4325	80
4790	115481	113708	13329	13156	85548	1575952	1311927	4534
	5162	5162	639	86	1400	26132	13237	284
6564	253119	220039	32627	23589	610238	13034182	10928766	13801
2450	34920	4483	641	282	44464	697089	531442	1199
1077	22079	16947	10262	8706	22194	979546	875143	1253
877	13612	11726	2130	1326	6048	195987	147982	1037
	3593	3593	503	503		45443	36910	482
5827	37519	36669	11322	11202	238780	1083621	739741	1257
3097	23802	22952	9295	9175	230820	1021146	707506	773
2730	13717	13717	2027	2027	7960	62475	32235	484

2-1-12 规模以上大中型

指标名称	企业数	#亏损企业数	工业总产值	工业销售产值	#出口交货值	工业增加值
合 计	**435**	**74**	**160358712**	**160356236**	**10503589**	**45220856**
按登记注册类型分组						
内资企业	386	65	125935336	126533955	9084646	35002550
国有企业	78	21	15351680	15490433	888200	5504787
集体企业	11	5	1294618	1274103	109811	386223
股份合作企业	3		366321	366025	12000	98288
联营企业						
有限责任公司	148	28	60115823	60471669	2341443	16514173
股份有限公司	42	4	24122525	24277054	1630153	6984134
私营企业	104	7	24684369	24654671	4103039	5514945
其他企业						
港、澳、台商投资企业	12	3	11362646	11104878	500430	3284257
外商投资企业	37	6	23060730	22717403	918513	6934050
按轻重工业分组						
轻工业	159	28	49620182	49313814	6562100	13416105
重工业	276	46	110738530	111042422	3941489	31804751
按企业规模分组						
大型企业	49	5	94219474	94715408	5180570	24841958
中型企业	386	69	66139238	65640828	5323019	20378898
按国民经济行业大类分组						
采矿业	18		3720012	3863345	20563	1895422
煤炭开采和洗选业	11		2479220	2407367		1232005
石油和天然气开采业	1		274944	270621		180648
黑色金属矿采选业	3		549695	752388		262097
有色金属矿采选业						
非金属矿采选业	3		416153	432969	20563	220673
其他采矿业						
制造业	380	57	141511352	141189148	10483026	38023847
农副食品加工业	8	2	1275742	1284161	66465	204389
食品制造业	5		1233785	1267038		395515
饮料制造业	9	2	2056276	2044026	13247	810563

工业企业主要经济指标

单位：个、千元、人

资产总计	#流动资产合计	#应收帐款净额	#存货	#产成品	流动资产年平均余额	固定资产	固定资产原价	#生产经营用固定资产
217335308	**101461362**	**19248432**	**26185437**	**8354772**	**90882427**	**87415857**	**121178876**	**110363173**
182998418	86236884	16675939	21301768	6729865	76535130	69872725	97428839	87997478
23388299	11345554	2374105	3459499	1170483	10271232	10080368	16651666	14457621
1155741	649124	76270	265362	108490	644972	383256	614392	549144
184213	105635	55310	37850	25939	106773	72266	91291	89826
101406751	44636070	7081280	11984712	3201029	39740848	41796437	56986729	51231640
37485590	18259508	4161590	3103380	1263674	16506810	11890447	16414237	15524129
19377824	11240993	2927384	2450965	960250	9264495	5649951	6670524	6145118
9282591	4343904	452459	1815531	393808	3887269	4821063	6373812	6160558
25054299	10880574	2120034	3068138	1231099	10460028	12722069	17376225	16205137
48821374	27772547	6036895	7340439	2006779	24378515	15459630	21396640	18827938
168513934	73688815	13211537	18844998	6347993	66503912	71956227	99782236	91535235
126462342	58935224	8563741	14584236	4008160	51081289	49577772	69244417	63692364
90872966	42526138	10684691	11601201	4346612	39801138	37838085	51934459	46670809
6788738	2527480	341238	299125	94547	2234129	3462106	4852627	4306526
4901872	1779836	261247	192603	58803	1599685	2525683	3901302	3496668
318967	74328	7030	18186	4882	56707	175978	257800	257800
721239	336027	33037	70397	25837	272537	358889	448226	392361
846660	337289	39924	17939	5025	305200	401556	245299	159697
169887170	88363515	17708120	25611148	8244922	79103523	59370712	81723519	74158663
950106	413039	57140	107477	33163	334304	492181	432139	409261
1200675	544568	73201	118719	26745	603152	475094	909791	900474
2857553	1127004	81877	471331	58566	1063635	1161122	1897959	1827336

2-1-12 续表 1

指标名称	企业数	#亏损企业数	工业总产值	工业销售产值	#出口交货值	工业增加值
烟草制品业	5		4231851	4232292	1130	2776149
纺织业	12	4	1887890	1883289	712578	453812
纺织服装、鞋、帽制造业	2	1	248464	198519	49697	52351
皮革、毛皮、羽毛(绒)及其制品业						
木材加工及木、竹、藤、棕、草制品业						
家具制造业	2	1	679910	708226		111804
造纸及纸制品业	6	1	772773	744585		263603
印刷业和记录媒介的复制	2	2	77347	83969		22544
文教体育用品制造业						
石油加工、炼焦及核燃料加工业	2		422243	395173		117682
化学原料及化学制品制造业	39	7	11060161	11087339	874862	3822002
医药制造业	14		4241157	4327763	159390	1641702
化学纤维制造业	1		75514	74107	164	21462
橡胶制品业	6	2	642677	651667	30241	134951
塑料制品业	1		168456	171401		63290
非金属矿物制品业	38	5	5510227	5626207	1094013	2320810
黑色金属冶炼及压延加工业	12	3	11830113	11677901	140531	3057764
有色金属冶炼及压延加工业	7		4825663	4698707	679670	839505
金属制品业	8	2	1446824	1425853	119634	407900
通用设备制造业	29	2	6649178	6582461	323728	2130422
专用设备制造业	13	4	5030390	6034663	341760	1120803
交通运输设备制造业	125	16	65709256	65461874	5489169	14282181
电气机械及器材制造业	13	1	5826953	5320574	144893	1073145
通信设备、计算机及其他电子设备制造业	7		2506155	2164328	16607	920271
仪器仪表及文化、办公用机械制造业	12	2	2970893	2913836	182821	926972
工艺品及其他制造业	2		131454	129189	42426	52255
废弃资源和废旧材料回收加工业						
电力、燃气及水的生产和供应业	37	17	15127348	15303743		5301586
电力、热力的生产和供应业	31	17	13431510	13461443		4675454
燃气生产和供应业	3		1112572	1250061		251711
水的生产和供应业	3		583266	592239		374422

单位：个、千元、人

资产总计	#流动资产合计	#应收帐款净额	#存货	#产成品	流动资产年平均余额	固定资产	固定资产原价	#生产经营用固定资产
5086439	3227889	332110	1795807	54595	3049597	1687324	2453888	1938608
2292970	933601	127500	528453	240985	921834	1034047	1618882	1461413
183883	140757	8157	71562	52681	122536	38348	27339	26443
474982	396397	207674	28505	5581	363298	69078	118119	113606
953595	405114	103241	178608	123616	478212	349040	374309	305522
160898	57337	10341	17814	8655	70390	78836	104247	101071
509129	207841	47405	98776	40671	175956	194722	285057	285057
16006574	6091082	816935	1402078	629809	5548767	7840853	12225711	11167205
7261646	3301535	843963	607756	242200	2939259	2478207	2769630	2413866
124016	45201	153	39363	31427	41175	56089	126594	124504
1152135	486981	126255	194662	93809	527778	603317	462929	404402
112995	58100	12275	25470	15000	48820	47710	61926	61926
11231766	4447190	887861	1089486	464623	4128606	5557273	5990780	5554320
9475996	4482864	479271	2103197	468487	3700668	4806609	6342696	6232835
6729970	3535519	458996	971863	146875	2894637	2317597	5604004	5578198
1909754	1114095	158612	297630	70246	944198	561975	752930	737950
8572250	5208026	1307033	1549114	492221	4654338	2449090	4178323	3591076
15032703	5257490	888472	1231781	416112	5040850	4755607	6189453	4591641
65227345	38404894	8700587	10120691	3757903	34437571	19761893	25367285	23607476
5172615	4009053	880898	1091793	341871	2960134	927647	1255995	780559
2758733	1869438	414681	789673	177696	1474441	631282	694366	558617
4301568	2525400	681520	640100	243489	2513486	955920	1431474	1337604
146874	73100	1962	39439	7896	65881	39851	47693	47693
40659400	10570367	1199074	275164	15303	9544775	24583039	34602730	31897984
36403637	9175542	953125	189324	10082	8239946	22229725	31762362	30000622
1770177	783997	151945	69131	5221	729531	746597	848827	467176
2485586	610828	94004	16709		575298	1606717	1991541	1430186

2-1-12 续表 2

指标名称	累计折旧	#本年折旧	固定资产净值	固定资产净值年平均余额	无形资产	负债合计
合 计	**44432265**	**6347650**	**76746611**	**73007859**	**7939019**	**129731460**
按登记注册类型分组						
内资企业	33511276	5113670	63917563	60057466	6871714	110578362
国有企业	7496189	909182	9155477	8650476	225131	16851521
集体企业	254020	30069	360372	379987	30678	879727
股份合作企业	23731	6328	67560	56865	6309	119260
联营企业						
有限责任公司	18025685	2755914	38961044	36691949	3731494	60676925
股份有限公司	5984459	940999	10429778	9739406	1601924	19516048
私营企业	1727192	471178	4943332	4538783	1276178	12534881
其他企业						
港、澳、台商投资企业	2847820	285307	3525992	3505960	45893	4713662
外商投资企业	8073169	948673	9303056	9444433	1021412	14439436
按轻重工业分组						
轻工业	7573549	1232496	13823091	13447414	2286716	32680831
重工业	36858716	5115154	62923520	59560445	5652303	97050629
按企业规模分组						
大型企业	25512816	3690592	43731601	41253546	4047405	72487100
中型企业	18919449	2657058	33015010	31754313	3891614	57244360
按国民经济行业大类分组						
采矿业	1992569	183680	2860058	2674817	310335	3153722
煤炭开采和洗选业	1753668	125719	2147634	2070368	212461	2207189
石油和天然气开采业	103252	15178	154548	107325	8224	93899
黑色金属矿采选业	98314	28420	349912	306134	7404	305201
有色金属矿采选业						
非金属矿采选业	37335	14363	207964	190990	82246	547433
其他采矿业						
制造业	30697215	4385256	51026304	48436753	7225524	102178524
农副食品加工业	131172	19709	300967	301832	37676	777396
食品制造业	471764	36298	438027	391531	100984	581543
饮料制造业	809331	108799	1088628	1119859	163074	1452604

单位：个、千元、人

流动负债合计	#应付帐款	长期负债合计	所有者权益合计	#实收资本	国家资本	集体资本	法人资本	个人资本	港澳台资本	外商资本
98797827	**24126401**	**30271741**	**87603848**	**52817881**	**16259078**	**416663**	**25325125**	**4201433**	**1838559**	**4777023**
86362020	20545330	23569550	72420056	44154810	14998540	406863	21867765	4114906	1079410	1687326
12514379	2347394	3939181	6536778	6339799	5166031	4575	1155374	179	9000	4640
805445	327815	68546	276014	196137		188767	7370			
113960	38902	5300	64953	33714		1963		31751		
45244583	11388217	15353670	40729826	26490011	8446314	185925	15119090	648485	1038657	1051540
17080565	3881103	2398563	17969542	8044111	1381755	16072	4277967	1763880	11637	592800
10603088	2561899	1804290	6842943	3051038	4440	9561	1307964	1670611	20116	38346
3740841	958811	972820	4568929	1508173	656693	9800	240164	11102	590414	
8694966	2622260	5729371	10614863	7154898	603845		3217196	75425	168735	3089697
27426005	6937505	5094606	16140543	9066690	3134148	172900	3199690	1647777	289609	622566
71371822	17188896	25177135	71463305	43751191	13124930	243763	22125435	2553656	1548950	4154457
56155171	14555723	16261368	53975242	27695852	8904076	5000	14025311	990900	1465881	2304684
42642656	9570678	14010373	33628606	25122029	7355002	411663	11299814	3210533	372678	2472339
2255853	348118	860983	3635016	2440144	322494		2074135	43515		
1499428	263472	707761	2694683	2011861	36927		1956700	18234		
61731	5510	32168	225068	82900	63237		19663			
305201	46325		416038	200743	188431		2312	10000		
389493	32811	121054	299227	144640	33899		95460	15281		
86922921	21020557	14717694	67708646	40851954	9121962	352763	20878727	4008920	1712559	4777023
606355	51803	171041	172710	129274	81391	5478	16945	25460		
425205	77384	155769	619132	368422	86835		88460	10390		182737
1289576	126615	163027	1404949	758514	167269		255353	106148	82790	146954

2-1-12 续表 3

指标名称	累计折旧	#本年折旧	固定资产净值	固定资产净值年平均余额	无形资产	负债合计
烟草制品业	986080	179113	1467808	1409877	19477	3317169
纺织业	661897	157691	956985	1058075	182539	1907789
纺织服装、鞋、帽制造业	8068	3141	19271	19460		117098
皮革、毛皮、羽毛(绒)及其制品业						
木材加工及木、竹、藤、棕、草制品业						
家具制造业	48147	11106	69972	60781	7776	333595
造纸及纸制品业	85158	22891	289151	276163	19613	645144
印刷业和记录媒介的复制	58385	8105	45862	49061	1048	121268
文教体育用品制造业						
石油加工、炼焦及核燃料加工业	110031	55819	175026	129654	102566	189605
化学原料及化学制品制造业	5814045	700297	6411666	5841630	706689	8238527
医药制造业	704436	144397	2065194	1961166	612149	4092614
化学纤维制造业	70505	4265	56089	72566		84668
橡胶制品业	103443	17791	359486	315027	52889	921689
塑料制品业	17390	3434	44536	42945	2930	85102
非金属矿物制品业	1707274	357412	4283506	4120283	477176	7057780
黑色金属冶炼及压延加工业	2807087	248357	3535609	3511520	107260	4753280
有色金属冶炼及压延加工业	2477439	112235	3126565	3141608	666566	4622773
金属制品业	248446	68973	504484	458158	64804	1150547
通用设备制造业	1887964	204229	2290359	2027495	382454	5551004
专用设备制造业	1942001	345763	4247452	4123399	485581	11710596
交通运输设备制造业	8230681	1426627	17136604	16000504	2757562	35361141
电气机械及器材制造业	386918	59438	869077	784172	89773	4280617
通信设备、计算机及其他电子设备制造业	337325	40266	357041	330898	107733	1926532
仪器仪表及文化、办公用机械制造业	584355	47089	847119	849983	62376	2832294
工艺品及其他制造业	7873	2011	39820	39106	14829	66149
废弃资源和废旧材料回收加工业						
电力、燃气及水的生产和供应业	11742481	1778714	22860249	21896289	403160	24399214
电力、热力的生产和供应业	10864221	1647986	20898141	19974808	251432	22111602
燃气生产和供应业	356445	46463	492382	484542	26449	759236
水的生产和供应业	521815	84265	1469726	1436939	125279	1528376

单位：个、千元、人

流动负债		长期负债	所有者							
合计	#应付帐款	合计	权益合计	#实收资本	国家资本	集体资本	法人资本	个人资本	港澳台资本	外商资本
2674181	521883	642988	1769270	830075	684575		145500			
1272818	160291	634970	385181	615188	456906		101722	56560		
117098	65993		66785	73254			31125		10346	31783
333595	218811		141387	106528			60462			46066
422938	112704	138332	308451	241249	15748	30730	76538	118233		
67104	28223	54164	39630	35559	25559		10000			
147634	65685	41971	319524	190257			164907	25350		
5696892	832439	2223294	7768047	4588312	2365094	65390	1284096	428148	40834	404750
3390951	505358	701633	3169032	1254012	377282	5000	507712	364018		
48558	8003	36110	39348	4200				4200		
760684	114267	161005	230446	158999	4626		43757	10000		100616
58001	38441	27100	27893	10000			8000	2000		
4373338	564753	2681048	4173986	2759562	192361	12100	1241424	627426	59256	626995
4009776	874432	726544	4722716	1913874	1283153	28886	19390	164001	413944	4500
3543196	576623	1079577	2107197	3885625	27284		3791632	66709		
1080353	105127	66781	759207	499248	19544	16756	274400	166802	13280	8466
4672336	1291344	783308	3021246	2320203	397495	4575	1450393	116930	7211	343599
10647777	1539403	1062385	3322107	2334451	689590		1640074	4787		
32885837	10591294	2459773	29866204	15218358	1518430	167386	8474043	1381482	1060058	2616959
4125470	1365278	155147	891998	841530	121137		372699	83596	9000	255098
1716076	568033	210456	832201	732752	303296	3860	383856	25900	15840	
2514017	611604	318277	1469274	956228	304387	12602	436239	194500		8500
43155	4766	22994	80725	26280				26280		
9619053	2757726	14693064	16260186	9525783	6814622	63900	2372263	148998	126000	
8822515	2629209	13259319	14292035	8149570	5712309		2288263	148998		
460202	125325	299033	1010941	744186	680286	63900				
336336	3192	1134712	957210	632027	422027		84000		126000	

2-1-12 续表 4

指标名称	主营业务收入	主营业务成本	主营业务税金及附加	其他业务收入	其他业务利润	营业费用
合 计	**158732115**	**125442591**	**3718974**	**5869070**	**1112928**	**9605510**
按登记注册类型分组						
内资企业	125051060	99430846	3157854	5548192	1012151	7731733
国有企业	15375287	11668542	537670	699460	171294	722277
集体企业	1345219	1117645	12062	33532	6144	43700
股份合作企业	350440	318328	1581	1451	9228	8341
联营企业						
有限责任公司	60037156	47809947	1446993	2511677	434383	3947377
股份有限公司	23719194	18187113	547452	1513918	281357	1903890
私营企业	24223764	20329271	612096	788154	109745	1106148
其他企业						
港、澳、台商投资企业	10929175	9056990	56370	35251	13723	386265
外商投资企业	22751880	16954755	504750	285627	87054	1487512
按轻重工业分组						
轻工业	48135970	36180335	2106519	2190381	386019	2992407
重工业	110596145	89262256	1612455	3678689	726909	6613103
按企业规模分组						
大型企业	94675866	74101160	2776938	3928788	612161	6428951
中型企业	64056249	51341431	942036	1940282	500767	3176559
按国民经济行业大类分组						
采矿业	3835422	2863024	57015	510145	98648	119098
煤炭开采和洗选业	2366193	1854222	26527	472930	89372	36910
石油和天然气开采业	267258	185816	4956	584	501	11423
黑色金属矿采选业	750668	552726	14444	36351	8607	16230
有色金属矿采选业						
非金属矿采选业	451303	270260	11088	280	168	54535
其他采矿业						
制造业	138787298	109068588	3565210	4887503	882410	9259067
农副食品加工业	1263840	1113259	8392	24770	10803	51107
食品制造业	1430468	1107070	9439	73268	3459	185435
饮料制造业	2041250	1253191	127958	20109	8671	360775

单位：个、千元、人

管理费用	#税金	#财产保险费	#职工教育费	财务费用	#利息净支出	营业利润	投资收益	补贴收入	利税总额
10739000	**257005**	**110200**	**113975**	**2609622**	**2482695**	**6876458**	**1759303**	**1168675**	**20127766**
9176959	210611	88035	98454	2158706	2103989	3498731	1721110	977051	14227124
2105630	30383	27974	19578	408622	308961	177629	297633	193726	1843934
119256	3238	620	1676	11747	8960	64913	550	4064	118357
8324	1393	1308	82	1602	1606	12593		394	26105
4294016	86833	34396	48222	1165879	1197737	859890	703121	560988	6166634
1762749	61261	16092	13197	308620	351483	1341453	706565	103486	3787488
886984	27503	7645	15699	262236	235242	1042253	13241	114393	2284606
334637	6563	3847	6557	112548	108232	1004680	10370	7837	1585889
1227404	39831	18318	8964	338368	270474	2373047	27823	183787	4314753
2575779	70252	29802	29706	602247	585166	1578675	66239	130604	5349377
8163221	186753	80398	84269	2007375	1897529	5297783	1693064	1038071	14778389
5778788	121885	51562	65178	1345107	1333501	3683840	1553199	767720	12793655
4960212	135120	58638	48797	1264515	1149194	3192618	206104	400955	7334111
635119	8579	2439	10325	26140	38229	246216	3714	97617	608767
531143	6911	2214	8368	9590	22063	-5849	2142	94201	229854
23782	1094	163	500	1583	1674	39198	7783		64098
42646	115	62	209	8269	6645	125772	-6210	1165	189881
37548	459		1248	6698	7847	87095	-1	2251	124934
9383659	222861	96700	96728	1851257	1858177	6202246	1694440	782634	17589232
59498	1269	386	650	12491	14527	45333	43	2113	60121
56366	1938	704	2606	15331	12522	60285	12335	1880	168844
145678	2997	1484	629	46126	46210	118545	2623		377734

2-1-12 续表 5

指标名称	主营业务收入	主营业务成本	主营业务税金及附加	其他业务收入	其他业务利润	营业费用
烟草制品业	4208373	1828316	1490878	46458	4649	157822
纺织业	1839463	1672133	7436	38150	18215	34483
纺织服装、鞋、帽制造业	189513	151882		5	5	36228
皮革、毛皮、羽毛(绒)及其制品业						
木材加工及木、竹、藤、棕、草制品业						
家具制造业	708225	652690		12946	789	1370
造纸及纸制品业	685367	558703	4484	8797	2870	26364
印刷业和记录媒介的复制	83968	70546	669	8532	2384	2743
文教体育用品制造业						
石油加工、炼焦及核燃料加工业	394128	303084	2390	34239	3378	21905
化学原料及化学制品制造业	11046637	8300454	64114	224403	37581	672273
医药制造业	3584664	1982904	37334	80669	13967	689778
化学纤维制造业	66242	50584	374			2118
橡胶制品业	633609	529810	5048	9363	4001	24483
塑料制品业	171401	154218	58	68	6	3734
非金属矿物制品业	5567448	4100161	402552	111221	53737	445003
黑色金属冶炼及压延加工业	11774236	10081188	12999	133654	33158	225497
有色金属冶炼及压延加工业	4479135	4012658	11320	283775	9312	62939
金属制品业	1417926	1075720	2514	43517	4733	122015
通用设备制造业	6366786	4925740	48620	179149	52460	266768
专用设备制造业	5862165	4884278	96513	295408	46574	2047395
交通运输设备制造业	65191250	54047741	1199365	2729860	482754	3377403
电气机械及器材制造业	5432193	2889368	16652	294141	62440	151239
通信设备、计算机及其他电子设备制造业	1532170	1254311	2213	187426	2808	52231
仪器仪表及文化、办公用机械制造业	2690794	1983081	13428	44433	23529	232504
工艺品及其他制造业	126047	85498	460	3142	127	5455
废弃资源和废旧材料回收加工业						
电力、燃气及水的生产和供应业	16109395	13510979	96749	471422	131870	227345
电力、热力的生产和供应业	14288276	12223258	80170	369724	76964	72778
燃气生产和供应业	1248902	953441	12447	25579	14899	144055
水的生产和供应业	572217	334280	4132	76119	40007	10512

单位：个、千元、人

管理费用	#税金	#财产保险费	#职工教育费	财务费用	#利息净支出	营业利润	投资收益	补贴收入	利税总额
370172	7471	7649	4389	109184	109627	271990	-1789	28815	2230469
238448	5530	2001	1309	29878	28384	-130973	321	9814	-51949
12570	843	28	50	967	840	-12034	6949	388	-315
51192	1990	123	386	-912	-655	5969			29259
50373	345	1045	509	16056	15138	27913	1993	14171	78243
25580	443	142		675	846	-13783	2321		-5372
37782	679	737	414	3755	3802	37587		320	51617
885237	30715	21805	11674	193398	155101	1022683	215216	139397	1930043
440379	11088	3736	2855	98281	89676	319857	10573	11459	638607
3408	174	51	51	2937	2930	6749		907	10664
50939	1066	1397	1254	19484	18240	8924	21	2759	22786
2089	241	12	10	1012	1012	10284	72	16	13042
366689	11033	5472	3853	194904	178621	476332	10368	79985	1238961
436902	9472	3541	7242	115130	104699	923257	116	7502	1483244
236411	12531	1028	2639	108794	114234	67947	3369	41129	213821
117932	1471	267	1026	22208	26489	81038	442	3413	129038
743172	12095	5337	6201	63733	59730	360160	20403	48884	782755
998340	11939	7793	10690	274706	284011	-553983	667243	41632	344517
3431715	82440	25952	32771	387726	451240	2647575	701381	315525	7011628
145629	8788	2407	1416	45570	49568	239951	4749	13024	384779
149775	1007	1084	1360	32944	33580	48971	2459	653	102999
315857	4969	2519	2687	53094	54222	107947	33232	13057	308363
11526	327		57	3785	3583	23722		5791	35334
720222	25565	11061	6922	732225	586289	427996	61149	288424	1929767
525556	20851	9077	4486	668885	575945	264705	38601	283070	1684223
109001	1017	110	1560	-5031	-81	55128	5667	2954	103964
85665	3697	1874	876	68371	10425	108163	16881	2400	141580

2-1-12 续表 6

指标名称	利润总额	亏损企业亏损额	应交所得税	广告费	劳动、待业保险费	养老保险和医疗保险费
合 计	**9590174**	**1001563**	**907033**	**1001417**	**698991**	**1450331**
按登记注册类型分组						
内资企业	6023599	858096	718092	541202	589559	1264544
国有企业	514451	463699	94536	16833	165795	270025
集体企业	54274	24475	17365	86	6055	17317
股份合作企业	13549		3705	18	24	487
联营企业						
有限责任公司	2016492	266984	279514	177003	334379	768507
股份有限公司	2229704	46904	160642	264929	74243	178259
私营企业	1195129	56034	162330	82333	9063	29949
其他企业						
港、澳、台商投资企业	985789	64313	44900	47519	88681	98558
外商投资企业	2580786	79154	144041	412696	20751	87229
按轻重工业分组						
轻工业	1696678	412281	293066	427593	114872	251948
重工业	7893496	589282	613967	573824	584119	1198383
按企业规模分组						
大型企业	6046854	200997	384955	790633	399929	855636
中型企业	3543320	800566	522078	210784	299062	594695
按国民经济行业大类分组						
采矿业	265421		45305	570	98228	132017
煤炭开采和洗选业	27482		5393	431	94389	121344
石油和天然气开采业	44157		13225	110	2960	910
黑色金属矿采选业	118953		9225		638	5585
有色金属矿采选业						
非金属矿采选业	74829		17462	29	241	4178
其他采矿业						
制造业	8612380	915411	816182	991824	564364	1144696
农副食品加工业	21197	18364	7122	1804	813	7454
食品制造业	78526		8810	28892	3097	7685
饮料制造业	106944	29563	21504	52446	1381	21709

单位：个、千元、人

住房公积金和住房补贴	应付工资总额	#主营业务应付工资总额	应付福利费总额	#主营业务应付福利费总额	应交增值税	工业中间投入合计	#直接材料	从业人员平均人数
612431	**8863387**	**8021662**	**1183454**	**1014701**	**6818618**	**123342082**	**101710184**	**551016**
568399	7788961	7033780	1025826	879117	5045671	97050967	80016591	504058
96652	1549238	1317596	209770	166013	791813	10807378	8399437	101529
1637	139740	107315	13788	9077	52021	972250	828465	11048
	26265	26265	2231	2231	10975	282020	261526	2516
423985	3960520	3653227	493612	460825	2703149	46810808	39147061	239159
45967	1163179	1069777	177223	130332	1010332	18362723	14913616	62147
158	950019	859600	129202	110639	477381	19815788	16466486	87659
19933	492808	478133	60572	60572	543730	8722752	7379438	17824
24099	581618	509749	97056	75012	1229217	17568363	14314155	29134
78715	2088005	1901807	307373	249667	1546180	38161339	31917174	165489
533716	6775382	6119855	876081	765034	5272438	85180743	69793010	385527
493868	4511536	4172891	540342	494735	3969863	74108559	62065298	223636
118563	4351851	3848771	643112	519966	2848755	49233523	39644886	327380
25584	719658	614782	88552	71648	286331	2168998	1270192	53542
22938	574838	475341	69636	63474	175845	1460810	745542	45947
732	16302	16302	2282	2282	14985	114816	68978	1171
1380	87430	82051	12569	1827	56484	352113	284572	3326
534	41088	41088	4065	4065	39017	241259	171100	3098
278407	7171933	6506856	962967	826761	5411642	110064232	91626253	457023
445	56172	47220	8902	6676	30532	1108148	944007	5931
465	80147	78587	40125	6907	80879	931268	738298	5934
3179	115522	112459	13672	13610	142832	1413381	775907	6384

2-1-12 续表 7

指标名称	利润总额	亏损企业亏损额	应交所得税	广告费	劳动、待业保险费	养老保险和医疗保险费
烟草制品业	275467		74931	26495	34642	29427
纺织业	-126471	173179	6576	131	16346	31715
纺织服装、鞋、帽制造业	-4793	6469	52	6785	24	279
皮革、毛皮、羽毛(绒)及其制品业						
木材加工及木、竹、藤、棕、草制品业						
家具制造业	6264	47442	5936		332	4543
造纸及纸制品业	48641	8267	13282	631	586	2927
印刷业和记录媒介的复制	-11247	11247		182	8520	5653
文教体育用品制造业						
石油加工、炼焦及核燃料加工业	26444		973	949	5564	2520
化学原料及化学制品制造业	1250597	98994	141841	57975	63230	120574
医药制造业	337076		38605	108225	15915	48292
化学纤维制造业	7536		5044	238	98	1342
橡胶制品业	4155	24520	2749	641	2618	9108
塑料制品业	10347		771	1232		127
非金属矿物制品业	515421	30873	56584	8483	14810	38699
黑色金属冶炼及压延加工业	918709	56658	41803	189	109672	108971
有色金属冶炼及压延加工业	96307		3567	3288	37555	38047
金属制品业	91982	11966	13711	16944	2543	3303
通用设备制造业	424282	8056	42969	8765	44257	90056
专用设备制造业	149111	189731	9118	50559	19400	221237
交通运输设备制造业	3873752	170988	268553	607582	139452	286138
电气机械及器材制造业	217003	6800	21380	4021	6407	22901
通信设备、计算机及其他电子设备制造业	79381		3042	895	2988	17316
仪器仪表及文化、办公用机械制造业	186296	22294	18289	3754	33931	24425
工艺品及其他制造业	29453		8970	718	183	248
废弃资源和废旧材料回收加工业						
电力、燃气及水的生产和供应业	712373	86152	45546	9023	36399	173618
电力、热力的生产和供应业	527501	86152	34748	9018	33200	145123
燃气生产和供应业	64335		10178	5	1302	11727
水的生产和供应业	120537		620		1897	16768

单位：个、千元、人

住房公积金和住房补贴	应付工资总额	#主营业务应付工资总额	应付福利费总额	#主营业务应付福利费总额	应交增值税	工业中间投入合计	#直接材料	从业人员平均人数
23433	193145	178453	25754	23055	464124	2004890	1514628	5763
565	218893	211771	23158	20890	67086	1515069	1274085	27401
	16877	16877	145	145	4478	202195	135530	1098
473	25520	25505	5559	4924	22995	594527	531601	1232
2027	38586	35342	5398	4937	25118	542365	441154	3483
1152	13887	13887	1749	1749	5206	60700	46014	1688
642	27583	27583	3878	3878	22783	330950	283402	1911
57526	649571	544175	81993	68429	615332	7970601	6253692	42563
20707	232283	230846	32247	32175	264197	2913955	1834642	14233
	3408	3408	477	477	2754	57464	53502	403
698	54714	53544	8573	3862	13583	525444	422036	4822
	3911	3911	577	577	2637	109742	104289	315
6673	429359	394965	64327	48340	320988	3581517	2288819	35672
20760	562646	482973	87971	72862	551536	9417578	8177688	23774
4046	246663	246403	7000	7000	106194	4118075	3674319	11795
1769	109870	108239	5613	5586	34542	1085964	829205	7393
17312	491404	482989	75315	74378	309853	4893887	3985737	29939
38808	742229	678134	75606	71142	98893	4042822	3024872	39847
61742	2371988	2092511	318196	282090	1938511	53803205	46480302	155110
3088	178047	148578	31965	30829	151124	4937814	4556457	11263
3768	86098	75683	16185	14719	21405	1635487	1450191	5263
9005	214982	204627	27396	26372	108639	2180963	1743763	12908
124	8428	8186	1186	1152	5421	86221	62113	898
308440	971796	900024	131935	116292	1120645	11108852	8813739	40451
284030	792574	767777	111932	102160	1076552	9975868	8014212	34141
5884	106941	64711	10049	4842	27182	895756	695100	3278
18526	72281	67536	9954	9290	16911	237228	104427	3032

2-1-13 规模以上工业

指标名称	企业数	工业总产值	工业销售产值	#出口交货值	工业增加值
合　计	**546**	**21437302**	**22627841**	**1096567**	**4196813**
按登记注册类型分组					
内资企业	511	19171960	20441757	947351	3764707
国有企业	93	2296364	2381140	273711	235284
集体企业	42	1082470	1091899	6054	239911
股份合作企业	10	103946	104840		31868
联营企业	5	69565	69486		15350
有限责任公司	151	10404536	11766300	527254	1971250
股份有限公司	19	1304728	1293724	2142	374653
私营企业	191	3910351	3734368	138190	896390
其他企业					
港、澳、台商投资企业	15	742352	686470	4083	224825
外商投资企业	20	1522990	1499614	145133	207281
按轻重工业分组					
轻工业	234	7205060	7062309	615349	1308562
重工业	312	14232242	15565532	481218	2888251
按企业规模分组					
大型企业	5	5824600	7151077	244530	819669
中型企业	69	7003198	6960343	386435	1558561
小型企业	472	8609504	8516421	465602	1818583
按国民经济行业大类分组					
采矿业	15	121503	119440	8136	55804
煤炭开采和洗选业	14	106551	103248		50960
石油和天然气开采业					
黑色金属矿采选业					
有色金属矿采选业					
非金属矿采选业	1	14952	16192	8136	4843
其他采矿业					
制造业	482	19502604	20670096	1088431	3408401
农副食品加工业	14	1055317	1051635		54548
食品制造业	4	30320	28340	92	3822

亏损企业主要经济指标

单位：个、千元、人

资产总计	#流动资产合计	#应收帐款净额	#存货	#产成品	流动资产年平均余额	固定资产	固定资产原价	#生产经营用固定资产
38802985	**16447000**	**3874939**	**4987348**	**2563966**	**16644158**	**17922997**	**23630121**	**19039031**
35214938	14863799	3498699	4445694	2257401	15041977	16250824	21289449	17049800
7814925	2747200	643253	626114	322243	2872787	3769100	5505314	4104634
1171228	668904	135047	334514	136060	685929	391997	671076	571070
146771	82848	20217	25433	13412	78164	52095	97897	91626
65931	38745	12236	22054	5709	50405	16518	25458	17586
18568327	7811841	1827942	2476680	1338907	7642333	9107528	10763463	8478031
2891735	1112421	400917	277242	92239	1415381	1178069	2007057	1795639
4556021	2401840	459087	683657	348831	2296978	1735517	2219184	1991214
1098765	459616	82108	185913	141098	476107	502040	866930	756502
2489282	1123585	294132	355741	165467	1126074	1170133	1473742	1232729
11816468	5514700	1326131	1539230	784469	5693528	4532292	6237494	5395838
26986517	10932300	2548808	3448118	1779497	10950630	13390705	17392627	13643193
8800306	4232208	975377	1718873	990199	4441554	3480727	4873322	3092522
14177117	6128935	1372991	1474793	782046	6034052	6830114	9402248	7936524
15825562	6085857	1526571	1793682	791721	6168552	7612156	9354551	8009985
228576	75702	13002	11972	3933	71611	129063	133396	105625
206231	64772	10317	8569	2482	61500	118333	113747	85976
22345	10930	2685	3403	1451	10111	10730	19649	19649
31144609	15436064	3692832	4886197	2559056	15587478	11542213	16674794	13037032
897230	370744	60553	107217	23988	355812	448603	457463	402605
70381	26789	8938	9364	3092	29956	41623	39754	36968

2-1-13 续表 1

指标名称	企业数	工业总产值	工业销售产值	#出口交货值	工业增加值
饮料制造业	9	326686	300261	1550	94998
烟草制品业					
纺织业	39	1210573	1207964	256619	293137
纺织服装、鞋、帽制造业	4	224199	179616		45829
皮革、毛皮、羽毛(绒)及其制品业	6	195930	130079	510	57409
木材加工及木、竹、藤、棕、草制品业					
家具制造业	4	234332	252495		-24709
造纸及纸制品业	15	309497	295062		67171
印刷业和记录媒介的复制	13	153272	165324		45721
文教体育用品制造业					
石油加工、炼焦及核燃料加工业	4	48983	46662		14326
化学原料及化学制品制造业	26	699334	694696	58750	60618
医药制造业	6	63105	69104	2764	-9495
化学纤维制造业					
橡胶制品业	5	175395	178786		30986
塑料制品业	20	336458	345748		66360
非金属矿物制品业	89	1687795	1655158	105455	534038
黑色金属冶炼及压延加工业	19	745938	764020	1020	87357
有色金属冶炼及压延加工业	11	405001	395144	40249	66234
金属制品业	14	293005	295356	16694	57486
通用设备制造业	29	408609	396956	18712	84599
专用设备制造业	13	1798902	2877720	189757	190550
交通运输设备制造业	98	8188855	8422315	289245	1365226
电气机械及器材制造业	23	352535	376015	8940	67010
通信设备、计算机及其他电子设备制造业	5	252415	247312	10467	58098
仪器仪表及文化、办公用机械制造业	11	301038	289216	87607	95190
工艺品及其他制造业	1	5110	5112		1890
废弃资源和废旧材料回收加工业					
电力、燃气及水的生产和供应业	49	1813195	1838305		732608
电力、热力的生产和供应业	28	1646032	1677961		659163
燃气生产和供应业					
水的生产和供应业	21	167163	160344		73444

单位：个、千元、人

资产总计	#流动资产合计	#应收帐款净额	#存货	#产成品	流动资产年平均余额	固定资产	固定资产原价	#生产经营用固定资产
531988	154656	39926	19048	6554	161085	230158	350438	304227
1551215	432548	72725	239113	112447	576056	697945	1353500	1095570
179388	143928	7243	73192	63572	128647	32671	23830	23830
136674	75394	19767	39034	22911	80480	16339	28098	20004
150235	117911	60939	24099	2605	113835	29830	49185	49185
274182	174650	54057	70963	32355	148621	63016	89558	84506
314711	121592	26652	37666	17292	128499	155339	221768	215761
52927	13972	5699	4179	1885	13977	37082	37920	33113
1770572	889020	137235	122050	55507	888428	504047	914640	644890
1383981	734230	114292	39357	24130	710770	407096	400111	334754
328655	147725	54972	50604	30043	148796	135009	201482	162748
956599	405301	82660	125980	62694	406269	435382	515520	457866
3779865	1756929	389610	483913	327986	1717499	1787970	2643188	2285200
905267	411069	77543	125434	57298	267128	401194	463397	417401
190853	83324	10849	44493	18530	80202	82770	134205	115602
901271	597117	92213	84373	44060	547274	190856	320636	278647
875612	471758	116395	205016	106781	467571	263995	426717	284520
3655335	1758304	150338	528601	213318	1889686	1536016	2590221	1471633
10545033	5518380	1817916	2165330	1203516	5685558	3599596	4696006	3686055
575264	318306	153251	98239	44190	323109	213693	346388	291088
507044	333058	41156	70223	38943	304032	66154	103469	88348
604302	375380	96917	118623	45359	412935	165829	266802	252461
6025	3979	986	86		1253		498	50
7429800	935234	169105	89179	977	985069	6251721	6821931	5896374
6511515	749144	151199	73658	977	804951	5600706	6075732	5226442
918285	186090	17906	15521		180118	651015	746199	669932

2-1-13 续表 2

指标名称	累计折旧	#本年折旧	固定资产净值	固定资产净值年平均余额	无形资产	负债合计
合计	**7206382**	**1205458**	**16423739**	**15636324**	**1821355**	**31658569**
按登记注册类型分组						
内资企业	6476317	1065114	14813132	13994543	1694183	29064336
国有企业	1902814	296715	3602500	3623762	112482	8942998
集体企业	329920	25361	341156	373572	35676	1104323
股份合作企业	46491	4306	51406	51954	4692	89268
联营企业	9231	1319	16227	18567	8951	55489
有限责任公司	2757497	451876	8005966	7037905	820202	13681435
股份有限公司	814375	148730	1192682	1342352	503376	1793104
私营企业	615989	136807	1603195	1546431	208804	3397719
其他企业						
港、澳、台商投资企业	358438	56433	508492	518896	34962	705704
外商投资企业	371627	83911	1102115	1122885	92210	1888529
按轻重工业分组						
轻工业	2135782	371356	4101712	4118777	439094	9782881
重工业	5070600	834102	12322027	11517547	1382261	21875688
按企业规模分组						
大型企业	1666969	260410	3206353	3056850	796013	8160267
中型企业	3018582	534581	6383666	5823855	320343	10414817
小型企业	2520831	410467	6833720	6755619	704999	13083485
按国民经济行业大类分组						
采矿业	45739	10511	87657	83264	15596	159107
煤炭开采和洗选业	38577	9186	75170	72368	15191	150107
石油和天然气开采业						
黑色金属矿采选业						
有色金属矿采选业						
非金属矿采选业	7162	1325	12487	10896	405	9000
其他采矿业						
制造业	5963668	931717	10711126	10677763	1683758	27408783
农副食品加工业	82035	18626	375428	385857	24336	805311
食品制造业	5960	1141	33794	37232	1897	91388

单位：个、千元、人

流动负债合计	#应付帐款	长期负债合计	所有者权益合计	#实收资本	国家资本	集体资本	法人资本	个人资本	港澳台资本	外商资本
25127285	**5412599**	**5519599**	**7144416**	**12675069**	**5055120**	**411629**	**5053835**	**1232194**	**477029**	**445262**
23298957	4822657	4810391	6150602	11376825	4878324	389453	4855888	1214404	7129	31627
6341820	643218	1765150	-1128073	2273763	1655382		617371	1010		
905437	301722	188071	66905	234217	9034	203593	12971	8619		
74982	20466	12353	57503	51202		8460	7044	35698		
51325	39443	4164	10442	21371	2100	1210	18061			
11307737	2875881	2348555	4886892	5993173	3073256	130446	2423048	364383	293	1747
1584868	337436	172199	1098631	1575956	133312	31950	1285374	125320		
3032788	604491	319899	1158302	1227143	5240	13794	492019	679374	6836	29880
619658	162978	85410	393061	529386	60015	13950	52966	500	396505	5450
1208670	426964	623798	600753	768858	116781	8226	144981	17290	73395	408185
7083755	1435247	2163074	2033587	3619588	1188365	185568	1448338	441704	185362	170251
18043530	3977352	3356525	5110829	9055481	3866755	226061	3605497	790490	291667	275011
8020088	1981430	140169	640039	2271927	424489		1847438			
8175104	1770085	1918217	3762300	5414329	3041547	149358	1605112	288555	140817	188940
8932093	1661084	3461213	2742077	4988813	1589084	262271	1601285	943639	336212	256322
118784	10234	36481	69469	60218	25991	4956	12820	16451		
110085	8801	36201	56124	45218	25991	4956		14271		
8699	1433	280	13345	15000			12820	2180		
22951409	5092459	3453317	3735826	9233057	2188129	401330	4544870	1176437	477029	445262
546636	94981	258673	91919	200949	50522	456	26421	22538		101012
74262	6425	17126	-21007	52956	35238	1050	13919	150		2599

2-1-13 续表 3

指标名称	累计折旧	#本年折旧	固定资产净值	固定资产净值年平均余额	无形资产	负债合计
饮料制造业	125357	24340	225081	230819	39993	446317
烟草制品业						
纺织业	487277	136420	866223	964580	24856	2022616
纺织服装、鞋、帽制造业	10236	3366	13594	13819	789	135227
皮革、毛皮、羽毛(绒)及其制品业	10616	1485	17482	17419	10849	106735
木材加工及木、竹、藤、棕、草制品业						
家具制造业	18459	5592	30726	22911	314	128540
造纸及纸制品业	19509	5367	70049	69686	11175	234895
印刷业和记录媒介的复制	91455	14521	130313	133189	3742	216854
文教体育用品制造业						
石油加工、炼焦及核燃料加工业	4133	523	33787	30605	1091	32628
化学原料及化学制品制造业	382470	29147	532170	535508	37869	1631055
医药制造业	99329	11015	300782	257596	45695	717810
化学纤维制造业						
橡胶制品业	69275	5588	132207	135646	40761	338734
塑料制品业	165796	22702	349724	379773	82793	663718
非金属矿物制品业	902231	134834	1740957	1754180	114193	2884992
黑色金属冶炼及压延加工业	99595	14031	363802	370443	27580	702573
有色金属冶炼及压延加工业	62872	7485	71333	70857	2002	127697
金属制品业	139210	20643	181426	177472	17783	803640
通用设备制造业	182736	17710	243981	234862	48620	713660
专用设备制造业	1068077	136152	1522144	1438374	70637	4203797
交通运输设备制造业	1638578	288638	3057428	3013946	933383	9042502
电气机械及器材制造业	151158	14647	195230	176221	22042	463059
通信设备、计算机及其他电子设备制造业	37667	7351	65802	67058	107671	283701
仪器仪表及文化、办公用机械制造业	109606	10362	157196	159212	13687	607144
工艺品及其他制造业	31	31	467	498		4190
废弃资源和废旧材料回收加工业						
电力、燃气及水的生产和供应业	1196975	263230	5624956	4875297	122001	4090679
电力、热力的生产和供应业	1023967	230139	5051765	4353746	50705	3566608
燃气生产和供应业						
水的生产和供应业	173008	33091	573191	521551	71296	524071

单位：个、千元、人

流动负债		长期负债	所有者							
合计	#应付帐款	合计	权益合计	#实收资本	国家资本	集体资本	法人资本	个人资本	港澳台资本	外商资本
263840	75116	170425	85671	187144	12528		59756	27870	82790	4200
820631	126101	692140	-471401	397939	227070	17293	32189	121387		
135227	69415		44161	57471			39625	7500	10346	
105235	7019	1500	29939	24463				22716		1747
128540	106806		21695	69702	2618		40462	5000		21622
175223	47189	56141	39287	66432		9689	25646	29855		1242
133554	39749	83300	97857	74045	49891		17974	6180		
17886	9895	14742	20299	21254	3054		16400	1800		
1075456	167167	240039	139517	268766	173518	17960	46655	21183	9450	
637860	32864	79949	666171	641121	158571		482550			
329470	21517	9264	-10079	40516	4626		19240	3690		12960
591294	34983	71883	292881	407660	17739	53232	14975	101266	216942	3506
2187604	298977	605236	894873	1138163	163645	69906	508299	220582	139571	36160
689956	191371	11773	202694	405781	151407	49620	2887	201867		
123308	69498	4291	63156	71050	39960	2000	700	18400	9990	
732114	77642	71524	97631	224367	19544	6646	36876	125308		35993
566814	99676	110809	161952	279841	98711	3590	81671	94380	1489	
3909936	550745	293860	-548462	758397	541854	1001	206648	8894		
8515947	2765782	515932	1502531	3258026	301834	109471	2642005	70615	863	133238
422212	69845	32480	112205	213413	61162	30854	55607	55951	3451	6388
205012	23164	64289	223343	219014		10000	133157			75857
559351	106532	47793	-2842	153587	73637	18562	41208	9305	2137	8738
4041		148	1835	1000	1000					
2057092	309906	2029801	3339121	3381794	2841000	5343	496145	39306		
1816873	276115	1745954	2944907	3095891	2612902		444041	38948		
240219	33791	283847	394214	285903	228098	5343	52104	358		

2-1-13 续表 4

指标名称	主营业务收入	主营业务成本	主营业务税金及附加	其他业务收入	其他业务利润	营业费用
合 计	**22496697**	**20470652**	**202857**	**621139**	**164046**	**2818525**
按登记注册类型分组						
内资企业	20419960	18638840	195162	599355	154775	2584080
国有企业	2622772	2389508	22023	213372	89436	86027
集体企业	1114487	1024171	7427	33922	6754	15640
股份合作企业	98055	88572	766	2341	2050	2320
联营企业	58320	58541	375	1252	223	1388
有限责任公司	11690876	10491637	132685	242839	36119	2340494
股份有限公司	1270409	1243309	6191	55458	10125	44237
私营企业	3565041	3343102	25695	50171	10068	93974
其他企业						
港、澳、台商投资企业	603893	470375	7658	4530	6551	178305
外商投资企业	1472844	1361437	37	17254	2720	56140
按轻重工业分组						
轻工业	6871218	6378283	40754	237924	83833	389292
重工业	15625479	14092369	162103	383215	80213	2429233
按企业规模分组						
大型企业	7481517	6660296	100397	124055	10061	2186600
中型企业	6914423	6200703	46799	337105	101637	366223
小型企业	8100757	7609653	55661	159979	52348	265702
按国民经济行业大类分组						
采矿业	116092	87695	1486	4998	615	10381
煤炭开采和洗选业	99900	77514	1318	4998	615	5184
石油和天然气开采业						
黑色金属矿采选业						
有色金属矿采选业						
非金属矿采选业	16192	10181	168			5197
其他采矿业						
制造业	20561006	18709854	184098	540959	130375	2766832
农副食品加工业	1036470	1049361	50	25543	10432	13960
食品制造业	26287	23409	150	1089	1001	3761

单位：个、千元、人

管理费用	#税　金	#财产保险费	#职工教育费	财务费用	#利息净支出	营业利润	投资收益	补贴收入	利税总额
2539383	**66614**	**17058**	**18460**	**614964**	**603337**	**-2120562**	**127036**	**140975**	**-904228**
2322486	61783	15966	17163	563353	557260	-1894931	123176	135732	-762078
951191	15990	6622	3257	196582	193642	-855306	83615	23467	-697178
106962	2478	697	885	13651	10552	-53846	1534	4544	-49
15572	661	398	320	529	496	-7281		1256	-1152
3899	165	33	95	586	585	-6248		102	-4100
953797	22475	5200	9732	229105	232411	-610798	36193	89704	12050
120890	12648	856	1107	55296	53177	-195236	3593	8094	-4780
170175	7366	2160	1767	67604	66397	-166216	-1759	8565	-66869
40091	1169	116	179	11705	11697	-107635	6961	386	-63432
176806	3662	976	1118	39906	34380	-117996	-3101	4857	-78718
799334	26541	5767	3369	135873	126267	-769147	18491	28462	-569062
1740049	40073	11291	15091	479091	477070	-1351415	108545	112513	-335166
625191	18338	1165	7017	235905	239923	-580728	110150	69119	56151
1051608	19118	9403	5775	164134	164750	-730565	14964	32555	-429412
862584	29158	6490	5668	214925	198664	-809269	1922	39301	-530967
20251	137	74	238	1199	311	-5942	53	820	-2900
18798	137	74	229	299	306	-4735	53	820	-1849
1453			9	900	5	-1207			-1051
2164635	58752	13651	16214	522130	511004	-1977463	126753	134705	-904990
29924	261	219	155	12500	9795	-23120	25	3912	-20368
11175	141	21	15	2142	2133	-13336			-12112

2-1-13 续表 5

指标名称	主营业务收入	主营业务成本	主营业务税金及附加	其他业务收入	其他业务利润	营业费用
饮料制造业	249777	170687	4564	4540	371	73125
烟草制品业						
纺织业	1174498	1132826	5125	17673	4639	15052
纺织服装、鞋、帽制造业	170578	130700	295	37	5	40956
皮革、毛皮、羽毛(绒)及其制品业	127075	117224	320	2		3899
木材加工及木、竹、藤、棕、草制品业						
家具制造业	251192	261452	168	3423	463	3548
造纸及纸制品业	273717	270081	1336	2346	316	12642
印刷业和记录媒介的复制	162430	143576	1847	9922	3138	3814
文教体育用品制造业						
石油加工、炼焦及核燃料加工业	63723	59771	167	201	201	1513
化学原料及化学制品制造业	723707	640882	10119	9630	5937	95143
医药制造业	63969	59352	175	443	331	2665
化学纤维制造业						
橡胶制品业	156725	118845	4465	1075	616	10783
塑料制品业	320762	290316	761	4306	1514	18894
非金属矿物制品业	1432337	1270715	17448	83327	42055	80558
黑色金属冶炼及压延加工业	777611	703667	7492	23710	4538	10145
有色金属冶炼及压延加工业	389204	381255	1669	1994	46	9184
金属制品业	290946	270455	1036	11258	4091	5759
通用设备制造业	377157	347202	2261	15245	5850	14914
专用设备制造业	2863255	2438304	87454	35392	-1232	1983227
交通运输设备制造业	8730923	8076840	33148	277810	37872	302538
电气机械及器材制造业	367088	326402	1639	4849	358	20447
通信设备、计算机及其他电子设备制造业	241359	189719	155	13	12	23189
仪器仪表及文化、办公用机械制造业	285113	235230	2221	6713	7419	17034
工艺品及其他制造业	5103	1583	33	418	402	82
废弃资源和废旧材料回收加工业						
电力、燃气及水的生产和供应业	1819599	1673103	17273	75182	33056	41312
电力、热力的生产和供应业	1662637	1542289	15809	55722	17044	26842
燃气生产和供应业						
水的生产和供应业	156962	130814	1464	19460	16012	14470

单位：个、千元、人

管理费用	#税　　金	#财产保险费	#职工教育费	财务费用	#利息净支出	营业利润	投资收益	补贴收入	利税总额
26491	3680	117	70	7389	7353	-29598	-279	15	-23482
191678	3843	1757	546	30074	28751	-211054	-243	9399	-186164
13578	785	101	85	-34	39	-13980	6949	386	-926
4529	168	87	43	3393	3377	-1978		218	1486
38319	2357	63	211	-432	-329	-50170		415	-42022
13395	301	110	129	5423	2390	-26575		5223	-11869
41860	912	233	102	1746	1971	-26094	1916	201	-11621
2516	416	40	14	269	265	-986	-590		-55
76006	1826	576	254	20685	20425	-105295	970	3648	-73272
67802	2576	91	83	5517	5509	-72217	7378	810	-49701
34075	535	453	170	3957	3890	-16249	10	688	-19741
32875	776	482	188	9552	9439	-45519	3	2967	-35890
153777	6598	1979	1347	65375	64294	-146865	2799	21174	-32336
105169	1856	186	741	11184	7789	-75623	-1341	918	-37820
10237	380	15	135	1756	1647	-15776		9	-16579
33176	1136	187	130	9230	13792	-34850	-1960	2874	-23078
44704	1081	180	310	9359	9023	-34555	26	1751	-16879
410290	2739	1890	4047	100387	108217	-356990	23718	14404	-122544
706551	23306	3794	6572	194692	185294	-610050	89626	64026	-110843
28724	2045	606	225	12707	14834	-20937	-3	874	-23907
38218	69	41	112	7929	4148	-19224		119	-14735
44941	961	423	517	7338	6966	-25695	-2251	393	-20411
4625	4		13	-8	-8	-727		281	-121
354497	7725	3333	2008	91635	92022	-137157	230	5450	3662
301600	3832	3249	1645	78429	78783	-116616	200	5400	15746
52897	3893	84	363	13206	13239	-20541	30	50	-12084

2-1-13 续表 6

指标名称	利润总额	亏损企业亏损额	应交所得税	广告费	劳动、待业保险费	养老保险和医疗保险费
合 计	**-1857164**	**1857164**	**12839**	**110693**	**148569**	**352290**
按登记注册类型分组						
内资企业	-1627974	1627974	11889	74012	146318	338393
国有企业	-836095	836095	5026	861	63124	132157
集体企业	-50739	50739	795	32	6420	15001
股份合作企业	-7075	7075	3	203	203	3522
联营企业	-6756	6756		2	89	581
有限责任公司	-458521	458521	3646	67877	52087	161691
股份有限公司	-74553	74553	38	1306	21512	14356
私营企业	-194235	194235	2381	3731	2883	11085
其他企业						
港、澳、台商投资企业	-108774	108774		35611	661	3362
外商投资企业	-120416	120416	950	1070	1590	10535
按轻重工业分组						
轻工业	-811815	811815	2142	45421	39941	115351
重工业	-1045349	1045349	10697	65272	108628	236939
按企业规模分组						
大型企业	-200997	200997	1794	60463	54010	105081
中型企业	-800566	800566	8414	39853	62273	137717
小型企业	-855601	855601	2631	10377	32286	109492
按国民经济行业大类分组						
采矿业	-11139	11139	238		919	1772
煤炭开采和洗选业	-9920	9920	238		919	1772
石油和天然气开采业						
黑色金属矿采选业						
有色金属矿采选业						
非金属矿采选业	-1219	1219				
其他采矿业						
制造业	-1697290	1697290	11658	110086	129606	305338
农副食品加工业	-25824	25824		458	240	1269
食品制造业	-13979	13979	22	224	238	3251

单位：个、千元、人

住房公积金和住房补贴	应付工资总额	#主营业务应付工资总额	应付福利费总额	#主营业务应付福利费总额	应交增值税	工业中间投入合计	#直接材料	从业人员平均人数
51616	**2075163**	**1819515**	**241490**	**207816**	**750079**	**18119162**	**14402930**	**180713**
49287	1940007	1693705	228476	197244	670734	16193341	13062500	170768
13113	528727	432709	69347	55818	116894	2185183	1510876	48518
500	115508	81729	15523	10436	43263	893173	780787	12215
285	11564	10794	1591	1551	5157	78211	62580	1354
	7774	6774	708	708	2281	56966	51531	753
34878	844877	763633	90350	80975	337886	8831573	7188788	63254
511	155633	153709	21723	21653	63582	1005137	814911	12186
	275924	244357	29234	26103	101671	3143098	2653027	32488
39	45452	44930	1207	1159	37684	562100	329555	3132
2290	89704	80880	11807	9413	41661	1363721	1010875	6813
8531	691779	531004	72837	59426	201999	6138592	4989083	67284
43085	1383384	1288511	168653	148390	548080	11980570	9413847	113429
22254	530405	530405	53661	53661	156751	5186797	4228551	33158
20126	741868	663329	89053	76831	324355	5816748	4425026	63966
9236	802890	625781	98776	77324	268973	7115617	5749353	83589
29	26709	25086	3434	3274	6753	74162	50414	2856
	25509	25086	3336	3274	6753	63905	41617	2644
29	1200		98			10257	8797	212
39661	1822000	1587344	205899	176015	608202	16806841	13558463	161987
455	23676	14096	3339	1027	5406	1007846	928921	2379
207	4233	2603	596	469	1717	28332	12393	424

2-1-13 续表 7

指标名称	利润总额	亏损企业亏损额	应交所得税	广告费	劳动、待业保险费	养老保险和医疗保险费
饮料制造业	-47047	47047		24913	418	3264
烟草制品业						
纺织业	-240919	240919	46	61	6559	25035
纺织服装、鞋、帽制造业	-7670	7670		6995	8	256
皮革、毛皮、羽毛(绒)及其制品业	-1866	1866		527	13	255
木材加工及木、竹、藤、棕、草制品业						
家具制造业	-49380	49380			90	2147
造纸及纸制品业	-22806	22806		2	86	1086
印刷业和记录媒介的复制	-23234	23234		184	10212	7060
文教体育用品制造业						
石油加工、炼焦及核燃料加工业	-1610	1610				16
化学原料及化学制品制造业	-114095	114095	4262	4385	4407	9218
医药制造业	-52542	52542	211	229	7283	18825
化学纤维制造业						
橡胶制品业	-28148	28148	107	157	387	5574
塑料制品业	-46481	46481		70	412	9718
非金属矿物制品业	-141696	141696	355	2424	6921	13739
黑色金属冶炼及压延加工业	-70878	70878	775	102	5156	5801
有色金属冶炼及压延加工业	-29204	29204		70	5	118
金属制品业	-30678	30678		11	734	5566
通用设备制造业	-32525	32525	91	360	3377	12559
专用设备制造业	-271540	271540		50166	12798	53805
交通运输设备制造业	-351954	351954	5673	12456	66767	110786
电气机械及器材制造业	-36626	36626	3	296	831	5407
通信设备、计算机及其他电子设备制造业	-20214	20214		5911	150	1154
仪器仪表及文化、办公用机械制造业	-35928	35928	113	85	2514	8532
工艺品及其他制造业	-446	446				897
废弃资源和废旧材料回收加工业						
电力、燃气及水的生产和供应业	-148735	148735	943	607	18044	45180
电力、热力的生产和供应业	-126162	126162	937	511	14952	34030
燃气生产和供应业						
水的生产和供应业	-22573	22573	6	96	3092	11150

单位：个、千元、人

住房公积金和住房补贴	应付工资总额	#主营业务应付工资总额	应付福利费总额	#主营业务应付福利费总额	应交增值税	工业中间投入合计	#直接材料	从业人员平均人数
220	22666	21039	1453	1184	19001	253600	131209	1742
205	154972	142797	13727	13532	49630	976048	834227	21451
	19449	19449	883	596	6449	186223	112430	1449
	4466	4466	563	428	3032	143312	131209	536
	9174	8464	2775	2775	7190	265474	222126	551
	18032	13776	2075	1522	9601	253985	214124	2166
1222	27008	26394	3375	3270	9766	118718	93578	2882
	1971	1863	244	224	1388	36484	32231	250
1424	56149	53782	5778	5522	30704	671277	518082	6908
1283	14107	5911	4617	3277	2666	74975	23773	1194
437	23648	23395	2831	2796	3942	149300	117407	2162
506	26732	23698	2952	2610	9830	281961	228901	2674
116	191165	173851	19875	18418	91912	1262032	884947	23629
105	62628	33310	8970	4480	25566	686824	555256	5134
5	18897	18397	1514	1514	10956	351752	329496	1508
1416	43280	42405	8041	2400	6564	243844	202704	3360
210	48071	42186	5448	4263	13385	339987	260485	5917
13352	219875	219849	10122	10092	61542	1675733	1201441	17603
16778	738933	634305	94243	86379	207963	7073424	5999759	51105
281	39845	23202	3796	3425	11080	298658	229014	3231
525	13555	8790	3062	1534	5324	201421	134307	680
914	39468	29316	5620	4278	13296	222061	159174	3052
					292	3570	1269	
11926	226454	207085	32157	28527	135124	1238159	794053	15870
9882	183189	168372	26825	23637	126099	1133165	738941	12197
2044	43265	38713	5332	4890	9025	104994	55112	3673

2-1-14 按地区分组工业

指标名称	企业数	#亏损企业数	工业总产值	工业销售产值	#出口交货值	年末存货
合 计	**20509**	**3241**	**259884377**	**258568666**	**13916763**	**37672079**
万州区	611	70	5566381	5513948	334563	797239
涪陵区	526	111	10008170	9906026	450333	1582126
渝中区	467	242	11064598	11131420	45066	764279
大渡口区	655	250	15192236	15159283	624339	2613747
江北区	835	296	22984744	23022083	497215	2851104
沙坪坝区	2204	215	26958417	26802260	2369234	3087684
九龙坡区	1458	306	34174735	34034334	2679020	8043216
南岸区	890	279	17666258	17594640	1506702	3384671
北碚区	1281	266	10196412	10126786	572666	1468607
万盛区	226	42	1326113	1316667	1550	128801
双桥区	97	23	4084928	4359521	18540	1067824
渝北区	682	217	16416769	15689368	740063	2516792
巴南区	835	200	14358377	14332211	963559	1869517
黔江区	73	6	2254091	2203633	61	603797
长寿区	412	31	6385523	6427707	377214	642390
綦江县	408	60	4981716	4957233	240426	775638
潼南县	355	10	1687635	1636787	3785	92260
铜梁县	675	15	3999382	3890779	169534	272749
大足县	621	12	2937676	3002398	81499	168895
荣昌县	467	53	3040542	3027286	187236	320365
璧山县	741	24	6635073	6665534	94683	589024
梁平县	232	36	959633	962978	2259	130352
城口县	109	8	655656	656058	8136	80190
丰都县	187	48	817511	738974	72464	99557
垫江县	694	30	2736275	2751220	4590	201892
武隆县	122	31	925888	909512	590	51001
忠 县	143	20	533894	548712	47112	104578
开 县	379	23	2127384	2137998	8233	193013
云阳县	184	26	725874	721218	4227	153750
奉节县	233	10	821418	830640		44387
巫山县	99	24	256854	260067		26328
巫溪县	119	14	231685	232356		32846
石柱县	122	9	767252	784664	45944	74963
秀山县	239	32	2222214	2212635	167278	145587
酉阳县	100	6	474501	462624	47231	85005
彭水县	152	20	495362	514653	837	29105
江津市	818	56	8674383	8507000	411387	1258466
合川市	495	29	3551549	3435855	231637	348132
永川市	999	13	6867989	6868446	340769	639195
南川市	564	78	4119279	4233152	566781	333007

企业主要经济指标

单位：个、千元、人

资产总计	固定资产原价	本年折旧	负债合计	实收资本	国家资本	集体资本	法人资本
310997449	**171818788**	**9744401**	**183921915**	**85559273**	**21007159**	**2979829**	**35523254**
8125136	4445042	190912	4277942	2120046	747019	62845	810595
16958373	9466581	521476	10250556	4309012	2208217	81652	1312150
25806575	18051071	1166200	16814468	3756842	2105117	161628	1132841
14640811	9170385	468359	8125464	3342287	1083603	160509	1155455
35272282	12122484	683832	19516644	7380553	1618829	283143	3667559
22967376	9639978	668863	15899817	5046915	1017149	367136	1444670
45438553	23192090	1204089	26788409	15566306	1763988	279844	8601363
19088843	8764005	567459	11856687	4776876	1109310	96575	1444006
10478932	4810379	238081	6574629	2954230	494898	111861	1369961
1848279	1441576	48386	1020594	631589	17574	43045	511753
2725366	509874	20455	2006295	612866	9582	5644	541121
12530048	4295301	349617	7831864	3284717	128235	141157	1449550
12650340	7198539	473761	7387002	3850121	452301	115598	2185781
4895497	2458316	95937	3263197	1411317	253479	270	987271
8464220	6493887	363257	3819182	3491614	2039470	123909	714417
5291238	2893339	172368	2640420	1944423	472922	47384	1162923
1318081	1039834	61174	551009	544200	256074	35936	12160
3215426	2490013	215543	1398549	1161588	212765	35793	368725
1919248	1204242	72774	699556	732904	284315	34669	175133
2834090	1532470	98874	2050958	951203	27236	46752	558135
5234175	2804318	180816	3182806	1208608	42981	69683	303603
788206	500452	30109	446640	306244	52727	4198	47491
681946	444654	19096	308502	229203	89237	332	81051
1384371	955801	49844	717059	550981	283131	40285	72952
2137613	1509668	83397	962284	1110688	311756	81405	415787
4059794	3157458	123903	2724276	1039317	222994	37021	591223
1428984	804754	42757	672875	472378	273192	16204	115723
3973598	3440387	150445	2424804	1499840	892126	40471	119246
1603176	1216362	45582	887669	656808	185992	29732	239608
1220186	987897	58439	585445	649053	45432	41576	399918
814914	646199	25124	473175	353111	221326	32042	8989
700754	632722	40785	312065	392863	238613	2976	40367
1166087	869713	34282	463211	550759	308922	20692	188475
1719105	1055847	51638	1121605	575514	275378	22806	57608
595310	307246	20792	317003	177334	10865	24607	48544
966728	833371	41189	365945	387724	205899	6891	119041
12800516	11756432	544663	8279096	3264551	523731	137826	1799755
3763745	2410701	124733	2234068	1187980	200171	22921	242826
4598555	2901879	208986	2015883	1876444	239777	80693	584070
4890972	3363521	186404	2654262	1200264	80826	32118	441408

2-1-14 续表 1

指标名称	个人资本	港澳台资本	外商资本	营业收入	#主营业务收入	产品销售成本
合 计	**17136238**	**2627594**	**6285199**	**262367541**	**255198540**	**207463987**
万州区	471497	5892	22198	5409479	5348393	4305774
涪陵区	509228	17244	180521	9081817	8935103	6931976
渝中区	329249	12175	15832	12383315	12096157	10363049
大渡口区	339130	449546	154044	15306606	15177756	12835439
江北区	936778	242801	631443	23898081	22672411	18215085
沙坪坝区	1945903	14028	258029	27936568	26577654	22887090
九龙坡区	1649232	1166094	2105785	34210497	32940923	26215414
南岸区	836629	343139	947217	17694921	17371981	13203165
北碚区	927955	40673	8882	9964581	9675826	8057842
万盛区	39217	20000		1445674	1308893	1001675
双桥区	50519		6000	4154824	4098753	3710914
渝北区	706733	96298	762744	15759878	15687954	12186436
巴南区	637531	100787	358123	14325879	14148654	12188477
黔江区	169797		500	2181692	2134756	1238265
长寿区	228438	5000	380380	6646006	6481308	5091634
綦江县	209749	9990	41455	5409039	5030678	4302972
潼南县	239230		800	1645211	1615893	1402699
铜梁县	522885	3083	18337	3925526	3870529	3131949
大足县	223237	50	15500	2977482	2957958	2426899
荣昌县	317428		1652	3182052	2947161	2459869
璧山县	745336	2430	44575	6714586	6611408	5711211
梁平县	201728	100		953642	941161	789395
城口县	58583			658686	649432	485365
丰都县	143730	10883		694611	670947	583588
垫江县	301615	125		2761999	2748880	2314093
武隆县	188079			875975	866414	525962
忠 县	67259			561948	542061	454457
开 县	447997			2155310	2125944	1773162
云阳县	201476			749096	694048	560780
奉节县	162127			942053	932774	490591
巫山县	89754	1000		278963	258845	219050
巫溪县	110907			219560	217894	172559
石柱县	32670			826301	811095	619855
秀山县	177722	42000		2165545	2165033	1822926
酉阳县	80543	8275	4500	455479	451237	332343
彭水县	55893			512027	509641	374703
江津市	723063	1130	79046	8814454	8649227	6833678
合川市	549250	2500	170312	3478157	3373870	2818380
永川市	933069	32351	6484	6807657	6725951	5116101
南川市	575072		70840	4202364	4173937	3309165

单位：个、千元、人

产品销售税金及附加	费用合计	营业利润	利润总额	亏损企业亏损额	从业人员劳动报酬	劳动、失业保险费	从业人员年平均人数
5146423	**32613197**	**11622380**	**14419469**	**2446752**	**17365190**	**929593**	**1446227**
88602	842539	217097	262558	56497	438836	13611	43540
90160	1772218	336733	350808	59789	636827	54780	53753
75729	1015585	-42620	286975	77841	745655	30552	38046
85195	1136071	1175355	1192149	57565	953574	105653	59778
360928	3558747	887145	2171494	251938	1618154	54383	93090
311683	2674117	518648	761762	312807	1585095	65948	139059
442947	5639657	741569	899712	242754	1791486	91530	137289
1170748	2378093	661109	768995	213975	1030964	46864	78950
87912	1435308	232275	326594	99729	946230	92915	92949
18718	238429	97775	94849	14940	252163	45250	22701
9546	373058	4002	3060	28914	150167	16496	8750
389171	2185786	1001593	1227308	140664	592559	26070	47723
226114	1359445	491114	602230	115501	746416	44925	67081
438071	350678	131251	122607	20908	109961	10894	5911
75372	745575	728991	852086	46252	427125	28689	34068
40669	603193	142198	152690	46896	446746	14585	39887
32870	150550	84356	86727	9052	101143	1748	11192
118898	298671	354573	368755	12203	307675	8388	28732
46422	200322	287531	269186	5312	240084	6930	25269
46331	474059	10171	-38878	184210	351583	12402	35678
63294	503720	358178	344928	3859	455801	13843	43303
15533	101997	39831	45102	15491	117562	4777	15261
8980	102783	68021	61142	8893	42048	1004	5049
7379	100031	11432	8784	21150	65010	1392	7596
51871	278943	207323	149512	7545	203847	13384	22482
14943	189605	154176	163713	12022	74595	1005	8556
6181	90320	-2025	-4580	22733	68902	3183	7126
41454	229958	100320	108428	27478	245978	5156	23818
19976	137161	8564	5659	36093	107355	6274	11985
44260	162250	238809	241992	28488	158031	7823	15056
6158	39549	5542	5143	15890	80665	1523	6973
4918	44326	472	-6096	27898	43009	3817	5102
12383	173467	68397	56624	5559	86436	1465	9616
24008	192984	145342	121902	45917	178231	745	15925
7705	51374	71416	72491	6341	36399	571	3717
8288	89755	67378	51922	9940	97569	4031	9612
75615	1200029	748469	796573	26677	537138	42603	42934
58735	302581	173908	193928	32874	317864	16175	36026
97450	613777	765644	898087	40056	609508	21159	48782
421206	576486	330317	342548	54101	366799	7050	43862

2-1-15 按地区分组国有及

指标名称	企业数	#亏损企业数	工业总产值	工业销售产值	#出口交货值	年末存货
合　计	**942**	**302**	**119521555**	**119979442**	**4669911**	**21472085**
万州区	57	15	2315312	2278096	157901	411773
涪陵区	35	13	5772179	5818053	201846	674221
渝中区	58	28	9933046	9941696	22082	464836
大渡口区	25	10	10775900	10877258	542413	1936773
江北区	67	22	15584318	15752028	207164	1864362
沙坪坝区	50	22	7611723	7597017	806343	1344340
九龙坡区	88	22	18646472	18935909	1346816	5722049
南岸区	45	21	5837123	5803223	305895	1971797
北碚区	64	21	3241497	3215766	194278	797250
万盛区	14	5	644863	592738		55047
双桥区	8	1	3410081	3687840	18540	1014486
渝北区	25	10	8822082	8302642	55338	1371918
巴南区	33	14	7284385	7421808	107415	1151857
黔江区	10	4	1970824	1920275		570691
长寿区	24	8	3638944	3732245	375877	439347
綦江县	26	8	1846977	1896322	2367	228421
潼南县	4	1	118039	118532		5203
铜梁县	9	1	249193	264352	31848	27604
大足县	8		140417	146796		5102
荣昌县	11	4	904738	909908	3491	105530
璧山县	8	1	1201496	1249895	1586	123911
梁平县	4		103879	108965		29591
城口县	5	2	70384	96156		7979
丰都县	9	3	131078	127881		449
垫江县	22	3	689085	711172		77026
武隆县	11	5	202883	202100		14364
忠　县	9	5	196796	198305		10136
开　县	11	7	496908	498266		43277
云阳县	8	3	113741	109057		18995
奉节县	6	5	83379	83279		2064
巫山县	8	3	87136	90321		16166
巫溪县	9	5	80140	80192		9259
石柱县	16	2	174860	175162		12529
秀山县	18	4	326956	335709	46595	16455
酉阳县	9	1	9201	9161	68	436
彭水县	11	3	119058	122638		3402
江津市	46	9	5011494	4908451	83690	648324
合川市	21	5	502813	497168	73699	63226
永川市	20	1	892903	885490	84659	198945
南川市	30	5	279252	277570		12944

国有控股工业企业主要经济指标

单位：个、千元、人

资产总计	固定资产原价	本年折旧	负债合计	实收资本	国家资本	集体资本	法人资本
189664985	**115133195**	**5860888**	**114219549**	**49681582**	**20327393**	**340360**	**22361882**
5061536	2922328	120366	2613284	1134227	719401	19641	306766
11135005	6757523	355030	6481521	2535163	2204145	15395	223869
23351505	17510001	1117424	15553808	2738020	2099009	9685	587145
11041492	7757355	362872	5794326	2449002	1071895	40346	750931
28775163	9539839	534213	15552608	5825336	1542594	134524	3233673
10512172	5459925	365829	8136622	2082552	949957	5638	563748
32602604	18467580	764736	18373549	11768647	1625399	30079	7248344
8826459	4642936	272199	6242197	1841957	1101853	6299	441921
4507221	2617203	85472	3043865	1281764	464792	4056	739456
1004551	1065571	21013	617355	359064	16284	3439	337525
2421537	391667	12125	1823623	530475	5568		524907
5236410	1499530	103705	3450652	1237975	114068	4571	659333
8040099	5240927	349622	4471955	2727114	447476	671	1776017
4383666	2190645	84597	3108563	1165911	253469		873695
4947777	4320298	268306	2236804	2190979	2019948	356	167599
3006527	2009184	78218	1331412	1443534	461383	4643	930530
437521	550434	24180	141150	256074	256074		
518017	446923	24069	158179	309959	205749		92553
337826	333716	14281	84255	231485	212775		18190
1173529	912092	61992	1078490	471152	27215	527	437447
1832941	1064694	68399	1145367	224366	42406		181960
215191	162165	4656	165940	51899	51899		
218516	199519	3183	113643	86258	86258		
596341	512681	23577	273014	287016	280336	155	5199
1049678	823400	29817	575560	346737	299470	9067	28698
580280	539328	24998	302517	267495	222994	2265	41936
795131	519923	24042	316088	274358	272067		641
2529108	2332906	77693	1782590	898706	892126	1310	4080
564888	536210	12424	167422	293133	185992	341	90090
374557	327617	14959	155020	232956	42271	285	190400
488979	394838	14758	298057	221826	221326		500
410124	397534	28685	197026	239462	238373	1089	
530140	480066	16286	172169	312240	308922	50	1060
711780	516706	15520	478590	266197	245148	3359	14550
43440	44794	1508	44178	10729	9759	300	300
370192	376486	8866	167504	205452	204592	500	250
8150124	8976188	396775	5792380	1950628	519260	6974	1421790
810699	719831	28553	553318	210741	156578	1185	36656
1131071	771142	30651	661538	442390	211919	32210	194003
941188	801490	15289	563410	278603	36643	1400	236120

2-1-15 续表 1

指标名称	个人资本	港澳台资本	外商资本	营业收入	#主营业务收入	产品销售成本
合　计	**1682566**	**1613769**	**3355612**	**123985532**	**119327294**	**93433774**
万州区	73269		15150	2244545	2219215	1653877
涪陵区	87073	4000	681	5093066	4964180	3470453
渝中区	28541	9000	4640	11149730	10873052	9370247
大渡口区	3891	445328	136611	10998473	10892663	9045543
江北区	428480	47696	438369	16694803	15676764	12329518
沙坪坝区	350998	3411	208800	8294154	7792135	6536852
九龙坡区	325069	1039253	1500503	19599064	18637287	13901464
南岸区	25897	12500	253487	5992475	5844257	3611580
北碚区	71236	525	1699	3032243	2896385	2152364
万盛区	1816			720431	592688	487695
双桥区				3473087	3420668	3091488
渝北区	3985	10546	445472	8232361	8218554	5775162
巴南区	121355	31395	350200	7478526	7364905	6144563
黔江区	38747			1937974	1891038	1079056
长寿区	3076			3852947	3716815	3150183
綦江县	36988	9990		2238526	2021088	1700019
潼南县				121640	118241	107633
铜梁县	11657			270661	263426	217247
大足县	520			230506	228477	206493
荣昌县	5963			1112365	904101	759865
璧山县				1320575	1242463	1001256
梁平县				118172	108965	82532
城口县				90326	89075	81400
丰都县	1326			131655	122537	113658
垫江县	9377	125		716420	715363	538546
武隆县	300			181463	172979	151935
忠　县	1650			208639	191276	168032
开　县	1190			513386	496506	423639
云阳县	16710			156463	108233	78164
奉节县				88693	82667	77197
巫山县				108234	89451	92840
巫溪县				71620	71568	70972
石柱县	2208			181456	173184	132267
秀山县	3140			320101	319591	242360
酉阳县	370			10839	9123	5365
彭水县	110			124452	122638	97995
江津市	2604			5165745	5033569	3937428
合川市	16322			532925	496449	428032
永川市	4258			898590	868151	685961
南川市	4440			278201	277567	232893

单位：个、千元、人

产品销售税金及附加	费用合计	营业利润	利润总额	亏损企业亏损额	从业人员劳动报酬	劳动、失业保险费	从业人员年平均人数
2996068	**19314523**	**4000362**	**6453394**	**1380437**	**7632430**	**719024**	**450326**
34522	535171	46701	90743	15082	225108	11115	19360
42489	1338929	218882	256411	14511	391622	50685	26784
58873	774532	-44153	218014	42232	613694	25154	24616
19858	745253	1115601	1111324	20231	603826	96333	22845
307618	2786588	535636	1772657	178751	1133210	40095	49791
86070	1384021	-146440	25045	255871	536441	48150	33728
261465	4138261	247742	457092	128347	921837	70143	51987
1096808	961088	181145	227225	107028	433948	39013	26971
17349	701559	85911	79366	52192	355647	81607	26342
9460	146721	-9276	-6975	9753	156797	41688	12085
7307	340179	-20808	-19656	27020	113573	15463	4962
338598	1411631	712122	900189	35821	130774	16853	8052
162907	845948	253512	354218	69952	336573	41302	23079
431012	324485	72487	82053	20116	83508	7664	3199
25572	423529	207418	352105	33432	228074	16267	15660
12646	329784	11510	33279	18024	218904	10502	18226
643	18176	-2256	-1327	3824	14814	1190	985
3344	25733	18107	19287	248	27941	270	2189
1098	16556	2730	5563		21288	2802	2065
5470	278529	-115055	-160216	170454	145796	10819	13057
4321	197828	43945	43090	3	97319	11382	4711
1214	24013	4325	3833		21509	2335	1831
253	12975	-3066	-3248	4649	11190	678	893
1303	30431	-3198	-2761	3864	21251	280	1472
17413	111399	94231	69165	2375	50345	8920	4763
2246	27881	-7170	-1450	6475	26439	312	2899
1411	43780	-13820	-16085	18174	28418	2860	1881
2559	91005	-14890	-16910	19413	38506	330	2139
928	48901	3017	4152	9184	28814	4712	2303
3723	23041	-12788	-13011	13431	17160	1357	1587
852	16830	-11593	-10972	11437	24619	552	1896
673	13003	-13229	-17890	20283	17233	2507	1640
1854	39431	7771	10809	1149	33629	944	2965
2575	65898	13049	21520	2692	38873	517	3130
376	3133	1362	219	570	3441	247	231
1311	24762	1431	-360	6260	20468	2050	1721
19113	781069	455500	489942	16084	266394	33164	14995
3149	66751	5282	4929	27135	57954	9083	5592
4375	120540	67489	81715	1598	114765	5970	5579
3310	45179	11198	10310	12772	20728	3709	2115

2-1-16 按地区分组集体

指标名称	企业数	#亏损企业数	工业总产值	工业销售产值	#出口交货值	年末存货
合计	**2649**	**517**	**9353841**	**9279139**	**134832**	**1315448**
万州区	65	14	112260	106408		15849
涪陵区	96	25	219587	215158		28325
渝中区	118	60	172197	173807		50708
大渡口区	93	29	501859	498579		61036
江北区	126	42	1137419	1097265	49693	203629
沙坪坝区	291	51	1408708	1424044	6643	189320
九龙坡区	151	27	747060	722845	2120	158059
南岸区	64	29	157908	159980		44090
北碚区	249	47	666023	656623	3820	52150
万盛区	90	13	121855	127741		5457
双桥区	17	2	116757	114255		14114
渝北区	75	17	283080	281017	5237	33449
巴南区	161	34	414064	411531	60488	64744
黔江区	2		4822	4822		
长寿区	44	3	223972	230996		34977
綦江县	63	10	283366	269245		98238
潼南县	77	7	400289	395427		27591
铜梁县	83	3	335014	337476	1740	11013
大足县	44		201083	201014		6063
荣昌县	42	6	62071	63637	340	6892
璧山县	106	8	240551	240152		8942
梁平县	13		11601	11374		393
城口县	1		80	80		
丰都县	54	17	71494	71122		10717
垫江县	48	12	71435	71363		4583
武隆县	17	7	10183	10283		492
忠　县	25	4	8854	8770		162
开　县	26	3	70610	69580		3606
云阳县	13	1	114620	145135		62119
奉节县	13	1	14328	14212		284
巫山县	26	10	97957	100498		5601
巫溪县	10	1	7230	7170		261
石柱县	14	2	40647	40778		1464
秀山县	31	5	148893	141676		7130
酉阳县	15	2	15322	14186		4769
彭水县	10	1	19537	18263		1506
江津市	152	15	301904	292293	3664	34396
合川市	27	2	100954	99492	1087	10441
永川市	56		310724	305765		44381
南川市	41	7	127523	125077		8497

工业企业主要经济指标

单位：个、千元、人

资产总计	固定资产原价	本年折旧	负债合计	实收资本			
					国家资本	集体资本	法人资本
7552374	**4244251**	**390295**	**5045293**	**2120985**	**107046**	**1649259**	**154866**
165820	90271	6754	106448	36205	5191	27746	2351
214202	160582	15379	147500	46096	1650	35114	4037
277253	128067	18600	215330	109496	80	101220	7407
343546	158171	9962	228232	102592	300	98989	1100
1051743	461989	27408	718836	215898	32949	158727	22217
940562	461099	29999	615693	208478		202710	4168
784964	394679	55512	559911	246507	28261	165794	35663
166284	97131	9120	140980	66677	1902	47512	14578
331393	166873	11263	237873	91416	2804	63475	8897
119324	77549	4629	98639	31158	553	27647	1789
72872	23594	2634	46709	7837	683	5129	1122
218556	96068	15862	139070	49354	630	39910	4312
341365	211443	18704	239136	110320	495	104586	2696
3470	3400	130	100	380		230	
164710	137408	3525	113603	50367	6099	40449	590
156140	126000	25030	118253	44588	11045	29697	2223
190337	116068	8506	114182	76264		29015	1000
157595	156726	15672	55431	75005	4716	32842	2600
169733	39042	3508	88391	22315	150	11037	8430
45676	24552	1829	29551	14321		10890	1655
154746	119850	8219	108630	48842		40821	1984
5586	4177	468	1515	2546	368	1678	100
300	110		460	120		120	
109257	73233	4056	67196	43001	2795	39130	165
58133	47204	4948	24299	43394	2046	31460	8859
46573	34789	1261	27246	11881		11543	
21742	19549	3589	9100	15919	5	15544	200
67177	58255	3747	47273	34728		28684	60
176816	97111	6808	163573	18269		16639	
26366	27119	764	7445	14618	161	12813	994
151287	113009	4869	111327	32042		31842	200
13991	14775	1000	1325	5706		996	1000
21190	16692	994	7366	12706		9629	364
119309	50472	4637	68798	29346	230	22184	392
61171	43740	636	61926	21139	106	20407	226
33854	27910	1845	14227	11094	300	6322	1440
219882	167671	11587	117237	77898	2540	58658	4344
37864	28264	2697	26733	20345		15633	701
134702	84444	28747	85210	39247	935	26477	4478
176883	85165	15397	80539	32870	52	25960	2524

2-1-16 续表 1

指标名称				营业收入	#主营业务收入	产品销售成本
	个人资本	港澳台资本	外商资本			
合　计	**209814**			**9394244**	**9203577**	**7811745**
万州区	917			102561	101738	86096
涪陵区	5295			214201	212979	175269
渝中区	789			183699	180705	153537
大渡口区	2203			535558	526919	474368
江北区	2005			1134128	1099403	926904
沙坪坝区	1600			1396967	1373761	1236675
九龙坡区	16789			760923	729807	643354
南岸区	2685			161002	158218	142866
北碚区	16240			652926	636349	568723
万盛区	1169			126375	125843	91452
双桥区	903			115072	114149	99295
渝北区	4502			280104	279235	241918
巴南区	2543			406236	400261	334264
黔江区	150			4822	4822	2455
长寿区	3229			244353	238078	204041
綦江县	1623			315241	310958	266188
潼南县	46249			405538	385281	334310
铜梁县	34847			338447	337198	260443
大足县	2698			201124	200922	133901
荣昌县	1776			64847	59934	47990
璧山县	6037			222305	220768	186407
梁平县	400			11357	11351	8755
城口县				80	80	64
丰都县	911			78868	70099	63402
垫江县	1029			67450	67090	52446
武隆县	338			9768	9718	6892
忠　县	170			9385	8924	6777
开　县	5984			68165	68070	53347
云阳县	1630			116635	115135	103617
奉节县	650			12918	12718	6111
巫山县				100150	100145	74347
巫溪县	3710			7150	7150	1491
石柱县	2713			37653	37396	26709
秀山县	6540			140567	140567	102967
酉阳县	400			13712	13503	12449
彭水县	3032			18313	18263	13140
江津市	12356			298519	295632	241361
合川市	4011			103078	98483	85098
永川市	7357			304309	302629	235859
南川市	4334			129738	129296	106457

单位：个、千元、人

产品销售税金及附加	费用合计	营业利润	利润总额	亏损企业亏损额	从业人员劳动报酬	劳动、失业保险费	从业人员年平均人数
158469	**993998**	**425493**	**415806**	**111559**	**1091455**	**42238**	**117353**
3218	10953	7439	9394	1960	13640	444	1754
5992	23570	11985	10045	3608	32523	341	4152
2347	35368	-6586	-5525	9116	30089	3173	3390
5733	67706	-4187	2258	11075	57284	7053	5070
11704	132767	31723	43346	11164	125658	4336	10399
20983	87184	36206	49636	7440	121758	3994	13798
8077	93350	11997	11168	9939	88584	2749	10138
2326	15914	-2592	-1009	5608	19123	1137	2651
6799	82161	16215	19061	5315	75299	2245	9068
3280	19289	15234	13331	960	33299	1682	4097
826	6627	6223	3579	258	12580	880	1166
2791	30953	5123	3817	4118	29753	713	3047
5487	48115	21304	21613	4429	47780	2045	5792
225	191	1951	1647		712		74
6686	26785	9327	10159	2951	24914	466	2975
2444	29586	14852	4475	2484	20927	508	2691
8470	31764	10229	10502	4466	21612	10	2566
15411	29927	35373	35741	264	45247	2997	3707
4877	18834	56704	43796		21178	104	2077
918	5544	6206	6642	160	11117	345	1411
4881	13394	23896	18253	1671	25147	535	2722
218	1219	1167	1121		2335	25	204
	15	10			32		6
1330	13487	1183	718	952	8331	640	827
2726	12032	3687	2252	920	7220	242	1113
320	4835	257	202	325	3469	151	415
257	1740	571	612	44	1552	11	240
2833	6255	5763	5602	544	15273	150	1466
1382	13661	-1897	-1348	2611	11024	692	1192
796	1361	6134	5812	17	2108	8	281
1576	12271	11856	10838	3531	30296	675	2589
688	2013	2958	2957	26	2048	45	253
887	5926	4411	1435	225	4926	46	504
2374	22013	12602	10449	4112	33403	34	2764
138	2626	-193	-40	310	1880	38	258
659	2173	2551	2373	311	3760	28	484
10207	30538	21133	20927	8298	38386	2435	4466
1175	4064	5939	5605	283	8909	62	1239
5167	30084	34776	29160		27893	721	2382
2261	17703	3963	5202	2064	30386	478	3925

2-1-17 按地区分组私营

指标名称	企业数	#亏损企业数	工业总产值	工业销售产值	#出口交货值	年末存货
合计	**13781**	**1665**	**80850910**	**79761306**	**5813749**	**7414008**
万州区	391	24	1331252	1325210	119473	118406
涪陵区	320	46	1870776	1808197	192770	343405
渝中区	152	86	327932	308273	627	86917
大渡口区	393	153	2338647	2289692	35789	378550
江北区	516	187	2631174	2517794	24469	292794
沙坪坝区	1516	86	12319294	12201491	1258256	799758
九龙坡区	765	151	5702920	5667614	418707	793477
南岸区	473	136	6995210	6909280	940294	581485
北碚区	816	164	4962232	4932759	293341	417405
万盛区	87	16	186380	194955	1550	10125
双桥区	51	12	112658	110893		13023
渝北区	422	129	3533017	3400578	532698	496964
巴南区	520	116	3538108	3418724	457789	348579
黔江区	54	1	252822	252722		31271
长寿区	292	6	922350	909615	1160	28909
綦江县	221	21	1785374	1776353	168637	198056
潼南县	241	1	1002097	965615	3085	45150
铜梁县	545	11	2818746	2691372	45574	176478
大足县	531	10	2064820	2126181	6877	102825
荣昌县	351	30	1590809	1553703	139400	119545
璧山县	577	12	4661900	4658454	80946	386675
梁平县	212	35	745515	726991	2259	83461
城口县	83	4	518695	499225		63789
丰都县	106	18	475481	419043	67621	44264
垫江县	559	7	1243133	1246590		61754
武隆县	79	13	316716	303131	590	28717
忠 县	99	7	269786	297388	46097	82862
开 县	286	7	1008996	1004877	6336	87626
云阳县	140	11	363669	342057	4227	34969
奉节县	197		646823	658271		25058
巫山县	59	11	66282	63769		4285
巫溪县	86	4	107551	109932		12847
石柱县	77	3	456776	451622	42672	46889
秀山县	185	21	1636154	1629033	120683	103440
酉阳县	51	2	140205	136970		23418
彭水县	120	15	244254	243758	837	12750
江津市	525	19	1805364	1787282	126819	212985
合川市	411	16	2370779	2264838	56698	161792
永川市	811	9	3997062	3948632	50687	251380
南川市	461	65	3489151	3608422	566781	301925

工业企业主要经济指标

单位：个、千元、人

资产总计	固定资产原价	本年折旧	负债合计	实收资本	国家资本	集体资本	法人资本
55431358	**25259644**	**1871409**	**30619617**	**16128336**	**70408**	**225641**	**4387242**
956065	528283	26941	412683	397819	4470	210	83103
2004859	1007724	73254	1274350	613165		5327	300059
320365	90067	9227	149858	153508	28		79891
1939038	835841	62481	1254841	450209		16961	192051
1930918	569939	44699	1012586	449224	3309	1735	119753
6794696	1783611	148230	4301403	1431945	600	5000	342091
4227740	1611561	136181	2831356	1100485	2490	12385	255810
4528188	1467958	113537	2517440	956942	3500	4763	405129
3347679	1459962	108464	2209762	766300	653	6768	192090
142069	82926	4992	89780	39100	250	850	18428
89308	38840	2482	57886	38533		515	6694
3037192	1106804	117263	1766308	774262	1108	57681	188999
2566356	1052878	61648	1563109	609291		3511	178474
476069	238851	10116	147248	233876		40	104976
561120	358482	28471	232251	281906	55	4116	104806
807302	271705	18641	529971	165770	17	1400	44546
519763	287528	22313	235007	161341		5121	4566
1758759	1236554	128942	820737	586840		1850	189188
872392	510511	32779	342151	273896	1800	3603	65398
1002754	399853	24647	557126	375855	21	25958	86255
2806939	1376953	88638	1676325	787703		837	102190
519875	328330	24474	245280	237077	460	2520	37488
383399	188206	13397	168593	110187	2979	80	58749
364007	202756	15636	173156	120330			19588
629878	428559	39334	120881	583357	10040	39930	281355
673478	472904	17359	363174	195768		1270	20102
372222	172437	8319	286069	58966	1120	200	8372
645634	458671	30467	217195	341824		1060	42439
355150	240813	14014	152588	149828		150	29553
434531	296150	28961	124576	281379	3000	7195	119187
161654	120853	4649	59095	86488			7100
144831	120181	6738	50853	86270	100	22	10354
402460	261222	12317	190235	130840		4450	99424
652100	300188	26801	346481	200708			35061
177085	86914	4710	66830	91047		1600	18322
292591	177913	14507	69931	64639		69	14647
1442838	878166	36851	655883	506885	477	1500	90626
1741036	896155	59577	928357	552590	365	1376	121374
2054050	1312719	111276	731486	963485	25080	5178	152390
3294968	1999676	138076	1686776	718698	8486	410	156614

2-1-17 续表 1

指标名称	个人资本	港澳台资本	外商资本	营业收入	#主营业务收入	产品销售成本
合　计	**11353640**	**51929**	**39476**	**79677538**	**78518888**	**66570436**
万州区	310036			1282200	1274064	1040315
涪陵区	271063	6836	29880	1745059	1738021	1492153
渝中区	73589			324657	323567	270031
大渡口区	241197			2281764	2271258	2010020
江北区	324347	80		2499444	2476519	2086074
沙坪坝区	1084254			12608241	12063181	10404184
九龙坡区	829800			5581908	5479643	4914493
南岸区	521804	13280	8466	6868129	6801304	5787751
北碚区	566156	633		4903343	4840003	4222188
万盛区	19572			196046	193786	161641
双桥区	31324			119732	118442	109976
渝北区	526474			3397442	3377107	2952507
巴南区	423306	4000		3397288	3384465	3047601
黔江区	128860			213082	213082	139040
长寿区	171799		1130	927828	927258	809499
綦江县	119807			1784799	1717189	1573825
潼南县	151654			964250	959238	828559
铜梁县	395202	600		2695378	2678032	2196042
大足县	203095			2019257	2002991	1704169
荣昌县	263621			1504579	1492017	1246202
璧山县	684676			4651748	4631810	4066003
梁平县	196509	100		715272	712738	600538
城口县	48379			505683	500409	360318
丰都县	100742			368200	363051	300204
垫江县	252032			1264921	1255119	1102443
武隆县	174396			293542	292776	214187
忠　县	49274			300665	298740	244776
开　县	298325			1011753	1005377	822447
云阳县	120125			349659	346659	270150
奉节县	151997			722462	722462	338477
巫山县	79388			65100	63770	48109
巫溪县	75794			106728	105214	75711
石柱县	26966			498062	491740	374274
秀山县	165647			1603148	1603146	1395511
酉阳县	71125			129038	127320	101088
彭水县	49923			240113	239605	174026
江津市	413882	400		1760972	1746467	1445476
合川市	429475			2274520	2228195	1854264
永川市	754837	26000		3929057	3906961	2964027
南川市	553188			3572469	3546162	2822137

单位：个、千元、人

产品销售税金及附加	费用合计	营业利润	利润总额	亏损企业亏损额	从业人员劳动报酬	劳动、失业保险费	从业人员年平均人数
1562859	**6567849**	**4427130**	**4537153**	**381921**	**5720921**	**83366**	**613303**
25094	106759	121649	121005	4903	107010	931	12041
24745	177986	38247	35648	9120	103789	1055	14631
7425	41040	12859	13476	5651	34647	342	3859
41584	196331	36617	45308	15915	195760	1331	21942
31772	261045	113728	126557	11633	192166	4683	20637
152094	718921	453156	467786	16614	613722	7254	61511
53682	417418	223232	168998	31294	403989	3804	41845
53296	726672	236996	291449	25891	315186	1350	28360
56625	463325	120046	138650	23018	413835	5398	46606
3681	14713	14473	11587	2234	22209	440	2866
790	6669	1859	2365	550	11209	91	1391
29795	303288	108962	147274	20116	218566	3003	21130
38951	247854	101160	95280	16788	236812	1018	26153
5520	22012	52978	35973	572	23320	3230	2401
35859	72230	55124	54508	225	89457	3497	10022
14724	99813	44233	46013	5340	89010	1770	9346
20928	79407	71081	73135	670	52061	335	5916
92333	184380	228876	233075	11691	189420	4496	18996
37604	99690	148235	141728	4897	172830	1819	18958
34877	132223	93348	89028	10274	129048	728	14535
47993	255013	271181	263488	1731	284419	621	30208
11967	72731	28189	33956	15276	91403	2402	12926
8021	76837	63949	57803	2972	26822	326	3569
4050	39525	22612	19023	6988	24141	338	3755
28209	87806	84304	56472	1515	110531	1572	12410
4885	43915	31211	34662	3250	34396	259	4190
4206	34180	13075	9847	2166	33223	125	4197
27473	68525	93910	90179	979	116630	2024	12724
15445	42738	24467	17936	5662	45616	545	5608
38172	82628	254496	257080		124606	5728	11397
3701	9643	4336	4301	922	24205	229	2354
2840	20478	11276	9329	3146	17604	752	2421
5993	115876	49414	39121	1087	39654	269	5073
18479	94152	106260	84986	29303	96489	218	8928
4888	16845	9024	8084	3864	14835	100	1529
5099	35066	36683	36869	2321	56809	1108	5793
37502	147176	138932	140131	4321	115536	1749	14005
48638	170263	152158	168457	2449	210841	5047	24123
70956	303309	460466	564156	37372	344348	10564	29094
412963	479367	294328	302430	39201	294767	2815	35853

2-1-18 按地区分组港澳台及

指标名称	企业数	#亏损企业数	工业总产值	工业销售产值	#出口交货值	年末存货
合计	**340**	**110**	**42283109**	**41606330**	**2326014**	**6269598**
万州区	9	2	132780	128169	9655	22479
涪陵区	10	5	472349	457549	9776	97575
渝中区	9	6	36589	33196	20650	10775
大渡口区	10	1	9688074	9510110	558888	1710252
江北区	44	13	2950771	2983876	165334	362217
沙坪坝区	24	9	1588830	1574129	56506	267165
九龙坡区	55	19	3954532	3893768	533286	598868
南岸区	51	20	3151983	3167177	350162	501875
北碚区	8	3	117377	123642	55060	44297
万盛区	2		180564	202914		38119
双桥区	2		334475	331466		16709
渝北区	37	13	9159990	8607158	102358	1452242
巴南区	22	8	5391651	5561205	185465	623938
黔江区	1		4360	4215		145
长寿区	3		1207901	1155126		109242
綦江县	4	2	103487	110460	49561	33133
潼南县	1		3000	2694		456
铜梁县	7		294014	299784	90372	40577
大足县	4	1	315963	314462	67493	42503
荣昌县	1	1	40074	39621		5888
璧山县	5		68473	65700		6249
梁平县	1	1	1755	1755		304
城口县						
丰都县	4	3	9021	7040	2408	5176
垫江县						
武隆县						
忠　县						
开　县	1		2946	2958		
云阳县	1	1				
奉节县						
巫山县	1		2867	2867		139
巫溪县	1		2310	2210		5748
石柱县						
秀山县	1	1	18015	17864		15564
酉阳县	2		249569	216813	47028	34663
彭水县						
江津市	7		2288929	2283344	21962	125548
合川市	2	1	253181	251472		69534
永川市	6		177182	173489	50	21095
南川市	4		80097	80097		7123

外商投资工业企业主要经济指标

单位：个、千元、人

资产总计	固定资产原价	本年折旧	负债合计	实收资本	国家资本	集体资本	法人资本
42638866	**27795317**	**1555528**	**24157911**	**12103885**	**1540136**	**118948**	**4166381**
182989	59461	2920	97946	87200	25400	15600	9462
684019	410821	17239	540040	176358	7021	4900	3388
29615	13806	2321	21133	17781		823	1324
9283981	6558759	306190	4508746	1752548	650000		499205
3175320	1681530	87737	1992245	851912	135835	18111	237193
1442253	699502	41153	656652	576082	212300	10440	79590
3534651	1418120	124666	2398809	1444793	81690	20835	310234
3701371	2293309	166468	1885423	1798054	37500		471614
144897	58402	2625	92282	70656	15614		4384
318197	99509	7620	126201	80100			60000
63933	31335	2072	40022	11000	4000		1000
5769394	1589220	143203	3456655	1600081	18030	3170	703807
4058397	2361257	154524	1840203	935731	210180	69	269344
1250	890	45	150	1100			600
2311626	1387599	44266	1023312	750217			364377
209470	208468	12175	146497	101495	39960		
1866	864	86	962	800			
250319	155909	16414	90562	77733			25413
286014	173431	17552	73273	63700			48000
27189	14578	964	21208	6582			
128796	60236	4990	65078	54026			6701
4342	3993	316	596	3969			
25012	12471	692	15025	16083			200
930	820	123	130	800			200
	19921						
1431	9381	54	1139	1000			
9878	2573	275	2785	5093			
198805	183393	4537	198805	72000	30000		
168574	50319	4931	72816	18275			5500
5407969	7322711	340637	3979452	1172916		45000	1047640
736359	503694	26621	490659	217890	42578		2500
209659	93026	7739	104099	38485	1443		14705
270360	316009	14373	215006	99425	28585		

2-1-18 续表 1

指标名称				营业收入	#主营业务收入	产品销售成本
	个人资本	港澳台资本	外商资本			
合　计	**179958**	**1515961**	**4582501**	**41760451**	**41348263**	**32631191**
万州区	8648	5892	22198	125790	125557	108815
涪陵区		10408	150641	454984	454836	487094
渝中区	1267	3175	11192	33340	33324	29338
大渡口区	1500	449546	152297	9521390	9504290	7874369
江北区	20058	232072	208643	3009720	2895178	2390388
沙坪坝区	2558	13165	258029	1540216	1527179	1165491
九龙坡区	32847	127437	871750	4011227	3964922	3470367
南岸区	20623	329566	938751	3184401	3094122	2496430
北碚区	1736	40040	8882	122026	115142	97977
万盛区	100	20000		207126	202914	115653
双桥区			6000	332073	331073	307520
渝北区	16149	96181	762744	8644774	8614987	6081257
巴南区	1228	96787	358123	5522810	5491520	4561563
黔江区			500	4215	4215	3140
长寿区	1590	5000	379250	1163483	1155126	585506
綦江县	10090	9990	41455	109657	109657	109773
潼南县			800	2694	2694	2077
铜梁县	31500	2483	18337	323019	294083	235766
大足县	150	50	15500	314527	314462	199550
荣昌县	4930		1652	39771	39621	39026
璧山县	320	2430	44575	65700	65700	49967
梁平县	3969			1689	1689	1754
城口县						
丰都县	5000	10883		7038	7038	7315
垫江县						
武隆县						
忠　县						
开　县	600			2958	2958	2353
云阳县						
奉节县						
巫山县		1000		2867	2867	2245
巫溪县	5093			2310	2210	1326
石柱县						
秀山县		42000		17864	17864	22958
酉阳县		8275	4500	216964	216764	157369
彭水县						
江津市	500	730	79046	2287674	2283329	1669478
合川市		2500	170312	245568	230808	197692
永川市	9502	6351	6484	162153	162040	122592
南川市			70840	80423	80094	35042

单位：个、千元、人

产品销售税金及附加	费用合计	营业利润	利润总额	亏损企业亏损额	从业人员劳动报酬	劳动、失业保险费	从业人员年平均人数
576494	**4678035**	**3675091**	**3895568**	**305051**	**1406583**	**118573**	**71750**
545	15876	3516	3335	337	14824	30	1432
862	25274	-17205	-14921	15727	8855	837	1068
	4537	181	-468	1214	3948	81	365
12	567692	1067508	1063394	260	437780	87868	14575
9277	348510	190000	212793	45134	124100	3455	7380
779	246803	146409	148678	4145	98943	3094	3880
52335	349818	135872	143862	40802	132231	3609	7385
19365	469618	133730	106228	61701	158464	2263	8694
13	19388	-259	-1099	6873	9466	220	1262
1	26988	62187	62217		11269	531	653
94	11981	13005	12704		5308	57	397
339688	1468976	744328	921423	70183	148413	3073	7465
148731	484614	310972	319711	26222	90217	3695	6026
85	870	120	110		33		5
60	154030	416735	420944		24278	2540	402
320	14198	-14609	-14609	16920	5826	132	668
11	528	78	78		512		86
584	31124	27977	27578		14326	80	1281
76	53030	63412	61416	392	12810	1962	944
	1454	-888	-826	826	2838		351
812	6946	7975	7748		5121	15	523
48	143	-256	-215	215	332		65
192	1734	-2201	-2394	2524	877		137
192	195	218	218		509	2	45
	1630	-1630	-1630	1630	1520		300
11	207	404	404		901		73
284	475	225	225		268		21
	4596	-9690	-9690	9690	1615		230
752	15672	43169	43471		7353		668
86	278638	343913	363740		55913	4792	3017
512	23142	480	2458	256	11655	159	1290
587	26080	6519	16711		11692	78	827
180	23268	2896	1974		4386		235

2-1-19 按地区分组工业

指标名称	企业数	工业总产值	工业销售产值	#出口交货值	年末存货
合计	**3241**	**26348753**	**27353026**	**1185386**	**6319166**
万州区	70	399405	372591	3917	79999
涪陵区	111	1082092	1037010	1034	396825
渝中区	242	460022	473271	10154	166659
大渡口区	250	1260566	1220576	3186	255551
江北区	296	1944594	1960212	14396	507165
沙坪坝区	215	2275455	2242245	141779	531511
九龙坡区	306	3133093	4245916	476059	873119
南岸区	279	2124373	2055767	91766	529797
北碚区	266	1172172	1161668	41852	268039
万盛区	42	127709	126230	1550	14230
双桥区	23	3032597	3301796	18540	989815
渝北区	217	1134912	1137009	81093	262815
巴南区	200	1662577	1655690	108302	394135
黔江区	6	98166	96797		5431
长寿区	31	448223	452859		45593
綦江县	60	352255	356384	7459	117509
潼南县	10	204996	201605		11740
铜梁县	15	283711	213678	510	30480
大足县	12	109509	110526	209	11750
荣昌县	53	371631	375457	13320	70909
璧山县	24	36695	35805		7888
梁平县	36	246523	234218	2259	47443
城口县	8	34276	35579	8136	13856
丰都县	48	234951	207036	4843	42529
垫江县	30	384532	419906		21492
武隆县	31	142228	134862		25191
忠县	20	200407	200317	4996	21206
开县	23	571917	573222		40118
云阳县	26	218088	204165		98694
奉节县	10	126309	124170		17842
巫山县	24	97195	96576		19597
巫溪县	14	90800	90128		11823
石柱县	9	101020	90153	3425	8688
秀山县	32	513675	483746	49381	56417
酉阳县	6	86640	82600		13969
彭水县	20	103537	101885		6290
江津市	56	281946	272782	3864	78471
合川市	29	350247	348998	80735	70127
永川市	13	274512	236695	12621	72898
南川市	78	575197	582896		81555

亏损企业主要经济指标

单位：个、千元、人

资产总计	固定资产原价	本年折旧	负债合计	实收资本	国家资本	集体资本	法人资本
49043074	**29287044**	**1761148**	**38427653**	**17549116**	**5630601**	**1036585**	**6836843**
695387	389176	20092	498752	196834	63166	9588	98534
3126388	1543534	83776	2144870	1056459	43546	37358	727016
1395986	505158	31786	727758	751790	144787	84261	439568
1496830	596556	45802	1052503	560790	148188	70241	192357
4160736	1703527	83507	3228795	1365431	524760	137467	505774
3976989	2022365	191389	4185699	1027802	174009	130225	387165
5686324	3439835	298994	5354399	1416236	565261	100982	237380
3964549	2409418	148832	3538895	1193724	261668	50682	364004
1847499	753680	37252	1733916	493035	182298	32547	114399
267782	214323	10877	152850	132837	16711	10477	89041
2297327	309862	7863	1742953	511986	14	515	505280
2045381	1164227	96121	1561489	837717	100962	92447	221055
3402656	2327159	176418	2314306	1851056	176838	37529	1359664
476963	392689	11223	201300	292122	70027		208025
966559	410689	17646	896454	157754	100547	18065	8714
459050	508415	41645	397646	253012	132494	6538	40834
385777	376343	17036	130013	233233	218411	10192	100
239309	228331	9190	142644	79632		3217	48885
103969	54362	3886	82152	14974		60	4679
476450	411835	31870	753179	299771	6975	16465	224998
88428	66523	4468	46889	47298	918	16570	3262
195992	119478	9043	151658	68589	460	340	3255
76415	52781	1780	62948	27055	1493	76	13706
642499	475487	22844	350032	300737	182933	13214	59508
543127	445407	15447	285932	302310	214014	18445	53230
439893	366357	16253	287703	194830	40586	27781	13504
619559	540152	25430	361109	282448	264192	636	3261
2753958	2570705	89517	1895431	967413	861846	13773	39027
806991	580374	24531	549198	313213	8414	12041	217143
702244	648712	28052	438689	317863	41271	20285	256007
529330	410056	14381	312600	251624	207285	19284	6600
404645	373838	28926	205417	233615	193096	121	18638
201348	151128	3548	130932	65661	18727	2521	39490
586657	408356	18082	530765	141467	51180	12254	5300
123300	58016	2355	110507	24409	892	1963	226
358931	322882	10306	124558	199115	176248	772	15520
832937	632401	23935	459897	427001	305575	21554	21273
345337	306418	11909	415212	172795	90452	3254	58119
277336	156268	5230	216078	109456	4182		16642
1042236	840221	39906	651525	376022	36175	2845	215660

2-1-19 续表 1

指标名称	个人资本	港澳台资本	外商资本	营业收入	#主营业务收入	产品销售成本
合 计	**2801959**	**562330**	**680798**	**27923132**	**27200142**	**24848504**
万州区	24404	992	150	347517	343671	328598
涪陵区	58363	10836	179340	1025398	1015280	976861
渝中区	73798	1484	7892	499522	487280	415720
大渡口区	147951		2053	1302473	1258616	1163685
江北区	155666	22028	19736	1965648	1868884	1625346
沙坪坝区	308487	8898	19018	2497643	2388121	2238501
九龙坡区	280729	57645	174239	4339400	4282406	3723772
南岸区	212545	292931	11894	2085113	2039010	1805351
北碚区	139477	22615	1699	1200309	1132599	1049258
万盛区	16608			121940	119169	105836
双桥区	6177			3324605	3301009	2984043
渝北区	190454	13329	219470	1158237	1126201	1024758
巴南区	208776	66049	2200	1675966	1612997	1561087
黔江区	14070			98636	98636	83778
长寿区	30428			438749	427014	414369
綦江县	21701	9990	41455	354660	349164	342355
潼南县	4530			193090	193090	189650
铜梁县	27530			212922	207149	201785
大足县	10185	50		110636	110502	97564
荣昌县	49681		1652	389096	366994	354701
璧山县	26548			36186	35770	33469
梁平县	64434	100		224824	223772	215885
城口县	11780			35165	34914	22481
丰都县	34199	10883		201656	195331	194856
垫江县	16621			410285	409757	382841
武隆县	112959			114415	112426	97060
忠 县	14359			209864	191446	176617
开 县	52767			587182	571424	505208
云阳县	75615			211728	203411	195685
奉节县	300			166642	158145	120439
巫山县	18455			114857	96320	109866
巫溪县	21760			81144	81092	85753
石柱县	4923			86652	84865	72157
秀山县	30733	42000		474708	474706	457771
酉阳县	21328			72125	71917	64284
彭水县	6575			103524	101885	94556
江津市	78599			277676	268149	248041
合川市	18470	2500		354355	345755	325839
永川市	88632			237364	232446	211154
南川市	121342			581220	578819	547524

单位：个、千元、人

产品销售税金及附加	费用合计	营业利润	利润总额	亏损企业亏损额	从业人员劳动报酬	劳动、失业保险费	从业人员年平均人数
263484	**6881992**	**-2627051**	**-2446752**	**2446752**	**2830147**	**194791**	**271851**
2529	61380	-43253	-56497	56497	33515	1732	4454
4594	146026	-55682	-59789	59789	85880	4210	10092
5848	145502	-64751	-77841	77841	76815	9381	7513
8014	161735	-54025	-57565	57565	136094	10710	13421
22413	497679	-262735	-251938	251938	277181	25239	21189
11723	534770	-410125	-312807	312807	290211	23981	26739
100252	2592642	-341104	-242754	242754	341217	14315	29554
19140	433946	-226906	-213975	213975	266235	4714	24991
8742	183743	-75228	-99729	99729	142805	9526	16599
1447	27264	-15202	-14940	14940	17698	705	2177
6944	329507	-30500	-28914	28914	106601	15009	4825
4501	248726	-129419	-140664	140664	125937	7280	11309
9019	281163	-216312	-115501	115501	203677	22754	18343
2129	34758	-20357	-20908	20908	16770	248	996
3203	63997	-45494	-46252	46252	34637	2214	4404
3151	57643	-44337	-46896	46896	47752	1126	4510
1144	15690	-9944	-9052	9052	12308		1144
1595	16796	-11790	-12203	12203	13567	323	1762
858	9029	-4502	-5312	5312	8410		1183
1502	184066	-151863	-184210	184210	60288	8332	9072
835	6057	-4216	-3859	3859	5958	503	698
995	21437	-15286	-15491	15491	20001	1132	3300
601	16745	-7278	-8893	8893	5358	158	777
1847	37101	-21541	-21150	21150	28785	502	3008
3148	45382	-6652	-7545	7545	26097	1143	2779
1528	27678	-11863	-12022	12022	26474	476	3417
2262	35454	-20274	-22733	22733	30866	2997	2553
3724	94841	-26541	-27478	27478	53011	1711	3589
1968	46576	-39200	-36093	36093	26091	975	3548
4240	72934	-29410	-28488	28488	27262	1523	2934
1503	11231	-16370	-15890	15890	23288	372	2115
1121	15547	-20449	-27898	27898	16807	2535	1963
2957	15499	-5444	-5559	5559	8019	409	777
2517	47099	-29364	-45917	45917	33841	90	3188
1284	14156	-5316	-6341	6341	5205	110	716
1067	15966	-8136	-9940	9940	15639	2822	1304
3128	184657	-25502	-26677	26677	55060	5258	4802
2637	35905	-30583	-32874	32874	41800	5525	5342
629	32660	-43216	-40056	40056	19652	47	1273
6745	79005	-46881	-54101	54101	63335	4704	9491

2-1-20 按地区分组规模

指标名称	企业数	#亏损企业数	工业总产值	工业销售产值	#出口交货值
合 计	**2634**	**546**	**214272607**	**213987725**	**13658649**
万州区	111	22	4735441	4671427	329284
涪陵区	94	27	9098510	9057510	449299
渝中区	48	17	10462064	10531686	23813
大渡口区	88	13	13749831	13756425	616057
江北区	194	29	22002417	22059786	496009
沙坪坝区	210	47	19492439	19480685	2349693
九龙坡区	233	53	30936934	30891893	2630220
南岸区	197	36	16310998	16238955	1496963
北碚区	141	31	7315364	7264954	541732
万盛区	31	11	1114105	1099185	1550
双桥区	18	4	3950698	4229063	18540
渝北区	102	21	15013736	14418330	721372
巴南区	119	23	12769530	12800301	955241
黔江区	15	5	2091636	2047435	61
长寿区	33	12	5045373	5100837	377037
綦江县	47	10	3917465	3926200	232967
潼南县	24	4	761710	749603	
铜梁县	70	12	1952625	1881366	167794
大足县	70	7	1357336	1406169	81290
荣昌县	63	16	2242733	2233200	175170
璧山县	125	2	4988170	5053069	93258
梁平县	22	12	502544	517536	2259
城口县	20	4	576043	581946	8136
丰都县	15	7	573698	520552	45029
垫江县	30	6	1490409	1496412	4500
武隆县	24	8	771693	757745	590
忠 县	15	6	378127	408083	46097
开 县	30	7	1100895	1130334	8233
云阳县	16	8	334870	369737	4227
奉节县	16	7	223608	236985	
巫山县	8	3	130635	137059	
巫溪县	11	5	131596	133856	
石柱县	24	3	553924	570878	45484
秀山县	45	15	1589352	1608168	152365
酉阳县	10	4	356705	348217	47163
彭水县	15	3	264912	284506	837
江津市	82	10	7409929	7278519	406913
合川市	54	7	1837438	1763899	227323
永川市	113	7	4054018	4100698	339482
南川市	51	22	2683096	2844516	562661

以上工业企业主要经济指标

单位：个、千元、人

资产总计	#流动资产合计	#应收帐款净额	#存货	#产成品	流动资产年平均余额	固定资产	固定资产原价	#生产经营用固定资产
271825050	**127350081**	**26660642**	**33311962**	**11476839**	**116413807**	**109981731**	**149702504**	**135000446**
6970977	2810733	661872	731741	257390	2798415	3004836	3550710	3092920
15890453	6413867	1041937	1473889	645272	5922060	6952778	8772659	7973760
24189350	8015512	906035	569923	270826	6938555	13249033	17552050	16554959
13159676	5921828	796030	2338371	515672	5482843	6961405	8622403	8377077
34017945	15293217	3779738	2651868	1202194	13518207	9476523	11634621	9948685
19297786	11326022	2779912	2446872	975814	10817340	5024807	7810977	6616112
41545694	24096199	3603056	7482930	1524059	21790622	13674453	21521552	19319820
17178692	9520102	2378158	3081571	746468	7887656	6227813	7899200	6680398
8630200	4761595	1453621	1219117	494573	4422787	2620180	3873722	3434383
1592401	612380	200465	116012	38761	550302	869562	1310216	1008630
2584690	1976901	665450	1053285	727813	1946913	454914	446979	430345
10472800	6650614	1582238	2269288	891547	6036839	3038328	3363003	2981086
10958433	6041697	1446857	1674669	737065	6016298	4069651	6342618	5755817
4635436	1749602	292291	591619	93486	1812544	1108095	2285604	2259424
7626425	2156790	256635	584679	280124	2124217	4416772	5524921	4983534
4415482	2365692	575689	605959	200731	2238897	1599619	2452594	2315328
925320	230859	53712	70035	35391	243584	652306	837370	778679
2060730	785472	215499	205160	92513	763809	1033063	1567152	1504768
1275924	562485	144563	128813	61639	573039	603553	806070	705262
2430109	1107028	268106	268615	98467	1068082	932124	1299040	1216545
4345238	2138090	818204	504692	221565	1912710	1896856	2270430	2053392
455460	213838	35140	98350	31751	198173	206700	272267	226976
558401	198595	43250	72176	45066	187635	309007	373390	250473
836084	330985	83375	59467	36416	304182	462021	587450	500261
1473407	482451	88967	142284	60218	452266	825129	1059197	813722
3375129	905688	85779	43039	13471	864978	2441616	2606723	2478504
822262	256220	35858	83936	29967	222647	512161	628878	590896
3108785	469298	56395	129459	42863	419668	2586757	2779798	2528263
918733	311516	64127	113652	79735	294923	539575	631708	548973
534959	144162	64560	25612	11250	146163	357744	446287	360070
511938	102642	22681	16541	948	137673	402426	395162	359486
466170	97470	22727	17292	3796	72275	304921	448959	330293
819535	286340	46227	66232	20774	257962	477469	618501	563873
1390887	528878	136447	101815	60376	513666	769343	896894	672908
385603	224917	74378	63258	33669	171955	147981	188167	135825
625970	111433	54142	23861	11660	120174	492408	608206	422657
11591821	4696599	1147960	1122952	393308	4031859	6239110	11023617	10699997
2821239	1047745	197158	269432	101771	885678	1376601	1834726	1675117
3252986	1333724	314219	551588	282561	1340859	1484238	1955757	1657207
3671920	1070895	167184	241908	105869	925352	2179853	2602926	2194021

2-1-20 续表 1

指标名称	累计折旧	#本年折旧	固定资产净值	固定资产净值年平均余额	无形资产	负债合计	流动负债合计	#应付帐款
合　计	**52317691**	**7807298**	**97384813**	**93150032**	**10095446**	**165373984**	**125137054**	**30669302**
万州区	956006	137212	2594704	2541441	577762	3945756	2858006	453183
涪陵区	3364757	466857	5407902	5019690	649164	9588928	6608668	920461
渝中区	5408992	1128419	12143058	11756203	202111	16210128	7014915	2586675
大渡口区	3395025	413934	5227378	5134639	101706	7347810	5581865	1355578
江北区	3512214	648904	8122407	7402082	902326	18815520	16189355	4354202
沙坪坝区	2814241	511311	4996736	5012966	1228729	14039050	11933983	2797202
九龙坡区	7953443	915077	13568109	13229309	1619625	24614496	22305217	5299138
南岸区	2686012	480676	5213188	4837719	725566	10698866	9011443	2089432
北碚区	1479601	176102	2394121	2389248	236739	5374962	4858498	1284930
万盛区	529476	35612	780740	770484	24612	856646	665408	123808
双桥区	143266	15642	303713	268148	141612	1910741	1881091	1189236
渝北区	982345	248763	2380658	2216879	507302	6669568	6237731	1841557
巴南区	2800826	414627	3541792	3618741	629919	6386093	5863897	1743372
黔江区	325916	88769	1959688	1830744	90424	3181833	2172564	250269
长寿区	2277481	311163	3247440	3051242	274213	3422081	2240007	215452
綦江县	1208131	115680	1244463	1148635	261630	2182060	1752994	422672
潼南县	283110	43256	554260	565600	6352	457689	297723	15994
铜梁县	572052	78112	995100	960978	131364	1022482	782357	123817
大足县	212961	45079	593109	527569	38518	475083	390541	78606
荣昌县	525687	80581	773353	809109	233651	1847691	1425471	294505
璧山县	639791	139326	1630639	1534813	249395	2765848	2207638	698309
梁平县	78209	12606	194058	174894	17386	359627	268738	31834
城口县	83776	14009	289614	219588	3430	261601	210321	20696
丰都县	148826	32791	438624	436338	21856	474850	348372	39477
垫江县	330996	40306	728201	612537	55220	839318	659724	64729
武隆县	274885	104112	2331838	2280498	18345	2371670	477684	53662
忠　县	161173	29927	467705	408800	31573	473345	319867	25102
开　县	509959	100293	2269839	2099005	27824	2172266	949267	200101
云阳县	140708	14402	491000	513836	38374	530997	382488	119863
奉节县	143290	21736	302997	307382	16951	422798	217638	15761
巫山县	72141	16246	323021	278621	3472	292518	142673	22096
巫溪县	99187	31706	349772	301903	1576	232153	131277	22814
石柱县	157775	23460	460726	438763	17692	372832	258831	43581
秀山县	155009	41191	741885	673595	34451	966528	689129	154630
酉阳县	56333	15685	131834	120869	8952	254230	217563	65242
彭水县	154371	25611	453835	368043	5899	313236	223496	33591
江津市	5974901	488024	5048716	4937563	291371	7629234	3726793	942807
合川市	510104	87427	1324622	1280779	186967	1798178	970429	165719
永川市	550773	86304	1404984	1275769	240112	1678256	1353354	309367
南川市	643942	126360	1958984	1795010	241275	2117016	1310038	199832

单位：个、千元、人

长期负债合计	所有者权益合计	#实收资本	国家资本	集体资本	法人资本	个人资本	港澳台资本	外商资本
38597977	**106451066**	**68214117**	**19585438**	**1193648**	**30399682**	**8728605**	**2412227**	**5894517**
1015226	3025221	1771257	695695	30398	742898	278318	4900	19048
2957158	6301525	3930130	2191022	48796	1220161	323794	10836	135521
9133356	7979222	2875410	2032860	37811	613277	177822	9000	4640
1762519	5811866	2815724	1040158	93406	948249	134339	445828	153744
2302699	15202425	6893149	1566170	171980	3534236	767551	227967	625245
1469293	5258736	3624633	961932	151275	1237233	1030598	5457	238138
2208575	16931198	13886892	1641302	158680	8108579	912036	1114550	1951745
1657445	6479826	3945906	1041559	40404	1155734	499478	304027	904704
510319	3255238	2239978	415370	23916	1194205	571887	31540	3060
190442	735755	560185	6965	15527	497495	20198	20000	
28097	673949	579846	8899	4563	528457	31927		6000
417960	3803232	2385483	91966	30760	1157978	304077	83675	717027
453441	4572340	3151062	435895	34932	1931701	308261	84843	355430
937111	1453603	1258669	253469		878363	126837		
1164966	4204344	2863600	1814273	30951	569139	69987		379250
423306	2233422	1704370	458615	21097	1125923	88745	9990	
133848	467631	372283	256074	22862	6864	86483		
240004	1038248	668921	207249	5403	273257	169593	2483	10936
84441	800841	428598	211702	20386	111048	69962		15500
402200	582418	751886	26785	31543	538426	153480		1652
558183	1579390	825483	42981	33580	249693	457534		41695
77430	95833	109318	51899	2240	10703	44476		
39725	296800	174131	88758		44155	41218		
126178	361234	278466	202971	1000	5919	68576		
155645	634089	498867	296035	8603	129616	64488	125	
1893612	1003459	789902	218364	3958	458605	108975		
153478	348917	299207	271767		1690	25750		
1222999	936519	974393	789586	2000	38121	144686		
134134	387736	347969	176792	22141	82310	66726		
203774	112161	152291	41271	20380	79846	10794		
149844	219420	209004	196557	12447				
100831	234017	265464	237611	1089	5220	21544		
113352	446703	331529	203436	9223	98987	19883		
224870	424359	447972	275148	11940	37984	80900	42000	
36365	131373	53170	5795	396	22162	12042	8275	4500
85291	312734	294519	196367	791	90521	6840		
3882422	3962587	2786327	505703	16419	1716565	467864	730	79046
827748	1023061	724083	161029	2800	89317	300625		170312
317216	1574730	1136386	193492	62597	482635	385177	6001	6484
802474	1554904	807654	71916	7354	382410	275134		70840

2-1-20 续表 2

指标名称	主营业务收入	主营业务成本	主营业务税金及附加	其他业务收入	其他业务利润	营业费用
合计	**210884326**	**170290969**	**4093774**	**6724199**	**1456283**	**11189715**
万州区	4541738	3683897	60170	53916	9935	329667
涪陵区	8098611	6241854	67473	136574	36645	742982
渝中区	11454848	9822396	62754	272640	52523	182682
大渡口区	13744795	11526183	72923	115536	34071	282179
江北区	21736088	17398536	346171	1205370	363742	1138503
沙坪坝区	19397730	16551924	170658	1325629	153401	794882
九龙坡区	29822824	23513016	389585	1200716	221046	3134614
南岸区	16080510	12092180	1152608	300349	45636	782742
北碚区	6905768	5701261	57225	256342	92040	379022
万盛区	1089531	836792	12400	135923	50866	36825
双桥区	3961427	3587560	8304	52964	8230	174406
渝北区	14352001	11058882	370487	59562	47789	984511
巴南区	12650529	10889112	199501	166890	58990	569838
黔江区	1978558	1146647	434428	46936	3280	106687
长寿区	5060133	3802815	26956	142812	23224	258223
綦江县	3978478	3389775	21781	374268	49417	108229
潼南县	737289	649768	4197	3399	4643	18460
铜梁县	1858310	1569683	19428	48573	4267	51558
大足县	1403559	1094255	10263	13764	6666	42208
荣昌县	2163758	1822648	32379	229523	13819	73975
璧山县	5021837	4387283	24813	98217	14438	95787
梁平县	497996	446900	4039	10893	1170	10820
城口县	574413	433751	4510	7893	2195	36474
丰都县	461299	400371	3344	14252	9006	11243
垫江县	1478721	1218635	20807	2609	2470	63249
武隆县	719737	424240	10101	8777	2776	17843
忠县	400818	340170	2819	18206	1490	13458
开县	1123644	971785	7578	18204	5846	40000
云阳县	337818	265726	2858	40232	19498	24621
奉节县	298778	212768	8396	8247	3553	25455
巫山县	136091	127793	1538	18783	9813	1682
巫溪县	123411	119232	1215	1501	-1116	1918
石柱县	607845	471254	6270	11351	-917	35328
秀山县	1563557	1308327	11563	512	357	48426
酉阳县	336480	244918	1732	1965	1247	13196
彭水县	279760	212933	2696	1808	5040	5707
江津市	7427550	5879333	29920	155048	33434	203052
合川市	1707505	1412721	17014	100901	16787	50368
永川市	3976440	2941950	25422	60207	35405	80533
南川市	2794141	2091695	387448	2907	13561	218362

单位：个、千元、人

管理费用	#税　金	#财产保险费	#职工教育费	财务费用	#利息净支出	营业利润	投资收益	补贴收入	利税总额
13804927	**382833**	**146416**	**144681**	**3357575**	**3221621**	**8404939**	**1883552**	**1496329**	**24201628**
342954	13249	2250	3707	92385	98100	96970	39478	36772	405333
675425	24948	8047	10616	231063	182008	322685	19967	89894	793050
281438	5416	1477	4517	402063	309679	-19875	90129	276695	1019475
551272	13746	7391	8866	190102	174996	1158682	-5033	36226	1873935
2095771	43024	19272	16398	199725	220197	880806	1281466	54049	3264585
1208486	23054	11802	17136	284216	307766	164568	87912	142162	953456
1739959	52537	10116	16363	353116	422311	520447	47424	100145	2191655
1164701	24673	12300	9128	239594	223267	641579	36353	111410	2598936
587645	13616	6330	5578	93083	90372	158111	38803	59806	589206
157184	4202	338	3007	11013	9456	78781	-3230	24828	152484
172046	4581	799	1927	16156	15944	-322	171	3619	71080
908264	14934	4240	5099	88614	80823	981971	18272	231562	2117229
539269	30685	5263	6155	93818	94875	446812	902	26180	1211620
121289	2922	3259	1621	110097	110303	81769	364	17232	697761
322553	9422	15803	3379	55199	48543	636206	176993	20061	1125608
377823	6189	2800	4076	19952	29368	109197	5547	37343	324684
36786	735	642	1065	14166	13268	25988	2852	550	56722
80842	4975	537	869	35711	34957	99421	14323	3251	215256
74273	2302	517	715	11403	10415	158564	52	3985	231651
313991	4488	3004	2958	35983	35774	-82703	625	34523	11742
263673	6735	3760	2295	54858	51512	182625	887	13365	374634
32024	1542	604	482	9156	7228	-799		7523	29756
34783	482	753	228	15928	9536	54387		15	109707
47465	1195	516	317	11684	10780	7768	98	1691	35980
103070	11896	1469	1074	15598	14833	104407	7036	4646	154984
39904	708	564	412	98726	97976	141920		6329	246972
38776	1321	590	567	15427	15272	-5462	32	7197	18008
74016	1013	948	316	38617	38855	-2627	1061	13106	99955
45012	512	297	671	10055	10625	8794	1538	5310	26705
32180	958	599	536	5998	5803	3215		2078	29281
12271	806	150	320	3537	3529	-1885		300	11809
10951	279	281	139	6378	5936	-14660		90	-9577
39418	4252	313	409	9374	9262	33195	321	6049	66132
81855	1037	843	930	21400	20982	105466		23	191300
19300	668	431	148	5901	5534	56130	-1388	3216	87275
34866	905	1375	484	11487	11510	27502	50	2760	39587
612877	26643	9819	5928	264200	193724	617857	7938	36378	1189082
119538	6801	2304	1456	44336	43815	33950	7974	23497	182157
254132	11488	2297	3372	47877	73807	405600	4634	31964	676511
156845	3894	2316	1417	89579	78680	187899	1	20499	735902

2-1-20 续表 3

指标名称	利润总额	亏损企业亏损额	应交所得税	广告费	劳动、待业保险费	养老保险和医疗保险费	住房公积金和住房补贴
合 计	**11558980**	**1857164**	**1280772**	**1054923**	**775331**	**1714538**	**642619**
万州区	151067	45290	26406	9338	11696	50472	3588
涪陵区	339479	31158	64575	107297	50884	84096	37327
渝中区	305924	33600	12680	14855	19357	119783	285445
大渡口区	1172284	31448	55729	5191	102466	126188	26110
江北区	2168806	223988	151242	102793	43741	291185	79011
沙坪坝区	403516	292785	111000	66939	52528	110399	13048
九龙坡区	827908	170943	101815	190724	77967	197438	37904
南岸区	751213	170346	141652	100524	43160	114401	32472
北碚区	273529	54102	39811	4816	85246	66067	18306
万盛区	77335	7767	9291	66	42892	24553	218
双桥区	-2010	27319	4201	10308	16300	25104	9475
渝北区	1207684	97845	70943	377943	19520	45651	7476
巴南区	581111	67533	71712	27460	41457	58894	1442
黔江区	86211	20688	6923	10716	7688	11541	5812
长寿区	780809	41510	67634	1651	21139	40958	15922
綦江县	138791	20487	18857	623	11856	60161	10721
潼南县	28939	8760	6333	28	1591	1657	258
铜梁县	115444	11980	26799	565	867	8758	1091
大足县	148018	3902	34982	109	4857	7835	627
荣昌县	-129237	181428	5747	2174	11145	59058	13449
璧山县	195596	642	13760	7374	12537	18923	4575
梁平县	3440	9883	2399	305	3385	3695	146
城口县	55652	7134	6333	92	705	1764	988
丰都县	7370	9703	2409	291	351	4992	1596
垫江县	79913	5588	32491	772	9850	10079	890
武隆县	152850	8098	21937	57	537	4728	551
忠 县	-9892	17486	582	94	2605	10927	1420
开 县	11788	22933	11605	627	2071	12795	3408
云阳县	5745	9221	2373	272	5600	2744	
奉节县	3947	19416	1452	5	1439	4830	1201
巫山县	-1763	6792	1687		661	4866	219
巫溪县	-21432	24082	447	20	2736	2998	468
石柱县	35578	3880	7877	504	1020	5129	3
秀山县	84982	40773	19469	10	582	3927	150
酉阳县	56774	6132	4338		357	850	
彭水县	13235	6552	6475	308	2895	3084	
江津市	670022	12114	46743	6931	38138	62197	19749
合川市	64303	28163	16201	1046	7574	19932	2037
永川市	512377	39560	22317	983	11315	19285	5025
南川市	211674	36133	31545	1112	4616	12594	491

单位：个、千元、人

应付工资总额	#主营业务应付工资总额	应付福利费总额	#主营业务应付福利费总额	应交增值税	工业中间投入合计	#直接材料	从业人员平均人数
12384220	**11135162**	**1602489**	**1373175**	**8548874**	**165077789**	**136283424**	**900546**
342172	312941	44113	36503	194096	3478609	2728658	31471
555846	435269	69746	54941	386098	6754272	4887113	42517
648241	638063	119609	84546	650797	8232786	6756673	27762
791883	722941	107033	81358	628728	10519375	8792242	41285
1481335	1297695	170845	153784	749608	17729356	14720063	77037
928892	764493	126809	110933	379282	15791398	13745912	74112
1412271	1169760	147941	121930	974162	24887966	21418766	97847
877257	829631	92959	87246	695115	12154977	9966872	60461
618437	568805	77395	67612	258452	5346584	4346283	53278
202170	143347	15619	14904	62749	768227	492690	16493
130660	129486	19387	19225	64786	3543036	3201695	6440
420213	387012	75515	61991	539058	12277058	9851627	30188
574868	558025	68310	64929	431008	10486844	9113038	46831
92820	89906	12643	12016	177122	1316226	1013791	4126
263865	263257	35439	35340	317843	3558260	2958805	18765
336561	324584	58883	51717	164112	3034378	2519380	27398
44007	35816	5675	4328	23586	527633	366320	4377
131910	129908	15702	15307	80384	1312411	1055871	12326
100756	95224	10747	10002	73370	941483	766324	9887
259047	242717	35514	33376	108600	1636959	1177363	24489
319491	315883	41154	40435	154225	3567935	3014523	28553
46442	42248	5534	4940	22277	437185	368766	5486
27710	16606	3027	2019	49545	423270	334052	3155
34186	27739	3732	3166	25266	371010	322842	3672
77622	50548	9115	6262	54264	916542	700840	8697
40737	38381	5208	5003	84021	434530	271108	4487
48769	48070	6265	6182	25081	297729	223933	4367
110799	108980	15071	14815	80589	814359	567319	9747
49862	39831	7132	4142	18102	247123	201346	5073
43466	38492	5830	5129	16938	144385	75976	4251
35736	34660	5210	5042	12034	99482	75157	2879
21918	18232	4337	3529	10640	87167	40057	2385
59934	54893	8201	7496	24284	369279	216154	6295
120004	117881	16068	14668	94755	1150281	981352	9666
16410	9351	6851	1436	28769	135305	95477	1794
37130	33693	6545	2793	23656	141480	84204	3579
409446	387878	70106	62882	489140	5278434	4266134	27434
173794	164366	19249	12850	100840	1162060	817125	18284
335170	289258	33212	28063	138712	2863896	2482562	25661
162383	159292	20758	20335	136780	1838499	1265011	17991

2-1-21 按地区分组规模以上国有及

指标名称	企业数	#亏损企业数	工业总产值	工业销售产值	#出口交货值
合　计	**529**	**173**	**117819044**	**118312759**	**4660447**
万州区	38	9	2271654	2234714	157901
涪陵区	20	4	5734518	5781330	201846
渝中区	25	12	9889948	9889260	22082
大渡口区	16	4	10732659	10830635	542413
江北区	42	11	15536329	15700805	207164
沙坪坝区	43	16	7588282	7574124	806343
九龙坡区	43	13	18230835	18540087	1346764
南岸区	35	14	5805273	5773567	303907
北碚区	25	9	3126859	3102748	190882
万盛区	4	2	636592	584457	
双桥区	6	1	3408117	3685876	18540
渝北区	13	6	8631264	8121228	55338
巴南区	22	8	7263998	7410561	107415
黔江区	10	4	1970824	1920275	
长寿区	14	7	3320188	3415333	375877
綦江县	16	4	1837562	1886929	2367
潼南县	4	1	118039	118532	
铜梁县	9	1	249193	264352	31848
大足县	4		138756	145169	
荣昌县	7	3	897460	902760	3491
璧山县	8	1	1201496	1249895	1586
梁平县	4		103879	108965	
城口县	5	2	70384	96156	
丰都县	4	2	129012	126030	
垫江县	7	1	671567	685257	
武隆县	9	4	194541	193398	
忠　县	5	3	189801	190584	
开　县	6	4	480027	481385	
云阳县	2	1	99249	99134	
奉节县	3	3	79739	79639	
巫山县	5	2	84351	87536	
巫溪县	6	3	77467	77519	
石柱县	4		155642	157563	
秀山县	18	4	326956	335709	46595
酉阳县	3	1	8471	8463	
彭水县	5	2	109953	112838	
江津市	15	3	4935606	4839337	83690
合川市	7	3	446225	440850	69739
永川市	12	1	866804	859691	84659
南川市	5	4	199524	200068	

国有控股工业企业主要经济指标

单位：个、千元、人

资产总计	#流动资产合计	#应收帐款净额	#存货	#产成品	流动资产年平均余额	固定资产	固定资产原价	#生产经营用固定资产
184903581	**81879172**	**13915355**	**21159021**	**6526178**	**74469080**	**78578187**	**111759230**	**101533073**
4583457	1683701	335457	400519	117832	1701138	2077826	2484054	2128599
11007335	3889507	572134	670874	289716	3428885	5122405	6661051	6096834
22887600	7334990	773108	435473	234064	6267326	13027111	17289849	16303552
10921062	4636559	464645	1914127	357056	4341068	6190182	7664124	7483188
28499661	12089939	2755187	1852178	862990	10546357	7702838	9386092	8414014
10463175	5823101	1277766	1341771	449998	5814791	3289668	5431286	4594574
31981389	18078650	2026018	5642358	1012274	15421634	11002209	18227755	16390399
8661221	4701070	658234	1956215	337388	4422539	3376126	4556705	3600873
4236467	2505521	634507	774938	315819	2294090	1451919	2415433	2222335
980959	272661	80928	53956	8796	245486	629034	1046102	815536
2411164	1856530	612962	1014106	723169	1843994	414163	382736	381165
4987805	3046529	270262	1342551	513146	2689319	1553508	1392080	1231702
7930965	4158693	890131	1145160	480525	4194271	3179168	5205603	4758700
4383666	1692405	272785	570691	84966	1765737	1027500	2190645	2173188
4805917	1582854	198446	433504	202379	1540341	2361734	3802664	3386567
2995813	1389432	332494	225997	61712	1330817	1240485	2002593	1889568
437521	24706	1336	5203		48713	410045	550434	544033
518017	155377	26410	27604	10246	129688	341689	446923	446401
333698	56028	12608	5086	1876	72076	273648	330634	269410
1163333	521818	58032	104115	39469	543571	502916	909308	876451
1832941	789824	309414	123911	65937	766853	873386	1064694	897247
215191	77528	4706	29591	2072	64026	124731	162165	135731
218516	35525	461	7979	6824	46603	162851	199519	102911
497780	135048	26446	449		115129	350518	427557	363721
1025715	282865	32279	71618	28578	248398	623464	813894	620336
518644	102926	26981	14092	2197	149241	406989	488282	384610
508602	60218	19168	7199	1714	54227	423321	496509	485236
2415748	223827	17435	41722	7193	199410	2169855	2219072	2069709
381784	67295	16005	18922	257	54575	310816	349102	326235
193095	63592	42365	1986	187	65799	121937	139551	95109
454822	82939	14134	14178	296	118251	366006	346599	317733
398914	77518	20423	8149	134	51827	259632	386883	288374
344189	62315	8497	10529	3569	55905	272480	335942	316441
711780	199676	72078	16455	6825	200660	455375	516706	438846
34100	5234	157	238	7	4703	28609	40914	16588
347431	39890	24540	3287		40264	304165	356874	259149
8005305	3338253	894968	610514	163196	2827260	4459567	8874162	8640767
715152	187142	17543	59178	31539	173280	469769	636293	601270
1076403	471708	105936	196502	102232	520055	491235	749011	603451
817244	75778	8369	6096		70773	729307	779430	562520

2-1-21 续表 1

指标名称	累计折旧	#本年折旧	固定资产净值	固定资产净值年平均余额	无形资产	负债合计	流动负债合计	#应付帐款
合 计	**41696580**	**5678053**	**70062650**	**66803451**	**5481890**	**111782966**	**82628607**	**18906374**
万州区	750703	97425	1733351	1693297	416590	2559824	1863965	225442
涪陵区	2795012	346966	3866039	3552410	367079	6377097	4189750	503318
渝中区	5320559	1107771	11969290	11595782	156525	15357477	6176575	2469714
大渡口区	3115643	351673	4548481	4484124	34649	5701976	4101903	893058
江北区	2853424	528043	6532668	5835009	667491	15420331	13443060	3316011
沙坪坝区	2034949	363878	3396337	3409906	420102	8114300	6758888	1286773
九龙坡区	7060810	731540	11166945	10991993	1131563	18012282	16457138	3366148
南岸区	1725968	266584	2830737	2586166	335289	6148391	5004953	962751
北碚区	1036257	77262	1379176	1383499	51935	2733620	2412990	507726
万盛区	456901	19243	589201	571329	4600	601111	493040	89956
双桥区	117786	11289	264950	229785	132827	1814461	1787148	1153942
渝北区	375002	98286	1017078	941861	345717	3255304	3143080	833739
巴南区	2477459	344949	2728144	2817590	517404	4381886	4036353	984836
黔江区	297072	84597	1893573	1773813	67959	3108563	2121855	241219
长寿区	1816072	250220	1986592	1750540	99241	2123825	1780029	172401
綦江县	1079281	77730	923312	871486	242831	1323481	945189	213896
潼南县	167493	24180	382941	386562		141150	100721	
铜梁县	118008	24069	328915	310636	17084	158179	133069	38213
大足县	67037	13921	263597	209386	486	83846	81114	5435
荣昌县	428711	61726	480597	530383	9572	1075791	757315	128508
璧山县	353388	68399	711306	624100	137488	1145367	830462	262596
梁平县	47601	4656	114564	96381	1960	165940	103038	2915
城口县	39656	3183	159863	103368		113643	79427	6810
丰都县	90960	20590	336597	329192	3901	245957	162582	10940
垫江县	272911	29065	540983	439390	32503	563991	419346	23622
武隆县	113177	23374	375105	365852	3996	270987	173742	16609
忠 县	105292	24042	391217	340898	11580	216614	107183	9594
开 县	350574	71110	1868498	1710218	7989	1771840	602231	158142
云阳县	46831	3807	302271	312638	1783	150101	124862	10938
奉节县	53534	7279	86017	77183	3017	152609	75637	11542
巫山县	56434	14231	290165	245959	3428	259412	115898	19803
巫溪县	78329	28658	308554	263216		188016	93326	13250
石柱县	80451	15063	255491	246454		110490	51839	10909
秀山县	84130	15520	432576	366497	21837	478590	386783	23895
酉阳县	13870	1283	27044	17206	57	29846	26291	343
彭水县	80956	7847	275918	183566	2255	158371	103781	11354
江津市	5174379	390573	3699783	3600216	173581	5605480	2506917	715144
合川市	194736	26063	441557	452862	25842	494115	222471	37297
永川市	276228	29728	472783	415000	28269	638398	532015	150935
南川市	88996	12230	690434	687698	3460	530304	122641	16650

单位：个、千元、人

长期负债合计	所有者权益合计							
		#实收资本						
			国家资本	集体资本	法人资本	个人资本	港澳台资本	外商资本
28096992	**73120615**	**47696008**	**19227462**	**223060**	**21663713**	**1643442**	**1600556**	**3337775**
658699	2023633	1077973	678464	17128	294614	72767		15000
2176411	4630238	2497552	2188600	15085	203981	85205	4000	681
9123573	7530123	2627459	2032860	6531	547887	26541	9000	4640
1600071	5219086	2400689	1028750	35630	750579	3791	445328	136611
1661840	13079330	5705228	1503758	81827	3206620	426958	47696	438369
849657	2348875	2063091	930615	5519	563748	350998	3411	208800
1551292	13969107	11602649	1565333	9710	7184840	320774	1038657	1483335
1133877	2512830	1755788	1038174		440746	23381		253487
320629	1502847	1175948	400907	590	703880	68866	525	1180
108070	379848	346657	6160	3400	335667	1430		
27313	596703	529806	4899		524907			
112224	1732501	1147554	80637	3071	604450	3495	10429	445472
328572	3549079	2599954	434895	410	1663318	119736	31395	350200
922550	1275103	1165911	253469		873695	38747		
331649	2682092	1977370	1814273	156	160185	2756		
378193	1672332	1436966	458615	2980	929863	35518	9990	
37983	296371	256074	256074					
25110	359838	309959	205749		92553	11657		
2732	249852	229892	211702		18190			
318476	87542	464232	26785		437447			
314889	687574	224366	42406		181960			
62892	49251	51899	51899					
31216	104873	86258	86258					
83374	251823	209496	202971		5199	1326		
144644	461724	333957	295835	2600	26663	8734	125	
97240	247657	241607	218364	2265	20678	300		
109431	291988	273417	271767			1650		
1169609	643908	789786	789586			200		
25239	231683	200052	176792		8350	14910		
76971	40486	43271	41271		2000			
143513	195410	196557	196557					
94645	210898	238700	237611	1089				
58004	233699	204436	203436			1000		
91807	233190	266197	245148	3359	14550	3140		
3555	4254	5689	5689					
54589	189060	195360	195360					
3080763	2399825	1925873	505158		1420715			
271644	221037	159010	117801		25905	15304		
106383	438005	412420	192049	31710	184403	4258		
407663	286940	266905	30785		236120			

2-1-21 续表 2

指标名称	主营业务收入	主营业务成本	主营业务税金及附加	其他业务收入	其他业务利润	营业费用
合计	**117654989**	**91911688**	**2972501**	**4578434**	**931469**	**7354723**
万州区	2176537	1622367	34069	24814	7671	228068
涪陵区	4929207	3441786	41983	124463	29897	620121
渝中区	10816979	9326529	56260	267079	44737	132093
大渡口区	10846753	9002923	19596	105561	27643	186436
江北区	15631366	12288395	307123	1016140	238572	871119
沙坪坝区	7770062	6517141	85848	501330	73294	369501
九龙坡区	18221539	13551566	255266	935166	153123	2605781
南岸区	5815194	3579881	1096554	147245	23578	152757
北碚区	2794979	2063371	16552	128734	74384	230238
万盛区	584457	481726	9279	127578	40529	11531
双桥区	3418704	3089963	7289	51407	7290	166801
渝北区	8037897	5627015	338346	10727	6564	772381
巴南区	7355412	6136874	162770	110635	38852	398012
黔江区	1891038	1079056	431012	46936	3343	103829
长寿区	3399134	2794466	22156	126234	14928	153527
綦江县	2012185	1693989	12520	217051	27723	55874
潼南县	118241	107633	643	3399	-165	1960
铜梁县	263426	217247	3344	7235	1056	4319
大足县	226908	205237	1062	1971	402	1530
荣昌县	896713	754252	5261	207859	6560	18599
璧山县	1242463	1001256	4321	78112	4900	27692
梁平县	108965	82532	1214	9207	524	2434
城口县	89075	81400	253	1251	1901	1314
丰都县	120686	112039	1284	9116	8085	3191
垫江县	681575	516538	16310	943	1504	31721
武隆县	164393	146389	1838	8276	2509	636
忠　县	183555	159874	1312	17363	849	7009
开　县	479625	408494	2486	16880	5837	20985
云阳县	98378	62250	701	39964	19269	13852
奉节县	79639	67337	3644	6026	3553	887
巫山县	86666	87755	831	18783	9813	1232
巫溪县	69163	69444	583	52	-1685	131
石柱县	156088	117758	1573	7617	-1314	12679
秀山县	319591	242360	2575	510	384	18460
酉阳县	8425	4812	358	1616	176	340
彭水县	112838	91962	1173	1794	2063	379
江津市	4964555	3876522	16790	132176	23317	92988
合川市	440206	378208	2799	36123	11245	9305
永川市	842305	665534	3799	30429	17812	24751
南川市	200067	157807	1724	632	746	260

单位：个、千元、人

管理费用	#税　金	#财产保险费	#职工教育费	财务费用	#利息净支出	营业利润	投资收益	补贴收入	利税总额
9428111	**218422**	**97088**	**90708**	**2238426**	**2139006**	**3968177**	**1699595**	**1012650**	**15191503**
238532	8888	1307	2923	59660	62939	43190	36125	16281	254664
527697	11688	5635	9107	176301	136350	223272	19229	72818	612200
224550	3933	664	2039	378313	288316	-31151	23838	274564	902258
392242	7231	5979	7817	157256	148751	1121643	-5488	14570	1683153
1745376	26347	13212	12872	157112	164112	542493	1258551	31281	2648521
816502	12025	6228	5344	194908	226995	-146170	93702	81100	319521
1216127	32833	5548	11060	262369	312138	180193	47426	65011	1433921
658247	12347	8893	5242	137626	137081	179949	8470	81334	1756350
399256	6480	4433	3848	45880	45990	90474	6837	18905	251314
123272	1871	9	2643	4612	3099	-5036	-3695	23217	32432
157565	4275	653	1683	15263	15095	-20938	27	2728	46757
582049	8077	2391	1076	15936	26305	715998	17905	179218	1574692
368955	22110	3262	4950	71149	79643	258635	562	18249	868427
112578	2274	3130	1445	108078	108284	72487	364	16100	682048
236296	7544	13858	2343	29476	26442	202067	175418	3356	551010
268876	4796	2341	3084	2430	10572	10721	4374	24741	142985
13947	181	280	96	2269	2003	-2256	717		5188
19076	1522	29	224	2338	2259	18107	36		44493
12173	439	25	165	2530	2530	2651		2925	14726
236047	1482	2069	1824	22808	26645	-115602	-90	29408	-99558
151646	2131	2122	1021	18490	16600	43945	702		100906
16987	614	294	251	4592	4592	4325		2595	14797
5695	223	277	131	5966	4154	-3066			2363
20654	827	471	235	6457	5069	-3284	98		6760
65857	10725	825	764	10774	10759	86032	8054	3377	114363
15775	226	273	264	9373	9252	-7914		1241	17118
27544	544	275	411	7675	7530	-11732	-44	5199	-735
36313	633	231	45	31308	31561	-14184	954		29588
27585	156		431	3253	3838	10011	353	1269	17856
17357	282	526	294	3420	3426	-4500		820	3535
9115	806	136	168	3020	3012	-5809		300	2198
7922	188	95	121	4371	4077	-13437			-11708
20202	105	15	229	1794	1794	10156		3609	26206
31646	178	423	326	15792	15379	13049		23	42478
2349	342	11	42	389	391	1273			946
16793	269	1234	250	5276	5299	-389	50	442	8167
467882	20898	7436	4372	210121	139700	459754	872	22749	906895
43938	1182	774	413	9658	9791	2778	4152	1129	33211
76677	1299	1191	1072	15771	12562	59656	96	14091	130437
16811	451	533	83	24612	24671	786			21020

2-1-21 续表 3

指标名称	利润总额	亏损企业亏损额	应交所得税	广告费	劳动、待业保险费	养老保险和医疗保险费	住房公积金和住房补贴
合计	**6490828**	**1246197**	**532808**	**786250**	**694481**	**1416020**	**617511**
万州区	87315	14040	13868	4912	10505	41939	3092
涪陵区	259968	6719	42321	95899	48719	63334	36334
渝中区	228139	30661	8051	13656	19029	117237	284924
大渡口区	1115210	15598	38994	544	95960	118803	26053
江北区	1775063	171849	70210	95054	38882	256590	74024
沙坪坝区	25319	255330	39398	19251	47965	91811	12508
九龙坡区	441560	121780	51518	119852	68579	167189	34728
南岸区	227921	102571	76967	23116	38460	92723	29328
北碚区	93012	33604	12289	2885	79728	57408	17202
万盛区	-1956	4087	14	13	41384	22606	95
双桥区	-19869	27020	2020	9837	15415	24374	8774
渝北区	899120	30973	1789	371299	15847	25872	4221
巴南区	371870	51132	41480	13226	40580	49823	1344
黔江区	82053	20116	5288	9980	7664	10289	5812
长寿区	346505	33345	36171	1225	15768	33566	14669
綦江县	32722	17580	8008	296	10232	37999	9873
潼南县	-1327	3824	358		1190	403	258
铜梁县	19287	248	5520	158	270	2758	656
大足县	5484		34		2763	3486	417
荣昌县	-160786	170445	1038	277	10785	52942	13439
璧山县	43090	3	698	657	11382	14927	4349
梁平县	3833		863	243	2335	1864	146
城口县	-3248	4649	1124	49	678	1393	959
丰都县	-2846	3833	152	124	276	4140	1596
垫江县	60995	2281	28370	534	7246	8448	890
武隆县	-2194	6254	261	28	227	3224	416
忠 县	-13813	15902	185	48	2587	10624	1420
开 县	-14639	16534	625	47	181	5586	3408
云阳县	11210	565	1879	48	4712	928	
奉节县	-4723	4723			1133	3887	1201
巫山县	-5188	5653	209		548	4204	219
巫溪县	-18098	20191	445	20	2507	2916	468
石柱县	11675		2468	253	688	3637	
秀山县	21520	2692	2450		517	2916	102
酉阳县	130	570	131		247	284	
彭水县	-1697	6241	1643	62	2050	1698	
江津市	493761	6935	23221	1910	31725	49115	17320
合川市	3331	26529	8300	577	6511	13072	1860
永川市	79965	1598	4442	140	5721	10910	4915
南川市	1154	10122	6	30	3485	1095	491

单位：个、千元、人

应付工资总额	#主营业务应付工资总额	应付福利费总额	#主营业务应付福利费总额	应交增值税	工业中间投入合计	#直接材料	从业人员平均人数
7414736	**6622571**	**978914**	**827236**	**5728174**	**90420276**	**73892459**	**430324**
219644	203746	28073	22051	133280	1653254	1212338	18680
385076	288468	49070	35799	310249	4188432	2772260	26099
600717	593899	112048	78137	617859	7806609	6446898	23530
598088	561259	85222	64909	548347	8080877	6795742	22354
1123488	978076	130356	118253	566335	12681101	10604364	48633
533906	443462	72360	61829	208354	5955717	4996176	33434
878340	742975	77898	67777	737095	14744941	12661659	48534
429049	397519	55429	52058	431875	3587758	2819476	26419
342680	319310	44540	41305	141750	2226488	1707032	24784
154631	96075	10392	9713	25109	463497	255589	11817
113178	112853	15948	15905	59337	3090070	2782483	4924
118342	93380	29154	20013	337226	6815735	5545995	7321
332212	330662	34838	34677	333787	5935651	5098059	22754
83508	80942	11177	11063	168983	1221647	937638	3199
194528	194020	27060	26981	182349	2468235	2061390	13742
216656	214653	43406	37447	97743	1345933	1050781	17990
14814	14731	1978	1978	5872	77588	3983	985
27941	26759	2965	2777	21862	137178	113559	2189
20824	18882	2836	2564	8180	87892	72394	1992
145041	131798	18531	16899	55967	668903	383200	12957
97319	97319	16753	16753	53495	920980	765610	4711
21509	20534	2944	2817	9750	87522	59249	1831
11190	3574	1369	463	5358	49107	36500	893
19748	15857	2242	2031	8322	81884	64573	1305
40238	34399	5534	3752	37058	319293	182754	4106
24765	23469	3206	3046	17474	135880	111668	2672
27365	26769	3440	3357	11766	143037	108663	1712
36863	35124	5133	4889	41741	353147	240363	1971
26247	17444	3991	1172	5945	68091	56864	2064
16173	12661	2745	2132	4614	52790	25817	1496
22064	21356	3270	3174	6555	65592	47959	1734
16398	14943	3909	3231	5807	43042	7513	1570
29104	25494	3979	3479	12958	96107	35527	2446
38873	38327	5617	4725	18383	227695	181606	3130
3141	3141	837	837	458	2594	563	199
18073	15831	2585	2258	8691	35144	17047	1511
257839	237947	42270	35289	396344	3403934	2725364	13513
51945	51458	3129	3129	27081	283234	218155	4797
110815	71572	11019	6976	46673	651280	570190	5216
12404	11883	1661	1591	18142	162417	115458	1110

2-1-22 按地区分组规模以上

指标名称	企业数	#亏损企业数	工业总产值	工业销售产值	#出口交货值
合计	**178**	**42**	**4404413**	**4433112**	**121615**
万州区	2	1	30909	27548	
涪陵区	7	2	123038	121551	
渝中区	5	1	65196	66626	
大渡口区	7	1	364988	365762	
江北区	19	3	944851	917575	49693
沙坪坝区	25	5	577523	603374	6643
九龙坡区	19	4	519872	509381	
南岸区	4	3	65780	68909	
北碚区	11	2	156010	153227	
万盛区	6	1	37476	40424	
双桥区	3	1	91680	90079	
渝北区	6	3	84814	89833	4074
巴南区	9	2	195031	191724	60118
黔江区					
长寿区	5	1	123969	130981	
綦江县	5	1	107288	106568	
潼南县	4	2	180914	187229	
铜梁县	6	1	122530	127159	
大足县	2		104168	105661	
荣昌县	2		23718	22346	
璧山县	5		66788	65883	
梁平县					
城口县					
丰都县					
垫江县	1		8846	7657	
武隆县					
忠县					
开县					
云阳县	2	1	87634	119106	
奉节县					
巫山县	3	1	46284	49523	
巫溪县					
石柱县	2	1	15948	15908	
秀山县	3	1	69818	68094	
酉阳县	1	1	12490	11511	
彭水县	1	1	7477	6303	
江津市	5		34086	32454	
合川市	1	1	11026	11069	1087
永川市	3		103624	98858	
南川市	4	1	20637	20789	

集体工业企业主要经济指标

单位：个、千元、人

资产总计	#流动资产合计	#应收帐款净额	#存货	#产成品	流动资产年平均余额	固定资产	固定资产原价	#生产经营用固定资产
3507931	**2057276**	**533734**	**734315**	**353341**	**2031782**	**1119048**	**1774527**	**1534069**
83030	28094	9541	7122	1959	25709	42978	30396	25719
108458	66053	15611	20948	7371	58452	40154	77249	65372
65387	31659	14934	7940	5357	26158	32834	24985	24288
173987	86657	26784	30151	9498	88380	51515	93880	93771
759706	422151	75518	168252	63074	408980	281174	354078	331719
401257	240622	72528	88693	69106	254559	92467	192234	138478
505895	333313	92256	119922	32394	375900	134482	278421	254151
47305	24576	8437	12682	1389	23488	22526	29421	26909
50542	38204	19328	9718	6636	36869	10889	15990	14020
26914	12334	2613	1265	132	16012	13908	25286	19947
44047	39010	23853	12215	653	33598	3984	11593	9520
79533	63642	31307	21719	7081	55044	13086	32521	25878
167343	114779	27554	41199	14214	89300	27249	84353	72208
105045	54149	5050	12073	4039	58447	45161	80589	69712
52198	38388	5226	18667	8337	35287	5467	10900	8510
100215	42129	12546	22230	12223	42274	55881	52756	52756
69301	26859	5877	6208	4205	22738	41766	71301	69298
122317	85683	3327	3897	3045	81080	7849	13866	6850
17252	13991	7259	3603	2191	13254	1748	3609	3609
59430	28387	12767	4694	1870	26838	29579	38398	36978
6560	3560	285	132	18	3500	3000	4808	4808
149086	108108	26634	61615	61415	107395	36422	70373	39398
57116	19703	8547	2363	652	19422	36420	48563	41753
10090	2546		591	6	2556	7402	7276	5547
60009	40946	7323	3887	950	40356	18365	30984	25875
26583	11938	2946	3778	3341	10918	12581	13599	13599
13954	3942	2158	1473	900	3777	7535	12370	1520
27133	16592	9242	6147	3824	14273	10043	17319	16144
5883	3203	101	3093	284	3679	2680	6151	5128
77398	49677	1563	36369	26869	47601	16330	26553	21682
34957	6381	2619	1669	308	5938	13573	14705	8922

2-1-22 续表 1

指标名称	累计折旧	#本年折旧	固定资产净值	固定资产净值年平均余额	无形资产	负债合计	流动负债合计	应付帐款
合 计	**772648**	**116871**	**1001879**	**1016291**	**83870**	**2440335**	**2113077**	**692513**
万州区	9416	1607	20980	16947	11480	63237	38015	3536
涪陵区	37691	4896	39558	40766		65851	47625	19297
渝中区	11182	6978	13803	13898		32958	29020	10541
大渡口区	43979	4201	49901	50272	3686	135464	133974	32605
江北区	94138	19113	259940	248200	25227	475667	442641	201825
沙坪坝区	69950	11325	122284	122025	263	261512	204095	97668
九龙坡区	178394	29063	100027	120335	10555	410632	372651	77605
南岸区	17032	1373	12389	12420		38503	27208	7390
北碚区	5340	1015	10650	9679	324	34421	32818	19434
万盛区	9003	558	16283	14663	126	14469	12622	687
双桥区	7608	542	3985	3807		24648	24648	8246
渝北区	20745	1595	11776	11735	82	59261	57499	10569
巴南区	47776	3337	36577	34797	1897	115117	110795	30277
黔江区								
长寿区	35431	1708	45158	46683	2066	47020	46258	5995
綦江县	5544	225	5356	5458		48445	47925	5830
潼南县	10315	1395	42441	43943	1749	89068	58660	7803
铜梁县	39659	6553	31642	32222		29378	25183	8200
大足县	6117	1571	7749	7485		56213	49965	729
荣昌县	962	169	2647	2216		14044	14043	4281
璧山县	21032	2332	17366	15729		59449	55335	19033
梁平县								
城口县								
丰都县								
垫江县	1800	50	3008	3000		3960	3960	
武隆县								
忠 县								
开 县								
云阳县	33951	4665	36422	46133	4264	137840	106095	80904
奉节县								
巫山县	15707	2015	32856	32662	44	33106	26775	2293
巫溪县								
石柱县	927	195	6349	5701		4296	4296	140
秀山县	13795	3326	17189	18081	301	39196	23843	4406
酉阳县	1018		12581	12581	2064	29939	14626	8649
彭水县	5821	732	6549	6909	2477	12707	3777	1317
江津市	7309	751	10010	9921		15993	15753	9090
合川市	3471	416	2680	2847		11167	11091	1120
永川市	11095	1174	15458	16957	4273	63453	63224	10498
南川市	6440	3991	8265	8219	12992	13321	8657	2545

单位：个、千元、人

管理费用	#税　金	#财产保险费	#职工教育费	财务费用	#利息净支出	营业利润	投资收益	补贴收入	利税总额
307251	**14726**	**2353**	**4187**	**38053**	**30839**	**121506**	**6234**	**36656**	**364374**
1789	83	15	36	380	380	-303		2181	2994
6269	1591	119	214	1171	916	8390			18612
3181	80		38	755	667	260		527	3287
52516	944	66	381	3132	5	-6123	50	4959	20164
61943	4360	308	1387	5295	4711	33047	1572	5713	81487
21234	358	284	280	6072	4489	-5268	799	5910	31313
41666	3476	325	348	3937	3475	-5	1817	5918	28703
2735	125	13	38	-74	-78	-2989		954	-342
3534	390	36	48	596	587	1179	64	5156	13908
4703	113	55	131	274	269	3115	465	442	5862
4143	37		59	39	39	3929	96	607	3011
9915	65	94	93	488	462	2141		985	9248
12152	229	17	156	2115	1445	12183		826	18673
13723	363	152	145	813	813	2492	186		10411
5399	177	11	33	-9	-8	-510		112	533
2407	96	30	1	4194	3856	-2049		550	3433
2607	21	24	6	404	319	4770			8847
12613	74	36	20	1758	1789	45156		240	45593
1678		45	23	116	150	2237			3864
3692	354	184	44	887	865	2505		111	6966
2710	30			16	16	43			845
4980	218	213	84	1349	1344	-3172	1185	6	2189
3156		14	152	517	517	3924			9611
3557	6	30	11			14			1108
10459	358	243	233	2668	2668	942			6902
686		12		450	450	-357			-204
582		5	18	582	582	-345			530
2388	26		47	25	26	1683		850	4106
133	29		2	11	11				201
8864	1082	20	110	-3	-6	14830			19791
1837	41	2	49	95	80	-213		609	2728

2-1-22 续表 3

指标名称	利润总额	亏损企业亏损额	应交所得税	广告费	劳动、待业保险费	养老保险和医疗保险费	住房公积金和住房补贴
合　计	**146956**	**50739**	**45458**	**869**	**11385**	**44774**	**4431**
万州区	1762	1055	930	20	23	328	
涪陵区	7646	1414	2909	30	13	494	
渝中区	838	60	182	6	60	574	
大渡口区	-1570	9735	3398		5245	4891	23
江北区	40226	5416	4231	106	1139	14587	1748
沙坪坝区	7995	3512	3619	506	576	1984	520
九龙坡区	6060	7441	4250	34	1384	7237	989
南岸区	-1933	3106	387		4	48	
北碚区	6094	468	1934		26	689	59
万盛区	2256	369	1178		123	116	
双桥区	1072	220	120	84	818	457	498
渝北区	3055	794	220		141	2172	270
巴南区	13631	728	4533	6	131	2577	
黔江区							
长寿区	3399	2893	2046		62	2466	36
綦江县	-631	1195	158		204	1007	92
潼南县	-1556	4266		6	10	40	
铜梁县	4783	51	411	2	43	417	135
大足县	32518		10732	20	52	1008	61
荣昌县	2230		126		28	296	
璧山县	2596		501		36	187	
梁平县							
城口县							
丰都县							
垫江县	43				20	280	
武隆县							
忠　县							
开　县							
云阳县	-2611	2611		32	667	524	
奉节县							
巫山县	3425	1139	1478		113	662	
巫溪县							
石柱县	-40	143	15		23		
秀山县	-740	3365	449		24	56	
酉阳县	-204	204					
彭水县	-311	311				6	
江津市	2486		884		50	465	
合川市	-173	173					
永川市	14030		526	13	370	1166	
南川市	580	70	241	4		40	

单位：个、千元、人

应付工资总额	#主营业务应付工资总额	应付福利费总额	#主营业务应付福利费总额	应交增值税	工业中间投入合计	#直接材料	从业人员平均人数
429781	**365800**	**50615**	**40416**	**178781**	**3379074**	**2805051**	**41752**
2959	2855	414	400	1082	16684	14197	327
18017	17798	2404	2367	8728	73414	49812	2099
3977	3173	546	327	2130	51390	47363	486
37144	9467	5777	875	17509	290214	224841	2661
95366	88908	7267	6180	32140	686362	569611	6661
37442	28226	4955	3973	18718	481525	415589	5498
51088	45292	6458	5888	19699	464820	388498	5716
3504	3504	584	584	1361	63753	56556	484
7791	7306	802	694	6776	124627	112635	933
9061	9039	1038	1038	3029	19029	8227	1115
7208	6359	1009	890	1467	70392	63462	605
10439	10439	1323	747	5363	63968	53274	750
17682	11221	2107	1489	3844	151451	123850	1785
14484	14484	1982	1982	5777	111030	95627	1665
5384	3639	356	217	892	87864	79935	658
7432	7432	784	784	4356	129359	115482	728
16449	16449	1722	1722	1913	76886	48954	1295
12448	9513	2106	1695	10878	46845	41125	1060
4454	4454	668	668	1427	15045	12081	500
7906	7787	533	458	3815	47894	34799	988
1000	1000	140	140	716	8457	7789	301
6953	6953	913	913	4286	72431	68324	779
13672	13304	1940	1868	5479	33890	27198	1145
2546	2546	353	353	999	9518	1482	240
15015	14745	2244	1974	6969	43706	31131	1182
1079	1079				8201	6639	149
1173	1173	162	162	736	5058	2696	145
2937	2777	334	334	1408	27305	21653	364
644	351			325	6626	5596	95
9685	9685	1023	1023	5184	75955	66607	789
4842	4842	671	671	1775	15375	10018	549

2-1-23 按地区分组规模以上

指标名称	企业数	#亏损企业数	工业总产值	工业销售产值	#出口交货值
合计	**1176**	**191**	**48841552**	**48369086**	**5714629**
万州区	29	3	731245	709804	115079
涪陵区	40	9	1219301	1192157	191736
渝中区	5	1	78619	75947	24
大渡口区	34	4	1502355	1486861	34110
江北区	81	8	2028704	1921288	23288
沙坪坝区	60	8	7036088	7030307	1248062
九龙坡区	92	23	4147891	4122666	406124
南岸区	76	8	6269098	6199347	940224
北碚区	85	17	3061046	3038673	283498
万盛区	9	4	99810	107882	1550
双桥区	3	1	49375	49375	
渝北区	40	4	2816537	2699716	532647
巴南区	56	7	2393415	2319665	456806
黔江区	4	1	111243	117591	
长寿区	4		105088	102538	1160
綦江县	13	2	1149817	1156652	168637
潼南县	8	1	354564	340068	
铜梁县	48	10	1172967	1074760	45574
大足县	57	7	656186	698780	6877
荣昌县	39	9	944237	913876	131891
璧山县	98	1	3290412	3318849	79521
梁平县	17	12	303232	296078	2259
城口县	13	1	449149	432672	
丰都县	7	3	346469	306588	45029
垫江县	9	2	273232	267150	
武隆县	9	1	202562	190731	590
忠　县	8	2	175090	203992	46097
开　县	8		223803	234950	6336
云阳县	5	2	57614	58351	4227
奉节县	8		82349	97865	
巫山县					
巫溪县	3	1	39877	42617	
石柱县	14	1	309648	303318	42212
秀山县	23	9	1150391	1162868	105770
酉阳县	1	1	57052	55236	
彭水县	5		44736	44388	837
江津市	37	4	1005266	1004955	126009
合川市	36	2	924694	858261	56344
永川市	54	5	1648350	1642430	49450
南川市	38	17	2330040	2489834	562661

私营工业企业主要经济指标

单位：个、千元、人

资产总计	#流动资产合计	#应收帐款净额	#存货	#产成品	流动资产年平均余额	固定资产	固定资产原价	#生产经营用
35026166	**19656503**	**5621468**	**5082651**	**2059313**	**17151153**	**11393257**	**13657945**	**12242631**
486812	234085	31531	86657	37963	201250	205156	218719	192098
1476184	901244	129630	277486	189983	855825	496651	675660	611887
76772	55929	9384	28742	18580	51466	18053	23007	19442
1077927	570989	183062	216005	66968	516687	433864	535562	498385
1339097	882568	332824	196115	90404	819478	312374	379260	332998
4802823	3092209	616478	438458	190079	2658832	607584	718986	648108
2940676	1769875	596777	581388	192359	1828931	858384	1043857	930456
3733713	2521800	979421	454962	131996	1345768	997716	1138866	1055864
2315471	1248472	497622	280702	95526	1142390	852296	982297	820035
79897	38484	25472	6424	2605	26321	39938	45408	40508
19939	12973	6504	5891		10986	5658	8910	8843
2009458	1292185	373287	370286	109553	1235416	582644	671728	618357
1404810	876549	317056	228052	95208	871967	401880	483875	423797
246811	54751	19067	19970	7681	43661	79332	93347	84957
162779	108600	4210	11353	2845	101530	49982	85034	73372
483953	360258	38942	135623	48288	339294	100038	113798	100121
310039	132194	37167	30519	17078	120201	144368	172001	152369
907689	373973	122067	125291	43895	367604	418182	525477	473668
424023	191735	53802	68283	30308	201224	192327	247192	215188
703119	377812	184369	82234	45154	341533	211145	236214	207454
2099520	1102573	431356	314057	121388	920256	868216	976488	937074
197907	94755	10339	52206	19131	92893	81162	109015	90642
288316	140801	37870	58684	35702	120805	119231	135118	117246
223603	137935	44976	26425	8908	138996	65723	99203	93021
112312	48488	17834	21022	14133	49980	44427	62344	48421
337819	103157	27229	22615	7962	86664	217047	230886	214504
258663	164401	15203	73520	27023	143577	68277	104113	85676
127117	54184	3521	35906	19093	44672	66469	75185	67427
94556	48566	1595	11024	5498	46302	41950	43068	32595
65759	27248	9962	8434	4513	27612	29393	32153	30587
48640	15072	563	7651	2796	14712	33508	47718	28974
326794	139014	18349	42034	9712	137670	155021	198782	168326
407812	255950	56294	65205	42869	245483	131063	165248	122700
57309	34761	942	8441	3058	29849	21840	25011	24758
43470	22501	2797	11887	8893	18664	15228	19533	16497
879623	360404	52733	161290	66224	336577	433013	481734	451580
1082997	506012	131541	106819	49513	459877	400973	504597	453279
917175	363413	55851	186952	92428	354418	447169	520272	431398
2454782	940583	143841	224038	103996	801782	1145975	1428279	1320019

2-1-23 续表 1

指标名称	累计折旧	#本年折旧	固定资产净值	固定资产净值年平均余额	无形资产	负债合计	流动负债合计	应付帐款
合 计	**3404582**	**860464**	**10253363**	**9655991**	**2061851**	**22167082**	**18997007**	**5165144**
万州区	28477	6694	190242	182504	21682	243193	200615	41667
涪陵区	208061	51536	467599	466186	33345	992924	902105	186442
渝中区	8704	1379	14303	14890	1332	49822	48260	16277
大渡口区	127189	36956	408373	395821	24637	834699	686817	252768
江北区	113323	27751	265937	254065	42487	728719	632206	271224
沙坪坝区	196915	53780	522071	521481	647698	3355201	2861670	753782
九龙坡区	245428	64492	798429	769915	169229	2189655	1866727	514870
南岸区	284521	88336	854345	780826	67919	2088316	2032614	619638
北碚区	277401	74089	704896	681116	109291	1650901	1498742	429034
万盛区	11077	2015	34331	32005		56612	40841	13371
双桥区	3353	1088	5557	6294	1307	10757	9032	3224
渝北区	156087	60420	515641	449776	38061	1261195	1213912	342889
巴南区	124835	30362	359040	356658	43811	958884	890907	348651
黔江区	28495	4055	64852	55347	21215	69857	47296	7267
长寿区	35082	6432	49952	56007	4039	106737	30114	8666
綦江县	17404	3542	96394	69692	5454	346946	337161	79147
潼南县	81577	13231	90424	96369	2079	187930	111718	6896
铜梁县	117329	22447	408148	377448	68017	580808	474754	51945
大足县	53662	9539	193530	180018	10724	196695	165600	39905
荣昌县	44841	10778	191373	181212	99819	419883	385205	111584
璧山县	180763	55963	795725	791938	102826	1333837	1105912	365714
梁平县	30328	7825	78687	77705	15426	161228	133241	15925
城口县	31958	8634	103160	96602	3025	132574	116658	12453
丰都县	36196	9502	63007	67162	8123	129169	111955	20309
垫江县	17484	4139	44860	46393	3920	60441	44824	8938
武隆县	32309	7301	198577	200912	13580	164084	119608	32968
忠 县	46288	4620	57825	50776	19962	225488	193009	14987
开 县	12237	4040	62948	61398	4403	73114	64730	6845
云阳县	6898	1267	36170	34257	2619	46758	32648	2758
奉节县	4810	1426	27343	27466	3049	28220	25810	3934
巫山县								
巫溪县	14265	1956	33453	30954	25	33802	28116	9482
石柱县	42629	6227	156153	143569	7006	175670	129230	24510
秀山县	35251	17885	129997	124533	9242	234294	230479	116781
酉阳县	3776	1177	21235	23528	20	54777	50777	28776
彭水县	5369	1597	14164	13959	787	30596	15891	2281
江津市	63792	7698	417942	399791	69580	473888	258633	53504
合川市	127320	30277	377277	340626	122609	671763	387344	78695
永川市	93792	26176	426480	395446	64357	504535	426176	96281
南川市	455356	93832	972923	801346	199146	1303110	1085670	170756

单位：个、千元、人

长期负债合计	所有者权益合计	#实收资本	国家资本	集体资本	法人资本	个人资本	港澳台资本	外商资本
2870513	**12859084**	**6743635**	**10686**	**51620**	**2240947**	**4381920**	**20116**	**38346**
38207	243619	197455			46468	150987		
78700	483260	423054		2894	269573	113871	6836	29880
1562	26950	22824			18500	4324		
144458	243228	152283		8950	63685	79648		
91245	610378	229918		509	57876	171533		
472857	1447622	635125	200	5000	331364	298561		
231582	751021	502342	1500		139628	361214		
47899	1645397	597108		1810	287367	286185	13280	8466
150603	664570	368875			97377	271498		
15771	23285	19414			14150	5264		
172	9182	20907		500		20407		
35264	748263	256638			64308	192330		
37693	445926	208563		600	76677	131286		
14561	176954	89758			1668	88090		
73856	56042	39610				39610		
4645	137007	50210			21900	28310		
52761	122109	67475		4561	1855	61059		
105933	326881	193998			125156	68842		
30994	227328	86338		60	23213	63065		
14660	283236	223554		23080	73899	126575		
227915	765683	495025		207	66802	428016		
14538	36679	47516		2240	800	44476		
7382	155742	68433	2500		31335	34598		
16916	94434	45370			720	44650		
3552	51871	49836			19890	29946		
44476	173735	113737			11927	101810		
32479	33175	17330			1690	15640		
8384	54003	39702				39702		
14110	47798	18003			13063	4940		
1025	37539	27213		380	16339	10494		
5686	14838	17929				17929		
46438	151124	82557		400	66187	15970		
3815	173518	101194			23434	77760		
4000	2532	10012				10012		
14705	12874	5661		19	2827	2815		
213036	405735	242724			29530	213194		
284419	411234	252429			42647	209782		
71278	412640	323335			77392	245943		
212936	1151672	400180	6486	410	121700	271584		

2-1-23 续表 2

指标名称	主营业务收入	主营业务成本	主营业务税金及附加	其他业务收入	其他业务利润	营业费用
合 计	**47402217**	**40550138**	**781396**	**981889**	**234501**	**1759054**
万州区	692228	598727	2661	3207	173	22424
涪陵区	1128472	993522	8222	3960	2969	46166
渝中区	71473	58118	1191	32	3939	4398
大渡口区	1446860	1257926	33614	4119	1753	61739
江北区	1887729	1576292	21852	14098	56716	70409
沙坪坝区	6985805	5883361	59265	531740	42867	269454
九龙坡区	3970691	3563729	27724	88882	10995	77695
南岸区	6102258	5176908	43763	58717	9024	318009
北碚区	2994130	2660112	35780	57220	14096	99055
万盛区	105727	90055	872	2165	-23	2536
双桥区	49375	46548	179	32	32	821
渝北区	2659744	2338621	15791	15470	24439	93614
巴南区	2309369	2106708	18782	8880	9514	68213
黔江区	77951	61214	2890		-63	2204
长寿区	102048	87881	1032	11	10	6070
綦江县	1104297	1036272	4095	66011	5153	28524
潼南县	340068	280015	2104		74	12519
铜梁县	1058331	940997	12438	11251	1967	18800
大足县	617270	512133	6602	10799	4071	11278
荣昌县	857529	733170	23020	9136	5930	41578
璧山县	3295390	2951290	17902	17708	7405	61346
梁平县	284013	269552	811	952	716	6372
城口县	432246	312939	3801	3913	294	28560
丰都县	258184	212545	1856	4977	920	5277
垫江县	261313	242086	2642	1104		4917
武隆县	184374	137347	1425	474	296	11208
忠 县	203756	169872	1381	843	641	5362
开 县	233401	209992	628	1324		5031
云阳县	58109	41372	427			4036
奉节县	162435	87267	4130			21804
巫山县						
巫溪县	41133	38220	530	1449	569	1184
石柱县	352608	275040	1889	3402	102	18935
秀山县	1139841	993765	7993	2	2	28218
酉阳县	45236	39888	243		166	2393
彭水县	40501	33355	312		2977	280
江津市	971256	854555	8435	10639	6101	23469
合川市	823377	675799	10525	43604	4696	30544
永川市	1612811	1153622	10278	4537	3717	28394
南川市	2440878	1849323	384311	1231	12263	216218

单位：个、千元、人

管理费用	#税金	#财产保险费	#职工教育费	财务费用	#利息净支出	营业利润	投资收益	补贴收入	利税总额
1781932	**70282**	**20426**	**26796**	**480997**	**466587**	**1812008**	**20946**	**263929**	**4054911**
27987	798	308	121	4793	5178	33339	2930	6549	55061
39201	3077	978	494	17976	16710	11844		3265	37859
6890	101	25	18	756	383	1664		559	5296
55078	3479	772	181	17396	14253	24344	405	6559	95774
108357	6513	2861	1371	12818	12071	102172	1091	15251	198055
188095	3314	2012	9794	35364	30485	200074	4659	14395	328258
135920	8485	742	1491	49855	52869	98195	-332	18664	225174
269506	5392	1446	1771	48812	45831	233994	28	23799	426704
115165	2927	1283	1079	27318	22925	64796	-9	27593	211176
4279	151	40	37	1124	1056	7571		10	11494
1774	60	10	16	347	194	-267		284	1375
93715	2055	425	1328	23382	9727	100233	2	42082	224809
70889	4670	1596	461	14080	8760	60782	338	5699	126459
7927	511	129	164	1725	1725	7309		1132	13544
3337	313	118	80	2709	2649	-2700		4278	7146
21989	628	95	367	3459	5888	19271	12	9483	57417
14384	391	296	610	6679	6416	27442	2135		41884
34441	2144	317	454	27010	26481	20736	3886	3251	76141
18874	1035	245	449	4450	4392	35666		589	66307
41422	2092	152	579	9385	6387	16148		2018	61196
85323	3495	669	887	32586	31022	127714	83	13101	237776
13601	922	310	225	4251	2291	-11330		4928	5078
25224	259	476	88	8543	5044	51987		15	97863
22272	221	15	11	3484	4015	15673		100	30278
7136	481	122	81	1912	1492	-165		724	6233
7415	341	192	65	4348	4304	22688		5088	39837
9453	338	261	131	6712	6702	6538	-70	1998	17900
9615	153	273	50	1703	1690	6433		491	11178
2812	15	7	25	1810	1800	7663		8	2025
4193	36	12	116	1185	985	23484			34789
1983	90	182	15	1833	1834	-153		90	2302
9340	500	143	127	6260	6170	19569	321	2440	30654
33817	506	259	402	1893	1888	78872			133947
4248	243	33	6	1060	1051	-2427	-1391		744
2008	7	136	37	1021	1021	1729		787	4606
42822	2682	1129	695	10112	9723	38413	2900	183	71495
51978	4402	860	712	18908	19319	24252	3822	17035	104533
66514	4154	312	1075	15979	45965	155047	135	11591	262403
122948	3301	1185	1183	47959	45891	183408	1	19890	690141

2-1-23 续表 3

指标名称	利润总额	亏损企业亏损额	应交所得税	广告费	劳动、待业保险费	养老保险和医疗保险费	住房公积金和住房补贴
合 计	**2125259**	**194235**	**332097**	**104226**	**18060**	**57302**	**1596**
万州区	35148	2483	9229	1342	194	447	124
涪陵区	11680	5195	3543	3613	461	3409	
渝中区	1523	283	462	156	92	238	
大渡口区	34210	372	9120	3046	746	636	34
江北区	120472	2146	27103	1224	433	4768	7
沙坪坝区	214918	11256	46620	43292	2535	3892	82
九龙坡区	124421	9545	20391	9592	205	3086	
南岸区	288059	9051	30602	19607	734	3729	134
北碚区	92887	7171	18636	941	3587	2161	626
万盛区	4638	1647	1201		5	123	
双桥区	2	54	14				
渝北区	141241	796	37151	5428	941	1717	
巴南区	64606	1153	9549	3090	578	3121	56
黔江区	3224	572	997	505	24	1252	
长寿区	1612		349	70		20	
綦江县	26266	1132	2850	136	155	1516	
潼南县	29150	670	5308		178	958	
铜梁县	27215	11681	6275	387	368	1797	
大足县	36424	3902	7493	83		400	39
荣昌县	14085	8665	3217	1628	90	587	10
璧山县	140433	639	10885	6445	41	571	71
梁平县	-6600	9883	140	10	1035	1831	
城口县	53327	1266	5209	43	27	371	
丰都县	13284	2673	2226	125	44	494	
垫江县	916	770	165	112	7	194	
武隆县	27427	50	3418	1	147	1240	
忠 县	3908	1420	339	33	13	299	
开 县	6790		2240	3	102	850	
云阳县	983	707	175	109		16	
奉节县	23318		1440	5	45	25	
巫山县							
巫溪县	-2264	2383	2		229	82	
石柱县	20465	856	3319	220	111	312	
秀山县	60029	25026	14149	10	65	151	48
酉阳县	-3761	3761					
彭水县	2409		549	5			
江津市	42876	3129	7962	1262	969	1709	359
合川市	49122	976	5486	237	526	3279	
永川市	219200	36981	5221	416	2282	1883	6
南川市	201616	25941	29062	1050	1091	10138	

单位：个、千元、人

应付工资总额	#主营业务应付工资总额	应付福利费总额	#主营业务应付福利费总额	应交增值税	工业中间投入合计	#直接材料	从业人员平均人数
2403472	**2223715**	**298354**	**259852**	**1148256**	**38355065**	**32188997**	**245734**
37554	33191	4635	4348	17252	549141	466892	3449
54355	49214	5774	5094	17957	848751	697478	7439
7342	6781	1782	1126	2582	52517	41543	816
99957	98671	8818	8701	27950	1216834	1009219	10490
113639	108964	14535	13205	55731	1591524	1238052	11505
158744	139630	19885	18741	54075	5925143	5348684	15774
233391	176680	29717	20715	73029	3450897	2955889	23141
233207	225674	20254	19195	94882	5242812	4528052	18313
201215	179255	24612	18755	82509	2277703	1966584	20952
7612	7612	1669	1669	5984	70461	61207	1012
1486	1486	273	273	1194	38723	33859	188
129391	124540	21984	18758	67777	2414814	1693031	10979
124455	121111	23033	21189	43071	1943593	1662224	13197
8485	8372	1350	870	7430	88784	71666	889
7436	7436	820	820	4502	64877	49601	798
29323	21524	3555	2526	27056	1059610	963784	2546
16143	8317	2200	893	10630	245185	199635	2038
59126	58306	7245	7038	36488	830384	678771	6898
50737	50112	4985	4926	23281	462098	411032	5499
56574	54173	9269	9066	24091	722619	618149	5909
172928	169799	19545	19070	79441	2311114	1970097	18158
23200	19981	2348	1881	10867	263221	234294	3440
14453	12219	1560	1556	40735	347133	272501	1949
8822	8802	706	706	15138	212735	190139	1600
7455	6977	1086	1012	2675	230896	209279	1062
8090	7958	1015	992	10985	139193	109484	1063
19344	19241	2538	2538	12611	143308	107419	2366
16946	16866	2370	2358	3760	163079	138120	2237
3440	2212	443	272	615	36511	29471	533
16453	15027	1524	1441	7341	47548	25272	1288
3787	2010	281	165	4036	33199	25562	607
23242	23242	3170	3168	8300	211190	148217	3038
60795	59488	7795	7557	65925	860698	757825	4831
1052	1052	147		4262	47119	36719	187
3993	2798	958	232	1885	30836	23303	559
47298	46797	5371	5271	20184	818049	721703	5855
93822	86182	12749	6352	44886	573901	351056	10063
117031	112586	11181	10434	32925	1214249	1049218	9806
131149	129429	17172	16939	104214	1574616	1093966	15260

2-1-24 按地区分组规模以上港澳台及

指标名称	企业数	#亏损企业数	工业总产值	工业销售产值	#出口交货值
合　计	**181**	**35**	**41601779**	**40966152**	**2231336**
万州区	5		127044	122708	8770
涪陵区	5	3	451709	437926	9776
渝中区					
大渡口区	8	1	9680229	9499822	552285
江北区	30	4	2911801	2954877	165334
沙坪坝区	13	2	1549869	1536480	55816
九龙坡区	26	6	3767125	3712584	510697
南岸区	28	6	3032896	3055092	341442
北碚区	5	2	108143	115828	48860
万盛区	1		180490	202840	
双桥区	2		334475	331466	
渝北区	22	6	9090655	8549499	90109
巴南区	10	2	5360514	5531162	179499
黔江区					
长寿区	1		1201101	1148326	
綦江县	2	1	91521	95988	42102
潼南县					
铜梁县	5		276733	282503	90372
大足县	2		310643	309614	67284
荣昌县	1	1	40074	39621	
璧山县	2		45153	42367	
梁平县					
城口县					
丰都县					
垫江县					
武隆县					
忠　县					
开　县					
云阳县					
奉节县					
巫山县					
巫溪县					
石柱县					
秀山县	1	1	18015	17864	
酉阳县	2		249569	216813	47028
彭水县					
江津市	4		2287927	2282342	21962
合川市	1		244784	242774	
永川市	4		170792	167139	
南川市	1		70517	70517	

外商投资工业企业主要经济指标

单位：个、千元、人

资产总计	#流动资产合计	#应收帐款净额	#存货	#产成品	流动资产年平均余额	固定资产	固定资产原价	#生产经营用
41043063	**19005192**	**3774652**	**6007000**	**2106793**	**18146000**	**19804247**	**26966778**	**25082115**
176285	94996	39228	21263	13959	103510	49662	54526	35442
553906	227930	32181	86967	17985	262446	263763	298159	237466
9270120	3879254	347537	1706058	324502	3613681	5347485	6555551	6488417
3109727	1500512	515876	335043	143395	1393367	1341270	1665390	1046072
1370747	926508	213377	253128	62072	879317	371196	647166	615816
3196138	1923792	682397	540223	264555	2090694	1007464	1203526	910766
3421452	1486100	346747	443679	155971	1422541	1563744	2187809	2041473
127304	78193	21716	43088	25409	70929	5901	55014	42577
317897	186680	42089	38119	20028	154317	122589	99259	54786
63933	39160	5033	16709	3290	32276	20519	31335	22311
5547869	3484980	462907	1418939	591214	3071716	1600017	1493123	1363577
3995178	2425730	333705	603843	303103	2522348	1465196	2331403	2247532
2304126	315864	39084	109242	61400	322956	1841866	1384649	1295684
125164	50306	8997	28011	3759	53140	59840	118755	110866
231790	135470	47849	38869	28844	157348	84110	140172	136025
283464	171416	64083	41368	21784	173524	95899	172594	172594
27189	11744	5610	5888	832	5972	14578	14578	14578
102496	57032	2013	4819	2019	42752	43124	49841	47270
198805	31593	2933	15564	8121	26100	164043	183393	85412
168574	123283	56377	34663	26590	91649	42869	50319	41000
5244031	1481302	438405	125548	11149	1376604	3658873	7322151	7285626
729609	260409	33818	67801	7291	161807	353920	501110	464062
208609	81831	23093	21045	9521	84703	56435	92346	72805
268650	31107	9597	7123		32303	229884	314609	249958

2-1-24 续表 1

指标名称	累计折旧	#本年折旧	固定资产净值	固定资产净值年平均余额	无形资产	负债合计	流动负债合计	应付帐款
合 计	**11974028**	**1454579**	**14992750**	**15104743**	**1332869**	**23152368**	**15475469**	**4676172**
万州区	15310	2744	39216	39462	266	95271	82386	19038
涪陵区	39010	13610	259149	271508	10712	448459	216307	73369
渝中区								
大渡口区	2745222	305480	3810329	3808270	28305	4502971	3354568	735353
江北区	450819	86121	1214571	1208882	126976	1934431	1461821	552498
沙坪坝区	293352	37811	353814	348664	38384	624708	538945	246597
九龙坡区	437444	88597	766082	714794	157854	2231764	1986073	653833
南岸区	837100	139239	1350709	1345625	264774	1668354	1261263	378588
北碚区	21494	2322	33520	24351	2112	91910	87831	12592
万盛区	17651	7620	81608	84199	5954	126051	66051	7315
双桥区	12604	2072	18731	17355	4242	40022	39422	14325
渝北区	414306	137174	1078817	987607	372422	3325677	3081656	1053149
巴南区	1148163	151678	1183240	1106146	40882	1800438	1580846	636153
黔江区								
长寿区	331086	43986	1053563	1081984	144614	1022612	290399	20121
綦江县	60926	4708	57829	60454		61170	47072	20920
潼南县								
铜梁县	67148	10497	73024	73205	961	85928	62540	23918
大足县	77477	17475	95117	99232	16108	71320	63511	29278
荣昌县	1004	964	13574	12910	867	21208	21208	3258
璧山县	19897	4560	29944	29944	2334	60355	60355	29
梁平县								
城口县								
丰都县								
垫江县								
武隆县								
忠 县								
开 县								
云阳县								
奉节县								
巫山县								
巫溪县								
石柱县								
秀山县	21880	4537	161513	163882	3071	198805	51187	11025
酉阳县	10991	4931	39328	44133		72816	63816	20262
彭水县								
江津市	4686696	340629	2635455	2929086	44457	3861014	710511	121454
合川市	144190	26100	356920	355432		488910	235613	29719
永川市	35533	7421	56813	54618	59915	103168	65268	9071
南川市	84725	14303	229884	243000	7659	215006	46820	4307

单位：个、千元、人

长期负债合计	所有者权益合计	#实收资本	国家资本	集体资本	法人资本	个人资本	港澳台资本	外商资本
7601585	**17890695**	**11222510**	**1479822**	**56078**	**4018821**	**142316**	**1332524**	**4192949**
12392	81014	81608	25400	15600	8600	8060	4900	19048
232151	105447	121562	7021	4900			4000	105641
1148402	4767149	1747830	650000		498505	1500	445828	151997
471437	1175296	823450	135835	18026	231851	17975	217318	202445
85753	746039	522565	212300	10440	55097	1996	4594	238138
245690	964374	1182186	62985	7112	294129	24357	75893	717710
401833	1753098	1645959			442134	17133	290454	896238
4079	35394	53025	14055		2634	1736	31540	3060
60000	191846	80000			60000		20000	
600	23911	11000	4000		1000			6000
243369	2222192	1500626	18030		665745	16149	83675	717027
219592	2194740	908863	207630		260382	578	84843	355430
732213	1281514	743627			364377			379250
14000	63994	58850	39960			8900	9990	
23388	145862	61710			18291	30000	2483	10936
7809	212144	63000			47500			15500
	5981	6582				4930		1652
	42141	42626			931			41695
95089		72000	30000				42000	
9000	95758	18275			5500		8275	4500
3135406	1383017	1127416			1047640		730	79046
253296	240699	212890	42578					170312
37900	105441	37435	1443		14505	9002	6001	6484
168186	53644	99425	28585					70840

2-1-24 续表 2

指标名称	主营业务收入	主营业务成本	主营业务税金及附加	其他业务收入	其他业务利润	营业费用
合计	**40678767**	**32080907**	**567494**	**402778**	**123914**	**2097694**
万州区	120096	104061	445	233	17	6188
涪陵区	435391	468630	106	88	-20	5321
渝中区						
大渡口区	9494003	7866862	11	17100	5388	167530
江北区	2867133	2363049	8517	114176	46024	167290
沙坪坝区	1493399	1134912		12965	4900	71006
九龙坡区	3788266	3347164	49527	42205	28347	115470
南岸区	2986529	2409870	18922	88386	7365	232316
北碚区	107532	91361		5335	113	6854
万盛区	202840	115621		4212	1903	15887
双桥区	331073	307520	94	1000	530	6523
渝北区	8513001	5993200	339674	29009	9446	799427
巴南区	5461608	4538371	148629	30822	14030	338096
黔江区						
长寿区	1148326	579202		8357	1204	89141
綦江县	95826	91266				774
潼南县						
铜梁县	276802	219932	543	28936	620	13710
大足县	309614	195188	2	65	1605	23748
荣昌县	39621	39026		150	33	
璧山县	42367	32195				2416
梁平县						
城口县						
丰都县						
垫江县						
武隆县						
忠　县						
开　县						
云阳县						
奉节县						
巫山县						
巫溪县						
石柱县						
秀山县	17864	22958				536
酉阳县	216764	157369	752	200		8853
彭水县						
江津市	2282335	1668952	65	4337	1593	17194
合川市	222173	190399		14760	469	4613
永川市	155690	117547	207	113	18	4801
南川市	70514	26252		329	329	

单位：个、千元、人

管理费用	#税　金	#财产保险费	#职工教育费	财务费用	#利息净支出	营业利润	投资收益	补贴收入	利税总额
1911313	**51421**	**26971**	**18921**	**528584**	**456388**	**3680970**	**49531**	**204051**	**6427949**
8035	514	230	32	1001	1352	3561		228	10384
3360	74	109	23	6052	3280	-6959	323	3187	-554
267746	5801	5214	6058	129696	121871	1067449		7548	1546160
156937	5434	2407	1069	19725	37025	193753	20499	2659	301276
166295	1454	886	1141	4484	3814	148933	2736	502	223650
144961	2202	2999	2275	40507	38477	125745		779	279478
180344	2647	2237	1665	34371	23944	133638	6949	3094	259767
9627	55	84	88	1555	1802	-1759		200	87
6952	225	53		4114	4164	62179			79994
5316	122	136	143	142	251	13005			13492
630443	10658	2880	2088	22099	28652	740541	13771	165982	1630976
132030	4807	2112	1952	9784	20624	308604		2130	691318
45220	527	1438	561	19309	15637	416659		6758	529257
2787	127	12	21	3882	3682	-2883			-2052
13682	784	148	149	2165	2127	27390	1750		39786
27441	411	170	32	1521	567	63320		4	90432
1454	40					-888			424
3183	35	24	43	702	702	3871		153	6477
3013				1047	1047	-9690			-8928
4584	45	136	62	2235	1880	43169	3	347	62558
68824	14425	4918	1212	192424	123677	343662		3126	623432
7476	820	222	193	9955	8915	748		3517	18702
15474	128	4	89	5505	5468	5894	3500	3837	23458
6129	86	552	25	16309	7430	1028			8375

2-1-24 续表 3

指标名称	利润总额	亏损企业亏损额	应交所得税	广告费	劳动、待业保险费	养老保险和医疗保险费	住房公积金和住房补贴
合 计	**3919486**	**229190**	**212653**	**467437**	**112852**	**204076**	**48186**
万州区	3484		477	74	11	781	172
涪陵区	-4488	4695	25	362	3	47	12
渝中区							
大渡口区	1063333	260	36454	490	87868	93794	20024
江北区	217036	40583	41663	5494	2100	12419	4897
沙坪坝区	151105	641	18638	1754	3019	11971	3747
九龙坡区	145009	21023	12178	17728	1556	10893	4591
南岸区	107711	51930	11216	55154	1533	14894	3722
北碚区	-1523	5797	363	26	84	931	
万盛区	62209		4666		531		
双桥区	12704		1370	387	57	242	123
渝北区	919643	63521	2603	370722	2885	22821	5236
巴南区	317199	25070	31757	14434	3597	12655	262
黔江区							
长寿区	420868		25352	152	2540	2933	953
綦江县	-2883	5154				61	
潼南县							
铜梁县	26991		5194	18	62	1347	
大足县	61464		14737		1962	2270	
荣昌县	-826	826					
璧山县	3644			153	15	171	
梁平县							
城口县							
丰都县							
垫江县							
武隆县							
忠 县							
开 县							
云阳县							
奉节县							
巫山县							
巫溪县							
石柱县							
秀山县	-9690	9690					
酉阳县	43471		2885				
彭水县							
江津市	363489		889	184	4792	12049	4353
合川市	2714		1497	196	159	2121	94
永川市	16086		689	109	78	1376	
南川市	736					300	

单位：个、千元、人

应付工资总额	#主营业务应付工资总额	应付福利费总额	#主营业务应付福利费总额	应交增值税	工业中间投入合计	#直接材料	从业人员平均人数
1321674	**1202139**	**178599**	**152568**	**1940969**	**32162188**	**26635313**	**64451**
14093	12844	1767	1654	6455	98437	82087	1324
5638	5409	389	360	3828	435075	387701	726
435854	413341	61631	54542	482816	7328418	6198226	14380
119114	112640	16021	15316	75723	2341702	1964096	6910
93901	89459	12543	12501	72545	1077964	878633	3399
115266	72161	11477	8078	84942	3197067	2767729	6082
143507	135997	6612	6105	133134	2369159	1786390	7730
8351	7173	402	229	1610	79734	59066	1163
11226	11226			17785	101340	78613	645
5308	5308	1121	1121	694	288780	273718	397
134612	108495	28850	19985	371659	7249485	5799285	6572
86432	86432	1797	1797	225490	4546091	4051435	5649
23578	23578	1937	1937	108389	717809	587915	302
4536	4536	512	512	831	73814	63914	568
13429	13429	1675	1675	12252	202796	168451	1187
12348	12348	11	11	28966	228589	132538	871
2838	2838			1250	36433	34655	351
3470	3411	169	169	2833	27603	23170	287
1615	1615	192	192	762	15445	12194	230
7353	1545	5241	252	18335	53251	37583	668
54488	54488	24405	24405	259878	1378949	1020187	2875
11169	11169	1618	1618	15988	164189	130586	1236
10392	10391	77	77	7165	100459	74393	792
3156	2306	152	32	7639	49599	22748	107

2-1-25 按地区分组规模以上

指标名称	企业数	#亏损企业数	工业总产值	工业销售产值	#出口交货值
合　计	**435**	**74**	**160358712**	**160356236**	**10503589**
万州区	19	1	2672532	2666795	169290
涪陵区	17	2	6735675	6720866	247787
渝中区	12	2	10049754	10096248	21990
大渡口区	18	5	11919440	11992999	574766
江北区	39	8	17566479	17661758	261530
沙坪坝区	43	8	14885562	14910341	2231174
九龙坡区	47	4	25063129	25093076	2104706
南岸区	35	6	11665372	11569415	1161919
北碚区	20	3	4522308	4498288	403138
万盛区	2		777931	748143	
双桥区	1	1	2966450	3237357	18540
渝北区	18	5	12573002	12023358	501651
巴南区	22	4	10325026	10455079	851427
黔江区	5	1	2030890	1988388	
长寿区	9	1	4400197	4441635	360567
綦江县	9		2629413	2540286	61963
潼南县	4	1	285106	269058	
铜梁县	6		531820	564008	77548
大足县	4		462816	467210	67284
荣昌县	6	1	1248411	1231761	43279
璧山县	13		2691265	2796535	75952
梁平县	1		78895	77750	
城口县	2		262529	244975	
丰都县	1	1	81842	81842	
垫江县	4	1	626425	640663	
武隆县	1		104979	104979	
忠　县	4	2	225142	253623	34469
开　县	6	3	653950	653777	7759
云阳县	2	1	175053	177008	
奉节县	1	1	67543	67543	
巫山县	1	1	48457	48457	
巫溪县	1	1	41011	41011	
石柱县	3		202402	195179	
秀山县	5	1	423475	440537	62161
酉阳县	1		197790	172448	29766
彭水县	2	1	119436	139099	
江津市	20	2	6549841	6449058	384751
合川市	8	1	1079413	1014110	79759
永川市	13	1	1417742	1421618	288002
南川市	10	4	2000209	2159955	382411

大中型工业企业主要经济指标

单位：个、千元、人

资产总计	#流动资产合计	#应收帐款净额	#存货	#产成品	流动资产年平均余额	固定资产	固定资产原价	#生产经营用
217335308	**101461362**	**19248432**	**26185437**	**8354772**	**90882427**	**87415857**	**121178876**	**110363173**
4844165	1850004	426174	489155	156358	1832034	2078757	2408777	2259074
13315145	5292197	833862	1161909	532465	4854571	5737706	7400157	6868618
22890926	7363977	790796	424459	207760	6297289	12994918	17185611	16227063
11821694	5154792	542060	2058945	418594	4793889	6515872	8101681	7916965
29318643	12406441	2991930	2049420	933975	10713316	8384633	10108938	8784129
15637304	9361081	2103414	1875063	683025	8731171	4131358	6320384	5434457
35979555	20831340	2514893	6686698	1217282	17833443	12210805	19473165	17444083
13009085	7124101	1562762	2415452	450158	5715930	4710247	5987397	4964771
6750205	3591044	1016118	863433	324722	3312693	2096009	3071511	2741972
1180135	432146	115934	83870	26542	380229	665020	1037796	767659
2249480	1767487	571749	980821	705589	1748784	356903	292247	292247
7820983	5117692	1028184	1855518	710316	4631791	2153395	2240914	2050304
9005068	4927275	1104997	1258374	519081	4962209	3424013	5427843	4934710
4398812	1684678	280343	572795	82625	1747873	981126	2125091	2101754
7008687	1902723	218092	520359	247386	1865601	4137764	5090376	4606738
3449693	1812802	423303	402510	127773	1675462	1244957	1914039	1845243
602008	129036	34338	16393	7912	132074	441283	488335	471782
1069466	390164	104174	47325	32146	395575	534050	910204	883432
697298	293109	77372	45261	23809	307636	360013	491246	425457
1534405	766944	194571	157661	48976	746289	484845	638826	596155
2723486	1305469	546667	263590	133060	1177433	1197441	1435389	1262654
127236	28201	2013	4979	2072	14367	91439	124157	102879
117678	34302	4467	20644	7631	30914	63727	67231	61996
263058	39919	6916			44479	218715	241717	240242
915492	252305	31322	48099	28264	217779	555674	706902	555442
246961	28891	2816	985		82269	217759	248215	239429
553848	130080	13531	51898	15321	100812	392417	475490	462700
1015271	228512	33002	43119	20695	211992	769244	1099080	873653
518463	169722	39446	78669	60939	156951	342295	413827	361209
137466	50341	38798	740		54652	82608	123840	86689
281197	30293	3663	5855		64476	248461	212402	208276
211370	45865	4965	4640		21446	165505	179549	116704
355891	74139	9353	19251	4144	78810	278917	334379	324243
513178	221585	71336	11459	5127	212882	267004	339672	264997
151549	107715	56353	32885	25984	79960	42508	49913	40594
410645	44727	25363	5677		59696	361913	395211	300253
10356794	4255608	1053384	981210	323785	3615772	5599895	10307298	10026303
2045829	724756	119671	156610	47584	598628	1018430	1407773	1333346
1433608	687024	158606	295862	139410	722194	634519	881653	725011
2373531	802875	91694	193844	84262	659056	1223712	1420640	1159940

2-1-25 续表 1

指标名称	累计折旧	#本年折旧	固定资产净值	固定资产净值年平均余额	无形资产	负债合计	流动负债合计	应付帐款
合 计	**44432265**	**6347650**	**76746611**	**73007859**	**7939019**	**129731460**	**98797827**	**24126401**
万州区	661870	93548	1746907	1719400	445056	2732271	1932712	234577
涪陵区	3072706	394138	4327451	3951207	541719	7856553	5352208	657334
渝中区	5261968	1107699	11923643	11533037	170929	15124395	5988647	2461729
大渡口区	3234765	388744	4866916	4794093	42365	6532503	4829974	1083171
江北区	2909631	545395	7199307	6526016	817406	15876602	13517480	3734795
沙坪坝区	2319109	432163	4001275	4004052	990686	11409650	10043166	2157422
九龙坡区	7070420	764041	12402745	12054774	1462069	21319943	19499511	4388956
南岸区	2119432	364674	3867965	3505515	613535	7950330	6463470	1459648
北碚区	1191762	121605	1879749	1891237	183959	4012414	3628655	903057
万盛区	449934	21828	587862	577465	5954	667430	535407	91044
双桥区	81804	6108	210443	173046	117980	1712718	1712718	1128513
渝北区	651168	178620	1589746	1477886	404342	4914329	4730970	1355347
巴南区	2478718	361729	2949125	3017184	549257	5159991	4792030	1388868
黔江区	296611	84296	1828480	1727844	69930	3041792	2105541	242385
长寿区	2109455	291889	2980921	2776327	231388	3017387	1923329	195137
綦江县	1001964	90947	912075	810636	246038	1516251	1136117	268721
潼南县	126524	26051	361811	368083	2079	243547	168373	5842
铜梁县	380997	34341	529207	534775	62758	513230	363795	50201
大足县	135801	32094	355445	305468	16494	180314	163845	32306
荣昌县	279361	48168	359465	382402	136653	1144743	917179	202016
璧山县	432805	96809	1002584	925327	174276	1773150	1354615	471717
梁平县	35190	3550	88967	71667		90969	72069	2751
城口县	12422	3281	54809	53181	730	22446	17706	
丰都县	36923	12466	204794	203994	1000	87430	78457	9003
垫江县	233681	24412	473221	371623	25076	425477	292765	17672
武隆县	32708	12203	215507	208572	311	74946	53395	14025
忠 县	117823	21819	357667	305596	17369	286221	177605	10823
开 县	376669	51185	722411	554027	8459	409381	351694	76109
云阳县	80077	8130	333750	353678	4264	285269	228285	90730
奉节县	43960	6651	79880	70571	3017	98246	58141	11389
巫山县	16980	8343	195422	149916	259	106704	65330	19591
巫溪县	14043	7073	165506	118323		81827	66887	11432
石柱县	72237	13980	262142	244249		112918	50267	8304
秀山县	73129	12480	266543	196003	24444	260170	216120	40489
酉阳县	10937	4881	38976	43882		68558	59558	20227
彭水县	65280	19080	329931	242087	169	154547	126156	22225
江津市	5857480	461912	4449818	4367591	198486	7000080	3399420	871741
合川市	412190	69459	995583	970227	106948	1409205	634187	115063
永川市	294476	44423	587177	549533	68224	917242	754637	164779
南川市	379255	77435	1041385	877365	195390	1140281	935406	107262

单位：个、千元、人

长期负债合计	所有者权益合计	#实收资本						
			国家资本	集体资本	法人资本	个人资本	港澳台资本	外商资本
30271741	**87603848**	**52817881**	**16259078**	**416663**	**25325125**	**4201433**	**1838559**	**4777023**
762672	2111894	1040008	445263	478	481188	112231		848
2493401	5458592	3161413	1865502	18297	1055185	185713	6836	29880
9077852	7766531	2574523	1897936	3110	578432	81405	9000	4640
1702527	5289191	2416285	1013176	63916	717743	39205	445328	136917
2043695	13442041	5521948	1220467	129796	2968026	541267	161939	500453
1365275	4227654	2714405	858362	54612	893084	696433	3114	208800
1728442	14659612	12335559	1334902	66151	7687850	536643	1042545	1667468
1480595	5058755	2495133	846634	1460	730734	160104	107316	648885
383756	2737791	1832872	359321	17433	1111213	344905		
132023	512705	375892			355892		20000	
	536762	500000			500000			
183359	2906654	1677476	40421		928241	108788		600026
347588	3845077	2652010	350042	16756	1763261	135396	36355	350200
872093	1357020	1163343	178781		869815	114747		
1088401	3991300	2661115	1727193		522842	31830		379250
380134	1933442	1395475	285984	1963	1046790	60738		
51723	358461	263849	218411	4561	1855	39022		
149435	556236	359898	166255		115122	68521		10000
16469	516984	293900	206340		72060			15500
227564	389662	401227			378927	22300		
418518	950336	348893			231077	117816		
18900	36267	20964	20964					
4740	95232	23890			13890	10000		
8973	175628	174103	174103					
132711	490015	323321	294799		19663	8734	125	
21551	172015	172295	163680		8615			
108616	267627	251903	243103			8800		
57687	605890	633460	521230		32011	80219		
54661	233194	202293	176792	10741		14760		
40105	39220	35000	33000		2000			
41374	174493	179716	179716					
14940	129543	141800	141800					
62004	242973	216039	191039		17500	7500		
44050	253008	200188	159828	7539	16112	16709		
9000	82991	10000			5500			4500
28391	256098	245006	160006		85000			
3582861	3356714	2371126	435059		1674961	211762		49344
775017	636624	480366	151358		20686	138010		170312
155765	516366	436149	174401	19850	116537	119360	6001	
204873	1233250	515038	23210		303313	188515		

2-1-25 续表 2

指标名称	主营业务收入	主营业务成本	主营业务税金及附加	其他业务收入	其他业务利润	营业费用
合计	**158732115**	**125442591**	**3718974**	**5869070**	**1112928**	**9605510**
万州区	2605265	1972351	35155	14640	3043	268759
涪陵区	5942884	4304452	47810	131274	35013	654890
渝中区	11012764	9448667	58608	263732	45305	160073
大渡口区	12023763	9994938	59043	105821	29675	233121
江北区	17508970	13786870	328546	1114658	281024	999991
沙坪坝区	14956600	12431148	153554	1238578	128849	694766
九龙坡区	23993586	18410427	356834	1122999	193037	2976152
南岸区	11551361	8267376	1118412	254481	30564	603395
北碚区	4206894	3268540	43700	126711	71836	300387
万盛区	748143	564878	8780	131529	42376	21729
双桥区	3237357	2923352	6576	23130	-1095	165336
渝北区	12049962	9153710	356240	30535	34818	889640
巴南区	10374914	8797537	181692	117674	44916	505305
黔江区	1917672	1104014	431477	46936	3450	102772
长寿区	4426621	3257964	22272	132346	13920	213108
綦江县	2579600	2107823	10330	340688	44016	75226
潼南县	269058	214037	1905		74	10953
铜梁县	564008	414946	4593	34573	900	23279
大足县	548949	376630	2592	1655	1927	25461
荣昌县	1195941	971740	24630	211172	5668	43538
璧山县	2773509	2387730	14248	80285	5041	55582
梁平县	77750	57347	791	1446	335	1214
城口县	244958	179924	1804	517		17935
丰都县	81842	80848	710	457	108	170
垫江县	636981	485176	11021	901	1356	30380
武隆县	104979	101244	1326	2822	1782	
忠　县	246594	223066	1269	17368	719	4155
开　县	652663	576708	3959	14855	5267	34434
云阳县	176958	134304	1081	39959	19377	16803
奉节县	67543	53468	3541	1200	1090	
巫山县	48457	60171	397	14817	7808	
巫溪县	35242	43635	311	29		3
石柱县	181312	147151	1198	7617	-1166	14751
秀山县	422064	322529	3090	203	201	21565
酉阳县	172448	121865				7247
彭水县	139099	103103	1389	1594	-380	3684
江津市	6442218	5046218	23314	151136	30207	168528
合川市	969006	799960	7898	71279	11688	31868
永川市	1392943	1133827	6629	17918	10489	32487
南川市	2151237	1612917	382249	1535	9690	196823

单位：个、千元、人

管理费用	#税金	#财产保险费	#职工教育费	财务费用	#利息净支出	营业利润	投资收益	补贴收入	利税总额
10739000	**257005**	**110200**	**113975**	**2609622**	**2482695**	**6876458**	**1759303**	**1168675**	**20127766**
224328	7156	1177	2853	67212	71967	83055	34139	21141	316336
584723	13887	6357	9785	194438	153033	296345	19644	80127	705875
223678	4097	964	3961	381157	289088	14917	20709	275298	942517
472262	8983	6607	8231	174355	162656	1128041	-5438	17254	1759135
1721058	35298	15051	14323	173657	178625	840060	1249860	34145	3011298
1007069	15031	9849	15774	238319	267043	136179	95660	107703	775345
1430855	40631	8265	12840	309232	376493	374740	33630	68848	1794692
872220	14122	8218	6568	188312	174372	490731	34329	79017	2259217
460528	8115	5282	4210	63020	62285	114184	37631	47654	441806
124165	1874	53	2562	8604	7161	62373	-3794	21860	113860
146636	3674	561	1530	12766	12586	-28260		2728	33935
756265	12056	3349	3552	63705	60864	858211	21601	197340	1844834
443253	23655	3329	5087	69523	75825	424643	502	19743	1096270
104266	2358	3211	1524	106577	107050	90724	361	16942	700822
278454	8156	14992	2871	49073	42357	624435	175468	13720	1088106
307507	4611	2253	3412	12856	22170	101509	4099	24797	239977
19951	360	276	156	6637	6466	21592	2852		36803
33556	1424	119	294	17044	17107	71490	10401	1795	128729
48759	775	195	159	4599	3645	105844		3165	143129
195509	1416	1860	1653	15427	19097	-47707	-82	28761	6629
179316	3942	2509	1223	31615	29546	107912	774	743	204024
13128	539	276	185	3075	3075	2529			11307
4600	88	79	17	3866	1279	33860			62270
11403	238		127	1948	2377	-1557	20		5637
58931	10219	612	703	9683	9618	87267	8054	1444	105015
				2994	2994	1197			16279
21244	657	288	366	7729	7586	-6091		4919	6205
38432	356	89	71	10268	10268	-5933		6974	55141
31538	374	213	515	4594	5179	8015	353	1269	19317
14559	282	524	211	3407	3407	-3156			3899
				695	688	-4997			-1698
2				1575	1500	-12229			-8852
16426	111		176	4056	4056	4732		4712	20087
31888	221	466	339	7195	7182	35173			73917
3106	45	136	62	2210	1880	38019	3	347	52862
17016	751	487	262	5447	5468	23447	50		23327
562742	23543	8674	5211	248926	180215	568770	7938	28748	1097527
78163	3391	1054	748	29872	29181	9911	6991	19534	107707
104157	1952	1260	1513	32264	27452	47085	3547	19365	143754
97307	2617	1565	901	41690	39854	179398	1	18582	690726

2-1-25 续表 3

指标名称	利润总额	亏损企业亏损额	应交所得税	广告费	劳动、待业保险费	养老保险和医疗保险费	住房公积金和住房补贴
合计	**9590174**	**1001563**	**907033**	**1001417**	**698991**	**1450331**	**612431**
万州区	137972	8267	22974	7342	6715	35317	2500
涪陵区	313872	7332	56380	98087	49551	78517	36941
渝中区	249737	14921	9656	13762	18498	109929	284591
大渡口区	1119288	28754	43545	3367	101345	120025	25925
江北区	2042162	79558	114047	99792	30429	264661	77350
沙坪坝区	356687	222363	85262	64105	50202	92209	11500
九龙坡区	631453	88023	59997	182485	74507	176589	33028
南岸区	584762	83837	107109	93031	40332	84254	28653
北碚区	221174	34791	24270	3868	81062	54374	17532
万盛区	64220		4666		41623	21469	
双桥区	-27020	27020	954	9836	15008	22315	8245
渝北区	1047356	81766	40848	375259	15772	37706	6109
巴南区	539473	47650	61774	25712	38593	49952	833
黔江区	96088	8185	5643	9856	7626	9797	5637
长寿区	775789	23289	61741	1380	17808	35463	15437
綦江县	119962		11634	191	10272	48694	9883
潼南县	24196	3824	4826		170	958	
铜梁县	83260		19836	9	251	4819	777
大足县	93889		25345	20	4661	5771	397
荣昌县	-89431	98694	802	1288	6360	49318	12946
璧山县	108158		4187	1937	10917	13863	3066
梁平县	1936		620	179	2240	1224	
城口县	36777		2530				
丰都县	-1306	1306			170	1984	798
垫江县	60299	2281	28358	358	7094	7130	732
武隆县	2006		126	28	66	768	300
忠　县	-9618	12109	339	27	2275	5915	1125
开　县	836	12674	4400	545	1626	9429	1911
云阳县	9164	2611	1879	64	5371	1339	
奉节县	-3094	3094			316	2953	1071
巫山县	-5149	5149				1920	219
巫溪县	-12256	12256		20	1192	1066	313
石柱县	8034		2204	453	639	3767	
秀山县	43306	3365	5962		236	2331	
酉阳县	38462		2885				
彭水县	6280	5156	4123	240	2625	843	
江津市	613687	5806	36845	5933	36424	58326	18743
合川市	27499	25219	11586	981	6984	18252	1696
永川市	75204	33896	12339	268	6007	9443	4173
南川市	205060	18367	27341	994	4024	7641	

单位：个、千元、人

应付工资总额	#主营业务应付工资总额	应付福利费总额	#主营业务应付福利费总额	应交增值税	工业中间投入合计	#直接材料	从业人员平均人数
8863387	**8021662**	**1183454**	**1014701**	**6818618**	**123342082**	**101710184**	**551016**
212391	199670	27189	21665	143209	1900312	1375686	18547
444109	342272	58933	45021	344193	4974148	3451178	30055
601913	595322	112486	78604	634172	7910264	6524108	23674
675177	610656	91314	67051	580804	9121235	7659997	29373
1178057	1085720	138182	127862	640590	14143897	11810606	55007
658610	556981	94988	82729	265104	11992594	10399930	43400
1107661	911899	111219	95820	806405	19875883	17209997	71867
649577	624804	68118	65251	556043	8422209	6935974	40569
400587	368749	51559	46614	176932	3242996	2571835	30165
159043	100686	9700	9075	40860	537660	319603	11873
102028	102028	14695	14695	54379	2687914	2392721	4228
287417	261657	57668	48594	441238	10351252	8285844	19459
420713	418105	53463	52280	375105	8544335	7504206	29839
80582	80469	11700	11248	173257	1274934	988589	3154
211087	210762	27958	27913	290045	3053426	2516325	13353
269000	263161	45875	44966	109685	1901852	1501345	20196
19074	11248	2469	1382	10702	189688	106459	1829
47535	47535	6103	6103	40876	304584	223181	3159
37483	37297	3814	3788	46648	286382	173753	3121
133338	120095	20915	19283	71430	872917	579979	11637
163499	162582	24635	24507	81618	1965678	1677749	11724
16929	16929	2393	2393	8580	70503	47011	1593
5439	5239	537	537	23689	207032	167536	795
10413	8483	1188	1089	6233	56296	47271	526
35574	32376	4882	3470	33695	282732	156475	3239
5420	5420	697	697	12947	81369	74356	329
30224	30224	3853	3853	14554	168188	122424	2429
66175	64806	8890	8699	50346	489780	370793	5548
31088	22285	4679	1860	9072	132055	119060	2641
10614	7102	1965	1352	3452	45591	21319	913
8176	7493	1145	1049	3054	41285	36399	479
6500	6500	2335	2335	3093	24465	726	501
24854	21244	3433	2933	10855	126311	65743	2272
35650	35120	4013	3743	27521	288302	244839	2525
5808		4989		14400	12561		495
15782	15184	3459	665	15658	46064	20419	1188
347287	327395	63456	56475	460526	4617039	3742312	20562
100703	96993	11866	6692	72310	663351	424257	9099
151878	111484	14204	9955	61921	1081069	905157	9985
95992	95687	12487	12453	103417	1353929	935022	9668

2-1-26 按地区分组规模以上

指标名称	亏损企业数	工业总产值	工业销售产值	#出口交货值	资产总计	#流动资产合计
合 计	**546**	**21437302**	**22627841**	**1096567**	**38802985**	**16447000**
万州区	22	345912	323854	3032	588536	226425
涪陵区	27	951627	925752		2699565	1516406
渝中区	17	247927	255117	4589	469764	220261
大渡口区	13	731582	708960	1757	786362	351760
江北区	29	1633434	1651032	13190	3555573	1910754
沙坪坝区	47	1829659	1806459	140639	3322937	1717666
九龙坡区	53	2552776	3677923	460847	4520870	2274576
南岸区	36	1710419	1652008	86195	3172784	1160463
北碚区	31	711188	709299	29245	1278579	799698
万盛区	11	108882	107597	1550	225296	50825
双桥区	4	2996581	3266978	18540	2273559	1782375
渝北区	21	825147	836848	69550	1127556	531228
巴南区	23	1383357	1394411	106933	2842953	1038394
黔江区	5	93980	91788		472798	40539
长寿区	12	410321	415045		896486	486638
綦江县	10	195279	211122		274412	102018
潼南县	4	195383	192513		382963	36267
铜梁县	12	280227	210264	510	230994	69875
大足县	7	101466	102995		95148	48151
荣昌县	16	321792	325080	13320	426443	148147
璧山县	2	10677	9771		14128	3231
梁平县	12	211432	199787	2259	152054	69125
城口县	4	31984	31877	8136	67309	30926
丰都县	7	163158	150238		428668	105703
垫江县	6	291560	329748		497865	106112
武隆县	8	110152	102410		280312	86327
忠 县	6	173814	174515	4996	512480	56795
开 县	7	538917	540985		2626765	280611
云阳县	8	165249	170830		402411	179777
奉节县	7	124223	122084		464257	113837
巫山县	3	71727	73912		414703	70791
巫溪县	5	82114	82057		332630	64205
石柱县	3	87413	78212	3425	125111	42715
秀山县	15	449509	428088	34468	529768	133311
酉阳县	4	79297	76117		107481	55213
彭水县	3	80240	79066		279958	20634
江津市	10	210860	204138	200	650286	107593
合川市	7	239748	239913	80565	220496	104417
永川市	7	258183	221766	12621	259851	98441
南川市	22	430106	447282		792874	204770

工业亏损企业主要经济指标

单位：个、千元、人

#应收帐款净额	#存货	#产成品	流动资产年平均余额	固定资产	固定资产原价	#生产经营用
3874939	**4987348**	**2563966**	**16644158**	**17922997**	**23630121**	**19039031**
41986	64438	34205	231845	246807	314852	282185
306339	365874	219625	1492704	978266	1248739	1130607
75228	69998	24166	208821	174853	231959	222492
49925	111757	66543	307304	336136	344445	330788
372048	393500	132728	1788730	856122	1413337	1003609
337624	415066	213087	1911603	862499	1671868	958501
340645	705348	257154	2258165	1752970	2828928	1673785
232273	398398	241395	1174304	1729905	1983746	1565460
319729	201676	109796	707614	280723	463699	428834
23966	10749	2887	41348	152445	184821	168646
581331	985364	706468	1759930	364003	302635	302398
199951	178613	77143	516228	502651	698688	599777
405624	327504	127779	1233938	1285126	2068674	1957521
7991	5246	1779	82480	383930	389629	385776
71153	39465	18425	483248	295337	382319	326941
40051	37343	18509	105284	170549	292313	242844
8466	11283	6072	48666	344196	374187	370122
26609	30467	14368	67119	154052	223180	210539
7750	10508	5028	41212	35053	51425	44585
39637	63178	20342	218594	204397	383083	347203
1642	187		19215	10827	11801	9854
6177	39093	15704	68444	65289	89289	76559
3446	13414	8719	30112	35594	49409	45373
21639	27534	19095	106249	308475	354153	333121
15878	17396	2513	125429	364742	415241	252048
26974	23333	7967	81816	189947	247880	159327
12366	12843	1706	44136	428935	498643	483421
40067	38043	629	264481	2329984	2439006	2213011
40839	80982	71369	179247	161945	232274	181650
54351	16445	6004	115164	327371	412954	328303
11247	14148	530	104237	338152	302239	277151
10948	9014	841	41746	257789	328536	243686
11940	7183	895	40194	74501	93373	76169
22768	47625	23496	120571	353520	387007	275699
8126	13291	6847	48909	45192	53173	52920
12667	2012	900	23359	256635	267762	219504
22790	20254	11697	108880	464580	504135	447105
16377	60538	32826	113176	105246	231773	228130
10408	69135	43479	121150	139119	150245	118722
35963	49103	11250	208506	555134	708701	464665

2-1-26 续表 1

指标名称	累计折旧	#本年折旧	固定资产净值	固定资产净值年平均余额	无形资产	负债合计	流动负债合计	应付帐款
合 计	**7206382**	**1205458**	**16423739**	**15636324**	**1821355**	**31658569**	**25127285**	**5412599**
万州区	76482	13758	238370	213586	75137	428434	304220	67514
涪陵区	374671	64099	874068	823909	112414	1808060	1313192	183952
渝中区	105020	8972	126939	135017	39715	419903	391836	48729
大渡口区	144130	14342	200315	201423	15970	631669	619793	134181
江北区	560009	65927	853328	831292	45870	2833119	2368278	539223
沙坪坝区	633155	166228	1038713	1202692	120081	3820919	2894344	373786
九龙坡区	1141157	142464	1687771	1585269	133276	4464547	4129918	735251
南岸区	521041	92406	1462705	1307536	212212	2916533	2585607	388132
北碚区	171309	18563	292390	289718	44622	1185911	1120574	331055
万盛区	40131	8710	144690	135994	17673	118250	63921	14864
双桥区	85193	7375	217442	180784	119287	1726771	1725046	1134285
渝北区	275144	46665	423544	415828	52930	986789	798233	262853
巴南区	802736	153073	1265938	1429909	491295	1869521	1696305	378598
黔江区	32128	10935	357501	252039	15929	198376	109734	13617
长寿区	148717	12906	233602	250314	17704	831225	590851	17401
綦江县	131369	12058	160944	165645	15	229920	202511	41887
潼南县	60504	16935	313683	312988	1636	129064	95474	6288
铜梁县	69659	8819	153521	120060	4408	137688	103892	9193
大足县	17624	3312	33801	33796	5386	73536	54711	6578
荣昌县	194297	30031	188786	232946	69032	726255	555974	86575
璧山县	1244	689	10557	10529		3519	3519	
梁平县	25557	6391	63732	63951	11727	122755	100598	8982
城口县	13716	1596	35693	31878	405	56361	44982	4698
丰都县	62968	16481	291185	292016	10389	232919	175618	21196
垫江县	87821	12734	327420	244539	13100	262088	173472	4936
武隆县	61848	11841	186032	183622	2597	176149	116729	10851
忠 县	100329	23259	398314	341480	13609	237075	134568	7654
开 县	409100	81115	2029906	1871150	6880	1881756	688738	170015
云阳县	80857	8766	151417	160511	37414	310358	221229	104020
奉节县	138280	20235	274674	278966	13902	390191	187441	11827
巫山县	40050	11051	262189	217640	3093	212283	100602	21897
巫溪县	73099	28642	255437	215202	1197	162820	86444	13131
石柱县	19310	1981	74063	74105	7894	80819	43899	6831
秀山县	48229	15735	338778	344348	5599	489988	323011	72387
酉阳县	14658	2162	38515	41171	5928	103792	81832	39611
彭水县	35818	8426	231944	138506	2646	116181	60306	9432
江津市	72627	17284	431508	271977	48394	260087	176467	15875
合川市	125786	7866	105987	113685	272	321540	112628	18088
永川市	11125	4786	139120	139000	12948	207033	201586	30273
南川市	199484	26840	509217	481303	28769	494365	369202	66933

单位：个、千元、人

长期负债合计	所有者权益合计	#实收资本	国家资本	集体资本	法人资本	个人资本	港澳台资本	外商资本
5519599	**7144416**	**12675069**	**5055120**	**411629**	**5053835**	**1232194**	**477029**	**445262**
124210	160102	160289	59531	4040	87796	8922		
489857	891505	910913	30478	23542	697862	13855	10836	134340
28067	49861	105382	80402	50	24051	879		
11875	154693	286881	113022	28886	108505	34415		2053
149417	722454	1077366	496959	57360	423566	76287	9450	13744
377255	-497982	741981	147568	83759	313444	195997	863	350
334628	56323	925316	514859	66923	153859	41433	51088	97154
318484	256251	773461	210288	24960	213192	58338	262441	4242
65337	92668	258081	119010	653	67513	47110	22615	1180
53533	107046	109776	6965	5514	87310	9987		
172	546788	502903		500	502000	403		
188422	140767	405750	69856	4830	101683	35208	3626	190547
173216	973432	1541131	166452	4817	1225093	80649	64120	
84907	274422	290132	70017		208025	12090		
236169	65261	142106	98793	16375	3163	23775		
27309	44492	174761	121993	2334	33517	6927	9990	
33590	253899	231754	218411	9639		3704		
33796	93306	73281		816	48885	23580		
18824	21612	12274		60	3862	8352		
155037	-299812	277349	6785	12633	222404	33875		1652
	10609	10655	918			9737		
8708	29299	38507		340		38167		
11358	10948	22743	1493		12820	8430		
57001	195749	208168	179649		5919	22600		
76741	235777	277503	211998	4953	50580	9972		
59419	104163	144545	38956	2083	9221	94285		
102507	275405	268752	263392			5360		
1193018	745009	839672	760306		32011	47355		
74754	92053	122618		10741	74427	37450		
202749	74066	124578	41271	20000	63007	300		
111681	202420	194496	183516	10980				
76332	169810	204905	192434		3900	8571		
36918	44292	38696		2323	33660	2713		
114448	39780	119384	51180	7539	2480	16185	42000	
21959	3689	13556	892	396	226	12042		
51480	163777	171640	168516	772		2352		
81400	390199	384132	302860	466	18684	62122		
208912	-101044	100418	87143	2800	840	9635		
5447	52818	100368	4182		15586	80600		
120662	298509	288846	35025	545	204744	48532		

2-1-26 续表 2

指标名称	主营业务收入	主营业务成本	主营业务税金及附加	其他业务收入	其他业务利润	营业费用
合计	**22496697**	**20470652**	**202857**	**621139**	**164046**	**2818525**
万州区	294913	282248	1925	3273	1244	9592
涪陵区	907201	876315	2621	4838	1527	43014
渝中区	251604	211385	2330	1894	1704	15922
大渡口区	729903	657914	3421	38955	13953	11721
江北区	1570334	1355969	18068	91681	13174	126322
沙坪坝区	1970568	1859767	8742	106667	10389	54565
九龙坡区	3713905	3179446	95402	35427	-350	2001029
南岸区	1648059	1452375	13901	41917	14500	121654
北碚区	692004	636815	2578	58207	42270	31962
万盛区	100599	89344	978	2501	-182	7737
双桥区	3266978	2950985	6756	23164	-1209	165968
渝北区	821245	743436	795	26613	9459	31446
巴南区	1361455	1323745	5658	58134	11438	58208
黔江区	93627	78671	2129		2082	1894
长寿区	392526	383724	2253	3666	6293	18365
綦江县	207710	204977	827	3933	47	9223
潼南县	185013	182177	1036			2511
铜梁县	203735	198626	1275	5773	1040	1289
大足县	102995	90057	781	134	102	2136
荣昌县	318442	307117	1042	21203	3001	8940
璧山县	9771	9311	57	391	250	
梁平县	189519	180920	664	952	718	3414
城口县	31754	20679	529	251	-54	5681
丰都县	144443	144893	1069	5577	5384	3578
垫江县	321450	294781	2776	483	1317	11931
武隆县	82824	73735	686	1666	675	1282
忠　县	167441	153177	1363	17388	851	1425
开　县	539187	475910	3219	15638	5741	20155
云阳县	170124	155717	1425	71	41	6309
奉节县	119307	110674	4109	8247	3553	2266
巫山县	73911	86644	695	18532	9791	52
巫溪县	73719	78315	943	52	-1695	903
石柱县	73538	64525	2595	105	68	2214
秀山县	419233	402352	2061	2	2	11257
酉阳县	65434	59333	264		166	3136
彭水县	79066	72236	761	1639	-338	85
江津市	200239	179934	2103	7332	3831	1964
合川市	239870	226142	756	8569	1013	6296
永川市	218026	198811	337	4409	705	7012
南川市	445025	417470	3927	1855	1545	6067

单位：个、千元、人

管理费用	#税金	#财产保险费	#职工教育费	财务费用	#利息净支出	营业利润	投资收益	补贴收入	利税总额
2539383	**66614**	**17058**	**18460**	**614964**	**603337**	**-2120562**	**127036**	**140975**	**-904228**
32683	2443	260	119	12319	12307	-38839	-3	6757	-32214
43467	2705	1265	433	21503	17710	-28385		6426	-6400
42618	1014	313	385	3574	3258	-25767	3318	14	-25873
87115	1390	267	486	12918	10150	-28784	185	833	-5386
291498	5772	1292	1699	23968	23870	-239629	6615	2313	-133008
304995	3239	2080	1391	116434	118435	-390076	82919	8659	-235694
382504	4480	834	4041	98981	105520	-273613	22948	11846	-9910
186661	6588	913	1010	45338	45817	-187754	8299	64282	-103583
67158	2174	729	415	16494	15983	-44435	7610	482	-28842
9657	586	23	166	753	725	-8775	99	2159	-977
148038	3735	571	1541	12949	12769	-28829		3012	34944
131129	2809	394	1057	15604	14035	-88518	-3448	781	-65551
114446	12943	568	1146	59191	56059	-184550		1671	-4875
26880	270	711	181	5560	5349	-19835	-677		-12085
30123	1070	445	380	8370	8363	-44038	1058	5149	-23715
19355	593	278	142	1185	1218	-21878	16	502	-13245
9396	28	28	1	2997	2660	-9654	717		17
9682	535	85	136	5445	5435	-11567			-2270
4239	266	74	58	1464	1464	-3675			448
152180	503	1806	423	19576	15661	-150126	-1607	4170	-164568
1283	16		6	8	20	-640			-145
10039	822	294	184	3313	1420	-9677			-4828
3569	145	2	60	5383	4231	-7112			-6045
17485	471	15	208	4623	4989	-11947	20	1591	1138
24727	184	58	87	5395	5145	-4260	-14	362	8327
11852	265	200	206	5277	5268	-8649			-2932
19696	951	230	332	8479	8330	-15236	146	4919	-5218
36781	596	71	77	33366	33619	-24561	160	1437	26639
11626	268	267	150	5035	5023	-11821		3417	1358
27421	922	541	420	4757	4762	-20315		2078	-6921
2202	445		70	870	862	-7181			-550
7424	117	264	70	3638	3563	-16625			-16300
7335	3570	35	23	284	284	-4207		316	443
17987	437	161	152	11170	11167	-24278			-18798
7779	243	136	39	2129	2122	-5107	-1391	1167	-480
7244	212	509	125	3514	3537	-4748	50		1291
159939	1544	157	553	8002	8028	-11553		210	3236
16211	746	228	102	4449	4112	-26001		2409	-12371
15227	420	21	117	7887	7287	-42740	15	1107	-36304
39732	1097	933	269	12762	12780	-35177	1	2906	-2981

2-1-26 续表 3

指标名称	利润总额	亏损企业亏损额	应交所得税	广告费	劳动、待业保险费	养老保险和医疗保险费	住房公积金和住房补贴
合 计	**-1857164**	**1857164**	**12839**	**110693**	**148569**	**352290**	**51616**
万州区	-45290	45290	22	128	1477	4222	381
涪陵区	-31158	31158	220	8268	1232	13579	125
渝中区	-33600	33600	104	460	2074	6242	504
大渡口区	-31448	31448	797	950	8981	8728	1179
江北区	-223988	223988	5308	4379	20397	32903	4612
沙坪坝区	-292785	292785	1176	282	22044	41427	2328
九龙坡区	-170943	170943	1522	50557	9610	50029	13353
南岸区	-170346	170346	84	31746	2817	52677	5063
北碚区	-54102	54102	134	526	5428	10953	387
万盛区	-7767	7767	20	66	466	1079	95
双桥区	-27319	27319	954	9836	15008	22315	8245
渝北区	-97845	97845	950	526	4061	10183	2022
巴南区	-67533	67533		1205	19872	14608	
黔江区	-20688	20688	211	550	248	3206	793
长寿区	-41510	41510		195	1898	5556	185
綦江县	-20487	20487		25	776	3536	555
潼南县	-8760	8760				40	
铜梁县	-11980	11980		44	323	796	70
大足县	-3902	3902		31		70	
荣昌县	-181428	181428	45	46	7884	13596	1846
璧山县	-642	642			4	104	16
梁平县	-9883	9883		2	1016	1510	
城口县	-7134	7134		38	146	163	29
丰都县	-9703	9703			228	2513	955
垫江县	-5588	5588	937	162	871	4091	
武隆县	-8098	8098		3	169	783	116
忠 县	-17486	17486		35	2550	9176	1236
开 县	-22933	22933		36	1513	6671	3388
云阳县	-9221	9221		240	871	1219	
奉节县	-19416	19416			1394	4805	1201
巫山县	-6792	6792			299	2469	219
巫溪县	-24082	24082		20	2348	2290	468
石柱县	-3880	3880			209	918	
秀山县	-40773	40773			31	410	102
酉阳县	-6132	6132			110	659	
彭水县	-6552	6552		12	1802	260	
江津市	-12114	12114	14	154	3015	5003	1982
合川市	-28163	28163	3		3821	9337	
永川市	-39560	39560	47	91		35	
南川市	-36133	36133	291	80	3576	4129	161

单位：个、千元、人

应付工资总额	#主营业务应付工资总额	应付福利费总额	#主营业务应付福利费总额	应交增值税	工业中间投入合计	#直接材料	从业人员平均人数
2075163	**1819515**	**241490**	**207816**	**750079**	**18119162**	**14402930**	**180713**
26443	21956	3539	2770	11151	268721	216197	3369
64535	55950	7671	6423	22137	764060	615215	7233
28455	27014	3896	3303	5397	196337	152922	2112
64940	27214	10563	3862	22641	638863	525797	5398
222190	136648	22936	17303	72912	1378672	1107350	14266
239347	206572	29560	27331	48349	1651838	1316864	21102
258373	227772	13295	9237	65631	2299216	1766788	19400
214496	208361	25561	24829	52862	1450178	1093156	18504
70166	67129	8774	8438	22682	530920	407082	7685
12801	12737	1481	1473	5812	77838	58611	1444
103524	103524	14904	14904	55507	2711113	2412143	4408
67007	66445	9199	9120	31499	722209	543616	5132
161333	160642	19027	18919	57000	1099225	858329	13440
16120	13554	1827	1720	6474	71414	53335	946
30864	30681	4012	3978	15542	377916	340885	3894
17676	16680	7296	1642	6415	160709	129868	2194
11660	11660	1471	1471	7741	138898	73058	1049
12674	12419	1614	1446	8435	198221	173943	1670
6492	5993	815	773	3569	65136	53298	862
52124	51849	6897	6849	15818	358377	231065	7968
1627	1627	77	77	440	7368	6580	183
15464	15047	1655	1548	4391	179282	161217	2549
4245	2545	538	399	560	24797	15954	599
20691	14264	2235	1669	9772	118159	98926	1842
22403	6580	3195	1529	11139	182620	120761	2206
17864	16614	2317	2226	4480	84607	63532	2153
25644	25644	3191	3191	10905	128545	100561	1798
47522	45783	6653	6409	46353	397520	280357	2978
14408	13220	1932	1766	9154	136356	120487	1948
26005	22457	4080	3462	8386	87090	47676	2843
12918	12235	1800	1704	5547	59670	52348	1014
13351	11922	3535	2917	6839	56761	18331	1413
4287	4242	625	615	1728	60777	39422	375
28002	27152	2812	2451	19914	372382	328956	2496
4711	4411	792	645	5388	63316	46441	658
7896	6990	1114	975	7082	21050	12827	591
38239	37485	3282	3248	13247	152662	114599	2235
31596	30377	498	497	15036	179024	149302	3901
18443	18443	2092	2092	2919	271478	199107	1152
38627	37677	4729	4605	29225	375837	296024	5703

2-1-27 规模以下工业

指标名称	企业数	#亏损企业数	工业总产值	工业销售产值	#出口交货值	年末存货
合 计	**17875**	**2695**	**45611770**	**44580941**	**258114**	**4360117**
按登记注册类型分组						
内资企业	17716	2620	44930440	43940763	163436	4097519
国有企业	179	53	664443	651507	970	111232
集体企业	2471	475	4949428	4846027	13217	581133
股份合作企业	541	136	1235865	1235908	70	172856
联营企业	84	15	222671	215329	2000	30334
有限责任公司	1262	382	4520444	4325103	42560	724126
股份有限公司	247	59	813101	778156	3696	124094
私营企业	12605	1474	32009358	31392220	99120	2331357
其他企业	327	26	515130	496513	1803	22387
港、澳、台商投资企业	80	38	264378	252949	16486	97217
外商投资企业	79	37	416952	387229	78192	165381
按轻重工业分组						
轻工业	7606	1138	18944207	18441182	118571	1836009
重工业	10269	1557	26667563	26139759	139543	2524108
按国民经济行业大类分组						
采矿业	2352	153	6593032	6545590		157464
煤炭开采和洗选业	1169	83	3937259	3948921		75921
石油和天然气开采业						
黑色金属矿采选业	125	11	471485	459271		21286
有色金属矿采选业	12		21950	21134		528
非金属矿采选业	1046	59	2162338	2116264		59729
其他采矿业						
制造业	14624	2393	37879583	36902709	258114	4174673
农副食品加工业	1005	67	2639074	2555810	25662	160264
食品制造业	485	71	979966	954417	5115	110474
饮料制造业	739	57	942486	935186	3494	56274
烟草制品业						

企业主要经济指标

单位：个、千元、人

资产总计	固定资产原价	本年折旧	负债合计	实收资本	国家资本	集体资本	法人资本
39172399	**22116284**	**1937103**	**18547931**	**17345156**	**1421721**	**1786181**	**5123572**
37576596	21287745	1836154	17542388	16463781	1361407	1723311	4976012
1450739	1309084	64206	1127848	687642	603393	4796	72303
4044443	2469724	273424	2604958	1491520	94547	1123518	110332
1098736	604423	60489	606104	436717	14559	59013	146871
210744	133092	9926	108789	96021	22149	30024	29940
8994514	4391040	353527	4007452	3636196	465115	224004	2153994
1070619	599941	42416	547320	596354	93369	105321	285200
20405192	11601699	1010945	8452535	9384701	59722	174021	2146295
301609	178742	21221	87382	134630	8553	2614	31077
533998	246044	21856	313286	291774	40050	2995	56317
1061805	582495	79093	692257	589601	20264	59875	91243
15095803	7849978	650796	7307606	6812170	381731	608492	2171153
24076596	14266306	1286307	11240325	10532986	1039990	1177689	2952419
3916035	2695781	222748	1378389	1865710	20517	153128	400189
2700668	1932826	155963	1044836	1255589	19767	95881	310322
216910	78118	7045	89084	78234	379	6961	13876
13918	9263	658	4883	5658		2715	590
984539	675574	59082	239586	526229	371	47571	75401
31109733	15685689	1529151	15815182	13467585	778138	1363741	4024802
1504731	902153	71539	581566	716656	59469	46225	178672
926729	613425	44885	485535	425726	37384	39887	143029
720373	455923	37560	219393	394344	30860	21431	78559

2-1-27 续表 1

指标名称	企业数	#亏损企业数	工业总产值	工业销售产值	#出口交货值	年末存货
纺织业	989	47	3541738	3431639	12788	226057
纺织服装、鞋、帽制造业	193	56	332272	329184	265	69060
皮革、毛皮、羽毛(绒)及其制品业	155	15	493975	481423	6637	31463
木材加工及木、竹、藤、棕、草制品业	161	24	242719	237548		25604
家具制造业	342	32	718205	700221	6268	91133
造纸及纸制品业	368	68	973226	956791		84660
印刷业和记录媒介的复制	604	141	914861	892141		91520
文教体育用品制造业	44	16	45298	43978	298	7210
石油加工、炼焦及核燃料加工业	47	9	316443	320639		48155
化学原料及化学制品制造业	630	133	1583417	1539974	40006	196903
医药制造业	102	31	548048	500070	2947	107987
化学纤维制造业	4		4842	4328		1048
橡胶制品业	168	43	381240	372994	1186	39843
塑料制品业	522	93	1237600	1212902	8289	134238
非金属矿物制品业	2420	220	5278237	5213363	460	368670
黑色金属冶炼及压延加工业	251	26	1049282	1040211		91349
有色金属冶炼及压延加工业	131	29	585361	566076	3706	84941
金属制品业	698	155	1705327	1657506	26458	282115
通用设备制造业	981	196	2722306	2621149	27283	415399
专用设备制造业	359	106	815958	791477	5921	154493
交通运输设备制造业	2358	518	7445036	7205819	48066	867438
电气机械及器材制造业	335	111	1077616	1037934	1152	186311
通信设备、计算机及其他电子设备制造业	69	29	231674	223406	1989	77487
仪器仪表及文化、办公用机械制造业	262	67	730541	741808	24933	139658
工艺品及其他制造业	155	22	228292	223185	5191	15984
废弃资源和废旧材料回收加工业	47	11	114543	111530		8935
电力、燃气及水的生产和供应业	899	149	1139155	1132642		27980
电力、热力的生产和供应业	482	57	646149	643423		8027
燃气生产和供应业	63	12	195082	198955		7956
水的生产和供应业	354	80	297924	290264		11997

单位：个、千元、人

资产总计	固定资产原价	本年折旧	负债合计	实收资本	国家资本	集体资本	法人资本
1402962	884948	64624	765399	610630	31438	27639	73125
324406	143391	11391	201551	122712	6400	21050	17212
315071	161043	18500	133493	117119	10309	17881	17361
276851	137494	8170	105789	77571	12969	6803	9405
524337	242306	20276	212776	236108	2568	13387	49937
1130942	418367	38984	334257	723592	3180	25010	472026
897560	592511	53554	436012	425873	11835	61295	105934
46254	25896	1806	12247	27189	3583	5582	6990
162619	98380	8713	82169	33999	502	1122	9047
1723419	898170	102374	862888	789351	69787	103413	230936
1396823	518112	25218	677796	725964	43784	18916	324028
6948	5352	825	2418	2796		938	
307956	146940	14475	169617	118590	1923	16421	30524
946068	515456	48773	507884	448522	6527	71960	117215
4548320	2766814	275794	2282103	1986445	49905	193744	608854
603396	340716	45194	273077	245555	15630	34397	73519
576475	405335	25408	344609	220781	86748	5286	67588
1252628	657731	69831	670133	634986	26855	62129	155590
2043763	895290	90300	1107570	925654	30471	199407	239787
1062292	348910	42282	502511	429194	43974	44079	157766
5676515	2421861	249351	3162427	1782846	55940	174039	471621
1418468	590319	118060	984121	570311	51444	71414	168973
501842	160565	17928	267742	299643	45220	33978	125637
591067	217622	16612	325589	265182	33135	20681	56844
116679	70628	4399	56475	60712	298	18559	8971
104239	50031	2325	48035	49534	6000	7068	25652
4146631	3734814	185204	1354360	2011861	623066	269312	698581
1838788	1774902	79823	770591	864731	206911	108565	265721
372258	257529	11648	203162	135547	7931	3319	63542
1935585	1702383	93733	380607	1011583	408224	157428	369318

2-1-27 续表 2

指标名称	个人资本	港澳台资本	外商资本	营业收入	#主营业务收入	产品销售成本
合 计	**8407633**	**215367**	**390682**	**44759016**	**44314214**	**37173018**
按登记注册类型分组						
内资企业	8369991	31930	1130	44080110	43644718	36622734
国有企业	7150			692893	653528	595845
集体企业	163123			4900505	4805525	3999947
股份合作企业	216274			1220237	1208371	1025602
联营企业	13908			221122	220519	191324
有限责任公司	792966	117		4459962	4370923	3724768
股份有限公司	112464			790731	774192	651607
私营企业	6971720	31813	1130	31293432	31116671	26020298
其他企业	92386			501228	494989	413343
港、澳、台商投资企业	16552	163920	11940	248862	247521	189912
外商投资企业	21090	19517	377612	430044	421975	360372
按轻重工业分组						
轻工业	3384875	128242	137677	18544644	18350862	15921120
重工业	5022758	87125	253005	26214372	25963352	21251898
按国民经济行业大类分组						
采矿业	1284746	6000	1130	6513450	6485456	4759719
煤炭开采和洗选业	827619	2000		3923030	3902971	2674178
石油和天然气开采业						
黑色金属矿采选业	57018			458231	458155	367111
有色金属矿采选业	2353			19840	19840	15164
非金属矿采选业	397756	4000	1130	2112349	2104490	1703266
其他采矿业						
制造业	6703435	207917	389552	37053274	36673402	31536454
农副食品加工业	427640	4150	500	2578688	2570958	2153476
食品制造业	191458	7734	6234	960274	953708	777841
饮料制造业	263494			935349	920514	731264
烟草制品业						

单位：个、千元、人

产品销售税金及附加	费用合计	营业利润	利润总额	亏损企业亏损额	从业人员劳动报酬	劳动、失业保险费	从业人员年平均人数
1052649	**4260980**	**3217441**	**2860489**	**589588**	**4980970**	**154262**	**545681**
1043649	4120536	3223320	2884407	513727	4896061	148541	538382
11043	105608	41779	-17791	52369	99543	7972	7972
119832	528356	303987	268850	60820	661674	30853	75601
28918	126975	55289	51410	19318	155133	5292	17902
5109	21599	8666	7294	5430	28731	1141	2929
69498	653379	132348	102031	164282	490116	31976	50467
16337	98913	20029	18673	22173	93686	5294	10090
781463	2545866	2615122	2411894	187686	3317449	65306	367569
11449	39840	46100	42046	1649	49729	707	5852
2471	50976	13005	478	14576	35116	1168	3333
6529	89468	-18884	-24396	61285	49793	4553	3966
351101	1571828	1008093	958340	246253	1755254	44728	201591
701548	2689152	2209348	1902149	343335	3225716	109534	344090
246968	646159	984967	906711	33479	1174771	32851	113885
154798	438803	719105	677409	25246	867115	28491	81580
11568	38686	46193	36211	1434	53393	627	4708
657	2591	3860	2558		2616	78	326
79945	166079	215809	190533	6799	251647	3655	27271
772646	3401172	2167388	1890853	508165	3648907	114526	417151
58434	288582	204949	177817	15285	158857	3342	19645
23630	104932	76242	67715	11630	90165	2510	10871
39120	82878	113065	121841	4546	77233	1933	9428

2-1-27 续表 3

指标名称	个人资本	港澳台资本	外商资本	营业收入	#主营业务收入	产品销售成本
纺织业	459734	633	18061	3446113	3390314	3136971
纺织服装、鞋、帽制造业	77522	528		332905	325535	270747
皮革、毛皮、羽毛(绒)及其制品业	43965	25000	2603	478858	478363	418029
木材加工及木、竹、藤、棕、草制品业	46522	872	1000	240088	239232	199552
家具制造业	168566	1450	200	706512	689203	569157
造纸及纸制品业	216896	780	5700	958746	952322	824969
印刷业和记录媒介的复制	231852	5558	9399	889857	884835	735983
文教体育用品制造业	6075		4959	42380	42193	34717
石油加工、炼焦及核燃料加工业	23328			322005	320517	278759
化学原料及化学制品制造业	361527	15715	7973	1553828	1533227	1281284
医药制造业	288454	41799	8983	502073	491617	388461
化学纤维制造业	1858			3448	3448	2806
橡胶制品业	67022		2700	373704	371794	344394
塑料制品业	208384	2981	41455	1214782	1211947	1060106
非金属矿物制品业	1081812	2036	50094	5161776	5117680	4289654
黑色金属冶炼及压延加工业	122009			1064651	1060611	887642
有色金属冶炼及压延加工业	60759	400		562579	546023	517036
金属制品业	340148	7399	42865	1658599	1642665	1433135
通用设备制造业	432796	6519	16674	2608899	2587152	2202548
专用设备制造业	159447	4741	19187	807827	795593	635502
交通运输设备制造业	1010253	28817	42176	7297469	7217613	6356492
电气机械及器材制造业	185305	26710	66465	1091123	1080924	1001650
通信设备、计算机及其他电子设备制造业	73577	20931	300	228507	223698	173179
仪器仪表及文化、办公用机械制造业	113590	2338	38594	698439	688437	549689
工艺品及其他制造业	28628	826	3430	222572	222125	180200
废弃资源和废旧材料回收加工业	10814			111223	111154	101211
电力、燃气及水的生产和供应业	419452	1450		1192292	1155356	876845
电力、热力的生产和供应业	283534			649945	638888	483364
燃气生产和供应业	60755			232779	230672	157233
水的生产和供应业	75163	1450		309568	285796	236248

单位：个、千元、人

产品销售税金及附加	费用合计	营业利润	利润总额	亏损企业亏损额	从业人员劳动报酬	劳动、失业保险费	从业人员年平均人数
33375	114700	134893	128130	17329	301265	4028	34553
6014	41739	13108	13210	4875	52618	1773	6340
7310	22563	37255	40699	1537	55342	566	4891
6815	26112	18263	10480	2086	22778	523	2804
17370	67441	58722	53081	2049	66375	2262	6944
19298	84172	41647	80923	18690	83454	2385	10214
17577	95819	53767	46633	19730	99381	3801	11259
1323	4897	1887	1737	988	6375	171	769
10159	18197	16211	13822	1311	11444	1752	1197
40121	193433	79311	68387	30147	178403	9167	21834
6204	79783	31784	20729	28205	32061	2817	3513
62	813	-233	111		668	132	125
7860	41262	20934	20119	4381	42908	2043	5202
23377	105358	46963	43978	22036	97555	2844	11588
152081	460980	396088	309428	100479	630924	13476	77975
22390	67110	101550	78364	7017	61521	1380	7005
7026	38309	7375	13494	11060	37995	1880	4023
32989	128641	131153	73617	21998	163298	5675	18051
50841	230004	147202	139298	19468	279343	11843	29237
22030	123014	42014	41251	19616	85320	4831	9177
132185	632833	297565	281135	68231	774387	22424	85212
14489	128577	52454	8510	39120	91761	4714	9768
2732	63041	-8393	-5306	11993	33507	980	2992
8435	123534	37718	31011	11130	79720	3657	8603
5803	20464	18021	15514	2105	25300	636	3025
3596	11984	-4127	-4875	11123	8949	981	906
33035	213649	65086	62925	47944	157292	6885	14645
20810	86184	59211	56596	11435	103008	3103	9012
4700	65848	5790	3512	8930	11536	1114	1288
7525	61617	85	2817	27579	42748	2668	4345

2-1-28 按地区分组的规模

指标名称	企业数	#亏损企业数	工业总产值	工业销售产值	#出口交货值	年末存货
合　计	**17875**	**2695**	**45611770**	**44580941**	**258114**	**4360117**
万州区	500	48	830940	842521	5279	65498
涪陵区	432	84	909660	848516	1034	108237
渝中区	419	225	602534	599734	21253	194356
大渡口区	567	237	1442405	1402858	8282	275376
江北区	641	267	982327	962297	1206	199236
沙坪坝区	1994	168	7465978	7321575	19541	640812
九龙坡区	1225	253	3237801	3142441	48800	560286
南岸区	693	243	1355260	1355685	9739	303100
北碚区	1140	235	2881048	2861832	30934	249490
万盛区	195	31	212008	217482		12789
双桥区	79	19	134230	130458		14539
渝北区	580	196	1403033	1271038	18691	247504
巴南区	716	177	1588847	1531910	8318	194848
黔江区	58	1	162455	156198		12178
长寿区	379	19	1340150	1326870	177	57711
綦江县	361	50	1064251	1031033	7459	169679
潼南县	331	6	925925	887184	3785	22225
铜梁县	605	3	2046757	2009413	1740	67589
大足县	551	5	1580340	1596229	209	40082
荣昌县	404	37	797809	794086	12066	51750
璧山县	616	22	1646903	1612465	1425	84332
梁平县	210	24	457089	445442		32002
城口县	89	4	79613	74112		8014
丰都县	172	41	243813	218422	27435	40090
垫江县	664	24	1245866	1254808	90	59608
武隆县	98	23	154195	151767		7962
忠　县	128	14	155767	140629	1015	20642
开　县	349	16	1026489	1007664		63554
云阳县	168	18	391004	351481		40098
奉节县	217	3	597810	593655		18775
巫山县	91	21	126219	123008		9787
巫溪县	108	9	100089	98500		15554
石柱县	98	6	213328	213786	460	8731
秀山县	194	17	632862	604467	14913	43772
酉阳县	90	2	117796	114407	68	21747
彭水县	137	17	230450	230147		5244
江津市	736	46	1264454	1228481	4474	135514
合川市	441	22	1714111	1671956	4314	78700
永川市	886	6	2813971	2767748	1287	87607
南川市	513	56	1436183	1388636	4120	91099

以下工业企业主要经济指标

单位：个、千元、人

资产总计	固定资产原价	本年折旧	负债合计	实收资本			
					国家资本	集体资本	法人资本
39172399	**22116284**	**1937103**	**18547931**	**17345156**	**1421721**	**1786181**	**5123572**
1154159	894332	53700	332186	348789	51324	32447	67697
1067920	693922	54619	661628	378882	17195	32856	91989
1617225	499021	37781	604340	881432	72257	123817	519564
1481135	547982	54425	777654	526563	43445	67103	207206
1254337	487863	34928	701124	487404	52659	111163	133323
3669590	1829001	157552	1860767	1422282	55217	215861	207437
3892859	1670538	289012	2173913	1679414	122686	121164	492784
1910151	864805	86783	1157821	830970	67751	56171	288272
1848732	936657	61979	1199667	714252	79528	87945	175756
255878	131360	12774	163948	71404	10609	27518	14258
140676	62895	4813	95554	33020	683	1081	12664
2057248	932298	100854	1162296	899234	36269	110397	291572
1691907	855921	59134	1000909	699059	16406	80666	254080
260061	172712	7168	81364	152648	10	270	108908
837795	968966	52094	397101	628014	225197	92958	145278
875756	440745	56688	458360	240053	14307	26287	37000
392761	202464	17918	93320	171917		13074	5296
1154696	922861	137431	376067	492667	5516	30390	95468
643324	398172	27695	224473	304306	72613	14283	64085
403981	233430	18293	203267	199317	451	15209	19709
888937	533888	41490	416958	383125		36103	53910
332746	228185	17503	87013	196926	828	1958	36788
123545	71264	5087	46901	55072	479	332	36896
548287	368351	17053	242209	272515	80160	39285	67033
664206	450471	43091	122966	611821	15721	72802	286171
684665	550735	19791	352606	249415	4630	33063	132618
606722	175876	12830	199530	173171	1425	16204	114033
864813	660589	50152	252538	525447	102540	38471	81125
684443	584654	31180	356672	308839	9200	7591	157298
685227	541610	36703	162647	496762	4161	21196	320072
302976	251037	8878	180657	144107	24769	19595	8989
234584	183763	9079	79912	127399	1002	1887	35147
346552	251212	10822	90379	219230	105486	11469	89488
328218	158953	10447	155077	127542	230	10866	19624
209707	119079	5107	62773	124164	5070	24211	26382
340758	225165	15578	52709	93205	9532	6100	28520
1208695	732815	56639	649862	478224	18028	121407	83190
942506	575975	37306	435890	463897	39142	20121	153509
1345569	946122	122682	337627	740058	46285	18096	101435
1219052	760595	60044	537246	392610	8910	24764	58998

2-1-28　续表 1

指标名称				营业收入	#主营业务收入	产品销售成本
	个人资本	港澳台资本	外商资本			
合　计	**8407633**	**215367**	**390682**	**44759016**	**44314214**	**37173018**
万州区	193179	992	3150	813825	806655	621877
涪陵区	185434	6408	45000	846632	836492	690122
渝中区	151427	3175	11192	655827	641309	540653
大渡口区	204791	3718	300	1446275	1432961	1309256
江北区	169227	14834	6198	956623	936323	816549
沙坪坝区	915305	8571	19891	7213209	7179924	6335166
九龙坡区	737196	51544	154040	3186957	3118099	2702398
南岸区	337151	39112	42513	1314062	1291471	1110985
北碚区	356068	9133	5822	2802471	2770058	2356581
万盛区	19019			220220	219362	164883
双桥区	18592			140433	137326	123354
渝北区	402656	12623	45717	1348315	1335953	1127554
巴南区	329270	15944	2693	1508460	1498125	1299365
黔江区	42960		500	156198	156198	91618
长寿区	158451	5000	1130	1443061	1421175	1288819
綦江县	121004		41455	1056293	1052200	913197
潼南县	152747		800	904523	878604	752931
铜梁县	353292	600	7401	2018643	2012219	1562266
大足县	153275	50		1560159	1554399	1332644
荣昌县	163948			788771	783403	637221
璧山县	287802	2430	2880	1594532	1589571	1323928
梁平县	157252	100		444753	443165	342495
城口县	17365			76380	75019	51614
丰都县	75154	10883		219060	209648	183217
垫江县	237127			1280669	1270159	1095458
武隆县	79104			147461	146677	101722
忠　县	41509			142924	141243	114287
开　县	303311			1013462	1002300	801377
云阳县	134750			371046	356230	295054
奉节县	151333			635028	633996	277823
巫山县	89754	1000		124089	122754	91257
巫溪县	89363			94648	94483	53327
石柱县	12787			207105	203250	148601
秀山县	96822			601476	601476	514599
酉阳县	68501			117034	114757	87425
彭水县	49053			230459	229881	161770
江津市	255199	400		1231856	1221677	954345
合川市	248625	2500		1669751	1666365	1405659
永川市	547892	26350		2771010	2749511	2174151
南川市	299938			1405316	1379796	1217470

单位：个、千元、人

产品销售税金及附加	费用合计	营业利润	利润总额	亏损企业亏损额	从业人员劳动报酬	劳动、失业保险费	从业人员年平均人数
1052649	**4260980**	**3217441**	**2860489**	**589588**	**4980970**	**154262**	**545681**
28432	77533	120127	111491	11207	96664	1915	12069
22687	122748	14048	11329	28631	80981	3896	11236
12975	149402	-22745	-18949	44241	97414	11195	10284
12272	112518	16673	19865	26117	161691	3187	18493
14757	124748	6339	2688	27950	136819	10642	16053
141025	386533	354080	358246	20022	656203	13420	64947
53362	411968	221122	71804	71811	379215	13563	39442
18140	191056	19530	17782	43629	153707	3704	18489
30687	375558	74164	53065	45627	327793	7669	39671
6318	33407	18994	17514	7173	49993	2358	6208
1242	10450	4324	5070	1595	19507	196	2310
18684	204397	19622	19624	42819	172346	6550	17535
26613	156520	44302	21119	47968	171548	3468	20250
3643	12605	49482	36396	220	17141	3206	1785
48416	109600	92785	71277	4742	163260	7550	15303
18888	97189	33001	13899	26409	110185	2729	12489
28673	81138	58368	57788	292	57136	157	6815
99470	130560	255152	253311	223	175765	7521	16406
36159	72438	128967	121168	1410	139328	2073	15382
13952	50110	92874	90359	2782	92536	1257	11189
38481	89402	175553	149332	3217	136310	1306	14750
11494	49997	40630	41662	5608	71120	1392	9775
4470	15598	13634	5490	1759	14338	299	1894
4035	29639	3664	1414	11447	30824	1041	3924
31064	97026	102916	69599	1957	126225	3534	13785
4842	33132	12256	10863	3924	33858	468	4069
3362	22659	3437	5312	5247	20133	578	2759
33876	77325	102947	96640	4545	135179	3085	14071
17118	57473	-230	-86	26872	57493	674	6912
35864	98617	235594	238045	9072	114565	6384	10805
4620	22059	7427	6906	9098	44929	862	4094
3703	25079	15132	15336	3816	21091	1081	2717
6113	89347	35202	21046	1679	26502	445	3321
12445	41303	39876	36920	5144	58227	163	6259
5973	12977	15286	15717	209	19989	214	1923
5592	37695	39876	38687	3388	60439	1136	6033
45695	119900	130612	126551	14563	127692	4465	15500
41721	88339	139958	129625	4711	144070	8601	17742
72028	231235	360044	385710	496	274338	9844	23121
33758	111700	142418	130874	17968	204416	2434	25871

重庆经济普查年鉴

Chongqing Economic Census Yearbook

2004

下 册

重庆市经济普查领导小组办公室 编

中国统计出版社
China Statistics Press

第2篇

主要工业产品产量及能源、原材料消费量

2-2-1 工业企业产品生产、销售、库存情况

产品名称	计量单位	年初库存量	本年生产量	本年销售数量	年末库存量
原煤	吨	595883	36546039	31483867	399613
无烟煤	吨	158224	12771552	11716022	140005
烟煤	吨	437659	23774487	19767846	259608
洗精煤	吨	24948	3494692	3253694	116672
洗混末煤	吨	7812	1059043	992227	20960
天然气	万立方米	2	50185	49549	6
煤层气(煤矿瓦斯气)	万立方米		14847	2667	
铁矿石原矿	吨	5250	1235588	362393	12350
铁矿石成品矿	吨	23387	537987	191014	180558
人造富铁矿	吨	42889	4444276	402392	57683
锰矿石成品矿	吨	92489	2154637	2072403	127013
铝原矿实物量	吨	160047	102621	110904	98990
石灰石	吨	304220	48217750	46453324	552651
石膏	吨	8013	505689	458787	46882
白云石	吨	17961	422374	408792	31543
砂石	吨	293971	137852386	137094136	990631
重晶石	吨	457	436687	436346	798
原盐	吨	22612	380169	400259	2522
石英砂	吨	34098	842362	836594	39686
饲料	吨	186896	2528347	2398946	295423
#配合饲料	吨	5535	1146694	1132353	18397
精制食用植物油	吨	690	33193	30957	2923
鲜冷藏肉	吨	1566	210034	208158	2699
冻肉	吨	3031	84471	83733	3373
腌渍菜	吨	25423	380985	366513	39773
糖果	吨	211	14431	14221	419
面制品	吨	1087	122687	121063	2472
米制品	吨	1260	25178	24487	1951
方便面	吨	2	50135	50134	3
液体乳	吨	2303	104305	104113	1350
罐头	吨	14901	33320	41797	6374
味精	吨	2307	32060	30765	3586
复合调味品	吨	24357	492771	507804	8779
食用盐	吨	4864	71031	70049	4532
其他加工盐	吨	271	39441	39506	206
白酒(折96度)	千升	6819	168226	168615	6281
啤酒	千升	5406	462118	461519	5560
熟啤酒	千升	4534	409426	408970	4617
生啤酒	千升	366	23494	23669	123
鲜啤酒	千升	326	25553	25144	735
特种啤酒	千升	181	3644	3737	84
软饮料	吨	14343	1178633	1155664	25360
精制茶	吨	4206	62938	63494	3383
烟叶复烤	吨		38366	38366	
卷烟	万支	61733	3863200	3859470	60712
纱	吨	2224	93950	68187	1963

2-2-1 续表 1

产品名称	计量单位	年初库存量	本年生产量	本年销售数量	年末库存量
线	吨	71	2112	883	73
布	万米	5240	145910	142880	8238
印染布	万米	751	16521	16650	622
布鞋	双	269890	12596937	12360404	358464
轻革	平方米	173	747897	721766	26304
皮鞋	万双	60	2064	2031	93
皮凉鞋、皮拖鞋	万双	2000	65004	67004	
皮革服装	件		191559	191559	
锯材	立方米	1354	81534	80804	2017
木丝、木粉	千克		780	780	
人造板	立方米	4011	101659	99502	6161
胶合板	立方米	571	34792	34340	1023
纤维板	立方米	2583	49861	49977	2467
刨花板	立方米	98	11600	9901	1797
木门	扇	4401	166231	163822	6660
包装用木箱	万件	579	112825	110831	2255
木质家具	件	66335	1148150	1150771	63381
金属家具	件	13686	580271	581194	13158
软体家具	件	25421	239450	238207	26428
纸浆	吨	5964	17435	21806	1593
机制纸及纸板	吨	13527	440218	440790	12808
加工纸	吨	1478	70365	68955	2888
复印纸	吨	1407	7912	8479	840
无碳复写纸	吨		5532	3559	1973
纸制品	吨	15468	412759	405859	18128
单色印刷	令	973919	12800489	10297065	2542496
多色印刷	对开色令	360349	80274646	80275771	150581
本册	万本	3217	130434	130019	3455
光盘复制品	万张	253	4771	4908	116
润滑油	吨	4542	54866	51515	5775
焦炭	吨	15283	1966173	721030	40431
硫酸(折100%)	吨	30961	1383665	202515	17963
盐酸(氯化氢)(含量31%以上)	吨	56	23615	20915	48
烧碱(折100%)	吨	2327	48990	46877	1149
纯碱(碳酸钠)	吨	838	102750	102897	141
硝酸钠	吨	169	17312	17145	336
电石(碳化钙)	吨	296	36270	36200	365
碳酸锶	吨	21692	225049	224935	21661
醋酸乙烯	吨	640	154012	34176	2995
精甲醇	吨	5628	307974	291151	7216
冰醋酸	吨	7580	215049	167001	14102
醋酸乙酯	吨	6729	48716	50648	4797
醋酸丁酯	吨	2157	14974	13548	3583
甲醛	吨	425	53870	49026	522
铬酸酐	吨	621	12364	11312	491
红矾钠(重铬酸钠)	吨	1211	21595	1113	1299

2-2-1 续表 2

产品名称	计量单位	年初库存量	本年生产量	本年销售数量	年末库存量
高锰酸钾	吨	1082	13548	14212	418
浓硝酸	吨	130	8763	8849	44
合成氨	吨	933	875756	133302	636
氮肥(折含氮100%)	吨	18428	686794	674563	13598
尿素(折含氮100%)	吨	4637	394385	389065	3985
氯化铵(折含氮100%)	吨	998	27695	27800	244
碳酸氢铵(折含氮100%)	吨	6838	135428	134094	4736
硝酸铵(折含氮100%)	吨	736	23486	23316	906
硫酸铵(折含氮100%)	吨	29	11705	11697	37
其他氮肥(折含氮100%)	吨	5190	94096	88590	3690
磷肥	吨	28428	513366	484347	25172
合成复合肥料(实物量)	吨	100410	1218855	1181300	70217
磷酸铵肥料(含一铵、二铵)	吨	49563	759757	709891	33230
其他合成复合肥料	吨	50669	455376	468912	35684
化学农药原药(折有效成分100%)	吨	2254	9868	9973	2143
化学农药制剂	吨	3232	15276	15839	2669
涂料(油漆)	吨	26583	1741341	1747983	19580
建筑涂料	吨	1992	87500	85004	4435
无机颜料	吨	1377	29864	29520	1721
合成橡胶	吨	681	20908	21311	278
合成纤维聚合物	吨	5890	57223	42649	7141
碳黑(或称炉黑)	吨	1671	16012	16685	999
炸药	吨	327	53712	53737	302
雷管	万支	212	6237	6259	190
空白光盘	万片	273	13559	11848	1984
合成洗涤剂	吨	3270	69021	68696	6296
#合成洗衣粉	吨	2599	46830	46466	2871
液体洗涤剂	吨	580	20444	20470	476
牙膏(折65克标准支)	万支	4360	29459	28608	5211
牙膏(自然支)	万支	2702	17386	17333	2755
化学药品原药	吨	703	13421	10816	1525
粉针剂	万支	2850	24134	24588	2387
注射液	万支	3725	48902	48523	4008
输液	万瓶	504	15205	14910	799
片剂	万片	97650	2585514	2543842	138635
胶囊剂	万粒	43840	22199356	22205268	37552
颗粒剂	万袋(包)	19756	11917263	11928893	7451
植物类饮片	千克	1387121	1444957	1930358	901331
其他中药饮片类	千克	5000	1020000	1023500	1500
中成药	吨	4446	56466	54494	6293
兽用化学药品	吨	986	16244	16289	931
酶及类似生化药品	千克	13903	228126	226063	15966
合成纤维	吨	2090	23563	19650	2090
橡胶轮胎外胎	条	290943	3350061	3257561	383319
#子午线轮胎外胎	条	22742	304427	293660	33385
#载重汽车轮胎外胎	条	16997	267047	255490	28430

2-2-1 续表 3

产品名称	计量单位	年初库存量	本年生产量	本年销售数量	年末库存量
摩托车用轮胎外胎	条	265624	3004646	2923434	346836
橡胶轮胎内胎	条	185864	2019566	2039711	165719
橡胶输送带	平方米	379723	4085218	4148334	316606
橡胶管	万标米	4597	369428	368852	5173
医疗、卫生用橡胶制品	吨	185	15429	15114	500
塑料薄膜	吨	924	23103	22866	1124
塑料制管子及其附件	吨	5717	52064	51081	6574
塑料编织袋	吨	2401	148388	141775	4290
泡沫塑料	吨	6392	51111	49210	8194
塑料包装箱及容器	吨	4924	31842	32606	4142
塑料零件及附件	吨	427902	1296334	1672430	51773
全塑凉鞋、拖鞋(包括发泡拖鞋)	双	4824740	4141373	4025327	4940786
水泥熟料	吨	266996	15649127	423345	231675
#窑外分解窑熟料	吨	94096	1849820	37944	72438
水泥	吨	448647	19921768	19816792	524210
通用水泥	吨	430104	19250964	19147913	516596
特种水泥	吨	18543	670804	668879	7614
石灰	吨	2179	636355	634183	4351
商品混凝土	立方米	13178	3681326	3670407	23077
水泥电杆	根	50732	407715	403686	54616
水泥预制构件	立方米	179721	6860703	6773090	258621
石棉水泥瓦	平方米	41061	1600064	1545434	85633
石膏板	平方米	129643	7625841	7528265	195512
#纸面石膏板	平方米	31795	1320810	1302769	49836
装饰石膏板	平方米	57005	5751171	5664268	112201
加气混凝土	立方米	34132	660916	645518	48997
#加气混凝土砌块	立方米	19902	585352	578417	26504
砖	万块	34619	1569503	1537890	63149
建筑砌块	立方米	1527426	2981450	2967236	1541190
#普通混凝土小型空心砌块	立方米	15214	155096	138510	31350
炻瓷砖	平方米	3263600	2174500	2969200	2468900
细炻砖	平方米	110200	2628030	2154945	583285
陶质砖	平方米	831758	8578981	8025235	1299975
沥青和改性沥青防水卷材	平方米	885782	2399893	2748850	536640
平板玻璃	重量箱	148266	1632211	1612973	120797
平板玻璃	平方米	943729	8792525	8686153	776910
钢化玻璃	平方米	88982	2056884	2021493	124373
夹层玻璃	平方米	243555	745288	729145	259698
日用玻璃制品	吨	6531	232767	233701	5553
日用玻璃制品	万个	1161	44706	44990	875
#吹制玻璃杯类	万个	518	11244	11205	557
玻璃包装容器	吨	18099	195900	192374	21615
玻璃包装容器	万个	62878	538849	507991	93734
保温容器用的玻璃胆	万个	96	836	789	143
玻璃纤维纱	吨	10473	76597	85851	3997
#无碱玻璃纤维纱	吨	10456	67752	77552	3434

2-2-1 续表 4

产品名称	计量单位	年初库存量	本年生产量	本年销售数量	年末库存量
玻璃纤维布	米	321170	10355780	10407700	298370
#无碱玻璃纤维布	米	261170	9435780	9487700	238370
卫生陶瓷制品	件	388890	2593058	2436343	523326
陶瓷制便器	件	155298	1277952	1216883	211150
陶瓷制洗涤器	件	137259	478887	483604	133017
陶瓷水箱	件	96333	836219	735856	179159
功能陶瓷制品	万件	407	109	505	11
日用陶瓷制品	万件	1025	8395	8572	848
日用瓷器具	万件	406	3481	3623	264
日用陶器具	万件	540	4269	4292	517
日用炻器	万件	79	645	657	67
石棉制品	吨	2732	24702	24490	2940
耐火材料制品	吨	49608	550580	562554	36582
石墨及炭素制品	吨	10840	102658	107284	6172
磨料	吨	7861	101734	108704	891
生铁	吨	6855	2542766	269210	6064
炼钢生铁	吨	3656	2447285	178938	641
铸造生铁	吨	3199	95480	90272	5423
粗钢	吨	78610	2703785	125158	75210
轧制、锻造钢坯	吨	8492	582670	579296	10209
钢材(未扣除外购国产钢材用量)	吨	44282	3016203	2965681	90050
铁道用钢材	吨	67	2074	2033	108
大型型钢	吨	1849	93870	94837	882
中小型型钢	吨	2066	137562	136704	3154
棒材	吨	2377	441014	429918	13561
钢筋	吨	2396	379155	367066	13644
线材(盘条)	吨	2361	491671	477659	14298
特厚板	吨		1843	1475	370
厚钢板	吨	9510	316343	314376	10661
中板	吨	6341	684833	673815	18136
热轧薄板	吨		13559	13129	332
冷轧薄板	吨	7160	103143	107320	2983
热轧窄钢带	吨		1664	1664	
冷轧窄钢带	吨	147	2581	2308	487
镀层板(带)	吨	419	49049	49266	202
涂层板(带)	吨	12	7513	6324	1201
电工钢板(带)	吨	8	95049	93966	1091
无缝钢管	吨	4846	77005	78043	3294
焊接钢管	吨	3489	79305	79303	3483
其它钢材	吨	1229	38909	36414	2158
铁合金	吨	28117	325703	325299	20577
普通铁合金	吨	21393	139578	149143	10669
特种铁合金	吨	6724	186125	176156	9908
铅	吨	10	12293	12173	122
氧化铝	吨	102	56226	54841	1450
原铝(电解铝)	吨	881	62241	60130	1350

2-2-1 续表 5

产品名称	计量单位	年初库存量	本年生产量	本年销售数量	年末库存量
再生铝	吨	6852	221879	221208	7501
白银	千克		197040	191410	5630
铝合金	吨	871	25370	25621	620
铜材	吨	202	8144	7755	261
铝材	吨	5566	273407	271485	4450
钢铁结构体及其部件	吨	188528	5794909	5275695	707697
#桥梁用钢铁结构	吨	98515	164478	219888	43105
金属制门及其框架、门槛	吨	4938	307188	303264	7807
金属制门及其框架、门槛	件(套)	61907	2785826	2752554	84525
机床可互换工具	万件	2710	7571	7285	2996
专用手工具	万把	58	894	831	121
日常用刀及类似制品	万把	39	2715	2711	42
金属压力容器	吨	1462	19129	18529	2059
金属压力容器	个	12077	203694	190927	24796
金属包装容器(容积不超过300升)	万只	2745	33657	35642	761
金属丝	吨	2139	49990	47620	4425
#钢丝	吨	761	28186	26189	2691
内燃机(不包括汽车发动机)	台	40203	1101588	1088476	53911
内燃机(不包括汽车发动机)	千瓦	198978	6378962	6320744	255201
汽油内燃机	台	33536	997470	986283	45337
汽油内燃机	千瓦	102128	3840829	3814231	132231
柴油内燃机	台	6667	104105	102188	8566
柴油内燃机	千瓦	96850	2535533	2505513	121370
其他燃料内燃机	台		13	5	8
其他燃料内燃机	千瓦		2600	1000	1600
水轮机	千瓦	86072	328639	293909	120802
#电站水轮机	千瓦	85986	328463	293732	120717
金属切削机床	台	1315	7428	7392	1351
金属成形机床	台	173	4259	4140	292
轻小型起重设备及车辆举升机	台	27818	172249	171314	28753
起重机械	台	203	1334	1262	273
专门搬运设备及装置	台	831	13685	14253	263
泵(液体泵)	台	7309	426856	422765	11427
阀门	套	493218	9263026	9174581	581663
液压元件	件	11723	557211	544915	21658
气压元件	件	35591	898143	880095	53639
滚动轴承	万套	3126	198759	199556	2329
齿轮传动轴	个	113717	4359786	4306349	167110
齿轮	个	2968734	33041750	32100184	3762991
齿轮变速传动装置	个	390807	5009132	4857457	542632
滚珠、滚子螺杆及其他传动装置	个	32506	90619	91023	32102
#滚珠螺杆传动装置	个	2906	89288	86792	5402
非家用空调设备	台	160307	610948	606180	165075
#组合式空调机组	台	6705	96106	94659	8152
灭火器	台	33631	806428	758796	81263
铸铁件	吨	18403	278674	282010	14006
铸钢件	吨	3053	76350	74683	3653
金属锻件	吨	4207	97999	92753	3882
#自由锻件	吨	1092	27973	26784	1013

2-2-1 续表 6

产品名称	计量单位	年初库存量	本年生产量	本年销售数量	年末库存量
模锻件	吨	1374	37078	33668	1084
粉末冶金制品	吨	2283	24524	22028	4773
采矿设备	台	2510	35376	35427	2191
石油钻探、开采专用设备	台(套)	177	1566	1598	130
模具	套	359568	1400900	1409561	583886
民用弹	万发	25677	75312	68199	32082
汽车整车	辆	27775	408742	408868	27560
汽油汽车	辆	24620	377331	377388	24474
柴油汽车	辆	3153	31299	31367	3085
其他能源汽车	辆	2	112	113	1
乘用车	辆	22301	375343	373244	24311
基本型乘用车(轿车)	辆	9461	157450	157284	9538
排气量1.0升以下	辆	2694	55452	55967	2178
排气量1.0-1.6升	辆	6766	67899	69802	4811
排气量1.6-2.5升	辆	1	34099	31515	2549
多功能乘用车(mpv)	辆		3102	1664	1438
运动型多用途乘用车(suv)	辆	593	703	762	534
交叉型乘用车	辆	12247	214088	213534	12801
公路客车	辆	126	1222	1269	79
大型客车	辆	11	13	23	1
中型客车	辆	52	259	279	32
轻型客车	辆	63	950	967	46
载货汽车	辆	4973	31699	33944	2728
半挂牵引车	辆	375	478	411	442
汽车底盘	辆	4835	20465	22074	3226
汽车发动机	台	9375	466263	251800	9677
汽车发动机	千瓦	246284	19345141	10216968	281700
#汽油发动机	台	5947	416157	205004	2939
汽油发动机	千瓦	195384	15815059	6814914	102772
柴油发动机	台	228	17361	16889	700
柴油发动机	千瓦	47700	3208257	3113757	142200
改装汽车	辆	686	12852	12945	593
汽车零配件	万件	996528	25082250	23994089	2084020
摩托车	辆	178177	5695758	5745096	126121
#两轮摩托车	辆	96776	4190805	4233339	51533
摩托车发动机	台	981581	25888752	19286308	5486589
摩托车发动机	千瓦	217349956	581072837	545716077	240190133
#摩托车用汽油机	台	232156	8949597	7748582	233108
摩托车用汽油机	千瓦	1076686	43793953	36291278	1213643
助动自行车	辆	968	30864	28078	3135
发电机(不包括发电机组)	台	2525	419949	407637	15292
发电机组	台	1445	23445	22651	2239
发电机组	千瓦	4079	635141	633001	6218
交流电动机	台	21242	144674	135131	30785
交流电动机	千瓦	494387	2542845	2359117	678115
变压器	台	3550	18380	16349	5579

2-2-1 续表 7

产品名称	计量单位	年初库存量	本年生产量	本年销售数量	年末库存量
变压器	千伏安	2042416	30733941	30175559	2600796
电路开关、保护及连接用电气装置	台	315884	450563	628582	137864
电力控制或电力分配装置	台(面)	27113	640104	630564	36653
电线	千米	655966	18847014	19192750	309795
#安装电线	千米	10606	189636	184299	15608
射频电缆	千米	719	9869	9066	1522
#CATV同轴电缆	千米	719	9869	9066	1522
通信及电子网络用电缆	对千米	20488	202057	204957	17588
电力电缆	千米	6610	50944	53273	4384
裸铜线	吨	17	4396	4310	31
蓄电池	只	580766	7231275	7009807	796250
原电池及原电池组(折R20标准只)	万只	4807	49340	49706	4414
房间空气调节器	台	7053	3790134	3480508	316650
整体式房间空气调节器	台		406282	354246	52007
分体式房间空气调节器	台	7053	3383852	3126262	264643
家用燃气用具	台	16851	143884	147176	13531
灯具及照明装置	套(台、个)	9926	1562487	1561523	10890
光通信设备	台	3497	37069	35338	5210
电话单机	台	2	357372	352774	4600
移动通信终端设备	台	33974	2048524	2003240	77256
半导体器件	万只	11701	244675	251901	4475
混合集成电路	万块	257	3533	3411	379
电子元件	万只	15366	84831	89863	10335
磁性材料	万只	245	1673	1514	404
永磁合金	千克	25480	94000	89000	30480
印制电路板	万块	41	33452	29161	4332
MP3	个	76010	408735	351949	132796
自动化仪表及系统	台(套)	39122	461882	450125	48617
电工仪器仪表	台	39837	159488	173326	25989
煤气表	个	57829	1755781	1705744	81859
水表	个	34800	168683	157403	45000
电能表	个	99959	5386296	5214684	271571
油量表	个	3668	16636	15902	3846
汽车仪器仪表	台	11752	241618	227780	24787
光学望远镜	个	278381	5489015	5368201	398547
已装配的光学元件	个	5477765	33611294	31692965	7366670
抽纱刺绣工艺品	千元	23156	96903	85100	34959
专用镜	面	77765	657885	626304	109346
工艺装饰镜	面	260000	450000	570000	140000
梳妆用刷	万把	221	313	403	131
漆刷及类似刷	万把	1985	633635	631678	3942
发电量	万千瓦小时		2626681	2347848	
火电	万千瓦小时		1689975	1417563	
水电	万千瓦小时		935006	928585	
售电量	万千瓦小时		2924	722374	
煤气生产量	万立方米	6	5899	949	2
天然气供应量	万立方米			141790	
自来水	万立方米	95	10020057	9500158	2322

2-2-2 规模以上工业企业产品生产、销售、库存情况

产品名称	计量单位	年初库存量	本年生产量	本年销售数量	年末库存量
原煤	吨	385070	17381871	12449977	177360
无烟煤	吨	91859	6081104	5064886	63400
烟煤	吨	293211	11300768	7385092	113960
洗精煤	吨	17167	2748074	2511989	103992
洗混末煤	吨	7676	910325	845457	19076
天然气	万立方米		46877	46245	
煤层气(煤矿瓦斯气)	万立方米		14847	2667	
铁矿石原矿	吨		865995		
铁矿石成品矿	吨	23195	498688	152610	179471
人造富铁矿	吨	42791	4432896	390929	57668
锰矿石成品矿	吨	60421	1049228	1004741	74294
铝原矿实物量	吨	159982	95969	104259	98921
石灰石	吨	15997	9233504	9135462	104039
石膏	吨	119	238315	230473	5
白云石	吨	15972	317012	302766	30218
砂石	吨	1305	759700	759606	1399
重晶石	吨	457	431487	431408	536
原盐	吨	22612	380169	400259	2522
石英砂	吨	2018	412718	412490	2246
饲料	吨	6678	900185	894940	9361
#配合饲料	吨	5342	764532	760757	7640
精制食用植物油	吨	356	23916	21735	2537
鲜冷藏肉	吨	1143	91646	90637	2135
冻肉	吨	2960	77541	77033	3142
腌渍菜	吨	5959	164393	160660	9581
糖果	吨	44	6671	6595	118
面制品	吨	234	12150	12007	356
米制品	吨	256	2167	1718	705
方便面	吨		50134	50134	
液体乳	吨	2296	100656	100535	1298
罐头	吨	2107	25985	26411	1630
味精	吨	2057	28858	27798	3100
复合调味品	吨	1304	12301	12601	899
食用盐	吨	4864	71031	70049	4532
其他加工盐	吨	271	39441	39506	
白酒(折96度)	千升	2216	54486	54957	1733
啤酒	千升	5406	462118	461519	5560
熟啤酒	千升	4534	409426	408970	4617
生啤酒	千升	366	23494	23669	123
鲜啤酒	千升	326	25553	25144	735
特种啤酒	千升	181	3644	3737	84
软饮料	吨	10450	494304	473465	20037
精制茶	吨	2868	12601	13118	2351
烟叶复烤	吨		38366	38366	
卷烟	万支	61733	3863200	3859470	60712
纱	吨	839	69446	43431	999

2-2-2 续表 1

产品名称	计量单位	年初库存量	本年生产量	本年销售数量	年末库存量
线	吨	70	1463	238	69
布	万米	1842	29419	28777	2471
印染布	万米	639	11201	11359	481
布鞋	双	254890	2430765	2422691	262964
轻革	平方米	173	747897	721766	26304
皮鞋	万双	43	1314	1294	62
皮凉鞋、皮拖鞋	万双	2000	65000	67000	
皮革服装	件		165830	165830	
锯材	立方米	754	42146	42266	630
木丝、木粉	千克		780	780	
人造板	立方米	2490	67888	66908	3470
胶合板	立方米	316	25738	25171	883
纤维板	立方米	2163	40152	39848	2467
刨花板	立方米	11	1998	1889	120
木门	扇	3088	49512	49358	3242
包装用木箱	万件		34	33	1
木质家具	件	22999	234764	230698	27032
金属家具	件	3001	446747	447959	2836
软体家具	件	19593	140901	138710	21784
纸浆	吨	5873	13169	17548	1494
机制纸及纸板	吨	10520	227344	229671	8172
加工纸	吨	988	8958	7447	2499
复印纸	吨	988	3426	3888	526
无碳复写纸	吨		5532	3559	1973
纸制品	吨	10738	295517	290931	11205
单色印刷	令	81669	1658837	1703974	36232
多色印刷	对开色令	265845	5353633	5382900	78416
本册	万本	201	9812	9688	240
光盘复制品	万张	253	4771	4908	116
润滑油	吨	3464	48910	45677	5086
焦炭	吨	13768	1869965	626314	37424
硫酸(折100%)	吨	29724	1355130	178276	16193
盐酸(氯化氢)(含量31%以上)	吨	51	21462	18768	37
烧碱(折100%)	吨	2327	45985	43872	1149
纯碱(碳酸钠)	吨	838	100286	100503	141
硝酸钠	吨	137	16717	16544	310
电石(碳化钙)	吨	20	21992	21746	266
碳酸锶	吨	21548	203242	203392	21253
醋酸乙烯	吨	587	151129	31279	2956
精甲醇	吨	5628	307974	291151	7216
冰醋酸	吨	7277	214406	166357	14100
醋酸乙酯	吨	6729	48716	50648	4797
醋酸丁酯	吨	2157	14974	13548	3583
甲醛	吨	425	53870	49026	522
铬酸酐	吨	621	12364	11312	491
红钒钠(重铬酸钠)	吨	1211	21595	1113	1299

2-2-2 续表 2

产品名称	计量单位	年初库存量	本年生产量	本年销售数量	年末库存量
高锰酸钾	吨	1057	13518	14162	413
浓硝酸	吨	125	8635	8722	38
合成氨	吨	133	842526	99532	376
氮肥(折含氮100%)	吨	18428	679694	667463	13598
尿素(折含氮100%)	吨	4637	387285	381965	3985
氯化铵(折含氮100%)	吨	998	27695	27800	244
碳酸氢铵(折含氮100%)	吨	6838	135428	134094	4736
硝酸铵(折含氮100%)	吨	736	23486	23316	906
硫酸铵(折含氮100%)	吨	29	11705	11697	37
其他氮肥(折含氮100%)	吨	5190	94096	88590	3690
磷肥	吨	25616	394349	370228	17773
合成复合肥料(实物量)	吨	95713	1158095	1122874	63598
磷酸铵肥料(含一铵、二铵)	吨	49063	747757	698781	31940
其他合成复合肥料	吨	46651	410338	424093	31657
化学农药原药(折有效成分100%)	吨	1407	5088	5344	1144
化学农药制剂	吨	2839	10446	11133	2152
涂料(油漆)	吨	1556	35085	33945	2391
建筑涂料	吨	167	29734	29576	287
无机颜料	吨	1377	29234	28890	1721
合成橡胶	吨	654	18759	19163	249
合成纤维聚合物	吨	5884	56982	42409	7134
碳黑(或称炉黑)	吨	1663	15415	16109	968
炸药	吨	327	53712	53737	302
雷管	万支	212	6237	6259	190
空白光盘	万片	273	13559	11848	1984
合成洗涤剂	吨	2767	62780	62875	2503
#合成洗衣粉	吨	2278	43007	43104	2089
液体洗涤剂	吨	447	19288	19259	399
牙膏(折65克标准支)	万支	4360	29459	28608	5211
牙膏(自然支)	万支	2702	17386	17333	2755
化学药品原药	吨	638	12701	10144	1412
粉针剂	万支	2850	24134	24588	2387
注射液	万支	3705	48869	48473	4003
输液	万瓶	498	14015	13730	783
片剂	万片	97587	2585221	2543547	138574
胶囊剂	万粒	43598	22199053	22204897	37391
颗粒剂	万袋(包)	19756	11880399	11892029	7451
植物类饮片	千克	105315	1054292	1111507	48100
其他中药饮片类	千克	5000	1020000	1023500	1500
中成药	吨	2466	28754	28162	2936
兽用化学药品	吨	872	11141	11180	823
酶及类似生化药品	千克	122	13828	13634	316
合成纤维	吨	2090	23443	19530	2090
橡胶轮胎外胎	条	284516	3219018	3126181	377229
#子午线轮胎外胎	条	22742	304427	293660	33385
#载重汽车轮胎外胎	条	14532	240817	229460	25765

2-2-2 续表 3

产品名称	计量单位	年初库存量	本年生产量	本年销售数量	年末库存量
摩托车用轮胎外胎	条	261774	2904346	2822284	343836
橡胶轮胎内胎	条	185864	2019554	2039699	165719
橡胶输送带	平方米	325408	3958517	4012286	271638
橡胶管	万标米	257	1749	1582	423
医疗、卫生用橡胶制品	吨	185	15429	15114	500
塑料薄膜	吨	368	6571	6745	157
塑料制管子及其附件	吨	5238	35471	34837	5746
塑料编织袋	吨	1081	24854	19238	1972
泡沫塑料	吨	1343	10057	9708	1593
塑料包装箱及容器	吨	3820	17768	18712	2872
塑料零件及附件	吨	413763	813330	1189894	37166
全塑凉鞋、拖鞋(包括发泡拖鞋)	双	4807200	463900	425600	4845500
水泥熟料	吨	264568	15308770	380974	222779
#窑外分解窑熟料	吨	94076	1838445	35573	72414
水泥	吨	425405	19062256	18969576	490824
通用水泥	吨	406890	18395002	18304167	483318
特种水泥	吨	18515	667254	665409	7506
石灰	吨	257	345559	343373	2443
商品混凝土	立方米	11921	3358312	3367272	2111
水泥电杆	根	16306	135751	135855	16057
水泥预制构件	立方米	4014	46492	47604	2902
石棉水泥瓦	平方米	7376	844830	811305	30843
石膏板	平方米	66458	6260902	6195671	99982
#纸面石膏板	平方米	15083	1060756	1052363	23476
装饰石膏板	平方米	51375	5200146	5143308	76506
加气混凝土	立方米	12723	390677	386821	16245
#加气混凝土砌块	立方米	12723	390677	386821	16245
砖	万块	2400	118717	117476	3445
建筑砌块	立方米	8648	71420	70786	9282
#普通混凝土小型空心砌块	立方米	8648	71420	70786	9282
炻瓷砖	平方米	3263600	2174500	2969200	2468900
细炻砖	平方米	110200	2628030	2154945	583285
陶质砖	平方米	825320	7479805	7139535	1080061
沥青和改性沥青防水卷材	平方米	111000	732000	782000	61000
平板玻璃	重量箱	145615	1449525	1431736	116697
平板玻璃	平方米	906869	7992247	7902175	723750
钢化玻璃	平方米	85320	1853560	1815313	123566
夹层玻璃	平方米	243482	743795	727813	259464
日用玻璃制品	吨	3306	29075	29091	3256
日用玻璃制品	万个	942	7363	7735	570
#吹制玻璃杯类	万个	448	4653	4664	437
玻璃包装容器	吨	14359	158207	155516	17049
玻璃包装容器	万个	60864	521082	490441	91505
保温容器用的玻璃胆	万个	96	834	787	143
玻璃纤维纱	吨	10435	67215	77033	3396
#无碱玻璃纤维纱	吨	10435	67215	77033	3396

2-2-2 续表 4

产品名称	计量单位	年初库存量	本年生产量	本年销售数量	年末库存量
玻璃纤维布	米	261170	1235780	1337700	188370
#无碱玻璃纤维布	米	261170	1235780	1337700	188370
卫生陶瓷制品	件	388890	2573058	2416343	523326
陶瓷制便器	件	155298	1277952	1216883	211150
陶瓷制洗涤器	件	137259	458887	463604	133017
陶瓷水箱	件	96333	836219	735856	179159
功能陶瓷制品	万件	407	109	505	11
日用陶瓷制品	万件	492	4486	4578	401
日用瓷器具	万件	15	765	750	29
日用陶器具	万件	398	3076	3170	305
日用炻器	万件	79	645	657	67
石棉制品	吨	224	807	770	261
耐火材料制品	吨	43410	442404	458247	27567
石墨及炭素制品	吨	10528	89213	93886	5855
磨料	吨	7697	77909	85167	439
生铁	吨	4979	2474475	201207	3909
炼钢生铁	吨	3497	2434135	166069	200
铸造生铁	吨	1482	40340	35138	3709
粗钢	吨	78101	2687301	109398	74234
轧制、锻造钢坯	吨	7519	215693	214096	7507
钢材(未扣除外购国产钢材用量)	吨	42063	2880983	2835278	84535
铁道用钢材	吨	9	712	677	44
大型型钢	吨	1849	93870	94837	882
中小型型钢	吨	1907	104052	103404	2785
棒材	吨	2306	438132	427031	13495
钢筋	吨	1764	349983	338293	12634
线材(盘条)	吨	2189	472083	457992	14205
特厚板	吨		1843	1475	370
厚钢板	吨	9510	316343	314376	10661
中板	吨	6341	684833	673815	18136
热轧薄板	吨		10863	10433	332
冷轧薄板	吨	7111	91076	96299	1888
热轧窄钢带	吨		1664	1664	
冷轧窄钢带	吨	111	2483	2216	445
镀层板(带)	吨	419	49049	49266	202
涂层板(带)	吨		3646	3635	11
电工钢板(带)	吨	8	95049	93966	1091
无缝钢管	吨	4775	76236	77237	3260
焊接钢管	吨	3151	69074	69546	2671
其它钢材	吨	613	19992	19116	1423
铁合金	吨	27678	294602	295760	18577
普通铁合金	吨	20954	118587	128590	9792
特种铁合金	吨	6724	176016	167170	8785
铅	吨	10	11319	11199	122
氧化铝	吨		53304	52126	1178
原铝(电解铝)	吨	819	60639	58466	1350

2-2-2 续表 5

产品名称	计量单位	年初库存量	本年生产量	本年销售数量	年末库存量
再生铝	吨	6596	212722	212113	7184
白银	千克		196790	191160	5630
铝合金	吨	837	24720	25032	526
铜材	吨	181	7410	7026	234
铝材	吨	5343	262322	260237	4395
钢铁结构体及其部件	吨	99105	201704	256741	44062
#桥梁用钢铁结构	吨	98515	164128	219538	43105
金属制门及其框架、门槛	吨	2908	274637	271138	5353
金属制门及其框架、门槛	件(套)	37335	2543970	2514431	56250
机床可互换工具	万件	278	117	157	238
专用手工具	万把	57	317	355	19
日常用刀及类似制品	万把	16	271	271	15
金属压力容器	吨	1332	14588	14037	1880
金属压力容器	个	12004	200757	188294	24419
金属包装容器(容积不超过300升)	万只	2	34	34	2
金属丝	吨	1363	25184	24504	1959
#钢丝	吨	313	15627	14651	1222
内燃机(不包括汽车发动机)	台	30344	773998	771578	33360
内燃机(不包括汽车发动机)	千瓦	170291	5179131	5150966	196461
汽油内燃机	台	24965	676156	676195	25540
汽油内燃机	千瓦	76525	2654588	2659151	75467
柴油内燃机	台	5379	97829	95378	7812
柴油内燃机	千瓦	93766	2521943	2490815	119394
其他燃料内燃机	台		13	5	8
其他燃料内燃机	千瓦		2600	1000	1600
水轮机	千瓦	85986	327123	292392	120717
#电站水轮机	千瓦	85986	327123	292392	120717
金属切削机床	台	472	4095	3843	724
金属成形机床	台	53	809	780	82
轻小型起重设备及车辆举升机	台	4637	116206	117384	3459
起重机械	台	198	1228	1156	268
专门搬运设备及装置	台	831	13685	14253	263
泵(液体泵)	台	1965	31009	29262	3739
阀门	套	231718	3749933	3714602	267049
液压元件	件	8633	23365	21029	8608
气压元件	件	32970	781430	764110	50290
滚动轴承	万套	449	4363	4372	440
齿轮传动轴	个	24705	3073650	3084708	13647
齿轮	个	2304181	22166283	21625504	2808951
齿轮变速传动装置	个	298903	4278272	4104761	472414
滚珠、滚子螺杆及其他传动装置	个	2906	90419	87923	5402
#滚珠螺杆传动装置	个	2906	89288	86792	5402
非家用空调设备	台	160307	602158	602998	159467
#组合式空调机组	台	6705	96106	94659	8152
灭火器	台	33631	806428	758796	81263
铸铁件	吨	2263	22809	22299	2388
铸钢件	吨	732	22912	21814	867
金属锻件	吨	3389	79939	74628	3129
#自由锻件	吨	737	19357	18017	809

2-2-2 续表 6

产品名称	计量单位	年初库存量	本年生产量	本年销售数量	年末库存量
模锻件	吨	1188	34711	31328	870
粉末冶金制品	吨	970	12644	11780	1829
采矿设备	台	262	3526	3148	372
石油钻探、开采专用设备	台(套)	177	1566	1598	130
模具	套	4453	9089	9549	3655
民用弹	万发	25677	75312	68199	32082
汽车整车	辆	27775	408629	408755	27560
汽油汽车	辆	24620	377218	377275	24474
柴油汽车	辆	3153	31299	31367	3085
其他能源汽车	辆	2	112	113	1
乘用车	辆	22301	375230	373131	24311
基本型乘用车(轿车)	辆	9461	157337	157171	9538
排气量1.0升以下	辆	2694	55339	55854	2178
排气量1.0-1.6升	辆	6766	67899	69802	4811
排气量1.6-2.5升	辆	1	34099	31515	2549
多功能乘用车(mpv)	辆		3102	1664	1438
运动型多用途乘用车(suv)	辆	593	703	762	534
交叉型乘用车	辆	12247	214088	213534	12801
公路客车	辆	126	1222	1269	79
大型客车	辆	11	13	23	1
中型客车	辆	52	259	279	32
轻型客车	辆	63	950	967	46
载货汽车	辆	4973	31699	33944	2728
半挂牵引车	辆	375	478	411	442
汽车底盘	辆	4815	20265	21894	3186
汽车发动机	台	6170	433097	221469	3637
汽车发动机	千瓦	242664	18979239	9884234	244912
#汽油发动机	台	5943	416103	204948	2937
汽油发动机	千瓦	195264	15813439	6813234	102712
#柴油发动机	台	227	16994	16521	700
柴油发动机	千瓦	47400	3165800	3071000	142200
改装汽车	辆	659	12203	12285	577
汽车零配件	万件	26776	2625974	2622817	29715
摩托车	辆	126014	4730724	4773329	80691
#两轮摩托车	辆	93794	3426672	3468623	49134
摩托车发动机	台	267012	11871435	9847888	256419
摩托车发动机	千瓦	1247574	59747872	47242386	1349017
#摩托车用汽油机	台	221774	8859901	7663175	218437
摩托车用汽油机	千瓦	1065986	43508802	36030827	1178243
助动自行车	辆	880	27462	25368	2974
发电机(不包括发电机组)	台	931	280377	272575	9188
发电机组	台	1427	16353	15967	1813
发电机组	千瓦	3883	572162	571111	4933
交流电动机	台	19865	144005	134475	29395
交流电动机	千瓦	373911	2522904	2338130	558685
变压器	台	2486	10152	8677	3959

2-2-2 续表 7

产品名称	计量单位	年初库存量	本年生产量	本年销售数量	年末库存量
变压器	千伏安	1806410	28901940	28227697	2480651
电路开关、保护及连接用电气装置	台	33971	52779	69179	17570
电力控制或电力分配装置	台(面)	183	36305	35750	738
电线	千米	28092	453185	437111	43828
#安装电线	千米	10599	188250	182911	15603
射频电缆	千米	709	9769	8967	1511
#CATV同轴电缆	千米	709	9769	8967	1511
通信及电子网络用电缆	对千米	18771	188376	196136	11011
电力电缆	千米	4225	28150	30308	2169
裸铜线	吨	16	4214	4132	25
蓄电池	只	322318	4114049	4002414	428649
原电池及原电池组(折R20标准只)	万只	4807	49340	49706	4414
房间空气调节器	台	7053	3790134	3480508	316650
整体式房间空气调节器	台		406282	354246	52007
分体式房间空气调节器	台	7053	3383852	3126262	264643
家用燃气用具	台	13875	89042	92324	10565
灯具及照明装置	套(台、个)	9267	1472233	1475487	6013
光通信设备	台	3421	36869	35088	5184
电话单机	台	2	346142	341544	4600
移动通信终端设备	台	24894	2042422	1997133	68181
半导体器件	万只	11686	219057	226270	4474
混合集成电路	万块	72	1383	1411	44
电子元件	万只	9429	50149	56021	3557
磁性材料	万只	223	1622	1443	402
永磁合金	千克	25480	94000	89000	30480
印制电路板	万块		32010	27709	4301
MP3	个	76010	408735	351949	132796
自动化仪表及系统	台(套)	27426	366743	352276	41893
电工仪器仪表	台	19195	39294	47093	11396
煤气表	个	47709	1604431	1554533	71600
水表	个	14000	130000	120000	24000
电能表	个	76565	5241678	5065374	252869
油量表	个	3668	16636	15902	3846
汽车仪器仪表	台	7021	221947	211184	16981
光学望远镜	个	194464	3964424	3908100	250786
已装配的光学元件	个		4806426	2839473	1966953
抽纱刺绣工艺品	千元	23156	95427	83624	34959
专用镜	面	14482	320000	330000	4482
工艺装饰镜	面	260000	450000	570000	140000
梳妆用刷	万把	221	313	403	131
漆刷及类似刷	万把	1100	110563	110560	1103
发电量	万千瓦小时		2328247	2051316	
火电	万千瓦小时		1684445	1412332	
水电	万千瓦小时		643802	638984	
售电量	万千瓦小时			719512	
煤气生产量	万立方米	3	5757	806	
天然气供应量	万立方米			134922	
自来水	万立方米	95	1864440	1648941	2322

2-2-3 按地区分组工业企业能源消费量

指标名称	原煤（吨）	焦炭（吨）	汽油（吨）	煤油（吨）	柴油（吨）	天然气（万立方米）	电力（万千瓦时）
合计	**24164056**	**1912164**	**61418**	**7882**	**115514**	**230127**	**2091555**
万州区	550586	4329	1221	60	1387	869	43629
涪陵区	1107068	320	1634	75	5194	42310	131358
渝中区	1247900	1027	3754	107	3175	2410	221514
大渡口区	591107	1296867	2575	378	12196	6922	128031
江北区	170895	1760	14802	396	6985	4398	59806
沙坪坝区	312836	18294	6219	1535	8013	12583	136910
九龙坡区	1316089	17351	5686	1171	8706	17608	148446
南岸区	143058	11243	4769	191	7722	6222	58786
北碚区	676681	30135	3229	840	4456	6901	67745
万盛区	1782512	219	199	49	714		13706
双桥区	8600	4201	327	50	1122	850	8628
渝北区	235150	2938	2911	657	6751	9378	38875
巴南区	279714	12390	2946	309	4182	10022	46461
黔江区	72029	150	242		122		7393
长寿区	332631	81691	884	21	2425	61353	151444
綦江县	927729	4472	1076	187	1892	6142	68899
潼南县	329823	1147	275	70	1124	5088	16942
铜梁县	617710	16502	846	84	5259	288	30785
大足县	372779	10465	539	60	971	571	19916
荣昌县	2418607	2495	485	27	767	1340	36837
璧山县	328591	42841	1432	714	2204	1265	43182
梁平县	342492	16761	78	16	145	22	13998
城口县	44132	150057	62		517		16824
丰都县	75113	358	57		1483	554	7278
垫江县	195801	87	238	4	1789	12286	18763
武隆县	94694	4698	187	8	172		15123
忠　县	240583	140	121	11	363		7534
开　县	1424719	6900	179	9	645	1876	28681
云阳县	143406	85	143	24	1375	877	12650
奉节县	108666		228	13	883		3880
巫山县	54771		93		318		5038
巫溪县	83654	987	14	1	67		16073
石柱县	96676		11		77	1998	10071
秀山县	152943	25537	108		389		102280
酉阳县	45869	8229	10		184		23839
彭水县	147453	12	66	4	135	2	7493
江津市	4300258	114656	1461	581	15654	12025	153875
合川市	683666	5493	421	79	1502	1046	47258
永川市	1083440	10644	1034	87	2697	2920	44186
南川市	1023628	6683	857	64	1751	2	77416

2-2-4 按行业分组工业企业能源消费量

指标名称	原 煤 (吨)	焦 炭 (吨)	汽 油 (吨)	煤 油 (吨)	柴 油 (吨)	天然气 (万立方米)	电 力 (万千瓦时)
合 计	**24164056**	**1912164**	**61418**	**7882**	**115514**	**230127**	**2091555**
采矿业	**7160348**	**150507**	**2325**	**282**	**21256**	**2559**	**124247**
煤炭开采和洗选业	6745180	450	1689	144	5897	155	90252
石油和天然气开采业			60		51	2300	1458
黑色金属矿采选业	139385	148001	289		3319	68	12343
有色金属矿采选业	3400		2		2		217
非金属矿采选业	272383	2057	285	138	11987	36	19976
制造业	**8995096**	**1761656**	**54341**	**7578**	**80275**	**227241**	**1546374**
农副食品加工业	86376	551	394	14	1306	636	17382
食品制造业	141656	8651	1251	52	2898	1927	14641
饮料制造业	164952	68	507	11	1116	653	13782
烟草制品业	22175		199	1	249	416	4779
纺织业	**339751**	**260**	**666**	**57**	**424**	**1300**	**65315**
纺织服装、鞋、帽制造业	6844		537		226	614	2171
皮革、毛皮、羽毛(绒)及其制品业	2849	5	207	9	79	3	2708
木材加工及木、竹、藤、棕、草制品业	30193	120	91		115	34	2211
家具制造业	469		431	1	356	7	3621
造纸及纸制品业	233098	18	9285	47	1275	931	24946
印刷业和记录媒介的复制	671		2350	117	221	59	5632
文教体育用品制造业	300	45	26		26	3	282
石油加工、炼焦及核燃料加工业	125153	450	150	123	438	203	4657
化学原料及化学制品制造业	1331713	59727	2814	530	8597	153487	289037
医药制造业	189875	36	1209	80	801	2100	16477
化学纤维制造业	1225		15		17	1	839
橡胶制品业	26792		1134	19	344	1282	8811
塑料制品业	28078	293	635	41	546	482	18300
非金属矿物制品业	5529900	2838	2661	373	27058	24871	291281
黑色金属冶炼及压延加工业	382871	1561007	804	135	3064	10348	221528
有色金属冶炼及压延加工业	30152	9853	671	25	2908	5689	196327
金属制品业	43616	8199	1318	202	1439	754	21160
通用设备制造业	37766	41579	2937	1195	4894	2879	51740
专用设备制造业	40375	4499	1955	226	1948	2796	34439
交通运输设备制造业	100589	61064	18504	3847	17474	14806	201666
电气机械及器材制造业	7986	383	1557	327	788	842	17239
通信设备、计算机及其他电子设备制造业	113	20	527	16	189	9	4314
仪器仪表及文化、办公用机械制造业	2670	634	1330	125	448	98	8482
工艺品及其他制造业	85111		118	6	100	7	1285
废弃资源和废旧材料回收加工业	1776	1355	57		932	5	1320
电力、燃气及水的生产和供应业	**8008612**		**4752**	**21**	**13983**	**327**	**420934**
电力、热力的生产和供应业	8008589		3798	3	13669	81	373789
燃气生产和供应业			623	10	111	244	2618
水的生产和供应业	23		330	9	204	2	44527

2-2-5 按地区分组规模以上工业企业能源消费量

指标名称	原煤（吨）	焦炭（吨）	汽油（吨）	煤油（吨）	柴油（吨）	天然气（万立方米）	电力（万千瓦时）
合计	**20429870**	**1792219**	**48166**	**6035**	**88270**	**224910**	**1824824**
万州区	484449	1717	1087	43	1077	850	39718
涪陵区	1031905	256	1457	49	4677	42270	126765
渝中区	1245430		3303	44	2818	2361	218027
大渡口区	581085	1274412	1581	240	11550	6759	120824
江北区	152390	1306	14144	298	6329	3804	53411
沙坪坝区	206825	10543	4492	1307	5842	11672	83137
九龙坡区	1245422	14329	4033	1014	6745	17451	130539
南岸区	119477	9066	3160	160	5634	5829	53073
北碚区	608306	15392	2304	534	2704	6562	53638
万盛区	1709435	159	159	43	562		11785
双桥区	7507	3673	284	44	986	850	7904
渝北区	183499	382	1974	478	3886	8617	30978
巴南区	210925	4834	2252	202	3000	9950	40457
黔江区	63776		224		119		6925
长寿区	252829	81674	626	6	1689	61240	144758
綦江县	837667	2194	917	99	1494	5669	62364
潼南县	17716	57	174	2	467	5033	12368
铜梁县	303516	12575	251	84	3515	288	19822
大足县	221571	2327	230	20	529	519	11498
荣昌县	2167680	621	441	27	389	1219	32785
璧山县	221510	40954	1155	633	1610	1257	34492
梁平县	285882	1918	52	7	14		9510
城口县	30036	150041	28		477		16225
丰都县	51257		44		56	467	5809
垫江县	57123		162	4	881	11964	15715
武隆县	68650	4698	141	2	77		13586
忠县	206029	140	103	11	264		6028
开县	1291226	4995	137		467	1876	24627
云阳县	107001		65	13	1126	829	8101
奉节县	94391		171		59		2518
巫山县	20384		41		59		4237
巫溪县	71636	981			0		15460
石柱县	76372				17	1997	8885
秀山县	132975	24658	79		306		90264
酉阳县	21154	8203			6		22284
彭水县	105747		65		6		4505
江津市	4179495	111411	1310	530	15109	11838	146821
合川市	495323	2600	279	71	937	972	40527
永川市	479456	1630	815	58	1484	2769	30414
南川市	782814	4474	430	12	1302		64042

2-2-6 按行业分组规模以上工业企业能源消费量

指标名称	原 煤 (吨)	焦 炭 (吨)	汽 油 (吨)	煤 油 (吨)	柴 油 (吨)	天然气 (万立方米)	电 力 (万千瓦时)
合 计	**20429870**	**1792219**	**48166**	**6035**	**88270**	**224910**	**1824824**
采矿业	**6122929**	**150491**	**1594**	**93**	**10177**	**2523**	**90616**
煤炭开采和洗选业	5786647	450	1193	93	3057	155	68269
石油和天然气开采业			60		51	2300	1458
黑色金属矿采选业	128288	147984	262		3200	68	9542
有色金属矿采选业							32
非金属矿采选业	207995	2057	79		3869		11316
制造业	**6345484**	**1641728**	**42174**	**5931**	**64355**	**222063**	**1321899**
农副食品加工业	29611		279	3	1069	606	8743
食品制造业	118490		957	0	2165	1844	10364
饮料制造业	75682	57	422	7	1005	575	10207
烟草制品业	22175		199	1	249	416	4779
纺织业	**282659**	**80**	**510**	**41**	**251**	**947**	**43913**
纺织服装、鞋、帽制造业	4366		397		168	73	947
皮革、毛皮、羽毛(绒)及其制品业	2379	5	147	9	68	2	2024
木材加工及木、竹、藤、棕、草制品业	19879		42		55	6	1455
家具制造业			195	1	258	1	1294
造纸及纸制品业	163164		8941	19	931	839	18702
印刷业和记录媒介的复制	427		1718	95	166	31	2168
文教体育用品制造业			6		17	3	18
石油加工、炼焦及核燃料加工业	23903		50	35	313	104	4153
化学原料及化学制品制造业	1228293	55481	2170	407	8025	153329	281545
医药制造业	186895		1081	79	654	2057	15112
化学纤维制造业	1225		15		17		832
橡胶制品业	21979		840	2	206	779	6011
塑料制品业	20438	13	359	25	364	268	10024
非金属矿物制品业	3589285	96	1434	228	21306	22782	243390
黑色金属冶炼及压延加工业	355868	1523772	548	104	2853	10183	209884
有色金属冶炼及压延加工业	22172	5145	561	16	2787	5631	184496
金属制品业	16821	2607	788	59	552	647	11874
通用设备制造业	15662	16033	2015	1003	4120	2816	40815
专用设备制造业	31897	583	1606	146	1765	2786	31666
交通运输设备制造业	80013	37128	14365	3237	12906	14497	151866
电气机械及器材制造业	6045	287	1120	294	620	730	14225
通信设备、计算机及其他电子设备制造业	11	20	361	14	122	9	3350
仪器仪表及文化、办公用机械制造业	2269	420	941	101	411	96	6502
工艺品及其他制造业	23873		88	5	63	7	663
废弃资源和废旧材料回收加工业			17		872		873
电力、燃气及水的生产和供应业	**7961456**		**4398**	**11**	**13738**	**324**	**412309**
电力、热力的生产和供应业	7961455		3629	3	13474	81	372447
燃气生产和供应业			516		109	242	1665
水的生产和供应业	1		254	9	155	2	38197

2-2-7 工业企业主要原材料

指标名称	单位	年初库存量	本年购进量	本年消费量	工业生产消费	年末库存量
生铁	吨	609873	999738	1005057	893885	68759
钢材	吨	205885	2559694	2881045	2045954	260733
钢材重复轧制	吨	17119	461964	459987	377845	10308
钢丝	吨	7373	117889	107920	74370	13883
铜	吨	1955	57175	57781	53947	1661
铝	吨	17427	416705	457612	280187	14771
铅	吨	890	34022	33617	31425	1387
锌	吨	1624	32604	32055	27273	2584
铜材	吨	17501	89011	93854	69474	4502
铝材	吨	3725	114716	115675	78641	4099
润滑油	吨	8400	79845	78101	73488	10164
硫酸(折100%)	吨	21512	401351	1103929	1068110	18230
盐酸(含量31%以上)	吨	1784	59084	57982	51894	2920
浓硝酸(折100%)	吨	519	17797	17929	17000	371
氢氧化钠(烧碱)(折100%)	吨	2014	76028	93046	79260	3872
碳酸钠(纯碱)(折100%)	吨	3070	101461	96577	65310	6728
乙烯	吨	4971	62423	61430	49051	3560
合成橡胶	吨	2489	78642	77473	67875	3158
水泥	吨	28016	2102683	2110103	1487584	45020
平板玻璃	重量箱	2462	66775	63903	35180	4734
平板玻璃	平方米	67575	721249	713932	679869	79393
原木	立方米	2025738	2724168	1061494	809352	112187
#直接消费	立方米			683197	515293	
加工锯材消费	立方米			378301	294061	
锯材	立方米	8485	153007	144858	135425	10661
纱	吨	5787	157882	163211	141240	8313
布	米	22962961	101312950	96315061	77147673	27432492

2-2-8 规模以上工业企业主要原材料

指标名称	单位	年初库存量	本年购进量	本年消费量	工业生产消费	年末库存量
生铁	吨	59532	594228	613851	583521	51192
钢材	吨	160719	1851737	2213863	1544162	182866
钢材重复轧制	吨	14484	345240	348968	287478	7326
钢丝	吨	3434	45161	39194	31620	10889
铜	吨	905	27329	27448	25630	1009
铝	吨	14307	375353	409715	247094	12090
铅	吨	191	27564	26998	25751	758
锌	吨	514	9450	9689	9304	686
铜材	吨	16858	81064	85909	64496	3698
铝材	吨	2600	92391	92170	57915	2827
润滑油	吨	7262	69199	67607	66376	8841
硫酸(折100%)	吨	16435	341392	1043629	1016776	13495
盐酸(含量31%以上)	吨	1306	41346	41329	39598	1426
浓硝酸(折100%)	吨	196	10805	10879	10841	102
氢氧化钠(烧碱)(折100%)	吨	1530	57807	74679	66455	3090
碳酸钠(纯碱)(折100%)	吨	2120	77652	73437	43324	5250
乙烯	吨	1749	17429	17228	13075	925
合成橡胶	吨	464	9312	9156	8689	518
水泥	吨	10685	1103744	1109763	645495	13002
平板玻璃	重量箱	719	39603	36686	10352	3604
平板玻璃	平方米	29016	366679	362688	347916	33128
原木	立方米	1921349	1938288	195307	191188	13138
#直接消费	立方米			143750	140250	
加工锯材消费	立方米			51556	50937	
锯材	立方米	4878	69785	62638	60893	5362
纱	吨	1263	22537	31854	31780	1876
布	米	20311004	75150967	67558840	51684866	23787505

第3篇

规模以上工业企业科技情况

2-3-1 规模以上工业企业科技活动主要指标

指标名称	单位	规模以上工业企业	#大中型工业企业
科技活动企业分布情况			
#有科技活动的企业	个	519	262
#有R&D活动的企业	个	248	145
#有新产品开发的企业	个	352	207
#有科技机构的企业	个	213	147
科技活动人员情况			
科技活动人员合计	人	35505	31021
参加科技项目人员	人	24654	21567
科技管理和服务人员	人	10851	9454
#科学家和工程师	人	22627	20291
#中级技术职称	人	13696	12195
科技活动经费筹集情况			
科技活动经费筹集总额	千元	3889128	3609500
政府资金	千元	206846	197947
企业资金	千元	3380518	3129086
金融机构贷款	千元	240597	230597
国外资金	千元	10000	10000
其他资金	千元	51167	41870
科技活动经费支出情况			
科技活动经费支出总额	千元	4733083	4445983
科技活动经费内部支出	千元	4090737	3821492
经常费支出	千元	3196912	2972952
#劳务费	千元	766968	696088
科研基建支出	千元	893825	848540
科技活动经费外部支出	千元	642346	624491
#对研究院所和高校支出	千元	156481	143915
对其他企业支出	千元	478964	474177

2-3-1 续表 1

指标名称	单位	规模以上工业企业	#大中型工业企业
研究与试验发展（R&D)情况			
R&D人员	人	14480	13056
R&D人员折合全时当量	人年	11112	10121
R&D项目数	项	1315	1049
R&D经费内部支出	千元	1542506	1464633
工业企业办科技机构情况			
企业办科技机构数	个	251	183
科技机构科技活动人员	人	12139	11255
#博士毕业	人	91	75
硕士毕业	人	424	374
科技机构科技经费内部支出	千元	1362359	1308003
科技机构仪器设备原价	千元	1041969	998340
科技项目情况			
科技项目数	项	2886	2260
项目经费内部支出	千元	2642160	2444397
新产品开发及生产情况			
新产品开发项目数	项	2295	1780
新产品开发经费	千元	1726221	1634798
新产品产值	千元	51980167	49804355
新产品销售收入	千元	50890433	48833220
#出口	千元	3461525	3291098
专利情况			
专利申请数	件	2918	2743
#发明专利	件	184	141
拥有发明专利数	件	484	346
技术改造和技术获取情况			
技术改造经费支出	千元	6527145	6228963
技术引进经费支出	千元	2546788	2531619
消化吸收经费支出	千元	503087	502410
购买国内技术经费支出	千元	372988	365683

2-3-2 按登记注册类型分组的工业企业科技活动企业数

单位：个

指标名称	总计	#有科技活动	#有R&D活动	#有新产品开发	#有科技机构
合 计	**2634**	**519**	**248**	**352**	**213**
内资企业	**2453**	**459**	**219**	**312**	**188**
国有企业	244	73	39	58	35
集体企业	178	18	6	13	4
股份合作企业	74	9	1	4	
联营企业	9				
国有联营企业	2				
集体联营企业	2				
国有与集体联营企业	4				
其他联营企业	1				
有限责任公司	656	170	85	118	73
国有独资公司	56	27	16	21	19
其他有限责任公司	600	143	69	97	54
股份有限公司	107	38	24	30	28
私营企业	1176	149	62	87	47
私营独资企业	218	7	4	3	1
私营合伙企业	61	1	1		1
私营有限责任公司	797	133	54	79	43
私营股份有限公司	100	8	3	5	2
其他企业	9	2	2	2	1
港、澳、台商投资企业	**61**	**20**	**11**	**13**	**10**
合资经营企业(港或澳、台资)	42	15	8	11	8
合作经营企业(港或澳、台资)	8	2	1	1	1
港、澳、台商独资经营企业	9	2	1		
港、澳、台商投资股份有限公司	2	1	1	1	1
外商投资企业	**120**	**40**	**18**	**27**	**15**
中外合资经营企业	91	37	17	25	14
中外合作经营企业	4				
外资企业	21	2		1	1
外商投资股份有限公司	4	1	1	1	

2-3-3 按行业分组的工业企业科技活动企业数

单位：个

指标名称	总计	#有科技活动	#有R&D活动	#有新产品开发	#有科技机构
合　计	**2634**	**519**	**248**	**352**	**213**
采矿业	**184**	**10**	**3**	**3**	**1**
煤炭开采和洗选业	143	8	1	2	
石油和天然气开采业	2	1	1		
黑色金属矿采选业	16				
有色金属矿采选业	1				
非金属矿采选业	22	1	1	1	1
制造业	**2321**	**500**	**242**	**348**	**209**
农副食品加工业	104	13	5	6	6
食品制造业	49	12	5	8	4
饮料制造业	40	7	3	4	2
烟草制品业	5	2	2	2	2
纺织业	111	9	6	6	4
纺织服装、鞋、帽制造业	19	1			
皮革、毛皮、羽毛(绒)及其制品业	43				
木材加工及木、竹、藤、棕、草制品业	10	2	1	2	
家具制造业	20	1		1	1
造纸及纸制品业	58	7	4	6	2
印刷业和记录媒介的复制	49	3	1	1	1
文教体育用品制造业	3				
石油加工、炼焦及核燃料加工业	14	1	1	1	1
化学原料及化学制品制造业	164	57	30	33	25
医药制造业	51	35	24	27	23
化学纤维制造业	2	1		1	1
橡胶制品业	26	6	5	5	4
塑料制品业	71	5	2	1	1
非金属矿物制品业	259	29	16	13	10
黑色金属冶炼及压延加工业	76	13	5	9	4
有色金属冶炼及压延加工业	67	6	5	3	2
金属制品业	77	10	3	8	3
通用设备制造业	141	36	20	34	20
专用设备制造业	50	26	12	19	11
交通运输设备制造业	620	157	59	112	58
电气机械及器材制造业	100	26	9	18	8
通信设备、计算机及其他电子设备制造业	24	6	4	6	6
仪器仪表及文化、办公用机械制造业	49	26	19	22	10
工艺品及其他制造业	15	3	1		
废弃资源和废旧材料回收加工业	4				
电力、燃气及水的生产和供应业	**129**	**9**	**3**	**1**	**3**
电力、热力的生产和供应业	70	7	2		3
燃气生产和供应业	22	2	1	1	
水的生产和供应业	37				

2-3-4 按行业分组的国有及国有控股工业企业科技活动企业数

单位：个

指标名称	总计	#有科技活动	#有R&D活动	#有新产品开发	#有科技机构
合　计	**529**	**198**	**116**	**154**	**110**
采矿业	**37**	**8**	**3**	**3**	**1**
煤炭开采和洗选业	28	6	1	2	
石油和天然气开采业	2	1	1		
黑色金属矿采选业	4				
有色金属矿采选业	1				
非金属矿采选业	2	1	1	1	1
制造业	**388**	**181**	**110**	**150**	**106**
农副食品加工业	13	3	2	2	3
食品制造业	10	2		2	2
饮料制造业	7	2	1	2	2
烟草制品业	4	2	2	2	2
纺织业	15	4	4	4	3
木材加工及木、竹、藤、棕、草制品业	1				
家具制造业	2				
造纸及纸制品业	7	2	2	1	
印刷业和记录媒介的复制	15	1		1	1
文教体育用品制造业	2				
石油加工、炼焦及核燃料加工业	2	1	1	1	1
化学原料及化学制品制造业	39	22	15	16	14
医药制造业	19	17	11	12	11
橡胶制品业	4	3	2	3	2
塑料制品业	6	2			
非金属矿物制品业	22	7	3	4	3
黑色金属冶炼及压延加工业	11	8	3	6	3
有色金属冶炼及压延加工业	13	3	3	2	1
金属制品业	9	3	1	2	2
通用设备制造业	43	23	14	23	14
专用设备制造业	21	14	7	12	8
交通运输设备制造业	67	31	16	26	16
电气机械及器材制造业	22	10	5	9	3
通信设备、计算机及其他电子设备制造业	10	5	4	5	5
仪器仪表及文化、办公用机械制造业	20	16	14	15	10
工艺品及其他制造业	3				
废弃资源和废旧材料回收加工业	1				
电力、燃气及水的生产和供应业	**104**	**9**	**3**	**1**	**3**
电力、热力的生产和供应业	55	7	2		3
燃气生产和供应业	16	2	1	1	
水的生产和供应业	33				

2-3-5 按行业分组的内资工业企业科技活动企业数

单位：个

指标名称	总计	#有科技活动	#有R&D活动	#有新产品开发	#有科技机构
合　计	**2453**	**459**	**219**	**312**	**188**
采矿业	**184**	**10**	**3**	**3**	**1**
煤炭开采和洗选业	143	8	1	2	
石油和天然气开采业	2	1	1		
黑色金属矿采选业	16				
有色金属矿采选业	1				
非金属矿采选业	22	1	1	1	1
制造业	**2143**	**441**	**213**	**308**	**184**
农副食品加工业	93	11	5	6	6
食品制造业	47	12	5	8	4
饮料制造业	35	7	3	4	2
烟草制品业	5	2	2	2	2
纺织业	109	9	6	6	4
纺织服装、鞋、帽制造业	15	1			
皮革、毛皮、羽毛(绒)及其制品业	40				
木材加工及木、竹、藤、棕、草制品业	9	1		1	
家具制造业	17				
造纸及纸制品业	53	7	4	6	2
印刷业和记录媒介的复制	47	3	1	1	1
文教体育用品制造业	3				
石油加工、炼焦及核燃料加工业	14	1	1	1	1
化学原料及化学制品制造业	144	48	25	27	21
医药制造业	48	33	22	26	23
化学纤维制造业	2	1		1	1
橡胶制品业	23	5	4	4	3
塑料制品业	61	3	1	1	1
非金属矿物制品业	237	23	11	9	7
黑色金属冶炼及压延加工业	73	12	4	8	3
有色金属冶炼及压延加工业	63	5	5	3	2
金属制品业	76	10	3	8	3
通用设备制造业	131	31	18	29	17
专用设备制造业	48	26	12	19	11
交通运输设备制造业	580	136	52	97	49
电气机械及器材制造业	92	24	9	17	8
通信设备、计算机及其他电子设备制造业	15	4	3	4	4
仪器仪表及文化、办公用机械制造业	45	24	17	20	9
工艺品及其他制造业	14	2			
废弃资源和废旧材料回收加工业	4				
电力、燃气及水的生产和供应业	**126**	**8**	**3**	**1**	**3**
电力、热力的生产和供应业	68	6	2		3
燃气生产和供应业	22	2	1	1	
水的生产和供应业	36				

2-3-6 按行业分组的大中型工业企业科技活动企业数

单位：个

指标名称	总计	#有科技活动	#有R&D活动	#有新产品开发	#有科技机构
合　计	**435**	**262**	**145**	**207**	**147**
采矿业	**18**	**8**	**3**	**3**	**1**
煤炭开采和洗选业	11	6	1	2	
石油和天然气开采业	1	1	1		
黑色金属矿采选业	3				
非金属矿采选业	3	1	1	1	1
制造业	**380**	**247**	**139**	**203**	**143**
农副食品加工业	8	3	3	3	3
食品制造业	5	3	1	3	3
饮料制造业	9	3	2	3	2
烟草制品业	5	2	2	2	2
纺织业	12	7	5	5	4
纺织服装、鞋、帽制造业	2				
家具制造业	2	1		1	1
造纸及纸制品业	6	4	2	4	1
印刷业和记录媒介的复制	2	1		1	1
石油加工、炼焦及核燃料加工业	2	1	1	1	1
化学原料及化学制品制造业	39	31	15	20	13
医药制造业	14	13	11	12	10
化学纤维制造业	1	1		1	1
橡胶制品业	6	4	3	4	3
塑料制品业	1	1	1	1	1
非金属矿物制品业	38	16	12	13	9
黑色金属冶炼及压延加工业	12	8	3	6	3
有色金属冶炼及压延加工业	7	4	4	3	2
金属制品业	8	4	1	4	3
通用设备制造业	29	23	13	23	16
专用设备制造业	13	13	6	12	7
交通运输设备制造业	125	78	36	59	41
电气机械及器材制造业	13	11	6	9	5
通信设备、计算机及其他电子设备制造业	7	5	4	5	5
仪器仪表及文化、办公用机械制造业	12	9	7	8	6
工艺品及其他制造业	2	1	1		
电力、燃气及水的生产和供应业	**37**	**7**	**3**	**1**	**3**
电力、热力的生产和供应业	31	6	2		3
燃气生产和供应业	3	1	1	1	
水的生产和供应业	3				

2-3-7 按地区分组的工业企业科技活动企业数

单位：个

指标名称	总计	#有科技活动	#有R&D活动	#有新产品开发	#有科技机构
合　计	**2634**	**519**	**248**	**352**	**213**
万州区	111	28	15	18	13
涪陵区	94	18	15	14	13
渝中区	48	14	8	11	8
大渡口区	88	17	9	13	10
江北区	194	38	23	27	15
沙坪坝区	210	46	22	34	23
九龙坡区	233	62	21	45	18
南岸区	197	45	18	32	15
北碚区	141	28	19	21	12
万盛区	31	5			
双桥区	18	6	1	4	1
渝北区	102	41	11	28	21
巴南区	119	27	16	22	13
黔江区	15	2	2	2	2
长寿区	33	5	2	3	4
綦江县	47	18	8	10	1
潼南县	24	3			
铜梁县	70	6	1	4	3
大足县	70	8		4	
荣昌县	63	7	1	6	3
璧山县	125	8	6	6	6
梁平县	22				
城口县	20	2			
丰都县	15	2	2	1	
垫江县	30	4	3	2	1
武隆县	24	1			
忠　县	15	5	3	1	2
开　县	30	3	3	2	
云阳县	16	1		1	1
奉节县	16				
巫山县	8				
巫溪县	11	1			1
石柱县	24				
秀山县	45				
酉阳县	10	1	1	1	
彭水县	15	1			
江津市	82	27	18	23	16
合川市	54	13	9	9	3
永川市	113	15	5	6	7
南川市	51	11	6	2	1

2-3-8 按地区分组的大中型工业企业科技活动企业数

单位：个

指标名称	总计	#有科技活动	#有R&D活动	#有新产品开发	#有科技机构
合　计	**435**	**262**	**145**	**207**	**147**
万州区	19	14	11	14	10
涪陵区	17	13	12	11	11
渝中区	12	10	6	9	7
大渡口区	18	12	4	10	6
江北区	39	23	16	20	12
沙坪坝区	43	28	13	26	19
九龙坡区	47	29	11	21	13
南岸区	35	20	9	17	10
北碚区	20	14	9	10	7
万盛区	2	2			
双桥区	1	1	1	1	1
渝北区	18	15	4	10	7
巴南区	22	17	13	15	11
黔江区	5	1	1	1	1
长寿区	9	5	2	3	4
綦江县	9	7	5	4	1
潼南县	4	1			
铜梁县	6				
大足县	4	2		1	
荣昌县	6	5	1	5	2
璧山县	13	5	4	4	5
梁平县	1				
城口县	2				
丰都县	1				
垫江县	4	2	1	1	
武隆县	1				
忠　县	4	3	2	1	2
开　县	6	3	3	2	
云阳县	2	1		1	1
奉节县	1				
巫山县	1				
巫溪县	1				
石柱县	3				
秀山县	5				
酉阳县	1				
彭水县	2				
江津市	20	15	9	14	11
合川市	8	4	3	2	3
永川市	13	6	3	3	2
南川市	10	4	2	1	1

2-3-9 按登记注册类型分组的工业企业科技活动人员

单位：人

指标名称	总计	参加科技项目人员	科技管理和服务人员	#科学家和工程师	#高中级技术职称人员
合　计	**35505**	**24654**	**10851**	**22627**	**13696**
内资企业	**32594**	**22327**	**10267**	**20636**	**12494**
国有企业	5957	3468	2489	3513	2491
集体企业	463	308	155	141	96
股份合作企业	170	124	46	45	30
有限责任公司	15493	10235	5258	9944	6251
国有独资公司	5126	3538	1588	4125	2325
其他有限责任公司	10367	6697	3670	5819	3926
股份有限公司	4990	3575	1415	3231	1772
私营企业	5506	4604	902	3755	1848
私营独资企业	113	85	28	62	40
私营合伙企业	10	5	5	2	2
私营有限责任公司	5124	4286	838	3513	1737
私营股份有限公司	259	228	31	178	69
其他企业	15	13	2	7	6
港、澳、台商投资企业	**1440**	**1200**	**240**	**1007**	**772**
合资经营企业(港或澳、台资)	379	307	72	171	95
合作经营企业(港或澳、台资)	67	43	24	67	52
港、澳、台商独资经营企业	15	13	2	6	3
港、澳、台商投资股份有限公司	979	837	142	763	622
外商投资企业	**1471**	**1127**	**344**	**984**	**430**
中外合资经营企业	1408	1080	328	939	406
外资企业	43	35	8	25	14
外商投资股份有限公司	20	12	8	20	10

2-3-10 按行业分组的工业企业科技活动人员

单位：人

指标名称	总计	参加科技项目人员	科技管理和服务人员	#科学家和工程师	#高中级技术职称人员
合　计	**35505**	**24654**	**10851**	**22627**	**13696**
采矿业	**1165**	**872**	**293**	**585**	**485**
煤炭开采和洗选业	980	719	261	495	456
石油和天然气开采业	80	80		15	5
非金属矿采选业	105	73	32	75	24
制造业	**33503**	**23115**	**10388**	**21399**	**12707**
农副食品加工业	336	286	50	179	67
食品制造业	340	161	179	262	88
饮料制造业	319	173	146	161	116
烟草制品业	105	93	12	67	11
纺织业	477	274	203	194	145
木材加工及木、竹、藤、棕、草制品业	24	17	7	7	7
家具制造业	162	91	71	91	32
造纸及纸制品业	193	134	59	69	56
印刷业和记录媒介的复制	63	49	14	17	14
石油加工、炼焦及核燃料加工业	228	181	47	127	108
化学原料及化学制品制造业	2215	1581	634	1259	838
医药制造业	1718	1254	464	1292	692
化学纤维制造业	48	28	20	21	16
橡胶制品业	169	130	39	93	56
塑料制品业	68	63	5	29	17
非金属矿物制品业	1236	712	524	548	298
黑色金属冶炼及压延加工业	1477	1040	437	940	772
有色金属冶炼及压延加工业	1510	500	1010	533	418
金属制品业	1134	1002	132	940	446
通用设备制造业	3402	2094	1308	1920	1275
专用设备制造业	3489	2258	1231	2985	1526
交通运输设备制造业	11088	8558	2530	7304	4078
电气机械及器材制造业	808	514	294	429	342
通信设备、计算机及其他电子设备制造业	847	616	231	650	369
仪器仪表及文化、办公用机械制造业	2027	1289	738	1265	908
工艺品及其他制造业	20	17	3	17	12
电力、燃气及水的生产和供应业	**837**	**667**	**170**	**643**	**504**
电力、热力的生产和供应业	787	627	160	622	488
燃气生产和供应业	50	40	10	21	16

2-3-11 按行业分组的国有及国有控股工业企业科技活动人员

单位：人

指标名称	总计	参加科技项目人员	科技管理和服务人员	#科学家和工程师	#高中级技术职称人员
合 计	**24116**	**16248**	**7868**	**15683**	**9987**
采矿业	**1085**	**850**	**235**	**570**	**480**
煤炭开采和洗选业	900	697	203	480	451
石油和天然气开采业	80	80		15	5
非金属矿采选业	105	73	32	75	24
制造业	**22194**	**14731**	**7463**	**14470**	**9003**
农副食品加工业	275	236	39	140	42
食品制造业	115	70	45	62	26
饮料制造业	245	125	120	122	93
烟草制品业	105	93	12	67	11
纺织业	349	233	116	147	109
造纸及纸制品业	35	28	7	26	22
印刷业和记录媒介的复制	56	42	14	10	7
石油加工、炼焦及核燃料加工业	228	181	47	127	108
化学原料及化学制品制造业	1354	970	384	774	586
医药制造业	1104	832	272	789	382
橡胶制品业	131	105	26	72	41
塑料制品业	10	10		6	2
非金属矿物制品业	141	115	26	48	39
黑色金属冶炼及压延加工业	1409	994	415	914	755
有色金属冶炼及压延加工业	1193	235	958	428	393
金属制品业	107	36	71	29	27
通用设备制造业	3003	1799	1204	1670	1145
专用设备制造业	3242	2064	1178	2845	1454
交通运输设备制造业	6105	4638	1467	4286	2465
电气机械及器材制造业	342	203	139	156	128
通信设备、计算机及其他电子设备制造业	791	571	220	598	321
仪器仪表及文化、办公用机械制造业	1854	1151	703	1154	847
电力、燃气及水的生产和供应业	**837**	**667**	**170**	**643**	**504**
电力、热力的生产和供应业	787	627	160	622	488
燃气生产和供应业	50	40	10	21	16

2-3-12 按行业分组的内资工业企业科技活动人员

单位：人

指标名称	总计	参加科技项目人员	科技管理和服务人员	#科学家和工程师	#高中级技术职称人员
合 计	**32594**	**22327**	**10267**	**20636**	**12494**
采矿业	**1165**	**872**	**293**	**585**	**485**
煤炭开采和洗选业	980	719	261	495	456
石油和天然气开采业	80	80		15	5
非金属矿采选业	105	73	32	75	24
制造业	**30611**	**20806**	**9805**	**19426**	**11522**
农副食品加工业	321	272	49	169	61
食品制造业	340	161	179	262	88
饮料制造业	319	173	146	161	116
烟草制品业	105	93	12	67	11
纺织业	477	274	203	194	145
木材加工及木、竹、藤、棕、草制品业	18	14	4	5	5
造纸及纸制品业	193	134	59	69	56
印刷业和记录媒介的复制	63	49	14	17	14
石油加工、炼焦及核燃料加工业	228	181	47	127	108
化学原料及化学制品制造业	2004	1436	568	1126	767
医药制造业	1686	1234	452	1267	677
化学纤维制造业	48	28	20	21	16
橡胶制品业	147	112	35	78	46
塑料制品业	58	53	5	28	17
非金属矿物制品业	1110	623	487	483	253
黑色金属冶炼及压延加工业	498	203	295	177	150
有色金属冶炼及压延加工业	1503	495	1008	530	415
金属制品业	1134	1002	132	940	446
通用设备制造业	2999	1773	1226	1644	1125
专用设备制造业	3489	2258	1231	2985	1526
交通运输设备制造业	10350	7953	2397	6830	3936
电气机械及器材制造业	765	481	284	410	327
通信设备、计算机及其他电子设备制造业	770	553	217	587	318
仪器仪表及文化、办公用机械制造业	1986	1251	735	1249	899
电力、燃气及水的生产和供应业	**818**	**649**	**169**	**625**	**487**
电力、热力的生产和供应业	768	609	159	604	471
燃气生产和供应业	50	40	10	21	16

2-3-13 按行业分组的大中型工业企业科技活动人员

单位：人

指标名称	总计	参加科技项目人员	科技管理和服务人员	#科学家和工程师	#高中级技术职称人员
合　计	**31021**	**21567**	**9454**	**20291**	**12195**
采矿业	**1085**	**850**	**235**	**570**	**480**
煤炭开采和洗选业	900	697	203	480	451
石油和天然气开采业	80	80		15	5
非金属矿采选业	105	73	32	75	24
制造业	**29176**	**20060**	**9116**	**19146**	**11277**
农副食品加工业	275	246	29	146	46
食品制造业	282	126	156	225	74
饮料制造业	255	134	121	131	99
烟草制品业	105	93	12	67	11
纺织业	451	262	189	178	135
家具制造业	162	91	71	91	32
造纸及纸制品业	142	91	51	54	42
印刷业和记录媒介的复制	56	42	14	10	7
石油加工、炼焦及核燃料加工业	228	181	47	127	108
化学原料及化学制品制造业	1722	1252	470	980	665
医药制造业	1314	931	383	1028	544
化学纤维制造业	48	28	20	21	16
橡胶制品业	144	110	34	76	44
塑料制品业	40	37	3	20	13
非金属矿物制品业	994	525	469	481	256
黑色金属冶炼及压延加工业	1387	964	423	897	737
有色金属冶炼及压延加工业	1473	470	1003	508	413
金属制品业	1049	957	92	874	402
通用设备制造业	3063	1882	1181	1754	1187
专用设备制造业	3252	2077	1175	2836	1430
交通运输设备制造业	9889	7695	2194	6751	3750
电气机械及器材制造业	500	305	195	294	238
通信设备、计算机及其他电子设备制造业	791	571	220	598	321
仪器仪表及文化、办公用机械制造业	1534	973	561	982	695
工艺品及其他制造业	20	17	3	17	12
电力、燃气及水的生产和供应业	**760**	**657**	**103**	**575**	**438**
电力、热力的生产和供应业	725	627	98	560	426
燃气生产和供应业	35	30	5	15	12

2-3-14 按地区分组的工业企业科技活动人员

单位：人

指标名称	总计	参加科技项目人员	科技管理和服务人员	#科学家和工程师	#高中级技术职称人员
合 计	**35505**	**24654**	**10851**	**22627**	**13696**
万州区	1141	745	396	647	393
涪陵区	1377	1099	278	651	422
渝中区	1405	967	438	1041	708
大渡口区	1736	1391	345	1289	1019
江北区	4256	2981	1275	3237	1486
沙坪坝区	3092	2638	454	2350	1472
九龙坡区	5348	2885	2463	3233	1871
南岸区	2982	2288	694	2372	1214
北碚区	1778	1364	414	1260	917
万盛区	398	366	32	179	149
双桥区	1264	1162	102	795	540
渝北区	1514	1021	493	860	473
巴南区	2229	1679	550	1393	919
黔江区	90	75	15	49	18
长寿区	287	229	58	229	176
綦江县	1432	932	500	502	369
潼南县	108	100	8	83	17
铜梁县	91	80	11	43	15
大足县	170	106	64	61	36
荣昌县	324	244	80	171	155
璧山县	497	342	155	378	200
梁平县					
城口县	62		62	62	62
丰都县	135	105	30	42	21
垫江县	136	117	19	45	17
武隆县					
忠 县	110	75	35	55	26
开 县	84	71	13	47	23
云阳县	22	10	12	4	3
奉节县					
巫山县					
巫溪县	8	2	6	4	
石柱县					
秀山县					
酉阳县	1	1		1	1
彭水县					
江津市	2085	775	1310	985	634
合川市	235	169	66	124	90
永川市	654	363	291	253	188
南川市	454	272	182	182	62

2-3-15 按地区分组的大中型工业企业科技活动人员

单位：人

指标名称	总计	参加科技项目人员	科技管理和服务人员	#科学家和工程师	#高中级技术职称人员
合 计	**31021**	**21567**	**9454**	**20291**	**12195**
万州区	954	661	293	570	335
涪陵区	1322	1052	270	628	410
渝中区	1335	926	409	1000	676
大渡口区	1687	1351	336	1264	1006
江北区	3956	2779	1177	3039	1354
沙坪坝区	2837	2445	392	2196	1365
九龙坡区	4712	2384	2328	2890	1647
南岸区	2485	1920	565	2053	1025
北碚区	1489	1147	342	1078	771
万盛区	297	274	23	160	134
双桥区	1200	1128	72	756	517
渝北区	1137	757	380	653	364
巴南区	2050	1551	499	1303	861
黔江区	70	60	10	34	10
长寿区	287	229	58	229	176
綦江县	1203	783	420	408	324
潼南县	91	86	5	73	11
铜梁县					
大足县	100	61	39	22	10
荣昌县	281	220	61	140	131
璧山县	455	311	144	360	188
梁平县					
城口县					
丰都县					
垫江县	97	95	2	18	8
武隆县					
忠 县	61	52	9	49	20
开 县	84	71	13	47	23
云阳县	22	10	12	4	3
奉节县					
巫山县					
巫溪县					
石柱县					
秀山县					
酉阳县					
彭水县					
江津市	1863	668	1195	911	584
合川市	127	86	41	88	66
永川市	466	235	231	175	135
南川市	353	225	128	143	41

2-3-16 按登记注册类型分组的工业企业科技活动经费筹集

单位：千元

指标名称	总计	政府资金	企业资金	金融机构贷款	其他资金
合　计	**3889128**	**206846**	**3380518**	**240597**	**61167**
内资企业	**3316136**	**202646**	**2836238**	**216097**	**61155**
国有企业	550530	62027	466872	14900	6731
集体企业	13540	60	13280		200
股份合作企业	14206	1100	13106		
有限责任公司	1243398	97305	1044281	74042	27770
国有独资公司	509696	60590	417051	16200	15855
其他有限责任公司	733702	36715	627230	57842	11915
股份有限公司	843340	25840	780250	36700	550
私营企业	649622	16314	516949	90455	25904
私营独资企业	2030	70	1690		270
私营合伙企业	100		100		
私营有限责任公司	605858	15044	483939	88655	18220
私营股份有限公司	41634	1200	31220	1800	7414
其他企业	1500		1500		
港、澳、台商投资企业	**245055**	**1100**	**220943**	**23000**	**12**
合资经营企业(港或澳、台资)	27322	1100	23210	3000	12
合作经营企业(港或澳、台资)	9711		9711		
港、澳、台商独资经营企业	912		912		
港、澳、台商投资股份有限公司	207110		187110	20000	
外商投资企业	**327937**	**3100**	**323337**	**1500**	
中外合资经营企业	324297	3100	319697	1500	
外资企业	3300		3300		
外商投资股份有限公司	340		340		

2–3–17 按行业分组的工业企业科技活动经费筹集

单位：千元

指标名称	总计	政府资金	企业资金	金融机构贷款	其他资金
合　计	**3889128**	**206846**	**3380518**	**240597**	**61167**
采矿业	**42977**	**250**	**42227**		**500**
煤炭开采和洗选业	21877		21377		500
石油和天然气开采业	15500		15500		
非金属矿采选业	5600	250	5350		
制造业	**3823932**	**206596**	**3316072**	**240597**	**60667**
农副食品加工业	17255	1150	15623	482	
食品制造业	18509	1405	17104		
饮料制造业	28469	6020	22049	400	
烟草制品业	10879		10879		
纺织业	24996	570	16426	8000	
木材加工及木、竹、藤、棕、草制品业	565		565		
家具制造业	8386		8386		
造纸及纸制品业	46788	990	35998	9800	
印刷业和记录媒介的复制	10300		4300	6000	
石油加工、炼焦及核燃料加工业	14920		14920		
化学原料及化学制品制造业	361474	12504	295538	51700	1732
医药制造业	203117	19260	159257	24600	
化学纤维制造业	4673		4673		
橡胶制品业	2635		2635		
塑料制品业	9958	100	9858		
非金属矿物制品业	82794	3030	76114	1990	1660
黑色金属冶炼及压延加工业	315141	1030	293694	20000	417
有色金属冶炼及压延加工业	68802	4370	63432		1000
金属制品业	35124	300	33719	1055	50
通用设备制造业	313780	13080	280869	14100	5731
专用设备制造业	337138	80063	252410	3000	1665
交通运输设备制造业	1666899	44278	1505429	81230	35962
电气机械及器材制造业	43734	220	34514	9000	
通信设备、计算机及其他电子设备制造业	72646	17166	45380	6000	4100
仪器仪表及文化、办公用机械制造业	121820	1060	110670	1740	8350
工艺品及其他制造业	3130		1630	1500	
电力、燃气及水的生产和供应业	**22219**		**22219**		
电力、热力的生产和供应业	20721		20721		
燃气生产和供应业	1498		1498		

2-3-18 按行业分组的国有及国有控股工业企业科技活动经费筹集

单位：千元

指标名称	总计	政府资金	企业资金	金融机构贷款	其他资金
合　计	**2737249**	**176113**	**2402451**	**127082**	**31603**
采矿业	**41377**	**250**	**41127**		
煤炭开采和洗选业	20277		20277		
石油和天然气开采业	15500		15500		
非金属矿采选业	5600	250	5350		
制造业	**2673653**	**175863**	**2339105**	**127082**	**31603**
农副食品加工业	13376	1050	11844	482	
食品制造业	3421		3421		
饮料制造业	20500	5320	15180		
烟草制品业	10879		10879		
纺织业	20660	250	12410	8000	
造纸及纸制品业	31020	990	24030	6000	
印刷业和记录媒介的复制	10000		4000	6000	
石油加工、炼焦及核燃料加工业	14920		14920		
化学原料及化学制品制造业	252795	1104	199791	51500	400
医药制造业	115041	11020	94021	10000	
橡胶制品业	1616		1616		
塑料制品业	877		877		
非金属矿物制品业	22453	3000	19453		
黑色金属冶炼及压延加工业	311078	1000	289661	20000	417
有色金属冶炼及压延加工业	59109	4370	54739		
金属制品业	4500		4450		50
通用设备制造业	284459	11050	253778	14100	5531
专用设备制造业	319514	79263	238816		1435
交通运输设备制造业	970265	39400	919545		11320
电气机械及器材制造业	26764	10	21754	5000	
通信设备、计算机及其他电子设备制造业	64941	17166	37675	6000	4100
仪器仪表及文化、办公用机械制造业	115465	870	106245		8350
电力、燃气及水的生产和供应业	**22219**		**22219**		
电力、热力的生产和供应业	20721		20721		
燃气生产和供应业	1498		1498		

2-3-19 按行业分组的内资工业企业科技活动经费筹集

单位：千元

指标名称	总计	政府资金	企业资金	金融机构贷款	其他资金
合　计	**3316136**	**202646**	**2836238**	**216097**	**61155**
采矿业	**42977**	**250**	**42227**		**500**
煤炭开采和洗选业	21877		21377		500
石油和天然气开采业	15500		15500		
非金属矿采选业	5600	250	5350		
制造业	**3254566**	**202396**	**2775418**	**216097**	**60655**
农副食品加工业	16292	1150	14660	482	
食品制造业	18509	1405	17104		
饮料制造业	28469	6020	22049	400	
烟草制品业	10879		10879		
纺织业	24996	570	16426	8000	
木材加工及木、竹、藤、棕、草制品业	500		500		
造纸及纸制品业	46788	990	35998	9800	
印刷业和记录媒介的复制	10300		4300	6000	
石油加工、炼焦及核燃料加工业	14920		14920		
化学原料及化学制品制造业	354234	12504	288310	51700	1720
医药制造业	194045	19260	150185	24600	
化学纤维制造业	4673		4673		
橡胶制品业	1835		1835		
塑料制品业	9058	100	8958		
非金属矿物制品业	54390	30	50710	1990	1660
黑色金属冶炼及压延加工业	108031	1030	106584		417
有色金属冶炼及压延加工业	68559	4370	63189		1000
金属制品业	35124	300	33719	1055	50
通用设备制造业	254523	13080	221612	14100	5731
专用设备制造业	337138	80063	252410	3000	1665
交通运输设备制造业	1445322	44078	1284052	81230	35962
电气机械及器材制造业	42922	220	33702	9000	
通信设备、计算机及其他电子设备制造业	58941	16166	35675	3000	4100
仪器仪表及文化、办公用机械制造业	114118	1060	102968	1740	8350
电力、燃气及水的生产和供应业	**18593**		**18593**		
电力、热力的生产和供应业	17095		17095		
燃气生产和供应业	1498		1498		

2-3-20 按行业分组的大中型工业企业科技活动经费筹集

单位：千元

指标名称	总计	政府资金	企业资金	金融机构贷款	其他资金
合　计	**3609500**	**197947**	**3129086**	**230597**	**51870**
采矿业	**41377**	**250**	**41127**		
煤炭开采和洗选业	20277		20277		
石油和天然气开采业	15500		15500		
非金属矿采选业	5600	250	5350		
制造业	**3546504**	**197697**	**3066340**	**230597**	**51870**
农副食品加工业	14002	1050	12470	482	
食品制造业	6421	1300	5121		
饮料制造业	27000	5320	21680		
烟草制品业	10879		10879		
纺织业	24832	570	16262	8000	
家具制造业	8386		8386		
造纸及纸制品业	45368		35568	9800	
印刷业和记录媒介的复制	10000		4000	6000	
石油加工、炼焦及核燃料加工业	14920		14920		
化学原料及化学制品制造业	325882	12004	261978	51500	400
医药制造业	159519	18540	116379	24600	
化学纤维制造业	4673		4673		
橡胶制品业	1789		1789		
塑料制品业	8056	100	7956		
非金属矿物制品业	77886	3000	73596	1290	
黑色金属冶炼及压延加工业	310541	330	290211	20000	
有色金属冶炼及压延加工业	68249	4370	62879		1000
金属制品业	31924		30819	1055	50
通用设备制造业	294229	11930	263168	13600	5531
专用设备制造业	320289	79263	239591		1435
交通运输设备制造业	1575456	42124	1425498	76830	31004
电气机械及器材制造业	36964	10	27954	9000	
通信设备、计算机及其他电子设备制造业	64941	17166	37675	6000	4100
仪器仪表及文化、办公用机械制造业	101168	620	91258	940	8350
工艺品及其他制造业	3130		1630	1500	
电力、燃气及水的生产和供应业	**21619**		**21619**		
电力、热力的生产和供应业	20721		20721		
燃气生产和供应业	898		898		

2-3-21 按地区分组的工业企业科技活动经费筹集

单位：千元

指标名称	总计	政府资金	企业资金	金融机构贷款	其他资金
合　计	**3889128**	**206846**	**3380518**	**240597**	**61167**
万州区	75315	11930	50903	12282	200
涪陵区	133033	8600	121333	3100	
渝中区	56718	4870	51348	500	
大渡口区	300786	1130	243836	55600	220
江北区	723230	69517	620513	33200	
沙坪坝区	524862	30314	426637	66055	1856
九龙坡区	526213	6090	507810	1740	10573
南岸区	186536	13236	172127	900	273
北碚区	139234	3000	120134	3800	12300
万盛区	7040	30	6593		417
双桥区	19884	300	19584		
渝北区	277882	3600	246098	11000	17184
巴南区	274848	6900	266868	1030	50
黔江区	8229		8229		
长寿区	66891	394	66497		
綦江县	85732	9000	74232	1500	1000
潼南县	24725		24725		
铜梁县	1963		1963		
大足县	13079	1100	11949		30
荣昌县	16035	500	15535		
璧山县	73385	26620	32946	2700	11119
梁平县					
城口县					
丰都县	3233	300	743	700	1490
垫江县	61500		29600	31500	400
武隆县					
忠　县	5165		5165		
开　县	1678		1488	190	
云阳县	1000		1000		
奉节县					
巫山县					
巫溪县	510		510		
石柱县					
秀山县					
酉阳县	913		913		
彭水县					
江津市	196238	2450	184353	8000	1435
合川市	18529	2865	9064	6600	
永川市	52584	4100	46334	200	1950
南川市	12158		11488		670

2-3-22 按地区分组的大中型工业企业科技活动经费筹集

单位：千元

指标名称	总计	政府资金	企业资金	金融机构贷款	其他资金
合　计	**3609500**	**197947**	**3129086**	**230597**	**51870**
万州区	67216	11930	43004	12282	
涪陵区	131230	8600	119530	3100	
渝中区	52814	3880	48934		
大渡口区	295113	410	239703	55000	
江北区	696474	68303	595971	32200	
沙坪坝区	506236	30264	411917	64055	
九龙坡区	489012	5320	473721	940	9031
南岸区	149672	12936	135686	900	150
北碚区	128417	2180	110937	3000	12300
万盛区	5015		5015		
双桥区	18734	300	18434		
渝北区	228542	2300	198058	11000	17184
巴南区	269890	6350	263160	330	50
黔江区	3229		3229		
长寿区	66891	394	66497		
綦江县	81146	9000	69646	1500	1000
潼南县	24500		24500		
铜梁县					
大足县	2980		2980		
荣昌县	15055	500	14555		
璧山县	66986	26220	30446		10320
梁平县					
城口县					
丰都县					
垫江县	60500		28600	31500	400
武隆县					
忠　县	1085		1085		
开　县	1678		1488	190	
云阳县	1000		1000		
奉节县					
巫山县					
巫溪县					
石柱县					
秀山县					
酉阳县					
彭水县					
江津市	185046	2420	173191	8000	1435
合川市	13624	2640	4384	6600	
永川市	37084	4000	33084		
南川市	10331		10331		

2-3-23 按登记注册类型分组的工业企业科技活动经费内部支出

单位：千元

指标名称	总计	经常费支出	#劳务费	科研基建支出	#固定资产购建支出
合 计	**4090737**	**3196912**	**766968**	**893825**	**1616375**
内资企业	**3613203**	**2729656**	**672049**	**883547**	**1534717**
国有企业	597573	540437	122914	57136	160633
集体企业	11859	11519	4752	340	2621
股份合作企业	8456	8318	2172	138	4043
有限责任公司	1727078	1103115	308628	623963	917905
国有独资公司	504547	492622	125068	11925	126838
其他有限责任公司	1222531	610493	183560	612038	791067
股份有限公司	622012	489085	152973	132927	226597
私营企业	644625	575582	80348	69043	222125
私营独资企业	2286	2204	1096	82	649
私营合伙企业	120	120	66		10
私营有限责任公司	595657	535176	76625	60481	194989
私营股份有限公司	46562	38082	2561	8480	26477
其他企业	1600	1600	262		793
港、澳、台商投资企业	**184253**	**178969**	**41210**	**5284**	**57626**
合资经营企业(港或澳、台资)	24213	23753	5661	460	8718
合作经营企业(港或澳、台资)	10785	9468	2680	1317	3216
港、澳、台商独资经营企业	912	912	192		200
港、澳、台商投资股份有限公司	148343	144836	32677	3507	45492
外商投资企业	**293281**	**288287**	**53709**	**4994**	**24032**
中外合资经营企业	289641	284747	52755	4894	22230
外资企业	3300	3200	800	100	1800
外商投资股份有限公司	340	340	154		2

2-3-24 按行业分组的工业企业科技活动经费内部支出

单位：千元

指标名称	总计	经常费支出	#劳务费	科研基建支出	#固定资产购建支出
合 计	**4090737**	**3196912**	**766968**	**893825**	**1616375**
采矿业	**46931**	**45731**	**31901**	**1200**	**6434**
煤炭开采和洗选业	24631	24631	13251		4014
石油和天然气开采业	15500	15500	15500		
非金属矿采选业	6800	5600	3150	1200	2420
制造业	**4009583**	**3117156**	**714992**	**892427**	**1604478**
农副食品加工业	23559	14876	4602	8683	12653
食品制造业	13242	11670	3792	1572	5150
饮料制造业	26834	25915	8588	919	6387
烟草制品业	10879	10879	6171		
纺织业	50012	49327	6021	685	12286
纺织服装、鞋、帽制造业	2202			2202	2202
木材加工及木、竹、藤、棕、草制品业	405	395	260	10	80
家具制造业	8386	8386	4368		2167
造纸及纸制品业	30458	21200	2763	9258	15910
印刷业和记录媒介的复制	4665	4650	1198	15	870
石油加工、炼焦及核燃料加工业	16470	15270	4245	1200	2200
化学原料及化学制品制造业	343570	310682	47429	32888	198232
医药制造业	188276	131343	40036	56933	88292
化学纤维制造业	4673	4673	236		1469
橡胶制品业	2452	2350	1231	102	573
塑料制品业	8761	8611	1310	150	1351
非金属矿物制品业	104931	76043	17572	28888	52814
黑色金属冶炼及压延加工业	242248	235266	41622	6982	51385
有色金属冶炼及压延加工业	638426	93796	37522	544630	572870
金属制品业	30532	30498	12995	34	9009
通用设备制造业	312218	300862	68143	11356	69682
专用设备制造业	299920	289915	80566	10005	84627
交通运输设备制造业	1386894	1246009	249787	140885	339143
电气机械及器材制造业	55332	41292	12481	14040	21000
通信设备、计算机及其他电子设备制造业	61084	61084	24751		10904
仪器仪表及文化、办公用机械制造业	137677	119422	36810	18255	40061
工艺品及其他制造业	5477	2742	493	2735	3161
电力、燃气及水的生产和供应业	**34223**	**34025**	**20075**	**198**	**5463**
电力、热力的生产和供应业	32775	32577	19135	198	5008
燃气生产和供应业	1448	1448	940		455

2-3-25 按行业分组的国有及国有控股工业企业科技活动经费内部支出

单位：千元

指标名称	总计	经常费支出	#劳务费	科研基建支出	#固定资产购建支出
合　计	**2995083**	**2216564**	**579609**	**778519**	**1233839**
采矿业	**45337**	**44137**	**31138**	**1200**	**5850**
煤炭开采和洗选业	23037	23037	12488		3430
石油和天然气开采业	15500	15500	15500		
非金属矿采选业	6800	5600	3150	1200	2420
制造业	**2915523**	**2138402**	**528396**	**777121**	**1222526**
农副食品加工业	18962	11210	3599	7752	10454
食品制造业	3478	3478	2036		1060
饮料制造业	18241	18241	7772		3200
烟草制品业	10879	10879	6171		
纺织业	45299	44747	4650	552	9209
造纸及纸制品业	15130	12130	1220	3000	8050
印刷业和记录媒介的复制	4350	4350	1128		795
石油加工、炼焦及核燃料加工业	16470	15270	4245	1200	2200
化学原料及化学制品制造业	230947	209948	37172	20999	123357
医药制造业	116259	64328	25838	51931	64107
橡胶制品业	1547	1445	615	102	515
塑料制品业	380	230	230	150	150
非金属矿物制品业	12085	12064	2238	21	1047
黑色金属冶炼及压延加工业	238269	231587	40892	6682	50440
有色金属冶炼及压延加工业	622366	84236	32450	538130	564455
金属制品业	3668	3634	1727	34	1761
通用设备制造业	289923	278750	61330	11173	67296
专用设备制造业	285137	278150	75477	6987	78316
交通运输设备制造业	771879	662683	158838	109196	179588
电气机械及器材制造业	24717	23757	5554	960	5903
通信设备、计算机及其他电子设备制造业	53379	53379	20585		10904
仪器仪表及文化、办公用机械制造业	132158	113906	34629	18252	39719
电力、燃气及水的生产和供应业	**34223**	**34025**	**20075**	**198**	**5463**
电力、热力的生产和供应业	32775	32577	19135	198	5008
燃气生产和供应业	1448	1448	940		455

2-3-26 按行业分组的内资工业企业科技活动经费内部支出

单位：千元

指标名称	总计	经常费支出	#劳务费	科研基建支出	#固定资产购建支出
合计	**3613203**	**2729656**	**672049**	**883547**	**1534717**
采矿业	**46931**	**45731**	**31901**	**1200**	**6434**
煤炭开采和洗选业	24631	24631	13251		4014
石油和天然气开采业	15500	15500	15500		
非金属矿采选业	6800	5600	3150	1200	2420
制造业	**3532725**	**2650576**	**620649**	**882149**	**1522820**
农副食品加工业	22496	13913	4202	8583	12499
食品制造业	13242	11670	3792	1572	5150
饮料制造业	26834	25915	8588	919	6387
烟草制品业	10879	10879	6171		
纺织业	50012	49327	6021	685	12286
纺织服装、鞋、帽制造业	2202			2202	2202
木材加工及木、竹、藤、棕、草制品业	330	330	200		70
造纸及纸制品业	30458	21200	2763	9258	15910
印刷业和记录媒介的复制	4665	4650	1198	15	870
石油加工、炼焦及核燃料加工业	16470	15270	4245	1200	2200
化学原料及化学制品制造业	333872	302194	43405	31678	194135
医药制造业	178834	122271	39232	56563	87169
化学纤维制造业	4673	4673	236		1469
橡胶制品业	1793	1691	781	102	573
塑料制品业	7711	7711	1130		1001
非金属矿物制品业	85867	56979	14142	28888	51409
黑色金属冶炼及压延加工业	93905	90430	8945	3475	5893
有色金属冶炼及压延加工业	638183	93553	37461	544630	572843
金属制品业	30532	30498	12995	34	9009
通用设备制造业	255842	244486	55999	11356	66113
专用设备制造业	299920	289915	80566	10005	84627
交通运输设备制造业	1190357	1051699	220375	138658	326568
电气机械及器材制造业	54570	40530	12219	14040	20880
通信设备、计算机及其他电子设备制造业	49052	49052	20101		7345
仪器仪表及文化、办公用机械制造业	129995	111740	35882	18255	36181
工艺品及其他制造业	31			31	31
电力、燃气及水的生产和供应业	**33547**	**33349**	**19499**	**198**	**5463**
电力、热力的生产和供应业	32099	31901	18559	198	5008
燃气生产和供应业	1448	1448	940		455

2-3-27 按行业分组的大中型工业企业科技活动经费内部支出

单位：千元

指标名称	总计	经常费支出	#劳务费	科研基建支出	#固定资产购建支出
合　计	**3821492**	**2972952**	**696088**	**848540**	**1510606**
采矿业	**45337**	**44137**	**31138**	**1200**	**5850**
煤炭开采和洗选业	23037	23037	12488		3430
石油和天然气开采业	15500	15500	15500		
非金属矿采选业	6800	5600	3150	1200	2420
制造业	**3742542**	**2895400**	**645035**	**847142**	**1499743**
农副食品加工业	19350	11598	3761	7752	10449
食品制造业	6368	6368	2495		2875
饮料制造业	24366	24366	8372		4950
烟草制品业	10879	10879	6171		
纺织业	49624	48939	5714	685	12272
家具制造业	8386	8386	4368		2167
造纸及纸制品业	28956	19726	1718	9230	15800
印刷业和记录媒介的复制	4350	4350	1128		795
石油加工、炼焦及核燃料加工业	16470	15270	4245	1200	2200
化学原料及化学制品制造业	305676	277861	40524	27815	180907
医药制造业	143295	94124	30925	49171	74464
化学纤维制造业	4673	4673	236		1469
橡胶制品业	1720	1618	743	102	546
塑料制品业	7356	7356	835		956
非金属矿物制品业	97942	71016	15515	26926	49016
黑色金属冶炼及压延加工业	237499	230642	39663	6857	50741
有色金属冶炼及压延加工业	637823	93243	37221	544580	572793
金属制品业	27289	27289	12091		8010
通用设备制造业	299045	287872	62158	11173	67703
专用设备制造业	285358	278371	75822	6987	78378
交通运输设备制造业	1316230	1183360	232696	132870	306734
电气机械及器材制造业	34627	33587	8967	1040	7045
通信设备、计算机及其他电子设备制造业	53379	53379	20585		10904
仪器仪表及文化、办公用机械制造业	116435	98385	28589	18050	35439
工艺品及其他制造业	5446	2742	493	2704	3130
电力、燃气及水的生产和供应业	**33613**	**33415**	**19915**	**198**	**5013**
电力、热力的生产和供应业	32715	32517	19075	198	5008
燃气生产和供应业	898	898	840		5

2-3-28 按地区分组的工业企业科技活动经费内部支出

单位：千元

指标名称	总计	经常费支出	#劳务费	科研基建支出	#固定资产购建支出
合　计	**4090737**	**3196912**	**766968**	**893825**	**1616375**
万州区	66951	57380	17106	9571	22778
涪陵区	140084	120734	20413	19350	78559
渝中区	74127	74127	32971		15279
大渡口区	217962	204052	46901	13910	80983
江北区	426773	312579	135193	114194	151227
沙坪坝区	482678	454890	75725	27788	86255
九龙坡区	1088451	541313	115378	547138	657314
南岸区	181723	171960	57443	9763	33365
北碚区	145109	126969	34519	18140	46117
万盛区	7028	7028	4952		670
双桥区	22596	13596	4904	9000	13938
渝北区	243690	239878	38817	3812	49468
巴南区	295030	282833	32106	12197	55976
黔江区	10082	5082	3496	5000	6195
长寿区	61296	55331	11391	5965	24773
綦江县	77705	64673	23085	13032	40483
潼南县	28722	24722	713	4000	17067
铜梁县	2557	2516	1117	41	353
大足县	8235	7457	2521	778	2464
荣昌县	12249	11963	3937	286	3350
璧山县	76483	67375	20550	9108	20180
梁平县					
城口县	81	60	60	21	21
丰都县	3314	2558	1001	756	1412
垫江县	49834	49834	16452		28152
武隆县	500			500	500
忠　县	5277	5229	677	48	3743
开　县	2808	1458	1048	1350	1490
云阳县	978	978	186		620
奉节县					
巫山县					
巫溪县	765	510	72	255	515
石柱县					
秀山县					
酉阳县	527	527	53		
彭水县	1			1	1
江津市	210607	184697	36879	25910	107892
合川市	35536	32080	2207	3456	5221
永川市	90704	57982	21778	32722	47477
南川市	20274	14541	3317	5733	12537

2-3-29 按地区分组的大中型工业企业科技活动经费内部支出

单位：千元

指标名称	总计	经常费支出	#劳务费	科研基建支出	#固定资产购建支出
合　计	**3821492**	**2972952**	**696088**	**848540**	**1510606**
万州区	59527	50885	14710	8642	21083
涪陵区	138853	119503	19872	19350	78211
渝中区	69963	69963	31506		14372
大渡口区	215066	201156	46255	13910	80036
江北区	402593	290893	128869	111700	145981
沙坪坝区	452917	440810	69062	12107	68082
九龙坡区	1054684	509206	101162	545478	648175
南岸区	140388	135278	47193	5110	22439
北碚区	135464	117324	29824	18140	45239
万盛区	5015	5015	3907		90
双桥区	21626	12626	4585	9000	13418
渝北区	211886	208843	31651	3043	35234
巴南区	287012	277429	31009	9583	52274
黔江区	3229	3229	3051		
长寿区	61296	55331	11391	5965	24773
綦江县	72973	60103	20581	12870	39158
潼南县	28500	24500	600	4000	17000
铜梁县					
大足县	4780	4020	1799	760	1068
荣昌县	11029	10743	3465	286	3350
璧山县	67584	63476	19990	4108	13294
梁平县					
城口县					
丰都县					
垫江县	48940	48940	16000		27940
武隆县					
忠　县	1153	1105	458	48	158
开　县	2808	1458	1048	1350	1490
云阳县	978	978	186		620
奉节县					
巫山县					
巫溪县					
石柱县					
酉阳县					
秀山县					
彭水县					
江津市	203165	178386	34043	24779	106501
合川市	30801	27359	1476	3442	3719
永川市	70971	41825	19628	29146	35314
南川市	18291	12568	2767	5723	11587

2-3-30 按登记注册类型分组的工业企业科技活动经费外部支出

单位：千元

指标名称	总计	#对研究院所和高校的支出	#对其他企业支出
合 计	**642346**	**156481**	**478964**
内资企业	**563711**	**147211**	**410599**
国有企业	23281	14029	8207
集体企业	805	136	199
股份合作企业	340		340
有限责任公司	156723	97012	56576
国有独资公司	51789	45868	5921
其他有限责任公司	104934	51144	50655
股份有限公司	344744	11441	332803
私营企业	37818	24593	12474
私营独资企业	50	50	
私营合伙企业	10		10
私营有限责任公司	37366	24151	12464
私营股份有限公司	392	392	
港、澳、台商投资企业	**65439**	**8850**	**56589**
合资经营企业(港或澳、台资)	2922	32	2890
合作经营企业(港或澳、台资)	243	100	143
港、澳、台商投资股份有限公司	62274	8718	53556
外商投资企业	**13196**	**420**	**11776**
中外合资经营企业	13096	320	11776
外资企业	100	100	

2-3-31　按行业分组的工业企业科技活动经费外部支出

单位：千元

指标名称	总计	#对研究院所和高校的支出	#对其他企业支出
合　计	**642346**	**156481**	**478964**
采矿业	**2080**	**2050**	**30**
煤炭开采和洗选业	2080	2050	30
制造业	**636066**	**152881**	**476284**
农副食品加工业	2220	1600	620
食品制造业	5518	4773	745
饮料制造业	371	350	21
纺织业	10		10
印刷业和记录媒介的复制	890	630	260
石油加工、炼焦及核燃料加工业	610	200	410
化学原料及化学制品制造业	36829	11323	22906
医药制造业	56703	44506	12187
塑料制品业	1247		647
非金属矿物制品业	225	220	5
黑色金属冶炼及压延加工业	79645	9088	70557
有色金属冶炼及压延加工业	1531	1111	420
金属制品业	3873	3833	40
通用设备制造业	4068	1205	2863
专用设备制造业	39887	38282	1604
交通运输设备制造业	390746	32805	354251
电气机械及器材制造业	910	530	380
通信设备、计算机及其他电子设备制造业	8169	895	7274
仪器仪表及文化、办公用机械制造业	2226	1530	696
工艺品及其他制造业	388		388
电力、燃气及水的生产和供应业	**4200**	**1550**	**2650**
电力、热力的生产和供应业	4200	1550	2650

2-3-32 按行业分组的国有及国有控股工业企业科技活动经费外部支出

单位：千元

指标名称	总计	#对研究院所和高校的支出	#对其他企业支出
合 计	**569864**	**118150**	**447131**
采矿业	**2080**	**2050**	**30**
煤炭开采和洗选业	2080	2050	30
制造业	**563584**	**114550**	**444451**
农副食品加工业	2220	1600	620
食品制造业	300	300	
饮料制造业	350	350	
纺织业			
印刷业和记录媒介的复制	890	630	260
石油加工、炼焦及核燃料加工业	610	200	410
化学原料及化学制品制造业	34975	10143	22232
医药制造业	45023	33759	11254
塑料制品业	647		647
非金属矿物制品业			
黑色金属冶炼及压延加工业	79524	8968	70556
有色金属冶炼及压延加工业	1111	1111	
金属制品业			
通用设备制造业	4018	1155	2863
专用设备制造业	39412	38031	1380
交通运输设备制造业	343549	15428	326149
电气机械及器材制造业	810	450	360
通信设备、计算机及其他电子设备制造业	8169	895	7274
仪器仪表及文化、办公用机械制造业	1976	1530	446
工艺品及其他制造业			
电力、燃气及水的生产和供应业	**4200**	**1550**	**2650**
电力、热力的生产和供应业	4200	1550	2650

2-3-33 按行业分组的内资工业企业科技活动经费外部支出

单位：千元

指标名称	总计	#对研究院所和高校的支出	#对其他企业支出
合 计	**563711**	**147211**	**410599**
采矿业	**2080**	**2050**	**30**
煤炭开采和洗选业	2080	2050	30
制造业	**560381**	**143911**	**410569**
农副食品加工业	2220	1600	620
食品制造业	5518	4773	745
饮料制造业	371	350	21
纺织业	10		10
印刷业和记录媒介的复制	890	630	260
石油加工、炼焦及核燃料加工业	610	200	410
化学原料及化学制品制造业	36315	11321	22394
医药制造业	56703	44506	12187
塑料制品业	1247		647
非金属矿物制品业	220	220	
黑色金属冶炼及压延加工业	17371	370	17001
有色金属冶炼及压延加工业	1531	1111	420
金属制品业	3873	3833	40
通用设备制造业	3626	1105	2521
专用设备制造业	39887	38282	1604
交通运输设备制造业	378754	32685	343379
电气机械及器材制造业	860	500	360
通信设备、计算机及其他电子设备制造业	8169	895	7274
仪器仪表及文化、办公用机械制造业	2206	1530	676
工艺品及其他制造业			
电力、燃气及水的生产和供应业	**1250**	**1250**	
电力、热力的生产和供应业	1250	1250	

2-3-34 按行业分组的大中型工业企业科技活动经费外部支出

单位：千元

指标名称	总计	#对研究院所和高校的支出	#对其他企业支出
合　计	**624491**	**143915**	**474177**
采矿业	**2080**	**2050**	**30**
煤炭开采和洗选业	2080	2050	30
制造业	**618211**	**140315**	**471497**
农副食品加工业	2170	1600	570
食品制造业	1200	503	697
饮料制造业	350	350	
纺织业	10		10
印刷业和记录媒介的复制	890	630	260
石油加工、炼焦及核燃料加工业	610	200	410
化学原料及化学制品制造业	35195	10433	22162
医药制造业	49454	37910	11544
塑料制品业	600		
非金属矿物制品业	175	170	5
黑色金属冶炼及压延加工业	79644	9088	70556
有色金属冶炼及压延加工业	1531	1111	420
金属制品业	3833	3833	
通用设备制造业	3918	1055	2863
专用设备制造业	39537	38182	1355
交通运输设备制造业	387771	32375	352197
电气机械及器材制造业	810	450	360
通信设备、计算机及其他电子设备制造业	8169	895	7274
仪器仪表及文化、办公用机械制造业	1956	1530	426
工艺品及其他制造业	388		388
电力、燃气及水的生产和供应业	**4200**	**1550**	**2650**
电力、热力的生产和供应业	4200	1550	2650

2-3-35 按地区分组的工业企业科技活动经费外部支出

单位：千元

指标名称	总计	#对研究院所和高校的支出	#对其他企业支出
合 计	**642346**	**156481**	**478964**
万州区	8590	8155	435
涪陵区	17453	7381	10072
渝中区	3078	1453	697
大渡口区	82808	11300	71508
江北区	322853	35363	286470
沙坪坝区	44315	14457	29858
九龙坡区	35845	28667	5565
南岸区	14928	8092	6706
北碚区	4644	3767	877
万盛区			
双桥区	6138	6108	30
渝北区	13349	1190	12159
巴南区	22343	637	21706
黔江区	2900	2797	103
长寿区	12330	8560	3770
綦江县	19024	1104	17920
潼南县			
铜梁县	70	60	
大足县	42		42
荣昌县	2946	2653	293
璧山县	10920	6000	4320
梁平县			
城口县			
丰都县	110		110
垫江县	860		360
武隆县			
忠 县	270	80	190
开 县	220	220	
云阳县	10	10	
奉节县			
巫山县			
巫溪县			
石柱县			
秀山县			
酉阳县			
彭水县			
江津市	7474	4201	3273
合川市	3168	2970	198
永川市	5518	1116	2302
南川市	140	140	

2-3-36 按地区分组的大中型工业企业科技活动经费外部支出

单位：千元

指标名称	总计	#对研究院所和高校的支出	#对其他企业支出
合 计	**624491**	**143915**	**474177**
万州区	7120	6685	435
涪陵区	17143	7071	10072
渝中区	3078	1453	697
大渡口区	80046	9000	71046
江北区	322703	35263	286440
沙坪坝区	43814	14007	29807
九龙坡区	33758	28522	4095
南岸区	12340	6184	6026
北碚区	4394	3767	627
万盛区			
双桥区	6108	6108	
渝北区	12434	1160	11274
巴南区	22342	637	21705
黔江区			
长寿区	12330	8560	3770
綦江县	18984	1104	17880
潼南县			
铜梁县			
大足县			
荣昌县	2946	2653	293
璧山县	10920	6000	4320
梁平县			
城口县			
丰都县			
垫江县	500		
武隆县			
忠 县	10		10
开 县	220	220	
云阳县	10	10	
奉节县			
巫山县			
巫溪县			
石柱县			
秀山县			
酉阳县			
彭水县			
江津市	4651	1401	3250
合川市	3100	2970	130
永川市	5450	1050	2300
南川市	90	90	

2-3-37 按登记注册类型分组的工业企业研究与试验发展（R&D）活动情况

指标名称	R&D人员（人）	R&D人员折合全时当量（人年）	#科学家和工程师	R&D项目数（项）	R&D经费内部支出（千元）	#试验发展
合 计	**14480**	**9929**	**7585**	**1315**	**1542506**	**1493933**
内资企业	**13357**	**9075**	**6842**	**1191**	**1430973**	**1382727**
国有企业	2168	1524	1268	254	234155	231471
集体企业	83	17	9	17	3931	3920
股份合作企业	104	53	3	4	5130	5130
有限责任公司	6136	3717	2701	527	626219	592260
国有独资公司	2387	2055	1409	187	324760	323714
其他有限责任公司	3749	1662	1293	340	301459	268546
股份有限公司	3013	2463	2039	202	293848	284247
私营企业	1840	1290	816	184	266190	264199
私营独资企业	56	17	13	16	1050	1050
私营合伙企业	5	2	1	1	44	44
私营有限责任公司	1750	1252	784	160	264471	262480
私营股份有限公司	29	20	20	7	625	625
其他企业	13	11	6	3	1500	1500
港、澳、台商投资企业	**698**	**579**	**513**	**80**	**25331**	**25278**
合资经营企业(港或澳、台资)	65	39	25	12	6312	6299
合作经营企业(港或澳、台资)	14	12	10	1	1458	1458
港、澳、台商独资经营企业	10	4		4	900	900
港、澳、台商投资股份有限公司	609	524	478	63	16661	16621
外商投资企业	**425**	**275**	**230**	**44**	**86202**	**85928**
中外合资经营企业	413	270	225	39	85862	85588
外商投资股份有限公司	12	5	5	5	340	340

2-3-50 按地区分组的大中型工业企业办科技机构

指标名称	企业办科技机构数(个)	机构科技活动人员(人)	#博士毕业	#硕士毕业	机构科技经费内部支出(千元)	机构仪器设备原价(千元)
合 计	**183**	**11255**	**75**	**374**	**1308003**	**998340**
万州区	12	291	7	5	26433	15549
涪陵区	12	522	15	6	88149	30136
渝中区	12	476	5	28	23537	25502
大渡口区	8	287		12	16162	174588
江北区	14	1334	7	65	141256	111388
沙坪坝区	20	1661	19	106	256341	156539
九龙坡区	13	1633	8	35	195016	136655
南岸区	12	714		28	69802	57846
北碚区	16	703	4	20	67247	118277
万盛区						
双桥区	1	126			7012	232
渝北区	9	551	1	18	140984	12115
巴南区	12	923	2	22	113308	56821
黔江区	2	60			3229	12150
长寿区	7	259		2	15111	7384
綦江县	1	161		1	6345	2609
潼南县						
铜梁县						
大足县						
荣昌县	2	64	1	3	1722	459
璧山县	6	295	2	10	35661	36106
梁平县						
城口县						
丰都县						
垫江县						
武隆县						
忠 县	3	44			1043	38
开 县						
云阳县	1	5			85	
奉节县						
巫山县						
巫溪县						
石柱县						
秀山县						
酉阳县						
彭水县						
江津市	11	843	3	10	61984	26069
合川市	4	85			12005	11905
永川市	2	58			16960	961
南川市	3	160	1	3	8611	5011

2-3-51 按登记注册类型分组的工业企业科技项目

指标名称	科技项目数（项）	参加项目人员（人）	#高中级技术职称人员	项目经费内部支出（千元）
合　计	**2886**	**24654**	**11261**	**2642160**
内资企业	**2637**	**22327**	**10154**	**2316320**
国有企业	441	3468	1923	384377
集体企业	61	308	94	8951
股份合作企业	12	124	18	6998
有限责任公司	1251	10235	4828	963869
国有独资公司	328	3538	1664	444613
其他有限责任公司	923	6697	3164	519256
股份有限公司	353	3575	1604	397554
私营企业	516	4604	1681	553071
私营独资企业	30	85	40	1978
私营合伙企业	1	5	2	44
私营有限责任公司	445	4286	1572	513107
私营股份有限公司	40	228	67	37942
其他企业	3	13	6	1500
港、澳、台商投资企业	**132**	**1200**	**749**	**52483**
合资经营企业(港或澳、台资)	43	307	92	22207
合作经营企业(港或澳、台资)	3	43	34	9468
港、澳、台商独资经营企业	5	13	1	912
港、澳、台商投资股份有限公司	81	837	622	19896
外商投资企业	**117**	**1127**	**358**	**273357**
中外合资经营企业	109	1080	341	269817
外资企业	3	35	14	3200
外商投资股份有限公司	5	12	3	340

2-3-52 按行业分组的工业企业科技项目

指标名称	科技项目数（项）	参加项目人员（人）	#高中级技术职称人员	项目经费内部支出（千元）
合　计	**2886**	**24654**	**11261**	**2642160**
采矿业	**91**	**872**	**428**	**24583**
煤炭开采和洗选业	85	719	413	17183
石油和天然气开采业	1	80	2	1800
非金属矿采选业	5	73	13	5600
制造业	**2736**	**23115**	**10399**	**2600732**
农副食品加工业	27	286	67	14066
食品制造业	18	161	80	8411
饮料制造业	19	173	82	14484
烟草制品业	7	93	11	6349
纺织业	30	274	97	34028
木材加工及木、竹、藤、棕、草制品业	7	17	7	395
家具制造业	7	91	32	8386
造纸及纸制品业	13	134	56	20370
印刷业和记录媒介的复制	2	49	14	3100
石油加工、炼焦及核燃料加工业	8	181	108	14310
化学原料及化学制品制造业	213	1581	743	255170
医药制造业	236	1254	579	99816
化学纤维制造业	2	28	15	4673
橡胶制品业	20	130	53	2157
塑料制品业	11	63	17	8611
非金属矿物制品业	62	712	209	66657
黑色金属冶炼及压延加工业	113	1040	742	108416
有色金属冶炼及压延加工业	72	500	213	67180
金属制品业	28	1002	426	26081
通用设备制造业	262	2094	1002	270939
专用设备制造业	168	2258	938	268070
交通运输设备制造业	1038	8558	3611	1095750
气机械及器材制造业	71	514	245	31033
通信设备、计算机及其他电子设备制造业	34	616	319	55831
仪器仪表及文化、办公用机械制造业	267	1289	721	113707
工艺品及其他制造业	1	17	12	2742
电力、燃气及水的生产和供应业	**59**	**667**	**434**	**16845**
电力、热力的生产和供应业	55	627	418	16197
燃气生产和供应业	4	40	16	648

2-3-53 按行业分组的国有及国有控股工业企业科技项目

指标名称	科技项目数（项）	参加项目人员（人）	#高中级技术职称人员	项目经费内部支出（千元）
合　计	**1807**	**16248**	**8041**	**1720907**
采矿业	**85**	**850**	**423**	**22989**
煤炭开采和洗选业	79	697	408	15589
石油和天然气开采业	1	80	2	1800
非金属矿采选业	5	73	13	5600
制造业	**1663**	**14731**	**7184**	**1681073**
农副食品加工业	16	236	42	11140
食品制造业	4	70	26	2321
饮料制造业	11	125	59	6840
烟草制品业	7	93	11	6349
纺织业	23	233	73	29749
造纸及纸制品业	7	28	22	12130
印刷业和记录媒介的复制	1	42	7	2800
石油加工、炼焦及核燃料加工业	8	181	108	14310
化学原料及化学制品制造业	134	970	519	161058
医药制造业	123	832	362	40354
橡胶制品业	16	105	38	1279
塑料制品业	3	10	2	230
非金属矿物制品业	16	115	39	9387
黑色金属冶炼及压延加工业	101	994	726	104737
有色金属冶炼及压延加工业	68	235	198	60921
金属制品业	4	36	19	1104
通用设备制造业	224	1799	879	249877
专用设备制造业	134	2064	866	258385
交通运输设备制造业	460	4638	2162	536340
电气机械及器材制造业	37	203	88	14525
通信设备、计算机及其他电子设备制造业	33	571	278	48126
仪器仪表及文化、办公用机械制造业	233	1151	660	109111
电力、燃气及水的生产和供应业	**59**	**667**	**434**	**16845**
电力、热力的生产和供应业	55	627	418	16197
燃气生产和供应业	4	40	16	648

2-3-54 按行业分组的内资工业企业科技项目

指标名称	科技项目数（项）	参加项目人员（人）	#高中级技术职称人员	项目经费内部支出（千元）
合　计	**2637**	**22327**	**10154**	**2316320**
采矿业	**91**	**872**	**428**	**24583**
煤炭开采和洗选业	85	719	413	17183
石油和天然气开采业	1	80	2	1800
非金属矿采选业	5	73	13	5600
制造业	**2502**	**20806**	**9309**	**2275568**
农副食品加工业	23	272	61	13503
食品制造业	18	161	80	8411
饮料制造业	19	173	82	14484
烟草制品业	7	93	11	6349
纺织业	30	274	97	34028
木材加工及木、竹、藤、棕、草制品业	6	14	5	330
造纸及纸制品业	13	134	56	20370
印刷业和记录媒介的复制	2	49	14	3100
石油加工、炼焦及核燃料加工业	8	181	108	14310
化学原料及化学制品制造业	185	1436	680	248204
医药制造业	230	1234	571	96576
化学纤维制造业	2	28	15	4673
橡胶制品业	19	112	43	1498
塑料制品业	7	53	17	7711
非金属矿物制品业	53	623	175	54034
黑色金属冶炼及压延加工业	32	203	120	88520
有色金属冶炼及压延加工业	71	495	210	66937
金属制品业	28	1002	426	26081
通用设备制造业	240	1773	903	214893
专用设备制造业	168	2258	938	268070
交通运输设备制造业	980	7953	3478	902602
电气机械及器材制造业	69	481	232	30271
通信设备、计算机及其他电子设备制造业	31	553	275	43799
仪器仪表及文化、办公用机械制造业	261	1251	712	106814
电力、燃气及水的生产和供应业	**44**	**649**	**417**	**16169**
电力、热力的生产和供应业	40	609	401	15521
燃气生产和供应业	4	40	16	648

2-3-55 按行业分组的大中型工业企业科技项目

指标名称	科技项目数 (项)	参加项目人员 (人)	#高中级技术职称人员	项目经费内部支出 (千元)
合 计	**2260**	**21567**	**9952**	**2444397**
采矿业	**85**	**850**	**423**	**22989**
煤炭开采和洗选业	79	697	408	15589
石油和天然气开采业	1	80	2	1800
非金属矿采选业	5	73	13	5600
制造业	**2117**	**20060**	**9099**	**2405113**
农副食品加工业	16	246	46	11358
食品制造业	11	126	66	4041
饮料制造业	12	134	65	12965
烟草制品业	7	93	11	6349
纺织业	28	262	91	33865
家具制造业	7	91	32	8386
造纸及纸制品业	6	91	42	18896
印刷业和记录媒介的复制	1	42	7	2800
石油加工、炼焦及核燃料加工业	8	181	108	14310
化学原料及化学制品制造业	147	1252	578	224189
医药制造业	130	931	446	70760
化学纤维制造业	2	28	15	4673
橡胶制品业	17	110	41	1452
塑料制品业	3	37	13	7356
非金属矿物制品业	47	525	167	61844
黑色金属冶炼及压延加工业	99	964	708	103792
有色金属冶炼及压延加工业	70	470	208	66627
金属制品业	21	957	394	24132
通用设备制造业	243	1882	925	258671
专用设备制造业	131	2077	846	259009
交通运输设备制造业	852	7695	3298	1038560
电气机械及器材制造业	45	305	153	24204
通信设备、计算机及其他电子设备制造业	33	571	278	48126
仪器仪表及文化、办公用机械制造业	180	973	549	96006
工艺品及其他制造业	1	17	12	2742
电力、燃气及水的生产和供应业	**58**	**657**	**430**	**16295**
电力、热力的生产和供应业	55	627	418	16197
燃气生产和供应业	3	30	12	98

2-3-56 按地区分组的工业企业科技项目

指标名称	科技项目数（项）	参加项目人员（人）	#高中级技术职称人员	项目经费内部支出（千元）
合 计	**2886**	**24654**	**11261**	**2642160**
万州区	90	745	254	44714
涪陵区	82	1099	354	117756
渝中区	234	967	628	41734
大渡口区	148	1391	860	74942
江北区	217	2981	1168	264760
沙坪坝区	310	2638	1263	411958
九龙坡区	358	2885	1401	465800
南岸区	265	2288	1060	151844
北碚区	246	1364	805	125819
万盛区	33	366	149	7028
双桥区	20	1162	485	13235
渝北区	179	1021	391	234012
巴南区	151	1679	886	245761
黔江区	11	75	18	3342
长寿区	33	229	162	14631
綦江县	72	932	327	52825
潼南县	6	100	17	24722
铜梁县	7	80	15	2336
大足县	16	106	33	5750
荣昌县	48	244	130	10112
璧山县	53	342	163	46675
梁平县				
城口县				
丰都县	2	105	21	2320
垫江县	5	117	9	35815
武隆县				
忠 县	17	75	25	4933
开 县	6	71	14	1234
云阳县	2	10	3	978
奉节县				
巫山县				
巫溪县	1	2		510
石柱县				
秀山县				
酉阳县	1	1	1	527
彭水县				
江津市	160	775	352	159785
合川市	37	169	77	19080
永川市	40	363	130	45463
南川市	36	272	60	11759

2-3-57 按地区分组的大中型工业企业科技项目

指标名称	科技项目数 (项)	参加项目人员 (人)	#高中级技术 职称人员	项目经费 内部支出 (千元)
合 计	**2260**	**21567**	**9952**	**2444397**
万州区	76	661	221	39793
涪陵区	73	1052	342	116525
渝中区	227	926	608	38830
大渡口区	133	1351	847	72046
江北区	179	2779	1053	251809
沙坪坝区	263	2445	1170	399120
九龙坡区	280	2384	1189	436587
南岸区	160	1920	889	116593
北碚区	194	1147	666	116786
万盛区	26	274	134	5015
双桥区	14	1128	463	12324
渝北区	97	757	286	203482
巴南区	136	1551	830	240587
黔江区	2	60	10	3229
长寿区	33	229	162	14631
綦江县	57	783	282	48297
潼南县	3	86	11	24500
铜梁县				
大足县	3	61	7	2360
荣昌县	30	220	110	9143
璧山县	46	311	151	42776
梁平县				
城口县				
丰都县				
垫江县	2	95	5	35240
武隆县				
忠 县	11	52	19	1029
开 县	6	71	14	1234
云阳县	2	10	3	978
奉节县				
巫山县				
巫溪县				
石柱县				
秀山县				
酉阳县				
彭水县				
江津市	142	668	308	155034
合川市	17	86	53	14601
永川市	25	235	78	31911
南川市	23	225	41	9937

2-3-58 按项目来源、合作形式、活动类型、技术经济目标分组的工业企业科技项目

指标名称	科技项目数（项）	参加项目人员（人）	#高中级技术职称人员	项目经费内部支出（千元）
按项目来源分组				
国家科技项目	152	2147	1098	255718
地方科技项目	191	1925	1046	264570
其他企业委托科技项目	219	1347	526	138724
本企业自选科技项目	2253	18695	8389	1886798
来自国外的科技项目	24	226	78	25785
其他科技项目	47	314	124	70565
按项目合作形式分组				
与境外机构合作	80	1127	366	323655
与国内高校合作	146	1442	776	135455
与国内独立研究院所合作	158	1560	750	208442
与境内注册的外商独资企业合作	5	19	11	1855
与境内注册的其他企业合作	199	1315	604	86211
以本企业所办科技机构为主完成	977	8982	4115	924470
由本企业有关部门组成联合攻关小组协作完成	1260	8936	4058	878785
其他	61	1273	581	83287
按项目活动类型分组				
基础研究				
应用研究	7	15	9	241
试验发展	1308	12344	5617	1409466
研究与试验发展成果应用	1571	12295	5635	1232453
按项目技术经济目标分组				
开发全新产品	1694	13850	5989	1606306
增加已有产品的功能	219	2581	1263	274746
提高产品性能	382	3490	1607	279774
提高劳动生产率	176	1634	780	144224
减少能源消耗	62	473	206	48964
节约原材料	48	352	162	27272
减少环境污染	60	588	239	60735
其他	245	1686	1015	200139

2-3-59 按登记注册类型分组的工业企业新产品开发及生产情况

单位：项、千元

指标名称	新产品开发项目数	新产品开发经费	新产品产值	新产品销售收入	#出口
合 计	**2295**	**1726221**	**51980167**	**50890433**	**3461525**
内资企业	**2137**	**1601836**	**35613785**	**35007085**	**2910446**
国有企业	365	287074	3164695	2731607	309241
集体企业	56	5478	78047	74711	9868
股份合作企业	4	1835	47243	43755	195
联营企业			3800	3950	
国有联营企业			3800	3950	
有限责任公司	985	649078	14629309	14303126	552601
国有独资公司	274	332114	4951764	4599763	22228
其他有限责任公司	711	316964	9677545	9703363	530373
股份有限公司	291	334977	9192293	8806213	706908
私营企业	433	321894	8460701	9009847	1319633
私营独资企业	25	699	69744	65638	
私营合伙企业	1				
私营有限责任公司	369	311595	8325850	8888526	1318411
私营股份有限公司	38	9600	65107	55683	1222
其他企业	3	1500	37697	33876	12000
港、澳、台商投资企业	**67**	**20489**	**2156160**	**2352116**	**70643**
合资经营企业(港或澳、台资)	34	9479	671012	631353	70627
合作经营企业(港或澳、台资)	3	8010	68048	62763	16
港、澳、台商独资经营企业	5				
港、澳、台商投资股份有限公司	25	3000	1417100	1658000	
外商投资企业	**91**	**103896**	**14210222**	**13531232**	**480436**
中外合资经营企业	86	101051	14162914	13484303	477046
外资企业	3	2700	42050	42090	3390
外商投资股份有限公司	2	145	5258	4839	

2-3-60 按行业分组的工业企业新产品开发及生产情况

单位：项、千元

指标名称	新产品开发项目数	新产品开发经费	新产品产值	新产品销售收入	#出口
合　计	**2295**	**1726221**	**51980167**	**50890433**	**3461525**
采矿业	**16**	**5070**	**39610**	**41520**	
煤炭开采和洗选业	15	4998			
非金属矿采选业	1	72	39610	41520	
制造业	**2273**	**1721086**	**51938557**	**50848913**	**3461525**
农副食品加工业	24	11060	261368	253323	26067
食品制造业	14	5888	139850	154154	4186
饮料制造业	9	16475	359967	320957	
烟草制品业	4	3479	869594	985431	
纺织业	26	16014	551899	527792	264191
木材加工及木、竹、藤、棕、草制品业	7	371	17872	14441	
家具制造业	7	8386			
造纸及纸制品业	11	8920	300373	258489	
印刷业和记录媒介的复制	1	3950	52032	50991	
石油加工、炼焦及核燃料加工业	8	3579	13550	13000	
化学原料及化学制品制造业	138	55812	2530919	2097539	353722
医药制造业	207	85102	1815687	1524351	31630
化学纤维制造业	2	2140	41590	40758	160
橡胶制品业	15	1776	160932	163952	100
塑料制品业	10	4264	31563	32915	
非金属矿物制品业	31	44835	1631963	2434766	646057
黑色金属冶炼及压延加工业	49	81678	1807283	2021104	1635
有色金属冶炼及压延加工业	18	48380	750633	731804	22068
金属制品业	26	10196	473220	462241	28612
通用设备制造业	231	176730	2249628	2300348	226767
专用设备制造业	150	178794	1224113	1044947	
交通运输设备制造业	939	765534	34350911	33233460	1712518
电气机械及器材制造业	64	21214	482002	542360	3438
通信设备、计算机及其他电子设备制造业	30	56523	1016763	968340	46573
仪器仪表及文化、办公用机械制造业	252	109986	804754	671359	93801
工艺品及其他制造业			91	91	
电力、燃气及水的生产和供应业	**6**	**65**	**2000**		
电力、热力的生产和供应业	6		2000		
燃气生产和供应业		65			

2-3-61 按行业分组的国有及国有控股工业企业新产品开发及生产情况

单位：项、千元

指标名称	新产品开发项目数	新产品开发经费	新产品产值	新产品销售收入	#出口
合 计	**1387**	**1197322**	**37411329**	**36172861**	**1529799**
采矿业	**16**	**5070**	**22660**	**25220**	
煤炭开采和洗选业	15	4998			
非金属矿采选业	1	72	22660	25220	
制造业	**1365**	**1192187**	**37386669**	**36147641**	**1529799**
农副食品加工业	14	9360	229152	221107	4009
食品制造业	4	2471	80277	95613	
饮料制造业	4	10300	277193	311473	
烟草制品业	4	3479	869594	985431	
纺织业	22	14569	425929	405184	151340
造纸及纸制品业	5	150			
印刷业和记录媒介的复制	1	3950	52032	50991	
石油加工、炼焦及核燃料加工业	8	3579	13550	13000	
化学原料及化学制品制造业	84	50191	1847357	1775175	298019
医药制造业	114	42466	1379256	1110344	3123
橡胶制品业	12	1076	30832	33942	100
塑料制品业	3				
非金属矿物制品业	11	2649	362899	365183	248484
黑色金属冶炼及压延加工业	39	79396	1724432	1943990	1635
有色金属冶炼及压延加工业	15	41998	620929	602301	22068
金属制品业	3	784	3466	3467	3414
通用设备制造业	199	159200	1792329	1787615	142834
专用设备制造业	116	172858	1149030	972549	
交通运输设备制造业	425	427382	24883164	23980414	546041
电气机械及器材制造业	33	11242	174282	198029	3438
通信设备、计算机及其他电子设备制造业	29	48818	736294	688536	11694
仪器仪表及文化、办公用机械制造业	220	106269	734672	603297	93600
电力、燃气及水的生产和供应业	**6**	**65**	**2000**		
电力、热力的生产和供应业	6		2000		
燃气生产和供应业		65			

2-3-62 按行业分组的内资工业企业新产品开发及生产情况

单位：项、千元

指标名称	新产品开发项目数	新产品开发经费	新产品产值	新产品销售收入	#出口
合计	**2137**	**1601836**	**35613785**	**35007085**	**2910446**
采矿业	**16**	**5070**	**39610**	**41520**	
煤炭开采和洗选业	15	4998			
非金属矿采选业	1	72	39610	41520	
制造业	**2115**	**1596701**	**35572175**	**34965565**	**2910446**
农副食品加工业	20	11060	261368	253323	26067
食品制造业	14	5888	139850	154154	4186
饮料制造业	9	16475	359967	320957	
烟草制品业	4	3479	869594	985431	
纺织业	26	16014	550873	526766	264191
木材加工及木、竹、藤、棕、草制品业	6	306	17872	14441	
造纸及纸制品业	11	8920	300373	258489	
印刷业和记录媒介的复制	1	3950	52032	50991	
石油加工、炼焦及核燃料加工业	8	3579	13550	13000	
化学原料及化学制品制造业	119	54909	2035790	1960850	352492
医药制造业	205	84957	1760315	1468961	10623
化学纤维制造业	2	2140	41590	40758	160
橡胶制品业	14	1249	160282	163392	100
塑料制品业	6	4264	31563	32915	
非金属矿物制品业	23	35423	1258472	2058462	397573
黑色金属冶炼及压延加工业	24	78678	390183	363104	1635
有色金属冶炼及压延加工业	17	48380	737030	718402	22068
金属制品业	26	10196	473220	462241	28612
通用设备制造业	209	160228	1545497	1480384	37002
专用设备制造业	150	178794	1224113	1044947	
交通运输设备制造业	886	699764	21484587	20825598	1695322
电气机械及器材制造业	62	20464	481182	541500	3438
通信设备、计算机及其他电子设备制造业	27	44491	613031	586566	4393
仪器仪表及文化、办公用机械制造业	246	103093	769750	639842	62584
工艺品及其他制造业			91	91	
电力、燃气及水的生产和供应业	**6**	**65**	**2000**		
电力、热力的生产和供应业	6		2000		
燃气生产和供应业		65			

2-3-63 按行业分组的大中型工业企业新产品开发及生产情况

单位：项、千元

指标名称	新产品开发项目数	新产品开发经费	新产品产值	新产品销售收入	#出口
合 计	**1780**	**1634798**	**49804355**	**48833220**	**3291098**
采矿业	**16**	**5070**	**22660**	**25220**	
煤炭开采和洗选业	15	4998			
非金属矿采选业	1	72	22660	25220	
制造业	**1758**	**1629663**	**49779695**	**48808000**	**3291098**
农副食品加工业	15	9465	241835	233790	13877
食品制造业	7	3903	38773	38773	
饮料制造业	5	16425	357094	317883	
烟草制品业	4	3479	869594	985431	
纺织业	25	15850	539664	518035	264191
家具制造业	7	8386			
造纸及纸制品业	5	8466	298773	256889	
印刷业和记录媒介的复制	1	3950	52032	50991	
石油加工、炼焦及核燃料加工业	8	3579	13550	13000	
化学原料及化学制品制造业	94	51730	2392086	1983847	339073
医药制造业	124	69946	1642531	1354316	3123
化学纤维制造业	2	2140	41590	40758	160
橡胶制品业	13	1249	30832	33942	100
塑料制品业	3	4264	31563	32915	
非金属矿物制品业	27	44835	1568731	2375626	646057
黑色金属冶炼及压延加工业	38	79216	1743757	1962407	1000
有色金属冶炼及压延加工业	16	48380	737030	718402	22068
金属制品业	19	9181	426744	418360	28417
通用设备制造业	214	168517	2138567	2185276	195241
专用设备制造业	115	174452	1155461	978744	
交通运输设备制造业	772	742807	33637537	32657024	1700402
电气机械及器材制造业	42	19091	392876	398798	3438
通信设备、计算机及其他电子设备制造业	29	48818	736294	688536	11694
仪器仪表及文化、办公用机械制造业	173	91534	692781	564257	62257
电力、燃气及水的生产和供应业	**6**	**65**	**2000**		
电力、热力的生产和供应业	6		2000		
燃气生产和供应业		65			

2-3-64 按地区分组的工业企业新产品开发及生产情况

单位：项、千元

指标名称	新产品开发项目数	新产品开发经费	新产品产值	新产品销售收入	#出口
合 计	**2295**	**1726221**	**51980167**	**50890433**	**3461525**
万州区	57	32042	484334	485884	9878
涪陵区	73	74844	2646105	2202777	95230
渝中区	186	27526	512494	560895	7285
大渡口区	80	47817	2373326	2639859	252484
江北区	189	212570	6052687	5654462	55393
沙坪坝区	277	290005	6782470	6639434	1134430
九龙坡区	254	381434	5711803	5410959	244384
南岸区	229	67051	3322145	3457674	300165
北碚区	221	112075	1375621	1259617	257467
万盛区	9				
双桥区	20	4031	1893851	2017286	
渝北区	159	51512	8891823	8308679	14689
巴南区	138	216526	6251857	6387171	238190
黔江区	11	3529	223427	249469	
长寿区	22	13068	915258	555466	218097
綦江县	36	25588	287921	260178	6838
潼南县	2			500	
铜梁县	7	1359	232922	226259	19185
大足县	14	618	53894	52416	1230
荣昌县	29	7196	123397	140301	43202
璧山县	51	35643	586152	608300	3519
梁平县					
城口县					
丰都县	1	211	230041	139957	
垫江县	2	620			
武隆县					
忠 县	16	985	1415	1480	
开 县	3	247	116587	116587	680
云阳县	2	978			
奉节县					
巫山县					
巫溪县			29757	25041	
石柱县					
秀山县					
酉阳县		527			
彭水县					
江津市	132	98216	1615012	1390970	215554
合川市	34	5095	237174	1112294	26637
永川市	29	8543	564100	529124	134030
南川市	12	6365	464594	457394	182958

2-3-65 按地区分组的大中型工业企业新产品开发及生产情况

单位：项、千元

指标名称	新产品开发项目数	新产品开发经费	新产品产值	新产品销售收入	#出口
合 计	**1780**	**1634798**	**49804355**	**48833220**	**3291098**
万州区	46	26082	423149	430632	9878
涪陵区	65	74226	2469526	2029825	95040
渝中区	180	26042	494092	543582	7090
大渡口区	66	45591	2353675	2622219	252484
江北区	164	210764	5854172	5476095	34386
沙坪坝区	230	282791	6717929	6520917	1134430
九龙坡区	187	361906	5443531	5140823	187412
南岸区	144	50144	2818571	2986170	256626
北碚区	174	104536	1303453	1187516	256340
万盛区	7				
双桥区	14	3767	1893364	2016922	
渝北区	89	43042	8737784	8166402	5932
巴南区	126	213452	6202394	6351740	234997
黔江区	2	3229	221147	219469	
长寿区	22	13068	911558	552606	218097
綦江县	27	23400	279666	252416	6838
潼南县	1				
铜梁县			112254	112254	
大足县	2	72	3000	2860	1230
荣昌县	13	6957	123389	140301	43202
璧山县	44	31744	584531	607065	3519
梁平县					
城口县					
丰都县					
垫江县		50			
武隆县					
忠 县	11	985	1200	1480	
开 县	3	247	116587	116587	680
云阳县	2	978			
奉节县					
巫山县					
巫溪县					
石柱县					
秀山县					
酉阳县					
彭水县					
江津市	116	96258	1568744	1350506	215554
合川市	16	1807	210190	1085375	10451
永川市	21	7680	495855	462064	133954
南川市	8	5980	464594	457394	182958

2-3-66 按登记注册类型分组的工业企业专利情况

单位：件

指标名称	专利申请数	#发明专利	拥有发明专利数
总计	**2918**	**184**	**484**
内资企业	**2827**	**167**	**447**
国有企业	25	5	19
集体企业	4	1	3
股份合作企业	1	1	1
有限责任公司	394	53	152
国有独资公司	155	25	62
其他有限责任公司	239	28	90
股份有限公司	195	16	68
私营企业	2208	91	204
私营独资企业	5	2	1
私营有限责任公司	2178	88	198
私营股份有限公司	25	1	5
港、澳、台商投资企业	**65**	**3**	**16**
合资经营企业(港或澳、台资)	58	1	2
港、澳、台商独资经营企业	2	2	2
港、澳、台商投资股份有限公司	5		12
外商投资企业	**26**	**14**	**21**
中外合资经营企业	24	14	19
外资企业	2		2

2-3-67 按行业分组的工业企业专利情况

单位：件

指标名称	专利申请数	#发明专利	拥有发明专利数
总计	**2918**	**184**	**484**
采矿业	**4**		**1**
煤炭开采和洗选业			1
黑色金属矿采选业	1		
非金属矿采选业	3		
制造业	**2912**	**183**	**482**
农副食品加工业	6	1	38
食品制造业	4	4	7
饮料制造业	8		28
烟草制品业	1	1	1
木材加工及木、竹、藤、棕、草制品业	3		
造纸及纸制品业			1
化学原料及化学制品制造业	8	7	11
医药制造业	51	24	25
橡胶制品业	1		6
塑料制品业	2	1	1
非金属矿物制品业	43	14	28
黑色金属冶炼及压延加工业	7	2	21
有色金属冶炼及压延加工业	2		2
金属制品业	1	1	1
通用设备制造业	34	5	19
专用设备制造业	148	23	15
交通运输设备制造业	2553	91	237
电气机械及器材制造业	24	6	18
仪器仪表及文化、办公用机械制造业	16	3	23
电力、燃气及水的生产和供应业	**2**	**1**	**1**
电力、热力的生产和供应业	1		
燃气生产和供应业	1	1	1

2-3-68 按行业分组的国有及国有控股工业企业专利情况

单位：件

指标名称	专利申请数	#发明专利	拥有发明专利数
总计	**415**	**53**	**172**
采矿业	**4**		**1**
煤炭开采和洗选业			1
黑色金属矿采选业	1		
非金属矿采选业	3		
制造业	**409**	**52**	**170**
农副食品加工业	2	1	35
食品制造业			
饮料制造业	8		28
烟草制品业	1	1	1
木材加工及木、竹、藤、棕、草制品业			
造纸及纸制品业			1
化学原料及化学制品制造业	3	3	3
医药制造业	30	4	20
橡胶制品业	1		1
塑料制品业			
非金属矿物制品业	20	12	12
黑色金属冶炼及压延加工业	6	1	18
有色金属冶炼及压延加工业	2		1
金属制品业			
通用设备制造业	20	1	6
专用设备制造业	131	18	5
交通运输设备制造业	169	10	14
电气机械及器材制造业	3		4
仪器仪表及文化、办公用机械制造业	13	1	21
电力、燃气及水的生产和供应业	**2**	**1**	**1**
电力、热力的生产和供应业	1		
燃气生产和供应业	1	1	1

2-3-69 按行业分组的内资工业企业专利情况

单位：件

指标名称	专利申请数	#发明专利	拥有发明专利数
总计	**2827**	**167**	**447**
采矿业	**4**		**1**
煤炭开采和洗选业			1
黑色金属矿采选业	1		
非金属矿采选业	3		
制造业	**2821**	**166**	**445**
农副食品加工业	6	1	38
食品制造业	4	4	7
饮料制造业	8		28
烟草制品业	1	1	1
木材加工及木、竹、藤、棕、草制品业	3		
造纸及纸制品业			1
化学原料及化学制品制造业	8	7	11
医药制造业	51	24	25
橡胶制品业	1		1
塑料制品业	2	1	1
非金属矿物制品业	23	2	16
黑色金属冶炼及压延加工业	2	2	9
有色金属冶炼及压延加工业	2		2
金属制品业	1	1	1
通用设备制造业	34	5	19
专用设备制造业	148	23	15
交通运输设备制造业	2489	88	233
电气机械及器材制造业	22	4	14
仪器仪表及文化、办公用机械制造业	16	3	23
电力、燃气及水的生产和供应业	**2**	**1**	**1**
电力、热力的生产和供应业	1		
燃气生产和供应业	1	1	1

2-3-70 按行业分组的大中型工业企业专利情况

单位：件

指标名称	专利申请数	#发明专利	拥有发明专利数
总计	**2743**	**141**	**346**
采矿业	**4**		**1**
煤炭开采和洗选业			1
黑色金属矿采选业	1		
非金属矿采选业	3		
制造业	**2737**	**140**	**344**
农副食品加工业	2	1	35
食品制造业			1
饮料制造业	8		28
烟草制品业	1	1	1
木材加工及木、竹、藤、棕、草制品业			
造纸及纸制品业			
化学原料及化学制品制造业	7	6	4
医药制造业	41	18	23
橡胶制品业	1		1
塑料制品业	2	1	1
非金属矿物制品业	43	14	28
黑色金属冶炼及压延加工业	6	1	15
有色金属冶炼及压延加工业	2		2
金属制品业	1	1	1
通用设备制造业	31	2	6
专用设备制造业	131	18	5
交通运输设备制造业	2450	76	172
电气机械及器材制造业	2		2
仪器仪表及文化、办公用机械制造业	9	1	19
电力、燃气及水的生产和供应业	**2**	**1**	**1**
电力、热力的生产和供应业	1		
燃气生产和供应业	1	1	1

2-3-71 按地区分组的工业企业专利情况

单位：件

指标名称	专利申请数	#发明专利	拥有发明专利数
总计	**2918**	**184**	**484**
万州区	13	2	6
涪陵区	15	3	46
渝中区	14	2	15
大渡口区	18	4	38
江北区	148	15	27
沙坪坝区	984	13	50
九龙坡区	438	26	145
南岸区	547	38	35
北碚区	74	2	5
万盛区			
双桥区	1	1	
渝北区	70	7	19
巴南区	478	37	63
黔江区			
长寿区	2	2	
綦江县			1
潼南县			
铜梁县	2		
大足县	13	3	3
荣昌县	6	5	5
璧山县	56	11	12
梁平县			
城口县			
丰都县			
垫江县			
武隆县			
忠　县			
开　县			
云阳县			
奉节县			
巫山县			
巫溪县			
石柱县			
秀山县			
酉阳县			
彭水县			
江津市	29	7	8
合川市	7	6	
永川市	3		6
南川市			

2-3-72 按地区分组的大中型工业企业专利情况

单位：件

指标名称	专利申请数	#发明专利	拥有发明专利数
总计	**2743**	**141**	**346**
万州区	9	2	4
涪陵区	6	2	42
渝中区	12	1	1
大渡口区	13	1	36
江北区	116	11	17
沙坪坝区	933	10	15
九龙坡区	418	21	135
南岸区	529	30	21
北碚区	72	2	4
万盛区			
双桥区	1	1	
渝北区	61		2
巴南区	478	37	55
黔江区			
长寿区	2	2	
綦江县			1
潼南县			
铜梁县			
大足县			
荣昌县	6	5	5
璧山县	54	9	8
梁平县			
城口县			
丰都县			
垫江县			
武隆县			
忠　县			
开　县			
云阳县			
奉节县			
巫山县			
巫溪县			
石柱县			
秀山县			
酉阳县			
彭水县			
江津市	23	1	
合川市	7	6	
永川市	3		
南川市			

2-3-73 按登记注册类型分组的工业企业技术改造和技术获取情况

单位：千元

指标名称	技术改造经费支出	技术引进经费支出	消化吸收经费支出	购买国内技术经费支出
合 计	**6527145**	**2546788**	**503087**	**372988**
内资企业	**4488406**	**1596496**	**501102**	**346666**
国有企业	447188	28371	4328	5041
集体企业	12546		140	277
股份合作企业	1757			149
联营企业	1500			
集体联营企业	1500			
有限责任公司	2091852	1416491	492379	103461
国有独资公司	552723	38843	1505	1020
其他有限责任公司	1539129	1377648	490874	102441
股份有限公司	1642473	145658	2068	217508
私营企业	290940	5976	2187	20230
私营独资企业	6509			388
私营合伙企业	781			73
私营有限责任公司	239709	5976	2187	17740
私营股份有限公司	43941			2029
其他企业	150			
港、澳、台商投资企业	**298012**	**64793**	**1131**	**5268**
合资经营企业(港或澳、台资)	17629	8	391	2268
合作经营企业(港或澳、台资)	32553	225		
港、澳、台商投资股份有限公司	247830	64560	740	3000
外商投资企业	**1740727**	**885499**	**854**	**21054**
中外合资经营企业	1740082	885499	512	14137
外资企业	645		342	6917

2-3-74 按行业分组的工业企业技术改造和技术获取情况

单位：千元

指标名称	技术改造经费支出	技术引进经费支出	消化吸收经费支出	购买国内技术经费支出
合　计	**6527145**	**2546788**	**503087**	**372988**
采矿业	**118164**		**12**	**398**
煤炭开采和洗选业	70992		12	346
黑色金属矿采选业	41843			52
非金属矿采选业	5329			
制造业	**6206964**	**2546788**	**503075**	**369590**
农副食品加工业	8876	18070		70
食品制造业	4411	285		
饮料制造业	14693			
烟草制品业	22000			
纺织业	93026	29000	26310	33701
木材加工及木、竹、藤、棕、草制品业	6			118
造纸及纸制品业	25456		400	2000
印刷业和记录媒介的复制	22450		350	
石油加工、炼焦及核燃料加工业	1200	1000		
化学原料及化学制品制造业	349983	43453	8597	3290
医药制造业	400604	26455	2858	38635
化学纤维制造业	4673			
橡胶制品业	431			
塑料制品业	16700			
非金属矿物制品业	42678	1162	3348	341
黑色金属冶炼及压延加工业	276029	64560	924	6910
有色金属冶炼及压延加工业	733530	1300230	451000	35000
金属制品业	24245			
通用设备制造业	205533	3100	1400	13181
专用设备制造业	89866	6193	45	900
交通运输设备制造业	3757408	1028207	6681	232264
电气机械及器材制造业	11457	20301	1162	2240
通信设备、计算机及其他电子设备制造业	53296	90		354
仪器仪表及文化、办公用机械制造业	44933	4682		586
工艺品及其他制造业	3480			
电力、燃气及水的生产和供应业	**202017**			**3000**
电力、热力的生产和供应业	199056			3000
燃气生产和供应业	1428			
水的生产和供应业	1533			

2-3-75 按行业分组的国有及国有控股工业企业技术改造和技术获取情况

单位：千元

指标名称	技术改造经费支出	技术引进经费支出	消化吸收经费支出	购买国内技术经费支出
合 计	**5987120**	**2488855**	**490774**	**338919**
采矿业	**101229**		**12**	**159**
煤炭开采和洗选业	56119		12	159
黑色金属矿采选业	41710			
非金属矿采选业	3400			
制造业	**5709165**	**2488855**	**490762**	**335760**
农副食品加工业	5300			
饮料制造业	12500			
烟草制品业	22000			
纺织业	75891	29000	26310	33190
造纸及纸制品业	13000			2000
印刷业和记录媒介的复制	13962		350	
石油加工、炼焦及核燃料加工业	1200	1000		
化学原料及化学制品制造业	274358	21085	7587	2340
医药制造业	397454	26455	2858	36680
橡胶制品业	305			
非金属矿物制品业	710			
黑色金属冶炼及压延加工业	265604	64560	740	3000
有色金属冶炼及压延加工业	722126	1300230	450000	35000
金属制品业	4755			
通用设备制造业	189878	3100	1390	13152
专用设备制造业	88294	6193		900
交通运输设备制造业	3521666	1013359	535	206558
电气机械及器材制造业	5446	20301	992	2000
通信设备、计算机及其他电子设备制造业	53296	90		354
仪器仪表及文化、办公用机械制造业	41420	3482		586
电力、燃气及水的生产和供应业	**176726**			**3000**
电力、热力的生产和供应业	173765			3000
燃气生产和供应业	1428			
水的生产和供应业	1533			

2-3-76 按行业分组的内资工业企业技术改造和技术获取情况

单位：千元

指标名称	技术改造经费支出	技术引进经费支出	消化吸收经费支出	购买国内技术经费支出
合 计	**4488406**	**1596496**	**501102**	**346666**
采矿业	**118164**		**12**	**398**
煤炭开采和洗选业	70992		12	346
黑色金属矿采选业	41843			52
非金属矿采选业	5329			
制造业	**4171475**	**1596496**	**501090**	**346218**
农副食品加工业	8876	18070		70
食品制造业	4411	285		
饮料制造业	14693			
烟草制品业	22000			
纺织业	93026	29000	26310	33701
木材加工及木、竹、藤、棕、草制品业				118
造纸及纸制品业	12456		400	2000
印刷业和记录媒介的复制	22450		350	
石油加工、炼焦及核燃料加工业	1200	1000		
化学原料及化学制品制造业	349163	24085	8497	3240
医药制造业	400604	26455	2858	38635
化学纤维制造业	4673			
橡胶制品业	431			
塑料制品业	16700			
非金属矿物制品业	39838	1162	3348	341
黑色金属冶炼及压延加工业	29039		184	3910
有色金属冶炼及压延加工业	733530	1300230	451000	35000
金属制品业	24245			
通用设备制造业	172876	3100	1400	2358
专用设备制造业	89866	6193	45	900
交通运输设备制造业	2025121	177885	6028	223149
电气机械及器材制造业	11257	6000	670	2210
通信设备、计算机及其他电子设备制造业	49737	90		
仪器仪表及文化、办公用机械制造业	44933	2941		586
工艺品及其他制造业	350			
电力、燃气及水的生产和供应业	**198767**			**50**
电力、热力的生产和供应业	195806			50
燃气生产和供应业	1428			
水的生产和供应业	1533			

2-3-77 按行业分组的大中型工业企业技术改造和技术获取情况

单位：千元

指标名称	技术改造经费支出	技术引进经费支出	消化吸收经费支出	购买国内技术经费支出
合 计	**6228963**	**2531619**	**502410**	**365683**
采矿业	**98424**			**146**
煤炭开采和洗选业	52785			146
黑色金属矿采选业	41710			
非金属矿采选业	3929			
制造业	**5935055**	**2531619**	**502410**	**362537**
农副食品加工业	6384	18000		
食品制造业	4347	285		
饮料制造业	14650			
烟草制品业	22000			
纺织业	79913	29000	26310	33391
造纸及纸制品业	900		400	2000
印刷业和记录媒介的复制	820		350	
石油加工、炼焦及核燃料加工业	1200	1000		
化学原料及化学制品制造业	333118	41168	8259	3240
医药制造业	321838	26455	2858	33780
化学纤维制造业	4673			
橡胶制品业	305			
非金属矿物制品业	25055	1162	3348	
黑色金属冶炼及压延加工业	269392	64560	924	6830
有色金属冶炼及压延加工业	721690	1300230	451000	35000
金属制品业	23205			
通用设备制造业	199148	3100	1390	13114
专用设备制造业	88659	6193		900
交通运输设备制造业	3719409	1024334	6579	231596
电气机械及器材制造业	6363	14301	992	2100
通信设备、计算机及其他电子设备制造业	53296	90		
仪器仪表及文化、办公用机械制造业	35560	1741		586
工艺品及其他制造业	3130			
电力、燃气及水的生产和供应业	**195484**			**3000**
电力、热力的生产和供应业	195484			3000

2-3-78　按地区分组的工业企业技术改造和技术获取情况

单位：千元

指标名称	技术改造经费支出	技术引进经费支出	消化吸收经费支出	购买国内技术经费支出
合　计	**6527145**	**2546788**	**503087**	**372988**
万州区	67211	26000	27897	2071
涪陵区	165214	3420	4456	41880
渝中区	76007	375		450
大渡口区	307038	82960	1152	5120
江北区	1555967	136805	2620	230240
沙坪坝区	157013	16285	2874	12684
九龙坡区	869541	1367658	450919	37929
南岸区	271377	9652	288	13182
北碚区	76795	4156	1708	1086
万盛区	3440			146
双桥区	60117		200	50
渝北区	1197328	845113	692	8901
巴南区	796244	1162	3348	3689
黔江区	69500			2900
长寿区	46790	39368	376	
綦江县	76277	9826	3850	1020
潼南县	24597			
铜梁县	63509			460
大足县	10206		45	572
荣昌县	24500			
璧山县	255885		315	800
梁平县				
城口县	3793		66	65
丰都县	1500			
垫江县	188			
武隆县	3217			
忠　县	70			
开　县	24236			
云阳县	1350			
奉节县	6921			
巫山县				
巫溪县	40827			428
石柱县	899			
秀山县				
酉阳县				
彭水县	600			
江津市	184763	2200	300	3025
合川市	25482			50
永川市	38080	8	1771	6240
南川市	20663	1800	210	

2-3-79 按地区分组的大中型工业企业技术改造和技术获取情况

单位：千元

指标名称	技术改造经费支出	技术引进经费支出	消化吸收经费支出	购买国内技术经费支出
合 计	**6228963**	**2531619**	**502410**	**365683**
万州区	45421	26000	27887	2071
涪陵区	145581	3350	4456	41810
渝中区	75157	375		450
大渡口区	303423	82960	1070	5120
江北区	1541816	136580	2600	230230
沙坪坝区	121153	16285	2824	12500
九龙坡区	858566	1359917	450919	37767
南岸区	266502	4959		10823
北碚区	71500	2956	1648	1086
万盛区	3020			146
双桥区	54000		200	
渝北区	1192044	844373	692	8856
巴南区	792248	1162	3348	3689
黔江区	22000			
长寿区	46790	39368	376	
綦江县	73869	9826	3850	1020
潼南县	24500			
铜梁县	7424			
大足县	5349			
荣昌县	24500			
璧山县	255666		315	800
梁平县				
城口县	298		54	
丰都县				
垫江县				
武隆县				
忠 县	70			
开 县	18982			
云阳县	1350			
奉节县				
巫山县				
巫溪县	39690			
石柱县				
秀山县				
酉阳县				
彭水县				
江津市	182122	1700	300	3025
合川市	9602			50
永川市	31995	8	1661	6240
南川市	14325	1800	210	

第 4 篇

建筑业企业生产经营及财务状况

2-4-1 按地区分组的建筑业企业、产业活动单位和个体经营户个数

单位：个、户

指标名称	法人单位数	总承包和专业承包企业	劳务分包企业	资质以外企业	多产业法人单位所属的建筑业产业活动单位数	个体经营户
合计	**2916**	**2442**	**83**	**391**	**400**	**5956**
万州区	160	153	5	2	83	260
涪陵区	90	88		2	8	157
渝中区	411	352	7	52	27	154
大渡口区	69	66	3		23	43
江北区	179	124	7	48	21	138
沙坪坝区	172	141		31	22	114
九龙坡区	302	231	6	65	55	190
南岸区	198	120	4	74	17	117
北碚区	64	43		21	8	114
万盛区	23	20	1	2	1	23
双桥区	15	4	3	8	1	6
渝北区	207	192	12	3		180
巴南区	107	103	1	3	16	40
黔江区	27	20		7	8	26
长寿区	50	50				150
綦江县	59	33		26	8	522
潼南县	41	37		4	4	85
铜梁县	28	28				110
大足县	39	35		4	9	76
荣昌县	30	29		1	5	65
璧山县	43	41		2	4	133
梁平县	18	15	3			97
城口县	5	5			1	250
丰都县	19	18		1	3	91
垫江县	35	32		3	8	146
武隆县	22	17		5	4	49
忠县	25	23	2		4	141
开县	48	43		5	5	101
云阳县	34	34			3	348
奉节县	26	26			2	62
巫山县	16	15		1	8	84
巫溪县	11	8		3		180
石柱县	10	8		2	2	49
秀山县	7	7				212
酉阳县	7	7				390
彭水县	11	11				55
江津市	98	74	20	4	19	385
合川市	98	85	3	10	2	185
永川市	74	69	5		6	355
南川市	38	35	1	2	13	73

2-4-2 按地区分组的建筑业企业、产业活动单位和个体经营户年末从业人数

单位：人

指标名称	总计	总承包和专业承包企业	劳务分包企业	资质以外企业	多产业法人单位所属的建筑业产业活动单位数	个体经营户
合　计	**1112498**	**869103**	**33420**	**15240**	**168140**	**26595**
万州区	75251	59702	742	17	14204	586
涪陵区	36838	34973		91	1301	473
渝中区	63580	56181	374	915	5743	367
大渡口区	23804	17496	327		5830	151
江北区	65545	45009	207	1218	18648	463
沙坪坝区	55180	40807		678	13416	279
九龙坡区	123481	81633	354	2522	38134	838
南岸区	42402	37945	1169	2164	802	322
北碚区	27655	24022		625	2708	300
万盛区	5056	4602	19	324	4	107
双桥区	729	207	32	427	16	47
渝北区	62083	61212	326	20		525
巴南区	56121	47518	253	159	7937	254
黔江区	6672	4198		179	2112	183
长寿区	34335	33606				729
綦江县	20477	13792		3778	827	2080
潼南县	28985	25565		423	2494	503
铜梁县	12786	11693				1093
大足县	11932	9702		142	1601	487
荣昌县	18293	14040		82	3756	415
璧山县	18047	16333		5	1240	469
梁平县	13066	4259	8511			296
城口县	1714	955			3	756
丰都县	12662	10104		15	2231	312
垫江县	24345	19148		97	4258	842
武隆县	5966	5036		148	328	454
忠　县	24843	19090	8		4474	1271
开　县	31330	27746		540	2723	321
云阳县	13593	11014			1027	1552
奉节县	5291	4647			120	524
巫山县	3370	2730		11	350	279
巫溪县	3369	2712		49		608
石柱县	2207	1828		17	15	347
秀山县	6094	3857				2237
酉阳县	4278	3072				1206
彭水县	1765	1478				287
江津市	79422	39421	17488	153	20775	1585
合川市	25514	21566	593	268	916	2171
永川市	49782	41383	2602		5155	642
南川市	14635	8821	415	173	4992	234

2-4-3 按地区分组的建筑企业建筑业总产值

单位：千元

指标名称	总计	总承包和专业承包企业	劳务分包企业	资质以外企业
合　计	**70571926**	**69027743**	**644558**	**899625**
万州区	3475086	3463662	10360	1064
涪陵区	2761062	2760522		540
渝中区	7302894	7229387	1888	71619
大渡口区	1757560	1756669	891	
江北区	3251858	3188783	4093	58982
沙坪坝区	3890858	3821963		68895
九龙坡区	9254184	9068055	1973	184156
南岸区	3858545	3720319	51960	86266
北碚区	2018944	1993406		25538
万盛区	205490	190374	2053	13063
双桥区	44953	27440	350	17163
渝北区	5571909	5569679	1023	1207
巴南区	3955695	3929642	6565	19488
黔江区	545095	509563		35532
长寿区	2149616	2149616		
綦江县	676462	535775		140687
潼南县	1807547	1734197		73350
铜梁县	767073	767073		
大足县	546661	530386		16275
荣昌县	643691	642748		943
璧山县	930090	930090		
梁平县	302418	208938	93480	
城口县	23463	23463		
丰都县	474568	472868		1700
垫江县	713350	710410		2940
武隆县	295764	286400		9364
忠　县	1104619	1104504	115	
开　县	1470390	1428376		42014
云阳县	556856	556856		
奉节县	312515	312515		
巫山县	135592	134925		667
巫溪县	74230	73650		580
石柱县	137585	137155		430
秀山县	208340	208340		
酉阳县	86135	86135		
彭水县	120270	120270		
江津市	3124507	2735006	387876	1625
合川市	1700452	1658804	25410	16238
永川市	3959734	3910393	49341	
南川市	355865	339386	7180	9299

2-4-4 按地区分组的建筑企业资产总计

单位：千元

指标名称	总计	总承包和专业承包企业	劳务分包企业	资质以外企业
合 计	**63780534**	**62471966**	**191627**	**1116941**
万州区	3578314	3570037	6922	1355
涪陵区	2905646	2902326		3320
渝中区	9682474	9587772	4980	89722
大渡口区	1296506	1293805	2701	
江北区	2661260	2534268	5756	121236
沙坪坝区	3250972	3160091		90881
九龙坡区	8675946	8342099	2739	331108
南岸区	5609745	5450294	4549	154902
北碚区	946970	921955		25015
万盛区	312916	288383	3719	20814
双桥区	94815	50720	1728	42367
渝北区	4894883	4872596	10411	11876
巴南区	3107068	3089624	2570	14874
黔江区	776550	759180		17370
长寿区	1328841	1328841		
綦江县	785618	710022		75596
潼南县	782251	768171		14080
铜梁县	427502	427502		
大足县	547754	528014		19740
荣昌县	495273	494668		605
璧山县	518236	514462		3774
梁平县	216013	203867	12146	
城口县	138658	138658		
丰都县	512275	510895		1380
垫江县	632711	630911		1800
武隆县	388310	365025		23285
忠县	956186	955521	665	
开县	776070	762707		13363
云阳县	537456	537456		
奉节县	711996	711996		
巫山县	257381	256256		1125
巫溪县	137508	136808		700
石柱县	170124	169104		1020
秀山县	201014	201014		
酉阳县	114159	114159		
彭水县	328671	328671		
江津市	1754895	1663347	88619	2929
合川市	1176784	1165230	1786	9768
永川市	1723069	1682513	40556	
南川市	367714	342998	1780	22936

2-4-5 按行业分组的建筑业企业个数

单位：个

指标名称	总计	总承包和专业承包企业	劳务分包企业	资质以外企业
合　计	**2916**	**2442**	**83**	**391**
房屋和土木工程建筑业	**1611**	**1490**	**25**	**96**
房屋工程建筑	1340	1281	20	39
土木工程建筑	271	209	5	57
铁路道路隧道桥梁	86	70		16
水利和港口	18	16		2
工矿	23	20		3
架线和管道	65	54	1	10
其他	79	49	4	26
建筑安装业	**365**	**288**	**7**	**70**
建筑装饰业	**710**	**567**	**2**	**141**
其他建筑业	**230**	**97**	**49**	**84**

2-4-6 按行业分组的建筑业企业年末从业人数

单位：人

指标名称	总计	总承包和专业承包企业	劳务分包企业	资质以外企业
合　计	**917763**	**869103**	**33420**	**15240**
房屋和土木工程建筑业	811598	777737	26960	6901
房屋工程建筑	737469	707187	26239	4043
土木工程建筑	74129	70550	721	2858
铁路道路隧道桥梁	38760	37789		971
水利和港口	8753	8731		22
工矿	8183	8168		15
架线和管道	11289	9930	87	1272
其他	7144	5932	634	578
建筑安装业	50124	47285	407	2432
建筑装饰业	34716	31930	530	2256
其他建筑业	21325	12151	5523	3651

2-4-7 按行业分组的建筑业总产值

单位：千元

指标名称	总计	总承包和专业承包企业	劳务分包企业	资质以外企业
合　计	**70571926**	**69027743**	**644558**	**899625**
房屋和土木工程建筑业	61615627	60625207	497406	493014
房屋工程建筑	52508456	51781463	486354	240639
土木工程建筑	9107171	8843744	11052	252375
铁路道路隧道桥梁	5102425	5009526		92899
水利和港口	619007	617857		1150
工矿	1720945	1720455		490
架线和管道	1053356	949496	1200	102660
其他	611438	546410	9852	55176
建筑安装业	4952457	4779652	4672	168133
建筑装饰业	2498227	2394805	7039	96383
其他建筑业	1505615	1228079	135441	142095

2-4-8 按行业分组的建筑业企业资产总计

单位：千元

指标名称	总计	总承包和专业承包企业	劳务分包企业	资质以外企业
合　计	**63780534**	**62471966**	**191627**	**1116941**
房屋和土木工程建筑业	53816141	53206410	100973	508758
房屋工程建筑	41958718	41671010	94045	193663
土木工程建筑	11857423	11535400	6928	315095
铁路道路隧道桥梁	6598387	6452603		145784
水利和港口	825689	824819		870
工矿	1431339	1430397		942
架线和管道	2219393	2099721	632	119040
其他	782615	727860	6296	48459
建筑安装业	5043976	4798487	8247	237242
建筑装饰业	3066408	2880310	5136	180962
其他建筑业	1854009	1586759	77271	189979

2-4-9 按经济类型分组的总承包和专业承包企业主要经济指标

指标	单位	总计	内资企业	#国有	#集体	港澳台商投资企业	#港澳台商独资企业	外商投资企业	#外商独资企业
企业个数	个	2442	2429	133	308	8	2	5	2
从业人数	人	869103	868041	94174	104657	808	40	254	40
自有固定资产原价	千元	17410868	17360706	2882737	1929753	19541	1913	30621	1913
自有固定资产净价	千元	14573170	14537693	2180897	1617518	15985	1394	19492	1394
自有机械设备年末总台数	万台	20.28	20.08	1.97	2.55	0.10		0.10	
自有机械设备年末净值	千元	6372817	6358895	704209	708942	6296	136	7626	136
自有机械设备年末总功率	万千瓦	286.32	286.11	38.53	38.52	0.11		0.10	
建筑业总产值	千元	69027743	68799039	10494382	6649097	213041	5792	15663	5792
本年固定资产折旧	千元	840756	839179	150928	89277	534	100	1043	100
应付工资	千元	9271068	9253725	1009191	981927	14492	510	2851	510
应付福利费	千元	965639	963166	130476	95741	2354	468	119	468
工程结算税金及附加	千元	2121246	2116207	324195	209913	3864	173	1175	173
管理费用中的税金	千元	89909	89769	12401	10477	137	17	3	17
营业利润	千元	1690515	1692104	164698	97141	820	-76	-2409	-76
房屋建筑施工面积	万平方米	10184.46	10183.29	898.46	1025.45			1.17	
房屋建筑竣工面积	万平方米	5167.65	5166.63	363.83	617.20			1.02	
利润总额	千元	1802706	1804456	206704	106305	728	-135	-2478	-135
税金总额	千元	2211155	2205976	336596	220390	4001	190	1178	190
劳动生产率									
按总产值计算	元/人	84030	83924	113507	72010	147128	144800	66651	144800
技术装备率	元/人	7758	7757	7617	7678	4348	3400	32451	3400
动力装备率	千瓦/人	3.49	3.49	4.17	4.17	0.73	0.38	4.41	0.38
房屋建筑面积竣工率	%	50.74	50.74	40.49	60.19			87.55	
产值利润率	%	2.61	2.62	1.97	1.60	0.34	-2.33	-15.82	-2.33
产值利税率	%	5.81	5.83	5.18	4.91	2.22	0.95	-8.30	0.95

2-4-10 按地区分组的总承包和专业承包企业签订合同额

单位：千元

指标名称	总计	上年结转	本年新签
合 计	**99926224**	**34042307**	**65883917**
万州区	5384985	2161033	3223952
涪陵区	4072365	1290041	2782324
渝中区	11853919	5306974	6546945
大渡口区	2024461	470829	1553632
江北区	4647388	1406508	3240880
沙坪坝区	6445921	2402853	4043068
九龙坡区	13928525	4517963	9410562
南岸区	7617917	2390306	5227611
北碚区	3133995	1499181	1634814
万盛区	217721	69666	148055
双桥区	28043	3860	24183
渝北区	7311965	2229729	5082236
巴南区	5233774	1923663	3310111
黔江区	781838	315965	465873
长寿区	3417457	1241718	2175739
綦江县	678046	282470	395576
潼南县	1955308	415603	1539705
铜梁县	927309	271300	656009
大足县	687846	211555	476291
荣昌县	786884	204825	582059
璧山县	1088500	290458	798042
梁平县	251677	78777	172900
城口县	18423	8830	9593
丰都县	703598	149726	553872
垫江县	876648	220616	656032
武隆县	343196	129015	214181
忠县	1645482	813122	832360
开县	1712340	470001	1242339
云阳县	745812	311612	434200
奉节县	335578	156129	179449
巫山县	150311	41385	108926
巫溪县	115978	27710	88268
石柱县	145883	31510	114373
秀山县	320740	127900	192840
酉阳县	118830	19805	99025
彭水县	116230	43970	72260
江津市	3551990	996149	2555841
合川市	1961660	577887	1383773
永川市	4196416	773040	3423376
南川市	391265	158623	232642

2-4-11 按地区分组的总承包和专业承包企业承包工程完成情况

单位：千元

指标名称	直接从建设单位承揽工程完成的产值	自行完成施工产值	分包出去工程的产值	从建设单位以外承揽工程完成的产值
合计	**68615529**	**66583566**	**2031963**	**2444177**
万州区	3387395	3378211	9184	85451
涪陵区	2726323	2702223	24100	58299
渝中区	8119816	6634442	1485374	594945
大渡口区	1694777	1682529	12248	74140
江北区	2901590	2831088	70502	357695
沙坪坝区	3748351	3724481	23870	97482
九龙坡区	8950294	8761235	189059	306820
南岸区	3700800	3650856	49944	69463
北碚区	1988936	1988936		4470
万盛区	189274	189274		1100
双桥区	27440	27440		
渝北区	5426761	5301038	125723	268641
巴南区	3908840	3907170	1670	22472
黔江区	449245	449245		60318
长寿区	2106018	2106018		43598
綦江县	507670	507670		28105
潼南县	1737807	1732997	4810	1200
铜梁县	745613	745613		21460
大足县	529275	519875	9400	10511
荣昌县	627464	627464		15284
璧山县	930090	930090		
梁平县	208938	208938		
城口县	23463	14463	9000	9000
丰都县	472868	472868		
垫江县	710410	710410		
武隆县	286400	286400		
忠县	1101304	1101304		3200
开县	1361520	1357046	4474	71330
云阳县	556856	556856		
奉节县	312515	312515		
巫山县	134925	134925		
巫溪县	73350	73350		300
石柱县	137155	137155		
秀山县	204240	202640	1600	5700
酉阳县	79594	78239	1355	7896
彭水县	121860	119520	2340	750
江津市	2583309	2583309		151697
合川市	1636614	1636614		22190
永川市	3872943	3872943		37450
南川市	333486	326176	7310	13210

2-4-12 按地区分组的总承包和专业承包企业总产值和竣工产值

单位：千元

指标名称	建筑业总产值	建筑工程产值	安装工程产值	其他产值	#装饰装修产值	#在外省完成的产值	竣工产值
合计	**69027743**	**60182570**	**6088416**	**2756757**	**3461082**	**6939474**	**46832812**
万州区	3463662	3273733	116487	73442	50474	335360	2851811
涪陵区	2760522	2569416	116459	74647	56547	89980	1954024
渝中区	7229387	5699075	981098	549214	1054928	814569	4293225
大渡口区	1756669	1103627	604771	48271	154676	27620	1557912
江北区	3188783	2800771	360354	27658	245049	53713	1825502
沙坪坝区	3821963	3172246	596124	53593	275239	565835	2079907
九龙坡区	9068055	7943570	773946	350539	574290	1336524	6003853
南岸区	3720319	2644852	776834	298633	191906	438457	1474076
北碚区	1993406	1926111	32104	35191	14192	186551	1492103
万盛区	190374	128736	590	61048	3675		181935
双桥区	27440	27110	330		790		7097
渝北区	5569679	4449504	875108	245067	176371	451068	4153589
巴南区	3929642	3768019	40983	120640	114002	87640	2737630
黔江区	509563	446951	32488	30124	9215	29250	412764
长寿区	2149616	1905824	154709	89083	72020	99497	1614228
綦江县	535775	509131	10242	16402	5093	33210	447980
潼南县	1734197	1625449	47112	61636	30188	505100	1501597
铜梁县	767073	735529	15944	15600	15285	158791	660353
大足县	530386	517394	6115	6877	8357	47320	319366
荣昌县	642748	589753	36337	16658	38211	77161	451073
璧山县	930090	851629	14555	63906	20876	46889	682931
梁平县	208938	173065	18130	17743	790	21500	187586
城口县	23463	23363	100		100		15463
丰都县	472868	429560	38553	4755	350		429241
垫江县	710410	705296	4334	780	36504	265820	500071
武隆县	286400	208918	17707	59775	12740	4900	282200
忠县	1104504	1071724	21300	11480	3230	23610	943177
开县	1428376	1270567	71981	85828	68020	200078	1296112
云阳县	556856	552116	200	4540	23199		446090
奉节县	312515	307318	4757	440			282478
巫山县	134925	121590		13335	4600		132845
巫溪县	73650	58330	15320		15020	6540	73650
石柱县	137155	135995		1160	500	2500	97940
秀山县	208340	197840	6500	4000	3500	2300	131081
酉阳县	86135	74102	12033			4910	68058
彭水县	120270	98564	17626	4080	14325		75180
江津市	2735006	2613283	69653	52070	66079	612187	1901684
合川市	1658804	1549457	70093	39254	55756	46180	1426959
永川市	3910393	3588238	113059	209096	34933	353124	1576679
南川市	339386	314814	14380	10192	10052	11290	263362

2-4-13 按地区总承包和专业承包企业房屋建筑面积

单位：万平方米、%

指标名称	房屋建筑施工面积	#本年新开工	#实行投标承包面积	#本年新开工	房屋建筑竣工面积	房屋建筑面积竣工率
合 计	**10184.46**	**5876.04**	**7429.01**	**4859.78**	**5167.65**	**50.74**
万州区	648.97	355.99	583.36	320.21	369.64	56.96
涪陵区	573.72	326.78	397.54	285.4	265.84	46.34
渝中区	771.92	339.05	350.51	269.53	297.33	38.52
大渡口区	115.96	51.53	52.71	37.86	60.35	52.04
江北区	389	204.22	317.88	164.49	155.66	40.01
沙坪坝区	350.79	190.41	326.25	180.35	156.12	44.5
九龙坡区	1366.04	724.78	1094.07	654.56	531.44	38.9
南岸区	171.4	84.34	104.57	57.69	94.78	55.3
北碚区	320.19	152.22	212.71	112.28	149.09	46.56
万盛区	110.46	94.22	92.82	87.54	23.07	20.89
双桥区	3.9	2.96	0.96	0.96	1.37	34.99
渝北区	685.04	401.19	474.64	311.98	369.61	53.96
巴南区	609.77	379.73	414.81	306.22	346.28	56.79
黔江区	101.41	60.99	57.78	18.35	64.76	63.87
长寿区	403.2	227.44	362.77	219.85	192.51	47.74
綦江县	135.73	67.87	71.83	38.99	73.91	54.46
潼南县	251.38	180.01	233.2	176.63	200.13	79.61
铜梁县	183.91	139.46	128.79	119.15	143.81	78.2
大足县	106.91	69.42	75.48	65.03	57.94	54.19
荣昌县	133.81	89.16	66.94	52.5	73.75	55.12
璧山县	187.72	138.27	121	98.12	125.3	66.75
梁平县	45.62	27.47	44.25	27.47	32.31	70.83
城口县	3.02	2.42	1.7	1.37	2.62	86.75
丰都县	127.05	62.72	71.34	53.37	83.36	65.61
垫江县	122.35	92.81	91.4	76.86	84.22	68.83
武隆县	40.06	32.06	29.89	27.38	31.06	77.53
忠 县	205.99	98.74	177.68	98.5	136.74	66.38
开 县	226.51	151.75	185.83	140.68	178.5	78.81
云阳县	144.41	78.47	102.16	62.89	70.1	48.54
奉节县	75.11	42.02	73.01	40.03	48.17	64.14
巫山县	22.61	16.66	17.95	13.6	20.35	89.96
巫溪县	13.62	12.15	9.67	9.44	10.7	78.55
石柱县	29.29	20.02	24.25	18.12	21.12	72.13
秀山县	99.18	48.89	17.33	9.14	31.95	32.22
酉阳县	21.83	16.15	8.28	7.87	10.69	49
彭水县	21.08	11.92	11.41	8.92	10.71	50.78
江津市	474.41	312.14	268.92	211.49	221.76	46.74
合川市	293.1	211.29	232.13	183.97	198.73	67.8
永川市	539.52	321.82	482.12	268.51	187.28	34.71
南川市	58.47	36.5	39.07	22.48	34.59	59.15

2-4-14 按地区、主要用途分组的总承包和专业承包企业房屋建筑竣工面积

单位：万平方米

指标名称	总计	厂 房、仓 库	住 宅	办公用房	批发和零售用房	住宿和餐饮用房
合 计	**5167.65**	**484.44**	**3522.55**	**351.38**	**203.24**	**66.31**
万州区	369.63	15.09	251.92	40.06	16.72	2.27
涪陵区	265.85	9.22	209.75	23.05	4.03	1.41
渝中区	297.33	29.16	178.69	29.29	16.79	5.01
大渡口区	60.35	19.75	36.83	1.16		0.31
江北区	155.67	33.45	96.81	10.20	1.34	
沙坪坝区	156.12	29.18	96.85	17.10	3.77	
九龙坡区	531.39	46.40	347.07	15.38	35.81	10.87
南岸区	94.77	16.75	57.83	7.51	6.46	3.72
北碚区	149.08	13.73	115.10	6.18	2.12	2.71
万盛区	23.07	0.20	20.11	0.04	0.49	0.29
双桥区	1.37	0.41	0.96			
渝北区	369.63	33.58	304.26	10.05	8.15	0.05
巴南区	346.30	51.92	229.25	17.83	1.94	1.18
黔江区	64.74	8.90	32.15	4.63	4.42	3.44
长寿区	192.51	12.95	133.34	10.17	9.06	3.77
綦江县	73.92	1.58	49.02	5.91	6.48	
潼南县	200.14	9.28	138.48	11.28	16.57	11.84
铜梁县	143.81	5.03	114.32	1.93	4.99	2.54
大足县	57.93	1.40	43.63	3.05	2.91	0.24
荣昌县	73.75	7.64	49.44	3.19	4.17	
璧山县	125.29	16.95	91.07	3.75	5.83	
梁平县	32.31	0.30	16.38	5.71	2.48	0.24
城口县	2.62	0.30	0.10	1.45		
丰都县	83.37	5.15	64.88	2.84	5.67	1.84
垫江县	84.21	7.45	60.79	8.30	0.47	
武隆县	31.06	9.76	13.76	3.59	1.53	0.35
忠 县	136.73	13.70	85.56	7.13	9.11	3.57
开 县	178.51	4.20	113.47	29.07	7.73	3.56
云阳县	70.10	2.91	52.29	3.86	4.22	0.05
奉节县	48.17	17.11	21.89	9.06		
巫山县	20.35	0.09	12.73	3.21		
巫溪县	10.71	0.04	9.39	0.67	0.32	
石柱县	21.13		11.08	0.91		
秀山县	31.96	1.31	5.34	2.06		
酉阳县	10.69	0.30	2.61	2.60	0.25	1.15
彭水县	10.71	0.28	4.33	0.63	0.91	0.60
江津市	221.77	10.75	157.64	19.39	9.57	3.59
合川市	198.74	22.55	139.79	12.55	3.31	
永川市	187.28	20.71	135.00	12.99	5.53	1.71
南川市	34.58	4.96	18.64	3.60	0.09	

2-4-14 续表 1 单位：万平方米

指标名称	居民服务业用房	教育用房	文化、体育和娱乐用房	卫生医疗用房	科研用房	其他用房
合 计	**71.27**	**222.14**	**67.23**	**20.31**	**18.43**	**140.35**
万州区	11.75	21.48	3.24	1.36		5.74
涪陵区	2.27	4.54	2.92			8.66
渝中区	2.04	15.86	5.75	0.54	9.49	4.71
大渡口区		0.90				1.40
江北区	0.31	2.98	1.85	1.45	0.65	6.63
沙坪坝区	1.09	4.99	0.60			2.54
九龙坡区	4.50	12.97	15.32	5.20	0.83	37.04
南岸区	0.41					2.09
北碚区	1.63	4.99	0.14			2.48
万盛区	1.10	0.48	0.36			
双桥区						
渝北区	3.22	3.18	0.26	0.25	0.55	6.08
巴南区	6.18	10.53	4.62	0.17	3.46	19.22
黔江区		3.41	6.26	0.25		1.28
长寿区	1.65	19.32		1.07	0.21	0.97
綦江县	1.43	3.35		0.19		5.96
潼南县	2.06	5.16				5.47
铜梁县	6.36	5.28	0.27	0.77		2.32
大足县	1.69	3.45	1.50			0.06
荣昌县	1.13	6.80		0.80		0.58
璧山县	1.43	3.51	0.95	0.69		1.11
梁平县		4.62	0.51	0.23		1.84
城口县	0.56					0.21
丰都县	0.31		0.32	0.87		1.49
垫江县	0.51	2.48	0.68	0.02		3.51
武隆县	0.38	1.52				0.17
忠　县	5.77	9.84	0.60			1.45
开　县		6.25	11.32	1.06		1.85
云阳县		4.34	0.27			2.16
奉节县		0.11				
巫山县	0.80	1.33	0.98	0.58		0.63
巫溪县		0.29				
石柱县	1.30	4.67	0.40		1.44	1.33
秀山县		23.25				
酉阳县	0.31	3.37		0.10		
彭水县		3.76				0.20
江津市	4.04	8.45	3.60	0.35	1.80	2.59
合川市	0.98	9.73	2.61	3.65		3.57
永川市	5.38	2.10	1.59			2.27
南川市	0.68	2.85	0.31	0.71		2.74

2-4-15 按地区、主要用途分组的总承包和专业承包企业房屋建筑竣工价值

单位：千元

指标名称	总计	厂 房、仓 库	住 宅	办公用房	批发和零售用房	住宿和餐饮用房
合 计	**33277874**	**3744323**	**21122979**	**2682145**	**1532558**	**450079**
万州区	2120124	99326	1311025	307560	109788	14430
涪陵区	1487269	58783	1140583	154265	27815	5784
渝中区	2589225	329749	1440985	280791	145380	51618
大渡口区	585910	139225	385086	11260		4543
江北区	1254135	328989	693365	99240	13560	
沙坪坝区	1096751	153825	669584	160329	40091	
九龙坡区	4533313	756230	2408074	219534	323870	94819
南岸区	603131	107625	350041	61520	29873	28300
北碚区	1195726	102367	930904	52254	17634	12033
万盛区	100424	843	86659	221	2271	1950
双桥区	7097	3447	3650			
渝北区	2526820	216435	2044257	89013	73188	624
巴南区	2333419	290116	1496266	119000	12022	9810
黔江区	292110	59910	98674	25961	31634	17000
长寿区	1300804	78884	860696	79433	84303	28602
綦江县	405948	9732	245648	43918	47408	
潼南县	1121838	66125	702904	80044	130357	64862
铜梁县	630565	24263	485566	12847	26735	10660
大足县	306806	8070	213908	23293	17564	3027
荣昌县	415566	58815	245701	22610	34324	
璧山县	611682	95089	416671	21403	45220	
梁平县	132174	1926	63410	24150	11859	753
城口县	13690	1700	640	7500		
丰都县	363378	19758	282536	9906	26190	9020
垫江县	493571	57448	327469	66891	3180	
武隆县	200917	67889	87442	22348	9520	3975
忠县	781024	71599	498117	42079	57722	17250
开县	940810	31162	560518	162349	47237	27017
云阳县	368458	16914	253176	26719	35239	310
奉节县	279121	102300	108130	68091		
巫山县	105503	570	66405	17355		
巫溪县	73650	250	67987	3013	1000	
石柱县	91640		47969	4500		
秀山县	127561	4150	24311	10980		
酉阳县	43303	1200	10345	10674	1252	4600
彭水县	70800	1129	31723	3868	10333	3000
江津市	1427145	89586	963518	157895	58994	23007
合川市	896491	104009	619079	56739	16435	
永川市	1202916	158646	809114	109598	40060	13085
南川市	147059	26239	70843	12994	500	

2-4-15 续表 1　　　　单位：千元

指标名称	居民服务业用房	教育用房	文化、体育和娱乐用房	卫生医疗用房	科研用房	其他用房
合　计	**458262**	**1382095**	**496253**	**181292**	**95743**	**1132145**
万州区	66912	136015	28284	9370		37414
涪陵区	12126	24330	19956			43627
渝中区	27960	148501	80296	3600	34240	46105
大渡口区		7000				38796
江北区	1720	28870	15468	16000	2710	54213
沙坪坝区	7940	39191	3000			22791
九龙坡区	33912	121030	131830	87468	5100	351446
南岸区	2702					23070
北碚区	13751	45410	1650			19723
万盛区	4370	2570	1540			
双桥区						
渝北区	23694	27361	1420	2210	7425	41193
巴南区	40062	83618	56018	900	28348	197259
黔江区		20330	27870	1300		9431
长寿区	12530	135245		7460	3200	10451
綦江县	9440	17457		580		31765
潼南县	10779	29762				37005
铜梁县	27130	24200	1222	4102		13840
大足县	12976	17448	10000			520
荣昌县	6320	39691		4460		3645
璧山县	4162	15565	3720	3447		6405
梁平县		20662	1600	1480		6334
城口县	2800					1050
丰都县	3055		1498	5130		6285
垫江县	9290	11148	2380	430		15335
武隆县	2083	6994				666
忠　县	37622	46425	3240			6970
开　县		36690	58623	6586		10628
云阳县		25804	1078			9218
奉节县		600				
巫山县	3391	6395	6090	2530		2767
巫溪县		1400				
石柱县	4230	19311	1800		6480	7350
秀山县		88120				
酉阳县	1120	13642		470		
彭水县		19319				1428
江津市	33611	49363	13790	1970	8240	27171
合川市	4724	46118	13320	18229		17838
永川市	35434	14100	9340			13539
南川市	2416	12410	1220	3570		16867

2-4-16 按地区分组的总承包和专业承包企业施工机械设备情况

指标名称	年末自有施工机械设备总台数（台）	年末自有施工机械设备总功率（千瓦）	年末自有施工机械设备净值（千元）	技术装备率（元/人）	动力装备率（千瓦/人）
合计	**202813**	**2863171**	**6372817**	**7758**	**3.49**
万州区	19127	228197	580941	10507	4.13
涪陵区	13491	141277	431884	14562	4.76
渝中区	15051	170296	290398	4542	2.66
大渡口区	3560	62589	92891	5124	3.45
江北区	5739	94995	149791	4110	2.61
沙坪坝区	4398	80363	194701	5494	2.27
九龙坡区	17438	283335	566914	7089	3.54
南岸区	7537	137619	390671	10059	3.54
北碚区	5248	72877	189586	7563	2.91
万盛区	2863	18264	39972	9909	4.53
双桥区	57	631	2375	6121	1.63
渝北区	11380	246187	365681	5819	3.92
巴南区	10176	156839	445999	9750	3.43
黔江区	2081	15984	82998	14429	2.78
长寿区	6530	90491	246061	7424	2.73
綦江县	3202	24704	68364	5167	1.87
潼南县	8830	182658	282546	11234	7.26
铜梁县	1338	11468	51810	3725	0.82
大足县	4717	56835	107496	21800	11.53
荣昌县	2745	46730	96256	8882	4.31
璧山县	2826	30430	70904	4642	1.99
梁平县	1895	21659	14082	3501	5.39
城口县	129	671	7178	11009	1.03
丰都县	1168	23547	47468	4711	2.34
垫江县	3691	63654	66723	5242	5
武隆县	2032	19848	55706	11718	4.18
忠县	3623	32255	142998	8766	1.98
开县	6025	101738	197806	8460	4.35
云阳县	3047	24983	92451	9271	2.51
奉节县	2943	41907	115131	22222	8.09
巫山县	1052	19506	25089	11818	9.19
巫溪县	3077	17636	29888	18213	10.75
石柱县	1297	10050	23705	13258	5.62
秀山县	345	2170	15984	5316	0.72
酉阳县	966	12113	36099	12981	4.36
彭水县	571	6992	20142	10817	3.76
江津市	7940	115422	248295	7213	3.35
合川市	3785	60105	173406	8512	2.95
永川市	8781	114152	263564	6680	2.89
南川市	2112	21994	48863	5472	2.46

2-4-17 按地区分组的总承包和专业承包企业建筑材料消耗情况

指标名称	钢材 (吨)	木材 (立方米)	水泥 (吨)	玻璃		铝材 (吨)
				重量箱	平方米	
合　计	**3313845**	**1634079**	**17096477**	**1308101**	**10335106**	**344068**
万州区	179897	37839	1651662	148124	686525	32271
涪陵区	201991	165590	1010053	57603	2325318	2379
渝中区	249715	489806	950774	13809	283865	1447
大渡口区	62409	14856	215869	329	23661	15618
江北区	126664	27463	508206	34238	110483	2327
沙坪坝区	182606	38205	783408	89759	345470	3069
九龙坡区	498036	110729	2056787	145625	1364288	11344
南岸区	130190	28855	523763	19742	101588	14381
北碚区	104492	55239	454950	5262	105799	4366
万盛区	7393	1561	41594	1740	12192	1116
双桥区	1044	468	10492	465	2300	11
渝北区	199123	66152	1190093	261681	563254	13504
巴南区	287703	102152	1004869	79356	539074	6036
黔江区	17631	4951	74924	5454	27270	271
长寿区	97752	41423	561097	14306	349250	8053
綦江县	25288	37534	102018	7516	81276	357
潼南县	78491	63249	1061680	63965	249404	5257
铜梁县	30847	35723	181252	88087	367016	11509
大足县	34074	16194	182100	3738	56291	8936
荣昌县	44060	17584	274400	10583	127954	4274
璧山县	74563	36539	338486	50566	446360	1396
梁平县	4862	1585	38146	218	34836	143
城口县	510	2957	5300			
丰都县	17253	22223	107370	1715	34300	3739
垫江县	36313	13164	167854	16209	264373	1909
武隆县	11821	4511	178539	1351	30911	287
忠　县	57025	13058	303335	3050	148639	4357
开　县	193867	18634	476422	22346	204952	5054
云阳县	32984	10132	154652	4935	244318	1179
奉节县	8552	4485	52829	1021	88043	334
巫山县	7310	1624	56817	45	4693	974
巫溪县	3994	594	26674	27	820	16
石柱县	7823	3024	71934	301	19924	3025
秀山县	10952	22952	125028	6355	133980	662
酉阳县	12952	4220	121491	3835	33160	233
彭水县	5571	3544	24048	48	9633	453
江津市	106558	43543	1072566	99015	595704	9719
合川市	65977	34938	308541	34231	266715	1061
永川市	79101	25655	474896	3139	15394	162584
南川市	16451	11124	151558	8312	36073	417

2-4-18 按地区分组的总承包和专业承包企业主要生产效益指标

指标名称	建筑业企业个数（个）	计算建筑业劳动生产率的平均人数（人）	按总产值计算的劳动生产率（元/人）	人均竣工产值（元/人）	人均施工面积（平方米/人）	人均竣工面积（平方米/人）
合计	**2442**	**821465**	**84030**	**57011**	**124**	**63**
万州区	153	55293	62642	51576	117	67
涪陵区	88	29658	93078	65885	193	90
渝中区	352	63931	113081	67154	121	47
大渡口区	66	18128	96904	85940	64	33
江北区	124	36442	87503	50093	107	43
沙坪坝区	141	35439	107846	58690	99	44
九龙坡区	231	79970	113393	75076	171	66
南岸区	120	38837	95793	37955	44	24
北碚区	43	25067	79523	59525	128	59
万盛区	20	4034	47192	45100	274	57
双桥区	4	388	70722	18291	101	35
渝北区	192	62844	88627	66094	109	59
巴南区	103	45743	85907	59848	133	76
黔江区	20	5752	88589	71760	176	113
长寿区	50	33142	64861	48706	122	58
綦江县	33	13231	40494	33858	103	56
潼南县	37	25151	68951	59703	100	80
铜梁县	28	13909	55149	47477	132	103
大足县	35	4931	107562	64767	217	117
荣昌县	29	10837	59311	41623	123	68
璧山县	41	15275	60890	44709	123	82
梁平县	15	4022	51949	46640	113	80
城口县	5	652	35986	23716	46	40
丰都县	18	10077	46925	42596	126	83
垫江县	32	12729	55810	39286	96	66
武隆县	17	4754	60244	59361	84	65
忠县	23	16313	67707	57818	126	84
开县	43	23382	61089	55432	97	76
云阳县	34	9972	55842	44734	145	70
奉节县	26	5181	60319	54522	145	93
巫山县	15	2123	63554	62574	107	96
巫溪县	8	1641	44881	44881	83	65
石柱县	8	1788	76709	54776	164	118
秀山县	7	3007	69285	43592	330	106
酉阳县	7	2781	30973	24472	78	38
彭水县	11	1862	64592	40376	113	57
江津市	74	34421	79457	55248	138	64
合川市	85	20373	81422	70042	144	98
永川市	69	39456	99108	39960	137	47
南川市	35	8929	38009	29495	65	39

2-4-19 按地区分组的总承包和专业承包企业营业额

单位：千元

指标名称	总计	在境外完成的营业额	企业总产值	#建筑业总产值
合　计	**72781496**	**98180**	**72683316**	**69027743**
万州区	3758310		3758310	3463662
涪陵区	2839437		2839437	2760522
渝中区	7710869	93370	7617499	7229387
大渡口区	1773327		1773327	1756669
江北区	3405016		3405016	3188783
沙坪坝区	3917030		3917030	3821963
九龙坡区	10096541		10096541	9068055
南岸区	3837117		3837117	3720319
北碚区	2001992		2001992	1993406
万盛区	192993		192993	190374
双桥区	94736		94736	27440
渝北区	5943998		5943998	5569679
巴南区	3981676		3981676	3929642
黔江区	531926		531926	509563
长寿区	2189906		2189906	2149616
綦江县	541226		541226	535775
潼南县	1734277		1734277	1734197
铜梁县	771396		771396	767073
大足县	531259		531259	530386
荣昌县	652002		652002	642748
璧山县	940945		940945	930090
梁平县	208938		208938	208938
城口县	23463		23463	23463
丰都县	474003		474003	472868
垫江县	714590		714590	710410
武隆县	287600		287600	286400
忠　县	1151655		1151655	1104504
开　县	1432948		1432948	1428376
云阳县	556866		556866	556856
奉节县	312522		312522	312515
巫山县	135135		135135	134925
巫溪县	73650		73650	73650
石柱县	137155		137155	137155
秀山县	209940		209940	208340
酉阳县	87245		87245	86135
彭水县	121110		121110	120270
江津市	2771207	4810	2766397	2735006
合川市	1683447		1683447	1658804
永川市	4580715		4580715	3910393
南川市	373328		373328	339386

2-4-20 按地区分组的总承包和专业承包企业资产情况

单位：千元

指标名称	总计	#流动资产合计	#长期投资	#固定资产合计	#无形及递延资产
合计	**62471966**	**43548110**	**2557329**	**14573170**	**1549966**
万州区	3570037	2063612	114959	1280382	106213
涪陵区	2902326	2177803	25675	623353	72099
渝中区	9587772	6536008	851075	1825052	284916
大渡口区	1293805	839034	124430	323819	6512
江北区	2534268	1901739	102247	398058	125804
沙坪坝区	3160091	2552144	99338	419982	78510
九龙坡区	8342099	6603611	143474	1400964	158727
南岸区	5450294	4003900	422006	823241	195388
北碚区	921955	501892	21509	380257	18297
万盛区	288383	153066	17039	108651	9627
双桥区	50720	38777	50	6007	5886
渝北区	4872596	3756466	139334	902610	68329
巴南区	3089624	2213851	55946	692558	111003
黔江区	759180	473453	26459	217087	34259
长寿区	1328841	878913	23828	393874	27776
綦江县	710022	428523	64913	203912	11917
潼南县	768171	376758	3000	380914	7499
铜梁县	427502	313404	15039	98272	2
大足县	528014	336859	3201	182975	2907
荣昌县	494668	313194	4048	172436	3578
璧山县	514462	356696	2510	153284	1972
梁平县	203867	129885	6270	67712	
城口县	138658	111302		27330	26
丰都县	510895	299872	26240	149024	30218
垫江县	630911	366981	23276	227670	9389
武隆县	365025	218022	5452	135595	5956
忠县	955521	627124	51234	275075	2088
开县	762707	363826	26227	359306	10391
云阳县	537456	309687	11238	209394	4725
奉节县	711996	389169	7580	302760	6104
巫山县	256256	146923	5160	100478	3695
巫溪县	136808	72542	10	63721	535
石柱县	169104	57174	4830	95100	12000
秀山县	201014	151987	4146	44881	
酉阳县	114159	68730		45405	24
彭水县	328671	187352	121	130669	9074
江津市	1663347	1136659	41709	465316	19663
合川市	1165230	798991	46078	290723	29270
永川市	1682513	1121492	28665	448145	61469
南川市	342998	170689	9013	147178	14118

2-4-21 按地区总承包和专业承包企业流动资产、无形及递延资产

单位：千元

指标名称	流动资产	#存货	无形及递延资产	#无形资产
合 计	**43548110**	**14323215**	**1549966**	**1392462**
万州区	2063612	929509	106213	100964
涪陵区	2177803	961846	72099	69093
渝中区	6536008	1790868	284916	275006
大渡口区	839034	234528	6512	6174
江北区	1901739	518857	125804	98945
沙坪坝区	2552144	943743	78510	77190
九龙坡区	6603611	1482473	158727	147958
南岸区	4003900	1301321	195388	179454
北碚区	501892	141622	18297	17443
万盛区	153066	50478	9627	9177
双桥区	38777	6471	5886	5838
渝北区	3756466	1268324	68329	66299
巴南区	2213851	1067113	111003	91638
黔江区	473453	106425	34259	34259
长寿区	878913	365914	27776	27036
綦江县	428523	147243	11917	5653
潼南县	376758	127839	7499	6750
铜梁县	313404	42767	2	2
大足县	336859	169195	2907	2890
荣昌县	313194	160346	3578	3494
璧山县	356696	103660	1972	1964
梁平县	129885	48387		
城口县	111302	7003	26	26
丰都县	299872	53016	30218	20
垫江县	366981	158837	9389	8444
武隆县	218022	86822	5956	5936
忠县	627124	369363	2088	1287
开县	363826	135573	10391	9605
云阳县	309687	124725	4725	781
奉节县	389169	269894	6104	2825
巫山县	146923	33782	3695	1205
巫溪县	72542	46695	535	250
石柱县	57174	20291	12000	7940
秀山县	151987	24739		
酉阳县	68730	4683	24	
彭水县	187352	59598	9074	9032
江津市	1136659	492760	19663	18800
合川市	798991	184808	29270	26555
永川市	1121492	252216	61469	60961
南川市	170689	29481	14118	11568

2-4-22 按地区分组的总承包和专业承包企业固定资产情况

单位：千元

指标名称	固定资产合计	固定资产原价	#生产经营用	固定资产折旧	#本年折旧	在建工程
合 计	**14573170**	**17410868**	**13943261**	**4870538**	**840756**	**1739132**
万州区	1280382	1530908	1180614	399823	73273	127675
涪陵区	623353	761138	672315	181121	61328	43263
渝中区	1825052	1532513	1259992	436790	63807	714922
大渡口区	323819	378253	288857	117256	11947	56074
江北区	398058	578305	441971	197532	29884	2318
沙坪坝区	419982	698147	636646	293085	50648	12201
九龙坡区	1400964	1985163	1610348	694266	115434	94982
南岸区	823241	1171532	959670	388957	54431	37047
北碚区	380257	439802	368083	117775	14271	28998
万盛区	108651	105792	46159	17152	4593	503
双桥区	6007	8990	6300	2984	156	
渝北区	902610	1037532	676726	270997	42015	124307
巴南区	692558	880629	771019	220161	43871	32020
黔江区	217087	194063	107045	37518	7872	52706
长寿区	393874	583365	534334	198618	21815	2577
綦江县	203912	254947	119104	70513	11060	15935
潼南县	380914	500735	434006	130107	30118	
铜梁县	98272	110518	94820	21432	4201	2555
大足县	182975	220250	163442	50095	6475	8463
荣昌县	172436	206317	164685	34459	5761	407
璧山县	153284	188115	150834	53886	8060	17150
梁平县	67712	87661	73722	23809	3215	3860
城口县	27330	25396	12670	3867	320	3419
丰都县	149024	165811	131923	24763	5397	7976
垫江县	227670	230579	147895	49491	8910	28041
武隆县	135595	153044	128921	27592	6602	9899
忠县	275075	309074	243996	49080	9867	14822
开县	359306	399223	327570	86304	18297	46387
云阳县	209394	249743	217275	56456	10298	15827
奉节县	302760	264985	215380	57968	9822	80882
巫山县	100478	123410	82916	30791	2907	7857
巫溪县	63721	57478	46038	7731	795	920
石柱县	95100	45433	25070	11593	4440	59260
秀山县	44881	36199	17725	6128	1014	14010
酉阳县	45405	51412	42314	6017	1028	
彭水县	130669	99605	20236	11226	3191	36236
江津市	465316	606372	586314	158204	29465	17148
合川市	290723	399506	293747	136094	28497	13476
永川市	448145	543737	481045	139282	28495	4260
南川市	147178	195186	161534	49615	7176	749

2-4-23 按地区分组的总承包和专业承包企业负债及所有者权益

单位：千元

指标名称	负债合计	流动负债	长期负债	所有者权益	#实收资本
合　计	**32124872**	**30053072**	**2071800**	**30347094**	**25729023**
万州区	1255721	1235719	20002	2314316	1949185
涪陵区	1541869	1455113	86756	1360457	1307095
渝中区	5639262	5263951	375311	3948510	3292660
大渡口区	610704	586200	24504	683101	619946
江北区	1425692	1370190	55502	1108576	1359706
沙坪坝区	2044747	1907473	137274	1115344	960279
九龙坡区	5209099	4959232	249867	3133000	2735349
南岸区	3683108	3465561	217547	1767186	1463783
北碚区	290524	287985	2539	631431	477151
万盛区	118597	94397	24200	169786	154228
双桥区	28606	28536	70	22114	18985
渝北区	2459295	2101335	357960	2413301	1844783
巴南区	1464052	1402072	61980	1625572	1349251
黔江区	338208	338034	174	420972	303081
长寿区	583136	566024	17112	745705	612674
綦江县	342744	315095	27649	367278	291429
潼南县	186566	174392	12174	581605	466441
铜梁县	151418	137405	14013	276084	218082
大足县	152505	137791	14714	375509	318873
荣昌县	181796	177758	4038	312872	267548
璧山县	121780	115546	6234	392682	360826
梁平县	81612	79994	1618	122255	94065
城口县	9723	9510	213	128935	24752
丰都县	218416	203914	14502	292479	254462
垫江县	291141	251820	39321	339770	304043
武隆县	151642	151639	3	213383	209323
忠　县	554538	521118	33420	400983	277334
开　县	215843	192217	23626	546864	470201
云阳县	191325	188296	3029	346131	315754
奉节县	313166	285157	28009	398830	305411
巫山县	136811	126861	9950	119445	114421
巫溪县	44568	37540	7028	92240	86430
石柱县	73474	67184	6290	95630	95572
秀山县	134886	106993	27893	66128	46080
酉阳县	49478	49478		64681	66442
彭水县	100227	74257	25970	228444	129503
江津市	717699	706028	11671	945648	807867
合川市	334628	251379	83249	830602	642227
永川市	576877	559538	17339	1105636	882862
南川市	99389	70340	29049	243609	230919

2-4-24 按地区分组的总承包和专业承包企业实收资本

单位：千元

指标名称	总计	国家资本	集体资本	法人资本	个人资本	港澳台资本	外商资本
合 计	**25729023**	**2598776**	**2177323**	**6957461**	**13940643**	**25760**	**29060**
万州区	1949185	113724	130324	597819	1107318		
涪陵区	1307095	128899	144198	245406	787385		1207
渝中区	3292660	929819	332479	975480	1020941	23119	10822
大渡口区	619946	86850	75535	220810	236751		
江北区	1359706	79823	62825	879341	337517	200	
沙坪坝区	960279	111535	99444	101319	647981		
九龙坡区	2735349	249602	241673	1141004	1087198	2441	13431
南岸区	1463783	171997	55500	731908	504378		
北碚区	477151	61867	100364	67162	247758		
万盛区	154228	49497	7909	24856	71966		
双桥区	18985			16985	2000		
渝北区	1844783	116531	42181	301350	1381121		3600
巴南区	1349251	70440	74570	257682	946559		
黔江区	303081	25742	21875	99132	156332		
长寿区	612674	32704	97142	188530	294298		
綦江县	291429	11	34614	102062	154742		
潼南县	466441	71584	144210	10320	240327		
铜梁县	218082	3000	7910	67791	139381		
大足县	318873	14465	6320	34172	263916		
荣昌县	267548	1255	56217	98834	111242		
璧山县	360826	1998	29777	46551	282500		
梁平县	94065	908	31122	1600	60435		
城口县	24752	16756	7996				
丰都县	254462	18185	27210	33529	175538		
垫江县	304043	58870	37653	51827	155693		
武隆县	209323			39508	169815		
忠县	277334	480	26160	15660	235034		
开县	470201		24042	40160	405999		
云阳县	315754			72778	242976		
奉节县	305411	10450	8460	133079	153422		
巫山县	114421	30260	56981	8618	18562		
巫溪县	86430	2800	11700	7800	64130		
石柱县	95572	26365	8697	26500	34010		
秀山县	46080	12000	7080	12000	15000		
酉阳县	66442	26710	10492	29240			
彭水县	129503			25860	103643		
江津市	807867	31236	33982	61747	680902		
合川市	642227		68493	61548	512186		
永川市	882862	24893	33570	103523	720876		
南川市	230919	17520	18618	23970	170811		

2-4-25 按地区分组的总承包和专业承包企业收入情况

单位：千元

指标名称	工程结算收入	工程结算成本	工程结算税金及附加	工程结算利润	经营费用	其他业务收入	其他业务利润
合计	**63028589**	**56035031**	**2121246**	**4622219**	**250093**	**1233138**	**177637**
万州区	2962290	2545913	112651	290432	13294	39834	13225
涪陵区	2359649	2134055	77707	138757	9130	38874	6191
渝中区	7580110	6881056	221177	454159	23718	159686	14236
大渡口区	1614316	1415251	49996	138383	10686	56893	3021
江北区	2661933	2396099	80591	180307	4936	99122	15905
沙坪坝区	3532443	3189425	114902	217632	10484	159063	9680
九龙坡区	8910754	7998430	302233	547250	62841	350648	49791
南岸区	3630325	3152719	114927	348893	13786	135354	32513
北碚区	1727882	1575006	62635	89029	1212	9459	708
万盛区	130245	112757	4601	12074	813	964	225
双桥区	74792	67470	1984	5283	55	7774	-178
渝北区	5416562	4682096	197441	526013	11012	13687	4895
巴南区	3295068	2970731	120711	188229	15397	4612	583
黔江区	413308	331320	18272	60700	3016	3947	376
长寿区	2128814	1899192	72937	149180	7505	6208	2143
綦江县	526473	458936	20482	46487	568	7650	2489
潼南县	1665835	1487732	62831	114733	539	18087	1795
铜梁县	670017	560485	24069	81054	4409	4306	207
大足县	455577	386564	16727	47334	4952	9670	1575
荣昌县	601716	545354	26713	27096	2553	4455	608
璧山县	794019	694008	27471	70808	1732	930	350
梁平县	203016	186109	7727	9019	161	37	22
城口县	17463	14056	684	1953	770		
丰都县	387468	332461	15665	38872	470	1555	-717
垫江县	621007	505473	23211	90184	2139	4606	1099
武隆县	232534	202391	7281	21156	1706	200	74
忠县	1016500	882737	42008	89519	2236	24102	4824
开县	1321047	1136473	41874	139782	2918	4868	594
云阳县	390364	333315	15104	39245	2700	2390	776
奉节县	279721	260518	8590	10034	579	5275	830
巫山县	128670	115654	5230	5743	2043	683	677
巫溪县	73650	62449	2739	6737	1725		
石柱县	97940	82599	6745	7076	1520	1160	170
秀山县	187652	148558	8480	24522	6092	3152	1759
酉阳县	57227	49875	2127	5225		595	386
彭水县	95593	69605	5756	19387	845	300	58
江津市	2290589	2032524	94032	160718	3315	32598	3491
合川市	911704	830276	31295	43131	7002	1703	380
永川市	3268859	3048716	61616	149699	8828	13539	2077
南川市	295457	256643	10024	26384	2406	5152	799

2-4-26 按地区分组的总承包和专业承包企业费用情况

单位：千元

指标名称	管理费用	#税金	#财产保险费	#差旅费	#工会经费	财务费用	#利息支出
合 计	**2780133**	**89909**	**29877**	**140493**	**37410**	**329208**	**232341**
万州区	170143	5000	1532	7154	3823	25328	22206
涪陵区	84869	1226	514	2770	609	14037	7359
渝中区	373322	7458	1334	21191	2917	18753	11096
大渡口区	87126	1285	302	1823	502	6357	2821
江北区	148949	8552	706	6783	1087	11295	9872
沙坪坝区	142266	6030	1078	9387	1983	15852	14210
九龙坡区	373967	16799	8783	16248	10395	42693	36152
南岸区	255882	3054	1261	14385	1877	17049	12640
北碚区	52598	1257	121	2705	899	5788	4412
万盛区	9789	89	13	241	199	1324	288
双桥区	3729	66		15		9	9
渝北区	249049	6005	1184	11210	1321	37406	21905
巴南区	76461	2214	368	2022	335	14522	10934
黔江区	23035	823	1151	1857	39	6246	2470
长寿区	75787	1287	945	3445	1266	12421	10624
綦江县	24913	1168	61	525	252	5597	2565
潼南县	46987	4137	640	3501	596	9577	5774
铜梁县	30214	1707	536	1101	159	7785	4813
大足县	18775	526	251	684	50	5466	2885
荣昌县	16045	552	133	243	174	2721	1481
璧山县	33647	1444	305	508	49	1815	1197
梁平县	7915	211	423	407	59	25	-145
城口县	651		90	3		20	
丰都县	26203	663	725	811	43	1193	652
垫江县	69104	1488	948	3002	303	4625	3018
武隆县	14847	293	81	1879	471	2180	1260
忠县	41037	1044	402	3639	624	13468	12172
开县	54635	1794	1283	5531	710	6310	4242
云阳县	26282	1379	1288	2142	155	3522	3308
奉节县	8156	1380	155	367	161	540	88
巫山县	6354	175	65	179	46	1343	792
巫溪县	3641	384	180	218	120	1093	354
石柱县	3791	1010	210	484	70	930	410
秀山县	8410	1650	209	511	23	2106	2015
酉阳县	3375	11	314	135	276	-24	-41
彭水县	6927	801		674	68	2499	1036
江津市	73353	1963	148	5060	1199	10662	10532
合川市	25668	612	706	1790	361	7116	3355
永川市	80279	3915	1221	3927	3739	7857	2826
南川市	21952	457	211	1936	450	1702	754

2-4-27 按地区分组的总承包和专业承包企业利润及税金情况

单位：千元

指标名称	利润总额	应交所得税	税金总额	工程结算税金及附加	管理费用中的税金
合 计	**1802706**	**509509**	**2211155**	**2121246**	**89909**
万州区	105089	38269	117651	112651	5000
涪陵区	46029	14293	78933	77707	1226
渝中区	98465	49014	228635	221177	7458
大渡口区	40461	12132	51281	49996	1285
江北区	35945	9179	89143	80591	8552
沙坪坝区	68797	22493	120932	114902	6030
九龙坡区	210007	53868	319032	302233	16799
南岸区	149806	34956	117981	114927	3054
北碚区	31678	8618	63892	62635	1257
万盛区	2350	1282	4690	4601	89
双桥区	1321	225	2050	1984	66
渝北区	262857	65646	203446	197441	6005
巴南区	98020	28227	122925	120711	2214
黔江区	33261	5262	19095	18272	823
长寿区	63773	20866	74224	72937	1287
綦江县	21869	4658	21650	20482	1168
潼南县	60229	19269	66968	62831	4137
铜梁县	45365	11316	25776	24069	1707
大足县	24723	5687	17253	16727	526
荣昌县	9380	2913	27265	26713	552
璧山县	35667	10699	28915	27471	1444
梁平县	1013	105	7938	7727	211
城口县	1162	263	684	684	
丰都县	10078	3109	16328	15665	663
垫江县	17892	5630	24699	23211	1488
武隆县	3465	1356	7574	7281	293
忠 县	40353	12083	43052	42008	1044
开 县	79133	16163	43668	41874	1794
云阳县	10208	3632	16483	15104	1379
奉节县	2210	265	9970	8590	1380
巫山县	-1211	645	5405	5230	175
巫溪县	2098	1055	3123	2739	384
石柱县	2510	825	7755	6745	1010
秀山县	16868	2453	10130	8480	1650
酉阳县	2767	1074	2138	2127	11
彭水县	10729	949	6557	5756	801
江津市	79997	20926	95995	94032	1963
合川市	10826	5334	31907	31295	612
永川市	63939	13216	65531	61616	3915
南川市	3577	1554	10481	10024	457

2-4-28 按地区分组的总承包和专业承包企业主要经济效益指标

单位：%、元/人

指标名称	产值利润率	产值利税率	资本利润率	资本利税率	人均利润	人均利税	资产负债率
合 计	**2.61**	**5.81**	**7.01**	**15.60**	**2195**	**4886**	**51.42**
万 州 区	3.03	6.43	5.39	11.43	1901	4028	35.17
涪 陵 区	1.67	4.53	3.52	9.56	1552	4213	53.13
渝 中 区	1.36	4.52	2.99	9.93	1540	5116	58.82
大渡口区	2.30	5.22	6.53	14.80	2232	5061	47.20
江 北 区	1.13	3.92	2.64	9.20	986	3433	56.26
沙坪坝区	1.80	4.96	7.16	19.76	1941	5354	64.71
九龙坡区	2.32	5.83	7.68	19.34	2626	6615	62.44
南 岸 区	4.03	7.20	10.23	18.29	3857	6895	67.58
北 碚 区	1.59	4.79	6.64	20.03	1264	3813	31.51
万 盛 区	1.23	3.70	1.52	4.56	583	1745	41.12
双 桥 区	4.81	12.28	6.96	17.76	3405	8688	56.40
渝 北 区	4.72	8.37	14.25	25.28	4183	7420	50.47
巴 南 区	2.49	5.62	7.26	16.38	2143	4830	47.39
黔 江 区	6.53	10.27	10.97	17.27	5783	9102	44.55
长 寿 区	2.97	6.42	10.41	22.52	1924	4164	43.88
綦 江 县	4.08	8.12	7.50	14.93	1653	3289	48.27
潼 南 县	3.47	7.33	12.91	27.27	2395	5057	24.29
铜 梁 县	5.91	9.27	20.80	32.62	3262	5115	35.42
大 足 县	4.66	7.91	7.75	13.16	5014	8513	28.88
荣 昌 县	1.46	5.70	3.51	13.70	866	3381	36.75
璧 山 县	3.83	6.94	9.88	17.90	2335	4228	23.67
梁 平 县	0.48	4.28	1.08	9.52	252	2226	40.03
城 口 县	4.95	7.87	4.69	7.46	1782	2831	7.01
丰 都 县	2.13	5.58	3.96	10.38	1000	2620	42.75
垫 江 县	2.52	6.00	5.88	14.01	1406	3346	46.15
武 隆 县	1.21	3.85	1.66	5.27	729	2322	41.54
忠 县	3.65	7.55	14.55	30.07	2474	5113	58.04
开 县	5.54	8.60	16.83	26.12	3384	5252	28.30
云 阳 县	1.83	4.79	3.23	8.45	1024	2677	35.60
奉 节 县	0.71	3.90	0.72	3.99	427	2351	43.98
巫 山 县	-0.90	3.11	-1.06	3.67	-570	1976	53.39
巫 溪 县	2.85	7.09	2.43	6.04	1278	3182	32.58
石 柱 县	1.83	7.48	2.63	10.74	1404	5741	43.45
秀 山 县	8.10	12.96	36.61	58.59	5610	8978	67.10
酉 阳 县	3.21	5.69	4.16	7.38	995	1764	43.34
彭 水 县	8.92	14.37	8.28	13.35	5762	9284	30.49
江 津 市	2.92	6.43	9.90	21.78	2324	5113	43.15
合 川 市	0.65	2.58	1.69	6.65	531	2098	28.72
永 川 市	1.64	3.31	7.24	14.66	1621	3281	34.29
南 川 市	1.05	4.14	1.55	6.09	401	1574	28.98

2-4-29 按行业分组的总承包和专业承包建筑业企业签订合同额

单位：千元

指标名称	总计	上年结转	本年新签
合　计	**99926224**	**34042307**	**65883917**
房屋和土木工程建筑业	88460629	30649364	57811265
房屋工程建筑	74001561	26280787	47720774
土木工程建筑	14459068	4368577	10090491
铁路道路隧道桥梁	8678266	2647371	6030895
水利和港口	874966	363922	511044
工矿	2908406	911737	1996669
架线和管道	1286637	274096	1012541
其他	710793	171451	539342
建筑安装业	6355159	2027815	4327344
建筑装饰业	2490301	532063	1958238
其他建筑业	2620135	833065	1787070

2-4-30 按行业分组的总承包和专业承包建筑业企业承包工程完成情况

单位：千元

指标名称	直接从建设单位承揽工程完成的产值	自行完成施工产值	分包出去工程的产值	从建设单位以外承揽工程完成的产值
合　计	**68615529**	**66583566**	**2031963**	**2444177**
房屋和土木工程建筑业	60601899	58722623	1879276	1902584
房屋工程建筑	52169960	50529544	1640416	1251919
土木工程建筑	8431939	8193079	238860	650665
铁路道路隧道桥梁	4666179	4653708	12471	355818
水利和港口	643844	512999	130845	104858
工矿	1592145	1589145	3000	131310
架线和管道	976256	923212	53044	26284
其他	553515	514015	39500	32395
建筑安装业	4480006	4367117	112889	412535
建筑装饰业	2307760	2296259	11501	98546
其他建筑业	1225864	1197567	28297	30512

2-4-31 按行业分组的总承包和专业承包建筑业总产值和竣工产值

单位：千元

指标名称	建筑业总产值	建筑工程产值	安装工程产值	其他产值	#装饰装修产值	#在外省完成的产值	竣工产值
合　计	**69027743**	**60182570**	**6088416**	**2756757**	**3461082**	**6939474**	**46832812**
房屋和土木工程建筑业	60625207	56219568	2835642	1569997	1143311	6317649	42400777
房屋工程建筑	51781463	48759152	1720846	1301465	1097400	3706803	38033921
土木工程建筑	8843744	7460416	1114796	268532	45911	2610846	4366856
铁路道路隧道桥梁	5009526	4845264	2988	161274	815	1494447	1604637
水利和港口	617857	578565	17028	22264		125760	223829
工矿	1720455	1287499	378098	54858	17721	911776	1360939
架线和管道	949496	252896	684989	11611		19990	834302
其他	546410	496192	31693	18525	27375	58873	343149
建筑安装业	4779652	1654529	2956873	168250	132429	263040	2953344
建筑装饰业	2394805	1636661	249218	508926	2181646	49607	986553
其他建筑业	1228079	671812	46683	509584	3696	309178	492138

2-4-32 按行业分组的总承包和专业承包建筑业企业房屋建筑面积

单位：万平方米、%

指标名称	房屋建筑施工面积	#本年新开工	#实行投标承包面积	#本年新开工	房屋建筑竣工面积	房屋建筑面积竣工率
合　计	**10184.46**	**5876.04**	**7429.01**	**4859.78**	**5167.65**	**50.74**
房屋和土木工程建筑业	10027.97	5809.54	7334.92	4804.46	5104.39	50.90
房屋工程建筑	9871.48	5741.02	7191.56	4742.52	5036.71	51.02
土木工程建筑	156.49	68.51	143.36	61.94	67.68	43.25
铁路道路隧道桥梁	21.45	15.46	15.53	10.81	6.83	31.84
水利和港口	5.78	1.99	5.40	1.99	1.16	20.10
工矿	109.30	38.77	108.26	38.77	47.68	43.62
架线和管道	4.80	0.93			3.60	74.99
其他	15.16	11.36	14.17	10.37	8.41	55.48
建筑安装业	152.65	65.10	94.09	55.32	61.96	40.59
建筑装饰业						
其他建筑业	3.84	1.40			1.30	33.99

2-4-33 按行业、主要用途分组的总承包和专业承包建筑业企业房屋建筑竣工面积

单位：万平方米

指标名称	总计	厂房、仓库	住宅	办公用房	批发和零售用房	住宿和餐饮用房
合　计	**5167.65**	**484.44**	**3522.55**	**351.38**	**203.24**	**66.31**
房屋和土木工程建筑业	5104.39	465.83	3488.19	349.00	200.14	64.47
房屋工程建筑	5036.71	440.90	3466.21	345.38	200.14	64.47
土木工程建筑	67.68	24.93	21.99	3.62		
铁路道路隧道桥梁	6.83	0.78	4.95	0.01		
水利和港口	1.16	0.03	0.98			
工矿	47.68	24.10	6.46	3.61		
架线和管道	3.60		2.60			
其他	8.41	0.02	7.00			
建筑安装业	61.96	18.51	33.46	2.08	3.10	1.84
建筑装饰业						
其他建筑业	1.30	0.10	0.90	0.30		

2-4-33 续表 1

单位：万平方米

指标名称	居民服务业用房	教育用房	文化、体育和娱乐用房	卫生医疗用房	科研用房	其他用房
合　计	**71.27**	**222.14**	**67.23**	**20.31**	**18.43**	**140.35**
房屋和土木工程建筑业	71.19	219.35	67.13	20.31	18.43	140.35
房屋工程建筑	70.75	215.14	59.76	18.81	17.98	137.18
土木工程建筑	0.45	4.21	7.36	1.50	0.45	3.17
铁路道路隧道桥梁		0.81				0.28
水利和港口	0.15					
工矿		3.40	7.28	1.50	0.45	0.88
架线和管道	0.30		0.08			0.62
其他						1.39
建筑安装业	0.08	2.79	0.10			
建筑装饰业						
其他建筑业						

2-4-34 按行业、主要用途分组的总承包和专业承包建筑业企业房屋建筑竣工价值

单位：千元

指标名称	总计	厂房、仓库	住宅	办公用房	批发和零售用房	住宿和餐饮用房
合　计	**33277874**	**3744323**	**21122979**	**2682145**	**1532558**	**450079**
房屋和土木工程建筑业	32882730	3647202	20891479	2669382	1510268	441059
房屋工程建筑	31876714	3026109	20752735	2602732	1510268	441059
土木工程建筑	1006016	621093	138744	66650		
铁路道路隧道桥梁	37551	3289	24858	46		
水利和港口	4435	105	3444			
工矿	876016	617482	36530	66604		
架线和管道	16296		10912			
其他	71718	217	63000			
建筑安装业	383864	96121	223790	10193	22290	9020
建筑装饰业						
其他建筑业	11280	1000	7710	2570		

2-4-34 续表 1

单位：千元

指标名称	居民服务业用房	教育用房	文化、体育和娱乐用房	卫生医疗用房	科研用房	其他用房
合　计	**458262**	**1382095**	**496253**	**181292**	**95743**	**1132145**
房屋和土木工程建筑业	457702	1361205	495253	181292	95743	1132145
房屋工程建筑	455211	1309585	418943	152732	92643	1114697
土木工程建筑	2491	51620	76310	28560	3100	17448
铁路道路隧道桥梁		7690				1668
水利和港口	876					10
工矿		43930	75890	28560	3100	3920
架线和管道	1615		420			3349
其他						8501
建筑安装业	560	20890	1000			
建筑装饰业						
其他建筑业						

2-4-35 按行业分组的总承包和专业承包建筑业企业施工机械设备情况

行　业	年末自有施工机械设备总台数（台）	年末自有施工机械设备总功率（千瓦）	年末自有施工机械设备净值（千元）	技术装备率（元/人）	动力装备率（千瓦/人）
合　计	**202813**	**2863171**	**6372817**	**7758**	**3.49**
房屋和土木工程建筑业	171675	2639129	5870238	7974	3.59
房屋工程建筑	156430	2236554	5003977	7605	3.4
土木工程建筑	15245	402575	866261	11085	5.15
铁路道路隧道桥梁	6413	211421	623298	14841	5.03
水利和港口	1449	44714	53364	5743	4.81
工矿	3629	49392	51050	4840	4.68
架线和管道	2667	71966	89442	8944	7.2
其他	1087	25082	49107	7787	3.98
建筑安装业	13169	126635	253876	5589	2.79
建筑装饰业	15196	52963	125999	4446	1.87
其他建筑业	2773	44444	122704	10618	3.85

2-4-36 按行业分组的总承包和专业承包建筑业企业营业额

单位：千元

指标名称	总计	在境外完成的营业额	企业总产值	#建筑业总产值
合　计	**72781496**	**98180**	**72683316**	**69027743**
房屋和土木工程建筑业	63872325	98180	63774145	60625207
房屋工程建筑	54196782	98180	54098602	51781463
土木工程建筑	9675543		9675543	8843744
铁路道路隧道桥梁	5151071		5151071	5009526
水利和港口	662931		662931	617857
工矿	1898268		1898268	1720455
架线和管道	1393117		1393117	949496
其他	570156		570156	546410
建筑安装业	5086635		5086635	4779652
建筑装饰业	2441315		2441315	2394805
其他建筑业	1381221		1381221	1228079

2-4-37 按行业分组的总承包和专业承包企业资产情况

单位：千元

指标名称	总计	#流动资产合计	#长期投资	#固定资产合计	#无形及递延资产
合计	**62471966**	**43548110**	**2557329**	**14573170**	**1549966**
房屋和土木工程建筑业	53206410	36875753	2160171	12680760	1283969
房屋工程建筑	41671010	28447333	1687726	10304850	1048819
土木工程建筑	11535400	8428420	472445	2375910	235150
铁路道路隧道桥梁	6452603	4909004	305482	1022555	200009
水利和港口	824819	449443	21182	346259	7333
工矿	1430397	1032492	3426	389396	59
架线和管道	2099721	1557810	64875	450072	24668
其他	727860	479671	77480	167628	3081
建筑安装业	4798487	3365510	252818	982978	162316
建筑装饰业	2880310	2182592	70059	578253	47090
其他建筑业	1586759	1124255	74281	331179	56591

2-4-38 按行业分组的总承包和专业承包企业流动资产、无形及递延资产

单位：千元

指标名称	流动资产	#存货	无形及递延资产	#无形资产
合计	**43548110**	**14323215**	**1549966**	**1392462**
房屋和土木工程建筑业	36875753	12397136	1283969	1149670
房屋工程建筑	28447333	10457749	1048819	919564
土木工程建筑	8428420	1939387	235150	230106
铁路道路隧道桥梁	4909004	1296650	200009	198379
水利和港口	449443	93227	7333	7282
工矿	1032492	72940	59	59
架线和管道	1557810	395613	24668	21314
其他	479671	80957	3081	3072
建筑安装业	3365510	945598	162316	145070
建筑装饰业	2182592	690096	47090	43013
其他建筑业	1124255	290385	56591	54709

2-4-39 按行业分组的总承包和专业承包企业固定资产情况

单位：千元

指标名称	固定资产小计	固定资产原价	#生产经营用	固定资产折旧	#本年折旧	在建工程
合计	**14573170**	**17410868**	**13943261**	**4870538**	**840756**	**1739132**
房屋和土木工程建筑业	12680760	15277218	12500389	4246465	734336	1425085
房屋工程建筑	10304850	12067459	9716405	3164650	541984	1227258
土木工程建筑	2375910	3209759	2783984	1081815	192352	197827
铁路道路隧道桥梁	1022555	1597295	1377020	634503	108879	47849
水利和港口	346259	419154	384313	109845	14419	29766
工矿	389396	532545	453450	159044	24631	15348
架线和管道	450072	517408	447399	152543	37246	76979
其他	167628	143357	121802	25880	7177	27885
建筑安装业	982978	1100722	662639	328322	60568	149202
建筑装饰业	578253	647658	445035	192721	28290	118381
其他建筑业	331179	385270	335198	103030	17562	46464

2-4-40 按行业分组的总承包和专业承包企业负债及所有者权益

单位：千元

指标名称	负债合计	流动负债	长期负债	所有者权益	#实收资本
合计	**32124872**	**30053072**	**2071800**	**30347094**	**25729023**
房屋和土木工程建筑业	27768139	25982993	1785146	25438271	21417288
房屋工程建筑	20147574	18848654	1298920	21523436	18035285
土木工程建筑	7620565	7134339	486226	3914835	3382003
铁路道路隧道桥梁	4641310	4310912	330398	1811293	1727247
水利和港口	384987	347381	37606	439832	392795
工矿	1129455	1110807	18648	300942	326757
架线和管道	1090858	995334	95524	1008863	634936
其他	373955	369905	4050	353905	300268
建筑安装业	2428598	2326060	102538	2369889	1916996
建筑装饰业	1059130	996653	62477	1821180	1714173
其他建筑业	869005	747366	121639	717754	680566

2-4-41 按行业分组的总承包和专业承包企业实收资本

单位：千元

指标名称	合　计	国家资本	集体资本	法人资本	个人资本	港澳台资本	外商资本
合　计	**25729023**	**2598776**	**2177323**	**6957461**	**13940643**	**25760**	**29060**
房屋和土木工程建筑业	21417288	2383301	1968633	5461579	11592582		11193
房屋工程建筑	18035285	1392534	1886459	3992264	10752835		11193
土木工程建筑	3382003	990767	82174	1469315	839747		
铁路道路隧道桥梁	1727247	376005	57667	839149	454426		
水利和港口	392795	250682	6600	104762	30751		
工矿	326757	75842	7628	213671	29616		
架线和管道	634936	169273	7200	248020	210443		
其他	300268	118965	3079	63713	114511		
建筑安装业	1916996	128209	151479	648413	971690	12974	4231
建筑装饰业	1714173	68450	42158	456610	1120533	12786	13636
其他建筑业	680566	18816	15053	390859	255838		

2-4-42 按行业分组的总承包和专业承包企业收入情况

单位：千元

指标名称	工程结算收　入	工程结算成　本	工程结算税金及附加	工程结算利　润	经营费用	其他业务收　入	其他业务利　润
合　计	**63028589**	**56035031**	**2121246**	**4622219**	**250093**	**1233138**	**177637**
房屋和土木工程建筑业	55217419	49442056	1870609	3725656	179098	913994	134846
房屋工程建筑	46224956	41533311	1584610	3006367	100668	671302	81386
土木工程建筑	8992463	7908745	285999	719289	78430	242692	53460
铁路道路隧道桥梁	5015026	4468978	158662	370477	16909	81057	26307
水利和港口	650863	571369	20296	58919	279	4882	1384
工矿	1811341	1648211	54776	102892	5462	57954	7997
架线和管道	955050	743351	31746	125618	54335	97811	17520
其他	560183	476836	20519	61383	1445	988	252
建筑安装业	4391068	3692236	140206	530131	28495	274704	31524
建筑装饰业	2247963	1883985	76522	259679	27777	36204	8921
其他建筑业	1172139	1016754	33909	106753	14723	8236	2346

2-4-43 按行业分组的总承包和专业承包企业费用情况

单位：千元

指标名称	管理费用	#税金	#财产保险费	#差旅费	#工会经费	财务费用	#利息支出
合　计	**2780133**	**89909**	**29877**	**140493**	**37410**	**329208**	**232341**
房屋和土木工程建筑业	2127021	71856	25975	103939	33020	303969	217597
房屋工程建筑	1613307	56726	15448	70616	20461	254046	182813
土木工程建筑	513714	15130	10527	33323	12559	49923	34784
铁路道路隧道桥梁	220080	8438	4423	13326	8358	37530	26283
水利和港口	57453	540	368	6286	634	2607	1698
工矿	78304	1995	91	4765	1932	5116	4521
架线和管道	111177	2630	5519	6761	1448	906	370
其他	46700	1527	126	2185	187	3764	1912
建筑安装业	396193	7108	2061	22383	3108	7563	4712
建筑装饰业	182300	5411	849	10210	716	11319	6759
其他建筑业	74619	5534	992	3961	566	6357	3273

2-4-44 按行业分组的总承包和专业承包企业利润及税金情况

单位：千元

指标名称	利润总额	应交所得税	税金总额	工程结算税金及附加	管理费用中的税金
合　计	**1802706**	**509509**	**2211155**	**2121246**	**89909**
房屋和土木工程建筑业	1522461	422686	1942465	1870609	71856
房屋工程建筑	1264204	356652	1641336	1584610	56726
土木工程建筑	258257	66034	301129	285999	15130
铁路道路隧道桥梁	179495	39720	167100	158662	8438
水利和港口	-421	1908	20836	20296	540
工矿	25176	6834	56771	54776	1995
架线和管道	40694	13534	34376	31746	2630
其他	13313	4038	22046	20519	1527
建筑安装业	160009	50323	147314	140206	7108
建筑装饰业	74126	28249	81933	76522	5411
其他建筑业	46110	8251	39443	33909	5534

2-4-45 按地区分组的劳务分包建筑业企业生产经营情况

单位：千元

指标名称	建筑业总产值	营业收入	工程结算税金及附加	利润总额	从业人员劳动报酬	劳动、待业保险费
合 计	**644506**	**538029**	**12453**	**13828**	**343746**	**1679**
万州区	10360	10360	378	880	16083	191
涪陵区						
渝中区	1888	1965	93	-174	999	42
大渡口区	891	918	35	-30	154	
江北区	4093	4093	150	-17	2157	152
沙坪坝区						
九龙坡区	1953	916	16	-45	194	17
南岸区	51960	51960	1731	701	3487	40
北碚区						
万盛区	2053	2359	74	364	474	119
双桥区	350	350	12	18	216	10
渝北区	991	1099	61	352	202	
巴南区	6565	6565		10	6248	
黔江区						
长寿区						
綦江县						
潼南县						
铜梁县						
大足县						
荣昌县						
璧山县						
梁平县	93480	93480		72	83638	105
城口县						
丰都县						
垫江县						
武隆县						
忠县	115	85	2	15	39	
开县						
云阳县						
奉节县						
巫山县						
巫溪县						
石柱县						
秀山县						
酉阳县						
彭水县						
江津市	387876	305132	6171	10632	197992	86
合川市	25410	7875	955	5	5214	18
永川市	49341	43792	2415	315	20999	54
南川市	7180	7080	360	730	5650	845

2-4-46 按地区分组的劳务分包建筑业企业个数和人员情况

单位：个、人

指标名称	企业个数	计算劳动生产率的平均人数	从业人数	#管理人员	#工程技术人员	#现场施工工人
合 计	**83**	**26204**	**33420**	**1581**	**1369**	**28948**
万州区	5	751	742	32	34	674
涪陵区						
渝中区	7	94	374	41	20	166
大渡口区	3	66	327	17	17	43
江北区	7	97	207	30	48	68
沙坪坝区						
九龙坡区	6	77	354	30	211	19
南岸区	4	898	1169	29	47	785
北碚区						
万盛区	1	39	19	5	2	12
双桥区	3	33	32	6	3	21
渝北区	12	24	326	16	7	25
巴南区	1	128	253	23	28	230
黔江区						
长寿区						
綦江县						
潼南县						
铜梁县						
大足县						
荣昌县						
璧山县						
梁平县	3	7876	8511	582	340	7869
城口县						
丰都县						
垫江县						
武隆县						
忠县	2	2	8	3		4
开县						
云阳县						
奉节县						
巫山县						
巫溪县						
石柱县						
秀山县						
酉阳县						
彭水县						
江津市	20	14231	17488	643	433	16519
合川市	3	502	593	3	8	463
永川市	5	948	2602	98	149	1658
南川市	1	438	415	23	22	392

2-4-47 按地区分组的资质以外建筑业总产值和竣工产值

单位：千元

指标名称	建筑业总产值	建筑工程产值	安装工程产值	其他产值	#装饰装修产值	竣工产值
合　计	**899625**	**505375**	**280698**	**113552**	**97354**	**360003**
万 州 区	1064	664		400		64
涪 陵 区	540	540			540	
渝 中 区	71619	45054	15934	10631	15739	21872
大渡口区						
江 北 区	58982	18105	12611	28266	6238	7177
沙坪坝区	68895	17873	50692	330	486	64458
九龙坡区	184156	72170	89797	22189	48922	20357
南 岸 区	86266	16357	41014	28895	12269	46522
北 碚 区	25538	10657	9311	5570	2263	13806
万 盛 区	13063	12655	408			
双 桥 区	17163	9600	7150	413		9600
渝 北 区	1207	240	967		240	967
巴 南 区	19488		19248	240		240
黔 江 区	35532	30782	4750			29453
长 寿 区						
綦 江 县	140687	133167	7258	262	505	30940
潼 南 县	73350	72800		550	550	33380
铜 梁 县						
大 足 县	16275	14895		1380		1380
荣 昌 县	943	943			943	943
璧 山 县						
梁 平 县						
城 口 县						
丰 都 县	1700	1700				1700
垫 江 县	2940	2479	342	119	398	1950
武 隆 县	9364	8845	55	464		9364
忠　 县						
开　 县	42014	22000	9261	10753	2553	39461
云 阳 县						
奉 节 县						
巫 山 县	667	667				667
巫 溪 县	580	580				510
石 柱 县	430		430		430	
秀 山 县						
酉 阳 县						
彭 水 县						
江 津 市	1625	1625			253	1372
合 川 市	16238	10977	2353	2908	5025	14703
永 川 市						
南 川 市	9299		9117	182		9117

2-4-48 按地区分组的资质以外建筑业企业房屋建筑面积

单位：万平方米、%

指标名称	房屋建筑施工面积	#本年新开工	房屋建筑竣工面积	#住宅	房屋建筑面积竣工率
合计	**62.80**	**31.05**	**24.47**	**18.42**	**38.97**
万州区	1.00	1.00			
涪陵区					
渝中区	1.28				
大渡口区					
江北区	19.00	14.60	7.40	4.50	38.95
沙坪坝区					
九龙坡区	6.22	1.76	1.22	1.22	19.55
南岸区	0.25	0.25			
北碚区	0.68	0.66	0.65		97.06
万盛区	0.55	0.55	0.55	0.55	100.00
双桥区					
渝北区					
巴南区					
黔江区	0.07		0.07		100.00
长寿区					
綦江县	24.47	6.00	6.01	5.50	24.56
潼南县	1.75	0.26	1.60	0.26	91.49
铜梁县					
大足县					
荣昌县					
璧山县					
梁平县					
城口县					
丰都县	0.20	0.20	0.20	0.18	100.00
垫江县	1.00	0.67	0.80	0.62	80.02
武隆县	0.40	0.40	0.40	0.15	100.00
忠县					
开县	4.40	4.00	4.40	4.40	100.00
云阳县					
奉节县					
巫山县					
巫溪县	0.21	0.17	0.10	0.08	47.62
石柱县					
秀山县					
酉阳县					
彭水县					
江津市					
合川市	1.32	0.53	1.07	0.96	80.68
永川市					
南川市					

2-4-49 按地区分组的资质以外建筑业企业资产负债情况

单位：千元

指标名称	资产总计	负债合计	固定资产原价	本年折旧	实收资本
合 计	**1073664**	**416676**	**291705**	**36481**	**526933**
万州区	1355	245	1023	303	600
涪陵区	720	220	10		500
渝中区	61448	19536	21547	2503	37112
大渡口区					
江北区	121236	41477	23898	1547	69981
沙坪坝区	89383	47240	22478	1964	37098
九龙坡区	331108	96354	89234	16692	190960
南岸区	154392	60527	28821	2038	62527
北碚区	25015	14427	6329	1228	9022
万盛区	20814	9388	3188	31	7978
双桥区	42367	21517	13189	1566	19100
渝北区	11876	800	4100	175	10050
巴南区	14874	10129	2221	180	1540
黔江区	17370	8872	3021	351	5863
长寿区					
綦江县	75596	25829	41552	5274	36057
潼南县	14080	2660	3110	324	10660
铜梁县					
大足县	19740	12807	4755	205	5683
荣昌县	605	317	65	7	280
璧山县					
梁平县					
城口县					
丰都县	1380	30	780	8	480
垫江县	1800	100	790	70	630
武隆县	23285	19807	3414	322	2100
忠县					
开县	13363	2140	11654	953	10520
云阳县					
奉节县					
巫山县	1125	117	984	146	1000
巫溪县	580		370	37	400
石柱县	1020		440	4	600
秀山县					
酉阳县					
彭水县					
江津市	2665	517	657	166	1670
合川市	8328	4573	2493	301	3504
永川市					
南川市	18139	17047	1582	86	1018

2-4-50 按地区分组的资质以外建筑业企业损益及分配情况

单位：千元

指标名称	营业收入	#主营业务收入	主营业务成本	主营业务税金及附加	费用合计	营业利润	利润总额
合 计	**1299077**	**1278640**	**1128699**	**51968**	**133284**	**53564**	**25555**
万州区	1175	1100	651	53	95	301	301
涪陵区	540	540	437	8	95		
渝中区	60794	58637	50907	2201	9373	-2492	-1967
大渡口区							
江北区	56864	54859	44662	1692	25395	3025	149
沙坪坝区	74730	72973	66035	2616	4444	1001	1018
九龙坡区	569241	563096	502175	18970	22874	26252	1787
南岸区	93007	86509	63732	2447	17619	6348	8233
北碚区	25628	25591	20170	514	4309	608	645
万盛区	12869	12235	11551	434	123	133	106
双桥区	17147	17147	14677	538	692	1240	1240
渝北区	1207	1207	1015	52	483	-343	-343
巴南区	19819	19488	12411	765	5564	1079	995
黔江区	37022	37022	29680	4313	4701	2796	3549
长寿区							
綦江县	174575	174267	158488	2922	18714	5957	2774
潼南县	69950	69950	96648	2066	208	1028	1028
铜梁县							
大足县	6230	6230	5006	332	345	547	547
荣昌县	892	892	696	30	171	33	36
璧山县							
梁平县							
城口县							
丰都县	1700	1700	1229	85	76	310	310
垫江县	1830	1830	1330	150	280	70	70
武隆县	9925	9896	9124	369	9154	-95	-111
忠　县							
开　县	35593	35593	21016	10035	2913	1629	1443
云阳县							
奉节县							
巫山县	667	667		38	612	17	17
巫溪县	580	580	198	240	30	115	100
石柱县	40	40		8	12	50	
秀山县							
酉阳县							
彭水县							
江津市	1625	1625	1278	86	124	137	137
合川市	16128	15849	9408	693	2249	3678	3524
永川市							
南川市	9299	9117	6175	311	2629	140	-33

2-4-51 按地区分组的资质以外建筑业企业个数和人员情况

单位：个、人

指标名称	企业个数	平均从业人数	年末从业人数	#管理人员	#工程技术人员	#现场施工工人
合计	**390**	**13830**	**15236**	**1912**	**1815**	**9220**
万州区	2	13	17	4	5	8
涪陵区	2	40	91	6	6	28
渝中区	52	949	915	139	96	213
大渡口区						
江北区	48	923	1218	215	182	485
沙坪坝区	31	789	678	124	115	412
九龙坡区	65	2161	2522	420	448	1136
南岸区	74	1979	2164	319	279	1329
北碚区	21	378	625	106	119	320
万盛区	2	122	324	36	8	298
双桥区	8	360	427	55	69	227
渝北区	2	16	16	3	4	11
巴南区	3	259	159	17	23	70
黔江区	7	461	179	97	37	79
长寿区						
綦江县	26	3570	3778	184	182	3194
潼南县	4	378	423	27	26	346
铜梁县						
大足县	4	95	142	15	23	44
荣昌县	1	50	82	22	14	60
璧山县	2		5			
梁平县						
城口县						
丰都县	1	15	15	1	14	14
垫江县	3	43	97	6	5	73
武隆县	5	148	148	21	23	41
忠县						
开县	5	500	540	51	55	410
云阳县						
奉节县						
巫山县	1	11	11	5	5	3
巫溪县	3	47	49	3	3	41
石柱县	2	7	17		7	
秀山县						
酉阳县						
彭水县						
江津市	4	109	153	4	29	122
合川市	10	245	268	18	25	205
永川市						
南川市	2	162	173	14	13	51

2-4-52 按地区分组的建筑业产业活动单位基本情况

指标名称	单位数 (个)	从业人员 (人)	经营性收入 (千元)
合计	**400**	**168112**	**18002837**
万州区	83	14180	960466
涪陵区	8	1301	60182
渝中区	27	5752	1094177
大渡口区	23	5830	745377
江北区	21	18648	1002380
沙坪坝区	22	13766	1577331
九龙坡区	55	37741	7506807
南岸区	17	802	202876
北碚区	8	2708	326286
万盛区	1	4	310
双桥区	1	16	704
渝北区			
巴南区	16	7937	808336
黔江区	8	2112	121885
长寿区			
綦江县	8	827	64188
潼南县	4	2494	161061
铜梁县			
大足县	9	1601	48939
荣昌县	5	3756	273688
璧山县	4	1240	82457
梁平县			
城口县	1	3	
丰都县	3	2231	90978
垫江县	8	4258	137488
武隆县	4	328	9300
忠县	4	4474	255601
开县	5	2723	122959
云阳县	3	1027	36645
奉节县	2	120	6585
巫山县	8	380	53060
巫溪县			
石柱县	2	15	1101
秀山县			
酉阳县			
彭水县			
江津市	19	20775	1045084
合川市	2	916	31908
永川市	6	5155	356128
南川市	13	4992	818550

2-4-53 按地区分组的建筑业个体经营户生产经营情况

指标名称	户数 (个)	从业人员 (人)	经营性收入 (千元)	营业支出 (千元)	固定资产原价 (千元)
合 计	**5956**	**26595**	**1135591**	**865972**	**124423**
万 州 区	260	586	30493	18593	8932
涪 陵 区	157	473	31028	22113	6859
渝 中 区	154	367	18564	13327	612
大渡口区	43	151	5274	3538	1012
江 北 区	138	463	19405	11934	967
沙坪坝区	114	279	11444	8678	1983
九龙坡区	190	838	42041	31858	1097
南 岸 区	117	322	31851	27174	578
北 碚 区	114	300	10140	8078	3568
万 盛 区	23	107	2621	1749	417
双 桥 区	6	47	1660	1497	10
渝 北 区	180	525	29796	18116	1609
巴 南 区	40	254	13303	10828	1407
黔 江 区	26	183	10131	7651	1556
长 寿 区	150	729	27745	22162	2477
綦 江 县	522	2080	66986	54466	4767
潼 南 县	85	503	19919	11570	1430
铜 梁 县	110	1093	59823	44416	2844
大 足 县	76	487	34603	30069	2897
荣 昌 县	65	415	13962	7306	706
璧 山 县	133	469	31039	25501	1552
梁 平 县	97	296	11054	8445	2257
城 口 县	250	756	12264	8823	688
丰 都 县	91	312	13130	10770	1178
垫 江 县	146	842	37695	32674	4635
武 隆 县	49	454	20181	13783	3036
忠 县	141	1271	43344	28794	3530
开 县	101	321	18805	16203	2416
云 阳 县	348	1552	50199	39821	7883
奉 节 县	62	524	17067	11530	6272
巫 山 县	84	279	14324	11355	3119
巫 溪 县	180	608	13292	10328	5496
石 柱 县	49	347	28440	20403	2308
秀 山 县	212	2237	41682	31193	2330
酉 阳 县	390	1206	26801	19833	4029
彭 水 县	55	287	6237	4726	505
江 津 市	385	1585	76371	58495	11048
合 川 市	185	2171	130517	113026	12000
永 川 市	355	642	51494	36458	3127
南 川 市	73	234	10871	8690	1286

第1篇

交通运输、电信业生产经营及财务状况

3-1-1 按登记注册类型分组的交通运输及电信业企业主要财务状况

单位：个、人、千元

指标名称	企业数	#亏损企业数	年末从业人员数	从业人员年平均人数	固定资产原价	本年折旧
合　计	**1507**	**461**	**201376**	**200497**	**82767115**	**5705169**
内资企业	**1492**	**456**	**191916**	**191918**	**75968217**	**4693788**
国有企业	108	34	93570	93210	30879281	1127270
集体企业	189	61	10148	10476	351758	26922
股份合作企业	51	19	2290	2880	258712	27047
联营企业	14	5	1392	1431	46079	4494
国有联营企业	1		90	80	1367	225
集体联营企业	7	2	426	478	10204	420
国有与集体联营企业	3	2	762	762	32893	3646
其他联营企业	3	1	114	111	1615	203
有限责任公司	324	114	43949	43497	37599920	2683628
国有独资公司	8	1	7675	7506	3406804	116292
其他有限责任公司	316	113	36274	35991	34193116	2567336
股份有限公司	95	25	14478	13994	3918649	476024
私营企业	700	197	25150	25495	2833819	341023
私营独资企业	120	22	2194	2169	168747	18632
私营合伙企业	44	14	712	749	58056	5758
私营有限责任公司	478	144	18910	19314	2129324	265902
私营股份有限公司	58	17	3334	3263	477692	50731
其他企业	11	1	939	935	79999	7380
港、澳、台商投资企业	**6**	**1**	**1992**	**1779**	**157390**	**19045**
合资经营企业(港或澳、台资)	5	1	1724	1511	140861	17436
合作经营企业(港或澳、台资)						
港、澳、台商独资经营企业	1		268	268	16529	1609
港、澳、台商投资股份有限公司						
外商投资企业	**9**	**4**	**7468**	**6800**	**6641508**	**992336**
中外合资经营企业	4	2	3385	3370	177270	18732
中外合作经营企业	3	1	153	141	364545	20822
外资企业	2	1	3930	3289	6099693	952782
外商投资股份有限公司						

注：本表统计范围为财务指标不全为零的单位，下同。

3-1-1 续表 1 单位：个、人、千元

指标名称	资产总计	负债合计	实收资本	营业收入	#主营业务收入	主营业务成本
合 计	**93773867**	**51098517**	**39661905**	**28229747**	**26833278**	**17960606**
内资企业	**87591411**	**49159142**	**36264265**	**24390874**	**22996923**	**16252381**
国有企业	42076927	22774622	20602516	7502414	6721048	5397629
集体企业	516879	355320	162846	427226	415342	330137
股份合作企业	269072	96242	152287	154706	149825	120351
联营企业	96768	64121	31364	162330	149296	129516
国有联营企业	36820	32654	4000	9984	9959	5027
集体联营企业	10787	3067	5560	14168	14168	10732
国有与集体联营企业	35695	19833	18579	29673	28877	27594
其他联营企业	13466	8567	3225	108505	96292	86163
有限责任公司	35170206	20083732	12847574	10359028	9898974	6267372
国有独资公司	4439709	1969545	2181344	731696	654758	465559
其他有限责任公司	30730497	18114187	10666230	9627332	9244216	5801813
股份有限公司	5207580	3433256	851150	2623619	2574253	1728399
私营企业	4158215	2288594	1586156	3101684	3029832	2236884
私营独资企业	234098	72931	122473	245654	219320	166156
私营合伙企业	71837	34543	52503	52865	52632	39178
私营有限责任公司	3180877	1624121	1170993	2596217	2552534	1893835
私营股份有限公司	671403	556999	240187	206948	205346	137715
其他企业	95764	63255	30372	59867	58353	42093
港、澳、台商投资企业	**196753**	**113729**	**103343**	**78207**	**77517**	**58871**
合资经营企业(港或澳、台资)	170329	98489	93343	69303	68613	50922
合作经营企业(港或澳、台资)						
港、澳、台商独资经营企业	26424	15240	10000	8904	8904	7949
港、澳、台商投资股份有限公司						
外商投资企业	**5985703**	**1825646**	**3294297**	**3760666**	**3758838**	**1649354**
中外合资经营企业	171384	96223	98000	160103	158794	132794
中外合作经营企业	272217	165164	150000	30474	30092	1255
外资企业	5542102	1564259	3046297	3570089	3569952	1515305
外商投资股份有限公司						

3-1-1 续表 2

单位：个、人、千元

指标名称	主营业务税金及附加	费用合计	营业利润	利润总额	亏损企业亏损总额	从业人员劳动报酬	劳动、失业保险费
合 计	**946370**	**8470854**	**2373778**	**1807944**	**484600**	**3070126**	**630736**
内资企业	**833079**	**7236340**	**1590858**	**1318526**	**475811**	**2859358**	**620793**
国有企业	221560	3495428	-92339	-109595	297902	1441429	281813
集体企业	12538	74096	24489	12841	8788	86314	9831
股份合作企业	5197	29629	1564	501	5875	25327	2158
联营企业	7197	22311	3341	3712	3518	10277	2656
国有联营企业	569	4143	319	1620		86	90
集体联营企业	314	1756	1366	1017	465	3662	1142
国有与集体联营企业	1016	3633	-2804	-2103	2260	5050	1402
其他联营企业	5298	12779	4460	3178	793	1479	22
有限责任公司	412200	2592048	1001243	990233	91456	865369	213692
国有独资公司	20668	163341	98700	697	23913	171285	32027
其他有限责任公司	391532	2428707	902543	989536	67543	694084	181665
股份有限公司	78381	416942	418153	300514	21169	174317	29184
私营企业	94466	595775	228284	118125	47096	253399	81459
私营独资企业	7419	69508	14261	9025	2078	20108	293
私营合伙企业	1841	8180	5567	2491	1195	6293	29
私营有限责任公司	76886	473748	188434	95348	36068	188886	80817
私营股份有限公司	8320	44339	20022	11261	7755	38112	320
其他企业	1540	10111	6123	2195	7	2926	
港、澳、台商投资企业	**2266**	**13614**	**3691**	**5175**	**112**	**18043**	**218**
合资经营企业(港或澳、台资)	2064	12597	3955	2402	112	15694	129
合作经营企业(港或澳、台资)							
港、澳、台商独资经营企业	202	1017	-264	2773		2349	89
港、澳、台商投资股份有限公司							
外商投资企业	**111025**	**1220900**	**779229**	**484243**	**8677**	**192725**	**9725**
中外合资经营企业	4599	32004	-9429	-3100	3589	35491	1071
中外合作经营企业	1448	24205	3543	3715	3992	1502	152
外资企业	104978	1164691	785115	483628	1096	155732	8502
外商投资股份有限公司							

3-1-2 按地区分组的交通运输和电信业企业主要财务状况

单位：人、千元

指标名称	年末从业人员数	从业人员年平均人数	固定资产原价	本年折旧	资产总计
合　计	**201376**	**200497**	**82767115**	**5705169**	**93773867**
万州区	9557	10013	1677609	140197	2773708
涪陵区	10066	10068	1451880	99164	2749410
渝中区	87116	86839	47972509	3255781	46747312
大渡口区	3031	3044	232297	11846	340834
江北区	6291	5836	884586	98991	1900954
沙坪坝区	7598	7903	385630	33165	537362
九龙坡区	19000	18403	10490675	1235891	10274402
南岸区	9698	9160	511437	53222	910511
北碚区	3401	3575	160765	11867	181998
万盛区	502	549	13943	659	19937
双桥区	345	334	8821	1458	22797
渝北区	9129	8717	14924379	405292	21791166
巴南区	3262	3709	338490	44807	520759
黔江区	972	884	50627	1276	184317
长寿区	2358	2335	223299	21970	276179
綦江县	878	879	126975	17393	110266
潼南县	372	350	39031	4396	39846
铜梁县	1445	1442	45240	3329	51895
大足县	787	783	161255	12565	228768
荣昌县	1184	1179	82033	19107	193100
璧山县	587	591	59402	6674	72091
梁平县	1652	1652	136556	14918	146930
城口县	239	111	20000	2600	18000
丰都县	2190	2142	259684	10125	291932
垫江县	423	418	39608	5333	50565
武隆县	578	623	30242	3535	38588
忠　县	2520	2534	135935	9410	174909
开　县	1377	1375	67083	10214	83494
云阳县	630	595	70600	4747	102431
奉节县	1358	1399	120996	11057	206964
巫山县	1758	1737	138505	10391	152608
巫溪县	178	187	7165	577	8218
石柱县	214	213	13728	1956	15822
秀山县	214	211	5575	1792	6546
酉阳县	221	221	12104	1098	14466
彭水县	618	618	82213	2025	469047
江津市	4982	4916	920364	58020	987105
合川市	1406	1847	391739	49325	420618
永川市	1534	1428	158910	13815	324327
南川市	1705	1677	315225	15181	333685

3-1-2 续表 1

单位：人、千元

指标名称	负债合计	实收资本	营业收入	#主营业务收入	主营业务成本	主营业务税金及附加
合 计	**51098517**	**39661905**	**28229747**	**26833278**	**17960606**	**946370**
万州区	1765786	703977	756770	743902	547923	39302
涪陵区	1535445	641998	1017713	990212	736478	34720
渝中区	25689288	23929169	13078682	11977631	8401714	371249
大渡口区	162982	169013	169253	163103	101300	5406
江北区	1159746	728083	976978	973360	778323	19801
沙坪坝区	326589	222856	512060	498146	378738	13711
九龙坡区	4385130	3995370	5250364	5145426	2668374	169950
南岸区	494190	345498	470794	468238	358101	14933
北碚区	90705	90633	160953	156727	98839	5238
万盛区	9056	10569	20471	19545	13095	897
双桥区	11283	11189	32465	31605	27777	1169
渝北区	12100362	6893291	2510463	2476145	1483109	91211
巴南区	233138	168073	575041	575034	349423	10669
黔江区	81192	94660	45654	39781	29609	837
长寿区	132405	118852	184082	181874	129128	6460
綦江县	147801	52846	53642	52287	37578	4193
潼南县	18438	17539	83984	83860	69099	3005
铜梁县	25300	24578	46030	38900	24749	1781
大足县	186592	116757	82842	81869	61559	4515
荣昌县	161486	22590	67819	66419	36306	2970
璧山县	24038	39825	49934	48309	19096	5385
梁平县	98188	20071	98966	96726	63681	3222
城口县		18000	3900	3900	650	550
丰都县	143127	86260	113315	112689	98543	5668
垫江县	6247	31630	32912	26445	17941	572
武隆县	32594	19584	29445	27784	18049	1131
忠 县	48906	98139	87675	83692	73507	2613
开 县	33479	42860	57835	47948	32391	2184
云阳县	35508	59837	57554	57369	53207	1963
奉节县	106143	48434	214653	207042	184704	2208
巫山县	116901	57470	32182	31308	23534	1108
巫溪县	5880	6817	2828	2579	1374	107
石柱县	11053	11210	8773	8671	4413	262
秀山县	9182	8468	6079	6079	2698	213
酉阳县	4548	3457	4034	3814	1786	200
彭水县	414092	19428	35600	34499	11887	1141
江津市	584667	309859	454221	450861	366506	89112
合川市	326205	180072	632853	626340	530960	9575
永川市	163648	135456	128089	124728	79855	14199
南川市	217197	107487	82839	68431	44602	2940

3-1-2 续表 2 单位：人、千元

指标名称	费用合计	营业利润	利润总额	亏损企业亏损额	从业人员劳动报酬	劳动、失业保险费
合 计	**8470854**	**2373778**	**1807944**	**484600**	**3070126**	**630736**
万州区	160654	5259	11151	27390	107852	9467
涪陵区	183663	65962	60667	9745	97975	12067
渝中区	4961121	659383	685722	229298	1674523	402325
大渡口区	49175	17109	7869	858	31183	3257
江北区	157582	27447	23059	14821	75644	8138
沙坪坝区	125527	2325	10029	5447	98145	14026
九龙坡区	1447119	966987	574145	109388	310628	109744
南岸区	69777	27695	41352	3501	126353	8747
北碚区	54568	3306	4395	1042	40879	6505
万盛区	5848	631	262	174	4790	666
双桥区	12018	1011	941	61	2822	35
渝北区	605637	355070	206588	34107	161023	25865
巴南区	169001	45968	44926	3321	39370	1295
黔江区	30123	4262	3159	169	17334	94
长寿区	33915	14978	9677	1020	37375	2867
綦江县	14758	3126	-2983	8021	6341	1053
潼南县	12099	3253	3096	306	3250	101
铜梁县	13682	3480	2424	83	5980	585
大足县	17977	6016	7007		6041	1015
荣昌县	16596	10880	10849		16920	2036
璧山县	14262	11081	11193	5	6085	1187
梁平县	31810	318	-294	939	8678	251
城口县	310	2390	2390		1450	
丰都县	10157	-297	693	3094	15048	2384
垫江县	5086	9353	2653		2614	185
武隆县	9246	-239	375	209	6536	546
忠 县	15714	10677	5960	76	16845	2788
开 县	26122	6371	4227	321	14305	414
云阳县	3191	-677	-944	1369	5236	66
奉节县	11255	11844	11347	169	14225	261
巫山县	10969	-1757	-1205	2867	11125	1427
巫溪县	1110	556	-90	251	607	125
石柱县	2989	1082	1142		1302	
秀山县	3171	12	188	241	1487	119
酉阳县	1227	824	824		1613	24
彭水县	11093	11647	10125	1787	6062	376
江津市	79107	10136	2	18771	42558	6302
合川市	42537	53971	39353	1336	15554	1492
永川市	15899	25452	18158	324	17729	2476
南川市	34759	-3114	-2488	4089	16639	425

3-1-3 按行业分组的交通运输和电信业企业主要财务状况

单位：个、人、千元

指标名称	企业数	#亏损企业数	年末从业人员数	从业人员年平均人数	固定资产原价	本年折旧
合　　计	**1507**	**461**	**201376**	**200497**	**82767115**	**5705169**
铁路运输业	**2**		**32395**	**32395**	**17556130**	**361590**
铁路运输业	2		32395	32395	17556130	361590
道路运输业	**847**	**253**	**59562**	**58859**	**20135854**	**1006233**
公路旅客运输	181	51	27314	27221	2880151	295992
道路货物运输	569	181	23607	23375	1848401	222589
道路运输辅助活动	97	21	8641	8263	15407302	487652
城市公共交通业	**77**	**20**	**31208**	**30084**	**1896785**	**317016**
公共电汽车客运	23	5	23105	22204	1317332	208084
轨道交通	4	2	1088	1088	72666	3157
出租车客运	48	13	6989	6767	488657	104680
城市轮渡						
其他城市公共交通	2		26	25	18130	1095
水上运输业	**186**	**59**	**32126**	**32916**	**7005140**	**710279**
水上旅客运输	41	21	7821	8188	1047030	127070
水上货物运输	119	33	21481	21864	5418063	562523
水上运输辅助活动	26	5	2824	2864	540047	20686
航空运输业	**9**	**3**	**4275**	**4112**	**4838060**	**177925**
航空客货运输	1		1583	1578	1909684	127570
通用航空服务						
航空运输辅助活动	8	3	2692	2534	2928376	50355
管道运输业	**1**	**1**	**14**	**14**	**32406**	**2270**
管道运输业	1	1	14	14	32406	2270
装卸搬运和其他运输服务业	**343**	**120**	**14685**	**14968**	**333317**	**26678**
装卸搬运	162	35	11341	11783	131114	8479
运输代理服务	181	85	3344	3185	202203	18199
邮政业	**4**	**3**	**10702**	**10922**	**1546280**	**74503**
国家邮政	2	2	10687	10904	1546198	74502
其他寄递服务	2	1	15	18	82	1
电信	**38**	**2**	**16409**	**16227**	**29423143**	**3028675**
电信	38	2	16409	16227	29423143	3028675

注：铁路运输业数据来源于国家经济普查办公室反馈的铁路运输合并后数据，从业人员年平均人数因无数据，故用年末从业人员数代替。

3-1-3 续表 1 单位：个、人、千元

指标名称	资产总计	负债合计	实收资本	营业收入	#主营业务收入	主营业务成本
合　计	**93773867**	**51098517**	**39661905**	**28229747**	**26833278**	**17960606**
铁路运输业	**15027460**	**2285860**	**12580680**	**2812570**	**2407970**	**1846700**
铁路运输业	15027460	2285860	12580680	2812570	2407970	1846700
道路运输业	**29038856**	**17210835**	**8575811**	**7072664**	**6570422**	**4592636**
公路旅客运输	3766803	2762679	833651	2399844	2129168	1584692
道路货物运输	2984013	1405388	1291856	3205454	3028230	2335957
道路运输辅助活动	22288040	13042768	6450304	1467366	1413024	671987
城市公共交通业	**5991981**	**3085172**	**2788710**	**1478846**	**1459324**	**1103209**
公共电汽车客运	1454616	753238	740784	1061892	1053749	837162
轨道交通	3625945	1806840	1802501	10318	9686	7536
出租车客运	858429	524789	232005	386615	375868	249498
城市轮渡						
其他城市公共交通	52991	305	13420	20021	20021	9013
水上运输业	**10486548**	**11605527**	**2823698**	**3169930**	**2990693**	**2541280**
水上旅客运输	1941294	1278360	459514	430130	395756	344115
水上货物运输	6956538	9172724	1993082	2470696	2338345	1998077
水上运输辅助活动	1588716	1154443	371102	269104	256592	199088
航空运输业	**5241319**	**3023293**	**1834204**	**1820819**	**1809305**	**1178084**
航空客货运输	1893110	1895396		1565300	1565300	1018040
通用航空服务						
航空运输辅助活动	3348209	1127897	1834204	255519	244005	160044
管道运输业	**25027**	**3017**	**5000**	**1155**	**1155**	**2586**
管道运输业	25027	3017	5000	1155	1155	2586
装卸搬运和其他运输服务业	**1559504**	**984253**	**568677**	**1228649**	**1218981**	**1034868**
装卸搬运	792548	561379	199214	206342	197740	98881
运输代理服务	766956	422874	369463	1022307	1021241	935987
邮政业	**1601702**	**774527**	**443900**	**911608**	**876068**	**680619**
国家邮政	1601367	774526	443710	911284	875744	680599
其他寄递服务	335	1	190	324	324	20
电信	**24801470**	**12126033**	**10041225**	**9733506**	**9499360**	**4980624**
电信	24801470	12126033	10041225	9733506	9499360	4980624

3-1-3 续表 2 单位：个、人、千元

指标名称	主营业务税金及附加	费用合计	营业利润	利润总额	亏损企业亏损额	从业人员劳动报酬	劳动、失业保险费
合　　计	**946370**	**8470854**	**2373778**	**1807944**	**484600**	**3070126**	**630736**
铁路运输业	**72560**	**2447450**	**152280**	**68190**		**630860**	**100920**
铁路运输业	72560	2447450	152280	68190		630860	100920
道路运输业	**331987**	**1575893**	**513777**	**344999**	**98268**	**652738**	**155131**
公路旅客运输	163021	467475	138020	83017	14965	250182	30780
道路货物运输	90094	600683	161579	64663	51619	306456	108941
道路运输辅助活动	78872	507735	214178	197319	31684	96100	15410
城市公共交通业	**54527**	**291979**	**31848**	**67963**	**27114**	**396443**	**67859**
公共电汽车客运	44540	188345	-1767	42906	12435	318978	62161
轨道交通	450	3878	-1776	-418	1723	11976	772
出租车客运	8828	97441	27322	24512	12956	64927	4891
城市轮渡							
其他城市公共交通	709	2315	8069	963		562	35
水上运输业	**99463**	**500649**	**62258**	**25699**	**171086**	**378648**	**82843**
水上旅客运输	12921	96652	-9635	-10703	26008	62409	8778
水上货物运输	75148	352888	63113	21328	144214	271809	66097
水上运输辅助活动	11394	51109	8780	15074	864	44430	7968
航空运输业	**56426**	**277598**	**336279**	**186603**	**36248**	**112807**	**18642**
航空客货运输	47580	193900	305780	210640		23177	8043
通用航空服务							
航空运输辅助活动	8846	83698	30499	-24037	36248	89630	10599
管道运输业	**42**	**196**	**-1668**	**-1668**	**1668**	**134**	
管道运输业	42	196	-1668	-1668	1668	134	
装卸搬运和其他运输服务业	**14871**	**186919**	**17490**	**14326**	**14344**	**118781**	**44363**
装卸搬运	6272	88166	15324	11694	3583	81759	6132
运输代理服务	8599	98753	2166	2632	10761	37022	38231
邮政业	**27351**	**243230**	**-72666**	**-43836**	**43853**	**194845**	**39290**
国家邮政	27332	242908	-72629	-43799	43799	194720	39290
其他寄递服务	19	322	-37	-37	54	125	
电信	**289143**	**2946940**	**1334180**	**1145668**	**92019**	**584870**	**121688**
电信	289143	2946940	1334180	1145668	92019	584870	121688

3-1-4 按地区分组的道路运输企业道路运输工具情况

指标名称	单位数(个)	汽车(辆)	#客车		#货车	
			数量(辆)	客位(客)	数量(辆)	吨位(吨)
合 计	**792**	**64798**	**20809**	**432485**	**43790**	**188292**
万州区	35	2796	1688	40147	1105	5721
涪陵区	41	3142	1818	38668	1324	11068
渝中区	76	11215	3713	64230	7502	34416
大渡口区	23	4238	351	4752	3883	11418
江北区	80	4883	204	3377	4679	12514
沙坪坝区	57	1026	341	5406	685	4021
九龙坡区	87	4652	1982	56510	2670	19587
南岸区	47	2614	270	6188	2343	7198
北碚区	8	425	178	2433	247	1100
万盛区	9	555	211	3449	344	1416
双桥区	7	183	5	163	178	682
渝北区	33	5613	288	8184	5325	17777
巴南区	25	1935	723	15745	1212	7866
黔江区	1	140	140	3000		
长寿区	13	4948	267	4765	4680	9935
綦江县	37	1595	376	5879	1219	3661
潼南县	13	408	270	5082	138	542
铜梁县	10	827	708	13232	119	646
大足县	14	1377	656	14792	610	1658
荣昌县	12	1078	664	14487	414	1743
璧山县	13	781	481	7263	300	1606
梁平县	13	1026	727	19390	299	7056
城口县	3	43	40	800	3	
丰都县	5	716	278	5438	438	3131
垫江县	7	784	424	10505	360	1690
武隆县	3	297	297	4660		
忠 县	8	456	451	8915	5	33
开 县	8	432	420	9281	11	20
云阳县	3	40	40	1217		
奉节县	4	234	234	6783		
巫山县	4	79	73	1770	6	35
巫溪县	1	3			3	18
石柱县	5	188	159	4426	29	112
秀山县	2	131	131	3403		
酉阳县	4	205	180	2917		
彭水县	7	428	201	4258	174	1152
江津市	24	1415	652	9399	763	7908
合川市	18	615	417	6625	198	1255
永川市	23	2438	479	9308	1959	9807
南川市	9	837	272	5638	565	1500

3-1-5 按地区分组的道路运输企业道路运输量

指标名称	客运量（万人）	旅客周转量（万人公里）	货运量（万吨）	货物周转量（万吨公里）
合计	**60501.28**	**1563763.15**	**17906.45**	**1009525.42**
万州区	4724.72	253555.03	547.94	70399.46
涪陵区	2061.71	66976.80	891.94	41072.22
渝中区	12746.80	124769.51	4262.65	87792.51
大渡口区	2837.06	16221.59	893.65	150955.88
江北区	890.61	11359.92	1974.22	58844.99
沙坪坝区	1496.88	8098.99	398.28	18795.90
九龙坡区	4064.81	76738.71	702.18	84195.13
南岸区	539.24	12969.84	2557.43	37868.49
北碚区	1076.44	10580.62	64.27	7028.22
万盛区	647.00	43156.50	149.50	3532.48
双桥区	22.00	43.20	34.23	3129.00
渝北区	1467.16	29419.89	914.37	100324.36
巴南区	2110.45	108781.04	1023.75	38510.38
黔江区	51.21	1094.30		
长寿区	1737.73	55216.38	795.86	53129.51
綦江县	245.10	20890.90	287.63	118128.41
潼南县	326.67	15548.91	133.22	3170.47
铜梁县	1644.29	92478.74	62.70	1387.00
大足县	1579.15	27774.20	82.58	4442.94
荣昌县	1006.91	82040.24	62.85	2446.96
璧山县	1781.69	33310.23	104.12	19418.24
梁平县	1230.23	42659.25	30.95	5338.07
城口县	53.00	2176.00	1.50	20.00
丰都县	508.02	36666.31	38.80	890.00
垫江县	1339.00	45931.00	231.87	6350.23
武隆县	238.14	32861.58		
忠 县	334.19	8629.37	0.30	9.47
开 县	408.80	17510.20	12.37	529.74
云阳县	258.38	4910.13		
奉节县	135.65	8255.93		
巫山县	39.22	7116.40	0.14	73.50
巫溪县			0.48	12.48
石柱县	211.82	27268.08	10.59	846.85
秀山县	121.94	14028.31		
酉阳县	79.68	1772.02		
彭水县	177.10	17378.00	22.70	461.00
江津市	8208.66	58346.34	503.95	25171.41
合川市	1326.66	55980.64	642.20	29299.55
永川市	809.92	50992.10	212.49	8966.50
南川市	1963.24	40255.95	254.74	26984.07

3-1-6　按地区分组的水上运输企业水上运输工具情况

指标名称	单位数（个）	机动船（艘）	净载重（吨位）	载客量（客位）	驳船（艘）
合　计	**176**	**1388**	**704768**	**109968**	**619**
万州区	21	144	117474	13215	7
涪陵区	41	188	176869	15114	41
渝中区	24	253	151607	33919	474
大渡口区	1	4	4700		
江北区	5	2	5000		
沙坪坝区					
九龙坡区	2	11	3090	240	2
南岸区	3	4	1844	360	
北碚区	6	25	3955	653	22
万盛区					
双桥区					
渝北区	1	27	2900	240	
巴南区	3	10	1800	5741	
黔江区	1	4	97	168	
长寿区	5	24	41845		21
綦江县	2	3	15	190	
潼南县	1	1	560		
铜梁县	1	2	4050		10
大足县					
荣昌县					
璧山县					
梁平县					
城口县					
丰都县	5	32	8674	9816	
垫江县					
武隆县	1	3	900		
忠　县	4	25	13722	7280	3
开　县					
云阳县	7	73	42878	6113	
奉节县	5	18	38845	1300	9
巫山县	13	207	20000	11054	4
巫溪县	3	33		1932	
石柱县					
秀山县					
酉阳县					
彭水县					
江津市	11	104	45652	1010	2
合川市	8	177	16791	1063	24
永川市	2	14	1500	560	
南川市					

3-1-7 按地区分组的水上运输企业水上运输量

指标名称	客运量（万人）	旅客周转量（万人公里）	货运量（万吨）	国际标准集装箱（万TEU）	货物周转量（万吨公里）
合 计	**960.50**	**106437.76**	**2701.07**	**67389.57**	**2816635.32**
万州区	74.80	21465.88	400.24	1.03	364158.84
涪陵区	78.43	14323.50	726.57	60000.90	769528.40
渝中区	106.46	32212.41	889.52	14.70	1015816.77
大渡口区			12.12		27384.23
江北区			19.57	4800.94	267914.05
沙坪坝区					
九龙坡区			7.51		3991.00
南岸区	8.38	23.14	3.50		4.10
北碚区	69.46	37.29	20.87		14790.44
万盛区					
双桥区					
渝北区	14.70	44.10	14.78		663.54
巴南区	78.07	3656.00	10.80		24840.00
黔江区	0.50	40.00			
长寿区			77.20		49991.68
綦江县	30.80	152.00			
潼南县			1.50		5.36
铜梁县			5.95		1785.00
大足县					
荣昌县					
璧山县					
梁平县					
城口县					
丰都县	122.91	2811.88	16.52		37174.50
垫江县					
武隆县			14.20		985.40
忠 县	61.06	17870.19	21.91		23515.90
开 县					
云阳县	81.80	5928.00	27.93		27990.25
奉节县	12.00	1260.00	40.01		76697.31
巫山县	43.45	4060.87	14.50		10475.00
巫溪县	14.02	1295.98			
石柱县					
秀山县					
酉阳县					
彭水县					
江津市	38.47	120.75	177.15	2572.00	46652.91
合川市	92.56	749.93	166.22		48620.64
永川市	32.63	385.84	32.50		3650.00
南川市					

3-1-8 按地区分组的港口企业业务活动情况

指标名称	单位数（个）	码头长度（米）	泊位数	#万吨级（个）	货物吞吐量（万吨）	国际标准集装箱（万TEU）
合 计	**34**	**25537**	**275**	**5**	**2700**	**15.87**
万州区	2	7405	54		446	0.76
涪陵区	5	3335	42		514	0.92
渝中区	2	4011	79		819	13.83
大渡口区	1	146	2		70	0.36
江北区	1	50	1		260	
沙坪坝区						
九龙坡区						
南岸区						
北碚区	1	500	20		10	
万盛区						
双桥区						
渝北区						
巴南区						
黔江区						
长寿区	2	1200	16		85	
綦江县						
潼南县						
铜梁县	1	250			100	
大足县						
荣昌县						
璧山县						
梁平县						
城口县						
丰都县	2	1770	9		20	
垫江县						
武隆县						
忠 县	2	960	7		14	
开 县						
云阳县	2	500	5		80	
奉节县	7	1390	18	5	145	
巫山县	4	1270	10		36	
巫溪县						
石柱县						
秀山县						
酉阳县						
彭水县						
江津市	1	2650	11		51	
合川市						
永川市	1	100	1		50	
南川市						

3-1-9 按地区分组的城市交通企业业务活动情况

指标名称	企业单位数（个）	公共汽(电)车（辆）	出租汽车（辆）	客运量（万人）
合　计	**108**	**6077**	**7088**	**103691.92**
万州区	8	141	675	5410.44
涪陵区	9	106	556	2790.50
渝中区	11	1685	496	17977.98
大渡口区				
江北区	7	359	537	9459.10
沙坪坝区	3	892	133	15115.67
九龙坡区				
南岸区	5	1865	603	26292.20
北碚区	1	404		7024.18
万盛区				
双桥区				
渝北区	5		861	3427.24
巴南区	3		297	840.00
黔江区	4		217	1045.66
长寿区	5		225	1399.04
綦江县	2		160	528.00
潼南县	3	19	98	635.65
铜梁县	2	20	110	391.51
大足县	3	10	129	662.24
荣昌县	1		62	0.60
璧山县	1	18	80	403.74
梁平县	1		74	340.52
城口县	1		31	10.00
丰都县				
垫江县	1		163	922.00
武隆县	2	19	116	363.70
忠　县	1		107	160.50
开　县	4	20	150	754.94
云阳县	2	14	50	500.51
奉节县	1		127	411.48
巫山县	2	53	52	276.79
巫溪县				
石柱县	1	31		255.72
秀山县	2	6	160	785.00
酉阳县				
彭水县	4	19	129	411.70
江津市	3	70	51	343.04
合川市				
永川市	6	281	349	1468.97
南川市	4	45	290	3283.30

第2篇

批发和零售业商品销售和财务状况

3-2-1 社会消费品零售总额

单位：千元

指标名称	金　额
合　计	**106832902**
按地区分组	
市	62100743
县	14487656
县以下	30244503
按行业分组	
批发业	**9226063**
限额以上	5577370
限额以下	1971960
个体户	1676733
零售业	**82717914**
限额以上	23345000
限额以下	7391320
个体户	51981594
住宿业	**1101785**
限额以上	771290
限额以下	212407
个体户	118088
餐饮业	**12789030**
限额以上	1891997
限额以下	636593
个体户	10260441
其他	**998110**

3-2-2 按登记注册类型分组的批发和零售业法人单位从业人数及商品销售情况

指标名称	法人企业（个）	从业人数（人）	销售合计（千元）	批发额	零售额
合 计	**11819**	**236658**	**137005460**	**99962084**	**37043376**
内资企业	**11731**	**230192**	**133987284**	**98787055**	**35200229**
国有企业	859	37210	29576607	22865713	6710894
集体企业	1073	13519	3844501	2976961	867540
股份合作企业	371	6257	1538778	1056783	481995
联营企业	83	905	350845	276617	74228
国有联营企业	12	146	53226	37532	15694
集体联营企业	23	268	46036	14572	31464
国有与集体联营企业	10	133	94995	78745	16250
其他联营企业	38	358	156588	145768	10820
有限责任公司	2688	68487	42498206	30927643	11570563
国有独资公司	48	3452	4770674	3698329	1072345
其他有限责任公司	2640	65035	37727532	27229314	10498218
股份有限公司	532	20721	19985615	13319280	6666335
私营企业	5883	79357	34400029	25846774	8553255
私营独资企业	1089	7866	2030459	1290559	739900
私营合伙企业	417	4048	921352	710761	210591
私营有限责任公司	3813	59197	28376701	21479103	6897598
私营股份有限公司	564	8246	3071517	2366351	705166
其他企业	242	3736	1792703	1517284	275419
港、澳、台商投资企业	**34**	**654**	**262814**	**178741**	**84073**
合资经营企业（港或澳、台资）	17	307	147478	98700	48778
合作经营企业（港或澳、台资）					
港、澳、台商独资经营企业	17	347	115336	80041	35295
港、澳、台商投资股份有限公司					
外商投资企业	**54**	**5812**	**2755362**	**996288**	**1759074**
中外合资经营企业	36	3046	816256	445712	370544
中外合作经营企业	4	2480	1597328	226848	1370480
外资企业	12	142	156886	139092	17794
外商投资股份有限公司	2	144	184892	184636	256
批发业合计	**6686**	**125564**	**102287349**	**94875387**	**7411962**
内资企业	**6633**	**123920**	**101266023**	**93916038**	**7349985**
国有企业	526	24886	23008111	22216304	791807
集体企业	408	5708	3096536	2908973	187563
股份合作企业	208	3552	1115000	1002871	112129
联营企业	42	465	268977	247394	21583
国有联营企业	10	133	50096	37532	12564
集体联营企业	8	92	19937	14152	5785
国有与集体联营企业	5	64	52247	49952	2295
其他联营企业	19	176	146697	145758	939
有限责任公司	1691	35128	31967775	29328374	2639401
国有独资公司	34	1800	3755401	3386013	369388
其他有限责任公司	1657	33328	28212374	25942361	2270013

3-2-2 续表 1

指标名称	法人企业(个)	从业人数(人)	销售合计(千元)	批发额	零售额
股份有限公司	321	10543	13986786	11598264	2388522
私营企业	3358	41695	26174424	25106638	1067786
私营独资企业	446	3341	1367941	1263154	104787
私营合伙企业	186	2566	738843	704084	34759
私营有限责任公司	2365	31827	21600158	20786217	813941
私营股份有限公司	361	3961	2467482	2353183	114299
其他企业	79	1943	1648414	1507220	141194
港、澳、台商投资企业	**21**	**319**	**173363**	**170233**	**3130**
合资经营企业（港或澳、台资）	11	174	92715	92715	
合作经营企业（港或澳、台资）					
港、澳、台商独资经营企业	10	145	80648	77518	3130
港、澳、台商投资股份有限公司					
外商投资企业	**32**	**1325**	**847963**	**789116**	**58847**
中外合资经营企业	22	776	498603	445601	53002
中外合作经营企业	1	380	24572	19787	4785
外资企业	8	74	140152	139092	1060
外商投资股份有限公司	1	95	184636	184636	
零售业合计	**5133**	**111094**	**34718111**	**5086697**	**29631414**
内资企业	**5098**	**106272**	**32721261**	**4871017**	**27850244**
国有企业	333	12324	6568496	649409	5919087
集体企业	665	7811	747965	67988	679977
股份合作企业	163	2705	423778	53912	369866
联营企业	41	440	81868	29223	52645
国有联营企业	2	13	3130		3130
集体联营企业	15	176	26099	420	25679
国有与集体联营企业	5	69	42748	28793	13955
其他联营企业	19	182	9891	10	9881
有限责任公司	997	33359	10530431	1599269	8931162
国有独资公司	14	1652	1015273	312316	702957
其他有限责任公司	983	31707	9515158	1286953	8228205
股份有限公司	211	10178	5998829	1721016	4277813
私营企业	2525	37662	8225605	740136	7485469
私营独资企业	643	4525	662518	27405	635113
私营合伙企业	231	1482	182509	6677	175832
私营有限责任公司	1448	27370	6776543	692886	6083657
私营股份有限公司	203	4285	604035	13168	590867
其他企业	163	1793	144289	10064	134225
港、澳、台商投资企业	**13**	**335**	**89451**	**8508**	**80943**
合资经营企业（港或澳、台资）	6	133	54763	5985	48778
合作经营企业（港或澳、台资）					
港、澳、台商独资经营企业	7	202	34688	2523	32165
港、澳、台商投资股份有限公司					
外商投资企业	**22**	**4487**	**1907399**	**207172**	**1700227**
中外合资经营企业	14	2270	317653	111	317542
中外合作经营企业	3	2100	1572756	207061	1365695
外资企业	4	68	16734		16734
外商投资股份有限公司	1	49	256		256

3-2-3 按行业分组的批发和零售业法人单位从业人数及商品销售情况

指标名称	法人企业（个）	从业人数（人）	销售合计（千元）	批发额	零售额
合　计	**11819**	**236658**	**137005460**	**99962084**	**37043376**
批发业	**6686**	**125564**	**102287349**	**94875387**	**7411962**
农畜产品批发	333	7724	1736562	1662339	74223
谷物、豆及薯类批发	108	2631	934856	888666	46190
种子、饲料批发	138	1539	245892	238181	7711
棉、麻批发	23	723	208257	195048	13209
牲畜批发	12	893	28396	26270	2126
其他农畜产品批发	52	1938	319161	314174	4987
食品、饮料及烟草制品批发	518	20454	16741239	16313517	427722
米、面制品及食用油批发	145	4299	2730326	2460601	269725
糕点、糖果及糖批发	36	862	468838	444469	24369
果品、蔬菜批发	20	681	67790	63665	4125
肉、禽、蛋及水产品批发	24	458	123979	116293	7686
盐及调味品批发	40	1484	558974	550786	8188
饮料及茶叶批发	94	2434	854427	802646	51781
烟草制品批发	28	7637	10949184	10923013	26171
其他食品批发	131	2599	987721	952044	35677
纺织、服装及日用品批发	404	7934	2474913	2414957	59956
纺织品、针织品及原料批发	92	1826	919178	899518	19660
服装批发	88	1689	266784	260007	6777
鞋帽批发	12	197	22435	22068	367
厨房、卫生间用具及日用杂货批发	42	1004	364225	347547	16678
化妆品及卫生用品批发	60	1224	458378	455468	2910
其他日用品批发	110	1994	443913	430349	13564
文化、体育用品及器材批发	207	4252	2308732	2093291	215441
文具用品批发	52	636	154997	144188	10809
体育用品批发	19	232	23212	22838	374
图书批发	21	1760	1473632	1313707	159925
报刊批发	5	72	6458	6386	72
音像制品及电子出版物批发	15	419	25075	24031	1044
首饰、工艺品及收藏品批发	12	115	39229	39213	16
其他文化用品批发	83	1018	586129	542928	43201
医药及医疗器材批发	284	11157	11358379	8921113	2437266
西药批发	117	7820	9340464	7099487	2240977
中药材及中成药批发	43	1513	1659583	1473611	185972
医疗用品及器材批发	124	1824	358332	348015	10317

3-2-3 续表 1

指标名称	法人企业（个）	从业人数（人）	销售合计（千元）	批发额	零售额
矿产品、建材及化工产品批发	2650	38703	43113990	40466100	2647890
煤炭及制品批发	115	2098	2981978	2955673	26305
石油及制品批发	384	9176	8072582	6442233	1630349
非金属矿及制品批发	21	344	128388	128388	
金属及金属矿批发	763	9229	19794014	19219494	574520
建材批发	652	7550	4120569	3943227	177342
化肥批发	258	5077	3856382	3683562	172820
农药批发	41	302	70316	67997	2319
农用薄膜批发	5	36	17595	17395	200
其他化工产品批发	411	4891	4072166	4008131	64035
机械设备、五金交电及电子产品批发	1901	28974	21213996	19728227	1485769
农业机械批发	28	289	69136	64820	4316
汽车、摩托车及零配件批发	353	7295	9990997	9069617	921380
五金、交电批发	396	4428	1900502	1813503	86999
家用电器批发	125	3380	3084687	3021532	63155
计算机、软件及辅助设备批发	94	1604	580433	534482	45951
通讯及广播电视设备批发	113	2880	1764543	1542312	222231
其他机械设备及电子产品批发	792	9098	3823698	3681961	141737
贸易经纪与代理	36	513	220828	220828	
贸易经纪与代理	36	513	220828	220828	
其他批发	353	5853	3118710	3055015	63695
再生物资回收与批发	200	3319	2451349	2403855	47494
其他未列明的批发	153	2534	667361	651160	16201
零售业	**5133**	**111094**	**34718111**	**5086697**	**29631414**
综合零售	671	40435	14258334	1877413	12380921
百货零售	272	22202	11436905	1762297	9674608
超级市场零售	90	14573	2153555	31746	2121809
其他综合零售	309	3660	667874	83370	584504
食品、饮料及烟草制品专门零售	613	11171	1096994	157423	939571
粮油零售	198	5014	531283	36394	494889
糕点、面包零售	31	434	15689	74	15615
果品、蔬菜零售	25	738	27792	1440	26352
肉、禽、蛋及水产品零售	52	1459	140410	22539	117871
饮料及茶叶零售	91	757	176009	81977	94032
烟草制品零售	33	463	58049		58049
其他食品零售	183	2306	147762	14999	132763
纺织、服装及日用品专门零售	505	8975	1072358	32979	1039379
纺织品及针织品零售	73	1100	28070	30	28040
服装零售	142	3436	467119	25278	441841
鞋帽零售	35	887	49579	479	49100
钟表、眼镜零售	38	991	134015	4229	129786
化妆品及卫生用品零售	57	626	44646	1327	43319
其他日用品零售	160	1935	348929	1636	347293

3-2-3 续表 2

指标名称	法人企业(个)	从业人数(人)	销售合计(千元)	批发额	零售额
文化、体育用品及器材专门零售	371	6109	1171747	56732	1115015
文具用品零售	92	916	63598	225	63373
体育用品零售	22	473	93846		93846
图书零售	71	2855	826195	52997	773198
报刊零售	16	176	7711		7711
音像制品及电子出版物零售	23	292	27774	1957	25817
珠宝首饰零售	47	282	63246	150	63096
工艺美术品及收藏品零售	26	202	11745		11745
照相器材零售	9	202	16670		16670
其他文化用品零售	65	711	60962	1403	59559
医药及医疗器材专门零售	377	9955	1474080	365685	1108395
药品零售	276	8819	1333896	364551	969345
医疗用品及器材零售	101	1136	140184	1134	139050
汽车、摩托车、燃料及零配件专门零售	751	11855	9510123	2044539	7465584
汽车零售	224	5488	7127732	1606543	5521189
汽车零配件零售	238	2357	504285	8646	495639
摩托车及零配件零售	156	1646	523032	25485	497547
机动车燃料零售	133	2364	1355074	403865	951209
家用电器及电子产品专门零售	750	11691	4711542	487020	4224522
家用电器零售	270	5918	3447647	388713	3058934
计算机、软件及辅助设备零售	207	2502	545941	57029	488912
通信设备零售	159	2245	569969	32915	537054
其他电子产品零售	114	1026	147985	8363	139622
五金、家具及室内装修材料专门零售	764	6978	1048522	55157	993365
五金零售	347	2953	365503	29923	335580
家具零售	91	1233	168510	1953	166557
涂料零售	16	137	24759	577	24182
其他室内装修材料零售	310	2655	489750	22704	467046
无店铺及其他零售	331	3925	374411	9749	364662
流动货摊零售					
邮购及电子销售	2	13	1175		1175
生活用燃料零售	72	850	92330	8033	84297
花卉零售	41	752	11014	15	10999
旧货零售	5	24	6247		6247
其他未列明的零售	211	2286	263645	1701	261944

3-2-4　按登记注册类型、行业分组的批发和零售业法人单位从业人数及商品销售情况

指标名称	法人企业（个）	从业人数（人）	销售合计（千元）	批发额	零售额
合　计	**11819**	**236658**	**137005460**	**99962084**	**37043376**
内资企业	**11731**	**230192**	**133987284**	**98787055**	**35200229**
批发业	6633	123920	101266023	93916038	7349985
农畜产品批发	333	7724	1736562	1662339	74223
食品、饮料及烟草制品批发	515	20144	16704646	16276924	427722
纺织、服装及日用品批发	398	7456	2378236	2323065	55171
文化、体育用品及器材批发	203	4204	2249410	2033969	215441
医药及医疗器材批发	284	11157	11358379	8921113	2437266
矿产品、建材及化工产品批发	2639	38539	43020089	40379929	2640160
机械设备、五金交电及电子产品批发	1874	28360	20482265	19045958	1436307
贸易经纪与代理	36	513	220828	220828	
其他批发	351	5823	3115608	3051913	63695
零售业	5098	106272	32721261	4871017	27850244
综合零售	666	36855	12715096	1871428	10843668
食品、饮料及烟草制品专门零售	610	11079	1095824	157423	938401
纺织、服装及日用品专门零售	497	8247	942004	30597	911407
文化、体育用品及器材专门零售	370	6104	1171747	56732	1115015
医药及医疗器材专门零售	376	9947	1474063	365685	1108378
汽车、摩托车、燃料及零配件专门零售	747	11573	9211288	1837478	7373810
家用电器及电子产品专门零售	745	11618	4695933	486768	4209165
五金、家具及室内装修材料专门零售	756	6930	1040895	55157	985738
无店铺及其他零售	331	3919	374411	9749	364662
国有企业	**859**	**37210**	**29576607**	**22865713**	**6710894**
批发业	526	24886	23008111	22216304	791807
农畜产品批发	123	3980	1029370	988272	41098
食品、饮料及烟草制品批发	155	12517	13739273	13525171	214102
纺织、服装及日用品批发	17	636	15903	15782	121
文化、体育用品及器材批发	12	1170	387246	355845	31401
医药及医疗器材批发	11	390	311067	266277	44790
矿产品、建材及化工产品批发	122	4498	5740870	5304988	435882
机械设备、五金交电及电子产品批发	66	1237	1647962	1628953	19009
贸易经纪与代理	5	63	4473	4473	
其他批发	15	395	131947	126543	5404
零售业	333	12324	6568496	649409	5919087
综合零售	24	2116	3823204	302561	3520643
食品、饮料及烟草制品专门零售	162	5170	525043	57474	467569
纺织、服装及日用品专门零售	11	398	27698		27698
文化、体育用品及器材专门零售	54	2445	792143	47064	745079
医药及医疗器材专门零售	12	784	151382	55258	96124
汽车、摩托车、燃料及零配件专门零售	34	622	1174885	186287	988598
家用电器及电子产品专门零售	11	169	30572		30572
五金、家具及室内装修材料专门零售	18	433	15683	685	14998
无店铺及其他零售	7	187	27886	80	27806

3-2-4 续表 1

指标名称	法人企业(个)	从业人数(人)	销售合计(千元)	批发额	零售额
集体企业	**1073**	**13519**	**3844501**	**2976961**	**867540**
批发业	408	5708	3096536	2908973	187563
农畜产品批发	43	692	151530	140096	11434
食品、饮料及烟草制品批发	26	457	58930	48280	10650
纺织、服装及日用品批发	14	138	57651	57421	230
文化、体育用品及器材批发	6	64	13937	13841	96
医药及医疗器材批发	4	89	12573	7119	5454
矿产品、建材及化工产品批发	188	2529	2309507	2172209	137298
机械设备、五金交电及电子产品批发	94	1149	410331	391885	18446
贸易经纪与代理	3	119	5567	5567	
其他批发	30	471	76510	72555	3955
零售业	665	7811	747965	67988	679977
综合零售	247	3094	346991	52910	294081
食品、饮料及烟草制品专门零售	119	1531	79896	5498	74398
纺织、服装及日用品专门零售	96	732	32920	33	32887
文化、体育用品及器材专门零售	54	343	22569		22569
医药及医疗器材专门零售	25	459	40332	559	39773
汽车、摩托车、燃料及零配件专门零售	42	812	166338	3995	162343
家用电器及电子产品专门零售	15	156	9231	513	8718
五金、家具及室内装修材料专门零售	47	483	33929	3599	30330
无店铺及其他零售	20	201	15759	881	14878
股份合作企业	**371**	**6257**	**1538778**	**1056783**	**481995**
批发业	208	3552	1115000	1002871	112129
农畜产品批发	8	197	51404	50964	440
食品、饮料及烟草制品批发	18	587	104136	101385	2751
纺织、服装及日用品批发	11	401	101085	85526	15559
文化、体育用品及器材批发	8	87	13457	12817	640
医药及医疗器材批发	6	115	6497	5142	1355
矿产品、建材及化工产品批发	88	1181	443651	388636	55015
机械设备、五金交电及电子产品批发	55	878	354871	319564	35307
贸易经纪与代理					
其他批发	14	106	39899	38837	1062
零售业	163	2705	423778	53912	369866
综合零售	43	1166	213650	30344	183306
食品、饮料及烟草制品专门零售	16	290	45888	8011	37877
纺织、服装及日用品专门零售	15	184	25747	40	25707
文化、体育用品及器材专门零售	6	55	2295	3	2292
医药及医疗器材专门零售	18	319	36239	2899	33340
汽车、摩托车、燃料及零配件专门零售	19	248	38119	3858	34261
家用电器及电子产品专门零售	14	160	36575	6242	30333
五金、家具及室内装修材料专门零售	27	187	14076	2315	11761
无店铺及其他零售	5	96	11189	200	10989

3-2-4 续表 2

指标名称	法人企业（个）	从业人数（人）	销售合计（千元）	批发额	零售额
联营企业合计	**83**	**905**	**350845**	**276617**	**74228**
批发业	42	465	268977	247394	21583
农畜产品批发	8	97	10104	9004	1100
食品、饮料及烟草制品批发	2	10			
纺织、服装及日用品批发					
文化、体育用品及器材批发	1	10	2561	2561	
医药及医疗器材批发					
矿产品、建材及化工产品批发	23	281	208892	188617	20275
机械设备、五金交电及电子产品批发	5	25	40301	40093	208
贸易经纪与代理	1	24	7044	7044	
其他批发	2	18	75	75	
零售业	41	440	81868	29223	52645
综合零售	4	16	4433		4433
食品、饮料及烟草制品专门零售	13	131	12366		12366
纺织、服装及日用品专门零售	1	6	620		620
文化、体育用品及器材专门零售	2	56	1955		1955
医药及医疗器材专门零售	12	88	6405	10	6395
汽车、摩托车、燃料及零配件专门零售	7	99	49984	29213	20771
家用电器及电子产品专门零售	1	30	4805		4805
五金、家具及室内装修材料专门零售	1	14	1300		1300
无店铺及其他零售					
有限责任公司	**2688**	**68487**	**42498206**	**30927643**	**11570563**
批发业	1691	35128	31967775	29328374	2639401
农畜产品批发	45	921	300624	288590	12034
食品、饮料及烟草制品批发	92	3046	1183968	1058467	125501
纺织、服装及日用品批发	98	1910	1075317	1057830	17487
文化、体育用品及器材批发	53	1136	1500892	1341779	159113
医药及医疗器材批发	100	4446	4013957	3434571	579386
矿产品、建材及化工产品批发	680	10760	12527699	11812995	714704
机械设备、五金交电及电子产品批发	518	10384	9715234	8728262	986972
贸易经纪与代理	11	128	5575	5575	
其他批发	94	2397	1644509	1600305	44204
零售业	997	33359	10530431	1599269	8931162
综合零售	85	13223	1987003	63338	1923665
食品、饮料及烟草制品专门零售	71	1014	152648	47265	105383
纺织、服装及日用品专门零售	87	2803	468484	3844	464640
文化、体育用品及器材专门零售	67	1665	158830	7083	151747
医药及医疗器材专门零售	77	4289	573508	166093	407415
汽车、摩托车、燃料及零配件专门零售	196	4002	3967868	929405	3038463
家用电器及电子产品专门零售	182	3969	2780780	352474	2428306
五金、家具及室内装修材料专门零售	157	1417	335102	28913	306189
无店铺及其他零售	75	977	106208	854	105354

3-2-4 续表 3

指标名称	法人企业(个)	从业人数(人)	销售合计(千元)	批发额	零售额
股份有限公司	**532**	**20721**	**19985615**	**13319280**	**6666335**
批发业	321	10543	13986786	11598264	2388522
农畜产品批发	12	157	40512	38367	2145
食品、饮料及烟草制品批发	13	378	553796	547278	6518
纺织、服装及日用品批发	17	454	130550	130300	250
文化、体育用品及器材批发	3	43	8058	7408	650
医药及医疗器材批发	17	2135	4179814	2714052	1465762
矿产品、建材及化工产品批发	111	4999	7431552	6531388	900164
机械设备、五金交电及电子产品批发	121	1974	1420413	1409330	11083
贸易经纪与代理	3	18	784	784	
其他批发	24	385	221307	219357	1950
零售业	211	10178	5998829	1721016	4277813
综合零售	23	6172	4928805	1413709	3515096
食品、饮料及烟草制品专门零售	20	512	122467	36068	86399
纺织、服装及日用品专门零售	14	219	14294	40	14254
文化、体育用品及器材专门零售	10	151	12368		12368
医药及医疗器材专门零售	31	761	76760	1030	75730
汽车、摩托车、燃料及零配件专门零售	33	981	702333	265949	436384
家用电器及电子产品专门零售	27	837	87450		87450
五金、家具及室内装修材料专门零售	33	288	31846	3220	28626
无店铺及其他零售	20	257	22506	1000	21506
私营企业	**5883**	**79357**	**34400029**	**25846774**	**8553255**
批发业	3358	41695	26174424	25106638	1067786
农畜产品批发	91	1627	152910	146946	5964
食品、饮料及烟草制品批发	199	3083	1032492	967438	65054
纺织、服装及日用品批发	236	3808	979486	958199	21287
文化、体育用品及器材批发	118	1666	322879	299358	23521
医药及医疗器材批发	142	3358	2250751	2042834	207917
矿产品、建材及化工产品批发	1402	13847	14315204	13940643	374561
机械设备、五金交电及电子产品批发	992	12180	5932978	5570596	362382
贸易经纪与代理	13	161	197385	197385	
其他批发	165	1965	990339	983239	7100
零售业	2525	37662	8225605	740136	7485469
综合零售	229	10965	1400095	8566	1391529
食品、饮料及烟草制品专门零售	185	2184	146520	2752	143768
纺织、服装及日用品专门零售	261	3777	363232	26640	336592
文化、体育用品及器材专门零售	161	1288	175298	2582	172716
医药及医疗器材专门零售	182	2971	581493	139836	441657
汽车、摩托车、燃料及零配件专门零售	402	4703	3071274	410020	2661254
家用电器及电子产品专门零售	466	6097	1716188	127339	1588849
五金、家具及室内装修材料专门零售	450	3941	595387	16385	579002
无店铺及其他零售	189	1736	176118	6016	170102

3-2-4 续表 4

指标名称	法人企业（个）	从业人数（人）	销售合计（千元）	批发额	零售额
其他企业	**242**	**3736**	**1792703**	**1517284**	**275419**
批发业	79	1943	1648414	1507220	141194
农畜产品批发	3	53	108	100	8
食品、饮料及烟草制品批发	10	66	32051	28905	3146
纺织、服装及日用品批发	5	109	18244	18007	237
文化、体育用品及器材批发	2	38	380	360	20
医药及医疗器材批发	4	624	583720	451118	132602
矿产品、建材及化工产品批发	25	444	42714	40453	2261
机械设备、五金交电及电子产品批发	23	533	960175	957275	2900
贸易经纪与代理					
其他批发	7	76	11022	11002	20
零售业	163	1793	144289	10064	134225
综合零售	11	103	10915		10915
食品、饮料及烟草制品专门零售	24	247	10996	355	10641
纺织、服装及日用品专门零售	12	128	9009		9009
文化、体育用品及器材专门零售	16	101	6289		6289
医药及医疗器材专门零售	19	276	7944		7944
汽车、摩托车、燃料及零配件专门零售	14	106	40487	8751	31736
家用电器及电子产品专门零售	29	200	30332	200	30132
五金、家具及室内装修材料专门零售	23	167	13572	40	13532
无店铺及其他零售	15	465	14745	718	14027
港、澳、台商投资企业	**34**	**654**	**262814**	**178741**	**84073**
批发业	21	319	173363	170233	3130
农畜产品批发					
食品、饮料及烟草制品批发	1	10	7200	7200	
纺织、服装及日用品批发	2	26	38698	38698	
文化、体育用品及器材批发	2	37	13949	13949	
医药及医疗器材批发					
矿产品、建材及化工产品批发	4	67	39710	39710	
机械设备、五金交电及电子产品批发	12	179	73806	70676	3130
贸易经纪与代理					
其他批发					
零售业	13	335	89451	8508	80943
综合零售	1	64	19495	5985	13510
食品、饮料及烟草制品专门零售	2	47	914		914
纺织、服装及日用品专门零售	3	194	63577	2271	61306
文化、体育用品及器材专门零售	1	5			
医药及医疗器材专门零售					
汽车、摩托车、燃料及零配件专门零售	2	6	9		9
家用电器及电子产品专门零售	1	4	1260	252	1008
五金、家具及室内装修材料专门零售	3	15	4196		4196
无店铺及其他零售					

3-2-4 续表 5

指标名称	法人企业(个)	从业人数(人)	销售合计(千元)	批发额	零售额
合资经营企业（港或澳、台资）	**17**	**307**	**147478**	**98700**	**48778**
批发业	11	174	92715	92715	
农畜产品批发					
食品、饮料及烟草制品批发					
纺织、服装及日用品批发	2	26	38698	38698	
文化、体育用品及器材批发	1	28	5770	5770	
医药及医疗器材批发					
矿产品、建材及化工产品批发	4	67	39710	39710	
机械设备、五金交电及电子产品批发	4	53	8537	8537	
贸易经纪与代理					
其他批发					
零售业	6	133	54763	5985	48778
综合零售	1	64	19495	5985	13510
食品、饮料及烟草制品专门零售	1	37	561		561
纺织、服装及日用品专门零售	2	22	34597		34597
文化、体育用品及器材专门零售	1	5			
医药及医疗器材专门零售					
汽车、摩托车、燃料及零配件专门零售					
家用电器及电子产品专门零售					
五金、家具及室内装修材料专门零售	1	5	110		110
无店铺及其他零售					
港、澳、台商独资经营企业	**17**	**347**	**115336**	**80041**	**35295**
批发业	10	145	80648	77518	3130
农畜产品批发					
食品、饮料及烟草制品批发	1	10	7200	7200	
纺织、服装及日用品批发					
文化、体育用品及器材批发	1	9	8179	8179	
医药及医疗器材批发					
矿产品、建材及化工产品批发					
机械设备、五金交电及电子产品批发	8	126	65269	62139	3130
贸易经纪与代理					
其他批发					
零售业	7	202	34688	2523	32165
综合零售					
食品、饮料及烟草制品专门零售	1	10	353		353
纺织、服装及日用品专门零售	1	172	28980	2271	26709
文化、体育用品及器材专门零售					
医药及医疗器材专门零售					
汽车、摩托车、燃料及零配件专门零售	2	6	9		9
家用电器及电子产品专门零售	1	4	1260	252	1008
五金、家具及室内装修材料专门零售	2	10	4086		4086
无店铺及其他零售					

3-2-4 续表 6

指标名称	法人企业(个)	从业人数(人)	销售合计(千元)	批发额	零售额
外商投资企业	**54**	**5812**	**2755362**	**996288**	**1759074**
批发业	32	1325	847963	789116	58847
农畜产品批发					
食品、饮料及烟草制品批发	2	300	29393	29393	
纺织、服装及日用品批发	4	452	57979	53194	4785
文化、体育用品及器材批发	2	11	45373	45373	
医药及医疗器材批发					
矿产品、建材及化工产品批发	7	97	54191	46461	7730
机械设备、五金交电及电子产品批发	15	435	657925	611593	46332
贸易经纪与代理					
其他批发	2	30	3102	3102	
零售业	22	4487	1907399	207172	1700227
综合零售	4	3516	1523743		1523743
食品、饮料及烟草制品专门零售	1	45	256		256
纺织、服装及日用品专门零售	5	534	66777	111	66666
文化、体育用品及器材专门零售					
医药及医疗器材专门零售	1	8	17		17
汽车、摩托车、燃料及零配件专门零售	2	276	298826	207061	91765
家用电器及电子产品专门零售	4	69	14349		14349
五金、家具及室内装修材料专门零售	5	39	3431		3431
无店铺及其他零售					
中外合资经营企业	**36**	**3046**	**816256**	**445712**	**370544**
批发业	22	776	498603	445601	53002
农畜产品批发					
食品、饮料及烟草制品批发	2	300	29393	29393	
纺织、服装及日用品批发	3	72	33407	33407	
文化、体育用品及器材批发	2	11	45373	45373	
医药及医疗器材批发					
矿产品、建材及化工产品批发	6	92	31418	23688	7730
机械设备、五金交电及电子产品批发	8	277	355910	310638	45272
贸易经纪与代理					
其他批发	1	24	3102	3102	
零售业	14	2270	317653	111	317542
综合零售	2	1673	248847		248847
食品、饮料及烟草制品专门零售					
纺织、服装及日用品专门零售	5	534	66777	111	66666
文化、体育用品及器材专门零售					
医药及医疗器材专门零售					
汽车、摩托车、燃料及零配件专门零售	1	15	966		966
家用电器及电子产品专门零售	3	39	838		838
五金、家具及室内装修材料专门零售	3	9	225		225
无店铺及其他零售					

3-2-4 续表 7

指标名称	法人企业（个）	从业人数（人）	销售合计（千元）	批发额	零售额
中外合作经营企业	**4**	**2480**	**1597328**	**226848**	**1370480**
批发业	1	380	24572	19787	4785
农畜产品批发					
食品、饮料及烟草制品批发					
纺织、服装及日用品批发	1	380	24572	19787	4785
文化、体育用品及器材批发					
医药及医疗器材批发					
矿产品、建材及化工产品批发					
机械设备、五金交电及电子产品批发					
贸易经纪与代理					
其他批发					
零售业	3	2100	1572756	207061	1365695
综合零售	2	1843	1274896		1274896
食品、饮料及烟草制品专门零售					
纺织、服装及日用品专门零售					
文化、体育用品及器材专门零售					
医药及医疗器材专门零售					
汽车、摩托车、燃料及零配件专门零售	1	257	297860	207061	90799
家用电器及电子产品专门零售					
五金、家具及室内装修材料专门零售					
无店铺及其他零售					
外资企业	**12**	**142**	**156886**	**139092**	**17794**
批发业	8	74	140152	139092	1060
农畜产品批发					
食品、饮料及烟草制品批发					
纺织、服装及日用品批发					
文化、体育用品及器材批发					
医药及医疗器材批发					
矿产品、建材及化工产品批发	1	5	22773	22773	
机械设备、五金交电及电子产品批发	6	63	117379	116319	1060
贸易经纪与代理					
其他批发	1	6			
零售业	4	68	16734		16734
综合零售					
食品、饮料及烟草制品专门零售					
纺织、服装及日用品专门零售					
文化、体育用品及器材专门零售					
医药及医疗器材专门零售	1	8	17		17
汽车、摩托车、燃料及零配件专门零售					
家用电器及电子产品专门零售	1	30	13511		13511
五金、家具及室内装修材料专门零售	2	30	3206		3206
无店铺及其他零售					

3-2-4 续表 8

指标名称	法人企业（个）	从业人数（人）	销售合计（千元）	批发额	零售额
外商投资股份有限公司	**2**	**144**	**184892**	**184636**	**256**
批发业	1	95	184636	184636	
农畜产品批发					
食品、饮料及烟草制品批发					
纺织、服装及日用品批发					
文化、体育用品及器材批发					
医药及医疗器材批发					
矿产品、建材及化工产品批发					
机械设备、五金交电及电子产品批发	1	95	184636	184636	
贸易经纪与代理					
其他批发					
零售业	1	49	256		256
综合零售					
食品、饮料及烟草制品专门零售	1	49	256		256
纺织、服装及日用品专门零售					
文化、体育用品及器材专门零售					
医药及医疗器材专门零售					
汽车、摩托车、燃料及零配件专门零售					
家用电器及电子产品专门零售					
五金、家具及室内装修材料专门零售					
无店铺及其他零售					

3-2-5 按区县分组的批发和零售业法人单位从业人数及商品销售情况

指标名称	法人企业（个）	从业人数（人）	销售合计（千元）		
				批发额	零售额
合 计	**11819**	**236658**	**137005460**	**99962084**	**37043376**
万州区	560	10417	4493924	3759336	734588
涪陵区	258	8628	2244040	1310010	934030
渝中区	1992	57479	41113967	26152031	14961936
大渡口区	233	2828	2787315	2466978	320337
江北区	742	12801	9844868	8264721	1580147
沙坪坝区	873	14334	9255812	6868306	2387506
九龙坡区	2311	36449	25330218	20510877	4819341
南岸区	739	17982	16745356	13819903	2925453
北碚区	226	3419	789513	465384	324129
万盛区	92	1243	405874	294451	111423
双桥区	55	477	235326	206223	29103
渝北区	528	8016	4504051	2885808	1618243
巴南区	134	2869	1059402	841475	217927
黔江区	86	1928	566227	381106	185121
长寿区	99	2988	666361	330491	335870
綦江县	236	2645	1378790	1181543	197247
潼南县	63	1040	352810	276804	76006
铜梁县	191	2197	509603	308643	200960
大足县	157	1787	602062	438450	163612
荣昌县	90	2171	406374	205971	200403
璧山县	114	1834	478329	268179	210150
梁平县	55	1082	266466	213514	52952
城口县	38	604	104085	62669	41416
丰都县	106	1612	440846	321739	119107
垫江县	112	2847	690969	457745	233224
武隆县	27	1161	429879	380357	49522
忠 县	156	3214	569299	428730	140569
开 县	150	3301	1266060	663425	602635
云阳县	59	1684	973013	749141	223872
奉节县	82	2405	998000	769645	228355
巫山县	67	2511	472018	339073	132945
巫溪县	54	653	193857	151032	42825
石柱县	74	2068	488619	370023	118596
秀山县	53	1498	371667	208263	163404
酉阳县	61	1145	390708	309575	81133
彭水县	84	2078	865388	475921	389467
江津市	173	3273	1387912	934544	453368
合川市	299	2986	708022	350011	358011
永川市	293	5477	1824285	1087319	736966
南川市	97	3527	794145	452668	341477

3-2-6 按区县分组的批发业法人单位从业人数及商品销售情况

指标名称	法人企业(个)	从业人数(人)	销售合计(千元)	批发额	零售额
合 计	**6686**	**125564**	**102287349**	**94875387**	**7411962**
万州区	368	7782	4135984	3749766	386218
涪陵区	93	2457	1188106	1123705	64401
渝中区	1311	27965	26629687	23695418	2934269
大渡口区	169	2039	2617439	2466887	150552
江北区	406	7085	8074087	7843584	230503
沙坪坝区	638	8496	6733092	6681463	51629
九龙坡区	1357	19855	20486991	19855885	631106
南岸区	405	11896	14320197	13495307	824890
北碚区	100	1336	534015	449202	84813
万盛区	54	670	324242	282167	42075
双桥区	43	423	230100	206093	24007
渝北区	298	4200	3185353	2742009	443344
巴南区	75	1641	857175	813859	43316
黔江区	29	939	426461	374998	51463
长寿区	40	1043	280970	217960	63010
綦江县	130	1385	1194331	1148010	46321
潼南县	51	778	293729	274899	18830
铜梁县	92	970	374364	294678	79686
大足县	89	1207	487632	437071	50561
荣昌县	38	1242	165508	148647	16861
璧山县	51	969	366032	265837	100195
梁平县	33	707	212650	209526	3124
城口县	11	256	81945	62669	19276
丰都县	59	924	314765	287518	27247
垫江县	30	1255	457441	374178	83263
武隆县	17	915	379257	379257	
忠 县	83	1892	457248	423518	33730
开 县	75	1796	909443	643301	266142
云阳县	26	786	787240	746492	40748
奉节县	58	1401	851065	766669	84396
巫山县	17	974	328960	326992	1968
巫溪县	23	351	150704	149494	1210
石柱县	33	1254	388040	364735	23305
秀山县	22	673	241668	201338	40330
酉阳县	26	598	310113	308795	1318
彭水县	28	949	530962	458224	72738
江津市	75	1516	1003266	889955	113311
合川市	90	1247	419733	328687	91046
永川市	106	2439	1104078	969059	135019
南川市	37	1253	453276	417535	35741

3-2-7 按区县分组的零售业法人单位从业人数及商品销售情况

指标名称	法人企业（个）	从业人数（人）	销售合计（千元）		
				批发额	零售额
合 计	**5133**	**111094**	**34718111**	**5086697**	**29631414**
万州区	192	2635	357940	9570	348370
涪陵区	165	6171	1055934	186305	869629
渝中区	681	29514	14484280	2456613	12027667
大渡口区	64	789	169876	91	169785
江北区	336	5716	1770781	421137	1349644
沙坪坝区	235	5838	2522720	186843	2335877
九龙坡区	954	16594	4843227	654992	4188235
南岸区	334	6086	2425159	324596	2100563
北碚区	126	2083	255498	16182	239316
万盛区	38	573	81632	12284	69348
双桥区	12	54	5226	130	5096
渝北区	230	3816	1318698	143799	1174899
巴南区	59	1228	202227	27616	174611
黔江区	57	989	139766	6108	133658
长寿区	59	1945	385391	112531	272860
綦江县	106	1260	184459	33533	150926
潼南县	12	262	59081	1905	57176
铜梁县	99	1227	135239	13965	121274
大足县	68	580	114430	1379	113051
荣昌县	52	929	240866	57324	183542
璧山县	63	865	112297	2342	109955
梁平县	22	375	53816	3988	49828
城口县	27	348	22140		22140
丰都县	47	688	126081	34221	91860
垫江县	82	1592	233528	83567	149961
武隆县	10	246	50622	1100	49522
忠 县	73	1322	112051	5212	106839
开 县	75	1505	356617	20124	336493
云阳县	33	898	185773	2649	183124
奉节县	24	1004	146935	2976	143959
巫山县	50	1537	143058	12081	130977
巫溪县	31	302	43153	1538	41615
石柱县	41	814	100579	5288	95291
秀山县	31	825	129999	6925	123074
酉阳县	35	547	80595	780	79815
彭水县	56	1129	334426	17697	316729
江津市	98	1757	384646	44589	340057
合川市	209	1739	288289	21324	266965
永川市	187	3038	720207	118260	601947
南川市	60	2274	340869	35133	305736

3-2-8 批发和零售业法人单位商品分类销售情况

单位：千元

指标名称	销售合计	批发额	零售额
合　计	**137005460**	**99962084**	**37043376**
食品、饮料、烟酒类	22501990	17499508	5002482
粮油类	4300405	3224852	1075553
肉禽蛋类	611327	171569	439758
其他食品类	4307029	2047561	2259468
饮料类	608465	152193	456272
烟酒类	12674764	11903333	771431
服装、鞋帽、针纺织品类	5799412	1355673	4443739
服装类	3162922	472946	2689976
鞋帽类	1013245	75581	937664
针、纺织品类	1623245	807146	816099
化妆品类	1033093	265561	767532
金银珠宝类	656527	186050	470477
日用品类	3010585	1235871	1774714
#洗涤用品类	914133	430686	483447
儿童玩具类	114904	25298	89606
五金、电料类	1865567	1263762	601805
体育、娱乐用品类	450155	107370	342785
书报杂志类	2206219	1338790	867429
电子出版物及音像制品类	350899	237529	113370
家用电器和音像器材类	8756404	4384923	4371481
中西药品类	12531945	9075777	3456168
#西药	9993201	7064264	2928937
中草药及中成药	2157808	1735147	422661
文化办公用品类	1734742	972208	762534
家俱类	238439	10195	228244
通讯器材类	2747454	1709891	1037563
煤炭及制品类	2590814	2554647	36167
木材及制品类	203212	173627	29585
石油及制品类	9572258	7043135	2529123
化工材料及制品类	8628436	8360671	267765
#化肥类	4275381	4230477	44904
金属材料类	20835700	19915807	919893
建筑及装潢材料类	3125039	2621508	503531
机电产品及设备类	9472679	8706042	766637
#农机类	240450	221375	19075
汽车类	12806427	5992284	6814143
种子饲料类	315851	304561	11290
棉麻类	269172	257739	11433
其他类	5302441	4388955	913486

3-2-8 续表 1

单位：千元

指标名称	销售合计	批发额	零售额
批发业合计	**102287349**	**94875387**	**7411962**
食品、饮料、烟酒类	17409987	16868777	541210
粮油类	3486054	3191493	294561
肉禽蛋类	167020	140285	26735
其他食品类	1661317	1593951	67366
饮料类	144446	127464	16982
烟酒类	11951150	11815584	135566
服装、鞋帽、针纺织品类	1243818	1172102	71716
服装类	420087	385744	34343
鞋帽类	79436	73645	5791
针、纺织品类	744295	712713	31582
化妆品类	154782	150310	4472
金银珠宝类	182428	182286	142
日用品类	957895	923636	34259
#洗涤用品类	376881	365269	11612
儿童玩具类	26553	25156	1397
五金、电料类	1346527	1228148	118379
体育、娱乐用品类	122310	95849	26461
书报杂志类	1389379	1286103	103276
电子出版物及音像制品类	267074	235960	31114
家用电器和音像器材类	3434813	3371813	63000
中西药品类	11081387	8709753	2371634
#西药	8915483	6757241	2158242
中草药及中成药	1882214	1676422	205792
文化办公用品类	1022051	944407	77644
家俱类	12228	8275	3953
通讯器材类	1871148	1662456	208692
煤炭及制品类	2569671	2551218	18453
木材及制品类	178444	171908	6536
石油及制品类	8279336	6651312	1628024
化工材料及制品类	8338921	8220950	117971
#化肥类	4117649	4099591	18058
金属材料类	20471174	19884248	586926
建筑及装潢材料类	2719361	2597404	121957
机电产品及设备类	8852751	8682778	169973
#农机类	227330	219090	8240
汽车类	5263813	4378325	885488
种子饲料类	308184	302580	5604
棉麻类	267603	257729	9874
其他类	4542264	4337060	205204

3-2-8 续表 2 单位：千元

指标名称	销售合计	批发额	零售额
零售业合计	**34718111**	**5086697**	**29631414**
食品、饮料、烟酒类	5092003	630731	4461272
粮油类	814351	33359	780992
肉禽蛋类	444307	31284	413023
其他食品类	2645712	453610	2192102
饮料类	464019	24729	439290
烟酒类	723614	87749	635865
服装、鞋帽、针纺织品类	4555594	183571	4372023
服装类	2742835	87202	2655633
鞋帽类	933809	1936	931873
针、纺织品类	878950	94433	784517
化妆品类	878311	115251	763060
金银珠宝类	474099	3764	470335
日用品类	2052690	312235	1740455
#洗涤用品类	537252	65417	471835
儿童玩具类	88351	142	88209
五金、电料类	519040	35614	483426
体育、娱乐用品类	327845	11521	316324
书报杂志类	816840	52687	764153
电子出版物及音像制品类	83825	1569	82256
家用电器和音像器材类	5321591	1013110	4308481
中西药品类	1450558	366024	1084534
#西药	1077718	307023	770695
中草药及中成药	275594	58725	216869
文化办公用品类	712691	27801	684890
家俱类	226211	1920	224291
通讯器材类	876306	47435	828871
煤炭及制品类	21143	3429	17714
木材及制品类	24768	1719	23049
石油及制品类	1292922	391823	901099
化工材料及制品类	289515	139721	149794
#化肥类	157732	130886	26846
金属材料类	364526	31559	332967
建筑及装潢材料类	405678	24104	381574
机电产品及设备类	619928	23264	596664
#农机类	13120	2285	10835
汽车类	7542614	1613959	5928655
种子饲料类	7667	1981	5686
棉麻类	1569	10	1559
其他类	760177	51895	708282

3-2-9 内资企业批发和零售业法人单位商品分类销售情况

单位：千元

指标名称	销售合计	批发额	零售额
合 计	**133987284**	**98787055**	**35200229**
食品、饮料、烟酒类	22035459	17485554	4549905
粮油类	4296925	3224852	1072073
肉禽蛋类	535417	171569	363848
其他食品类	4062023	2045161	2016862
饮料类	525520	140639	384881
烟酒类	12615574	11903333	712241
服装、鞋帽、针纺织品类	5164317	1333217	3831100
服装类	2783586	450601	2332985
鞋帽类	851334	75470	775864
针、纺织品类	1529397	807146	722251
化妆品类	831217	261899	569318
金银珠宝类	612520	186050	426470
日用品类	2769414	1161730	1607684
#洗涤用品类	827131	364851	462280
儿童玩具类	105431	25298	80133
五金、电料类	1839070	1251436	587634
体育、娱乐用品类	437500	107370	330130
书报杂志类	2201810	1338790	863020
电子出版物及音像制品类	320155	235229	84926
家用电器和音像器材类	8328672	4074007	4254665
中西药品类	12529980	9075777	3454203
#西药	9993201	7064264	2928937
中草药及中成药	2157808	1735147	422661
文化办公用品类	1673135	912286	760849
家俱类	232466	10195	222271
通讯器材类	2742398	1709891	1032507
煤炭及制品类	2590814	2554647	36167
木材及制品类	203212	173627	29585
石油及制品类	9552323	7029030	2523293
化工材料及制品类	8585203	8319338	265865
#化肥类	4275381	4230477	44904
金属材料类	20807745	19887852	919893
建筑及装潢材料类	3120831	2620605	500226
机电产品及设备类	9070191	8351850	718341
#农机类	240450	221375	19075
汽车类	12508151	5785223	6722928
种子饲料类	315851	304561	11290
棉麻类	269172	257739	11433
其他类	5245678	4359152	886526

3-2-10 国有企业批发和零售业法人单位商品分类销售情况

单位：千元

指标名称	销售合计	批发额	零售额
合 计	**29576607**	**22865713**	**6710894**
食品、饮料、烟酒类	16219051	14324751	1894300
粮油类	3252731	2549237	703494
肉禽蛋类	251585	106610	144975
其他食品类	1502846	678761	824085
饮料类	97593	26753	70840
烟酒类	11114296	10963390	150906
服装、鞋帽、针纺织品类	1027091	48725	978366
服装类	707418	22693	684725
鞋帽类	157980	8826	149154
针、纺织品类	161693	17206	144487
化妆品类	235933	20932	215001
金银珠宝类	88911	1656	87255
日用品类	592828	56899	535929
#洗涤用品类	112909	16958	95951
儿童玩具类	11231	94	11137
五金、电料类	103002	90311	12691
体育、娱乐用品类	80248	27436	52812
书报杂志类	1047131	309508	737623
电子出版物及音像制品类	115342	93537	21805
家用电器和音像器材类	437892	42294	395598
中西药品类	475165	330165	145000
#西药	304404	245198	59206
中草药及中成药	167665	81916	85749
文化办公用品类	79231	16478	62753
家俱类	802		802
通讯器材类	260534	191510	69024
煤炭及制品类	1158805	1157006	1799
木材及制品类	12838	4925	7913
石油及制品类	2424180	1880165	544015
化工材料及制品类	475062	467982	7080
#化肥类	24782	24782	
金属材料类	1687143	1680394	6749
建筑及装潢材料类	11354	8022	3332
机电产品及设备类	907035	849670	57365
#农机类	123733	116204	7529
汽车类	1545159	703832	841327
种子饲料类	140420	136389	4031
棉麻类	26741	26741	
其他类	424709	396385	28324

3-2-11 集体企业批发和零售业法人单位商品分类销售情况

单位：千元

指标名称	销售合计	批发额	零售额
合　计	**3844501**	**2976961**	**867540**
食品、饮料、烟酒类	360577	155824	204753
粮油类	81564	47514	34050
肉禽蛋类	10233	2185	8048
其他食品类	167027	92776	74251
饮料类	23469	2475	20994
烟酒类	78284	10874	67410
服装、鞋帽、针纺织品类	89764	10128	79636
服装类	40971	393	40578
鞋帽类	14289	624	13665
针、纺织品类	34504	9111	25393
化妆品类	16531	8864	7667
金银珠宝类	4165		4165
日用品类	61967	3754	58213
#洗涤用品类	24187	2182	22005
儿童玩具类	2698	45	2653
五金、电料类	79116	44069	35047
体育、娱乐用品类	4977	52	4925
书报杂志类	15493	13405	2088
电子出版物及音像制品类	2160	110	2050
家用电器和音像器材类	250989	224478	26511
中西药品类	107369	8842	98527
#西药	39304	5604	33700
中草药及中成药	16173	2787	13386
文化办公用品类	25861	6469	19392
家俱类	1162		1162
通讯器材类	317	174	143
煤炭及制品类	31608	31215	393
木材及制品类	15478	13154	2324
石油及制品类	442422	335392	107030
化工材料及制品类	519236	472545	46691
#化肥类	201329	192763	8566
金属材料类	979776	943821	35955
建筑及装潢材料类	211344	206235	5109
机电产品及设备类	189476	151119	38357
#农机类	4571	4322	249
汽车类	164620	151561	13059
种子饲料类	7994	6379	1615
棉麻类	65652	64907	745
其他类	196447	124464	71983

3-2-12 股份合作企业批发和零售业法人单位商品分类销售情况

单位：千元

指标名称	销售合计	批发额	零售额
合 计	**1538778**	**1056783**	**481995**
食品、饮料、烟酒类	213421	120307	93114
粮油类	39843	14949	24894
肉禽蛋类	27909	11865	16044
其他食品类	92962	59874	33088
饮料类	7087	160	6927
烟酒类	45620	33459	12161
服装、鞋帽、针纺织品类	67467	4612	62855
服装类	35913	1205	34708
鞋帽类	6543	40	6503
针、纺织品类	25011	3367	21644
化妆品类	14861	10	14851
金银珠宝类	4767	154	4613
日用品类	48685	25137	23548
#洗涤用品类	12813	4637	8176
儿童玩具类	1912		1912
五金、电料类	143203	103742	39461
体育、娱乐用品类	7757	3000	4757
书报杂志类	5940	5411	529
电子出版物及音像制品类	378		378
家用电器和音像器材类	22750	2532	20218
中西药品类	49019	6959	42060
#西药	39127	6189	32938
中草药及中成药	7172	770	6402
文化办公用品类	28122	14355	13767
家俱类	3945		3945
通讯器材类	1242	91	1151
煤炭及制品类	13385	12080	1305
木材及制品类	120		120
石油及制品类	57064	40023	17041
化工材料及制品类	194592	179370	15222
#化肥类	132779	122020	10759
金属材料类	137828	137265	563
建筑及装潢材料类	53682	47150	6532
机电产品及设备类	87503	62490	25013
#农机类	134	90	44
汽车类	257419	199351	58068
种子饲料类	16678	16242	436
棉麻类	72		72
其他类	108878	76502	32376

3-2-13 联营企业批发和零售业法人单位商品分类销售情况

单位：千元

指标名称	销售合计	批发额	零售额
合 计	**350845**	**276617**	**74228**
食品、饮料、烟酒类	17440	6684	10756
粮油类	5427	1560	3867
肉禽蛋类	5644	5124	520
其他食品类	4750		4750
饮料类	382		382
烟酒类	1237		1237
服装、鞋帽、针纺织品类	210		210
服装类	120		120
鞋帽类	40		40
针、纺织品类	50		50
化妆品类	70		70
金银珠宝类	1480		1480
日用品类	3573	2111	1462
#洗涤用品类	462		462
儿童玩具类	20		20
五金、电料类	2271	3	2268
体育、娱乐用品类	11462	8970	2492
书报杂志类			
电子出版物及音像制品类	2591	2561	30
家用电器和音像器材类	5322	117	5205
中西药品类	6405	10	6395
#西药	4800		4800
中草药及中成药	1540		1540
文化办公用品类	1675		1675
家俱类	1300		1300
通讯器材类	1150		1150
煤炭及制品类			
木材及制品类	530	510	20
石油及制品类	94580	70076	24504
化工材料及制品类	71136	71116	20
#化肥类	6331	6331	
金属材料类	58026	57826	200
建筑及装潢材料类	7024	7024	
机电产品及设备类	8161	7	8154
#农机类	7	7	
汽车类	43590	39243	4347
种子饲料类	2060	1760	300
棉麻类	515	515	
其他类	10274	8084	2190

3-2-14 有限责任公司批发和零售业法人单位商品分类销售情况

单位：千元

指标名称	销售合计	批发额	零售额
合 计	**42498206**	**30927643**	**11570563**
食品、饮料、烟酒类	2044125	1188502	855623
粮油类	486547	351241	135306
肉禽蛋类	123561	21758	101803
其他食品类	642268	237974	404294
饮料类	97765	31948	65817
烟酒类	693984	545581	148403
服装、鞋帽、针纺织品类	1494925	540719	954206
服装类	793405	174744	618661
鞋帽类	204382	43325	161057
针、纺织品类	497138	322650	174488
化妆品类	168888	87919	80969
金银珠宝类	216101	131376	84725
日用品类	721368	426229	295139
#洗涤用品类	328757	214221	114536
儿童玩具类	26579	12766	13813
五金、电料类	463223	291542	171681
体育、娱乐用品类	169653	32185	137468
书报杂志类	993507	887593	105914
电子出版物及音像制品类	108818	70317	38501
家用电器和音像器材类	3425433	1327728	2097705
中西药品类	4422462	3443256	979206
#西药	3940133	3084652	855481
中草药及中成药	331259	224036	107223
文化办公用品类	806066	482089	323977
家俱类	51550	1650	49900
通讯器材类	1061537	774700	286837
煤炭及制品类	192786	185966	6820
木材及制品类	65390	59928	5462
石油及制品类	2016929	1535803	481126
化工材料及制品类	3507389	3403981	103408
#化肥类	1822013	1804823	17190
金属材料类	6544495	6059742	484753
建筑及装潢材料类	1058071	851004	207067
机电产品及设备类	4176591	4008015	168576
#农机类	72795	72130	665
汽车类	6562294	3124936	3437358
种子饲料类	70119	67895	2224
棉麻类	97080	90344	6736
其他类	2059406	1854224	205182

3-2-15 股份有限公司批发和零售业法人单位商品分类销售情况

单位：千元

指标名称	销售合计	批发额	零售额
合 计	**19985615**	**13319280**	**6666335**
食品、饮料、烟酒类	1328272	696812	631460
粮油类	240413	172739	67674
肉禽蛋类	24913	10000	14913
其他食品类	730164	463404	266760
饮料类	143666	6956	136710
烟酒类	189116	43713	145403
服装、鞋帽、针纺织品类	1446746	182095	1264651
服装类	720123	88468	631655
鞋帽类	377155	2028	375127
针、纺织品类	349468	91599	257869
化妆品类	217523	92623	124900
金银珠宝类	164574		164574
日用品类	783138	365440	417698
#洗涤用品类	132301	46312	85989
儿童玩具类	36885	2502	34383
五金、电料类	281463	140670	140793
体育、娱乐用品类	66216	5617	60599
书报杂志类	846		846
电子出版物及音像制品类	2586		2586
家用电器和音像器材类	1703042	1013080	689962
中西药品类	4238520	2771902	1466618
#西药	2929198	1589406	1339792
中草药及中成药	1308695	1182496	126199
文化办公用品类	103781	17851	85930
家俱类	3822	182	3640
通讯器材类	176120	10848	165272
煤炭及制品类	133333	125223	8110
木材及制品类	4979	4420	559
石油及制品类	3636211	2633725	1002486
化工材料及制品类	2023678	1999865	23813
#化肥类	1857444	1850366	7078
金属材料类	1581450	1532525	48925
建筑及装潢材料类	81285	37766	43519
机电产品及设备类	922682	896338	26344
#农机类	10863	9750	1113
汽车类	313106	171503	141603
种子饲料类	1910	1899	11
棉麻类	7001	6991	10
其他类	763331	611905	151426

3-2-16 私营企业批发和零售业法人单位商品分类销售情况

单位：千元

指标名称	销售合计	批发额	零售额
合 计	**34400029**	**25846774**	**8553255**
食品、饮料、烟酒类	1790344	961387	828957
粮油类	169028	74311	94717
肉禽蛋类	88092	13827	74265
其他食品类	912528	507246	405282
饮料类	143923	72279	71644
烟酒类	476773	293724	183049
服装、鞋帽、针纺织品类	1030713	546938	483775
服装类	480838	163098	317740
鞋帽类	88406	20627	67779
针、纺织品类	461469	363213	98256
化妆品类	175956	51548	124408
金银珠宝类	127884	52862	75022
日用品类	538700	264333	274367
#洗涤用品类	215059	80541	134518
儿童玩具类	26100	9891	16209
五金、电料类	762771	580709	182062
体育、娱乐用品类	96432	30010	66422
书报杂志类	137927	122513	15414
电子出版物及音像制品类	88270	68704	19566
家用电器和音像器材类	1565332	553296	1012036
中西药品类	2641085	2065234	575851
#西药	2241265	1755008	486257
中草药及中成药	230996	171940	59056
文化办公用品类	608902	374944	233958
家俱类	168125	8283	159842
通讯器材类	1231443	723413	508030
煤炭及制品类	1057873	1042319	15554
木材及制品类	103815	90690	13125
石油及制品类	868365	526474	341891
化工材料及制品类	1769806	1700185	69621
#化肥类	223657	222356	1301
金属材料类	9811727	9469050	342677
建筑及装潢材料类	1689403	1462994	226409
机电产品及设备类	2728145	2344213	383932
#农机类	18717	17842	875
汽车类	3588143	1381274	2206869
种子饲料类	76067	73907	2160
棉麻类	72111	68241	3870
其他类	1670690	1283253	387437

3-2-17 其他企业批发和零售业法人单位商品分类销售情况

单位：千元

指标名称	销售合计	批发额	零售额
合 计	**1792703**	**1517284**	**275419**
食品、饮料、烟酒类	62229	31287	30942
粮油类	21372	13301	8071
肉禽蛋类	3480	200	3280
其他食品类	9478	5126	4352
饮料类	11635	68	11567
烟酒类	16264	12592	3672
服装、鞋帽、针纺织品类	7401		7401
服装类	4798		4798
鞋帽类	2539		2539
针、纺织品类	64		64
化妆品类	1455	3	1452
金银珠宝类	4638	2	4636
日用品类	19155	17827	1328
#洗涤用品类	643		643
儿童玩具类	6		6
五金、电料类	4021	390	3631
体育、娱乐用品类	755	100	655
书报杂志类	966	360	606
电子出版物及音像制品类	10		10
家用电器和音像器材类	917912	910482	7430
中西药品类	589955	449409	140546
#西药	494970	378207	116763
中草药及中成药	94308	71202	23106
文化办公用品类	19497	100	19397
家俱类	1760	80	1680
通讯器材类	10055	9155	900
煤炭及制品类	3024	838	2186
木材及制品类	62		62
石油及制品类	12572	7372	5200
化工材料及制品类	24304	24294	10
#化肥类	7046	7036	10
金属材料类	7300	7229	71
建筑及装潢材料类	8668	410	8258
机电产品及设备类	50598	39998	10600
#农机类	9630	1030	8600
汽车类	33820	13523	20297
种子饲料类	603	90	513
棉麻类			
其他类	11943	4335	7608

3-2-18 港、澳、台商投资企业
批发和零售业法人单位商品分类销售情况

单位：千元

指标名称	销售合计	批发额	零售额
合　计	**262814**	**178741**	**84073**
食品、饮料、烟酒类	7761	7200	561
粮油类			
肉禽蛋类			
其他食品类	2961	2400	561
饮料类	4800	4800	
烟酒类			
服装、鞋帽、针纺织品类	34597		34597
服装类	34597		34597
鞋帽类			
针、纺织品类			
化妆品类			
金银珠宝类	3218		3218
日用品类	83955	46954	37001
#洗涤用品类	38648	38648	
儿童玩具类			
五金、电料类	15707	10180	5527
体育、娱乐用品类			
书报杂志类			
电子出版物及音像制品类	2300	2300	
家用电器和音像器材类	23453	22797	656
中西药品类			
#西药			
中草药及中成药			
文化办公用品类	14549	14549	
家俱类	1033		1033
通讯器材类			
煤炭及制品类			
木材及制品类			
石油及制品类			
化工材料及制品类	34733	34733	
#化肥类			
金属材料类			
建筑及装潢材料类	110		110
机电产品及设备类	33872	32864	1008
#农机类			
汽车类	9		9
种子饲料类			
棉麻类			
其他类	7517	7164	353

3-2-19 外商投资企业批发和零售业法人单位商品分类销售情况

单位：千元

指标名称	销售合计	批发额	零售额
合 计	**2755362**	**996288**	**1759074**
食品、饮料、烟酒类	458770	6754	452016
粮油类	3480		3480
肉禽蛋类	75910		75910
其他食品类	242045		242045
饮料类	78145	6754	71391
烟酒类	59190		59190
服装、鞋帽、针纺织品类	600498	22456	578042
服装类	344739	22345	322394
鞋帽类	161911	111	161800
针、纺织品类	93848		93848
化妆品类	201876	3662	198214
金银珠宝类	40789		40789
日用品类	157216	27187	130029
#洗涤用品类	48354	27187	21167
儿童玩具类	9473		9473
五金、电料类	10790	2146	8644
体育、娱乐用品类	12655		12655
书报杂志类	4409		4409
电子出版物及音像制品类	28444		28444
家用电器和音像器材类	404279	288119	116160
中西药品类	1965		1965
#西药			
中草药及中成药			
文化办公用品类	47058	45373	1685
家俱类	4940		4940
通讯器材类	5056		5056
煤炭及制品类			
木材及制品类			
石油及制品类	19935	14105	5830
化工材料及制品类	8500	6600	1900
#化肥类			
金属材料类	27955	27955	
建筑及装潢材料类	4098	903	3195
机电产品及设备类	368616	321328	47288
#农机类			
汽车类	298267	207061	91206
种子饲料类			
棉麻类			
其他类	49246	22639	26607

3-2-20 其他行业法人附属批发和零售业产业活动单位从业人数及商品销售情况

指标名称	产业活动单位(个)	从业人数(人)	销售合计(千元)	批发额	零售额
合　计	**1508**	**12079**	**12866473**	**11635559**	**1230914**
按登记注册类型分组					
内资企业	**1481**	**11464**	**10205345**	**8975638**	**1229707**
国有企业	363	2104	540706	431499	109207
集体企业	379	1088	194076	112948	81128
股份合作企业	31	172	2025325	1368272	657053
联营企业	22	47	13744	7936	5808
国有联营企业	3	11	8082	7800	282
集体联营企业	16	29	2176	120	2056
国有与集体联营企业	1	2	16	16	
其他联营企业	2	5	3470		3470
有限责任公司	206	3069	3227265	2993891	233374
国有独资公司	8	165	407370	390706	16664
其他有限责任公司	198	2904	2819895	2603185	216710
股份有限公司	97	2220	2812981	2802945	10036
私营企业	222	2260	1338378	1244547	93831
私营独资企业	81	251	31989	9225	22764
私营合伙企业	16	143	23393	9256	14137
私营有限责任公司	100	1760	1255137	1208473	46664
私营股份有限公司	25	106	27859	17593	10266
其他企业	161	504	52870	13600	39270
港、澳、台商投资企业	**19**	**380**	**1803720**	**1803669**	**51**
合资经营企业（港或澳、台资）	2	9	51		51
合作经营企业（港或澳、台资）					
港、澳、台商独资经营企业	6	161	87356	87356	
港、澳、台商投资股份有限公司	11	210	1716313	1716313	
外商投资企业	**8**	**235**	**857408**	**856252**	**1156**
中外合资经营企业	3	218	856452	856252	200
中外合作经营企业					
外资企业	5	17	956		956
外商投资股份有限公司					
按法人单位性质分组					
工业法人	561	7963	11901921	10984115	917806
建筑业法人	32	398	258074	191938	66136
房地产业法人	57	584	86674	42018	44656
交通运输电信业法人	51	413	95865	62369	33496
住宿餐饮业法人	61	456	27346	4508	22838
服务业法人	90	514	346818	305305	41513
行政事业单位法人	624	1640	145688	42007	103681
农业法人	29	70	4087	3299	788
其他	3	41			

3-2-21 其他行业法人附属批发和零售业产业活动单位从业人数及商品销售情况

指标名称	产业活动单位（个）	从业人数（人）	销售合计（千元）	批发额	零售额
合 计	**1508**	**12079**	**12866473**	**11635559**	**1230914**
批发业	**600**	**7663**	**10067075**	**9941073**	**126002**
农畜产品批发	129	353	13870	11363	2507
谷物、豆及薯类批发	2	10	12	12	
种子、饲料批发	124	231	13158	10651	2507
棉、麻批发	1	4			
牲畜批发					
其他农畜产品批发	2	108	700	700	
食品、饮料及烟草制品批发	78	1928	972269	899849	72420
米、面制品及食用油批发	11	51	79325	31256	48069
糕点、糖果及糖批发	4	15	18432	449	17983
果品、蔬菜批发	2	14	1003	653	350
肉、禽、蛋及水产品批发	12	79	19939	16694	3245
盐及调味品批发	9	70	178060	176739	1321
饮料及茶叶批发	26	1538	637815	637725	90
烟草制品批发					
其他食品批发	14	161	37695	36333	1362
纺织、服装及日用品批发	10	95	8947	8895	52
纺织品、针织品及原料批发	1	60	260	260	
服装批发	4	16	1730	1730	
鞋帽批发	1	5	1146	1146	
厨房、卫生间用具及日用杂货批发	4	14	5811	5759	52
化妆品及卫生用品批发					
其他日用品批发					
文化、体育用品及器材批发	7	84	1238	589	649
文具用品批发	1	4	319	319	
体育用品批发	1	1			
图书批发					
报刊批发	2	43	280	270	10
音像制品及电子出版物批发	1	15			
首饰、工艺品及收藏品批发	1	13	322		322
其他文化用品批发	1	8	317		317
医药及医疗器材批发	12	122	35886	33575	2311
西药批发	12	122	35886	33575	2311
中药材及中成药批发					
医疗用品及器材批发					

3-2-21 续表 1

指标名称	产业活动单位(个)	从业人数(人)	销售合计(千元)	批发额	零售额
矿产品、建材及化工产品批发	253	1944	2912489	2888944	23545
煤炭及制品批发	9	554	535980	534662	1318
石油及制品批发	35	178	49437	39254	10183
非金属矿及制品批发					
金属及金属矿批发	25	543	2088362	2088151	211
建材批发	27	258	157314	154785	2529
化肥批发	107	214	10281	9271	1010
农药批发	28	58	3132	2004	1128
农用薄膜批发	1	2	310	310	
其他化工产品批发	21	137	67673	60507	7166
机械设备、五金交电及电子产品批发	78	2970	6011010	5992328	18682
农业机械批发	3	23	727	727	
汽车、摩托车及零配件批发	28	2208	4722035	4705201	16834
五金、交电批发	32	516	911513	911015	498
家用电器批发					
计算机、软件及辅助设备批发					
通讯及广播电视设备批发					
其他机械设备及电子产品批发	15	223	376735	375385	1350
贸易经纪与代理					
贸易经纪与代理					
其他批发	33	167	111366	105530	5836
再生物资回收与批发	15	65	77439	77439	
其他未列明的批发	18	102	33927	28091	5836
零售业	**908**	**4416**	**2799398**	**1694486**	**1104912**
综合零售	234	1038	77448	3356	74092
百货零售	29	219	29467	1001	28466
超级市场零售	27	226	16780	694	16086
其他综合零售	178	593	31201	1661	29540
食品、饮料及烟草制品专门零售	255	1026	69589	10091	59498
粮油零售	33	115	12281	190	12091
糕点、面包零售	44	179	11399	85	11314
果品、蔬菜零售	3	100	774		774
肉、禽、蛋及水产品零售	3	9	343		343
饮料及茶叶零售	70	273	34385	9251	25134
烟草制品零售	9	57	1068		1068
其他食品零售	93	293	9339	565	8774

3-2-21 续表 2

指标名称	产业活动单位(个)	从业人数(人)	销售合计(千元)	批发额	零售额
纺织、服装及日用品专门零售	65	448	39936	6500	33436
纺织品及针织品零售	4	15	78		78
服装零售	15	228	14867		14867
鞋帽零售	15	32	1946		1946
钟表、眼镜零售	2	9	101		101
化妆品及卫生用品零售	1	3	12		12
其他日用品零售	28	161	22932	6500	16432
文化、体育用品及器材专门零售	54	192	12787	816	11971
文具用品零售	36	70	7079	86	6993
体育用品零售	2	15	1729		1729
图书零售	3	10	1720	730	990
报刊零售					
音像制品及电子出版物零售	2	18	239		239
珠宝首饰零售					
工艺美术品及收藏品零售	4	59	1364		1364
照相器材零售	1	1	15		15
其他文化用品零售	6	19	641		641
医药及医疗器材专门零售	23	73	4232	616	3616
药品零售	20	57	3211	616	2595
医疗用品及器材零售	3	16	1021		1021
汽车、摩托车、燃料及零配件专门零售	74	595	467297	296455	170842
汽车零售	10	72	262658	224932	37726
汽车零配件零售	20	117	19123	6171	12952
摩托车及零配件零售	4	145	83142	19888	63254
机动车燃料零售	40	261	102374	45464	56910
家用电器及电子产品专门零售	41	314	45958	5772	40186
家用电器零售	11	89	19344	28	19316
计算机、软件及辅助设备零售	5	59	9042	3831	5211
通信设备零售	16	127	11398	1810	9588
其他电子产品零售	9	39	6174	103	6071
五金、家具及室内装修材料专门零售	70	315	43027	3969	39058
五金零售	22	119	20413	3600	16813
家具零售	27	125	17250	188	17062
涂料零售	1	2	200		200
其他室内装修材料零售	20	69	5164	181	4983
无店铺及其他零售	92	415	2039124	1366911	672213
流动货摊零售	1	1	120		120
邮购及电子销售					
生活用燃料零售	5	19	4153		4153
花卉零售	3	24	240		240
旧货零售	3	8			
其他未列明的零售	80	363	2034611	1366911	667700

3-2-22 按地区分组的其他行业法人附属批发和零售业产业活动单位基本情况

指标名称	产业活动单位(个)	从业人数(人)	销售合计(千元)		
				批发额	零售额
合　计	**1508**	**12079**	**12866473**	**11635559**	**1230914**
北　京	4	35	178137	177566	571
天　津	1	13	134417	129104	5313
河　北					
山　西					
内蒙古					
辽　宁	1	1	4090		4090
吉　林					
黑龙江					
上　海	4	229	1024785	1023625	1160
江　苏	2	22	192691	192691	
浙　江					
安　徽					
福　建	1	12	89446	89446	
江　西					
山　东	1	6	2550	2040	510
河　南					
湖　北	3	24	93705	93205	500
湖　南					
广　东	1	18	216055	216055	
广　西	1	7	3270	3000	270
海　南					
重　庆	1458	11218	9801120	8671198	1129922
四　川	17	309	779190	714025	65165
贵　州	5	105	72321	70241	2080
云　南	5	31	94980	74034	20946
西　藏					
陕　西	3	35	92716	92329	387
甘　肃	1	14	87000	87000	
青　海					
宁　夏					
新　疆					

3-2-23 其他行业法人附属批发和零售业产业活动单位商品分类销售情况

单位：千元

指标名称	销售合计	批发额	零售额
合 计	**12866473**	**11635559**	**1230914**
食品、饮料、烟酒类	1079332	914573	164759
服装、鞋帽、针纺织品类	24080	230	23850
化妆品类	1947	20	1927
金银珠宝类	137		137
日用品类	27595	4343	23252
五金、电料类	37673	22748	14925
体育、娱乐用品类	2889	338	2551
书报杂志类	5120	3674	1446
电子出版物及音像制品类	1289	189	1100
家用电器和音像器材类	22447	400	22047
中西药品类	39210	34196	5014
文化办公用品类	23032	4288	18744
家俱类	18083	770	17313
通讯器材类	12303	1810	10493
煤炭及制品类	535033	533569	1464
木材及制品类	6791	5765	1026
石油及制品类	151623	84496	67127
化工材料及制品类	94463	88774	5689
金属材料类	4221724	3576993	644731
建筑及装潢材料类	95576	85469	10107
机电产品及设备类	5882512	5856864	25648
汽车类	313344	252341	61003
种子饲料类	14840	10361	4479
棉麻类	711	711	
其他类	254719	152637	102082

3-2-24 按登记注册类型分组的批发和零售业法人单位资产负债状况

单位：千元

指标名称	资产总计	负债合计	所有者权益
合 计	**72540879**	**55595373**	**16945506**
内资企业	**70998523**	**54534667**	**16463856**
国有企业	19095100	16700706	2394394
集体企业	2464054	1885311	578743
股份合作企业	868059	2723088	-1855029
联营企业	244301	126351	117950
国有联营企业	25270	12523	12747
集体联营企业	14861	8744	6117
国有与集体联营企业	143826	50592	93234
其他联营企业	60344	54492	5852
有限责任公司	22330467	16555587	5774880
国有独资公司	6206213	5319214	886999
其他有限责任公司	16124254	11236373	4887881
股份有限公司	10906387	7102960	3803427
私营企业	14037777	8620244	5417533
私营独资企业	720679	227441	493238
私营合伙企业	389761	172170	217591
私营有限责任公司	11934702	7752018	4182684
私营股份有限公司	992635	468615	524020
其他企业	1052378	820420	231958
港、澳、台商投资企业	**137692**	**118178**	**19514**
合资经营企业（港或澳、台资）	65655	54014	11641
合作经营企业（港或澳、台资）			
港、澳、台商独资经营企业	72037	64164	7873
港、澳、台商投资股份有限公司			
外商投资企业	**1404664**	**942528**	**462136**
中外合资经营企业	620101	485560	134541
中外合作经营企业	692438	328182	364256
外资企业	52620	35104	17516
外商投资股份有限公司	39505	93682	-54177
批发业合计	**53445383**	**42685643**	**10759740**
内资企业	**52883051**	**42118336**	**10764715**
国有企业	15162327	13162816	1999511
集体企业	1647924	1305621	342303
股份合作企业	563684	2585506	-2021822
联营企业	218358	111987	106371
国有联营企业	24421	12523	11898
集体联营企业	3464	546	2918
国有与集体联营企业	139572	49113	90459
其他联营企业	50901	49805	1096
有限责任公司	16789606	12636788	4152818
国有独资公司	5677241	4831964	845277
其他有限责任公司	11112365	7804824	3307541

3-2-24 续表 1　　单位：千元

指标名称	资产总计	负债合计	所有者权益
股份有限公司	8410924	5658709	2752215
私营企业	9367132	5999422	3367710
私营独资企业	401762	149371	252391
私营合伙企业	266308	144068	122240
私营有限责任公司	8079277	5394714	2684563
私营股份有限公司	619785	311269	308516
其他企业	723096	657487	65609
港、澳、台商投资企业	**89098**	**82292**	**6806**
合资经营企业（港或澳、台资）	40828	40418	410
合作经营企业（港或澳、台资）			
港、澳、台商独资经营企业	48270	41874	6396
港、澳、台商投资股份有限公司			
外商投资企业	**473234**	**485015**	**-11781**
中外合资经营企业	362787	326348	36439
中外合作经营企业	32333	36563	-4230
外资企业	39446	28426	11020
外商投资股份有限公司	38668	93678	-55010
零售业合计	**19095496**	**12909730**	**6185766**
内资企业	**18115472**	**12416331**	**5699141**
国有企业	3932773	3537890	394883
集体企业	816130	579690	236440
股份合作企业	304375	137582	166793
联营企业	25943	14364	11579
国有联营企业	849		849
集体联营企业	11397	8198	3199
国有与集体联营企业	4254	1479	2775
其他联营企业	9443	4687	4756
有限责任公司	5540861	3918799	1622062
国有独资公司	528972	487250	41722
其他有限责任公司	5011889	3431549	1580340
股份有限公司	2495463	1444251	1051212
私营企业	4670645	2620822	2049823
私营独资企业	318917	78070	240847
私营合伙企业	123453	28102	95351
私营有限责任公司	3855425	2357304	1498121
私营股份有限公司	372850	157346	215504
其他企业	329282	162933	166349
港、澳、台商投资企业	**48594**	**35886**	**12708**
合资经营企业（港或澳、台资）	24827	13596	11231
合作经营企业（港或澳、台资）			
港、澳、台商独资经营企业	23767	22290	1477
港、澳、台商投资股份有限公司			
外商投资企业	**931430**	**457513**	**473917**
中外合资经营企业	257314	159212	98102
中外合作经营企业	660105	291619	368486
外资企业	13174	6678	6496
外商投资股份有限公司	837	4	833

3-2-25 按行业分组的批发和零售业法人单位资产负债状况

单位：千元

指标名称	资产总计	负债合计	所有者权益
合 计	**72540879**	**55595373**	**16945506**
批发业	**53445383**	**42685643**	**10759740**
农畜产品批发	2111026	2274973	-163947
谷物、豆及薯类批发	1406573	1723501	-316928
种子、饲料批发	331121	180898	150223
棉、麻批发	175465	156197	19268
牲畜批发	11331	2262	9069
其他农畜产品批发	186536	212115	-25579
食品、饮料及烟草制品批发	8872883	7339694	1533189
米、面制品及食用油批发	1593864	2091673	-497809
糕点、糖果及糖批发	217265	144223	73042
果品、蔬菜批发	54843	36482	18361
肉、禽、蛋及水产品批发	240304	170431	69873
盐及调味品批发	446358	209056	237302
饮料及茶叶批发	449470	503082	-53612
烟草制品批发	5245504	3647501	1598003
其他食品批发	625275	537246	88029
纺织、服装及日用品批发	1957563	1575546	382017
纺织品、针织品及原料批发	936477	661996	274481
服装批发	307883	325317	-17434
鞋帽批发	12382	9568	2814
厨房、卫生间用具及日用杂货批发	110264	120511	-10247
化妆品及卫生用品批发	109922	75726	34196
其他日用品批发	480635	382428	98207
文化、体育用品及器材批发	1598497	1186135	412362
文具用品批发	69622	41735	27887
体育用品批发	51279	4557	46722
图书批发	1147261	909186	238075
报刊批发	2894	1868	1026
音像制品及电子出版物批发	32483	6724	25759
首饰、工艺品及收藏品批发	27755	21163	6592
其他文化用品批发	267203	200902	66301
医药及医疗器材批发	5644848	4613714	1031134
西药批发	3804219	3240846	563373
中药材及中成药批发	1559444	1164155	395289
医疗用品及器材批发	281185	208713	72472

3-2-25 续表 1　　　　单位：千元

指标名称	资产总计	负债合计	所有者权益
矿产品、建材及化工产品批发	18148870	11806244	6342626
煤炭及制品批发	769074	427679	341395
石油及制品批发	5431710	3014459	2417251
非金属矿及制品批发	96169	65055	31114
金属及金属矿批发	6983130	5292211	1690919
建材批发	1678171	864003	814168
化肥批发	1537760	1206851	330909
农药批发	32288	19447	12841
农用薄膜批发	12318	5249	7069
其他化工产品批发	1608250	911290	696960
机械设备、五金交电及电子产品批发	13988824	12938561	1050263
农业机械批发	128976	102156	26820
汽车、摩托车及零配件批发	5853955	6762068	-908113
五金、交电批发	711338	440190	271148
家用电器批发	2660155	2162249	497906
计算机、软件及辅助设备批发	362466	207479	154987
通讯及广播电视设备批发	765809	557716	208093
其他机械设备及电子产品批发	3506125	2706703	799422
贸易经纪与代理	213336	422016	-208680
贸易经纪与代理	213336	422016	-208680
其他批发	909536	528760	380776
再生物资回收与批发	375557	251482	124075
其他未列明的批发	533979	277278	256701
零售业	**19095496**	**12909730**	**6185766**
综合零售	6678626	4789856	1888770
百货零售	5356437	4091667	1264770
超级市场零售	940545	448621	491924
其他综合零售	381644	249568	132076
食品、饮料及烟草制品专门零售	1534625	1498692	35933
粮油零售	955077	1138517	-183440
糕点、面包零售	16126	8618	7508
果品、蔬菜零售	51174	27646	23528
肉、禽、蛋及水产品零售	132879	124909	7970
饮料及茶叶零售	146840	79911	66929
烟草制品零售	26428	11922	14506
其他食品零售	206101	107169	98932
纺织、服装及日用品专门零售	925265	589416	335849
纺织品及针织品零售	87622	88679	-1057
服装零售	364526	235784	128742
鞋帽零售	26159	27331	-1172
钟表、眼镜零售	108081	63289	44792
化妆品及卫生用品零售	61992	36551	25441
其他日用品零售	276885	137782	139103

3-2-25 续表 2 单位：千元

指标名称	资产总计	负债合计	所有者权益
文化、体育用品及器材专门零售	941087	371703	569384
文具用品零售	56697	28064	28633
体育用品零售	57273	46150	11123
图书零售	656442	237156	419286
报刊零售	7310	3988	3322
音像制品及电子出版物零售	21714	5136	16578
珠宝首饰零售	68267	21674	46593
工艺美术品及收藏品零售	26852	9793	17059
照相器材零售	8239	2805	5434
其他文化用品零售	38293	16937	21356
医药及医疗器材专门零售	1002669	718242	284427
药品零售	894713	666351	228362
医疗用品及器材零售	107956	51891	56065
汽车、摩托车、燃料及零配件专门零售	4727143	2844522	1882621
汽车零售	3509713	2365670	1144043
汽车零配件零售	388096	166908	221188
摩托车及零配件零售	206929	108602	98327
机动车燃料零售	622405	203342	419063
家用电器及电子产品专门零售	1901750	1298077	603673
家用电器零售	1412636	1102025	310611
计算机、软件及辅助设备零售	217883	58058	159825
通信设备零售	179592	99613	79979
其他电子产品零售	91639	38381	53258
五金、家具及室内装修材料专门零售	1080068	657939	422129
五金零售	584787	326967	257820
家具零售	145890	65133	80757
涂料零售	8691	3321	5370
其他室内装修材料零售	340700	262518	78182
无店铺及其他零售	304263	141283	162980
流动货摊零售			
邮购及电子销售	947	543	404
生活用燃料零售	93830	41532	52298
花卉零售	15220	1636	13584
旧货零售	1086	663	423
其他未列明的零售	193180	96909	96271

3-2-26 按登记注册类型、行业分组的批发和零售业法人单位资产负债状况

单位：千元

指标名称	资产总计	负债合计	所有者权益
合 计	**72540879**	**55595373**	**16945506**
内资企业	**70998523**	**54534667**	**16463856**
批发业	52883051	42118336	10764715
农畜产品批发	2111026	2274973	-163947
食品、饮料及烟草制品批发	8805459	7294314	1511145
纺织、服装及日用品批发	1915037	1528309	386728
文化、体育用品及器材批发	1537488	1131586	405902
医药及医疗器材批发	5644848	4613714	1031134
矿产品、建材及化工产品批发	18088700	11758811	6329889
机械设备、五金交电及电子产品批发	13658212	12565995	1092217
贸易经纪与代理	213336	422016	-208680
其他批发	908945	528618	380327
零售业	18115472	12416331	5699141
综合零售	5946816	4452187	1494629
食品、饮料及烟草制品专门零售	1526030	1491220	34810
纺织、服装及日用品专门零售	830552	530110	300442
文化、体育用品及器材专门零售	941087	371703	569384
医药及医疗器材专门零售	1002599	718140	284459
汽车、摩托车、燃料及零配件专门零售	4623666	2768457	1855209
家用电器及电子产品专门零售	1869167	1292348	576819
五金、家具及室内装修材料专门零售	1071292	650883	420409
无店铺及其他零售	304263	141283	162980
国有企业	**19095100**	**16700706**	**2394394**
批发业	15162327	13162816	1999511
农畜产品批发	1549836	1819960	-270124
食品、饮料及烟草制品批发	7403445	6288100	1115345
纺织、服装及日用品批发	676406	648069	28337
文化、体育用品及器材批发	245267	236646	8621
医药及医疗器材批发	231369	217855	13514
矿产品、建材及化工产品批发	3988682	2898866	1089816
机械设备、五金交电及电子产品批发	884848	814058	70790
贸易经纪与代理	107864	198803	-90939
其他批发	74610	40459	34151
零售业	3932773	3537890	394883
综合零售	1624899	1559960	64939
食品、饮料及烟草制品专门零售	954710	1098786	-144076
纺织、服装及日用品专门零售	28416	25777	2639
文化、体育用品及器材专门零售	594405	203584	390821
医药及医疗器材专门零售	81763	86751	-4988
汽车、摩托车、燃料及零配件专门零售	449336	332798	116538
家用电器及电子产品专门零售	10059	6299	3760
五金、家具及室内装修材料专门零售	155028	213433	-58405
无店铺及其他零售	34157	10502	23655

3-2-26 续表 1

单位：千元

指标名称	资产总计	负债合计	所有者权益
集体企业	**2464054**	**1885311**	**578743**
批发业	1647924	1305621	342303
农畜产品批发	92051	80002	12049
食品、饮料及烟草制品批发	48187	46880	1307
纺织、服装及日用品批发	9592	7380	2212
文化、体育用品及器材批发	14447	9781	4666
医药及医疗器材批发	15515	11160	4355
矿产品、建材及化工产品批发	1219840	982824	237016
机械设备、五金交电及电子产品批发	196965	125497	71468
贸易经纪与代理	10392	2425	7967
其他批发	40935	39672	1263
零售业	816130	579690	236440
综合零售	388631	284623	104008
食品、饮料及烟草制品专门零售	87437	55709	31728
纺织、服装及日用品专门零售	93328	69975	23353
文化、体育用品及器材专门零售	29308	21882	7426
医药及医疗器材专门零售	26080	17289	8791
汽车、摩托车、燃料及零配件专门零售	105066	66507	38559
家用电器及电子产品专门零售	40467	33441	7026
五金、家具及室内装修材料专门零售	27156	17351	9805
无店铺及其他零售	18657	12913	5744
股份合作企业	**868059**	**2723088**	**-1855029**
批发业	563684	2585506	-2021822
农畜产品批发	35929	21066	14863
食品、饮料及烟草制品批发	68897	20019	48878
纺织、服装及日用品批发	30819	28874	1945
文化、体育用品及器材批发	10578	5532	5046
医药及医疗器材批发	5151	1791	3360
矿产品、建材及化工产品批发	160043	102240	57803
机械设备、五金交电及电子产品批发	218980	2392838	-2173858
贸易经纪与代理			
其他批发	33287	13146	20141
零售业	304375	137582	166793
综合零售	93937	60406	33531
食品、饮料及烟草制品专门零售	22410	15988	6422
纺织、服装及日用品专门零售	15231	7970	7261
文化、体育用品及器材专门零售	4886	1808	3078
医药及医疗器材专门零售	24836	15919	8917
汽车、摩托车、燃料及零配件专门零售	99524	5366	94158
家用电器及电子产品专门零售	21464	10644	10820
五金、家具及室内装修材料专门零售	12030	10667	1363
无店铺及其他零售	10057	8814	1243

3-2-26 续表 2 单位：千元

指标名称	资产总计	负债合计	所有者权益
联营企业合计	**244301**	**126351**	**117950**
批发业	218358	111987	106371
农畜产品批发	13208	8181	5027
食品、饮料及烟草制品批发			
纺织、服装及日用品批发			
文化、体育用品及器材批发	4235	553	3682
医药及医疗器材批发			
矿产品、建材及化工产品批发	51903	55486	-3583
机械设备、五金交电及电子产品批发	134741	34346	100395
贸易经纪与代理	14203	13353	850
其他批发	68	68	
零售业	25943	14364	11579
综合零售	682	45	637
食品、饮料及烟草制品专门零售	5460	2509	2951
纺织、服装及日用品专门零售	180		180
文化、体育用品及器材专门零售	223	100	123
医药及医疗器材专门零售	2993	802	2191
汽车、摩托车、燃料及零配件专门零售	14095	10152	3943
家用电器及电子产品专门零售	1310	756	554
五金、家具及室内装修材料专门零售	1000		1000
无店铺及其他零售			
有限责任公司	**22330467**	**16555587**	**5774880**
批发业	16789606	12636788	4152818
农畜产品批发	280190	303034	-22844
食品、饮料及烟草制品批发	691632	490762	200870
纺织、服装及日用品批发	634046	572649	61397
文化、体育用品及器材批发	1064771	796224	268547
医药及医疗器材批发	1577279	1280796	296483
矿产品、建材及化工产品批发	4111005	2673688	1437317
机械设备、五金交电及电子产品批发	8066807	6132302	1934505
贸易经纪与代理	8386	146335	-137949
其他批发	355490	240998	114492
零售业	5540861	3918799	1622062
综合零售	1202510	921288	281222
食品、饮料及烟草制品专门零售	208748	178856	29892
纺织、服装及日用品专门零售	357049	261026	96023
文化、体育用品及器材专门零售	166566	99932	66634
医药及医疗器材专门零售	539798	391814	147984
汽车、摩托车、燃料及零配件专门零售	1840319	1191024	649295
家用电器及电子产品专门零售	986015	767698	218317
五金、家具及室内装修材料专门零售	149170	66586	82584
无店铺及其他零售	90686	40575	50111

3-2-26 续表 3

单位：千元

指标名称	资产总计	负债合计	所有者权益
股份有限公司	**10906387**	**7102960**	**3803427**
批发业	8410924	5658709	2752215
农畜产品批发	28373	6512	21861
食品、饮料及烟草制品批发	217422	176498	40924
纺织、服装及日用品批发	72642	39339	33303
文化、体育用品及器材批发	4543	1821	2722
医药及医疗器材批发	2445304	1967464	477840
矿产品、建材及化工产品批发	4542021	2609458	1932563
机械设备、五金交电及电子产品批发	1004116	811753	192363
贸易经纪与代理	1557	5	1552
其他批发	94946	45859	49087
零售业	2495463	1444251	1051212
综合零售	1883612	1210824	672788
食品、饮料及烟草制品专门零售	76774	63157	13617
纺织、服装及日用品专门零售	6709	2736	3973
文化、体育用品及器材专门零售	13887	3414	10473
医药及医疗器材专门零售	30779	18583	12196
汽车、摩托车、燃料及零配件专门零售	399018	105938	293080
家用电器及电子产品专门零售	51532	27317	24215
五金、家具及室内装修材料专门零售	18251	7044	11207
无店铺及其他零售	14901	5238	9663
私营企业	**14037777**	**8620244**	**5417533**
批发业	9367132	5999422	3367710
农畜产品批发	111250	36191	75059
食品、饮料及烟草制品批发	352894	241643	111251
纺织、服装及日用品批发	488806	229377	259429
文化、体育用品及器材批发	193615	81029	112586
医药及医疗器材批发	1111084	926564	184520
矿产品、建材及化工产品批发	3997265	2424839	1572426
机械设备、五金交电及电子产品批发	2738980	1853937	885043
贸易经纪与代理	70934	61095	9839
其他批发	302304	144747	157557
零售业	4670645	2620822	2049823
综合零售	750080	414123	335957
食品、饮料及烟草制品专门零售	159474	62080	97394
纺织、服装及日用品专门零售	323709	157680	166029
文化、体育用品及器材专门零售	124522	40360	84162
医药及医疗器材专门零售	290731	186374	104357
汽车、摩托车、燃料及零配件专门零售	1704345	1054575	649770
家用电器及电子产品专门零售	750494	445034	305460
五金、家具及室内装修材料专门零售	434580	198475	236105
无店铺及其他零售	132710	62121	70589

3-2-26 续表 4

单位：千元

指标名称	资产总计	负债合计	所有者权益
其他企业	**1052378**	**820420**	**231958**
批发业	723096	657487	65609
农畜产品批发	189	27	162
食品、饮料及烟草制品批发	22982	30412	-7430
纺织、服装及日用品批发	2726	2621	105
文化、体育用品及器材批发	32		32
医药及医疗器材批发	259146	208084	51062
矿产品、建材及化工产品批发	17941	11410	6531
机械设备、五金交电及电子产品批发	412775	401264	11511
贸易经纪与代理			
其他批发	7305	3669	3636
零售业	329282	162933	166349
综合零售	2465	918	1547
食品、饮料及烟草制品专门零售	11017	14135	-3118
纺织、服装及日用品专门零售	5930	4946	984
文化、体育用品及器材专门零售	7290	623	6667
医药及医疗器材专门零售	5619	608	5011
汽车、摩托车、燃料及零配件专门零售	11963	2097	9866
家用电器及电子产品专门零售	7826	1159	6667
五金、家具及室内装修材料专门零售	274077	137327	136750
无店铺及其他零售	3095	1120	1975
港、澳、台商投资企业	**137692**	**118178**	**19514**
批发业	89098	82292	6806
农畜产品批发			
食品、饮料及烟草制品批发	505		505
纺织、服装及日用品批发	5712	6532	-820
文化、体育用品及器材批发	5222	4895	327
医药及医疗器材批发			
矿产品、建材及化工产品批发	22870	14671	8199
机械设备、五金交电及电子产品批发	54789	56194	-1405
贸易经纪与代理			
其他批发			
零售业	48594	35886	12708
综合零售	9811	849	8962
食品、饮料及烟草制品专门零售	7758	7468	290
纺织、服装及日用品专门零售	24788	22891	1897
文化、体育用品及器材专门零售			
医药及医疗器材专门零售			
汽车、摩托车、燃料及零配件专门零售	374	297	77
家用电器及电子产品专门零售	480		480
五金、家具及室内装修材料专门零售	5383	4381	1002
无店铺及其他零售			

3-2-26 续表 5

单位：千元

指标名称	资产总计	负债合计	所有者权益
合资经营企业（港或澳、台资）	**65655**	**54014**	**11641**
批发业	40828	40418	410
农畜产品批发			
食品、饮料及烟草制品批发			
纺织、服装及日用品批发	5712	6532	-820
文化、体育用品及器材批发	2430	2230	200
医药及医疗器材批发			
矿产品、建材及化工产品批发	22870	14671	8199
机械设备、五金交电及电子产品批发	9816	16985	-7169
贸易经纪与代理			
其他批发			
零售业	24827	13596	11231
综合零售	9811	849	8962
食品、饮料及烟草制品专门零售	500	210	290
纺织、服装及日用品专门零售	11316	12537	-1221
文化、体育用品及器材专门零售			
医药及医疗器材专门零售			
汽车、摩托车、燃料及零配件专门零售			
家用电器及电子产品专门零售			
五金、家具及室内装修材料专门零售	3200		3200
无店铺及其他零售			
港、澳、台商独资经营企业	**72037**	**64164**	**7873**
批发业	48270	41874	6396
农畜产品批发			
食品、饮料及烟草制品批发	505		505
纺织、服装及日用品批发			
文化、体育用品及器材批发	2792	2665	127
医药及医疗器材批发			
矿产品、建材及化工产品批发			
机械设备、五金交电及电子产品批发	44973	39209	5764
贸易经纪与代理			
其他批发			
零售业	23767	22290	1477
综合零售			
食品、饮料及烟草制品专门零售	7258	7258	
纺织、服装及日用品专门零售	13472	10354	3118
文化、体育用品及器材专门零售			
医药及医疗器材专门零售			
汽车、摩托车、燃料及零配件专门零售	374	297	77
家用电器及电子产品专门零售	480		480
五金、家具及室内装修材料专门零售	2183	4381	-2198
无店铺及其他零售			

3-2-26 续表 6

单位：千元

指标名称	资产总计	负债合计	所有者权益
外商投资企业	**1404664**	**942528**	**462136**
批发业	473234	485015	-11781
农畜产品批发			
食品、饮料及烟草制品批发	66919	45380	21539
纺织、服装及日用品批发	36814	40705	-3891
文化、体育用品及器材批发	55787	49654	6133
医药及医疗器材批发			
矿产品、建材及化工产品批发	37300	32762	4538
机械设备、五金交电及电子产品批发	275823	316372	-40549
贸易经纪与代理			
其他批发	591	142	449
零售业	931430	457513	473917
综合零售	721999	336820	385179
食品、饮料及烟草制品专门零售	837	4	833
纺织、服装及日用品专门零售	69925	36415	33510
文化、体育用品及器材专门零售			
医药及医疗器材专门零售	70	102	-32
汽车、摩托车、燃料及零配件专门零售	103103	75768	27335
家用电器及电子产品专门零售	32103	5729	26374
五金、家具及室内装修材料专门零售	3393	2675	718
无店铺及其他零售			
中外合资经营企业	**620101**	**485560**	**134541**
批发业	362787	326348	36439
农畜产品批发			
食品、饮料及烟草制品批发	66919	45380	21539
纺织、服装及日用品批发	4481	4142	339
文化、体育用品及器材批发	55787	49654	6133
医药及医疗器材批发			
矿产品、建材及化工产品批发	24830	20777	4053
机械设备、五金交电及电子产品批发	210179	206253	3926
贸易经纪与代理			
其他批发	591	142	449
零售业	257314	159212	98102
综合零售	164430	120969	43461
食品、饮料及烟草制品专门零售			
纺织、服装及日用品专门零售	69925	36415	33510
文化、体育用品及器材专门零售			
医药及医疗器材专门零售			
汽车、摩托车、燃料及零配件专门零售	567		567
家用电器及电子产品专门零售	22047	1828	20219
五金、家具及室内装修材料专门零售	345		345
无店铺及其他零售			

3-2-26 续表 7

单位：千元

指标名称	资产总计	负债合计	所有者权益
中外合作经营企业合计	**692438**	**328182**	**364256**
批发业	32333	36563	-4230
农畜产品批发			
食品、饮料及烟草制品批发			
纺织、服装及日用品批发	32333	36563	-4230
文化、体育用品及器材批发			
医药及医疗器材批发			
矿产品、建材及化工产品批发			
机械设备、五金交电及电子产品批发			
贸易经纪与代理			
其他批发			
零售业	660105	291619	368486
综合零售	557569	215851	341718
食品、饮料及烟草制品专门零售			
纺织、服装及日用品专门零售			
文化、体育用品及器材专门零售			
医药及医疗器材专门零售			
汽车、摩托车、燃料及零配件专门零售	102536	75768	26768
家用电器及电子产品专门零售			
五金、家具及室内装修材料专门零售			
无店铺及其他零售			
外资企业	**52620**	**35104**	**17516**
批发业	39446	28426	11020
农畜产品批发			
食品、饮料及烟草制品批发			
纺织、服装及日用品批发			
文化、体育用品及器材批发			
医药及医疗器材批发			
矿产品、建材及化工产品批发	12470	11985	485
机械设备、五金交电及电子产品批发	26976	16441	10535
贸易经纪与代理			
其他批发			
零售业	13174	6678	6496
综合零售			
食品、饮料及烟草制品专门零售			
纺织、服装及日用品专门零售			
文化、体育用品及器材专门零售			
医药及医疗器材专门零售	70	102	-32
汽车、摩托车、燃料及零配件专门零售			
家用电器及电子产品专门零售	10056	3901	6155
五金、家具及室内装修材料专门零售	3048	2675	373
无店铺及其他零售			

3-2-26 续表 8 单位：千元

指标名称	资产总计	负债合计	所有者权益
外商投资股份有限公司	**39505**	**93682**	**-54177**
批发业	38668	93678	-55010
农畜产品批发			
食品、饮料及烟草制品批发			
纺织、服装及日用品批发			
文化、体育用品及器材批发			
医药及医疗器材批发			
矿产品、建材及化工产品批发			
机械设备、五金交电及电子产品批发	38668	93678	-55010
贸易经纪与代理			
其他批发			
零售业	837	4	833
综合零售			
食品、饮料及烟草制品专门零售	837	4	833
纺织、服装及日用品专门零售			
文化、体育用品及器材专门零售			
医药及医疗器材专门零售			
汽车、摩托车、燃料及零配件专门零售			
家用电器及电子产品专门零售			
五金、家具及室内装修材料专门零售			
无店铺及其他零售			

3-2-27 按区县分组的批发和零售业法人单位资产负债状况

单位：千元

指标名称	资产总计	负债合计	所有者权益
合　计	**72540879**	**55595373**	**16945506**
万州区	2635255	2084201	551054
涪陵区	1462781	975389	487392
渝中区	27118984	21831264	5287720
大渡口区	820639	588256	232383
江北区	5688736	4739282	949454
沙坪坝区	3508866	2267202	1241664
九龙坡区	10465940	7265993	3199947
南岸区	6720623	4897169	1823454
北碚区	368220	275495	92725
万盛区	244476	134471	110005
双桥区	101810	66526	35284
渝北区	2382622	1529538	853084
巴南区	579346	534782	44564
黔江区	590536	453464	137072
长寿区	247810	233694	14116
綦江县	417802	404040	13762
潼南县	229138	269104	-39966
铜梁县	360696	206827	153869
大足县	379724	255169	124555
荣昌县	302308	241787	60521
璧山县	294665	211749	82916
梁平县	122744	56452	66292
城口县	84387	82130	2257
丰都县	425538	395457	30081
垫江县	338199	340310	-2111
武隆县	314104	301984	12120
忠　县	592107	634857	-42750
开　县	482257	259965	222292
云阳县	372864	291171	81693
奉节县	448914	243802	205112
巫山县	296206	228699	67507
巫溪县	130801	121094	9707
石柱县	221995	155615	66380
秀山县	324870	274769	50101
酉阳县	461263	606156	-144893
彭水县	499882	387290	112592
江津市	685134	608053	77081
合川市	400667	355971	44696
永川市	917909	515995	401914
南川市	500061	270201	229860

3-2-28 按区县分组的批发业法人单位资产负债状况

单位：千元

指标名称	资产总计	负债合计	所有者权益
合 计	**53445383**	**42685643**	**10759740**
万州区	2393083	1949028	444055
涪陵区	582410	456037	126373
渝中区	20092925	16883304	3209621
大渡口区	695435	486145	209290
江北区	4695785	4103180	592605
沙坪坝区	2175727	1308614	867113
九龙坡区	7934919	5901246	2033673
南岸区	5488432	3881726	1606706
北碚区	182566	128749	53817
万盛区	203177	107933	95244
双桥区	97470	64615	32855
渝北区	1380693	816078	564615
巴南区	334741	359716	-24975
黔江区	422174	266528	155646
长寿区	135871	159476	-23605
綦江县	306327	315446	-9119
潼南县	183852	250912	-67060
铜梁县	266350	170744	95606
大足县	322505	247149	75356
荣昌县	101604	126297	-24693
璧山县	167164	125344	41820
梁平县	86028	41968	44060
城口县	57680	51954	5726
丰都县	299317	327214	-27897
垫江县	252020	276820	-24800
武隆县	292488	286439	6049
忠县	463451	550349	-86898
开县	304151	184035	120116
云阳县	290006	228486	61520
奉节县	382120	215969	166151
巫山县	197539	109937	87602
巫溪县	81027	52736	28291
石柱县	174707	117018	57689
秀山县	125670	89641	36029
酉阳县	351294	507552	-156258
彭水县	374747	292309	82438
江津市	472100	470323	1777
合川市	257041	287739	-30698
永川市	652262	370778	281484
南川市	168525	116109	52416

3-2-29 按区县分组的零售业法人单位资产负债状况

单位：千元

指标名称	资产总计	负债合计	所有者权益
合　计	**19095496**	**12909730**	**6185766**
万州区	242172	135173	106999
涪陵区	880371	519352	361019
渝中区	7026059	4947960	2078099
大渡口区	125204	102111	23093
江北区	992951	636102	356849
沙坪坝区	1333139	958588	374551
九龙坡区	2531021	1364747	1166274
南岸区	1232191	1015443	216748
北碚区	185654	146746	38908
万盛区	41299	26538	14761
双桥区	4340	1911	2429
渝北区	1001929	713460	288469
巴南区	244605	175066	69539
黔江区	168362	186936	-18574
长寿区	111939	74218	37721
綦江县	111475	88594	22881
潼南县	45286	18192	27094
铜梁县	94346	36083	58263
大足县	57219	8020	49199
荣昌县	200704	115490	85214
璧山县	127501	86405	41096
梁平县	36716	14484	22232
城口县	26707	30176	-3469
丰都县	126221	68243	57978
垫江县	86179	63490	22689
武隆县	21616	15545	6071
忠　县	128656	84508	44148
开　县	178106	75930	102176
云阳县	82858	62685	20173
奉节县	66794	27833	38961
巫山县	98667	118762	-20095
巫溪县	49774	68358	-18584
石柱县	47288	38597	8691
秀山县	199200	185128	14072
酉阳县	109969	98604	11365
彭水县	125135	94981	30154
江津市	213034	137730	75304
合川市	143626	68232	75394
永川市	265647	145217	120430
南川市	331536	154092	177444

3-2-30 按登记注册类型分组的批发和零售业法人单位损益状况

单位：千元

指标名称	主营业务收入	主营业务成本	主营业务税金及附加	利润总额
合　计	**125691055**	**112947826**	**640447**	**2334548**
内资企业	**122952936**	**110773273**	**633728**	**2233296**
国有企业	26886280	23364013	117474	929916
集体企业	3614290	3336126	23851	55399
股份合作企业	1455631	1342552	11231	30095
联营企业	342795	297555	2922	7298
国有联营企业	60821	48625	361	6221
集体联营企业	45146	39737	454	847
国有与集体联营企业	90464	83475	275	1117
其他联营企业	146364	125718	1832	-887
有限责任公司	39547361	35657849	103440	152541
国有独资公司	4213417	3598875	13631	-60466
其他有限责任公司	35333944	32058974	89809	213007
股份有限公司	17071886	15180948	63547	646178
私营企业	32476153	30100461	307370	405000
私营独资企业	1951234	1658337	32165	114752
私营合伙企业	955906	847263	16766	25549
私营有限责任公司	26643961	24932363	220815	234004
私营股份有限公司	2925052	2662498	37624	30695
其他企业	1558540	1493769	3893	6869
港、澳、台商投资企业	**237153**	**199679**	**1464**	**540**
合资经营企业（港或澳、台资）	130495	115613	1146	1314
合作经营企业（港或澳、台资）				
港、澳、台商独资经营企业	106658	84066	318	-774
港、澳、台商投资股份有限公司				
外商投资企业	**2500966**	**1974874**	**5255**	**100712**
中外合资经营企业	739316	461837	4083	10088
中外合作经营企业	1438618	1217646	575	84585
外资企业	138140	117279	597	7045
外商投资股份有限公司	184892	178112		-1006
批发业合计	**95331011**	**86224455**	**449788**	**1909334**
内资企业	**94352228**	**85512876**	**445569**	**1911835**
国有企业	21104191	18261288	84300	782427
集体企业	2857842	2682413	11452	36395
股份合作企业	1061960	994837	5862	21891
联营企业	266177	231693	1640	3141
国有联营企业	57691	46525	281	5341
集体联营企业	19067	17012	82	185
国有与集体联营企业	52946	48930	117	238
其他联营企业	136473	119226	1160	-2623
有限责任公司	30087999	27179710	69382	182155
国有独资公司	3370238	2868888	11298	-75414
其他有限责任公司	26717761	24310822	58084	257569

3-2-30 续表 1 单位：千元

指标名称	主营业务收入	主营业务成本	主营业务税金及附加	利润总额
股份有限公司	12872070	11616106	38330	534364
私营企业	24676672	23167769	233215	345444
私营独资企业	1291576	1135612	14838	71802
私营合伙企业	776227	697505	13835	16537
私营有限责任公司	20294125	19221960	171076	237347
私营股份有限公司	2314744	2112692	33466	19758
其他企业	1425317	1379060	1388	6018
港、澳、台商投资企业	**159929**	**141673**	**436**	**-930**
合资经营企业（港或澳、台资）	83728	75831	198	-1155
合作经营企业（港或澳、台资）				
港、澳、台商独资经营企业	76201	65842	238	225
港、澳、台商投资股份有限公司				
外商投资企业	**818854**	**569906**	**3783**	**-1571**
中外合资经营企业	478080	261624	3764	-1010
中外合作经营企业	31781	21234		-3996
外资企业	124357	109175	19	4301
外商投资股份有限公司	184636	177873		-866
零售业合计	**30360044**	**26723371**	**190659**	**425214**
内资企业	**28600708**	**25260397**	**188159**	**321461**
国有企业	5782089	5102725	33174	147489
集体企业	756448	653713	12399	19004
股份合作企业	393671	347715	5369	8204
联营企业	76618	65862	1282	4157
国有联营企业	3130	2100	80	880
集体联营企业	26079	22725	372	662
国有与集体联营企业	37518	34545	158	879
其他联营企业	9891	6492	672	1736
有限责任公司	9459362	8478139	34058	-29614
国有独资公司	843179	729987	2333	14948
其他有限责任公司	8616183	7748152	31725	-44562
股份有限公司	4199816	3564842	25217	111814
私营企业	7799481	6932692	74155	59556
私营独资企业	659658	522725	17327	42950
私营合伙企业	179679	149758	2931	9012
私营有限责任公司	6349836	5710403	49739	-3343
私营股份有限公司	610308	549806	4158	10937
其他企业	133223	114709	2505	851
港、澳、台商投资企业	**77224**	**58006**	**1028**	**1470**
合资经营企业（港或澳、台资）	46767	39782	948	2469
合作经营企业（港或澳、台资）				
港、澳、台商独资经营企业	30457	18224	80	-999
港、澳、台商投资股份有限公司				
外商投资企业	**1682112**	**1404968**	**1472**	**102283**
中外合资经营企业	261236	200213	319	11098
中外合作经营企业	1406837	1196412	575	88581
外资企业	13783	8104	578	2744
外商投资股份有限公司	256	239		-140

3-2-31 按行业分组的批发和零售业法人单位损益状况

单位：千元

指标名称	主营业务收入	主营业务成本	主营业务税金及附加	利润总额
合　计	**125691055**	**112947826**	**640447**	**2334548**
批发业	**95331011**	**86224455**	**449788**	**1909334**
农畜产品批发	1699831	1499431	14975	22608
谷物、豆及薯类批发	914942	832300	3722	20711
种子、饲料批发	254179	200390	2181	12389
棉、麻批发	197331	172936	6424	2494
牲畜批发	30885	25459	758	2464
其他农畜产品批发	302494	268346	1890	-15450
食品、饮料及烟草制品批发	15012319	12752899	125286	805734
米、面制品及食用油批发	2543322	2403756	5088	21817
糕点、糖果及糖批发	437490	406234	1480	2789
果品、蔬菜批发	66122	54755	308	933
肉、禽、蛋及水产品批发	119554	110952	1431	-3269
盐及调味品批发	525253	333710	68732	45582
饮料及茶叶批发	794037	712181	5541	-7307
烟草制品批发	9579398	7858419	31388	780831
其他食品批发	947143	872892	11318	-35642
纺织、服装及日用品批发	2387152	2189621	12831	-23533
纺织品、针织品及原料批发	894415	837442	7117	795
服装批发	259272	225563	655	-15807
鞋帽批发	21407	18598	148	-215
厨房、卫生间用具及日用杂货批发	365949	335965	505	-2819
化妆品及卫生用品批发	414710	376995	2411	3254
其他日用品批发	431399	395058	1995	-8741
文化、体育用品及器材批发	2286382	1709138	8577	29228
文具用品批发	261825	223610	702	-1589
体育用品批发	22696	17018	217	-456
图书批发	1393742	907959	4696	28128
报刊批发	6458	5974	28	54
音像制品及电子出版物批发	24008	18792	604	2743
首饰、工艺品及收藏品批发	35228	31149	123	407
其他文化用品批发	542425	504636	2207	-59
医药及医疗器材批发	10064178	9523258	13560	55860
西药批发	8257095	7841699	8893	62459
中药材及中成药批发	1473610	1401715	2344	-6830
医疗用品及器材批发	333473	279844	2323	231

3-2-31 续表 1

单位：千元

指标名称	主营业务收入	主营业务成本	主营业务税金及附加	利润总额
矿产品、建材及化工产品批发	40747895	37968469	161384	927099
煤炭及制品批发	3007060	2613250	14642	61810
石油及制品批发	7389599	6811557	26464	437435
非金属矿及制品批发	123645	108264	476	4486
金属及金属矿批发	18403798	17362460	37912	277118
建材批发	4097017	3924944	63363	10926
化肥批发	3824920	3546810	6485	98728
农药批发	67854	57027	44	2325
农用薄膜批发	16760	13573	25	941
其他化工产品批发	3817242	3530584	11973	33330
机械设备、五金交电及电子产品批发	19874581	17586532	95002	60624
农业机械批发	68030	61561	1472	479
汽车、摩托车及零配件批发	9172333	7982119	24833	94567
五金、交电批发	1785863	1632048	7469	23875
家用电器批发	2749799	2610371	16366	-110438
计算机、软件及辅助设备批发	599434	570203	1503	-5268
通讯及广播电视设备批发	1852202	1618035	6704	14438
其他机械设备及电子产品批发	3646920	3112195	36655	42971
贸易经纪与代理	220251	109954	1518	-11965
贸易经纪与代理	220251	109954	1518	-11965
其他批发	3038422	2885153	16655	43679
再生物资回收与批发	2403162	2312666	12405	26597
其他未列明的批发	635260	572487	4250	17082
零售业	**30360044**	**26723371**	**190659**	**425214**
综合零售	11353372	9647393	72875	253532
百货零售	8836836	7535518	53763	205160
超级市场零售	1981331	1640171	9994	28198
其他综合零售	535205	471704	9118	20174
食品、饮料及烟草制品专门零售	1037644	968470	13268	380
粮油零售	532175	539114	5449	-1668
糕点、面包零售	15371	9486	621	944
果品、蔬菜零售	24278	18040	304	1283
肉、禽、蛋及水产品零售	118781	105122	1471	-2851
饮料及茶叶零售	142507	129867	758	-1632
烟草制品零售	56616	46567	249	1372
其他食品零售	147916	120274	4416	2932
纺织、服装及日用品专门零售	897662	703773	11499	1007
纺织品及针织品零售	27250	20118	867	-1398
服装零售	420649	335186	4440	-9015
鞋帽零售	40650	31084	1398	2465
钟表、眼镜零售	117103	69081	800	1687
化妆品及卫生用品零售	43239	34008	553	-4
其他日用品零售	248771	214296	3441	7272

3-2-31 续表 2 单位：千元

指标名称	主营业务收入	主营业务成本	主营业务税金及附加	利润总额
文化、体育用品及器材专门零售	1119041	818621	15519	37018
文具用品零售	59731	46885	913	3539
体育用品零售	83350	67923	262	922
图书零售	785014	541912	10314	30201
报刊零售	7683	5533	448	-1299
音像制品及电子出版物零售	30976	23549	584	-2465
珠宝首饰零售	62315	51134	2067	5709
工艺美术品及收藏品零售	10688	7843	190	-230
照相器材零售	14502	12753	59	146
其他文化用品零售	64782	61089	682	495
医药及医疗器材专门零售	1302035	1136960	9781	-8598
药品零售	1181186	1037913	8360	-5507
医疗用品及器材零售	120849	99047	1421	-3091
汽车、摩托车、燃料及零配件专门零售	8904606	8293103	27314	70829
汽车零售	6545715	6278417	10138	3852
汽车零配件零售	497073	455182	5481	8192
摩托车及零配件零售	575624	523700	4336	8870
机动车燃料零售	1286194	1035804	7359	49915
家用电器及电子产品专门零售	4358608	3927785	21843	75326
家用电器零售	3148630	2862909	11933	51256
计算机、软件及辅助设备零售	530192	462356	4073	19568
通信设备零售	533987	476456	2690	4133
其他电子产品零售	145799	126064	3147	369
五金、家具及室内装修材料专门零售	1011272	895959	11837	-4545
五金零售	350409	308971	3177	-3176
家具零售	156839	116472	2105	5773
涂料零售	23831	21603	118	
其他室内装修材料零售	480193	448913	6437	-7142
无店铺及其他零售	375804	331307	6723	265
流动货摊零售				
邮购及电子销售	1175	1092	2	-152
生活用燃料零售	88395	73970	1421	204
花卉零售	9762	6399	258	1486
旧货零售	6267	6022	22	136
其他未列明的零售	270205	243824	5020	-1409

3-2-32 按登记注册类型、行业分组的批发和零售业法人单位损益状况

单位：千元

指标名称	主营业务收入	主营业务成本	主营业务税金及附加	利润总额
合 计	**122952936**	**110773273**	**633728**	**2233296**
内资企业	**122952936**	**110773273**	**633728**	**2233296**
批发业	94352228	85512876	445569	1911835
农畜产品批发	1699831	1499431	14975	22608
食品、饮料及烟草制品批发	14979996	12723649	125218	806159
纺织、服装及日用品批发	2288185	2104962	12822	-17937
文化、体育用品及器材批发	2234461	1659130	8573	29452
医药及医疗器材批发	10064178	9523258	13560	55860
矿产品、建材及化工产品批发	40661609	37895783	160986	927425
机械设备、五金交电及电子产品批发	19168397	17114653	91262	56555
贸易经纪与代理	220251	109954	1518	-11965
其他批发	3035320	2882056	16655	43678
零售业	28600708	25260397	188159	321461
综合零售	10034613	8555005	71838	154506
食品、饮料及烟草制品专门零售	1036575	967792	13167	935
纺织、服装及日用品专门零售	786082	635597	10812	-1555
文化、体育用品及器材专门零售	1119041	818621	15519	37018
医药及医疗器材专门零售	1302018	1136950	9780	-8602
汽车、摩托车、燃料及零配件专门零售	8596980	8004798	27308	71175
家用电器及电子产品专门零售	4345950	3920377	21262	72441
五金、家具及室内装修材料专门零售	1003645	889950	11750	-4722
无店铺及其他零售	375804	331307	6723	265
国有企业	**26886280**	**23364013**	**117474**	**929916**
批发业	21104191	18261288	84300	782427
农畜产品批发	998053	884777	4658	-12676
食品、饮料及烟草制品批发	12165598	10157802	45336	778564
纺织、服装及日用品批发	15718	15631	494	-24585
文化、体育用品及器材批发	394701	314367	1612	5424
医药及医疗器材批发	291093	273149	267	-274
矿产品、建材及化工产品批发	5579335	5189635	28445	22588
机械设备、五金交电及电子产品批发	1524853	1312123	2458	14749
贸易经纪与代理	4472	3404	221	-8335
其他批发	130368	110400	809	6972
零售业	5782089	5102725	33174	147489
综合零售	3233293	2830605	13807	115567
食品、饮料及烟草制品专门零售	523493	533406	5722	-6994
纺织、服装及日用品专门零售	24908	22016	284	-277
文化、体育用品及器材专门零售	754418	520132	10509	37675
医药及医疗器材专门零售	131159	111427	661	302
汽车、摩托车、燃料及零配件专门零售	1041038	1024603	1059	6491
家用电器及电子产品专门零售	30193	23098	780	1456
五金、家具及室内装修材料专门零售	16103	13105	169	-5712
无店铺及其他零售	27484	24333	183	-1019

3-2-32 续表 1 单位：千元

指标名称	主营业务收入	主营业务成本	主营业务税金及附加	利润总额
集体企业	**3614290**	**3336126**	**23851**	**55399**
批发业	2857842	2682413	11452	36395
农畜产品批发	149458	130339	852	5311
食品、饮料及烟草制品批发	58403	52135	1293	1995
纺织、服装及日用品批发	56314	50476	220	3816
文化、体育用品及器材批发	13574	10809	50	361
医药及医疗器材批发	16732	12465	192	542
矿产品、建材及化工产品批发	2076758	1981060	5420	18186
机械设备、五金交电及电子产品批发	404541	370996	2880	4271
贸易经纪与代理	5563	2792	202	-6
其他批发	76499	71341	343	1919
零售业	756448	653713	12399	19004
综合零售	347046	306124	6409	9950
食品、饮料及烟草制品专门零售	80911	62495	1558	3891
纺织、服装及日用品专门零售	28117	22372	645	12
文化、体育用品及器材专门零售	20338	15825	268	1691
医药及医疗器材专门零售	44461	39328	722	1310
汽车、摩托车、燃料及零配件专门零售	178632	159034	2067	2324
家用电器及电子产品专门零售	8755	6477	319	-1049
五金、家具及室内装修材料专门零售	32359	27957	246	258
无店铺及其他零售	15829	14101	165	617
股份合作企业	**1455631**	**1342552**	**11231**	**30095**
批发业	1061960	994837	5862	21891
农畜产品批发	51343	47509	87	692
食品、饮料及烟草制品批发	99236	86332	609	1798
纺织、服装及日用品批发	89498	79146	157	-505
文化、体育用品及器材批发	13457	11624	872	-372
医药及医疗器材批发	6337	4940	318	270
矿产品、建材及化工产品批发	424842	429532	2063	9483
机械设备、五金交电及电子产品批发	337391	301505	1261	4674
贸易经纪与代理				
其他批发	39856	34249	495	5851
零售业	393671	347715	5369	8204
综合零售	200353	180501	2445	267
食品、饮料及烟草制品专门零售	41972	38351	579	-184
纺织、服装及日用品专门零售	24751	21175	614	771
文化、体育用品及器材专门零售	2253	1330	20	-85
医药及医疗器材专门零售	36167	28056	677	-387
汽车、摩托车、燃料及零配件专门零售	37397	34669	149	-877
家用电器及电子产品专门零售	26630	23779	322	8433
五金、家具及室内装修材料专门零售	13652	11398	504	-559
无店铺及其他零售	10496	8456	59	825

3-2-32 续表 2

单位：千元

指标名称	主营业务收入	主营业务成本	主营业务税金及附加	利润总额
联营企业合计	**342795**	**297555**	**2922**	**7298**
批发业	266177	231693	1640	3141
农畜产品批发	23584	21243	265	597
食品、饮料及烟草制品批发				
纺织、服装及日用品批发				
文化、体育用品及器材批发	2561	1664	15	-183
医药及医疗器材批发				
矿产品、建材及化工产品批发	193436	170257	782	2862
机械设备、五金交电及电子产品批发	39477	38507	52	-90
贸易经纪与代理	7044		526	-45
其他批发	75	22		
零售业	76618	65862	1282	4157
综合零售	4433	3510	151	407
食品、饮料及烟草制品专门零售	12346	9015	499	1447
纺织、服装及日用品专门零售	620	330	90	110
文化、体育用品及器材专门零售	1955	1735	13	48
医药及医疗器材专门零售	6405	4965	379	529
汽车、摩托车、燃料及零配件专门零售	44754	41339	84	576
家用电器及电子产品专门零售	4805	4768	16	5
五金、家具及室内装修材料专门零售	1300	200	50	1035
无店铺及其他零售				
有限责任公司	**39547361**	**35657849**	**103440**	**152541**
批发业	30087999	27179710	69382	182155
农畜产品批发	278005	253625	1972	7552
食品、饮料及烟草制品批发	1098091	982133	6180	12622
纺织、服装及日用品批发	1049557	977958	6071	-3334
文化、体育用品及器材批发	1378413	950242	4503	19824
医药及医疗器材批发	3661798	3445285	4147	4191
矿产品、建材及化工产品批发	11943696	11178146	23782	147683
机械设备、五金交电及电子产品批发	9083087	7851816	19349	-17423
贸易经纪与代理	5686	3033	162	-26
其他批发	1589666	1537472	3216	11066
零售业	9459362	8478139	34058	-29614
综合零售	1679116	1426003	10961	-61494
食品、饮料及烟草制品专门零售	130272	111405	1240	109
纺织、服装及日用品专门零售	329621	267807	2775	-3707
文化、体育用品及器材专门零售	146754	114830	981	-6920
医药及医疗器材专门零售	508879	439224	2290	-11849
汽车、摩托车、燃料及零配件专门零售	3665671	3410592	6790	12552
家用电器及电子产品专门零售	2558316	2305769	7107	42457
五金、家具及室内装修材料专门零售	332008	306124	1261	1641
无店铺及其他零售	108725	96385	653	-2403

3-2-32 续表 3 单位：千元

指标名称	主营业务收入	主营业务成本	主营业务税金及附加	利润总额
股份有限公司	**17071886**	**15180948**	**63547**	**646178**
批发业	12872070	11616106	38330	534364
农畜产品批发	40512	35397	248	1410
食品、饮料及烟草制品批发	524226	501061	645	4091
纺织、服装及日用品批发	130270	122037	1136	1814
文化、体育用品及器材批发	8058	7043	14	-38
医药及医疗器材批发	3590603	3454659	2955	15710
矿产品、建材及化工产品批发	7006630	6036370	13816	484511
机械设备、五金交电及电子产品批发	1351397	1255735	13962	22720
贸易经纪与代理	742	172	26	114
其他批发	219632	203632	5528	4032
零售业	4199816	3564842	25217	111814
综合零售	3175058	2692010	19224	74873
食品、饮料及烟草制品专门零售	108871	100739	420	-2273
纺织、服装及日用品专门零售	13186	10394	244	309
文化、体育用品及器材专门零售	11944	7921	374	1514
医药及医疗器材专门零售	71115	59707	676	-567
汽车、摩托车、燃料及零配件专门零售	679819	575856	2805	34832
家用电器及电子产品专门零售	84862	71342	670	3040
五金、家具及室内装修材料专门零售	33307	29060	343	232
无店铺及其他零售	21654	17813	461	-146
私营企业	**32476153**	**30100461**	**307370**	**405000**
批发业	24676672	23167769	233215	345444
农畜产品批发	158777	126457	6892	19719
食品、饮料及烟草制品批发	1003599	916085	71033	6198
纺织、服装及日用品批发	930082	845584	4704	4921
文化、体育用品及器材批发	423317	363071	1504	4430
医药及医疗器材批发	1997487	1845781	5491	33870
矿产品、建材及化工产品批发	13396147	12872880	86275	241551
机械设备、五金交电及电子产品批发	5602154	5179692	50767	25070
贸易经纪与代理	196744	100553	381	-3667
其他批发	968365	917666	6168	13352
零售业	7799481	6932692	74155	59556
综合零售	1392502	1114131	18731	14786
食品、饮料及烟草制品专门零售	127827	102640	2882	5628
纺织、服装及日用品专门零售	356021	284368	5833	1166
文化、体育用品及器材专门零售	175104	151880	3165	2581
医药及医疗器材专门零售	496209	447616	4126	1555
汽车、摩托车、燃料及零配件专门零售	2910106	2722715	13473	14401
家用电器及电子产品专门零售	1602457	1461041	11946	16895
五金、家具及室内装修材料专门零售	561531	490708	8877	940
无店铺及其他零售	177724	157593	5122	1604

3-2-32 续表 4 单位：千元

指标名称	主营业务收入	主营业务成本	主营业务税金及附加	利润总额
其他企业	**1558540**	**1493769**	**3893**	**6869**
批发业	1425317	1379060	1388	6018
农畜产品批发	99	84	1	3
食品、饮料及烟草制品批发	30843	28101	122	891
纺织、服装及日用品批发	16746	14130	40	-64
文化、体育用品及器材批发	380	310	3	6
医药及医疗器材批发	500128	486979	190	1551
矿产品、建材及化工产品批发	40765	37903	403	561
机械设备、五金交电及电子产品批发	825497	804279	533	2584
贸易经纪与代理				
其他批发	10859	7274	96	486
零售业	133223	114709	2505	851
综合零售	2812	2121	110	150
食品、饮料及烟草制品专门零售	10883	9741	267	-689
纺织、服装及日用品专门零售	8858	7135	327	61
文化、体育用品及器材专门零售	6275	4968	189	514
医药及医疗器材专门零售	7623	6627	249	505
汽车、摩托车、燃料及零配件专门零售	39563	35990	881	876
家用电器及电子产品专门零售	29932	24103	102	1204
五金、家具及室内装修材料专门零售	13385	11398	300	-2557
无店铺及其他零售	13892	12626	80	787
港、澳、台商投资企业	**237153**	**199679**	**1464**	**540**
批发业	159929	141673	436	-930
农畜产品批发				
食品、饮料及烟草制品批发	7200	6850	68	120
纺织、服装及日用品批发	34682	33215	1	-1100
文化、体育用品及器材批发	12761	11404		-247
医药及医疗器材批发				
矿产品、建材及化工产品批发	34773	30727	124	-324
机械设备、五金交电及电子产品批发	70513	59477	243	621
贸易经纪与代理				
其他批发				
零售业	77224	58006	1028	1470
综合零售	16607	14948	166	-133
食品、饮料及烟草制品专门零售	813	439	101	-415
纺织、服装及日用品专门零售	54339	38445	680	1565
文化、体育用品及器材专门零售				
医药及医疗器材专门零售				
汽车、摩托车、燃料及零配件专门零售	9	8		-62
家用电器及电子产品专门零售	1260	1160		
五金、家具及室内装修材料专门零售	4196	3006	81	515
无店铺及其他零售				

3-2-32 续表 5

单位：千元

指标名称	主营业务收入	主营业务成本	主营业务税金及附加	利润总额
合资经营企业（港或澳、台资）	**130495**	**115613**	**1146**	**1314**
批发业	83728	75831	198	-1155
农畜产品批发				
食品、饮料及烟草制品批发				
纺织、服装及日用品批发	34682	33215	1	-1100
文化、体育用品及器材批发	5770	4850		-2
医药及医疗器材批发				
矿产品、建材及化工产品批发	34773	30727	124	-324
机械设备、五金交电及电子产品批发	8503	7039	73	271
贸易经纪与代理				
其他批发				
零售业	46767	39782	948	2469
综合零售	16607	14948	166	-133
食品、饮料及烟草制品专门零售	480	152	82	90
纺织、服装及日用品专门零售	29570	24642	680	2492
文化、体育用品及器材专门零售				
医药及医疗器材专门零售				
汽车、摩托车、燃料及零配件专门零售				
家用电器及电子产品专门零售				
五金、家具及室内装修材料专门零售	110	40	20	20
无店铺及其他零售				
港、澳、台商独资经营企业	**106658**	**84066**	**318**	**-774**
批发业	76201	65842	238	225
农畜产品批发				
食品、饮料及烟草制品批发	7200	6850	68	120
纺织、服装及日用品批发				
文化、体育用品及器材批发	6991	6554		-245
医药及医疗器材批发				
矿产品、建材及化工产品批发				
机械设备、五金交电及电子产品批发	62010	52438	170	350
贸易经纪与代理				
其他批发				
零售业	30457	18224	80	-999
综合零售				
食品、饮料及烟草制品专门零售	333	287	19	-505
纺织、服装及日用品专门零售	24769	13803		-927
文化、体育用品及器材专门零售				
医药及医疗器材专门零售				
汽车、摩托车、燃料及零配件专门零售	9	8		-62
家用电器及电子产品专门零售	1260	1160		
五金、家具及室内装修材料专门零售	4086	2966	61	495
无店铺及其他零售				

3-2-32 续表 6

单位：千元

指标名称	主营业务收入	主营业务成本	主营业务税金及附加	利润总额
外商投资企业	**2500966**	**1974874**	**5255**	**100712**
批发业	818854	569906	3783	-1571
农畜产品批发				
食品、饮料及烟草制品批发	25123	22400		-545
纺织、服装及日用品批发	64285	51444	8	-4496
文化、体育用品及器材批发	39160	38604	4	23
医药及医疗器材批发				
矿产品、建材及化工产品批发	51513	41959	274	-2
机械设备、五金交电及电子产品批发	635671	412402	3497	3448
贸易经纪与代理				
其他批发	3102	3097		1
零售业	1682112	1404968	1472	102283
综合零售	1302152	1077440	871	99159
食品、饮料及烟草制品专门零售	256	239		-140
纺织、服装及日用品专门零售	57241	29731	7	997
文化、体育用品及器材专门零售				
医药及医疗器材专门零售	17	10	1	4
汽车、摩托车、燃料及零配件专门零售	307617	288297	6	-284
家用电器及电子产品专门零售	11398	6248	581	2885
五金、家具及室内装修材料专门零售	3431	3003	6	-338
无店铺及其他零售				
中外合资经营企业	**739316**	**461837**	**4083**	**10088**
批发业	478080	261624	3764	-1010
农畜产品批发				
食品、饮料及烟草制品批发	25123	22400		-545
纺织、服装及日用品批发	32504	30210	8	-500
文化、体育用品及器材批发	39160	38604	4	23
医药及医疗器材批发				
矿产品、建材及化工产品批发	28740	20124	274	-2
机械设备、五金交电及电子产品批发	349451	147189	3478	13
贸易经纪与代理				
其他批发	3102	3097		1
零售业	261236	200213	319	11098
综合零售	201966	168766	296	10294
食品、饮料及烟草制品专门零售				
纺织、服装及日用品专门零售	57241	29731	7	997
文化、体育用品及器材专门零售				
医药及医疗器材专门零售				
汽车、摩托车、燃料及零配件专门零售	966	559	6	
家用电器及电子产品专门零售	838	958	4	-198
五金、家具及室内装修材料专门零售	225	199	6	5
无店铺及其他零售				

3-2-32 续表 7

单位：千元

指标名称	主营业务收入	主营业务成本	主营业务税金及附加	利润总额
中外合作经营企业合计	**1438618**	**1217646**	**575**	**84585**
批发业	31781	21234		-3996
农畜产品批发				
食品、饮料及烟草制品批发				
纺织、服装及日用品批发	31781	21234		-3996
文化、体育用品及器材批发				
医药及医疗器材批发				
矿产品、建材及化工产品批发				
机械设备、五金交电及电子产品批发				
贸易经纪与代理				
其他批发				
零售业	1406837	1196412	575	88581
综合零售	1100186	908674	575	88865
食品、饮料及烟草制品专门零售				
纺织、服装及日用品专门零售				
文化、体育用品及器材专门零售				
医药及医疗器材专门零售				
汽车、摩托车、燃料及零配件专门零售	306651	287738		-284
家用电器及电子产品专门零售				
五金、家具及室内装修材料专门零售				
无店铺及其他零售				
外资企业	**138140**	**117279**	**597**	**7045**
批发业	124357	109175	19	4301
农畜产品批发				
食品、饮料及烟草制品批发				
纺织、服装及日用品批发				
文化、体育用品及器材批发				
医药及医疗器材批发				
矿产品、建材及化工产品批发	22773	21835		
机械设备、五金交电及电子产品批发	101584	87340	19	4301
贸易经纪与代理				
其他批发				
零售业	13783	8104	578	2744
综合零售				
食品、饮料及烟草制品专门零售				
纺织、服装及日用品专门零售				
文化、体育用品及器材专门零售				
医药及医疗器材专门零售	17	10	1	4
汽车、摩托车、燃料及零配件专门零售				
家用电器及电子产品专门零售	10560	5290	577	3083
五金、家具及室内装修材料专门零售	3206	2804		-343
无店铺及其他零售				

3-2-32 续表 8 单位：千元

指标名称	主营业务收入	主营业务成本	主营业务税金及附加	利润总额
外商投资股份有限公司	**184892**	**178112**		**-1006**
批发业	184636	177873		-866
农畜产品批发				
食品、饮料及烟草制品批发				
纺织、服装及日用品批发				
文化、体育用品及器材批发				
医药及医疗器材批发				
矿产品、建材及化工产品批发				
机械设备、五金交电及电子产品批发	184636	177873		-866
贸易经纪与代理				
其他批发				
零售业	256	239		-140
综合零售				
食品、饮料及烟草制品专门零售	256	239		-140
纺织、服装及日用品专门零售				
文化、体育用品及器材专门零售				
医药及医疗器材专门零售				
汽车、摩托车、燃料及零配件专门零售				
家用电器及电子产品专门零售				
五金、家具及室内装修材料专门零售				
无店铺及其他零售				

3-2-33 按区县分组的批发和零售业法人单位损益状况

单位：千元

指标名称	主营业务收入	主营业务成本	主营业务税金及附加	利润总额
合　计	**125691055**	**112947826**	**640447**	**2334548**
万州区	4495295	3745817	20786	294190
涪陵区	2167909	1861597	18523	45666
渝中区	35145470	31697765	92887	392775
大渡口区	2775917	2644186	2430	-2891
江北区	9536105	8742225	94978	-12151
沙坪坝区	8282971	7309186	37966	244923
九龙坡区	24603807	22341456	144332	235415
南岸区	14410915	13010342	36579	469874
北碚区	717560	641260	3228	4739
万盛区	403693	349650	5779	15597
双桥区	235221	217585	679	1068
渝北区	4155641	3779453	17689	39340
巴南区	1112040	1022973	4296	8705
黔江区	562725	405367	4642	80741
长寿区	533650	505391	2953	-281
綦江县	1384571	1295648	7355	-1102
潼南县	352832	329006	1550	4985
铜梁县	486523	424834	7123	9048
大足县	601740	543114	5615	19270
荣昌县	411079	367846	2743	13090
璧山县	505795	440394	3063	10227
梁平县	252998	213345	1079	4759
城口县	104062	84229	850	4291
丰都县	398122	338702	2161	4894
垫江县	709014	545748	3720	9032
武隆县	424547	294819	1841	24013
忠　县	535677	473595	2022	-4841
开　县	1229896	1096700	23266	34002
云阳县	952029	752747	11225	12711
奉节县	1018423	864387	5663	42293
巫山县	472522	383207	2401	14540
巫溪县	190287	148210	1270	8526
石柱县	493323	442285	5471	14110
秀山县	385216	305360	1763	20177
酉阳县	320226	234739	4503	48009
彭水县	784001	602840	14502	47493
江津市	1387992	1272129	4722	15115
合川市	713012	625307	17715	21505
永川市	1672010	1922042	16565	115114
南川市	766239	672340	4512	25577

3-2-34 按区县分组的批发业法人单位损益状况

单位：千元

指标名称	主营业务收入	主营业务成本	主营业务税金及附加	利润总额
合 计	**95331011**	**86224455**	**449788**	**1909334**
万州区	4110729	3432844	16726	267096
涪陵区	1145276	1003435	10281	29562
渝中区	23767829	21766575	48849	185398
大渡口区	2603400	2498752	2036	-320
江北区	7999455	7336750	88379	20334
沙坪坝区	5916369	5252699	25735	227217
九龙坡区	19981462	18119892	118423	183425
南岸区	12344062	11082098	29158	477789
北碚区	494517	456357	1783	5591
万盛区	324241	279298	4218	10004
双桥区	229995	213546	437	1556
渝北区	2928346	2642451	13679	43911
巴南区	842260	808054	3104	5598
黔江区	420060	288283	2604	79135
长寿区	239545	232471	1076	393
綦江县	1198304	1143246	2719	-1660
潼南县	294007	286905	1108	3291
铜梁县	353871	314748	4166	3299
大足县	486551	445957	2472	12935
荣昌县	165744	155971	504	3214
璧山县	381330	337178	1430	7390
梁平县	202154	170510	641	4858
城口县	81945	67461	613	3873
丰都县	285664	241005	1326	3775
垫江县	470207	396410	1214	8027
武隆县	374325	279616	999	20570
忠县	424349	381542	1003	-3514
开县	879136	789879	17982	20087
云阳县	766859	594809	6187	10651
奉节县	876295	742802	4991	37769
巫山县	328965	259049	1366	14301
巫溪县	150722	117380	772	7192
石柱县	391563	293292	3260	8865
秀山县	255217	205562	1226	15158
酉阳县	240411	172877	1112	35133
彭水县	495124	364718	3551	33309
江津市	1003591	928018	2386	12173
合川市	415387	382742	10136	4503
永川市	1011798	1338696	10290	92575
南川市	449946	400577	1846	14871

3-2-35 按区县分组的零售业法人单位损益状况

单位：千元

指标名称	主营业务收入	主营业务成本	主营业务税金及附加	利润总额
合　计	**30360044**	**26723371**	**190659**	**425214**
万州区	384566	312973	4060	27094
涪陵区	1022633	858162	8242	16104
渝中区	11377641	9931190	44038	207377
大渡口区	172517	145434	394	-2571
江北区	1536650	1405475	6599	-32485
沙坪坝区	2366602	2056487	12231	17706
九龙坡区	4622345	4221564	25909	51990
南岸区	2066853	1928244	7421	-7915
北碚区	223043	184903	1445	-852
万盛区	79452	70352	1561	5593
双桥区	5226	4039	242	-488
渝北区	1227295	1137002	4010	-4571
巴南区	269780	214919	1192	3107
黔江区	142665	117084	2038	1606
长寿区	294105	272920	1877	-674
綦江县	186267	152402	4636	558
潼南县	58825	42101	442	1694
铜梁县	132652	110086	2957	5749
大足县	115189	97157	3143	6335
荣昌县	245335	211875	2239	9876
璧山县	124465	103216	1633	2837
梁平县	50844	42835	438	-99
城口县	22117	16768	237	418
丰都县	112458	97697	835	1119
垫江县	238807	149338	2506	1005
武隆县	50222	15203	842	3443
忠　县	111328	92053	1019	-1327
开　县	350760	306821	5284	13915
云阳县	185170	157938	5038	2060
奉节县	142128	121585	672	4524
巫山县	143557	124158	1035	239
巫溪县	39565	30830	498	1334
石柱县	101760	148993	2211	5245
秀山县	129999	99798	537	5019
酉阳县	79815	61862	3391	12876
彭水县	288877	238122	10951	14184
江津市	384401	344111	2336	2942
合川市	297625	242565	7579	17002
永川市	660212	583346	6275	22539
南川市	316293	271763	2666	10706

第3篇

住宿和餐饮业生产经营及财务状况

3-3-1 按登记注册类型分组的住宿和餐饮业法人单位经营情况

指标名称	法人企业（个）	从业人数（人）	营业额（千元）	#客房收入	#餐费收入
合　计	**1481**	**79122**	**4736094**	**1335588**	**3023655**
内资企业	**1456**	**73334**	**4257358**	**1163008**	**2779287**
国有企业	125	9851	589572	274513	232992
集体企业	185	3369	179007	70637	85835
股份合作企业	33	1488	77273	12084	63446
联营企业	7	169	2681	1075	1460
国有联营企业					
集体联营企业	4	110	1311	1045	120
国有与集体联营企业	1	52	1300		1300
其他联营企业	2	7	70	30	40
有限责任公司	212	19919	1176752	370218	721575
国有独资公司	11	1036	70950	28413	24216
其他有限责任公司	201	18883	1105802	341805	697359
股份有限公司	46	2901	202591	65381	119318
私营企业	812	33509	1983676	361533	1517616
私营独资企业	435	10506	574090	93070	442464
私营合伙企业	76	2321	125947	8882	108164
私营有限责任公司	258	18483	1205216	240295	914180
私营股份有限公司	43	2199	78423	19286	52808
其他企业	36	2128	45806	7567	37045
港、澳、台商投资企业	**16**	**3927**	**282653**	**120432**	**109650**
合资经营企业（港或澳、台资）	7	3642	251992	118950	88142
合作经营企业（港或澳、台资）					
港、澳、台商独资经营企业	9	285	30661	1482	21508
港、澳、台商投资股份有限公司					
外商投资企业	**9**	**1861**	**196083**	**52148**	**134718**
中外合资经营企业	4	442	26358	11326	11248
中外合作经营企业					
外资企业	4	1394	169725	40822	123470
外商投资股份有限公司	1	25			

3-3-2 按登记注册类型、行业分组的住宿业法人单位经营情况

指标名称	法人企业（个）	从业人数（人）	营业额（千元）	#客房收入	#餐费收入
合　计	**546**	**34337**	**2293295**	**1152166**	**892822**
按登记注册类型分					
内资企业	**536**	**31129**	**1994123**	**992922**	**793076**
国有企业	100	7638	524231	254973	196084
集体企业	88	1939	109148	63090	38376
股份合作企业	12	364	10993	4651	4896
联营企业	5	116	1381	1075	160
国有联营企业					
集体联营企业	4	110	1311	1045	120
国有与集体联营企业					
其他联营企业	1	6	70	30	40
有限责任公司	107	10671	667284	303802	299998
国有独资公司	9	1010	69826	28165	23437
其他有限责任公司	98	9661	597458	275637	276561
股份有限公司	25	1750	109369	58090	41514
私营企业	189	8268	560064	301766	205940
私营独资企业	94	2359	135641	63646	53291
私营合伙企业	23	454	14545	7007	6108
私营有限责任公司	61	4709	377246	216667	132650
私营股份有限公司	11	746	32632	14446	13891
其他企业	10	383	11653	5475	6108
港、澳、台商投资企业	**7**	**2226**	**203571**	**107198**	**62246**
合资经营企业（港或澳、台资）	6	2185	202089	105716	62246
合作经营企业（港或澳、台资）					
港、澳、台商独资经营企业	1	41	1482	1482	
港、澳、台商投资股份有限公司					
外商投资企业	**3**	**982**	**95601**	**52046**	**37500**
中外合资经营企业	2	392	25060	11224	10283
中外合作经营企业					
外资企业	1	590	70541	40822	27217
外商投资股份有限公司					
按行业分					
旅游饭店	170	23411	1691758	768328	726346
一般旅馆	332	9679	554492	353773	153424
其他住宿服务	44	1247	47045	30065	13052

3-3-3 按登记注册类型、行业分组的星级住宿业法人单位经营情况

指标名称	法人企业（个）	营业额（千元）	#客房收入	#餐费收入
合 计	**134**	**1598387**	**731577**	**675922**
按登记注册类型分				
内资企业	**127**	**1303952**	**575492**	**577754**
国有企业	35	431405	199428	167322
集体企业	10	58054	33416	21333
股份合作企业	2	2594	1515	1079
联营企业				
国有联营企业				
集体联营企业				
国有与集体联营企业				
其他联营企业				
有限责任公司	40	499654	210283	242858
国有独资公司	3	59423	23693	20480
其他有限责任公司	37	440231	186590	222378
股份有限公司	9	73543	39062	25832
私营企业	30	231478	88539	115425
私营独资企业	11	55587	23849	22657
私营合伙企业	1	6313	3355	1979
私营有限责任公司	15	157203	56613	83985
私营股份有限公司	3	12375	4722	6804
其他企业	1	7224	3249	3905
港、澳、台商投资企业	**5**	**198867**	**104072**	**60668**
合资经营企业（港或澳、台资）	5	198867	104072	60668
合作经营企业（港或澳、台资）				
港、澳、台商独资经营企业				
港、澳、台商投资股份有限公司				
外商投资企业	**2**	**95568**	**52013**	**37500**
中外合资经营企业	1	25027	11191	10283
中外合作经营企业				
外资企业	1	70541	40822	27217
外商投资股份有限公司				
按行业分				
旅游饭店	120	1556921	710530	661932
一般旅馆	14	41466	21047	13990
其他住宿服务				

3-3-4 按登记注册类型、行业分组的星级以下住宿业法人单位经营情况

指标名称	法人企业（个）	营业额（千元）	#客房收入	#餐费收入
合　计	**412**	**694908**	**420589**	**216900**
按登记注册类型分				
内资企业	**409**	**690171**	**417430**	**215322**
国有企业	65	92826	55545	28762
集体企业	78	51094	29674	17043
股份合作企业	10	8399	3136	3817
联营企业	5	1381	1075	160
国有联营企业				
集体联营企业	4	1311	1045	120
国有与集体联营企业				
其他联营企业	1	70	30	40
有限责任公司	67	167630	93519	57140
国有独资公司	6	10403	4472	2957
其他有限责任公司	61	157227	89047	54183
股份有限公司	16	35826	19028	15682
私营企业	159	328586	213227	90515
私营独资企业	83	80054	39797	30634
私营合伙企业	22	8232	3652	4129
私营有限责任公司	46	220043	160054	48665
私营股份有限公司	8	20257	9724	7087
其他企业	9	4429	2226	2203
港、澳、台商投资企业	**2**	**4704**	**3126**	**1578**
合资经营企业（港或澳、台资）	1	3222	1644	1578
合作经营企业（港或澳、台资）				
港、澳、台商独资经营企业	1	1482	1482	
港、澳、台商投资股份有限公司				
外商投资企业	**1**	**33**	**33**	
中外合资经营企业	1	33	33	
中外合作经营企业				
外资企业				
外商投资股份有限公司				
按行业分				
旅游饭店	50	134837	57798	64414
一般旅馆	318	513026	332726	139434
其他住宿服务	44	47045	30065	13052

3-3-5 按登记注册类型、行业分组的餐饮业法人单位经营情况

指标名称	法人企业（个）	从业人数（人）	营业额（千元）	#客房收入	#餐费收入
合 计	**935**	**44785**	**2442799**	**183422**	**2130833**
按登记注册类型分					
内资企业	**920**	**42205**	**2263235**	**170086**	**1986211**
国有企业	25	2213	65341	19540	36908
集体企业	97	1430	69859	7547	47459
股份合作企业	21	1124	66280	7433	58550
联营企业	2	53	1300		1300
国有联营企业					
集体联营企业					
国有与集体联营企业	1	52	1300		1300
其他联营企业	1	1			
有限责任公司	105	9248	509468	66416	421577
国有独资公司	2	26	1124	248	779
其他有限责任公司	103	9222	508344	66168	420798
股份有限公司	21	1151	93222	7291	77804
私营企业	623	25241	1423612	59767	1311676
私营独资企业	341	8147	438449	29424	389173
私营合伙企业	53	1867	111402	1875	102056
私营有限责任公司	197	13774	827970	23628	781530
私营股份有限公司	32	1453	45791	4840	38917
其他企业	26	1745	34153	2092	30937
港、澳、台商投资企业	**9**	**1701**	**79082**	**13234**	**47404**
合资经营企业（港或澳、台资）	1	1457	49903	13234	25896
合作经营企业（港或澳、台资）					
港、澳、台商独资经营企业	8	244	29179		21508
港、澳、台商投资股份有限公司					
外商投资企业	**6**	**879**	**100482**	**102**	**97218**
中外合资经营企业	2	50	1298	102	965
中外合作经营企业					
外资企业	3	804	99184		96253
外商投资股份有限公司	1	25			
按行业分					
正餐服务	799	41534	2257254	181695	1960210
快餐服务	23	1291	127552	65	120600
饮料及冷饮服务	37	639	16418		12336
其他餐饮服务	76	1321	41575	1662	37687

3-3-6 按登记注册类型、行业分组的住宿和餐饮业法人单位经营情况

指标名称	法人企业(个)	从业人数(人)	营业额(千元)	#客房收入	#餐费收入
合　计	**1456**	**73334**	**4257358**	**1163008**	**2779287**
内资企业	**1456**	**73334**	**4257358**	**1163008**	**2779287**
住宿业	536	31129	1994123	992922	793076
旅游饭店	163	20430	1397323	612243	628178
一般旅馆	329	9452	549755	350614	151846
其他住宿服务	44	1247	47045	30065	13052
餐饮业	920	42205	2263235	170086	1986211
正餐服务	789	39799	2187374	168359	1918628
快餐服务	19	488	17868	65	17560
饮料及冷饮服务	36	597	16418		12336
其他餐饮服务	76	1321	41575	1662	37687
国有企业	**125**	**9851**	**589572**	**274513**	**232992**
住宿业	100	7638	524231	254973	196084
旅游饭店	35	5646	431629	197834	168044
一般旅馆	49	1528	68567	40600	21911
其他住宿服务	16	464	24035	16539	6129
餐饮业	25	2213	65341	19540	36908
正餐服务	25	2213	65341	19540	36908
快餐服务					
饮料及冷饮服务					
其他餐饮服务					
集体企业	**185**	**3369**	**179007**	**70637**	**85835**
住宿业	88	1939	109148	63090	38376
旅游饭店	12	1057	55807	31915	20575
一般旅馆	70	818	52163	30642	17627
其他住宿服务	6	64	1178	533	174
餐饮业	97	1430	69859	7547	47459
正餐服务	61	1128	61505	6847	40348
快餐服务	2	20	229	65	124
饮料及冷饮服务	2	12	298		214
其他餐饮服务	32	270	7827	635	6773
股份合作企业	**33**	**1488**	**77273**	**12084**	**63446**
住宿业	12	364	10993	4651	4896
旅游饭店	1	157	1536	469	921
一般旅馆	9	195	9336	4061	3975
其他住宿服务	2	12	121	121	
餐饮业	21	1124	66280	7433	58550
正餐服务	19	1092	64798	7433	57195
快餐服务					
饮料及冷饮服务	2	32	1482		1355
其他餐饮服务					

3-3-6 续表 1

指标名称	法人企业（个）	从业人数（人）	营业额（千元）	#客房收入	#餐费收入
联营企业	**7**	**169**	**2681**	**1075**	**1460**
住宿业	5	116	1381	1075	160
旅游饭店	1	6	70	30	40
一般旅馆	3	107	1101	955	
其他住宿服务	1	3	210	90	120
餐饮业	2	53	1300		1300
正餐服务	2	53	1300		1300
快餐服务					
饮料及冷饮服务					
其他餐饮服务					
有限责任公司	**212**	**19919**	**1176752**	**370218**	**721575**
住宿业	107	10671	667284	303802	299998
旅游饭店	52	7071	515535	219657	250118
一般旅馆	50	3329	143006	78485	47941
其他住宿服务	5	271	8743	5660	1939
餐饮业	105	9248	509468	66416	421577
正餐服务	94	8781	501515	66409	414731
快餐服务	4	66	4108		4107
饮料及冷饮服务	2	74	514		514
其他餐饮服务	5	327	3331	7	2225
股份有限公司	**46**	**2901**	**202591**	**65381**	**119318**
住宿业	25	1750	109369	58090	41514
旅游饭店	9	958	73186	38811	25753
一般旅馆	15	686	34553	18429	15031
其他住宿服务	1	106	1630	850	730
餐饮业	21	1151	93222	7291	77804
正餐服务	19	1105	90902	7111	75808
快餐服务					
饮料及冷饮服务	1	30	1960		1960
其他餐饮服务	1	16	360	180	36
私营企业	**812**	**33509**	**1983676**	**361533**	**1517616**
住宿业	189	8268	560064	301766	205940
旅游饭店	51	5397	309916	119858	156822
一般旅馆	126	2653	239020	175636	45158
其他住宿服务	12	218	11128	6272	3960
餐饮业	623	25241	1423612	59767	1311676
正餐服务	553	23826	1371888	58967	1264631
快餐服务	12	397	13517		13315
饮料及冷饮服务	26	358	10866		7753
其他餐饮服务	32	660	27341	800	25977

3-3-6 续表 2

指标名称	法人企业(个)	从业人数(人)	营业额(千元)	#客房收入	#餐费收入
其他企业	**36**	**2128**	**45806**	**7567**	**37045**
住宿业	10	383	11653	5475	6108
旅游饭店	2	138	9644	3669	5905
一般旅馆	7	136	2009	1806	203
其他住宿服务	1	109			
餐饮业	26	1745	34153	2092	30937
正餐服务	16	1640	30125	2052	27707
快餐服务	1	5	14		14
饮料及冷饮服务	3	52	1298		540
其他餐饮服务	6	48	2716	40	2676
港、澳、台商投资企业	**16**	**3927**	**282653**	**120432**	**109650**
住宿业	7	2226	203571	107198	62246
旅游饭店	5	2001	198867	104072	60668
一般旅馆	2	225	4704	3126	1578
其他住宿服务					
餐饮业	9	1701	79082	13234	47404
正餐服务	6	1604	55714	13234	30680
快餐服务	2	85	23368		16724
饮料及冷饮服务	1	12			
其他餐饮服务					
合资经营企业（港或澳、台资）	**7**	**3642**	**251992**	**118950**	**88142**
住宿业	6	2185	202089	105716	62246
旅游饭店	5	2001	198867	104072	60668
一般旅馆	1	184	3222	1644	1578
其他住宿服务					
餐饮业	1	1457	49903	13234	25896
正餐服务	1	1457	49903	13234	25896
快餐服务					
饮料及冷饮服务					
其他餐饮服务					
港、澳、台商独资经营	**9**	**285**	**30661**	**1482**	**21508**
住宿业	1	41	1482	1482	
旅游饭店					
一般旅馆	1	41	1482	1482	
其他住宿服务					
餐饮业	8	244	29179		21508
正餐服务	5	147	5811		4784
快餐服务	2	85	23368		16724
饮料及冷饮服务	1	12			
其他餐饮服务					

3-3-6 续表 3

指标名称	法人企业（个）	从业人数（人）	营业额（千元）	#客房收入	#餐费收入
外商投资企业	**9**	**1861**	**196083**	**52148**	**134718**
住宿业	3	982	95601	52046	37500
旅游饭店	2	980	95568	52013	37500
一般旅馆	1	2	33	33	
其他住宿服务					
餐饮业	6	879	100482	102	97218
正餐服务	4	131	14166	102	10902
快餐服务	2	748	86316		86316
饮料及冷饮服务					
其他餐饮服务					
中外合资经营企业	**4**	**442**	**26358**	**11326**	**11248**
住宿业	2	392	25060	11224	10283
旅游饭店	1	390	25027	11191	10283
一般旅馆	1	2	33	33	
其他住宿服务					
餐饮业	2	50	1298	102	965
正餐服务	2	50	1298	102	965
快餐服务					
饮料及冷饮服务					
其他餐饮服务					
外资企业	**4**	**1394**	**169725**	**40822**	**123470**
住宿业	1	590	70541	40822	27217
旅游饭店	1	590	70541	40822	27217
一般旅馆					
其他住宿服务					
餐饮业	3	804	99184		96253
正餐服务	1	86	12868		9937
快餐服务	2	718	86316		86316
饮料及冷饮服务					
其他餐饮服务					
外商投资股份有限公司	**1**	**25**			
住宿业					
旅游饭店					
一般旅馆					
其他住宿服务					
餐饮业	1	25			
正餐服务	1	25			
快餐服务					
饮料及冷饮服务					
其他餐饮服务					

3-3-7 按区县分组的住宿和餐饮业法人单位经营情况

指标名称	法人企业（个）	从业人数（人）	营业额（千元）	#客房收入	#餐费收入
合　计	**1481**	**79122**	**4736094**	**1335588**	**3023655**
万州区	75	3537	186003	52836	128376
涪陵区	42	3398	151321	40701	94611
渝中区	223	16621	1143379	393278	631467
大渡口区	20	455	21406	1785	15694
江北区	88	6578	326452	52879	242179
沙坪坝区	91	5470	355727	77194	245194
九龙坡区	98	9079	636162	221003	377603
南岸区	88	7541	522135	109228	381345
北碚区	29	852	48868	7971	40185
万盛区	13	275	9991	3090	6613
双桥区	6	184	5563	3010	2531
渝北区	73	5071	327194	90929	223237
巴南区	41	1599	64018	15037	44478
黔江区	12	666	46171	22301	22049
长寿区	11	723	31646	11994	18194
綦江县	22	599	26959	5194	10013
潼南县	9	213	7288	2200	5088
铜梁县	20	676	29571	11959	14503
大足县	20	605	32317	7932	18920
荣昌县	28	916	74682	13540	51313
璧山县	15	548	18721	6704	10891
梁平县	14	550	19226	2541	13344
城口县	8	65	3779	1595	2072
丰都县	21	677	19046	6700	11786
垫江县	45	1344	71127	9452	55121
武隆县	12	614	30676	18815	10693
忠　县	28	565	22866	5286	14722
开　县	13	794	52855	9089	34949
云阳县	9	610	35062	11340	23474
奉节县	17	662	50421	17107	32787
巫山县	16	559	20559	6384	10547
巫溪县	9	376	11151	5059	4867
石柱县	9	238	10264	5859	4203
秀山县	4	176	8592	4145	3091
酉阳县	17	561	14840	5305	7623
彭水县	12	390	22248	7255	14847
江津市	38	897	48816	10341	36346
合川市	20	919	59404	16170	41409
永川市	146	2572	128991	29462	92874
南川市	19	947	40597	12918	24416

3-3-8 按区县分组的住宿业法人单位经营情况

指标名称	法人企业（个）	从业人数（人）	营业额（千元）	#客房收入	#餐费收入
合　计	**546**	**34337**	**2293295**	**1152166**	**892822**
万州区	28	1982	103022	51776	47602
涪陵区	11	1676	81870	35922	34074
渝中区	112	9298	758212	377335	278879
大渡口区	3	31	655	655	
江北区	19	652	31633	16986	10097
沙坪坝区	29	1731	128174	74080	42638
九龙坡区	28	4032	365480	211114	123910
南岸区	19	2553	188807	96136	70423
北碚区	14	275	18267	7917	10084
万盛区	4	101	3391	2619	548
双桥区	4	138	4910	3010	1890
渝北区	21	1929	115804	51855	52992
巴南区	18	580	20678	10131	7947
黔江区	11	600	46171	22301	22049
长寿区	6	479	20978	7261	12289
綦江县	9	237	9089	4699	3410
潼南县	2	10	780	780	
铜梁县	5	169	5393	3586	1536
大足县	10	397	19785	7588	6732
荣昌县	9	479	37297	12905	14875
璧山县	7	55	1404	1143	128
梁平县	7	185	5319	2541	2157
城口县	4	27	1627	1127	500
丰都县	12	343	14190	6685	7183
垫江县	9	529	18264	6907	8000
武隆县	11	587	28210	16895	10457
忠　县	4	274	11910	5036	4847
开　县	11	608	42045	9089	24959
云阳县	5	283	15575	6370	9205
奉节县	10	552	38195	16485	21183
巫山县	10	426	14638	6384	5079
巫溪县	7	342	10393	4798	4454
石柱县	7	211	8394	5859	2333
秀山县	3	125	6536	4145	1908
酉阳县	6	291	8090	4915	2763
彭水县	8	206	13301	6951	6204
江津市	17	438	19862	8840	9747
合川市	6	383	19826	9255	9302
永川市	26	357	25285	17167	6324
南川市	14	766	29835	12918	14114

3-3-9 按区县分组的餐饮业法人单位经营情况

指标名称	法人企业(个)	从业人数(人)	营业额(千元)	#客房收入	#餐费收入
合　计	**935**	**44785**	**2442799**	**183422**	**2130833**
万州区	47	1555	82981	1060	80774
涪陵区	31	1722	69451	4779	60537
渝中区	111	7323	385167	15943	352588
大渡口区	17	424	20751	1130	15694
江北区	69	5926	294819	35893	232082
沙坪坝区	62	3739	227553	3114	202556
九龙坡区	70	5047	270682	9889	253693
南岸区	69	4988	333328	13092	310922
北碚区	15	577	30601	54	30101
万盛区	9	174	6600	471	6065
双桥区	2	46	653		641
渝北区	52	3142	211390	39074	170245
巴南区	23	1019	43340	4906	36531
黔江区	1	66			
长寿区	5	244	10668	4733	5905
綦江县	13	362	17870	495	6603
潼南县	7	203	6508	1420	5088
铜梁县	15	507	24178	8373	12967
大足县	10	208	12532	344	12188
荣昌县	19	437	37385	635	36438
璧山县	8	493	17317	5561	10763
梁平县	7	365	13907		11187
城口县	4	38	2152	468	1572
丰都县	9	334	4856	15	4603
垫江县	36	815	52863	2545	47121
武隆县	1	27	2466	1920	236
忠　县	24	291	10956	250	9875
开　县	2	186	10810		9990
云阳县	4	327	19487	4970	14269
奉节县	7	110	12226	622	11604
巫山县	6	133	5921		5468
巫溪县	2	34	758	261	413
石柱县	2	27	1870		1870
秀山县	1	51	2056		1183
酉阳县	11	270	6750	390	4860
彭水县	4	184	8947	304	8643
江津市	21	459	28954	1501	26599
合川市	14	536	39578	6915	32107
永川市	120	2215	103706	12295	86550
南川市	5	181	10762		10302

3-3-10 按登记注册类型分组的其他行业法人附属住宿和餐饮业产业活动单位经营情况

指标名称	产业活动单位（个）	从业人数（人）	营业额（千元）	#客房收入	#餐费收入
合 计	**1016**	**14949**	**581621**	**150322**	**395748**
内资企业	**1010**	**13957**	**534597**	**148850**	**350484**
国有企业	341	5315	223065	69673	142541
集体企业	238	1581	35676	9693	23458
股份合作企业	8	65	1731	1516	215
联营企业	5	22	318	65	192
国有联营企业	1	1			
集体联营企业	2	15	198	45	92
国有与集体联营企业	1	5	20	20	
其他联营企业	1	1	100		100
有限责任公司	132	3304	109854	27091	68497
国有独资公司	10	504	22398	8062	9722
其他有限责任公司	122	2800	87456	19029	58775
股份有限公司	34	988	65687	33317	28525
私营企业	129	1862	72923	6487	63941
私营独资企业	57	695	29037	1486	27423
私营合伙企业	8	79	692	41	651
私营有限责任公司	56	894	33329	2399	28933
私营股份有限公司	8	194	9865	2561	6934
其他企业	123	820	25343	1008	23115
港、澳、台商投资企业	**4**	**874**	**44120**	**20**	**44100**
合资经营企业（港或澳、台资）	2	806	41244		41244
合作经营企业（港或澳、台资）					
港、澳、台商独资经营企业	2	68	2876	20	2856
港、澳、台商投资股份有限公司					
外商投资企业	**2**	**118**	**2904**	**1452**	**1164**
中外合资经营企业	2	118	2904	1452	1164
中外合作经营企业					
外资企业					
外商投资股份有限公司					

3-3-11 按法人单位性质、行业分组的其他行业法人附属住宿和餐饮业产业活动单位经营情况

指标名称	产业活动单位(个)	从业人数(人)	营业额(千元)
合 计	**1016**	**14949**	**581621**
按法人单性质位分组			
工业法人	101	2603	113475
建筑业法人	22	381	17217
房地产业法人	55	2054	78580
交通运输电信业法人	32	382	12797
批发零售业法人	255	2149	104952
服务业法人	18	1510	
行政事业单位法人	76	1673	75840
农业法人	452	4006	169920
其他	5	191	8840
按行业分组			
住宿业	**354**	**5480**	**197394**
旅游饭店	25	2212	80662
一般旅馆	265	2526	83128
其他住宿服务	64	742	33604
餐饮业	**662**	**9469**	**384227**
正餐服务	367	7094	287518
快餐服务	23	242	14879
饮料及冷饮服务	23	97	1432
其他餐饮服务	249	2036	80398

3-3-12 按行业分组的住宿和餐饮业法人单位设施状况

指标名称	客房数(间)	床位数(个)	餐位数(位)
合 计	**85685**	**166280**	**602510**
住宿业	64508	124018	186674
旅游饭店	48597	92629	160837
一般旅馆	13839	27362	22434
其他住宿服务	2072	4027	3403
餐饮业	21177	42262	415836
正餐服务	21016	41807	398693
快餐服务	20	38	6417
饮料及冷饮服务			2376
其他餐饮服务	141	417	8350

3-3-13 按区县分组的住宿和餐饮业法人单位设施状况

指标名称	客房数 (间)	床位数 (个)	餐位数 (位)
合　计	**85685**	**166280**	**602510**
万州区	1769	3310	16009
涪陵区	1510	2742	13672
渝中区	38895	75531	170779
大渡口区	218	443	2502
江北区	1913	4591	25008
沙坪坝区	1993	3672	22803
九龙坡区	3371	6422	62100
南岸区	3148	5787	107654
北碚区	512	1036	7338
万盛区	252	539	2681
双桥区	116	219	557
渝北区	1999	3805	28604
巴南区	1695	3387	5335
黔江区	723	1424	1867
长寿区	694	1896	3397
綦江县	418	834	5651
潼南县	107	263	1210
铜梁县	524	1034	3474
大足县	658	1304	3344
荣昌县	500	974	7239
璧山县	370	650	1773
梁平县	224	432	1792
城口县	133	238	333
丰都县	661	1187	2574
垫江县	594	1115	12509
武隆县	938	1981	2195
忠　县	176	350	1485
开　县	502	1256	4015
云阳县	526	934	2981
奉节县	576	1158	1539
巫山县	296	588	1860
巫溪县	636	1239	1538
石柱县	316	563	660
秀山县	130	281	690
酉阳县	498	1134	1154
彭水县	360	675	1596
江津市	831	1712	6419
合川市	623	1155	8593
永川市	15157	28754	54496
南川市	1123	1665	3084

3-3-14 按区县分组的住宿业法人单位设施状况

指标名称	客房数(间)	床位数(个)	餐位数(位)
合　计	**64508**	**124018**	**186674**
万州区	1625	3056	4890
涪陵区	1043	1845	2945
渝中区	38324	74567	108890
大渡口区	96	218	
江北区	812	2449	1663
沙坪坝区	1602	2909	2364
九龙坡区	2797	5259	20990
南岸区	2548	4479	5034
北碚区	507	1026	3398
万盛区	204	415	288
双桥区	116	219	240
渝北区	1390	2692	2958
巴南区	1170	2335	1890
黔江区	723	1424	1867
长寿区	311	587	1700
綦江县	297	595	642
潼南县	15	35	
铜梁县	196	447	752
大足县	566	1098	902
荣昌县	414	803	2051
璧山县	139	261	200
梁平县	224	432	440
城口县	52	96	10
丰都县	611	1087	1528
垫江县	376	730	1540
武隆县	888	1883	1895
忠　县	146	265	850
开　县	502	1256	2745
云阳县	329	556	1406
奉节县	570	1146	1190
巫山县	296	588	700
巫溪县	599	1169	1448
石柱县	316	563	430
秀山县	130	281	500
酉阳县	373	934	654
彭水县	318	602	616
江津市	650	1328	2500
合川市	459	822	784
永川市	1661	1916	1260
南川市	1113	1645	2514

3-3-15 按区县分组的餐饮业法人单位设施状况

指标名称	客房数 (间)	床位数 (个)	餐位数 (位)
合　计	**21177**	**42262**	**415836**
万州区	144	254	11119
涪陵区	467	897	10727
渝中区	571	964	61889
大渡口区	122	225	2502
江北区	1101	2142	23345
沙坪坝区	391	763	20439
九龙坡区	574	1163	41110
南岸区	600	1308	102620
北碚区	5	10	3940
万盛区	48	124	2393
双桥区			317
渝北区	609	1113	25646
巴南区	525	1052	3445
黔江区			
长寿区	383	1309	1697
綦江县	121	239	5009
潼南县	92	228	1210
铜梁县	328	587	2722
大足县	92	206	2442
荣昌县	86	171	5188
璧山县	231	389	1573
梁平县			1352
城口县	81	142	323
丰都县	50	100	1046
垫江县	218	385	10969
武隆县	50	98	300
忠　县	30	85	635
开　县			1270
云阳县	197	378	1575
奉节县	6	12	349
巫山县			1160
巫溪县	37	70	90
石柱县			230
秀山县			190
酉阳县	125	200	500
彭水县	42	73	980
江津市	181	384	3919
合川市	164	333	7809
永川市	13496	26838	53236
南川市	10	20	570

3-3-16 按登记注册类型分组的住宿和餐饮业法人单位资产负债状况

单位：千元

指标名称	资产总计	负债合计	所有者权益
合 计	**11430924**	**7336476**	**4094448**
内资企业	**8769119**	**4854134**	**3914985**
国有企业	1726460	1011417	715043
集体企业	571649	441456	130193
股份合作企业	175000	99014	75986
联营企业	17240	5971	11269
国有联营企业			
集体联营企业	6340	1171	5169
国有与集体联营企业	10000	4800	5200
其他联营企业	900		900
有限责任公司	2400041	1349239	1050802
国有独资公司	149891	21606	128285
其他有限责任公司	2250150	1327633	922517
股份有限公司	623064	363445	259619
私营企业	3117791	1496371	1621420
私营独资企业	850260	316909	533351
私营合伙企业	98264	52827	45437
私营有限责任公司	2050168	1066145	984023
私营股份有限公司	119099	60490	58609
其他企业	137874	87221	50653
港、澳、台商投资企业	**2172213**	**2115899**	**56314**
合资经营企业（港或澳、台资）	2143613	2084047	59566
合作经营企业（港或澳、台资）			
港、澳、台商独资经营企业	28600	31852	-3252
港、澳、台商投资股份有限公司			
外商投资企业	**489592**	**366443**	**123149**
中外合资经营企业	80864	58156	22708
中外合作经营企业			
外资企业	408228	308287	99941
外商投资股份有限公司	500		500

3-3-17 按登记注册类型、行业分组的住宿业法人单位资产负债状况

单位：千元

指标名称	资产总计	负债合计	所有者权益
合　计	**7958599**	**5316981**	**2641618**
按登记注册类型分			
内资企业	**5896423**	**3286921**	**2609502**
国有企业	1603579	907995	695584
集体企业	371966	245232	126734
股份合作企业	53697	48235	5462
联营企业	7240	1171	6069
国有联营企业			
集体联营企业	6340	1171	5169
国有与集体联营企业			
其他联营企业	900		900
有限责任公司	1638011	866356	771655
国有独资公司	145051	19983	125068
其他有限责任公司	1492960	846373	646587
股份有限公司	494663	328909	165754
私营企业	1654317	830740	823577
私营独资企业	358195	162242	195953
私营合伙企业	26925	17543	9382
私营有限责任公司	1189996	603335	586661
私营股份有限公司	79201	47620	31581
其他企业	72950	58283	14667
港、澳、台商投资企业	**1645220**	**1677951**	**-32731**
合资经营企业（港或澳、台资）	1644980	1677711	-32731
合作经营企业（港或澳、台资）			
港、澳、台商独资经营企业	240	240	
港、澳、台商投资股份有限公司			
外商投资企业	**416956**	**352109**	**64847**
中外合资经营企业	72238	56395	15843
中外合作经营企业			
外资企业	344718	295714	49004
外商投资股份有限公司			
按行业分			
旅游饭店	6266323	4457965	1808358
一般旅馆	1512284	792125	720159
其他住宿服务	179992	66891	113101

3-3-18 按登记注册类型、行业分组的餐饮业法人单位资产负债状况

单位：千元

指标名称	资产总计	负债合计	所有者权益
合 计	**3472325**	**2019495**	**1452830**
按登记注册类型分			
内资企业	**2872696**	**1567213**	**1305483**
国有企业	122881	103422	19459
集体企业	199683	196224	3459
股份合作企业	121303	50779	70524
联营企业	10000	4800	5200
国有联营企业			
集体联营企业			
国有与集体联营企业	10000	4800	5200
其他联营企业			
有限责任公司	762030	482883	279147
国有独资公司	4840	1623	3217
其他有限责任公司	757190	481260	275930
股份有限公司	128401	34536	93865
私营企业	1463474	665631	797843
私营独资企业	492065	154667	337398
私营合伙企业	71339	35284	36055
私营有限责任公司	860172	462810	397362
私营股份有限公司	39898	12870	27028
其他企业	64924	28938	35986
港、澳、台商投资企业	**526993**	**437948**	**89045**
合资经营企业（港或澳、台资）	498633	406336	92297
合作经营企业（港或澳、台资）			
港、澳、台商独资经营企业	28360	31612	-3252
港、澳、台商投资股份有限公司			
外商投资企业	**72636**	**14334**	**58302**
中外合资经营企业	8626	1761	6865
中外合作经营企业			
外资企业	63510	12573	50937
外商投资股份有限公司	500		500
按行业分			
正餐服务	3296688	1943684	1353004
快餐服务	95661	44322	51339
饮料及冷饮服务	18559	6370	12189
其他餐饮服务	61417	25119	36298

3-3-19 按登记注册类型、行业分组的住宿和餐饮业法人单位资产负债状况

单位：千元

指标名称	资产总计	负债合计	所有者权益
内资企业	**8769119**	**4854134**	**3914985**
住宿业	5896423	3286921	2609502
旅游饭店	4271136	2465082	1806054
一般旅馆	1445295	754948	690347
其他住宿服务	179992	66891	113101
餐饮业	2872696	1567213	1305483
正餐服务	2780856	1528746	1252110
快餐服务	11943	6978	4965
饮料及冷饮服务	18480	6370	12110
其他餐饮服务	61417	25119	36298
国有企业	**1726460**	**1011417**	**715043**
住宿业	1603579	907995	695584
旅游饭店	1363742	804208	559534
一般旅馆	181010	81740	99270
其他住宿服务	58827	22047	36780
餐饮业	122881	103422	19459
正餐服务	122881	103422	19459
快餐服务			
饮料及冷饮服务			
其他餐饮服务			
集体企业	**571649**	**441456**	**130193**
住宿业	371966	245232	126734
旅游饭店	200448	165468	34980
一般旅馆	153828	66151	87677
其他住宿服务	17690	13613	4077
餐饮业	199683	196224	3459
正餐服务	188551	192123	-3572
快餐服务	55	118	-63
饮料及冷饮服务	280	60	220
其他餐饮服务	10797	3923	6874
股份合作企业	**175000**	**99014**	**75986**
住宿业	53697	48235	5462
旅游饭店	40970	43875	-2905
一般旅馆	12545	4329	8216
其他住宿服务	182	31	151
餐饮业	121303	50779	70524
正餐服务	119790	50702	69088
快餐服务			
饮料及冷饮服务	1513	77	1436
其他餐饮服务			

3-3-19 续表 1 单位：千元

指标名称	资产总计	负债合计	所有者权益
联营企业	**17240**	**5971**	**11269**
住宿业	7240	1171	6069
旅游饭店	900		900
一般旅馆	3380	696	2684
其他住宿服务	2960	475	2485
餐饮业	10000	4800	5200
正餐服务	10000	4800	5200
快餐服务			
饮料及冷饮服务			
其他餐饮服务			
有限责任公司	**2400041**	**1349239**	**1050802**
住宿业	1638011	866356	771655
旅游饭店	1020071	453635	566436
一般旅馆	583442	395682	187760
其他住宿服务	34498	17039	17459
餐饮业	762030	482883	279147
正餐服务	735061	473246	261815
快餐服务	3851	2661	1190
饮料及冷饮服务	581	239	342
其他餐饮服务	22537	6737	15800
股份有限公司	**623064**	**363445**	**259619**
住宿业	494663	328909	165754
旅游饭店	331486	216206	115280
一般旅馆	143177	110913	32264
其他住宿服务	20000	1790	18210
餐饮业	128401	34536	93865
正餐服务	127446	34468	92978
快餐服务			
饮料及冷饮服务	655	68	587
其他餐饮服务	300		300
私营企业	**3117791**	**1496371**	**1621420**
住宿业	1654317	830740	823577
旅游饭店	1259472	723474	535998
一般旅馆	349010	95370	253640
其他住宿服务	45835	11896	33939
餐饮业	1463474	665631	797843
正餐服务	1417202	645658	771544
快餐服务	8017	4199	3818
饮料及冷饮服务	13417	1965	11452
其他餐饮服务	24838	13809	11029

3-3-19 续表 2

单位：千元

指标名称	资产总计	负债合计	所有者权益
其他企业	**137874**	**87221**	**50653**
住宿业	72950	58283	14667
旅游饭店	54047	58216	-4169
一般旅馆	18903	67	18836
其他住宿服务			
餐饮业	64924	28938	35986
正餐服务	59925	24327	35598
快餐服务	20		20
饮料及冷饮服务	2034	3961	-1927
其他餐饮服务	2945	650	2295
港、澳、台商投资企业	**2172213**	**2115899**	**56314**
住宿业	1645220	1677951	-32731
旅游饭店	1578281	1640820	-62539
一般旅馆	66939	37131	29808
其他住宿服务			
餐饮业	526993	437948	89045
正餐服务	502935	411961	90974
快餐服务	23979	25987	-2008
饮料及冷饮服务	79		79
其他餐饮服务			
合资经营企业（港或澳、台资）	**2143613**	**2084047**	**59566**
住宿业	1644980	1677711	-32731
旅游饭店	1578281	1640820	-62539
一般旅馆	66699	36891	29808
其他住宿服务			
餐饮业	498633	406336	92297
正餐服务	498633	406336	92297
快餐服务			
饮料及冷饮服务			
其他餐饮服务			
港、澳、台商独资经营	**28600**	**31852**	**-3252**
住宿业	240	240	
旅游饭店			
一般旅馆	240	240	
其他住宿服务			
餐饮业	28360	31612	-3252
正餐服务	4302	5625	-1323
快餐服务	23979	25987	-2008
饮料及冷饮服务	79		79
其他餐饮服务			

3-3-19 续表 3

单位：千元

指标名称	资产总计	负债合计	所有者权益
外商投资企业	**489592**	**366443**	**123149**
住宿业	416956	352109	64847
旅游饭店	416906	352063	64843
一般旅馆	50	46	4
其他住宿服务			
餐饮业	72636	14334	58302
正餐服务	12897	2977	9920
快餐服务	59739	11357	48382
饮料及冷饮服务			
其他餐饮服务			
中外合资经营企业	**80864**	**58156**	**22708**
住宿业	72238	56395	15843
旅游饭店	72188	56349	15839
一般旅馆	50	46	4
其他住宿服务			
餐饮业	8626	1761	6865
正餐服务	8626	1761	6865
快餐服务			
饮料及冷饮服务			
其他餐饮服务			
外资企业	**408228**	**308287**	**99941**
住宿业	344718	295714	49004
旅游饭店	344718	295714	49004
一般旅馆			
其他住宿服务			
餐饮业	63510	12573	50937
正餐服务	3771	1216	2555
快餐服务	59739	11357	48382
饮料及冷饮服务			
其他餐饮服务			
外商投资股份有限公司	**500**		**500**
住宿业			
旅游饭店			
一般旅馆			
其他住宿服务			
餐饮业	500		500
正餐服务	500		500
快餐服务			
饮料及冷饮服务			
其他餐饮服务			

3-3-20 按区县分组的住宿和餐饮业法人单位资产负债状况

单位：千元

指标名称	资产总计	负债合计	所有者权益
合　计	**11430924**	**7336476**	**4094448**
万 州 区	386509	240184	146325
涪 陵 区	481170	234890	246280
渝 中 区	3693191	2949856	743335
大渡口区	88415	58301	30114
江 北 区	766181	564686	201495
沙坪坝区	557021	142893	414128
九龙坡区	996849	739742	257107
南 岸 区	1233410	568022	665388
北 碚 区	102383	51861	50522
万 盛 区	28508	4769	23739
双 桥 区	5897	3514	2383
渝 北 区	431999	263132	168867
巴 南 区	296571	133473	163098
黔 江 区	263905	132910	130995
长 寿 区	183299	190683	-7384
綦 江 县	47373	20575	26798
潼 南 县	9762	2550	7212
铜 梁 县	71577	26754	44823
大 足 县	150232	138060	12172
荣 昌 县	66101	15105	50996
璧 山 县	47448	35880	11568
梁 平 县	47518	28532	18986
城 口 县	6810	3000	3810
丰 都 县	163051	92741	70310
垫 江 县	99208	52561	46647
武 隆 县	208204	126724	81480
忠　县	61207	45153	16054
开　县	52745	14315	38430
云 阳 县	37626	10967	26659
奉 节 县	95343	57524	37819
巫 山 县	39796	26769	13027
巫 溪 县	56116	25300	30816
石 柱 县	27449	13645	13804
秀 山 县	20759	11573	9186
酉 阳 县	37469	40535	-3066
彭 水 县	22675	15671	7004
江 津 市	65679	29103	36576
合 川 市	137316	102651	34665
永 川 市	157711	48863	108848
南 川 市	186441	73009	113432

3-3-21 按区县分组的住宿业法人单位资产负债状况

单位：千元

指标名称	资产总计	负债合计	所有者权益
合　计	**7958599**	**5316981**	**2641618**
万州区	320246	219316	100930
涪陵区	310193	147208	162985
渝中区	3186259	2705506	480753
大渡口区	5021	968	4053
江北区	34835	10770	24065
沙坪坝区	336589	85091	251498
九龙坡区	555059	417501	137558
南岸区	913247	388218	525029
北碚区	84264	41821	42443
万盛区	18907	2514	16393
双桥区	4127	3164	963
渝北区	241518	128186	113332
巴南区	211239	93473	117766
黔江区	263905	132910	130995
长寿区	131997	138537	-6540
綦江县	18904	12901	6003
潼南县	1030	130	900
铜梁县	25938	1407	24531
大足县	114115	121097	-6982
荣昌县	50750	12452	38298
璧山县	2626	2142	484
梁平县	12764	4343	8421
城口县	3810	3000	810
丰都县	155096	89357	65739
垫江县	32999	24512	8487
武隆县	204922	124704	80218
忠县	52594	41694	10900
开县	48263	14285	33978
云阳县	23200	6109	17091
奉节县	88072	55619	32453
巫山县	35332	24078	11254
巫溪县	54633	25164	29469
石柱县	25899	13615	12284
秀山县	20142	11078	9064
酉阳县	27169	19335	7834
彭水县	17448	13286	4162
江津市	23062	23738	-676
合川市	90525	80585	9940
永川市	39299	9358	29941
南川市	172601	67809	104792

3-3-22 按区县分组的餐饮业法人单位资产负债状况

单位：千元

指标名称	资产总计	负债合计	所有者权益
合　　计	**3472325**	**2019495**	**1452830**
万州区	66263	20868	45395
涪陵区	170977	87682	83295
渝中区	506932	244350	262582
大渡口区	83394	57333	26061
江北区	731346	553916	177430
沙坪坝区	220432	57802	162630
九龙坡区	441790	322241	119549
南岸区	320163	179804	140359
北碚区	18119	10040	8079
万盛区	9601	2255	7346
双桥区	1770	350	1420
渝北区	190481	134946	55535
巴南区	85332	40000	45332
黔江区			
长寿区	51302	52146	-844
綦江县	28469	7674	20795
潼南县	8732	2420	6312
铜梁县	45639	25347	20292
大足县	36117	16963	19154
荣昌县	15351	2653	12698
璧山县	44822	33738	11084
梁平县	34754	24189	10565
城口县	3000		3000
丰都县	7955	3384	4571
垫江县	66209	28049	38160
武隆县	3282	2020	1262
忠县	8613	3459	5154
开县	4482	30	4452
云阳县	14426	4858	9568
奉节县	7271	1905	5366
巫山县	4464	2691	1773
巫溪县	1483	136	1347
石柱县	1550	30	1520
秀山县	617	495	122
酉阳县	10300	21200	-10900
彭水县	5227	2385	2842
江津市	42617	5365	37252
合川市	46791	22066	24725
永川市	118412	39505	78907
南川市	13840	5200	8640

3-3-23 按登记注册类型分组的住宿和餐饮业法人单位损益状况

单位：千元

指标名称	主营业务收入	主营业务成本	主营业务税金及附加	利润总额
合 计	**4510167**	**2059672**	**255154**	**-138320**
内资企业	**4042654**	**1892033**	**232317**	**-61072**
国有企业	576829	193050	31696	-26803
集体企业	175755	90869	8060	7254
股份合作企业	76887	44949	4836	-8141
联营企业	2681	1440	105	482
国有联营企业				
集体联营企业	1311	405	64	458
国有与集体联营企业	1300	978	38	24
其他联营企业	70	57	3	
有限责任公司	1169327	476374	66839	-46392
国有独资公司	70217	30679	3908	-3501
其他有限责任公司	1099110	445695	62931	-42891
股份有限公司	193898	67055	10789	-14514
私营企业	1801653	993892	107725	29713
私营独资企业	552232	341134	33367	52920
私营合伙企业	126789	73378	8157	8192
私营有限责任公司	1051313	538834	61532	-35497
私营股份有限公司	71319	40546	4669	4098
其他企业	45624	24404	2267	-2671
港、澳、台商投资企业	**270462**	**60063**	**13373**	**-70270**
合资经营企业（港或澳、台资）	246015	50916	12302	-70701
合作经营企业（港或澳、台资）				
港、澳、台商独资经营企业	24447	9147	1071	431
港、澳、台商投资股份有限公司				
外商投资企业	**197051**	**107576**	**9464**	**-6978**
中外合资经营企业	26338	8347	941	-6723
中外合作经营企业				
外资企业	170713	99229	8523	-255
外商投资股份有限公司				

3-3-24 按登记注册类型、行业分组的住宿业法人单位损益状况

单位：千元

指标名称	主营业务收入	主营业务成本	主营业务税金及附加	利润总额
合　计	**2155716**	**767752**	**118897**	**-181904**
按登记注册类型分				
内资企业	**1861534**	**659905**	**104934**	**-101347**
国有企业	515536	159847	27024	-11880
集体企业	105260	39524	5646	1078
股份合作企业	10734	6177	1074	-4027
联营企业	1381	462	67	458
国有联营企业				
集体联营企业	1311	405	64	458
国有与集体联营企业				
其他联营企业	70	57	3	
有限责任公司	661395	231957	38494	-41403
国有独资公司	69093	30159	3847	-3199
其他有限责任公司	592302	201798	34647	-38204
股份有限公司	121879	35326	7070	-14972
私营企业	433696	181535	24840	-26037
私营独资企业	124601	63082	8322	2114
私营合伙企业	14178	4890	797	-592
私营有限责任公司	265149	101308	13978	-27928
私营股份有限公司	29768	12255	1743	369
其他企业	11653	5077	719	-4564
港、澳、台商投资企业	**197594**	**36169**	**9523**	**-64180**
合资经营企业（港或澳、台资）	196112	36111	9442	-64162
合作经营企业（港或澳、台资）				
港、澳、台商独资经营企业	1482	58	81	-18
港、澳、台商投资股份有限公司				
外商投资企业	**96588**	**71678**	**4440**	**-16377**
中外合资经营企业	25055	7766	875	-6904
中外合作经营企业				
外资企业	71533	63912	3565	-9473
外商投资股份有限公司				
按行业分				
旅游饭店	1670069	552108	91841	-171848
一般旅馆	437701	194146	24903	-3267
其他住宿服务	47946	21498	2153	-6789

3-3-25 按登记注册类型、行业分组的餐饮业法人单位损益状况

单位：千元

指标名称	主营业务收入	主营业务成本	主营业务税金及附加	利润总额
合 计	**2354451**	**1291920**	**136257**	**43584**
按登记注册类型分				
内资企业	**2181120**	**1232128**	**127383**	**40275**
国有企业	61293	33203	4672	-14923
集体企业	70495	51345	2414	6176
股份合作企业	66153	38772	3762	-4114
联营企业	1300	978	38	24
国有联营企业				
集体联营企业				
国有与集体联营企业	1300	978	38	24
其他联营企业				
有限责任公司	507932	244417	28345	-4989
国有独资公司	1124	520	61	-302
其他有限责任公司	506808	243897	28284	-4687
股份有限公司	72019	31729	3719	458
私营企业	1367957	812357	82885	55750
私营独资企业	427631	278052	25045	50806
私营合伙企业	112611	68488	7360	8784
私营有限责任公司	786164	437526	47554	-7569
私营股份有限公司	41551	28291	2926	3729
其他企业	33971	19327	1548	1893
港、澳、台商投资企业	**72868**	**23894**	**3850**	**-6090**
合资经营企业（港或澳、台资）	49903	14805	2860	-6539
合作经营企业（港或澳、台资）				
港、澳、台商独资经营企业	22965	9089	990	449
港、澳、台商投资股份有限公司				
外商投资企业	**100463**	**35898**	**5024**	**9399**
中外合资经营企业	1283	581	66	181
中外合作经营企业				
外资企业	99180	35317	4958	9218
外商投资股份有限公司				
按行业分				
正餐服务	2175827	1209979	128297	31762
快餐服务	120869	48570	5560	9757
饮料及冷饮服务	14326	7736	654	1111
其他餐饮服务	43429	25635	1746	954

3-3-26 按登记注册类型、行业分组的住宿和餐饮业法人单位损益状况

单位：千元

指标名称	主营业务收入	主营业务成本	主营业务税金及附加	利润总额
合　计	**4042654**	**1892033**	**232317**	**-61072**
内资企业	**4042654**	**1892033**	**232317**	**-61072**
住宿业	1861534	659905	104934	-101347
旅游饭店	1381000	445884	78152	-101542
一般旅馆	432588	192523	24629	6984
其他住宿服务	47946	21498	2153	-6789
餐饮业	2181120	1232128	127383	40275
正餐服务	2105966	1186497	124497	40748
快餐服务	17529	12290	493	-2538
饮料及冷饮服务	14196	7706	647	1111
其他餐饮服务	43429	25635	1746	954
国有企业	**576829**	**193050**	**31696**	**-26803**
住宿业	515536	159847	27024	-11880
旅游饭店	428207	121474	23119	-11958
一般旅馆	64091	28176	2917	5128
其他住宿服务	23238	10197	988	-5050
餐饮业	61293	33203	4672	-14923
正餐服务	61293	33203	4672	-14923
快餐服务				
饮料及冷饮服务				
其他餐饮服务				
集体企业	**175755**	**90869**	**8060**	**7254**
住宿业	105260	39524	5646	1078
旅游饭店	58940	20922	3359	-3161
一般旅馆	45013	18119	2224	4582
其他住宿服务	1307	483	63	-343
餐饮业	70495	51345	2414	6176
正餐服务	62087	45110	2199	5261
快餐服务	229	214	3	3
饮料及冷饮服务	298	156	58	62
其他餐饮服务	7881	5865	154	850
股份合作企业	**76887**	**44949**	**4836**	**-8141**
住宿业	10734	6177	1074	-4027
旅游饭店	1537	653	91	-4416
一般旅馆	9076	5524	976	400
其他住宿服务	121		7	-11
餐饮业	66153	38772	3762	-4114
正餐服务	64671	37940	3731	-4114
快餐服务	1482	832	31	
饮料及冷饮服务				
其他餐饮服务				

3-3-26 续表 1 单位：千元

指标名称	主营业务收入	主营业务成本	主营业务税金及附加	利润总额
联营企业	**2681**	**1440**	**105**	**482**
住宿业	1381	462	67	458
旅游饭店	70	57	3	
一般旅馆	1101	266	53	408
其他住宿服务	210	139	11	50
餐饮业	1300	978	38	24
正餐服务	1300	978	38	24
快餐服务				
饮料及冷饮服务				
其他餐饮服务				
有限责任公司	**1169327**	**476374**	**66839**	**-46392**
住宿业	661395	231957	38494	-41403
旅游饭店	506853	179845	29710	-40913
一般旅馆	144909	50715	8280	640
其他住宿服务	9633	1397	504	-1130
餐饮业	507932	244417	28345	-4989
正餐服务	498219	240807	27929	-5284
快餐服务	4107	2249	49	47
饮料及冷饮服务	514	132	15	2
其他餐饮服务	5092	1229	352	246
股份有限公司	**193898**	**67055**	**10789**	**-14514**
住宿业	121879	35326	7070	-14972
旅游饭店	73130	15802	4324	-3819
一般旅馆	45249	16724	2506	-10763
其他住宿服务	3500	2800	240	-390
餐饮业	72019	31729	3719	458
正餐服务	69507	30466	3653	351
快餐服务				
饮料及冷饮服务	2296	1143	58	87
其他餐饮服务	216	120	8	20
私营企业	**1801653**	**993892**	**107725**	**29713**
住宿业	433696	181535	24840	-26037
旅游饭店	302619	102722	16966	-32516
一般旅馆	121140	72331	7534	6394
其他住宿服务	9937	6482	340	85
餐饮业	1367957	812357	82885	55750
正餐服务	1318995	781031	80854	58157
快餐服务	13179	9821	441	-2591
饮料及冷饮服务	8308	4733	433	760
其他餐饮服务	27475	16772	1157	-576

3-3-26 续表 2 单位：千元

指标名称	主营业务收入	主营业务成本	主营业务税金及附加	利润总额
其他企业	**45624**	**24404**	**2267**	**-2671**
住宿业	11653	5077	719	-4564
旅游饭店	9644	4409	580	-4759
一般旅馆	2009	668	139	195
其他住宿服务				
餐饮业	33971	19327	1548	1893
正餐服务	29894	16962	1421	1276
快餐服务	14	6		3
饮料及冷饮服务	1298	710	52	200
其他餐饮服务	2765	1649	75	414
港、澳、台商投资企业	**270462**	**60063**	**13373**	**-70270**
住宿业	197594	36169	9523	-64180
旅游饭店	192509	34546	9250	-53933
一般旅馆	5085	1623	273	-10247
其他住宿服务				
餐饮业	72868	23894	3850	-6090
正餐服务	55714	18208	3091	-8612
快餐服务	17024	5656	752	2522
饮料及冷饮服务	130	30	7	
其他餐饮服务				
合资经营企业（港或澳、台资）	**246015**	**50916**	**12302**	**-70701**
住宿业	196112	36111	9442	-64162
旅游饭店	192509	34546	9250	-53933
一般旅馆	3603	1565	192	-10229
其他住宿服务				
餐饮业	49903	14805	2860	-6539
正餐服务	49903	14805	2860	-6539
快餐服务				
饮料及冷饮服务				
其他餐饮服务				
港、澳、台商独资经营	**24447**	**9147**	**1071**	**431**
住宿业	1482	58	81	-18
旅游饭店				
一般旅馆	1482	58	81	-18
其他住宿服务				
餐饮业	22965	9089	990	449
正餐服务	5811	3403	231	-2073
快餐服务	17024	5656	752	2522
饮料及冷饮服务	130	30	7	
其他餐饮服务				

3-3-26 续表 3 单位：千元

指标名称	主营业务收入	主营业务成本	主营业务税金及附加	利润总额
外商投资企业	**197051**	**107576**	**9464**	**-6978**
住宿业	96588	71678	4440	-16377
旅游饭店	96560	71678	4439	-16373
一般旅馆	28		1	-4
其他住宿服务				
餐饮业	100463	35898	5024	9399
正餐服务	14147	5274	709	-374
快餐服务	86316	30624	4315	9773
饮料及冷饮服务				
其他餐饮服务				
中外合资经营企业	**26338**	**8347**	**941**	**-6723**
住宿业	25055	7766	875	-6904
旅游饭店	25027	7766	874	-6900
一般旅馆	28		1	-4
其他住宿服务				
餐饮业	1283	581	66	181
正餐服务	1283	581	66	181
快餐服务				
饮料及冷饮服务				
其他餐饮服务				
外资企业	**170713**	**99229**	**8523**	**-255**
住宿业	71533	63912	3565	-9473
旅游饭店	71533	63912	3565	-9473
一般旅馆				
其他住宿服务				
餐饮业	99180	35317	4958	9218
正餐服务	12864	4693	643	-555
快餐服务	86316	30624	4315	9773
饮料及冷饮服务				
其他餐饮服务				

3-3-27 按区县分组的住宿和餐饮业法人单位损益状况

单位：千元

指标名称	主营业务收入	主营业务成本	主营业务税金及附加	利润总额
合　计	**4510167**	**2059672**	**255154**	**-138320**
万州区	187890	79554	12288	20218
涪陵区	148689	60403	11355	-6073
渝中区	1135636	445146	59833	-125781
大渡口区	20538	4661	1183	-487
江北区	318857	144006	18158	-6627
沙坪坝区	290081	124548	18535	1922
九龙坡区	532316	203954	28722	-12971
南岸区	497916	237761	27211	-16170
北碚区	46466	25392	2774	-461
万盛区	9833	5725	653	895
双桥区	6450	2894	402	-1066
渝北区	314033	147823	17466	1164
巴南区	63977	32383	4651	-7659
黔江区	50017	26640	2506	1925
长寿区	32375	19766	1937	-22957
綦江县	27707	16526	1024	1748
潼南县	7088	4559	561	903
铜梁县	28198	13504	1556	2262
大足县	28232	14575	1468	246
荣昌县	74182	48860	4765	8632
璧山县	18699	9468	1085	-3012
梁平县	19032	12770	1391	364
城口县	3899	2395	250	1208
丰都县	22761	8622	1268	-11521
垫江县	73581	47496	3496	-1805
武隆县	30693	8223	1790	2353
忠县	22371	11471	974	-347
开县	49545	37114	5671	4606
云阳县	34495	20014	1796	957
奉节县	48435	30065	1171	3428
巫山县	20551	9787	1040	-2571
巫溪县	12595	6688	827	214
石柱县	10112	3287	416	1074
秀山县	8592	4174	443	212
酉阳县	27234	16827	2785	8923
彭水县	21302	11636	1056	854
江津市	47329	27323	2297	2769
合川市	54885	32123	3350	-910
永川市	123532	78817	4657	15742
南川市	40043	22692	2343	-521

3-3-28 按区县分组的住宿业法人单位损益状况

单位：千元

指标名称	主营业务收入	主营业务成本	主营业务税金及附加	利润总额
合　计	**2155716**	**767752**	**118897**	**-181904**
万州区	102979	33451	6059	4466
涪陵区	79706	22859	5876	-3690
渝中区	755698	264265	39519	-105346
大渡口区	655	13	69	28
江北区	31610	8083	1673	-288
沙坪坝区	113180	24307	6507	-8549
九龙坡区	260253	73110	14197	-20511
南岸区	186578	55867	9436	-14233
北碚区	15872	8087	945	-639
万盛区	3287	929	187	137
双桥区	4910	1720	268	-1162
渝北区	114093	33779	6609	-773
巴南区	20218	8461	843	-2428
黔江区	50017	26640	2506	1925
长寿区	20899	9064	1255	-16927
綦江县	9089	2648	519	-1514
潼南县	780	608	3	16
铜梁县	7105	4006	345	-152
大足县	15600	6069	822	-2643
荣昌县	37297	23746	2017	1906
璧山县	1404	363	52	-61
梁平县	4552	2156	470	-308
城口县	1627	885	121	621
丰都县	17911	6125	1015	-11883
垫江县	17899	8177	1116	82
武隆县	28227	6083	1763	2528
忠县	11690	4123	665	-1581
开县	39555	29734	4711	3616
云阳县	15468	9564	687	-207
奉节县	36209	20156	1051	1300
巫山县	14630	5758	697	-2314
巫溪县	11978	6490	805	-164
石柱县	8242	2107	371	564
秀山县	6536	2701	307	159
酉阳县	8854	2901	410	-1
彭水县	12659	6290	542	-712
江津市	18775	7299	1161	-33
合川市	19486	8269	1264	-4825
永川市	20907	16632	349	2754
南川市	29281	14227	1685	-1062

3-3-29 按区县分组的餐饮业法人单位损益状况

单位：千元

指标名称	主营业务收入	主营业务成本	主营业务税金及附加	利润总额
合计	**2354451**	**1291920**	**136257**	**43584**
万州区	84911	46103	6229	15752
涪陵区	68983	37544	5479	-2383
渝中区	379938	180881	20314	-20435
大渡口区	19883	4648	1114	-515
江北区	287247	135923	16485	-6339
沙坪坝区	176901	100241	12028	10471
九龙坡区	272063	130844	14525	7540
南岸区	311338	181894	17775	-1937
北碚区	30594	17305	1829	178
万盛区	6546	4796	466	758
双桥区	1540	1174	134	96
渝北区	199940	114044	10857	1937
巴南区	43759	23922	3808	-5231
黔江区				
长寿区	11476	10702	682	-6030
綦江县	18618	13878	505	3262
潼南县	6308	3951	558	887
铜梁县	21093	9498	1211	2414
大足县	12632	8506	646	2889
荣昌县	36885	25114	2748	6726
璧山县	17295	9105	1033	-2951
梁平县	14480	10614	921	672
城口县	2272	1510	129	587
丰都县	4850	2497	253	362
垫江县	55682	39319	2380	-1887
武隆县	2466	2140	27	-175
忠县	10681	7348	309	1234
开县	9990	7380	960	990
云阳县	19027	10450	1109	1164
奉节县	12226	9909	120	2128
巫山县	5921	4029	343	-257
巫溪县	617	198	22	378
石柱县	1870	1180	45	510
秀山县	2056	1473	136	53
酉阳县	18380	13926	2375	8924
彭水县	8643	5346	514	1566
江津市	28554	20024	1136	2802
合川市	35399	23854	2086	3915
永川市	102625	62185	4308	12988
南川市	10762	8465	658	541

第 4 篇

房地产业生产经营及财务状况

3-4-1 按地区、登记注册类型分组的房地产开发企业从业人数

单位：人

指标名称	总计	内资							
			国有	集体	股份合作	国有联营	集体联营	国有与集体联营	其他联营
合计	**70731**	**64926**	**3648**	**859**	**696**				**149**
万州区	2587	2579	101	40	21				41
涪陵区	1665	1665	257	16					
渝中区	12408	9582	2124		65				
大渡口区	2056	1996		15					
江北区	5078	4504	150	24					
沙坪坝区	4027	3765	11	41					10
九龙坡区	8096	7181	166	101	17				
南岸区	5400	4818	161	25	77				
北碚区	2073	1848	34	38					
万盛区	378	378	2						
双桥区	132	132	25						
渝北区	6178	6023	29		62				
巴南区	3835	3659	56	28	125				
黔江区	679	679							
长寿区	1116	1116		20					
綦江县	523	523		43	35				
潼南县	311	311							
铜梁县	346	346							
大足县	467	467		18					
荣昌县	466	466							
璧山县	669	669	56	81	12				
梁平县	95	95	16						
城口县									
丰都县	375	375	45						
垫江县	511	511							35
武隆县	65	65	14						
忠县	1009	1009	22						
开县	2531	2531		369					
云阳县	620	620							
奉节县	571	571			222				
巫山县	69	69	30						
巫溪县	59	59							
石柱县	121	121	30						
秀山县	239	239							
酉阳县	39	39	39						
彭水县	560	560							
江津市	1058	1058							
合川市	1159	1159			60				63
永川市	2754	2732	272						
南川市	406	406							

3-4-1 续表 1 单位：人

指标名称	国有独资公司	其他有限责任公司	股份有限公司	私营独资	私营合伙	私营有限责任公司	私营股份有限公司	其他内资企业
合　计	**1809**	**25287**	**2930**	**163**	**72**	**25634**	**3140**	**539**
万州区	17	1649	42			619	39	10
涪陵区	98	225	32			934	103	
渝中区	187	3053	454	19	15	2955	650	60
大渡口区	11	815	274	60		730	91	
江北区	14	1433	182			2460	96	145
沙坪坝区	13	1388	9			2293		
九龙坡区	28	4002	597			1893	259	118
南岸区	2	1948	189			2238	178	
北碚区	7	718	53			816	182	
万盛区		258				118		
双桥区		84				23		
渝北区		2529	88		21	3024	117	153
巴南区	1334	566	370			971	176	33
黔江区		325	23			331		
长寿区		576	78			420	22	
綦江县		176	0			204	63	2
潼南县	81	101	7			122		
铜梁县			25		36	138	147	
大足县		332	20			70	19	
荣昌县		93	0			90	283	
璧山县		121	0			240	159	
梁平县		13	0			66		
城口县								
丰都县		182	25			123		
垫江县		113	22	23		318		
武隆县						51		
忠　县		772	25			190		
开　县		1916				221	25	
云阳县						548	72	
奉节县		264				85		
巫山县		21				18		
巫溪县		23				36		
石柱县			25	38		28		
秀山县		42		17		132	48	
酉阳县								
彭水县		174	154			228	4	
江津市	6	256				623	173	
合川市		316	114			517	71	18
永川市	11	803	122	6		1355	163	
南川市						406		

3-4-1 续表 2 单位：人

指标名称	港澳台商投资	合资经营	合作经营	独资	股份有限公司	外商投资	合资经营	合作经营	独资	股份有限公司
合计	**4168**	**3088**	**153**	**927**		**1637**	**1351**		**259**	**27**
万州区	8	8								
涪陵区										
渝中区	2423	1908	12	503		403	348		55	
大渡口区	60	60								
江北区	439	333		106		135	83		52	
沙坪坝区	138	138				124	81		16	27
九龙坡区	496	358		138		419	419			
南岸区	305	71	141	93		277	156		121	
北碚区						225	225			
万盛区										
双桥区										
渝北区	155	155								
巴南区	137	57		80		39	39			
黔江区										
长寿区										
綦江县										
潼南县										
铜梁县										
大足县										
荣昌县										
璧山县										
梁平县										
城口县										
丰都县										
垫江县										
武隆县										
忠县										
开县										
云阳县										
奉节县										
巫山县										
巫溪县										
石柱县										
秀山县										
酉阳县										
彭水县										
江津市										
合川市										
永川市	7			7		15			15	
南川市										

3-4-2 按地区、登记注册类型分组的房地产开发企业负债总计

单位：千元

指标名称	总计	内资							
			国有	集体	股份合作	国有联营	集体联营	国有与集体联营	其他联营
合计	**104827684**	**84866853**	**6934732**	**525055**	**1082842**				**52863**
万州区	2024632	2021522	143550	6489	32812				3891
涪陵区	1837357	1837357	304125	37394					
渝中区	29899154	20430569	4726069		87254				
大渡口区	2661961	2607013		17514					
江北区	13115396	9688340	305308	23756					
沙坪坝区	7600267	6523812	27075	24151					24889
九龙坡区	17808899	15469285	405991	260524	337129				
南岸区	13090487	10811116	536109	59279	232120				
北碚区	2305491	2272524	69789	68847					
万盛区	93768	93768							
双桥区	24755	24755	8005						
渝北区	5242647	4471213	76102		126375				
巴南区	2290649	1784354	88250	3500	202363				
黔江区	251576	251576							
长寿区	452017	452017		1236					
綦江县	236418	236418		8547	13420				
潼南县	439764	439764							
铜梁县	206447	206447							
大足县	168576	168576	5960	480					
荣昌县	147815	147815							
璧山县	462254	462254	48970	7373	21019				
梁平县	137981	137981	134738						
城口县									
丰都县	193531	193531	12						
垫江县	235077	235077							142
武隆县	12426	12426	10307						
忠　县	309291	309291	17098						
开　县	93296	93296		5965					
云阳县	85554	85554							
奉节县	174092	174092			28137				
巫山县									
巫溪县	924	924							
石柱县	32770	32770	25280						
秀山县	86090	86090							
酉阳县	1994	1994	1994						
彭水县	149473	149473							
江津市	1140659	1140659							
合川市	1236898	1236898			2213				23941
永川市	485611	484615							
南川市	91687	91687							

3-4-2 续表 1

单位：千元

指标名称	国有独资公司	其他有限责任公司	股份有限公司	私营独资	私营合伙	私营有限责任公司	私营股份有限公司	其他内资企业
合 计	**4330839**	**36095171**	**6071808**	**232943**	**2340**	**26125693**	**3077263**	**335304**
万州区	5007	1355937	21265			427452	21440	3679
涪陵区		522171	40162			773045	160460	
渝中区	2574988	5824387	2060326	73065		4130465	944972	9043
大渡口区	290685	1641787	112010	121341		336501	87175	
江北区	42211	4536361	301985			4145687	175724	157308
沙坪坝区	354195	2235523				3857979		
九龙坡区	403562	8443433	2893281			2232826	402128	90411
南岸区	225240	5680440	91933			3812610	173385	0
北碚区	53255	1144176	30337			811674	94446	
万盛区		44431				49337		
双桥区		12719				4031		
渝北区		1715710	72098			2153457	257713	69758
巴南区	18240	461481	132742			794070	82965	743
黔江区		155606	4331			91639		
长寿区		251325	6553			192572	331	
綦江县		65076				146386	2989	
潼南县	337379	14528	533			87324		
铜梁县			21275		2340	111646	71186	
大足县		107468				54068	600	
荣昌县		53532				50084	44199	
璧山县		73985				177356	133551	
梁平县		3206				37		
城口县								
丰都县		33630	46978			112911		
垫江县		67657	5736	31476		130066		
武隆县						2119		
忠 县		219481	17214			55498		
开 县		79786				165	7380	
云阳县						64182	21372	
奉节县		55014				90941		
巫山县								
巫溪县		462				462		
石柱县			650	2160		4680		
秀山县		9845		4785		66533	4927	
酉阳县								
彭水县		61312	5870			82291		
江津市	1006	406460				405019	328174	
合川市		679852	151731			354317	20482	4362
永川市	25071	138390	54798	116		224576	41664	
南川市						91687		

3-4-2 续表 2 单位：千元

指标名称	港澳台商投资	合资经营	合作经营	独资	股份有限公司	外商投资	合资经营	合作经营	独资	股份有限公司
合计	**14795853**	**10235436**	**825820**	**3734597**		**5164978**	**4000797**		**893770**	**270411**
万州区	3110	3110								
涪陵区										
渝中区	7472087	5299883	36545	2135659		1996498	1561037		435461	
大渡口区	54948	54948								
江北区	3030931	2104563		926368		396125	298554		97571	
沙坪坝区	434606	434606		0		641849	364993		6445	270411
九龙坡区	1120607	703720		416887		1219007	1219007			
南岸区	1511814	508147	789275	214392		767557	413464		354093	
北碚区				0		32967	32967			
万盛区										
双桥区										
渝北区	771434	771434								
巴南区	395520	355025		40495		110775	110775			
黔江区										
长寿区										
綦江县										
潼南县										
铜梁县										
大足县										
荣昌县										
璧山县										
梁平县										
城口县										
丰都县										
垫江县										
武隆县										
忠　县										
开　县										
云阳县										
奉节县										
巫山县										
巫溪县										
石柱县										
秀山县										
酉阳县										
彭水县										
江津市										
合川市										
永川市	796			796		200			200	
南川市										

3-4-3 按地区、登记注册类型分组的房地产开发企业个数

单位：个

指标名称	总 计	内 资						
			国 有	集 体	股份合作	国有联营	集体联营	国有与集体联营	其他联营
合 计	**1829**	**1715**	**71**	**24**	**17**				**6**
万州区	108	107	4	2	1				1
涪陵区	72	72	5	3					
渝中区	276	224	25		4				
大渡口区	46	45		1					
江北区	159	145	6	2					
沙坪坝区	119	110	1	2					1
九龙坡区	191	176	7	2	1				
南岸区	144	131	5	1	2				
北碚区	67	66	1	2					
万盛区	17	17	1						
双桥区	6	6	1						
渝北区	121	118	1		2				
巴南区	61	58	2	1	2				
黔江区	9	9							
长寿区	32	32		1					
綦江县	29	29		3	1				
潼南县	13	13							
铜梁县	11	11							
大足县	24	24	1	1					
荣昌县	13	13							
璧山县	28	28	2	2	1				
梁平县	4	4	2						
城口县									
丰都县	13	13	1						
垫江县	13	13							1
武隆县	3	3	1						
忠 县	17	17	1						
开 县	16	16		1					
云阳县	10	10							
奉节县	12	12			2				
巫山县	5	5	1						
巫溪县	2	2							
石柱县	4	4	1						
秀山县	9	9							
酉阳县	1	1	1						
彭水县	14	14							
江津市	37	37							
合川市	53	53			1				3
永川市	58	56	1						
南川市	12	12							

3-4-3 续表 1 单位：个

指标名称	国有独资公司	其他有限责任公司	股份有限公司	私营独资	私营合伙	私营有限责任公司	私营股份有限公司	其他内资企业
合计	**19**	**611**	**57**	**6**	**3**	**798**	**87**	**16**
万州区	1	60	3			32	2	1
涪陵区	1	11	1			44	7	
渝中区	4	85	8	1	1	85	9	2
大渡口区	2	18	2	1		17	4	
江北区	1	36	5			88	5	2
沙坪坝区	1	35	1			69		
九龙坡区	1	87	9			59	6	4
南岸区	1	50	3			63	6	
北碚区	1	17	1			39	5	
万盛区		7				9		
双桥区		3				2		
渝北区		35	1		1	72	4	2
巴南区	1	21	3			23	3	2
黔江区		5	1			3		
长寿区		14	2			14	1	
綦江县		9				13	2	1
潼南县	3	3	1			6		
铜梁县			1		1	5	4	
大足县		15	1			4	2	
荣昌县		3				4	6	
璧山县		6				13	4	
梁平县		1				1		
城口县								
丰都县		6	2			4		
垫江县		2	1	1		8		
武隆县						2		
忠　县		10	1			5		
开　县		12				2	1	
云阳县						8	2	
奉节县		7				3		
巫山县		1				3		
巫溪县		1				1		
石柱县		0	1	1		1		
秀山县		2		1		5	1	
酉阳县								
彭水县		7	1			5	1	
江津市	1	10				23	3	
合川市		16	4			23	4	2
永川市	1	16	4	1		28	5	
南川市						12		

3-4-3 续表 2 单位：个

指标名称	港澳台商投资	合资经营	合作经营	独资	股份有限公司	外商投资	合资经营	合作经营	独资	股份有限公司
合计	**83**	**55**	**2**	**26**		**31**	**21**		**9**	**1**
万州区	1	1								
涪陵区										
渝中区	42	26	1	15		10	8		2	
大渡口区	1	1								
江北区	11	9		2		3	2		1	
沙坪坝区	3	3				6	4		1	1
九龙坡区	12	8		4		3	3			
南岸区	7	3	1	3		6	2		4	
北碚区						1	1			
万盛区										
双桥区										
渝北区	3	3								
巴南区	2	1		1		1	1			
黔江区										
长寿区										
綦江县										
潼南县										
铜梁县										
大足县										
荣昌县										
璧山县										
梁平县										
城口县										
丰都县										
垫江县										
武隆县										
忠　县										
开　县										
云阳县										
奉节县										
巫山县										
巫溪县										
石柱县										
秀山县										
酉阳县										
彭水县										
江津市										
合川市										
永川市	1			1		1			1	
南川市										

3-4-4 按地区、登记注册类型分组的房地产开发企业利润总额

单位：千元

指标名称	总 计	内 资							
			国 有	集 体	股份合作	国有联营	集体联营	国有与集体联营	其他联营
合 计	**1728456**	**1119967**	**-52570**	**8335**	**-1913**				**-326**
万州区	34256	34347	-5866	-561	-577				-740
涪陵区	-32403	-32403	-186	-904					
渝中区	104387	21054	-57675		878				
大渡口区	-15064	-18851		149					
江北区	213795	145045	2222	385					
沙坪坝区	121667	128776	-3845	280					-456
九龙坡区	200786	175344	-4739	498	-5619				
南岸区	-112220	-106394	-342	9073	-1441				
北碚区	29072	10974	488	-696					
万盛区	8237	8237							
双桥区	-2246	-2246	-561						
渝北区	771012	400772	-590		991				
巴南区	97520	43619	-5	-62	2211				
黔江区	9236	9236							
长寿区	32712	32712		-642					
綦江县	4227	4227		-70	1490				
潼南县	-22366	-22366							
铜梁县	36329	36329							
大足县	11237	11237	-40	150					
荣昌县	2821	2821							
璧山县	42750	42750	14190	718	-410				
梁平县	-1816	-1816	-1816						
城口县									
丰都县	29619	29619	100						
垫江县	6172	6172							193
武隆县	-472	-472	7						
忠 县	23149	23149	56						
开 县	9115	9115		17					
云阳县	-2293	-2293							
奉节县	4888	4888			386				
巫山县									
巫溪县	-3635	-3635							
石柱县	1407	1407	20						
秀山县	293	293							
酉阳县	11	11	11						
彭水县	8500	8500							
江津市	48680	48680							
合川市	4184	4184			178				677
永川市	68994	71030	6001						
南川市	-4085	-4085							

3-4-4 续表 1

单位：千元

指标名称	国有独资公司	其他有限责任公司	股份有限公司	私营独资	私营合伙	私营有限责任公司	私营股份有限公司	其他内资企业
合　计	**2512**	**436778**	**126594**	**-1401**	**-86**	**468727**	**31417**	**101900**
万州区	-940	44190	-344			-5465	4777	-127
涪陵区	-1400	-10704	3333			-22122	-420	
渝中区	15338	-121425	90634	-305	-578	108104	-12498	-1419
大渡口区	-1922	-33507	17744	-801		4598	-5112	
江北区	4228	90195	-25932			-2086	-1970	78003
沙坪坝区	-1499	73956	-18			60358		
九龙坡区	-1	111971	15568			36455	13597	7614
南岸区	1	-110748	137			1715	-4789	
北碚区	-233	9995	474			-1539	2485	
万盛区		4546				3691		
双桥区		-444				-1241		
渝北区		268662	4428			103354	5307	18620
巴南区	5220	17125	-4364			24095	96	-697
黔江区		3004	728			5504		
长寿区		29028	-603			4483	446	
綦江县		5110				-2792	489	
潼南县	-15630	-1371	-295			-5070		
铜梁县			-882		492	14161	22558	
大足县		13362				-1615	-620	
荣昌县		231				761	1829	
璧山县		-10386				36458	2180	
梁平县								
城口县								
丰都县		2028	4916			22575		
垫江县		489	-1262	-1186		7938		
武隆县						-479		
忠　县		16659	3145			3289		
开　县		7743				1057	298	
云阳县						-555	-1738	
奉节县		-1555				6057		
巫山县								
巫溪县		-3420				-215		
石柱县			140	565		682		
秀山县		-522		310		-719	1224	
酉阳县								
彭水县		1763	1185			5552		
江津市	-86	32519				13673	2574	
合川市		-3685	-1021			8955	-826	-94
永川市	-564	1969	18883	16		43195	1530	
南川市						-4085		

3-4-4 续表 2 单位：千元

指标名称	港澳台商投资	合资经营	合作经营	独资	股份有限公司	外商投资	合资经营	合作经营	独资	股份有限公司
合计	**566760**	**560194**	**-19861**	**26427**		**41729**	**47184**		**-325**	**-5130**
万州区	-91	-91								
涪陵区										
渝中区	99908	110614	-1076	-9630		-16575	-5405		-11170	
大渡口区	3787	3787								
江北区	64190	57191		6999		4560	6730		-2170	
沙坪坝区	-372	-372				-6737	-681		-926	-5130
九龙坡区	-7117	-35322		28205		32559	32559			
南岸区	-13426	4579	-18785	780		7600	-8482		16082	
北碚区						18098	18098			
万盛区										
双桥区										
渝北区	370240	370240								
巴南区	49536	49568		-32		4365	4365			
黔江区										
长寿区										
綦江县										
潼南县										
铜梁县										
大足县										
荣昌县										
璧山县										
梁平县										
城口县										
丰都县										
垫江县										
武隆县										
忠 县										
开 县										
云阳县										
奉节县										
巫山县										
巫溪县										
石柱县										
秀山县										
酉阳县										
彭水县										
江津市										
合川市										
永川市	105			105		-2141			-2141	
南川市										

3-4-5 按地区、登记注册类型分组的房地产开发企业所有者权益

单位：千元

指标名称	总　计	内　资						
			国　有	集　体	股份合作	国有联营	集体联营	国有与集体联营	其他联营
合　计	**45042728**	**39333139**	**1009612**	**307893**	**365748**				**55315**
万州区	1075037	1054082	57723	5592	6670				5579
涪陵区	993245	993245	203062	21268					
渝中区	11239918	9773189	357447		47450				
大渡口区	1406857	1385080		8317					
江北区	4677135	4032707	82991	11986					
沙坪坝区	4122665	3883765	12144	14230					19788
九龙坡区	5403243	4930013	153034	102637	40577				
南岸区	3859538	2719437	45625	85486	41577				
北碚区	1349604	955612	14084	7096					
万盛区	92533	92533							
双桥区	56632	56632	7439						
渝北区	3465753	2607893	10100		67686				
巴南区	1803796	1375779	11396	7972	64886				
黔江区	189848	189848							
长寿区	652651	652651		7808					
綦江县	213803	213803		6081	8320				
潼南县	137064	137064							
铜梁县	219897	219897							
大足县	209129	209129	140	9920					
荣昌县	83595	83595							
璧山县	370243	370243	19691	18815	29590				
梁平县	39374	39374	8051						
城口县									
丰都县	166166	166166	298						
垫江县	181200	181200							8409
武隆县	17765	17765	9196						
忠　县	150192	150192	532						
开　县	129793	129793		685					
云阳县	82053	82053							
奉节县	178628	178628			51609				
巫山县									
巫溪县	16762	16762							
石柱县	39756	39756	8640						
秀山县	104703	104703							
酉阳县	4863	4863	4863						
彭水县	153858	153858							
江津市	578265	578265							
合川市	608873	608873			7383				21539
永川市	862635	839035	3156						
南川市	105656	105656							

3-4-5 续表 1 单位：千元

指标名称	国有独资公司	其他有限责任公司	股份有限公司	私营独资	私营合伙	私营有限责任公司	私营股份有限公司	其他内资企业
合　计	**4603272**	**12847320**	**3412220**	**70643**	**26051**	**14493485**	**1680180**	**461400**
万州区	32011	709990	17861			187235	21421	10000
涪陵区	40040	139791	27488			433168	128428	
渝中区	3602914	1750242	1085673	19460	7421	2613225	279146	10211
大渡口区	108556	490122	453546	19474		265396	39669	
江北区	7415	992133	1036766			1554184	54924	292308
沙坪坝区	546924	1005013	8000			2277666		
九龙坡区	20000	2566539	322574			1202226	437575	84851
南岸区	114760	1352493	43791			969808	65897	
北碚区	4747	357099	7914			507425	57247	
万盛区		50263				42270		
双桥区		40434				8759		
渝北区		1111955	42602		8000	1271764	48442	47344
巴南区	54090	473897	159636			556477	32592	14833
黔江区		85222	8428			96198		
长寿区		294896	21933			319381	8633	
綦江县		70559				112608	16235	
潼南县	35185	28695	11544			61640		
铜梁县			12757		10630	104395	92115	
大足县		155242				17079	26748	
荣昌县		19477				21407	42711	
璧山县		83385				171058	47704	
梁平县		7723				23600		
城口县								
丰都县		53496	45363			67009		
垫江县		31068	25430	13300		102993		
武隆县						8569		
忠　县		110654	373			38633		
开　县		103010				11218	14880	
云阳县						65407	16646	
奉节县		89057				37962		
巫山县								
巫溪县		8381				8381		
石柱县			8076	5720		17320		
秀山县		17058		2350		35347	49948	
酉阳县								
彭水县		60092	14257			79509		
江津市	7556	264795				241088	64826	
合川市		161155	30849			362120	23974	1853
永川市	29074	163384	27359	10339		495304	110419	
南川市						105656		

3-4-5 续表 2

单位：千元

指标名称	港澳台商投资	合资经营	合作经营	独资	股份有限公司	外商投资	合资经营	合作经营	独资	股份有限公司
合计	**4128468**	**2678355**	**570857**	**879256**		**1581121**	**1254213**		**288143**	**38765**
万州区	20955	20955								
涪陵区										
渝中区	1357555	796481	25501	535573		109174	28928		80246	
大渡口区	21777	21777								
江北区	555625	447970		107655		88803	85262		3541	
沙坪坝区	51681	51681				187219	135419		13035	38765
九龙坡区	304814	118096		186718		168416	168416			
南岸区	808880	221447	545356	42077		331221	157900		173321	
北碚区						393992	393992			
万盛区										
双桥区										
渝北区	857860	857860								
巴南区	143721	142088		1633		284296	284296			
黔江区										
长寿区										
綦江县										
潼南县										
铜梁县										
大足县										
荣昌县										
璧山县										
梁平县										
城口县										
丰都县										
垫江县										
武隆县										
忠县										
开县										
云阳县										
奉节县										
巫山县										
巫溪县										
石柱县										
秀山县										
酉阳县										
彭水县										
江津市										
合川市										
永川市	5600			5600		18000			18000	
南川市										

3-4-6 按地区、登记注册类型分组的房地产开发企业营业利润

单位：千元

指标名称	总　计	内　资	国　有	集　体	股份合作	国有联营	集体联营	国有与集体联营	其他联营
合　计	**1350223**	**974167**	**-69645**	**7860**	**-1590**				**-255**
万州区	37698	37789	-5127	-561	-577				-561
涪陵区	-35668	-35668	-184	-1074					
渝中区	68078	-36031	-74500		878				
大渡口区	-21177	-24964		149					
江北区	97894	109024	1766	387					
沙坪坝区	128190	133510	-3847	280					-456
九龙坡区	162566	143430	-5257	-95	-5619				
南岸区	-121510	-116176	-280	9357	-988				
北碚区	16933	12299	488	-691					
万盛区	8392	8392							
双桥区	-2224	-2224	-561						
渝北区	615602	401224	-590		861				
巴南区	99041	45118	22	-62	2211				
黔江区	8141	8141							
长寿区	32030	32030		-642					
綦江县	8356	8356		-70	1490				
潼南县	-22258	-22258							
铜梁县	36362	36362							
大足县	10982	10982	-40	150					
荣昌县	1961	1961							
璧山县	43181	43181	14190	718	-410				
梁平县	-1816	-1816	-1816						
城口县									
丰都县	27541	27541	100						
垫江县	6066	6066							113
武隆县	-660	-660	-181						
忠　县	19036	19036	56						
开　县	9408	9408		14					
云阳县	-2164	-2164							
奉节县	4888	4888			386				
巫山县									
巫溪县	-3677	-3677							
石柱县	1332	1332	100						
秀山县	13	13							
酉阳县	15	15	15						
彭水县	8182	8182							
江津市	40916	40916							
合川市	3782	3782			178				649
永川市	69132	71168	6001						
南川市	-4341	-4341							

3-4-6 续表 1 单位：千元

指标名称	国有独资公司	其他有限责任公司	股份有限公司	私营独资	私营合伙	私营有限责任公司	私营股份有限公司	其他内资企业
合 计	**-11190**	**373348**	**126211**	**-1166**	**121**	**423025**	**25894**	**101554**
万州区	-940	46369	-338			-5126	4777	-127
涪陵区	-1400	-11196	3342			-24839	-317	
渝中区	6375	-139067	101364	-305	-371	82707	-11694	-1418
大渡口区	-1922	-32665	11604	-425		2934	-4639	
江北区	-433	53712	-25362			662	51	78241
沙坪坝区	-1606	75217	-18			63940		
九龙坡区	-1	90367	12660			29921	13597	7857
南岸区	1	-101275	-1119			-17972	-3900	
北碚区	-246	10136	474			-349	2487	
万盛区		4687				3705		
双桥区		-432				-1231		
渝北区		270737	3420			104853	4171	17772
巴南区	5220	17710	-4364			24627	431	-677
黔江区		1834	728			5579		
长寿区		28885	-879			4220	446	
綦江县		5374				1073	489	
潼南县	-15588	-1371	-295			-5004		
铜梁县			-870		492	14156	22584	
大足县		13096				-1604	-620	
荣昌县		231				-224	1954	
璧山县		-10386				36778	2291	
梁平县								
城口县								
丰都县		2035	4916			20490		
垫江县		489	-1262	-1186		7912		
武隆县						-479		
忠 县		12546	3145			3289		
开 县		8001				1057	336	
云阳县						-426	-1738	
奉节县		-1555				6057		
巫山县								
巫溪县		-3462				-215		
石柱县			140	425		667		
秀山县		-531		310		-990	1224	
酉阳县								
彭水县		1816	1185			5181		
江津市	-86	33962				13805	-6765	
合川市		-4105	-1015			8975	-806	-94
永川市	-564	2189	18755	15		43237	1535	
南川市						-4341		

3-4-6 续表 2 单位：千元

指标名称	港澳台商投资	合资经营	合作经营	独资	股份有限公司	外商投资	合资经营	合作经营	独资	股份有限公司
合计	**353781**	**334578**	**-18106**	**37309**		**22275**	**29108**		**-3412**	**-3421**
万州区	-91	-91								
涪陵区										
渝中区	120509	124522	-1076	-2937		-16400	-5250		-11150	
大渡口区	3787	3787								
江北区	-15298	-24416		9118		4168	6340		-2172	
沙坪坝区	-293	-293				-5027	-680		-926	-3421
九龙坡区	-9045	-37458		28413		28181	28181			
南岸区	-9829	4575	-17030	2626		4495	-8482		12977	
北碚区						4634	4634			
万盛区										
双桥区										
渝北区	214378	214378								
巴南区	49558	49574		-16		4365	4365			
黔江区										
长寿区										
綦江县										
潼南县										
铜梁县										
大足县										
荣昌县										
璧山县										
梁平县										
城口县										
丰都县										
垫江县										
武隆县										
忠县										
开县										
云阳县										
奉节县										
巫山县										
巫溪县										
石柱县										
秀山县										
酉阳县										
彭水县										
江津市										
合川市										
永川市	105			105		-2141			-2141	
南川市										

3-4-7 按地区、登记注册类型分组的房地产开发企业资产总计

单位：千元

指标名称	总计	内资	国有	集体	股份合作	国有联营	集体联营	国有与集体联营	其他联营
合计	**149870412**	**124199992**	**7944344**	**832948**	**1448590**				**108178**
万州区	3099669	3075604	201273	12081	39482				9470
涪陵区	2830602	2830602	507187	58662					
渝中区	41139072	30203758	5083516		134704				
大渡口区	4068818	3992093		25831					
江北区	17792531	13721047	388299	35742					
沙坪坝区	11722932	10407577	39219	38381					44677
九龙坡区	23212142	20399298	559025	363161	377706				
南岸区	16950025	13530553	581734	144765	273697				
北碚区	3655095	3228136	83873	75943					
万盛区	186301	186301							
双桥区	81387	81387	15444						
渝北区	8708400	7079106	86202		194061				
巴南区	4094445	3160133	99646	11472	267249				
黔江区	441424	441424							
长寿区	1104668	1104668		9044					
綦江县	450221	450221		14628	21740				
潼南县	576828	576828							
铜梁县	426344	426344							
大足县	377705	377705	6100	10400					
荣昌县	231410	231410							
璧山县	832497	832497	68661	26188	50609				
梁平县	177355	177355	142789						
城口县									
丰都县	359697	359697	310						
垫江县	416277	416277							8551
武隆县	30191	30191	19503						
忠县	459483	459483	17630						
开县	223089	223089		6650					
云阳县	167607	167607							
奉节县	352720	352720			79746				
巫山县									
巫溪县	17686	17686							
石柱县	72526	72526	33920						
秀山县	190793	190793							
酉阳县	6857	6857	6857						
彭水县	303331	303331							
江津市	1718924	1718924							
合川市	1845771	1845771			9596				45480
永川市	1348246	1323650	3156						
南川市	197343	197343							

3-4-7 续表 1　　　　　　　　　　　　　　　　　　　　　　　　单位：千元

指标名称	国有独资公司	其他有限责任公司	股份有限公司	私营独资	私营合伙	私营有限责任公司	私营股份有限公司	其他内资企业
合　计	**8934111**	**48942491**	**9484028**	**303586**	**28391**	**40619178**	**4757443**	**796704**
万州区	37018	2065927	39126			614687	42861	13679
涪陵区	40040	661962	67650			1206213	288888	
渝中区	6177902	7574629	3145999	92525	7421	6743690	1224118	19254
大渡口区	399241	2131909	565556	140815		601897	126844	
江北区	49626	5528494	1338751			5699871	230648	449616
沙坪坝区	901119	3240536	8000			6135645		
九龙坡区	423562	11009972	3215855			3435052	839703	175262
南岸区	340000	7032933	135724			4782418	239282	
北碚区	58002	1501275	38251			1319099	151693	
万盛区		94694				91607		
双桥区		53153				12790		
渝北区		2827665	114700		8000	3425221	306155	117102
巴南区	72330	935378	292378			1350547	115557	15576
黔江区		240828	12759			187837		
长寿区		546221	28486			511953	8964	
綦江县		135635				258994	19224	
潼南县	372564	43223	12077			148964		
铜梁县			34032		12970	216041	163301	
大足县		262710				71147	27348	
荣昌县		73009				71491	86910	
璧山县		157370				348414	181255	
梁平县		10929				23637		
城口县								
丰都县		87126	92341			179920		
垫江县		98725	31166	44776		233059		
武隆县						10688		
忠　县		330135	17587			94131		
开　县		182796				11383	22260	
云阳县						129589	38018	
奉节县		144071				128903		
巫山县								
巫溪县		8843				8843		
石柱县			8726	7880		22000		
秀山县		26903		7135		101880	54875	
酉阳县								
彭水县		121404	20127			161800		
江津市	8562	671255				646107	393000	
合川市		841007	182580			716437	44456	6215
永川市	54145	301774	82157	10455		719880	152083	
南川市						197343		

3-4-7 续表 2 单位：千元

指标名称	港澳台商投资	合资经营	合作经营	独资	股份有限公司	外商投资	合资经营	合作经营	独资	股份有限公司
合计	**18924321**	**12913791**	**1396677**	**4613853**		**6746099**	**5255010**		**1181913**	**309176**
万州区	24065	24065								
涪陵区										
渝中区	8829642	6096364	62046	2671232		2105672	1589965		515707	
大渡口区	76725	76725								
江北区	3586556	2552533		1034023		484928	383816		101112	
沙坪坝区	486287	486287				829068	500412		19480	309176
九龙坡区	1425421	821816		603605		1387423	1387423			
南岸区	2320694	729594	1334631	256469		1098778	571364		527414	
北碚区						426959	426959			
万盛区										
双桥区										
渝北区	1629294	1629294								
巴南区	539241	497113		42128		395071	395071			
黔江区										
长寿区										
綦江县										
潼南县										
铜梁县										
大足县										
荣昌县										
璧山县										
梁平县										
城口县										
丰都县										
垫江县										
武隆县										
忠县										
开县										
云阳县										
奉节县										
巫山县										
巫溪县										
石柱县										
秀山县										
酉阳县										
彭水县										
江津市										
合川市										
永川市	6396			6396		18200			18200	
南川市										

3-4-8 按地区、用途分组的房地产开发投资完成情况

单位：万元

指标名称	总计	住宅	#别墅、高档公寓	#经济适用房屋	办公楼	商业营业用房	其他
合 计	**4050791**	**2171303**	**113601**	**134071**	**114328**	**621105**	**1144055**
万州区	87347	45940	2200		6580	26783	8044
涪陵区	64081	26801			3195	17677	16408
渝中区	565509	293479	19874	45594	27880	122345	121805
大渡口区	105542	45675		3855	3664	11898	44305
江北区	402279	226040	21412	15236	12795	75800	87644
沙坪坝区	365576	222713	23541	8939	7757	50784	84322
九龙坡区	720906	388747	11595	23273	20183	71420	240556
南岸区	570512	248096	17133	17288	8542	55282	258592
北碚区	126528	72442	6350	240	2640	14297	37149
万盛区	19785	12575			72	4763	2375
双桥区	5396	3466			140	1240	550
渝北区	253740	165857	7544		1870	24517	61496
巴南区	156101	67051	62	4086	3577	28625	56848
黔江区	28805	11710	2624	3718	417	7016	9662
长寿区	50282	29278			2941	4216	13847
綦江县	27919	14726			1681	5549	5963
潼南县	10825	5564	500	115		1370	3891
铜梁县	25818	17674				5535	2609
大足县	18596	8391		18	100	4695	5410
荣昌县	28068	22451		1957		5073	544
璧山县	42924	21946			201	8887	11890
梁平县	5663	2255			556	1004	1848
城口县							
丰都县	23871	13285			220	5255	5111
垫江县	10266	7628			66	1114	1458
武隆县	2813	2169			300	293	51
忠 县	28086	14860		4575	95	5620	7511
开 县	19814	9716			1096	2869	6133
云阳县	11177	4912				2515	3750
奉节县	15619	8793			69	4824	1933
巫山县							
巫溪县	2489	1370			285	116	718
石柱县	4552	2958		2227		1566	28
秀山县	5370	2833			997	1260	280
酉阳县							
彭水县	12350	8527			780	1613	1430
江津市	70418	45623	266		2261	7687	14847
合川市	41154	24804			132	6496	9722
永川市	110492	67451	500	2950	2336	30329	10376
南川市	10118	3497			900	772	4949

注：本表由于房地产经济普查基层表最低起报单位为“万元”，故本表单位为“万元”，下同。

3-4-9 按地区、用途分组的各类商品房屋空置面积

单位：万平方米

指标名称	总 计	住 宅	#别墅、高档公寓	#经济适用房屋	办公楼	商业营业用房	其 他
合 计	**543.08**	**180.59**	**6.24**		**47.20**	**223.93**	**91.36**
万州区	30.30	6.22	0.09		3.85	16.57	3.66
涪陵区	30.65	9.13			2.56	11.74	7.22
渝中区	87.90	33.76	2.74		9.56	34.24	10.34
大渡口区	15.42	4.11			0.99	3.93	6.39
江北区	51.43	12.02	1.36		5.48	23.93	10.00
沙坪坝区	51.63	13.03	0.32		2.64	21.56	14.40
九龙坡区	61.73	16.44	0.50		10.20	25.12	9.97
南岸区	61.82	16.47	1.00		2.89	21.90	20.55
北碚区	10.57	3.21			0.78	4.00	2.58
万盛区	1.68	1.37			0.04	0.26	0.01
双桥区	0.48	0.32				0.16	
渝北区	12.53	5.21			1.23	3.25	2.85
巴南区	16.85	3.44	0.24		2.45	9.71	1.25
黔江区							
长寿区	7.73	2.57			0.64	4.51	
綦江县	3.56	0.44			0.30	2.82	
潼南县	0.58	0.11				0.47	
铜梁县	11.01	10.50				0.51	
大足县	5.54	2.54				3.00	
荣昌县	1.73	0.75				0.98	
璧山县	8.21	6.67			0.12	1.25	0.17
梁平县	3.42	2.01				1.41	
城口县							
丰都县	7.59	2.06				5.12	0.40
垫江县	10.13	5.56			0.80	3.44	0.33
武隆县	0.08						0.08
忠 县	1.92	0.02				1.68	0.22
开 县	0.78	0.30				0.47	0.02
云阳县	1.80	0.83				0.97	
奉节县	4.18	2.31				1.85	0.02
巫山县							
巫溪县							
石柱县							
秀山县	0.33	0.30				0.03	
酉阳县							
彭水县							
江津市	17.75	3.39			2.36	11.25	0.76
合川市	3.13	1.53				1.60	
永川市	20.63	13.97			0.31	6.19	0.15
南川市							

3-4-10 按地区、用途分组的竣工房屋价值

单位：万元

指标名称	总 计	住 宅	#别墅、高档公寓	#经济适用房 屋	办公楼	商业营业用 房	其 他
合 计	**1598163**	**1140717**	**49252**	**119729**	**54991**	**293736**	**108719**
万州区	40096	22021			3468	13197	1410
涪陵区	28829	15202			2727	9734	1166
渝中区	239912	184155	35381	23579	5199	37295	13263
大渡口区	57172	44717		4875	1293	5000	6162
江北区	190204	142151	4847	40190	6489	31942	9622
沙坪坝区	110689	76013		17517	1512	25389	7775
九龙坡区	279528	190863	3608	15853	17208	44833	26624
南岸区	183827	137246	1500	4962	6114	15722	24745
北碚区	38471	32311	3700			5143	1017
万盛区	4238	3256				982	
双桥区	1303	803				500	
渝北区	56005	41246			2094	9212	3453
巴南区	53674	43724	216	10023	3267	5923	760
黔江区	16218	5855			864	9254	245
长寿区	33049	26783			691	5493	82
綦江县	17765	10126			1102	5909	628
潼南县	453	310				143	
铜梁县	22641	17821				4463	357
大足县	10043	6285				3758	
荣昌县	8891	5606		1957		3285	
璧山县	21024	14848			56	5330	790
梁平县	2364	1273				1091	
城口县							
丰都县	27088	12824				10264	4000
垫江县	13033	10183			176	2674	
武隆县	1013	769				213	31
忠 县	5737	4997			105	517	118
开 县	18193	13773			413	3979	28
云阳县	1466	1000				466	
奉节县	12640	8603				4037	
巫山县							
巫溪县							
石柱县	1472	1133		773		280	59
秀山县	670	586			32	52	
酉阳县							
彭水县	810	785				25	
江津市	29576	19341			348	9235	652
合川市	24099	19058				4861	180
永川市	43036	23118			1046	13342	5530
南川市	2934	1932			787	193	22

3-4-11 按地区、用途分组的竣工房屋面积

单位：万平方米

指标名称	总计	住宅	#别墅、高档公寓	#经济适用房屋	办公楼	商业营业用房	其他
合计	**1585.98**	**1227.66**	**18.33**	**120.57**	**42.41**	**230.02**	**85.88**
万州区	58.20	39.36			3.46	13.43	1.95
涪陵区	44.26	28.98			3.08	10.44	1.76
渝中区	193.23	157.22	10.83	19.88	4.77	20.73	10.52
大渡口区	48.04	38.76		4.06	0.92	2.86	5.50
江北区	159.82	125.59	1.88	35.51	4.21	21.67	8.34
沙坪坝区	108.50	80.87		24.17	1.29	19.12	7.22
九龙坡区	218.99	159.02	1.98	16.94	9.78	31.14	19.05
南岸区	135.74	107.64	0.83	6.63	4.18	10.24	13.69
北碚区	46.21	39.82	2.52			4.73	1.66
万盛区	6.83	6.05				0.78	
双桥区	2.64	2.05				0.59	
渝北区	43.09	32.68			1.17	6.35	2.89
巴南区	56.06	45.57	0.29	7.78	3.57	6.11	0.81
黔江区	13.13	7.60			0.81	4.47	0.25
长寿区	41.50	36.45			0.58	4.41	0.07
綦江县	23.61	15.78			1.14	5.42	1.27
潼南县	1.11	0.92				0.20	
铜梁县	37.35	33.88				2.91	0.56
大足县	18.81	14.54				4.27	
荣昌县	12.89	10.88		3.62		2.01	
璧山县	37.21	26.84			0.18	8.72	1.46
梁平县	4.52	2.89				1.63	
城口县							
丰都县	42.04	29.49				9.65	2.90
垫江县	20.81	16.59			0.28	3.94	
武隆县	2.30	2.00				0.23	0.08
忠　县	9.28	8.17			0.19	0.74	0.18
开　县	32.32	28.51			0.46	3.29	0.06
云阳县	2.29	1.94				0.35	
奉节县	16.15	11.62				4.54	
巫山县							
巫溪县							
石柱县	3.69	3.24		1.98		0.34	0.11
秀山县	1.45	1.33			0.06	0.06	
酉阳县							
彭水县	0.90	0.87				0.03	
江津市	49.27	38.10			0.44	10.01	0.71
合川市	38.92	34.06				4.60	0.25
永川市	49.33	33.91			1.03	9.79	4.59
南川市	5.50	4.44			0.80	0.23	0.03

3-4-12 按地区、用途分组的商品房实际销售额

单位：万元

指标名称	总　计	住　宅	#别墅、高档公寓	#经济适用房屋	办公楼	商业营业用房	其　他
合 计	**2328134**	**1817428**	**83024**	**148088**	**71961**	**410119**	**28626**
万州区	84755	38686			7041	38287	741
涪陵区	40336	17534			2407	20221	174
渝中区	418168	371658	49042	30096	10515	30768	5227
大渡口区	90521	82146		10498	1400	5554	1421
江北区	249391	210728	6341	42809	5449	32452	762
沙坪坝区	184388	161407	422	34863	3249	19109	623
九龙坡区	370090	296250	18364	19110	13455	56649	3736
南岸区	217241	181413	1854	7336	8289	25728	1811
北碚区	80471	56642	6928		818	20851	2160
万盛区	6047	3971				2076	
双桥区	1875	1045				830	
渝北区	105840	86244			4334	14575	687
巴南区	92052	62002	73		5131	24570	349
黔江区	8787	6493			712	1492	90
长寿区	56327	41128			3051	11051	1097
綦江县	20252	11516			255	8321	160
潼南县	3680	1130		310		2550	
铜梁县	22224	15541				6548	135
大足县	15240	8170		10		7070	
荣昌县	9066	6325		2057		2741	
璧山县	22519	12233			10	10247	29
梁平县	1683	1054				629	
城口县							
丰都县	22479	11811				6818	3850
垫江县	17933	13654			352	3927	
武隆县	3832	3099			300	313	120
忠　县	10709	6759			145	3759	46
开　县	16221	12463			596	3139	23
云阳县	1377	985				392	
奉节县	7827	5180				2647	
巫山县							
巫溪县							
石柱县	2546	1879		999		593	74
秀山县	1171	204				967	
酉阳县							
彭水县	4862	4444			195	223	
江津市	50149	29731			3133	17030	255
合川市	24233	20757				3476	
永川市	60758	30959			1124	23664	5011
南川市	3084	2187				852	45

3-4-13 按地区、用途分组的商品房屋实际销售面积

单位：万平方米

指标名称	总计	住宅	#别墅、高档公寓	#经济适用房屋	办公楼	商业营业用房	其他
合 计	**1329.44**	**1158.07**	**15.90**	**107.78**	**29.63**	**125.47**	**16.28**
万州区	65.53	44.80			4.35	15.99	0.40
涪陵区	23.31	16.92			0.84	5.40	0.14
渝中区	161.37	150.91	7.76	19.47	3.15	5.44	1.87
大渡口区	45.65	43.66		6.06	0.41	1.06	0.52
江北区	134.88	126.67	1.62	32.50	1.85	5.95	0.42
沙坪坝区	83.67	79.34	0.14	19.62	1.04	3.05	0.23
九龙坡区	166.61	142.65	2.88	17.29	5.82	16.15	1.99
南岸区	100.53	91.17	0.47	6.26	2.73	5.66	0.98
北碚区	48.25	40.36	2.97		0.34	6.26	1.29
万盛区	6.15	5.48				0.67	
双桥区	2.25	1.73				0.52	
渝北区	47.60	43.89			0.91	2.56	0.25
巴南区	47.16	41.65	0.05		1.70	3.56	0.24
黔江区	9.45	8.20			0.70	0.44	0.10
长寿区	48.29	43.17			1.04	3.70	0.39
綦江县	19.94	16.89			0.25	2.44	0.36
潼南县	4.34	2.99		0.95		1.34	
铜梁县	24.21	20.92				3.23	0.07
大足县	18.82	15.04		0.03		3.78	
荣昌县	11.76	10.50		3.62		1.26	
璧山县	23.78	17.58			0.01	6.16	0.03
梁平县	3.29	2.51				0.78	
城口县							
丰都县	24.16	18.13				3.53	2.50
垫江县	21.12	18.58			0.28	2.26	
武隆县	6.66	5.53			0.46	0.53	0.14
忠 县	9.72	8.40			0.14	1.11	0.06
开 县	23.53	20.55			0.46	2.48	0.05
云阳县	1.93	1.71				0.22	
奉节县	9.56	7.08				2.48	
巫山县							
巫溪县							
石柱县	3.69	3.24		1.98		0.34	0.11
秀山县	0.67	0.43				0.25	
酉阳县							
彭水县	5.54	5.24			0.16	0.14	
江津市	44.05	34.87			2.03	6.85	0.30
合川市	31.72	29.98				1.73	
永川市	47.10	34.33			0.93	8.00	3.84
南川市	3.16	2.98				0.15	0.03

3-4-14 按地区、用途分组的商品房预售面积

单位：万平方米

指标名称	总 计	住 宅	#别墅、高档公寓	#经济适用房 屋	办 公 楼	商业营业用 房	其 他
合 计	**898.61**	**816.54**	**40.55**	**29.59**	**8.50**	**64.97**	**8.60**
万州区	17.84	14.54	0.99		0.87	2.43	
涪陵区	24.93	19.02			0.06	5.57	0.28
渝中区	104.16	85.33	0.12	8.20	1.62	12.79	4.41
大渡口区	14.15	12.53		1.48	0.59	1.04	
江北区	137.76	133.02	0.02	3.50	0.17	3.94	0.63
沙坪坝区	88.43	81.59	12.72	4.90	2.09	4.74	0
九龙坡区	145.73	140.08	6.73	10.96	0.51	5.11	0.03
南岸区	75.20	71.57	7.27			1.26	2.38
北碚区	40.69	34.90	0.70		0.01	5.74	0.05
万盛区	6.28	5.37				0.91	
双桥区	2.63	2.62				0.01	
渝北区	75.25	68.19	12.00		0.24	6.53	0.29
巴南区	20.73	18.78			0.07	1.87	0
黔江区							
长寿区	10.40	9.64				0.74	0.02
綦江县	14.26	11.98			0.24	2.04	
潼南县	3.09	2.66		0.51		0.42	
铜梁县	5.26	5.26					
大足县	4.21	3.18		0.05	0.20	0.83	
荣昌县	17.98	16.54				1.44	
璧山县	21.12	19.85				1.26	
梁平县	0.18				0.18		
城口县							
丰都县	5.45	5.45					
垫江县	1.41	1.37				0.04	
武隆县	4.45	3.54			0.46	0.32	0.14
忠 县	4.33	2.85				1.19	0.29
开 县	0.32	0.21				0.11	
云阳县	2.19	1.99				0.20	
奉节县	0.52	0.43			0.05		0.04
巫山县							
巫溪县							
石柱县							
秀山县	3.38	2.53				0.85	
酉阳县							
彭水县	0.40	0.28				0.12	
江津市	20.16	18.25			1.06	0.85	
合川市	8.57	7.93				0.64	
永川市	14.41	12.61			0.08	1.72	
南川市	2.73	2.44				0.24	0.04

3-4-15 按地区、用途分组的施工房屋面积

单位：万平方米

指标名称	总　计	住　宅	#别墅、高档公寓	#经济适用房屋	办公楼	商业营业用房	其　他
合　计	**6247.86**	**4544.54**	**143.02**	**311.21**	**220.26**	**1043.97**	**439.10**
万州区	223.21	144.81	3.00		15.40	55.79	7.21
涪陵区	144.13	93.71			6.49	35.60	8.33
渝中区	945.89	593.93	16.21	65.85	70.05	203.29	78.63
大渡口区	160.10	124.04		22.39	3.27	20.50	12.29
江北区	722.81	481.96	27.25	61.80	26.44	150.32	64.09
沙坪坝区	423.55	313.23	31.79	33.16	10.58	66.33	33.41
九龙坡区	909.32	677.84	10.04	62.40	27.80	107.48	96.20
南岸区	600.95	455.79	23.86	25.25	12.22	73.92	59.02
北碚区	181.21	140.05	5.52	1.49	5.63	24.40	11.14
万盛区	48.27	37.01			0.08	9.50	1.69
双桥区	8.91	6.94			0.22	1.61	0.14
渝北区	305.88	254.64	20.00		4.09	36.77	10.38
巴南区	183.22	119.07	0.39	9.34	7.80	31.65	24.70
黔江区	30.92	16.82			0.81	11.60	1.70
长寿区	91.51	79.09			3.64	7.65	1.13
綦江县	72.55	51.00			2.68	16.73	2.15
潼南县	24.75	21.81	2.45	0.30		2.79	0.15
铜梁县	62.78	56.53				5.31	0.94
大足县	48.79	36.72		0.05	1.00	10.71	0.36
荣昌县	59.89	51.84		3.62		7.53	0.52
璧山县	101.16	80.24			0.66	17.20	3.06
梁平县	14.54	9.84			1.17	3.53	
城口县							
丰都县	70.94	51.64			0.80	11.98	6.52
垫江县	45.94	37.55			0.28	6.38	1.73
武隆县	7.95	6.83			0.46	0.55	0.12
忠　县	43.70	35.32			0.30	7.36	0.73
开　县	73.64	57.35			5.39	8.27	2.64
云阳县	30.76	24.42				6.34	
奉节县	20.08	13.00			0.05	6.96	0.06
巫山县							
巫溪县	4.46	4.03			0.28	0.15	
石柱县	15.84	13.55		10.04		2.17	0.11
秀山县	22.66	13.62			4.96	3.97	0.11
酉阳县							
彭水县	18.82	13.18			1.22	4.41	
江津市	165.21	135.42	1.51		3.69	24.05	2.05
合川市	153.15	127.89			0.20	23.18	1.87
永川市	188.91	146.45	1.00	15.52	1.83	34.86	5.77
南川市	21.45	17.38			0.80	3.13	0.15

3-4-16 按地区、用途分组的新开工房屋面积

单位：万平方米

指标名称	总 计	住 宅	#别墅、高档公寓	#经济适用房 屋	办 公 楼	商业营业用 房	其 他
合 计	**2190.99**	**1691.63**	**81.45**	**96.70**	**57.14**	**293.24**	**148.99**
万州区	94.60	71.48	2.56		3.50	17.52	2.11
涪陵区	37.46	25.15			1.20	8.89	2.22
渝中区	301.72	217.80	8.43	24.62	16.12	40.45	27.34
大渡口区	49.10	35.63		0.22	0.89	7.72	4.85
江北区	185.92	148.59	11.16	8.70	4.90	16.96	15.47
沙坪坝区	113.67	80.40	16.20	6.61	0.41	21.36	11.51
九龙坡区	263.67	222.51	2.46	17.48	1.79	21.12	18.25
南岸区	263.15	200.43	14.30	15.75	5.15	31.14	26.44
北碚区	78.34	63.94	2.89	1.49	0.76	10.00	3.64
万盛区	25.08	20.13				3.81	1.14
双桥区	6.99	5.34			0.22	1.29	0.14
渝北区	86.16	76.70	20.00		1.35	5.47	2.64
巴南区	77.06	41.71			3.17	10.37	21.81
黔江区	8.34	6.44				1.25	0.64
长寿区	39.61	32.64			3.06	3.09	0.82
綦江县	24.26	18.89			0.38	4.91	0.08
潼南县	16.04	14.43	2.45			1.53	0.08
铜梁县	29.26	26.10				2.28	0.88
大足县	35.19	25.94		0.05	1.00	7.95	0.30
荣昌县	44.43	39.21				4.70	0.52
璧山县	41.86	30.52			0.26	8.71	2.37
梁平县	6.53	4.04			0.15	2.34	
城口县							
丰都县	14.74	9.30			0.80	2.14	2.50
垫江县	14.08	12.54			0.11	1.43	
武隆县	6.65	5.53			0.46	0.55	0.12
忠 县	24.85	19.78			0.25	4.57	0.25
开 县	22.29	14.40			3.11	4.15	0.63
云阳县	15.31	10.97				4.34	
奉节县	8.43	6.69				1.74	
巫山县							
巫溪县	3.68	3.25			0.28	0.15	
石柱县	11.33	9.69		6.98		1.63	
秀山县	15.84	8.72			4.56	2.44	0.11
酉阳县							
彭水县	1.00	0.80			0.10	0.10	
江津市	77.02	65.00			1.81	9.41	0.81
合川市	61.30	48.16				13.05	0.10
永川市	70.13	56.76	1.00	14.79	0.54	11.75	1.08
南川市	15.88	11.99			0.80	2.95	0.15

3-4-17 按地区、资质等级分组的房地产开发企业从业人数

单位：人

指标名称	总计	一 级	二 级	三 级	四 级	暂 定	其 他
合 计	**70731**	**3197**	**21053**	**31464**	**4494**	**9921**	**602**
万州区	2587	434	78	1275	763	16	21
涪陵区	1665		370	941	259	95	
渝中区	12408	1169	4823	4021	606	1607	182
大渡口区	2056		975	1078			3
江北区	5078	349	1014	2597	52	904	162
沙坪坝区	4027	112	1650	1668	43	554	
九龙坡区	8096	1052	2298	2998	54	1694	
南岸区	5400		1961	1602	100	1737	
北碚区	2073		419	1377	86	191	
万盛区	378			185	92	99	2
双桥区	132			84	14	34	
渝北区	6178	81	2727	2811	30	508	21
巴南区	3835		2506	940	33	356	
黔江区	679		65	572		42	
长寿区	1116		462	569		85	
綦江县	523			513		10	
潼南县	311		75	220		16	
铜梁县	346			273	73		
大足县	467			366	62	39	
荣昌县	466			274	172	20	
璧山县	669			296		242	131
梁平县	95			20	9	66	
城口县							
丰都县	375		73	254	48		
垫江县	511		98	380		33	
武隆县	65			47	18		
忠 县	1009			636	25	348	
开 县	2531		37	1296	823	375	
云阳县	620			315	244	61	
奉节县	571		21	219	331		
巫山县	69			21	48		
巫溪县	59			36	23		
石柱县	121			30		91	
秀山县	239			179		60	
酉阳县	39			39			
彭水县	560			327	193	7	33
江津市	1058		245	459	18	311	25
合川市	1159		218	640	197	104	0
永川市	2754		938	1631	78	95	12
南川市	406			275		121	10

3-4-18 按地区、资质等级分组的房地产开发企业个数

单位：个

指标名称	总计	一级	二级	三级	四级	暂定	其他
合计	**1829**	**16**	**271**	**937**	**194**	**380**	**31**
万州区	108	1	4	46	51	2	4
涪陵区	72		8	45	15	4	
渝中区	276	4	51	116	24	74	7
大渡口区	46		10	35			1
江北区	159	5	24	79	5	42	4
沙坪坝区	119	1	30	62	2	24	
九龙坡区	191	4	34	93	4	56	
南岸区	144		30	49	6	59	
北碚区	67		6	46	7	8	
万盛区	17			3	9	4	1
双桥区	6			4	1	1	
渝北区	121	1	27	69	1	22	1
巴南区	61		13	28	4	16	
黔江区	9		1	6		2	
长寿区	32		8	22		2	
綦江县	29			27		2	
潼南县	13		2	9		2	
铜梁县	11			8	3		
大足县	24			18	4	2	
荣昌县	13			6	6	1	
璧山县	28			12		9	7
梁平县	4			2	1	1	
城口县							
丰都县	13		2	7	4		
垫江县	13		1	10		2	
武隆县	3			2	1		
忠　县	17			7	1	9	
开　县	16		1	6	7	2	
云阳县	10			3	5	2	
奉节县	12		1	4	7		
巫山县	5			1	4		
巫溪县	2			1	1		
石柱县	4			1		3	
秀山县	9			7		2	
酉阳县	1			1			
彭水县	14			7	4	1	2
江津市	37		3	21	1	10	2
合川市	53		7	30	12	4	
永川市	58		8	39	4	6	1
南川市	12			5		6	1

3-4-19 按地区、资质等级分组的房地产开发投资完成情况

单位：万元

指标名称	总计	一级	二级	三级	四级	暂定	其他
合　计	**4050791**	**365134**	**1562824**	**1310550**	**99206**	**697856**	**15221**
万州区	87347	11839	3889	50292	20690	437	200
涪陵区	64081		13922	40088	2744	7327	
渝中区	565509	54578	227853	176035	8369	97024	1650
大渡口区	105542		57620	47922			
江北区	402279	21744	129627	143246	782	100080	6800
沙坪坝区	365576	31358	255065	58587		20566	
九龙坡区	720906	188820	280604	142177	1203	108102	
南岸区	570512		256867	88235	759	224651	
北碚区	126528		34650	74108	4997	12773	
万盛区	19785			5593	5335	8857	
双桥区	5396			3626	270	1500	
渝北区	253740	56795	101885	91830		3230	
巴南区	156101		100522	46391	62	9126	
黔江区	28805		8225	10216		10364	
长寿区	50282		27366	11272		11644	
綦江县	27919			27919			
潼南县	10825		2490	8007		328	
铜梁县	25818			15320	10498		
大足县	18596			11444	4206	2946	
荣昌县	28068			23574	3494	1000	
璧山县	42924			16971		20652	5301
梁平县	5663			3393	562	1708	
城口县							
丰都县	23871		8208	8103	7560		
垫江县	10266		3521	5245		1500	
武隆县	2813			2550	263		
忠　县	28086			17527	800	9759	
开　县	19814		2094	7764	5719	4237	
云阳县	11177			1367	3362	6448	
奉节县	15619		2000	7836	5783		
巫山县							
巫溪县	2489			350	2139		
石柱县	4552			2692		1860	
秀山县	5370			4371		999	
酉阳县							
彭水县	12350			10950	1400		
江津市	70418		20420	34014	126	15798	60
合川市	41154		7185	26404	4713	2852	
永川市	110492		18811	79801	3370	7580	930
南川市	10118			5330		4508	280

3-4-20 按地区、资质等级分组的竣工房屋面积

单位：万平方米

指标名称	总 计	一 级	二 级	三 级	四 级	暂 定	其 他
合 计	**1585.98**	**145.84**	**569.96**	**685.36**	**82.93**	**99.86**	**2.04**
万州区	58.20	12.96	0.53	26.87	15.28	2.11	0.44
涪陵区	44.26		4.05	38.03	2.18		
渝中区	193.23	8.75	132.33	34.81	4.32	13.02	
大渡口区	48.04		32.82	15.22			
江北区	159.82	38.49	65.09	52.50		3.74	
沙坪坝区	108.50	5.12	76.47	25.45		1.46	
九龙坡区	218.99	80.53	63.08	57.68	0.69	17.01	
南岸区	135.74		74.70	30.51	1.36	29.17	
北碚区	46.21		9.88	36.33			
万盛区	6.83			0.78	5.58	0.47	
双桥区	2.64			2.19	0.45		
渝北区	43.09		17.16	25.93			
巴南区	56.06		40.96	14.81	0.29		
黔江区	13.13			9.24		3.89	
长寿区	41.50		18.80	22.70			
綦江县	23.61			23.61			
潼南县	1.11			1.11			
铜梁县	37.35			25.66	11.70		
大足县	18.81			10.81	6.49	1.51	
荣昌县	12.89			7.73	4.75	0.41	
璧山县	37.21			18.03		17.58	1.60
梁平县	4.52			3.27	1.25		
城口县							
丰都县	42.04		4.92	28.60	8.52		
垫江县	20.81		0.84	17.97	0	2.00	
武隆县	2.30			1.89	0.41		
忠 县	9.28			7.95		1.34	
开 县	32.32		5.98	15.41	9.18	1.75	
云阳县	2.29			2.29			
奉节县	16.15		3.38	8.81	3.96		
巫山县							
巫溪县							
石柱县	3.69			3.69			
秀山县	1.45			1.45			
酉阳县							
彭水县	0.90				0.90		
江津市	49.27		9.99	35.21		4.07	
合川市	38.92		4.98	31.59	2.34		
永川市	49.33		4.00	41.73	3.28	0.32	
南川市	5.50			5.50			

3-4-21 按地区、资质等级分组的商品房实际销售面积

单位：万平方米

指标名称	总计	一 级	二 级	三 级	四 级	暂 定	其 他
合 计	**1329.44**	**93.62**	**505.12**	**589.29**	**66.32**	**73.40**	**1.70**
万州区	65.53	15.45	1.51	30.92	15.58	1.99	0.07
涪陵区	23.31		4.51	15.78	3.01		
渝中区	161.37	6.62	107.39	33.56	4.37	9.43	
大渡口区	45.65		30.41	15.24			
江北区	134.88	33.59	55.99	41.41	0.22	3.57	0.10
沙坪坝区	83.67	1.85	65.89	15.08		0.85	
九龙坡区	166.61	36.11	59.90	55.03		15.56	
南岸区	100.53		51.78	27.32	1.82	19.61	
北碚区	48.25		10.38	37.87			
万盛区	6.15			0.78	3.35	2.02	
双桥区	2.25			1.82	0.43		
渝北区	47.60		23.56	24.04			
巴南区	47.16		33.00	13.92	0.24		
黔江区	9.45			9.19		0.25	
长寿区	48.29		21.16	27.13			
綦江县	19.94			19.92		0.02	
潼南县	4.34		2.34	2.00			
铜梁县	24.21			17.61	6.60		
大足县	18.82			10.54	6.77	1.51	
荣昌县	11.76			7.90	3.81	0.05	
璧山县	23.78			12.62		9.87	1.30
梁平县	3.29			2.73	0.56		
城口县							
丰都县	24.16		3.04	16.33	4.79		
垫江县	21.12		2.66	17.03		1.44	
武隆县	6.66			6.25	0.41		
忠 县	9.72			7.97		1.75	
开 县	23.53		5.65	10.63	6.10	1.15	
云阳县	1.93			1.32	0.61		
奉节县	9.56		2.53	4.24	2.79		
巫山县							
巫溪县							
石柱县	3.69			3.69			
秀山县	0.67			0.67			
酉阳县							
彭水县	5.54			4.34	1.20		
江津市	44.05		9.25	30.32		4.25	0.22
合川市	31.72		2.33	26.98	2.40		
永川市	47.10		11.83	33.93	1.25	0.08	
南川市	3.16			3.16			

3-4-22 按地区、资质等级分组的商品房销售额

单位：万元

指标名称	总计	一 级	二 级	三 级	四 级	暂 定	其 他
合 计	**2328134**	**190953**	**1093093**	**852704**	**72755**	**116820**	**1809**
万州区	84755	15363	1110	46435	18877	2650	320
涪陵区	40336		8818	28007	3511		
渝中区	418168	15509	280057	94300	9284	19018	
大渡口区	90521		59814	30707			
江北区	249391	51441	105098	85156	461	7006	229
沙坪坝区	184388	5100	145977	32711		600	
九龙坡区	370090	103540	146608	90243		29699	
南岸区	217241		132050	46340	3557	35294	
北碚区	80471		20615	59856			
万盛区	6047			690	3767	1590	
双桥区	1875			1605	270		
渝北区	105840		54805	51035			
巴南区	92052		71090	20729	233		
黔江区	8787			7587		1200	
长寿区	56327		26239	30088			
綦江县	20252			20172		80	
潼南县	3680		2307	1373			
铜梁县	22224			15910	6314		
大足县	15240			8482	5325	1433	
荣昌县	9066			6438	2303	325	
璧山县	22519			9465		12344	710
梁平县	1683			1317	366		
城口县							
丰都县	22479		2122	13825	6532		
垫江县	17933		2340	14733		860	
武隆县	3832			3569	263		
忠 县	10709			9159		1550	
开 县	16221		4274	6545	4805	597	
云阳县	1377			620	757		
奉节县	7827		1497	4130	2200		
巫山县							
巫溪县							
石柱县	2546			2546			
秀山县	1171			1171			
酉阳县							
彭水县	4862			3732	1130		
江津市	50149		12997	34067		2535	550
合川市	24233		1849	20462	1922		
永川市	60758		13426	46415	878	39	
南川市	3084			3084			

3-4-23 按地区、资质等级分组的施工房屋面积

单位：万平方米

指标名称	总计	一 级	二 级	三 级	四 级	暂 定	其 他
合 计	**6247.86**	**484.14**	**2242.01**	**2550.03**	**259.78**	**672.04**	**39.86**
万州区	223.21	39.18	6.31	123.95	49.72	3.61	0.44
涪陵区	144.13		23.65	103.58	16.41	0.49	
渝中区	945.89	101.28	390.82	296.12	36.98	116.72	3.98
大渡口区	160.10		82.28	77.83			
江北区	722.81	78.01	235.55	293.31	4.59	83.17	28.18
沙坪坝区	423.55	25.92	289.85	102.95		4.82	
九龙坡区	909.32	212.74	372.03	225.75	2.75	96.06	
南岸区	600.95		327.70	122.61	1.36	149.27	
北碚区	181.21		35.29	123.49	6.61	15.82	
万盛区	48.27			16.67	12.91	18.69	
双桥区	8.91			7.14	0.45	1.32	
渝北区	305.88	27.00	135.39	136.11		7.38	
巴南区	183.22		95.18	81.58	0.39	6.07	
黔江区	30.92		5.21	15.13		10.59	
长寿区	91.51		57.11	34.39			
綦江县	72.55			72.55			
潼南县	24.75		6.00	18.75			
铜梁县	62.78			39.37	23.42		
大足县	48.79			27.70	13.79	7.30	
荣昌县	59.89			48.26	11.23	0.41	
璧山县	101.16			56.11		42.25	2.80
梁平县	14.54			12.14	2.40		
城口县							
丰都县	70.94		23.89	37.11	9.94		
垫江县	45.94		8.34	35.60		2.00	
武隆县	7.95			7.54	0.41		
忠 县	43.70			24.06	2.20	17.44	
开 县	73.64		8.51	42.62	11.69	10.82	
云阳县	30.76			6.94	13.16	10.66	
奉节县	20.08		3.38	9.93	6.76		
巫山县							
巫溪县	4.46				4.46		
石柱县	15.84			10.22		5.62	
秀山县	22.66			17.05		5.61	
酉阳县							
彭水县	18.82			16.62	2.20		
江津市	165.21		43.33	108.41		13.47	
合川市	153.15		38.42	84.26	20.57	9.90	
永川市	188.91		53.78	102.05	5.39	25.70	1.99
南川市	21.45			12.14		6.84	2.47

3-4-24 按地区、资质等级分组的物业管理企业从业人员数

单位：人

指标名称	总计	一级	二级	三级	其他
合 计	**41699**	**7177**	**11707**	**17744**	**5071**
万州区	601			543	58
涪陵区	1243	44	221	928	50
渝中区	11062	2097	3737	4323	905
大渡口区	578		460	34	84
江北区	3322	503	410	1886	523
沙坪坝区	3221	469	983	1568	201
九龙坡区	5900	2111	1378	1242	1169
南岸区	4267	463	1825	1785	194
北碚区	898	81	172	357	288
万盛区	61			52	9
双桥区					
渝北区	4950	1392	1287	2026	245
巴南区	870		180	623	67
黔江区	153			136	17
长寿区	282		47	215	20
綦江县	369			252	117
潼南县	54			19	35
铜梁县	94			44	50
大足县	32			27	5
荣昌县	205		66	107	32
璧山县	76				76
梁平县	75			75	
城口县					
丰都县	154			124	30
垫江县	28			28	
武隆县	71			71	
忠 县	11			11	
开 县	269			70	199
云阳县	90				90
奉节县	140			132	8
巫山县	222			184	38
巫溪县					
石柱县	17	17			
秀山县	50			50	
酉阳县					
彭水县	110				110
江津市	644		374	270	
合川市	417		112	245	60
永川市	1073		455	267	351
南川市	90			50	40

3-4-25 按地区、资质等级分组的物业管理企业个数

单位：个

指标名称	总计	一 级	二 级	三 级	其 他
合 计	**974**	**32**	**137**	**579**	**226**
万州区	30			23	7
涪陵区	41	1	7	27	6
渝中区	189	9	37	100	43
大渡口区	13		7	2	4
江北区	81	8	8	53	12
沙坪坝区	63	1	10	45	7
九龙坡区	78	6	12	40	20
南岸区	64	2	17	37	8
北碚区	29	1	2	16	10
万盛区	3			2	1
双桥区					
渝北区	127	3	12	94	18
巴南区	29		4	21	4
黔江区	7			5	2
长寿区	14		4	8	2
綦江县	20			11	9
潼南县	3			1	2
铜梁县	10			5	5
大足县	4			3	1
荣昌县	13		2	8	3
璧山县	3				3
梁平县	2			2	
城口县					
丰都县	6			4	2
垫江县	2			2	
武隆县	2			2	
忠 县	1			1	
开 县	23			3	20
云阳县	3				3
奉节县	6			5	1
巫山县	8			5	3
巫溪县					
石柱县	1	1			
秀山县	4			4	
酉阳县					
彭水县	5				5
江津市	27		6	21	
合川市	19		2	9	8
永川市	36		7	18	11
南川市	8			2	6

3-4-26 按地区、资质等级分组的物业管理企业利润总额

单位：千元

指标名称	总计	一 级	二 级	三 级	其 他
合 计	**-7185**	**1188**	**27984**	**-8785**	**-27572**
万州区	1754			1586	168
涪陵区	-892	-113	342	-988	-133
渝中区	12292	1701	27502	-12660	-4251
大渡口区	-1030		-149	-26	-855
江北区	-22943	-3237	-1055	5945	-24596
沙坪坝区	1312	790	-148	1501	-831
九龙坡区	4847	1168	2018	-1719	3380
南岸区	-23248	-1277	-9057	-12094	-820
北碚区	1202	910	376	1059	-1143
万盛区	-148			-159	11
双桥区					
渝北区	11286	1210	6868	2825	383
巴南区	2054		-291	2808	-463
黔江区	-143			589	-732
长寿区	221		85	102	34
綦江县	182			148	34
潼南县	144				144
铜梁县	215			11	204
大足县	116			6	110
荣昌县	321		659	-276	-62
璧山县	56				56
梁平县	-43			-43	
城口县					
丰都县	-313			-269	-44
垫江县	13			13	
武隆县	1			1	
忠 县	-200			-200	
开 县	1514			196	1318
云阳县	-307				-307
奉节县	1273			1193	80
巫山县	287			-229	516
巫溪县					
石柱县	36	36			
秀山县	91			91	
酉阳县					
彭水县	56				56
江津市	455		210	245	
合川市	2605		704	1832	69
永川市	-30		-80	-112	162
南川市	-221			-161	-60

3-4-27 按地区、资质等级分组的物业管理企业营业利润

单位：千元

指标名称	总计	一 级	二 级	三 级	其 他
合 计	**14452**	**-321**	**46707**	**-768**	**-31166**
万州区	1299			1604	-305
涪陵区	-661	-113	344	-951	59
渝中区	27850	1392	47398	-13366	-7574
大渡口区	-1015		-134	-26	-855
江北区	-20153	-3333	-1055	8274	-24039
沙坪坝区	1070	790	-139	1093	-674
九龙坡区	3720	1264	2172	-1536	1820
南岸区	-9284	-1406	-5647	-1083	-1148
北碚区	-2011	-71	-657	255	-1538
万盛区	-63			-74	11
双桥区					
渝北区	402	1120	2455	-1275	-1898
巴南区	3247		-291	3935	-397
黔江区	188			589	-401
长寿区	221		85	102	34
綦江县	209			31	178
潼南县	156			12	144
铜梁县	-132			-146	14
大足县	116			6	110
荣昌县	321		659	-276	-62
璧山县	56				56
梁平县	-43			-43	
城口县					
丰都县	52			96	-44
垫江县	7			7	
武隆县	1			1	
忠 县	-200			-200	
开 县	1287			145	1142
云阳县	-217				-217
奉节县	-99			-176	77
巫山县	468			-48	516
巫溪县					
石柱县	36	36			
秀山县	91			91	
酉阳县					
彭水县	78				78
江津市	160		210	-50	
合川市	-146		-374	196	32
永川市	7664		1681	2206	3777
南川市	-223			-161	-62

3-4-28 按地区、资质等级分组的新开工房屋面积

单位：万平方米

指标名称	总计	一 级	二 级	三 级	四 级	暂 定	其 他
合 计	**2190.99**	**127.17**	**700.03**	**886.73**	**96.65**	**352.56**	**27.85**
万州区	94.60	22.96	5.78	46.71	18.71		0.44
涪陵区	37.46		8.51	20.77	7.70	0.49	
渝中区	301.72	9.14	69.32	151.95	7.23	64.09	
大渡口区	49.10		9.44	39.65			
江北区	185.92	9.81	78.21	39.42		32.31	26.16
沙坪坝区	113.67	20.81	57.86	32.37		2.64	
九龙坡区	263.67	64.45	114.44	56.61		28.17	
南岸区	263.15		147.52	35.79	0.12	79.72	
北碚区	78.34		22.68	41.87		13.79	
万盛区	25.08			9.38	5.11	10.59	
双桥区	6.99			5.22	0.45	1.32	
渝北区	86.16		51.53	34.63			
巴南区	77.06		33.84	39.20		4.02	
黔江区	8.34		2.18	3.02		3.14	
长寿区	39.61		28.22	11.40			
綦江县	24.26			24.26			
潼南县	16.04		2.80	13.24			
铜梁县	29.26			20.43	8.83		
大足县	35.19			16.45	11.44	7.30	
荣昌县	44.43			36.02	8.41		
璧山县	41.86			18.85		23.01	
梁平县	6.53			4.13	2.40		
城口县							
丰都县	14.74		5.08	3.33	6.34		
垫江县	14.08		8.34	3.74		2.00	
武隆县	6.65			6.24	0.41		
忠 县	24.85			11.14	2.20	11.51	
开 县	22.29		1.70	8.56	2.96	9.07	
云阳县	15.31			4.65		10.66	
奉节县	8.43			6.57	1.86		
巫山县							
巫溪县	3.68				3.68		
石柱县	11.33			7.51		3.82	
秀山县	15.84			10.23		5.61	
酉阳县							
彭水县	1.00			1.00			
江津市	77.02		22.71	46.06		8.26	
合川市	61.30		8.63	40.37	7.41	4.90	
永川市	70.13		21.26	26.93	1.40	19.30	1.24
南川市	15.88			9.04		6.84	

3-4-29 按地区分组的房地产开发企业土地开发及其购置

指标名称	本年完成开发土地面积（万平方米）	待开发土地面积（万平方米）	本年购置土地面积（万平方米）	本年土地成交价款（万元）
合计	**852.02**	**1393.77**	**1137.61**	**730169**
万州区	15.88	12.10	8.32	3257
涪陵区	11.80	8.23	4.48	7170
渝中区	62.51	183.50	88.32	76581
大渡口区	8.44	34.24	34.90	31762
江北区	48.80	40.66	92.80	79435
沙坪坝区	12.46		64.11	90585
九龙坡区	215.67	167.75	208.70	149149
南岸区	121.65	434.95	176.73	126095
北碚区	78.71	19.71	44.81	17656
万盛区			2.93	2964
双桥区	3.61	2.10	4.88	1373
渝北区	48.06	10.68	54.26	12755
巴南区	6.25	171.74	61.13	31569
黔江区	14.16	14.43	10.26	6747
长寿区	18.76	5.94	19.69	13332
綦江县		5.30	13.71	3757
潼南县	9.83	10.84	21.32	4745
铜梁县	6.88		6.88	3770
大足县	5.50	5.83	4.37	3382
荣昌县			10.86	2953
璧山县	43.90	3.80	9.73	2499
梁平县	14.00	1.00	15.00	1363
城口县				
丰都县	1.58		1.58	183
垫江县	0.99	1.41	7.13	960
武隆县				
忠　县	16.85	12.53	26.67	4442
开　县	8.43	0.43	10.73	4801
云阳县	2.49	7.79	10.27	3750
奉节县	0.66		0.62	513
巫山县				
巫溪县	1.77	1.02	1.77	120
石柱县	2.11	0.38	1.21	520
秀山县			0.84	230
酉阳县				
彭水县				
江津市	36.04	165.34	74.09	27534
合川市	20.39	58.13	20.04	6414
永川市	5.42	13.66	9.67	4942
南川市	8.42	0.27	14.80	2861

3-4-30 按地区分组的房地产开发企业主营业务收入及其构成

单位：千元

指标名称	总计	土地转让收入	商品房屋销售收入	房屋出租收入	其他收入
合计	**30915087**	**483075**	**27624516**	**656527**	**2150969**
万州区	801460	4876	770935	3116	22533
涪陵区	442880	220	367582	10871	64207
渝中区	5832336	3673	4559891	195241	1073531
大渡口区	927080		908003	11274	7803
江北区	2776896	38900	2446890	79041	212065
沙坪坝区	1779264		1424497	91761	263006
九龙坡区	4308646		4160129	75824	72693
南岸区	2408884	142447	2165956	42327	58154
北碚区	889233	67648	765429	4864	51292
万盛区	156401		149356	156	6889
双桥区	12791		12791		
渝北区	4161390	14628	4072143	3407	71212
巴南区	1316530		1220221	85779	10530
黔江区	174682	46870	121892	0	5920
长寿区	815912	2850	764484	27149	21429
綦江县	232722		229721	2703	298
潼南县	97307	60506	36801	0	
铜梁县	325046		325046	0	
大足县	179886		166640	446	12800
荣昌县	172483		172231	179	73
璧山县	334085	42528	274002	355	17200
梁平县	14685		14536	149	
城口县					
丰都县	171612		117442	170	54000
垫江县	176850		175144	312	1394
武隆县	26178		26163	15	
忠　县	243906		226604	1016	16286
开　县	182193		169247		12946
云阳县	38514		28224		10290
奉节县	156433		156433		
巫山县					
巫溪县	1432	1432			
石柱县	43913	932	42750		231
秀山县	50787	22969	18733	7485	1600
酉阳县	1862		1862		
彭水县	109416		95126	4365	9925
江津市	573003	1600	569805	1598	
合川市	311610	6162	302611	1722	1115
永川市	605758	24834	504238	5139	71547
南川市	61021		60958	63	

3-4-31 按地区分组的商品房屋空置情况

单位：万平方米、%

指标名称	空置面积			空置一年以上
	合计	#空置一至三年	#空置三年以上	所占比重
合计	**543.08**	**242.91**	**47.40**	**53.5**
万州区	30.30	20.44	1.86	73.6
涪陵区	30.65	6.92	0.55	24.4
渝中区	87.90	27.18	24.81	59.1
大渡口区	15.42	3.41	0.51	25.4
江北区	51.43	35.08	2.32	72.7
沙坪坝区	51.63	26.23	2.38	55.4
九龙坡区	61.73	31.49	3.44	56.6
南岸区	61.82	23.01	1.47	39.6
北碚区	10.57	4.91	0.38	50.0
万盛区	1.68	0.17		10.1
双桥区	0.48	0.22		45.8
渝北区	12.53	10.54	1.29	94.4
巴南区	16.85	15.39	1.46	100.0
长寿区	7.73	2.60	2.91	71.3
綦江县	3.56	1.47	0.26	48.6
潼南县	0.58	0.58		100.0
铜梁县	11.01	0.18		1.6
大足县	5.54	1.32		23.8
荣昌县	1.73	0.77		44.5
璧山县	8.21	0.62	0.08	8.5
梁平县	3.42	3.42		100.0
丰都县	7.59	7.37	0.19	99.6
垫江县	10.13	0.93	0.20	11.2
武隆县	0.08	0.08		100.0
忠　县	1.92	1.92		100.0
开　县	0.78			
云阳县	1.80	0.15	0.68	46.1
奉节县	4.18	1.33		31.8
秀山县	0.33			
酉阳县				
彭水县				
江津市	17.75	7.86	1.16	50.8
合川市	3.13	2.50		79.9
永川市	20.63	4.80	1.46	30.3
南川市				

3-4-32 按地区分组的物业管理企业主要指标完成情况

单位：平方米

指标名称	在管物业占地面积	在管房屋建筑面积	#住宅	#办公用房	#商业营业用房	#厂房
合计	**29189562**	**86781172**	**61812471**	**7274140**	**11920170**	**2110554**
万州区	891914	2403145	1732380	121890	548515	
涪陵区	628492	4126037	2992553	594995	493818	27619
渝中区	5031898	19697324	12507054	2705989	3574717	476728
大渡口区	385578	739297	585112	32867	48756	8563
江北区	1608545	6263803	3165198	437985	626939	37300
沙坪坝区	1585553	9042307	6928976	318233	1151671	571446
九龙坡区	4288285	9720586	7174027	850331	883127	432482
南岸区	2576199	7907774	5656477	520089	1396427	21004
北碚区	1326741	2444263	2011137	160813	245312	25000
万盛区	35700	165000	153000	2000	10000	
双桥区						
渝北区	5582587	8788824	6694483	546970	869180	451247
巴南区	612738	1979690	1500413	70644	394627	
黔江区	123379	271035	168216	42819	31200	
长寿区	309164	1567313	1488036	11636	67641	
綦江县	93753	450545	277737	11563	89980	33835
潼南县	23700	43300	33500	7300	2500	
铜梁县	209912	1182656	934173	175800	65683	
大足县	77000	117000	40000	6000	38000	3000
荣昌县	353846	1223701	1028499	134800	58402	2000
璧山县	83929	135790	109340	650	25800	
梁平县	156000	408930	342855	14145	45930	6000
城口县						
丰都县	147037	425480	312457	42870	55700	
垫江县	31700	141797	103072	100	20625	
武隆县	344331	497000	350000	61000	86000	
忠　县	1000	84884	59864	13520	11500	
开　县	171365	504866	374010	50280	75648	270
云阳县	26235	57800	29100	5500	23200	
奉节县	30660	158090	83400	15440	56550	2700
巫山县	69085	120939	72700	5800	42439	
巫溪县						
石柱县						
秀山县	93984	204172	131942	9888	62342	
酉阳县						
彭水县	16220	40500	27690	7468	5162	180
江津市	1212495	4150462	3420347	236885	483550	9680
合川市	137761	346950	279379	7908	59663	
永川市	779379	1162850	892851	26433	238526	1500
南川市	143397	207062	152493	23529	31040	

3-4-33 按地区分组的物业管理企业资产负债情况

单位：千元

指标名称	固定资产原价	本年折旧	资产总计	负债总计	实收资本
合计	**1237885**	**124991**	**5425361**	**4025126**	**2305732**
万州区	5250	255	22201	13459	13973
涪陵区	7300	535	53397	24094	39381
渝中区	314553	68250	2328993	1749044	901349
大渡口区	1240	142	31379	7393	19182
江北区	79509	4424	919802	1022372	212594
沙坪坝区	50087	1360	161830	58245	116458
九龙坡区	235429	22913	443646	260309	155863
南岸区	176905	5479	381147	344864	302091
北碚区	7906	241	24316	11321	16763
万盛区	1071		2344	392	2100
双桥区					
渝北区	160970	11302	618493	338466	259946
巴南区	19426	1587	50680	23391	33534
黔江区	4684	397	9943	7102	2865
长寿区	3499	438	10291	3079	7892
綦江县	1779	296	40234	25833	17778
潼南县	5712	110	6230	1100	5240
铜梁县	827	56	12311	1127	11400
大足县	332	51	961	761	630
荣昌县	17544	853	27618	6080	16894
璧山县	11075	1609	11409	9170	2300
梁平县	28	3	2857	288	2500
城口县					
丰都县	92	15	1856	631	2230
垫江县	510	0	520	350	1000
武隆县	290	52	1746	2076	1800
忠　县	0	0	9	316	50
开　县	43096	3015	44189	17021	25815
云阳县	12608	150	21100	9507	17600
奉节县	36095	32	36799	20473	16372
巫山县	1382	236	20907	17038	7360
巫溪县					
石柱县			165	49	40
秀山县	866	14	2050	765	1455
酉阳县					
彭水县	1950	20	1269	212	1250
江津市	3414	183	47385	23883	24047
合川市	17019	831	33212	7370	24894
永川市	10057	122	46857	16249	36023
南川市	5380	20	7215	1296	5063

3-4-34 按地区分组的中介服务企业主要指标完成情况

指标名称	房屋代理销售			房屋代理出租		
	成交合同面积(平方米)	成交合同数(个)	成交合同金额(千元)	成交合同面积(平方米)	成交合同数(个)	成交合同金额(千元)
合　计	**2570978**	**31584**	**6488720**	**480019**	**5698**	**88431**
万州区	102815	1129	62510	57690	961	3576
涪陵区	8904	206	23357	90	2	30
渝中区	1289511	11395	4489071	197358	1564	32134
大渡口区	3350	47	5820	1300	13	585
江北区	190773	10161	405159	32592	437	2252
沙坪坝区	203705	1833	429566	70318	564	5093
九龙坡区	277104	2511	545399	17172	802	4593
南岸区	87246	1044	163939	16608	257	1998
北碚区	24678	177	24012	7060	92	368
万盛区						
双桥区						
渝北区	109381	595	93340	25835	279	3846
巴南区	11000	108	21500	6500	2	1960
黔江区						
长寿区	56600	400	30400			
綦江县	400	4	375	600	40	9
潼南县						
铜梁县	12700	102	8574	620	10	21
大足县						
荣昌县	38505	775	30760	4743	72	581
璧山县						
梁平县						
城口县						
丰都县	55500	139	70680			
垫江县						
武隆县						
忠　县	13570	103	10250	2408	28	843
开　县						
云阳县						
奉节县						
巫山县						
巫溪县						
石柱县						
秀山县						
酉阳县						
彭水县	13000	5	9000			
江津市	18006	102	18158	33125	175	30002
合川市	45500	330	38800			
永川市	8730	418	8050	6000	400	540
南川市						

第5篇

其他服务业生产经营及财务状况

3-5-1 按行业分组的其他服务业企业主要情况

单位：千元、人

指标名称	资产总计	营业收入	从业人员报酬	劳动、待业保险费	平均从业人数
合　计	**137077435**	**21117946**	**2326041**	**153770**	**168120**
交通运输、仓储和邮政业	**2674632**	**1437370**	**64180**	**6939**	**6353**
仓储业	2674632	1437370	64180	6939	6353
信息传输、计算机服务和软件业	**7184442**	**4499524**	**265684**	**18319**	**15949**
电信和其他信息传输服务业	831552	288650	47796	1880	3734
计算机服务业	5069920	3478792	131008	8584	8419
软件业	1282970	732082	86880	7855	3796
金融业	**390589**	**26941**	**5372**	**112**	**387**
其他金融活动	390589	26941	5372	112	387
租赁和商务服务业	**99923055**	**6860100**	**757103**	**62614**	**59546**
租赁业	2368072	349683	32559	1585	3394
商务服务业	97554983	6510417	724544	61029	56152
科学研究、技术服务和地质勘查业	**8232862**	**3094204**	**575698**	**38278**	**29541**
研究与试验发展	1095659	403972	67420	2431	3540
专业技术服务业	5747105	2067823	419717	22525	19772
科技交流和推广服务业	1175581	283725	41439	1732	3256
地质勘查业	214517	338684	47122	11590	2973
水利、环境和公共设施管理业	**8592672**	**1470913**	**79199**	**3043**	**7437**
水利管理业	4034780	990586	10801	650	1091
环境管理业	729819	71309	12855	455	1260
公共设施管理业	3828073	409018	55543	1938	5086
居民服务和其他服务业	**3428164**	**1097483**	**191149**	**10208**	**20323**
居民服务业	916993	464758	87808	4543	9405
其他服务业	2511171	632725	103341	5665	10918
教育	**907031**	**373712**	**97157**	**3021**	**9788**
教育	907031	373712	97157	3021	9788
卫生、社会保障和社会福利业	**457200**	**203216**	**45805**	**2017**	**4469**
卫生	426494	198404	44603	2002	4271
社会保障业	2989	948	194	9	32
社会福利业	27717	3864	1008	6	166
文化、体育和娱乐业	**5286788**	**2054483**	**244694**	**9219**	**14327**
新闻出版业	3075158	1398198	171236	4176	6996
广播、电视、电影和音像业	1025071	358379	28054	4246	2574
文化艺术业	99893	50444	5249	154	597
体育	82581	32023	4863	117	198
娱乐业	1004085	215439	35292	526	3962

注：本篇各表财务指标的统计范围为执行非行政事业会计制度的法人单位。

3-5-2 按行业分组的其他

指标名称	固定资产原价	本年折旧	资产总计	负债合计
合计	**24472472**	**1137076**	**137077435**	**70214390**
交通运输、仓储和邮政业	**981591**	**52210**	**2674632**	**2230161**
仓储业	981591	52210	2674632	2230161
信息传输、计算机服务和软件业	**1566886**	**139863**	**7184442**	**3281588**
电信和其他信息传输服务业	577656	34023	831552	366083
计算机服务业	536162	75732	5069920	2345580
软件业	453068	30108	1282970	569925
金融业	**16683**	**1637**	**390589**	**215901**
其他金融活动	16683	1637	390589	215901
租赁和商务服务业	**10207817**	**400059**	**99923055**	**50514069**
租赁业	425711	33529	2368072	1413121
商务服务业	9782106	366530	97554983	49100948
科学研究、技术服务和地质勘查业	**2523965**	**133729**	**8232862**	**4077260**
研究与试验发展	291957	37032	1095659	594224
专业技术服务业	1751729	75598	5747105	2988449
科技交流和推广服务业	347967	13175	1175581	400304
地质勘查业	132312	7924	214517	94283
水利、环境和公共设施管理业	**4859423**	**181734**	**8592672**	**4692780**
水利管理业	2257200	94901	4034780	2410194
环境管理业	393370	10673	729819	211026
公共设施管理业	2208853	76160	3828073	2071560
居民服务和其他服务业	**1213577**	**67123**	**3428164**	**1686317**
居民服务业	429880	25966	916993	455245
其他服务业	783697	41157	2511171	1231072
教育	**567884**	**31849**	**907031**	**285943**
教育	567884	31849	907031	285943
卫生、社会保障和社会福利业	**326172**	**20674**	**457200**	**197856**
卫生	303978	19872	426494	192344
社会保障业	555	77	2989	220
社会福利业	21639	725	27717	5292
文化、体育和娱乐业	**2208474**	**108198**	**5286788**	**3032515**
新闻出版业	866080	13173	3075158	1896869
广播、电视、电影和音像业	636804	62836	1025071	482318
文化艺术业	76995	5484	99893	29764
体育	24248	191	82581	15763
娱乐业	604347	26514	1004085	607801

服务业企业资产负债状况

单位：千元

实收资本	国家资本	集体资本	法人资本	个人资本	港澳台资本	外商资本
42343796	**24093931**	**710516**	**11570275**	**5369380**	**258836**	**340858**
676883	**247946**	**53925**	**274453**	**59095**		**41464**
676883	247946	53925	274453	59095		41464
2708739	**299270**	**51025**	**1623383**	**669005**	**4935**	**61121**
271887	168937	3005	58083	40216	6	1640
1927683	94631	36375	1292499	486583	4929	12666
509169	35702	11645	272801	142206		46815
147163	**24000**	**13700**	**67053**	**42410**		
147163	24000	13700	67053	42410		
29947027	**19715865**	**291141**	**6800189**	**2930757**	**78893**	**130182**
590477	46085	33007	321248	147342		42795
29356550	19669780	258134	6478941	2783415	78893	87387
2933666	**1626791**	**61424**	**767513**	**439436**	**380**	**38122**
365213	27015	5912	219845	83785		28656
1863996	1187459	32193	393192	243896	273	6983
578204	313860	8179	147505	106070	107	2483
126253	98457	15140	6971	5685		
2680642	**1476607**	**58244**	**799736**	**273601**	**50092**	**22362**
865756	377910	21938	463017	2891		
465072	367802	31911	8820	52697	3842	
1349814	730895	4395	327899	218013	46250	22362
1467119	**342168**	**107188**	**508357**	**476151**	**18245**	**15010**
413488	32402	29466	58844	262452	16714	13610
1053631	309766	77722	449513	213699	1531	1400
342576	**30792**	**39780**	**68605**	**195139**	**560**	**7700**
342576	30792	39780	68605	195139	560	7700
255237	**27018**	**19600**	**56378**	**116209**	**30903**	**5129**
237618	20170	17672	50738	113006	30903	5129
3000			2490	510		
14619	6848	1928	3150	2693		
1184744	**303474**	**14489**	**604608**	**167577**	**74828**	**19768**
270616	139402		128010	3204		
344490	99503	3392	197758	42293	1544	
79224	37900	112	8145	17067	16000	
71797	14124	50	56250	1373		
418617	12545	10935	214445	103640	57284	19768

3-5-3 按行业分组的其他服务业企业损益分配状况

单位：千元

指标名称	营业收入	#主营业务收入	主营业务成本	主营业务税金及附加	费用合计	营业利润	利润总额
合计	**21117946**	**20797300**	**14588810**	**543669**	**5881071**	**675050**	**1341190**
交通运输、仓储和邮政业	**1437370**	**1413655**	**1261753**	**12926**	**209574**	**-5646**	**37019**
仓储业	1437370	1413655	1261753	12926	209574	-5646	37019
信息传输、计算机服务和软件业	**4499524**	**4460777**	**3347909**	**57236**	**1043733**	**110411**	**113226**
电信和其他信息传输服务业	288650	278918	133405	7917	128887	21062	11395
计算机服务业	3478792	3462682	2770441	33864	674640	12701	23625
软件业	732082	719177	444063	15455	240206	76648	78206
金融业	**26941**	**24332**	**4802**	**1545**	**18774**	**1335**	**1285**
其他金融活动	26941	24332	4802	1545	18774	1335	1285
租赁和商务服务业	**6860100**	**6766617**	**4800240**	**191517**	**2188632**	**-42572**	**636662**
租赁业	349683	340446	197071	16799	134707	-1489	30933
商务服务业	6510417	6426171	4603169	174718	2053925	-41083	605729
科学研究、技术服务和地质勘查业	**3094204**	**3045859**	**2108640**	**129263**	**701096**	**297024**	**207545**
研究与试验发展	403972	392032	291661	13803	88644	11359	4948
专业技术服务业	2067823	2047776	1340751	95134	505144	254881	166249
科技交流和推广服务业	283725	272709	197693	9737	77799	2809	1170
地质勘查业	338684	333342	278535	10589	29509	27975	35178
水利、环境和公共设施管理业	**1470913**	**1450380**	**938408**	**27003**	**383237**	**128800**	**125741**
水利管理业	990586	979786	687742	9176	205169	88907	100231
环境管理业	71309	69451	46726	2466	24184	-1288	-5835
公共设施管理业	409018	401143	203940	15361	153884	41181	31345
居民服务和其他服务业	**1097483**	**1070082**	**538518**	**31712**	**471635**	**74126**	**65674**
居民服务业	464758	447716	223138	15811	194497	40850	32761
其他服务业	632725	622366	315380	15901	277138	33276	32913
教育	**373712**	**364900**	**212143**	**8126**	**143734**	**10694**	**14486**
教育	373712	364900	212143	8126	143734	10694	14486
卫生、社会保障和社会福利业	**203216**	**198427**	**134341**	**3560**	**79011**	**-5275**	**-11220**
卫生	198404	193739	132142	3441	76891	-5692	-11391
社会保障业	948	948	2	53	953	-58	-58
社会福利业	3864	3740	2197	66	1167	475	229
文化、体育和娱乐业	**2054483**	**2002271**	**1242056**	**80781**	**641645**	**106153**	**150772**
新闻出版业	1398198	1371502	868102	55309	378167	87284	133042
广播、电视、电影和音像业	358379	341050	189840	11325	150870	19877	20434
文化艺术业	50444	49920	41500	745	12755	757	7594
体育	32023	31997	16162	963	14593	413	377
娱乐业	215439	207802	126452	12439	85260	-2178	-10675

3-5-4 按地区分组的其他服务业企业主要情况

单位：千元、人

指标名称	资产总计	营业收入	利润总额	从业人员报酬	劳动、待业保险费	平均从业人数
合计	**137077435**	**21117946**	**1341190**	**2326041**	**153770**	**168120**
万州区	2238815	332882	10596	62322	2291	6209
涪陵区	1996426	186262	-14814	31652	2961	3610
渝中区	73097151	7139875	432904	871918	52319	49019
大渡口区	6331559	204743	442563	62285	8997	3741
江北区	9204383	1338572	61126	198866	11224	15002
沙坪坝区	1883688	775036	14073	118482	4605	8491
九龙坡区	12570665	5099118	20358	357936	16181	26681
南岸区	4979600	1166305	67530	135822	5269	8341
北碚区	1869526	368269	55184	53542	3842	4305
万盛区	467279	50889	2874	10000	776	1131
双桥区	1559415	44279	7951	4568	5329	313
渝北区	2878129	1682074	95462	94156	3930	8579
巴南区	3930438	556470	-46203	47424	11394	4095
黔江区	101482	45555	5370	10761	715	980
长寿区	2031943	223338	47436	9529	365	915
綦江县	178784	52172	1786	7769	164	994
潼南县	51049	27370	1660	7100	347	911
铜梁县	348033	71552	3650	7008	277	840
大足县	206156	57620	2274	9516	211	954
荣昌县	174418	44400	8715	9075	297	891
璧山县	174808	64662	2228	11541	254	980
梁平县	813537	169278	31114	8171	648	745
城口县	169950	19065	4028	3041	4	150
丰都县	531128	137438	-2154	15752	1003	1582
垫江县	547602	80364	3318	6031	1725	980
武隆县	709747	60693	-4175	8292	579	693
忠　县	170565	47508	12644	7971	715	775
开　县	1353830	174744	8353	16474	1323	1898
云阳县	918272	50807	6369	7350	45	1016
奉节县	448699	30340	-5090	7086	460	678
巫山县	776587	141664	1924	11244	801	1231
巫溪县	90989	11566	-1179	2746	215	321
石柱县	11554	3612	462	1201	51	188
秀山县	34935	7624	-1438	1765	30	184
酉阳县	47400	11752	2417	1382		222
彭水县	30245	15284	1469	3312	77	394
江津市	1035551	160403	846	27974	1651	2833
合川市	2302172	149411	11078	19453	1175	1938
永川市	506257	245173	45942	42944	10251	3796
南川市	304668	69777	2539	12580	1269	1514

3-5-5 按地区分组的其他

指标名称	固定资产原价	本年折旧	资产总计	负债合计
合 计	**24472472**	**1137076**	**137077435**	**70214390**
万州区	902632	53093	2238815	1242379
涪陵区	1295503	22066	1996426	645336
渝中区	6404415	279002	73097151	39180860
大渡口区	1008843	24063	6331559	3110571
江北区	1612064	86406	9204383	3782111
沙坪坝区	672925	32954	1883688	903364
九龙坡区	2543030	251441	12570665	6762966
南岸区	835169	50126	4979600	2107323
北碚区	701351	22876	1869526	1129207
万盛区	268658	8871	467279	246847
双桥区	171581	5647	1559415	336453
渝北区	921073	42886	2878129	1517045
巴南区	865066	41218	3930438	2043243
黔江区	55270	3097	101482	55869
长寿区	245325	3637	2031943	1376968
綦江县	69318	5392	178784	86184
潼南县	45641	2882	51049	7198
铜梁县	125194	5902	348033	262017
大足县	32296	1717	206156	21495
荣昌县	83943	4968	174418	91509
璧山县	94763	7049	174808	79268
梁平县	585162	11114	813537	600509
城口县	97092	3086	169950	36096
丰都县	288491	8790	531128	218940
垫江县	425849	3766	547602	316059
武隆县	272521	5567	709747	308878
忠 县	90007	3821	170565	32296
开 县	643675	24487	1353830	549088
云阳县	703119	4839	918272	930941
奉节县	111409	2687	448699	146912
巫山县	248698	14153	776587	405845
巫溪县	77667	4027	90989	33389
石柱县	9012	256	11554	7590
秀山县	31155	92	34935	8005
酉阳县	14498	712	47400	26628
彭水县	26110	1669	30245	15434
江津市	656878	51152	1035551	332464
合川市	707423	19665	2302172	814910
永川市	362953	10910	506257	265466
南川市	166693	10990	304668	176727

服务业企业资产负债状况

单位：千元

实收资本	国家资本	集体资本	法人资本	个人资本	港澳台资本	外商资本
42343796	**24093931**	**710516**	**11570275**	**5369380**	**258836**	**340858**
812841	471540	33313	136469	171309	210	
400575	240359	4205	84381	71630		
18461348	12692599	162565	3546372	1806170	88096	165546
1265765	1045156	22175	43815	154369	250	
4251834	878507	107683	2694730	394764	110182	65968
919578	393593	60860	220579	172914	57257	14375
4200288	720975	155235	2319571	995997	1031	7479
2523339	1895868	15506	376423	198510	100	36932
724168	468290	12279	116230	127369		
214765	149565	9806	44828	10566		
235850	229064	300		6486		
1001800	503324	25550	245655	180823	1590	44858
1874632	321302	12269	1061266	479795		
44498	10272	580	8316	25330		
579862	539141	7980	28357	4384		
64985	38602	2690	5172	18521		
37058		840	5119	31099		
78878	5633	1740	39403	32102		
144961	131016	1312	3267	9366		
53592	30298	4690	441	18163		
90130	20741	456	43225	25708		
82662	63899	99	11816	6848		
77329	73743	1536	1425	625		
256669	178355	8582	19318	44714		5700
145853	126554	1356	11390	6553		
422278	355650	3096	56000	7532		
21061	7137	659	8884	4381		
623299	587593	1678	9709	24319		
642299	624616	410	7046	10227		
313465	194591	1017	27460	90397		
344457	202859	4266	121000	16332		
58032	56555	142	80	1255		
7802	4203	515	1318	1766		
11514	6984	250	2380	1900		
5965	5075			890		
7238	715	115	140	6268		
618521	421020	12417	98369	86715		
361705	257764	3582	45991	54368		
227963	65539	24761	73907	63636	120	
134937	75234	4001	50423	5279		

3-5-6 按地区分组的其他服务业企业损益分配状况

单位：千元

指标名称	营业收入	#主营业务收入	主营业务成本	主营业务税金及附加	费用合计	营业利润	利润总额
合计	**21117946**	**20797300**	**14588810**	**543669**	**5881071**	**675050**	**1341190**
万州区	332882	318782	198670	18641	93681	19235	10596
涪陵区	186262	182140	127512	4470	69266	-14818	-14814
渝中区	7139875	7057198	4770294	223968	2195336	197755	432904
大渡口区	204743	194006	96892	8035	149507	-46422	442563
江北区	1338572	1315693	774761	39287	490412	50800	61126
沙坪坝区	775036	752526	516556	27479	224089	35077	14073
九龙坡区	5099118	5038104	3820664	88320	1197196	77395	20358
南岸区	1166305	1156838	856020	31212	251358	52603	67530
北碚区	368269	366840	247225	5272	85387	34789	55184
万盛区	50889	50562	18004	2038	27105	3829	2874
双桥区	44279	31926	31978	546	48239	-28695	7951
渝北区	1682074	1659437	1361953	27730	214554	87350	95462
巴南区	556470	550882	396440	8678	234103	18058	-46203
黔江区	45555	41913	26707	1641	12018	9551	5370
长寿区	223338	222428	134162	4061	47811	37269	47436
綦江县	52172	46178	35276	1288	12962	-2063	1786
潼南县	27370	26390	20878	627	3019	2854	1660
铜梁县	71552	71393	63366	1423	19888	-8638	3650
大足县	57620	57393	29677	1419	23765	3613	2274
荣昌县	44400	43863	21226	1688	13609	8656	8715
璧山县	64662	64330	34062	2815	25398	2640	2228
梁平县	169278	167916	106827	6799	37537	19976	31114
城口县	19065	19024	7530	1092	6583	3996	4028
丰都县	137438	133516	82541	4341	50558	164	-2154
垫江县	80364	79299	66564	1237	18980	-5994	3318
武隆县	60693	56790	18800	1968	36615	7019	-4175
忠县	47508	45959	20125	1296	14279	13638	12644
开县	174744	171748	129991	3681	38530	5670	8353
云阳县	50807	45501	17275	710	22735	6375	6369
奉节县	30340	30086	16090	251	13975	1082	-5090
巫山县	141664	141554	113689	1886	23525	2851	1924
巫溪县	11566	10965	4443	301	8352	-1395	-1179
石柱县	3612	3564	1916	188	1098	728	462
秀山县	7624	7483	5638	338	3075	-1427	-1438
酉阳县	11752	11272	6140	395	1693	6360	2417
彭水县	15284	15239	8261	592	5577	1946	1469
江津市	160403	158444	123556	4006	34720	2813	846
合川市	149411	147611	88687	3272	54233	15075	11078
永川市	245173	234964	146582	9561	44042	55015	45942
南川市	69777	67543	41832	1117	26261	320	2539

3-5-7 按行业分组的国有绝对控股其他服务业企业财务状况及其他

单位：千元、人

指标名称	固定资产原价	本年折旧	资产总计	负债合计
合 计	**13108719**	**515011**	**100407852**	**51554020**
交通运输、仓储和邮政业	**642527**	**30530**	**1896254**	**1749345**
仓储业	642527	30530	1896254	1749345
谷物、棉花等农产品仓储	530841	22977	1762625	1670160
其他仓储	111686	7553	133629	79185
信息传输、计算机服务和软件业	**525080**	**30766**	**908269**	**397170**
电信和其他信息传输服务业	475240	26844	657696	298178
互联网信息服务	27943	2616	57000	57935
广播电视传输服务	447297	24228	599717	239802
卫星传输服务			979	441
计算机服务业	30406	1541	185318	85164
计算机系统服务	7574	771	25491	2596
数据处理	8778	193	83508	50050
计算机维修	21	2	14254	9218
其他计算机服务	14033	575	62065	23300
软件业	19434	2381	65255	13828
公共软件服务	13575	1821	40058	10035
其他软件服务	5859	560	25197	3793
金融业	**3680**	**85**	**84576**	**54958**
其他金融活动	3680	85	84576	54958
典当	3680	85	84576	54958
其他未列明的金融活动				
租赁和商务服务业	**5672652**	**174047**	**81624048**	**40880855**
租赁业	66332	5457	997742	761227
机械设备租赁	66032	5427	997384	761155
文化及日用品出租	300	30	358	72
商务服务业	5606320	168590	80626306	40119628
企业管理服务	4713578	133337	77991556	38355883
法律服务	269161	133	564806	448638
咨询与调查	65915	6639	262676	122765
广告业	45879	2406	554019	467361
知识产权服务	35	2	59	
职业中介服务	16264	977	31416	21235
市场管理	45770	2665	129665	114122
旅行社	292489	16667	431405	206758
其他商务服务	157229	5764	660704	382866

3-5-7 续表 1 单位：千元、人

指标名称	固定资产原价	本年折旧	资产总计	负债合计
科学研究、技术服务和地质勘查业	**1791070**	**79472**	**5517708**	**2847968**
研究与试验发展	137218	21097	462831	285322
工程和技术研究与试验发展	93001	17489	334955	193519
农业科学研究与试验发展	484	47	558	163
社会人文科学研究与试验发展	43733	3561	127318	91640
专业技术服务业	1425654	52015	4338819	2324193
气象服务	386	64	888	354
测绘服务	149	22	486	159
技术检测	58400	3454	134103	50421
环境监测	2276	109	4482	1311
工程技术与规划管理	1342327	45064	3436880	2237108
其他专业技术服务	22116	3302	761980	34840
科技交流和推广服务业	162956	5203	634172	216572
技术推广服务	97715	2156	398934	160383
科技中介服务	11599	975	35442	15503
其他科技服务	53642	2072	199796	40686
地质勘查业	65242	1157	81886	21881
矿产地质勘查	3124	312	8844	6333
地质勘查技术服务	62118	845	73042	15548
水利、环境和公共设施管理业	**3233761**	**112828**	**6224819**	**3508862**
水利管理业	2189730	92073	3916864	2370617
防洪管理	280000	20000	273100	32000
水资源管理	233284	16830	262553	53631
其他水利管理	1676446	55243	3381211	2284986
环境管理业	365289	9205	591043	155257
环境治理	365289	9205	591043	155257
公共设施管理业	678742	11550	1716912	982988
市政公共设施管理	568340	6718	1112550	636978
城市绿化管理	34984	973	57589	36600
游览景区管理	75418	3859	546773	309410
居民服务和其他服务业	**391353**	**16874**	**1832929**	**971489**
居民服务业	33900	3087	68280	43554
家庭服务	80	8	488	92
洗浴服务	4730	429	5200	350
婚姻服务	9	1	205	33
殡葬服务	9223	795	28736	21834
其他居民服务	19858	1854	33651	21245

3-5-7 续表 2 单位：千元、人

指标名称	固定资产原价	本年折旧	资产总计	负债合计
其他服务业	357453	13787	1764649	927935
修理与维护	8188	479	28735	24130
清洁服务	14		481	247
其他未列明的服务	349251	13308	1735433	903558
教育	**19776**	**1235**	**32701**	**13889**
教育	19776	1235	32701	13889
学前教育	28	25	28	
其他教育	19748	1210	32673	13889
卫生、社会保障和社会福利业	**28792**	**1782**	**21453**	**8895**
卫生	28792	1782	21453	8895
医院	28179	1755	20064	8895
卫生院及社区医疗活动	500	25	1200	
其他卫生活动	113	2	189	
文化、体育和娱乐业	**800028**	**67392**	**2265095**	**1120589**
新闻出版业	195646	7560	1322852	696732
出版业	195646	7560	1322852	696732
广播、电视、电影和音像业	579632	59379	907334	401210
广播	363403	51574	597932	261700
电视	49230	1023	51770	29735
电影	158094	5827	192394	93377
音像制作	8905	955	65238	16398
文化艺术业	1272	311	5457	1702
文艺创作与表演	637	181	502	
其他文化艺术	635	130	4955	1702
体育	22872	81	23782	14771
体育组织				
体育场馆	22872	81	23782	14771
娱乐业	606	61	5670	6174
室内娱乐活动	606	61	5670	6174

3-5-7 续表 3 单位: 千元、人

指标名称	实收资本						
		国家资本	集体资本	法人资本	个人资本	港澳台资本	外商资本
合 计	**28558742**	**23157434**	**49709**	**5261360**	**89079**		**1160**
交通运输、仓储和邮政业	**411821**	**244173**	**4526**	**160107**	**3015**		
仓储业	411821	244173	4526	160107	3015		
谷物、棉花等农产品仓储	321454	193862	300	127292			
其他仓储	90367	50311	4226	32815	3015		
信息传输、计算机服务和软件业	**308277**	**268263**	**3000**	**31924**	**5090**		
电信和其他信息传输服务业	170051	159687	3000	7124	240		
互联网信息服务	20221	19221		1000			
广播电视传输服务	149230	140106	3000	6124			
卫星传输服务	600	360			240		
计算机服务业	79426	76426		2000	1000		
计算机系统服务	13000	13000					
数据处理	30350	29350		1000			
计算机维修	5036	5036					
其他计算机服务	31040	29040		1000	1000		
软件业	58800	32150		22800	3850		
公共软件服务	27100	950		22300	3850		
其他软件服务	31700	31200		500			
金融业	**24000**	**24000**					
其他金融活动	24000	24000					
典当	23000	23000					
其他未列明的金融活动	1000	1000					
租赁和商务服务业	**23368066**	**19434065**	**16564**	**3854402**	**62125**		**910**
租赁业	206303	42455	6350	155488	1100		910
机械设备租赁	206003	42155	6350	155488	1100		910
文化及日用品出租	300	300					
商务服务业	23161763	19391610	10214	3698914	61025		
企业管理服务	22406979	18803580	4386	3549437	49576		
法律服务	107368	107288		80			
咨询与调查	132668	75752	100	52100	4716		
广告业	61253	37406	410	19770	3667		
知识产权服务	50	50					
职业中介服务	11373	2343		9030			
市场管理	12025	11437	588				
旅行社	186869	159416	250	25677	1526		
其他商务服务	243178	194338	4480	42820	1540		

3-5-7 续表 4 单位：千元、人

指标名称	实收资本	国家资本	集体资本	法人资本	个人资本	港澳台资本	外商资本
科学研究、技术服务和地质勘查业	**1752218**	**1515314**	**17388**	**216823**	**2443**		**250**
研究与试验发展	48768	17962		30806			
工程和技术研究与试验发展	16268	10868		5400			
农业科学研究与试验发展	350	350					
社会人文科学研究与试验发展	32150	6744		25406			
专业技术服务业	1328869	1169923	1329	155526	1841		250
气象服务	556	446		97	13		
测绘服务	300	300					
技术检测	51609	40704	130	10675	100		
环境监测	2200	2200					
工程技术与规划管理	1243616	1106153	1139	134376	1698		250
其他专业技术服务	30588	20120	60	10378	30		
科技交流和推广服务业	314960	286629	1059	26670	602		
技术推广服务	239094	215181	559	22752	602		
科技中介服务	11168	9389		1779			
其他科技服务	64698	62059	500	2139			
地质勘查业	59621	40800	15000	3821			
矿产地质勘查	1835			1835			
地质勘查技术服务	57786	40800	15000	1986			
水利、环境和公共设施管理业	**1654789**	**1155496**	**3976**	**493817**	**1500**		
水利管理业	794540	350057	3476	441007			
防洪管理	240300	160000		80300			
水资源管理	197761	179562	3476	14723			
其他水利管理	356479	10495		345984			
环境管理业	369402	366902	500	500	1500		
环境治理	369402	366902	500	500	1500		
公共设施管理业	490847	438537		52310			
市政公共设施管理	292670	266520		26150			
城市绿化管理	17907	10147		7760			
游览景区管理	180270	161870		18400			
居民服务和其他服务业	**565415**	**322795**	**1122**	**232568**	**8930**		
居民服务业	29479	16687	115	12177	500		
家庭服务	500	500					
洗浴服务	8123	8123					
婚姻服务	40	40					
殡葬服务	6375	3735	100	2040	500		
其他居民服务	14441	4289	15	10137			

3-5-7 续表 5 单位：千元、人

指标名称	实收资本	国家资本	集体资本	法人资本	个人资本	港澳台资本	外商资本
其他服务业	535936	306108	1007	220391	8430		
修理与维护	12294	5094		50	7150		
清洁服务	300	300					
其他未列明的服务	523342	300714	1007	220341	1280		
教育	**18303**	**16009**	**818**		**1476**		
教育	18303	16009	818		1476		
学前教育	200				200		
其他教育	18103	16009	818		1276		
卫生、社会保障和社会福利业	**10986**	**8986**	**2000**				
卫生	10986	8986	2000				
医院	9681	7681	2000				
卫生院及社区医疗活动	1000	1000					
其他卫生活动	305	305					
文化、体育和娱乐业	**444867**	**168333**	**315**	**271719**	**4500**		
新闻出版业	140882	53310		87572			
出版业	140882	53310		87572			
广播、电视、电影和音像业	277746	90284	315	184147	3000		
广播	168716	900	300	167516			
电视	16039	12208		3831			
电影	60631	57616	15		3000		
音像制作	32360	19560		12800			
文化艺术业	6600	5100			1500		
文艺创作与表演	600	100			500		
其他文化艺术	6000	5000			1000		
体育	14124	14124					
体育组织	20	20					
体育场馆	14104	14104					
娱乐业	5515	5515					
室内娱乐活动	5515	5515					

3-5-7 续表 6

单位：千元、人

指标名称	营业收入	#主营业务收入	主营业务成本	主营业务税金及附加	费用合计
合 计	**7056522**	**6905461**	**4793345**	**170198**	**2148841**
交通运输、仓储和邮政业	**508696**	**489700**	**471293**	**4525**	**123224**
仓储业	508696	489700	471293	4525	123224
谷物、棉花等农产品仓储	446417	427679	437016	1517	91748
其他仓储	62279	62021	34277	3008	31476
信息传输、计算机服务和软件业	**398303**	**382317**	**247480**	**8804**	**119891**
电信和其他信息传输服务业	170797	162957	67124	5466	83531
互联网信息服务	23054	23054	11414	683	16875
广播电视传输服务	147540	139700	55518	4774	66592
卫星传输服务	203	203	192	9	64
计算机服务业	180026	177952	145167	2304	22500
计算机系统服务	80445	80002	72324	1019	2430
数据处理	2993	1539	1239	131	1807
计算机维修	31657	31657	31288	116	233
其他计算机服务	64931	64754	40316	1038	18030
软件业	47480	41408	35189	1034	13860
公共软件服务	16211	10139	7822	425	7068
其他软件服务	31269	31269	27367	609	6792
金融业	**2774**	**2526**	**831**	**163**	**1381**
其他金融活动	2774	2526	831	163	1381
典当	2744	2496	801	163	1381
其他未列明的金融活动	30	30	30		
租赁和商务服务业	**2075735**	**2037768**	**1467142**	**36489**	**847459**
租赁业	98361	98090	77386	5610	40486
机械设备租赁	98227	97956	77270	5602	40486
文化及日用品出租	134	134	116	8	
商务服务业	1977374	1939678	1389756	30879	806973
企业管理服务	1303329	1284685	926727	11369	638645
法律服务	12714	8354	551	59	7229
咨询与调查	140012	138141	82734	7829	32009
广告业	60576	54592	24807	3386	26523
知识产权服务	29	29		1	27
职业中介服务	15414	15408	10434	668	4607
市场管理	8414	8151	571	391	9186
旅行社	273149	271740	243867	3226	37661
其他商务服务	163737	158578	100065	3950	51086

3-5-7 续表 7 单位：千元、人

指标名称	营业收入	#主营业务收入	主营业务成本	主营业务税金及附加	费用合计
科学研究、技术服务和地质勘查业	**1604253**	**1577393**	**1057830**	**76067**	**363345**
研究与试验发展	318695	314632	244249	11193	51157
工程和技术研究与试验发展	126170	123485	98076	2306	18437
农业科学研究与试验发展	108	92	68	3	6
社会人文科学研究与试验发展	192417	191055	146105	8884	32714
专业技术服务业	1090048	1077218	689261	55514	272463
气象服务	1416	1376	531	75	674
测绘服务	853	853	226	58	559
技术检测	78439	77943	47175	2432	14314
环境监测	2442	2442	617	142	377
工程技术与规划管理	969038	957007	617133	51232	243839
其他专业技术服务	37860	37597	23579	1575	12700
科技交流和推广服务业	85097	78930	58211	2326	29177
技术推广服务	51976	47397	38443	1198	13694
科技中介服务	5711	5534	2843	309	3701
其他科技服务	27410	25999	16925	819	11782
地质勘查业	110413	106613	66109	7034	10548
矿产地质勘查	27106	27106	23668	969	1769
地质勘查技术服务	83307	79507	42441	6065	8779
水利、环境和公共设施管理业	**1129336**	**1116363**	**771075**	**12329**	**257407**
水利管理业	967941	957152	673298	8090	199636
防洪管理	21028	21028	20180		848
水资源管理	16155	16087	10411	266	5209
其他水利管理	930758	920037	642707	7824	193579
环境管理业	22457	21031	15114	475	6153
环境治理	22457	21031	15114	475	6153
公共设施管理业	138938	138180	82663	3764	51618
市政公共设施管理	92151	92151	66074	1801	26318
城市绿化管理	19516	19011	14117	697	6435
游览景区管理	27271	27018	2472	1266	18865
居民服务和其他服务业	**259013**	**257134**	**97056**	**3922**	**164609**
居民服务业	34709	33147	15725	632	19964
家庭服务	104	104		6	4116
洗浴服务	1530	1530	198	88	1090
婚姻服务	272	272		13	263
殡葬服务	20421	19871	6440		11922
其他居民服务	12382	11370	9087	525	2573

3-5-7 续表 8

单位：千元、人

指标名称	营业收入	#主营业务收　入	主营业务成　本	主营业务税金及附加	费用合计
其他服务业	224304	223987	81331	3290	144645
修理与维护	29178	28861	20728	616	7129
清洁服务	324	324	50	19	328
其他未列明的服务	194802	194802	60553	2655	137188
教育	**23593**	**22903**	**10824**	**634**	**5459**
教育	23593	22903	10824	634	5459
学前教育	223	223	120		116
其他教育	23370	22680	10704	634	5343
卫生、社会保障和社会福利业	**17574**	**17562**	**16194**	**3**	**2633**
卫生	17574	17562	16194	3	2633
医院	17377	17365	16034		2572
卫生院及社区医疗活动	150	150	120		38
其他卫生活动	47	47	40	3	23
文化、体育和娱乐业	**1037245**	**1001795**	**653620**	**27262**	**263433**
新闻出版业	683380	662739	457341	16498	127431
出版业	683380	662739	457341	16498	127431
广播、电视、电影和音像业	325178	310369	170068	10444	132031
广播	204411	203583	118588	7602	76021
电视	17808	17281	722	635	16347
电影	72766	59424	37051	922	33371
音像制作	30193	30081	13707	1285	6292
文化艺术业	25398	25398	26025	143	1062
文艺创作与表演	326	326	156	40	129
其他文化艺术	25072	25072	25869	103	933
体育	814	814	10	29	864
体育组织	10	10	10		
体育场馆	804	804		29	864
娱乐业	2475	2475	176	148	2045
室内娱乐活动	2475	2475	176	148	2045

3-5-7 续表 9 单位：千元、人

指标名称	营业利润	利润总额	从业人员报酬	劳动、待业保险费	平均从业人数
合　计	**188509**	**967755**	**766246**	**82454**	**40851**
交通运输、仓储和邮政业	**-49766**	**11635**	**30388**	**6204**	**2889**
仓储业	-49766	11635	30388	6204	2889
谷物、棉花等农产品仓储	-54824	6802	18326	5187	1783
其他仓储	5058	4833	12062	1017	1106
信息传输、计算机服务和软件业	**23493**	**14648**	**41152**	**2643**	**2629**
电信和其他信息传输服务业	15625	8252	27126	1069	1961
互联网信息服务	400	931	3898		247
广播电视传输服务	15287	7383	23128	1069	1691
卫星传输服务	-62	-62	100		23
计算机服务业	10391	9963	7283	1264	433
计算机系统服务	4762	4762	2588	200	91
数据处理	-184	-186	458	8	23
计算机维修	20	20	26	1	2
其他计算机服务	5793	5367	4211	1055	317
软件业	-2523	-3567	6743	310	235
公共软件服务	975	-54	3826	136	134
其他软件服务	-3498	-3513	2917	174	101
金融业	**449**	**365**	**162**	**25**	**20**
其他金融活动	449	365	162	25	20
典当	449	365	142	25	18
其他未列明的金融活动			20		2
租赁和商务服务业	**-111839**	**545935**	**205842**	**34440**	**14628**
租赁业	-25118	-1030	2319	131	186
机械设备租赁	-25130	-1042	2313	131	185
文化及日用品出租	12	12	6		1
商务服务业	-86721	546965	203523	34309	14442
企业管理服务	-128235	516592	118414	26603	6176
法律服务	5053	4433	1537	253	142
咨询与调查	24442	27574	15406	1771	852
广告业	10664	8670	6646	365	401
知识产权服务	1		19		6
职业中介服务	-140	333	1630	89	161
市场管理	-1149	-8346	2333	249	366
旅行社	-8417	-10668	14271	2669	1656
其他商务服务	11060	8377	43267	2310	4682

3-5-7 续表 10

单位：千元、人

指标名称	营业利润	利润总额	从业人员报酬	劳动、待业保险费	平均从业人数
科学研究、技术服务和地质勘查业	**137643**	**133344**	**348723**	**28523**	**12396**
研究与试验发展	11199	11194	51748	1650	2194
工程和技术研究与试验发展	5990	6040	20958	1027	1410
农业科学研究与试验发展	15	15	16		3
社会人文科学研究与试验发展	5194	5139	30774	623	781
专业技术服务业	104798	102350	262186	17344	7943
气象服务	136	136	479	3	27
测绘服务	10	10	200		13
技术检测	16013	15992	11990	185	573
环境监测	1306	1306	201		18
工程技术与规划管理	85653	83053	244720	16621	6986
其他专业技术服务	1680	1853	4596	535	326
科技交流和推广服务业	-4352	-5477	11295	803	886
技术推广服务	-1215	552	5824	277	393
科技中介服务	-1019	-748	1633	236	171
其他科技服务	-2118	-5281	3838	290	322
地质勘查业	25998	25277	23494	8726	1373
矿产地质勘查	700	700	4445	32	170
地质勘查技术服务	25298	24577	19049	8694	1203
水利、环境和公共设施管理业	**89389**	**95231**	**28081**	**1642**	**2367**
水利管理业	86945	98457	6757	625	553
防洪管理			225		17
水资源管理	297	131	2581	625	358
其他水利管理	86648	98326	3951		178
环境管理业	597	-2481	4105	282	399
环境治理	597	-2481	4105	282	399
公共设施管理业	1847	-745	17219	735	1415
市政公共设施管理	-2042	-1719	9067	357	566
城市绿化管理	-1151	467	4024	211	415
游览景区管理	5040	507	4128	167	434
居民服务和其他服务业	**2454**	**20503**	**24712**	**1976**	**1934**
居民服务业	2648	2843	6383	327	395
家庭服务	-18		61	4	5
洗浴服务	154	154	288	86	33
婚姻服务	16	16	84		9
殡葬服务	1719	1919	3711	76	151
其他居民服务	777	754	2239	161	197

3-5-7 续表 11

单位：千元、人

指标名称	营业利润	利润总额	从业人员报酬	劳动、待业保险费	平均从业人数
其他服务业	-194	17660	18329	1649	1539
修理与维护	3436	165	2647	439	398
清洁服务	-73	-73	231	85	18
其他未列明的服务	-3557	17568	15451	1125	1123
教育	**6118**	**1246**	**3558**	**275**	**273**
教育	6118	1246	3558	275	273
学前教育	-13	-13	420	49	16
其他教育	6131	1259	3138	226	257
卫生、社会保障和社会福利业	**-1256**	**-1273**	**5162**	**1099**	**508**
卫生	-1256	-1273	5162	1099	508
医院	-1229	-1209	5048	1099	472
卫生院及社区医疗活动	-8		80		30
其他卫生活动	-19	-64	34		6
文化、体育和娱乐业	**91824**	**146121**	**78466**	**5627**	**3207**
新闻出版业	71497	121946	57999	1975	1285
出版业	71497	121946	57999	1975	1285
广播、电视、电影和音像业	22141	23823	19132	3430	1770
广播	13950	14649	6839	22	621
电视	94	34	2281	225	146
电影	-711	-509	8937	3150	931
音像制作	8808	9649	1075	33	72
文化艺术业	-1831	335	361	42	26
文艺创作与表演	1	73	70		6
其他文化艺术	-1832	262	291	42	20
体育	-89	-89	424	108	47
体育组织			5		1
体育场馆	-89	-89	419	108	46
娱乐业	106	106	550	72	79
室内娱乐活动	106	106	550	72	79

3-5-8 按地区分组的国有绝对控股其他服务业企业财务状况及其他

单位：千元、人

指标名称	固定资产原价	本年折旧	资产总计	负债合计
合计	**13108719**	**515011**	**100407852**	**51554020**
万州区	540023	32106	1583130	951356
涪陵区	1182137	13180	1706516	496941
渝中区	2831721	127453	58796590	31744035
大渡口区	789462	13428	5988545	2941723
江北区	380022	28850	5951479	1800768
沙坪坝区	286875	9298	1054053	571773
九龙坡区	1027768	106774	4615441	2762101
南岸区	322167	11074	3532836	1332869
北碚区	423643	10596	1387632	863116
万盛区	189185	4649	379769	215345
双桥区	169593	5515	1549670	333403
渝北区	422293	6674	1289681	695642
巴南区	420913	20652	2026023	1138256
黔江区	10661	367	21712	9236
长寿区	196724	2284	1951098	1337933
綦江县	47190	2543	135124	75692
潼南县	648	22	727	
铜梁县	52215	2156	197887	195897
大足县	7134	310	169747	12852
荣昌县	56222	3337	132990	82701
璧山县	45496	3799	67583	49577
梁平县	46845	1840	195944	228136
城口县	93672	3000	161916	32298
丰都县	105701	2848	267043	114860
垫江县	404625	2308	510454	296162
武隆县	199764	707	489686	179929
忠　县	51849	1998	123604	4584
开　县	602615	21512	1271597	515190
云阳县	684647	3314	888563	914803
奉节县	16422	871	63777	91894
巫山县	109880	6209	597185	357036
巫溪县	70728	3709	83209	26665
石柱县	4856	95	7074	4874
秀山县	24454	44	26139	7067
酉阳县	1938	417	32450	22683
彭水县	15		15	
江津市	576192	43767	760353	247455
合川市	546985	8807	2118186	731624
永川市	98293	2751	101554	26627
南川市	67146	5747	170870	140917

3-5-8 续表 1 单位：千元、人

指标名称	实收资本	国家资本	集体资本	法人资本	个人资本	港澳台资本	外商资本
合 计	**28558742**	**23157434**	**49709**	**5261360**	**89079**		**1160**
万州区	496791	454125	1116	39570	1980		
涪陵区	260181	238109	500	21572			
渝中区	13834851	12429622	8323	1332025	63971		910
大渡口区	1084922	1044697		39975	250		
江北区	3022423	772046	3969	2238282	8126		
沙坪坝区	429122	352162	161	75863	686		250
九龙坡区	972851	693239	7036	261789	10787		
南岸区	1894822	1830497	515	62460	1350		
北碚区	566443	456599	888	108956			
万盛区	172628	149117		23433	78		
双桥区	229064	229064					
渝北区	493283	469421	1174	21688	1000		
巴南区	1186857	294804		892035	18		
黔江区	9692	8692		1000			
长寿区	541121	539121		2000			
綦江县	36781	36681	100				
潼南县							
铜梁县	3523	3323	200				
大足县	131306	130976	300	30			
荣昌县	27249	27214	35				
璧山县	19583	19583					
梁平县	57331	55515		1816			
城口县	73273	72923		350			
丰都县	102643	95991	1716	4936			
垫江县	124825	124825					
武隆县	358650	355650	3000				
忠 县	10087	6033	30	4024			
开 县	584142	581350		2772	20		
云阳县	627184	622784	200	4200			
奉节县	8710	8710					
巫山县	201060	200870			190		
巫溪县	56424	56344		80			
石柱县	4110	4100			10		
秀山县	6984	6484			500		
酉阳县	5075	5075					
彭水县	15	15					
江津市	505884	420706	5178	80000			
合川市	287731	257731		30000			
永川市	88560	61053	15000	12407	100		
南川市	42561	42183	268	97	13		

3-5-8 续表 2 单位：千元、人

指标名称	营业收入	#主营业务收入	主营业务成本	主营业务税金及附加	费用合计
合 计	**7056522**	**6905461**	**4793345**	**170198**	**2148841**
万州区	97479	92545	66682	5064	30031
涪陵区	105111	103112	86296	892	30813
渝中区	2485133	2439478	1643565	56614	802700
大渡口区	121992	119189	51570	4622	118880
江北区	512534	496499	291790	14104	199601
沙坪坝区	353157	341898	253854	12009	70014
九龙坡区	934167	917573	644998	34901	215859
南岸区	596668	593675	483897	13429	58973
北碚区	235980	235697	162737	2494	51381
万盛区	23775	23584	6102	794	14611
双桥区	40872	28723	30592	413	46851
渝北区	145239	136710	86967	3625	38320
巴南区	329830	324658	263744	1748	156938
黔江区	4684	3799	3620	143	2328
长寿区	196651	196545	119771	3113	41949
綦江县	23524	17964	17954	48	4714
潼南县	758	758	63	23	100
铜梁县	42775	42685	45437	166	8057
大足县	15230	15170	8202	606	8700
荣昌县	13097	13000	4979	355	8255
璧山县	18698	18698	7219	779	11316
梁平县	73064	71729	70953	364	22578
城口县	16756	16756	6160	1010	6145
丰都县	28613	28142	6577	1107	18766
垫江县	58984	58973	51811	733	14948
武隆县	31427	30627	7505	466	20570
忠 县	23420	22429	8987	476	4448
开 县	111729	110849	92687	1924	15053
云阳县	35815	30571	9877	60	18229
奉节县	5918	5718	3199		5650
巫山县	83289	83264	69150	555	13380
巫溪县	7370	7370	2729	93	5916
石柱县	777	777	467	39	296
秀山县	4357	4357	3786	185	1653
酉阳县	5391	5111	4268	37	1193
彭水县	320	320	80		120
江津市	92026	91196	87057	941	9498
合川市	87903	87180	50648	953	38100
永川市	71555	67678	23277	4896	22684
南川市	20454	20454	14088	417	9223

3-5-8 续表 3 单位：千元、人

指标名称	营业利润	利润总额	从业人员报酬	劳动、待业保险费	平均从业人数
合 计	**188509**	**967755**	**766246**	**82454**	**40851**
万州区	-4873	-11110	12610	892	904
涪陵区	-12869	-10763	12359	1934	1349
渝中区	59390	298341	268449	19380	10906
大渡口区	-51598	436823	45718	8122	1740
江北区	10600	29256	57355	4655	4168
沙坪坝区	39789	20274	47015	2195	2640
九龙坡区	56143	56374	105507	4216	5376
南岸区	46649	70697	56823	2684	843
北碚区	20433	40286	24985	2660	1428
万盛区	2300	1438	3820	257	395
双桥区	-29460	7472	3422	5325	192
渝北区	16393	17008	13751	2030	953
巴南区	-2435	-66237	21364	10780	1485
黔江区	2246	32	1376	100	107
长寿区	31818	41993	3596	156	301
綦江县	-4603	38	1039	8	142
潼南县	586		619	58	72
铜梁县	-10777	799	918	151	49
大足县	-1522	-1613	3298	68	219
荣昌县	-229	-73	2538	101	224
璧山县	-616	-585	4967	136	418
梁平县	-22166	-2066	3534	527	245
城口县	3441	3446	2445		82
丰都县	4407	-776	3223	334	213
垫江县	-8305	2091	3541	1572	541
武隆县	2199	-1862	3515	259	190
忠 县	8518	8515	2573	586	241
开 县	2197	4297	4410	893	487
云阳县	3953	3945	3897	14	564
奉节县	-2643	-8702	1588	356	316
巫山县	284	-339	4553	619	452
巫溪县	-1368	-1384	1149	76	144
石柱县	59	51	190	25	34
秀山县	-1267	-1267	838	30	74
酉阳县	2757	174	280		45
彭水县	140		120		7
江津市	-4539	-4665	8793	892	1062
合川市	10197	7443	7007	998	444
永川市	26144	26200	21092	8631	1515
南川市	-2864	2204	1969	734	284

3-5-9 按行业分组的国有相对控股其他服务业企业财务状况及其他

单位：千元、人

指标名称	固定资产原价	本年折旧	资产总计	负债合计	实收资本		
						国家资本	集体资本
合 计	**243849**	**17760**	**677617**	**391255**	**266630**	**41629**	**37460**
交通运输、仓储和邮政业	**117326**	**10829**	**348080**	**203587**	**114164**		
仓储业	117326	10829	348080	203587	114164		
其他仓储	117326	10829	348080	203587	114164		
信息传输、计算机服务和软件业	**33339**	**1853**	**131662**	**100355**	**35437**	**10754**	**4080**
电信和其他信息传输服务业	77		2778	453	2600		
卫星传输服务	77		2778	453	2600		
计算机服务业	33262	1853	128884	99902	32837	10754	4080
数据处理	22381	1028	97655	77653	20517	8485	
其他计算机服务	10881	825	31229	22249	12320	2269	4080
租赁和商务服务业	**33579**	**2537**	**61401**	**30787**	**33787**	**6798**	**500**
租赁业	2418	108	4867	2575	1118		
机械设备租赁	2418	108	4867	2575	1118		
商务服务业	31161	2429	56534	28212	32669	6798	500
企业管理服务	704	21	2233	1233	1000		
咨询与调查	295	42	601	187	400	200	100
广告业	183	14	4202	2545	2500	1500	
职业中介服务	1120	167	6409	4949	1200	1000	200
旅行社	5200	391	17181	6848	5000	3755	200
其他商务服务	23659	1794	25908	12450	22569	343	
科学研究、技术服务和地质勘查业	**10733**	**356**	**36038**	**13434**	**21678**	**7819**	**1908**
研究与试验发展	4488	93	17021	3288	14211	6629	1091
农业科学研究与试验发展	2206	44	5197	368	5000	3909	1091
医学研究与试验发展	2282	49	11824	2920	9211	2720	
专业技术服务业	6245	263	19017	10146	7467	1190	817
技术检测	960	96	1200		1200		
工程技术与规划管理	1086	64	4354	2706	2967	200	817
其他专业技术服务	4199	103	13463	7440	3300	990	
水利、环境和公共设施管理业	**31757**	**1033**	**66875**	**20458**	**53723**	**15555**	**30000**
环境管理业	4223	48	40488	12027	30000		30000
环境治理	4223	48	40488	12027	30000		30000
公共设施管理业	27534	985	26387	8431	23723	15555	
市政公共设施管理	1434	93	3027	1741	1000	200	
游览景区管理	26100	892	23360	6690	22723	15355	
居民服务和其他服务业	**4078**	**548**	**7639**	**5395**	**1764**		**917**
居民服务业	2491	484	3545	2700	645		98
理发及美容保健服务	234	4	390	292	98		98
洗浴服务	300	20	520		320		
其他居民服务	1957	460	2635	2408	227		
其他服务业	1587	64	4094	2695	1119		819
修理与维护	1040	23	2767	1677	469		469
其他未列明的服务	547	41	1327	1018	650		350
教育	**800**	**25**	**652**	**52**	**600**		
教育	800	25	652	52	600		
其他教育	800	25	652	52	600		
卫生、社会保障和社会福利业	**384**	**2**	**435**	**294**	**158**	**103**	**55**
社会福利业	384	2	435	294	158	103	55
不提供住宿的社会福利	384	2	435	294	158	103	55
文化、体育和娱乐业	**11853**	**577**	**24835**	**16893**	**5319**	**600**	
新闻出版业	9184	457	14206	8054	3000	600	
出版业	9184	457	14206	8054	3000	600	
广播、电视、电影和音像业	2369	95	9849	8530	1819		
电影	2369	95	9849	8530	1819		
文化艺术业	300	25	780	309	500		
文艺创作与表演	300	25	780	309	500		

3-5-9 续表 1

指标名称	法人资本	个人资本	港澳台资本	外商资本	营业收入	#主营业务收入
合　计	**113694**	**30745**		**43102**	**1024605**	**1022684**
交通运输、仓储和邮政业	**72700**			**41464**	**786830**	**786621**
仓储业	72700			41464	786830	786621
其他仓储	72700			41464	786830	786621
信息传输、计算机服务和软件业	**4002**	**14963**		**1638**	**57960**	**57705**
电信和其他信息传输服务业	962			1638	1	1
卫星传输服务	962			1638	1	1
计算机服务业	3040	14963			57959	57704
数据处理	3040	8992			28202	27947
其他计算机服务		5971			29757	29757
租赁和商务服务业	**24738**	**1751**			**99077**	**98405**
租赁业	222	896			6640	6104
机械设备租赁	222	896			6640	6104
商务服务业	24516	855			92437	92301
企业管理服务	900	100			900	900
咨询与调查		100			1361	1361
广告业	1000				1925	1925
职业中介服务					68325	68325
旅行社	900	145			18347	18211
其他商务服务	21716	510			1579	1579
科学研究、技术服务和地质勘查业	**2061**	**9890**			**25155**	**24915**
研究与试验发展	161	6330			1200	960
农业科学研究与试验发展					500	500
医学研究与试验发展	161	6330			700	460
专业技术服务业	1900	3560			23955	23955
技术检测	360	840			500	500
工程技术与规划管理	1000	950			11415	11415
其他专业技术服务	540	1770			12040	12040
水利、环境和公共设施管理业	**7368**	**800**			**17502**	**17250**
环境管理业					11051	10799
环境治理					11051	10799
公共设施管理业	7368	800			6451	6451
市政公共设施管理		800			5938	5938
游览景区管理	7368				513	513
居民服务和其他服务业	**620**	**227**			**7456**	**7209**
居民服务业	320	227			1252	1252
理发及美容保健服务					254	254
洗浴服务	320				320	320
其他居民服务		227			678	678
其他服务业	300				6204	5957
修理与维护					3733	3486
其他未列明的服务	300				2471	2471
教育	**600**				**181**	**181**
教育	600				181	181
其他教育	600				181	181
卫生、社会保障和社会福利业					**112**	**66**
社会福利业					112	66
不提供住宿的社会福利					112	66
文化、体育和娱乐业	**1605**	**3114**			**30332**	**30332**
新闻出版业	1410	990			29652	29652
出版业	1410	990			29652	29652
广播、电视、电影和音像业		1819			580	580
电影		1819			580	580
文化艺术业	195	305			100	100
文艺创作与表演	195	305			100	100

单位：千元、人

主营业务成本	主营业务税金及附加	费用合计	营业利润	利润总额	从业人员报酬	劳动、待业保险费	平均从业人数
887339	**8991**	**90986**	**38873**	**38700**	**92721**	**10633**	**6971**
707072	**4353**	**35938**	**39995**	**40215**	**14276**	**285**	**1307**
707072	4353	35938	39995	40215	14276	285	1307
707072	4353	35938	39995	40215	14276	285	1307
42459	**627**	**15764**	**-1122**	**-1064**	**8367**	**208**	**513**
		275	-274	-274	170		17
		275	-274	-274	170		17
42459	627	15489	-848	-790	8197	208	496
21489	183	7407	-1132	-1132	3818		179
20970	444	8082	284	342	4379	208	317
85371	**1660**	**12341**	**-698**	**-1450**	**56091**	**9335**	**4153**
4471	350	592	691	691	424		30
4471	350	592	691	691	424		30
80900	1310	11749	-1389	-2141	55667	9335	4123
		245	655		162	2	27
	73	1097	191	191	680	3	25
1288	85	199	353	353	141	7	34
63833	879	3368	245	148	52906	8854	3768
15608	201	3023	-485	-485	838	237	82
171	72	3817	-2348	-2348	940	232	187
18671	**858**	**5245**	**759**	**642**	**5934**	**192**	**442**
459	14	841	-354	-451	544	12	42
323	10	177	-10	-10	80		16
136	4	664	-344	-441	464	12	26
18212	844	4404	1113	1093	5390	180	400
400	40	160	100	100	100	29	20
8329	635	2066	394	378	4463	81	321
9483	169	2178	619	615	827	70	59
12274	**749**	**6944**	**-2469**	**-2179**	**3124**		**254**
9065	381	2871	-1270	-1270	800		40
9065	381	2871	-1270	-1270	800		40
3209	368	4073	-1199	-909	2324		214
3208	360	1979	391	391	2106		187
1	8	2094	-1590	-1300	218		27
4706	**182**	**2974**	**246**	**350**	**1846**	**251**	**117**
895	48	969	115	65	281	20	30
138	16	154	84	38	84	10	10
120	25	185	-10	-10	140	10	12
637	7	630	41	37	57		8
3811	134	2005	131	285	1565	231	87
2516	49	1111	-66	88	729	65	51
1295	85	894	197	197	836	166	36
50	**15**	**65**	**51**	**54**	**60**		**30**
50	15	65	51	54	60		30
50	15	65	51	54	60		30
21	**17**	**85**	**5**	**15**	**48**	**6**	**3**
21	17	85	5	15	48	6	3
21	17	85	5	15	48	6	3
16715	**530**	**11630**	**2106**	**2117**	**2975**	**356**	**152**
16232	527	11021	2065	2076	2859	335	133
16232	527	11021	2065	2076	2859	335	133
483		483	70	70	75	21	9
483		483	70	70	75	21	9
	3	126	-29	-29	41		10
	3	126	-29	-29	41		10

3-5-10 按地区分组的国有相对控股

指标名称	固定资产原价	本年折旧	资产总计	负债合计	实收资本	国家资本
合 计	**13108719**	**515011**	**100407852**	**51554020**	**28558742**	**23157434**
万州区	540023	32106	1583130	951356	496791	454125
涪陵区	1182137	13180	1706516	496941	260181	238109
渝中区	2831721	127453	58796590	31744035	13834851	12429622
大渡口区	789462	13428	5988545	2941723	1084922	1044697
江北区	380022	28850	5951479	1800768	3022423	772046
沙坪坝区	286875	9298	1054053	571773	429122	352162
九龙坡区	1027768	106774	4615441	2762101	972851	693239
南岸区	322167	11074	3532836	1332869	1894822	1830497
北碚区	423643	10596	1387632	863116	566443	456599
万盛区	189185	4649	379769	215345	172628	149117
双桥区	169593	5515	1549670	333403	229064	229064
渝北区	422293	6674	1289681	695642	493283	469421
巴南区	420913	20652	2026023	1138256	1186857	294804
黔江区	10661	367	21712	9236	9692	8692
长寿区	196724	2284	1951098	1337933	541121	539121
綦江县	47190	2543	135124	75692	36781	36681
潼南县	648	22	727			
铜梁县	52215	2156	197887	195897	3523	3323
大足县	7134	310	169747	12852	131306	130976
荣昌县	56222	3337	132990	82701	27249	27214
璧山县	45496	3799	67583	49577	19583	19583
梁平县	46845	1840	195944	228136	57331	55515
城口县	93672	3000	161916	32298	73273	72923
丰都县	105701	2848	267043	114860	102643	95991
垫江县	404625	2308	510454	296162	124825	124825
武隆县	199764	707	489686	179929	358650	355650
忠县	51849	1998	123604	4584	10087	6033
开县	602615	21512	1271597	515190	584142	581350
云阳县	684647	3314	888563	914803	627184	622784
奉节县	16422	871	63777	91894	8710	8710
巫山县	109880	6209	597185	357036	201060	200870
巫溪县	70728	3709	83209	26665	56424	56344
石柱县	4856	95	7074	4874	4110	4100
秀山县	24454	44	26139	7067	6984	6484
酉阳县	1938	417	32450	22683	5075	5075
彭水县	15		15		15	15
江津市	576192	43767	760353	247455	505884	420706
合川市	546985	8807	2118186	731624	287731	257731
永川市	98293	2751	101554	26627	88560	61053
南川市	67146	5747	170870	140917	42561	42183

其他服务业企业财务状况及其他

单位：千元、人

集体资本	法人资本	个人资本	港澳台资本	外商资本	营业收入	#主营业务收入	主营业务成本
49709	**5261360**	**89079**		**1160**	**7056522**	**6905461**	**4793345**
1116	39570	1980			97479	92545	66682
500	21572				105111	103112	86296
8323	1332025	63971		910	2485133	2439478	1643565
	39975	250			121992	119189	51570
3969	2238282	8126			512534	496499	291790
161	75863	686		250	353157	341898	253854
7036	261789	10787			934167	917573	644998
515	62460	1350			596668	593675	483897
888	108956				235980	235697	162737
	23433	78			23775	23584	6102
					40872	28723	30592
1174	21688	1000			145239	136710	86967
	892035	18			329830	324658	263744
	1000				4684	3799	3620
	2000				196651	196545	119771
100					23524	17964	17954
					758	758	63
200					42775	42685	45437
300	30				15230	15170	8202
35					13097	13000	4979
					18698	18698	7219
	1816				73064	71729	70953
	350				16756	16756	6160
1716	4936				28613	28142	6577
					58984	58973	51811
3000					31427	30627	7505
30	4024				23420	22429	8987
	2772	20			111729	110849	92687
200	4200				35815	30571	9877
					5918	5718	3199
		190			83289	83264	69150
	80				7370	7370	2729
		10			777	777	467
		500			4357	4357	3786
					5391	5111	4268
					320	320	80
5178	80000				92026	91196	87057
	30000				87903	87180	50648
15000	12407	100			71555	67678	23277
268	97	13			20454	20454	14088

3-5-10 续表 1 单位：千元、人

指标名称	主营业务税金及附加	费用合计	营业利润	利润总额	从业人员报酬	劳动、待业保险费	平均从业人数
合 计	**170198**	**2148841**	**188509**	**967755**	**766246**	**82454**	**40851**
万州区	5064	30031	-4873	-11110	12610	892	904
涪陵区	892	30813	-12869	-10763	12359	1934	1349
渝中区	56614	802700	59390	298341	268449	19380	10906
大渡口区	4622	118880	-51598	436823	45718	8122	1740
江北区	14104	199601	10600	29256	57355	4655	4168
沙坪坝区	12009	70014	39789	20274	47015	2195	2640
九龙坡区	34901	215859	56143	56374	105507	4216	5376
南岸区	13429	58973	46649	70697	56823	2684	843
北碚区	2494	51381	20433	40286	24985	2660	1428
万盛区	794	14611	2300	1438	3820	257	395
双桥区	413	46851	-29460	7472	3422	5325	192
渝北区	3625	38320	16393	17008	13751	2030	953
巴南区	1748	156938	-2435	-66237	21364	10780	1485
黔江区	143	2328	2246	32	1376	100	107
长寿区	3113	41949	31818	41993	3596	156	301
綦江县	48	4714	-4603	38	1039	8	142
潼南县	23	100	586		619	58	72
铜梁县	166	8057	-10777	799	918	151	49
大足县	606	8700	-1522	-1613	3298	68	219
荣昌县	355	8255	-229	-73	2538	101	224
璧山县	779	11316	-616	-585	4967	136	418
梁平县	364	22578	-22166	-2066	3534	527	245
城口县	1010	6145	3441	3446	2445		82
丰都县	1107	18766	4407	-776	3223	334	213
垫江县	733	14948	-8305	2091	3541	1572	541
武隆县	466	20570	2199	-1862	3515	259	190
忠县	476	4448	8518	8515	2573	586	241
开县	1924	15053	2197	4297	4410	893	487
云阳县	60	18229	3953	3945	3897	14	564
奉节县		5650	-2643	-8702	1588	356	316
巫山县	555	13380	284	-339	4553	619	452
巫溪县	93	5916	-1368	-1384	1149	76	144
石柱县	39	296	59	51	190	25	34
秀山县	185	1653	-1267	-1267	838	30	74
酉阳县	37	1193	2757	174	280		45
彭水县		120	140		120		7
江津市	941	9498	-4539	-4665	8793	892	1062
合川市	953	38100	10197	7443	7007	998	444
永川市	4896	22684	26144	26200	21092	8631	1515
南川市	417	9223	-2864	2204	1969	734	284

3-5-11 按地区、学历分组的其他服务业企业法人单位从业人数

单位：个、人

指标名称	单位数	从业人数	研究生及以上	大学本科	大专	高中	初中及以下
合计	**7224**	**215224**	**4637**	**42537**	**64160**	**69943**	**33947**
万州区	475	10074	26	1247	3436	3903	1462
涪陵区	184	7048	44	895	2407	2850	852
渝中区	1809	60332	1972	15066	17644	17169	8481
大渡口区	95	4606	65	744	1158	1546	1093
江北区	586	17804	444	4410	5209	5162	2579
沙坪坝区	470	10390	433	2585	2955	2710	1707
九龙坡区	934	27845	823	7134	8430	7289	4169
南岸区	324	8326	267	2185	2453	2362	1059
北碚区	142	4260	139	711	1131	1527	752
万盛区	54	1082	4	91	242	501	244
双桥区	18	350	1	36	91	124	98
渝北区	463	9673	193	1645	2685	3305	1845
巴南区	118	5862	34	885	1371	2803	769
黔江区	56	1744	6	270	574	707	187
长寿区	39	1831	14	282	553	542	440
綦江县	83	1619	1	129	538	671	280
潼南县	45	850	1	87	314	295	153
铜梁县	59	1754	2	222	496	719	315
大足县	59	1404	9	106	564	547	178
荣昌县	60	1789	3	246	620	654	266
璧山县	86	1971	4	182	575	722	488
梁平县	57	1723		85	452	793	393
城口县	20	401	2	17	99	208	75
丰都县	61	2027	18	180	601	887	341
垫江县	38	1856	7	192	671	711	275
武隆县	30	1415	5	132	388	643	247
忠县	38	1539	39	325	258	494	423
开县	46	2545	4	208	847	1066	420
云阳县	32	1784	9	131	587	893	164
奉节县	31	1136	2	79	462	473	120
巫山县	84	1786	4	87	650	709	336
巫溪县	23	646		39	337	187	83
石柱县	19	818		70	302	324	122
秀山县	14	782	1	58	242	312	169
酉阳县	18	697		18	271	233	175
彭水县	46	793		69	359	262	103
江津市	142	4077	18	571	1142	1244	1102
合川市	138	3751	12	400	1267	1440	632
永川市	187	5160	26	607	1364	2075	1088
南川市	41	1674	5	111	415	881	262

3-5-12 按行业、学历分组的其他服务业企业法人单位从业人数

单位：个、人

指标名称	单位数	从业人数	研究生及以上	大学本科	大专	高中	初中及以下
合计	**7224**	**215224**	**4637**	**42537**	**64160**	**69943**	**33947**
交通运输、仓储和邮政业	**130**	**6160**	**23**	**240**	**924**	**3247**	**1726**
仓储业	130	6160	23	240	924	3247	1726
信息传输、计算机服务和软件业	**934**	**14679**	**721**	**4159**	**5392**	**3293**	**1114**
电信和其他信息传输服务业	142	3397	80	578	1255	1047	437
计算机服务业	627	7435	372	1976	2733	1765	589
软件业	165	3847	269	1605	1404	481	88
金融业	**582**	**65854**	**889**	**12876**	**23772**	**21607**	**6710**
银行业	375	41376	495	9522	17867	10101	3391
证券业	13	1196	210	488	347	129	22
保险业	155	22367	100	2489	5351	11181	3246
其他金融活动	39	915	84	377	207	196	51
租赁和商务服务业	**2828**	**56461**	**1284**	**10337**	**16600**	**18960**	**9280**
租赁业	223	3495	20	322	617	1226	1310
商务服务业	2605	52966	1264	10015	15983	17734	7970
科学研究、技术服务和地质勘查业	**916**	**28744**	**1131**	**9684**	**8814**	**6161**	**2954**
研究与试验发展	93	3600	135	1479	884	824	278
专业技术服务业	576	19758	780	6975	6573	3561	1869
科技交流和推广服务业	230	3693	213	1034	1066	938	442
地质勘查业	17	1693	3	196	291	838	365
水利、环境和公共设施管理业	**260**	**6978**	**92**	**900**	**1384**	**2694**	**1908**
水利管理业	52	1001	22	100	194	317	368
环境管理业	79	1277	44	280	312	500	141
公共设施管理业	129	4700	26	520	878	1877	1399
居民服务和其他服务业	**988**	**20010**	**205**	**1367**	**3129**	**7523**	**7786**
居民服务业	424	8950	67	429	1503	3589	3362
其他服务业	564	11060	138	938	1626	3934	4424
教育	**153**	**4284**	**62**	**759**	**931**	**1804**	**728**
教育	153	4284	62	759	931	1804	728
卫生、社会保障和社会福利业	**91**	**3265**	**43**	**609**	**961**	**1318**	**334**
卫生	87	3210	43	589	948	1311	319
社会保障业	2	32		20	12		
社会福利业	2	23			1	7	15
文化、体育和娱乐业	**342**	**8789**	**187**	**1606**	**2253**	**3336**	**1407**
新闻出版业	17	1961	141	854	581	327	58
广播、电视、电影和音像业	64	2067	21	276	626	916	228
文化艺术业	53	590	15	115	162	261	37
体育	12	169		19	76	59	15
娱乐业	196	4002	10	342	808	1773	1069

3-5-13 按登记注册类型、学历分组的其他服务业企业法人单位从业人数

单位：个、人

指标名称	单位数	从业人数	研究生及以上	大学本科	大专	高中	初中及以下
合计	**7224**	**215224**	**4637**	**42537**	**64160**	**69943**	**33947**
内资	**7124**	**210038**	**4438**	**41555**	**62825**	**67754**	**33466**
国有	771	53351	985	11314	16607	17635	6810
集体	398	8073	52	711	1318	3103	2889
股份合作	236	16774	175	2824	6948	4168	2659
联营	29	328	8	76	102	108	34
集体联营	6	70	4	9	22	22	13
国有与集体联营	4	43		2	4	30	7
其他联营	19	215	4	65	76	56	14
有限责任公司	1444	47268	1369	10203	14273	13750	7673
国有独资公司	90	5025	117	905	1251	2021	731
其他有限责任公司	1354	42243	1252	9298	13022	11729	6942
股份有限公司	529	36014	557	6993	10170	13828	4466
私营	3476	45598	1252	8813	12690	14399	8444
私营独资	1168	9133	204	1213	1771	3659	2286
私营合伙	352	3958	162	896	1014	1263	623
私营有限责任公司	1733	28981	827	6133	8821	8270	4930
私营股份有限公司	223	3526	59	571	1084	1207	605
其他	241	2632	40	621	717	763	491
港、澳、台商投资	**31**	**1511**	**16**	**207**	**558**	**540**	**190**
合资经营(港或澳、台资)	9	340	3	102	148	73	14
合作经营(港或澳、台资)	2	56		29	25	2	
港、澳、台商独资经营	19	1100	13	70	382	459	176
港、澳、台商投资股份有限公司	1	15		6	3	6	
外商投资	**69**	**3675**	**183**	**775**	**777**	**1649**	**291**
中外合资经营	33	2863	141	451	509	1520	242
外资	34	757	34	319	250	105	49
外商投资股份有限公司	2	55	8	5	18	24	

3-5-14 按地区、专业技术职称分组的其他服务业企业法人单位从业人数

单位：个、人

指标名称	单位数	从业人数	#高级技术职称	#中级技术职称	#初级技术职称
合 计	**7224**	**215224**	**9331**	**27341**	**35118**
万州区	475	10074	248	1579	1705
涪陵区	184	7048	198	880	1313
渝中区	1809	60332	3414	8663	6493
大渡口区	95	4606	312	518	720
江北区	586	17804	1037	2699	2532
沙坪坝区	470	10390	609	1441	1325
九龙坡区	934	27845	1364	3420	4031
南岸区	324	8326	450	1188	1480
北碚区	142	4260	222	652	1060
万盛区	54	1082	13	91	244
双桥区	18	350	11	76	70
渝北区	463	9673	371	1003	1264
巴南区	118	5862	218	691	1011
黔江区	56	1744	70	240	330
长寿区	39	1831	16	204	519
綦江县	83	1619	67	217	510
潼南县	45	850	13	71	320
铜梁县	59	1754	99	174	281
大足县	59	1404	32	135	502
荣昌县	60	1789	19	235	562
璧山县	86	1971	5	134	413
梁平县	57	1723	4	138	568
城口县	20	401	1	46	161
丰都县	61	2027	41	173	450
垫江县	38	1856	37	199	475
武隆县	30	1415	16	82	252
忠 县	38	1539	23	134	522
开 县	46	2545	15	162	714
云阳县	32	1784	23	188	475
奉节县	31	1136	26	116	416
巫山县	84	1786	27	113	383
巫溪县	23	646	5	57	248
石柱县	19	818	3	52	251
秀山县	14	782	10	79	199
酉阳县	18	697	2	46	290
彭水县	46	793	2	63	232
江津市	142	4077	75	424	990
合川市	138	3751	117	491	857
永川市	187	5160	113	381	722
南川市	41	1674	3	86	228

3-5-15 按行业、专业技术职称分组的其他服务业企业法人单位从业人数

单位：个、人

指标名称	单位数	从业人数	#高级技术职称	#中级技术职称	#初级技术职称
合　计	**7224**	**215224**	**9331**	**27341**	**35118**
交通运输、仓储和邮政业	**130**	**6160**	**24**	**280**	**457**
仓储业	130	6160	24	280	457
信息传输、计算机服务和软件业	**934**	**14679**	**514**	**1842**	**1842**
电信和其他信息传输服务业	142	3397	99	381	444
计算机服务业	627	7435	158	719	820
软件业	165	3847	257	742	578
金融业	**582**	**65854**	**597**	**8163**	**18793**
银行业	375	41376	414	6907	17635
证券业	13	1196	16	155	110
保险业	155	22367	113	863	913
其他金融活动	39	915	54	238	135
租赁和商务服务业	**2828**	**56461**	**2309**	**6214**	**5352**
租赁业	223	3495	115	321	339
商务服务业	2605	52966	2194	5893	5013
科学研究、技术服务和地质勘查业	**916**	**28744**	**4409**	**7267**	**4632**
研究与试验发展	93	3600	581	728	660
专业技术服务业	576	19758	3405	5682	3178
科技交流和推广服务业	230	3693	359	645	614
地质勘查业	17	1693	64	212	180
水利、环境和公共设施管理业	**260**	**6978**	**267**	**601**	**774**
水利管理业	52	1001	37	103	186
环境管理业	79	1277	81	202	188
公共设施管理业	129	4700	149	296	400
居民服务和其他服务业	**988**	**20010**	**534**	**1419**	**1180**
居民服务业	424	8950	192	435	416
其他服务业	564	11060	342	984	764
教育	**153**	**4284**	**225**	**413**	**234**
教育	153	4284	225	413	234
卫生、社会保障和社会福利业	**91**	**3265**	**262**	**589**	**1173**
卫生	87	3210	242	576	1173
社会保障业	2	32	20	12	
社会福利业	2	23		1	
文化、体育和娱乐业	**342**	**8789**	**190**	**553**	**681**
新闻出版业	17	1961	118	266	266
广播、电视、电影和音像业	64	2067	37	171	273
文化艺术业	53	590	6	11	4
体育	12	169	6	13	17
娱乐业	196	4002	23	92	121

3-5-16 按登记注册类型、专业技术职称分组的其他服务业企业法人单位从业人数

单位：个、人

指标名称	单位数	从业人数	#高级技术职称	#中级技术职称	#初级技术职称
合　计	**7224**	**215224**	**9331**	**27341**	**35118**
内资	**7124**	**210038**	**9124**	**26946**	**34813**
国有	771	53351	2940	8882	14583
集体	398	8073	314	454	542
股份合作	236	16774	396	1845	6687
联营	29	328	50	32	31
集体联营	6	70	1	8	1
国有与集体联营	4	43		3	12
其他联营	19	215	49	21	18
有限责任公司	1444	47268	2521	6676	5480
国有独资公司	90	5025	320	760	760
其他有限责任公司	1354	42243	2201	5916	4720
股份有限公司	529	36014	583	3504	3748
私营	3476	45598	2230	5113	3561
私营独资	1168	9133	277	659	443
私营合伙	352	3958	155	384	325
私营有限责任公司	1733	28981	1594	3693	2538
私营股份有限公司	223	3526	204	377	255
其他	241	2632	90	440	181
港、澳、台商投资	**31**	**1511**	**39**	**115**	**94**
合资经营(港或澳、台资)	9	340	13	58	81
合作经营(港或澳、台资)	2	56		1	
港、澳、台商独资经营	19	1100	26	50	13
港、澳、台商投资股份有限公司	1	15		6	
外商投资	**69**	**3675**	**168**	**280**	**211**
中外合资经营	33	2863	120	199	181
外资	34	757	44	79	29
外商投资股份有限公司	2	55	4	2	1

3-5-17 按地区、技术等级分组的其他服务业企业法人单位从业人数

单位：个、人

指标名称	单位数	从业人数				
			#高级技师	#技师	#高级工	#中级工
合　计	**7224**	**215224**	**886**	**1740**	**3774**	**8393**
万州区	475	10074	46	104	106	157
涪陵区	184	7048	26	47	242	227
渝中区	1809	60332	195	383	868	3857
大渡口区	95	4606	63	113	259	450
江北区	586	17804	50	107	200	425
沙坪坝区	470	10390	34	66	113	163
九龙坡区	934	27845	193	421	514	842
南岸区	324	8326	14	16	57	125
北碚区	142	4260	25	42	190	198
万盛区	54	1082	2	6	2	11
双桥区	18	350	2		1	3
渝北区	463	9673	48	123	279	309
巴南区	118	5862	19	66	135	217
黔江区	56	1744	11	15	31	43
长寿区	39	1831	13	15	73	52
綦江县	83	1619	11	5	9	38
潼南县	45	850		22	3	1
铜梁县	59	1754	4	9	10	15
大足县	59	1404		3	10	18
荣昌县	60	1789	29	22	40	72
璧山县	86	1971	6	2	3	1
梁平县	57	1723	4		12	29
城口县	20	401				23
丰都县	61	2027	3	1	17	26
垫江县	38	1856	1	2	18	62
武隆县	30	1415	4	6	10	27
忠　县	38	1539	2	2	12	35
开　县	46	2545	2	20	23	71
云阳县	32	1784	13	7	44	54
奉节县	31	1136	1	10	6	9
巫山县	84	1786	4	7	21	57
巫溪县	23	646	4	2	2	34
石柱县	19	818	1	1	1	6
秀山县	14	782			6	2
酉阳县	18	697			1	3
彭水县	46	793			6	16
江津市	142	4077		13	27	53
合川市	138	3751	28	30	56	97
永川市	187	5160	23	45	341	510
南川市	41	1674	5	7	26	55

3-5-18 按行业、技术等级分组的其他服务业企业法人单位从业人数

单位：个、人

指标名称	单位数	从业人数	#高级技师	#技师	#高级工	#中级工
合 计	**7224**	**215224**	**886**	**1740**	**3774**	**8393**
交通运输、仓储和邮政业	**130**	**6160**	**9**	**24**	**119**	**96**
仓储业	130	6160	9	24	119	96
信息传输、计算机服务和软件业	**934**	**14679**	**96**	**227**	**233**	**370**
电信和其他信息传输服务业	142	3397	43	75	84	127
计算机服务业	627	7435	32	49	133	205
软件业	165	3847	21	103	16	38
金融业	**582**	**65854**	**69**	**161**	**473**	**3220**
银行业	375	41376	35	37	254	305
证券业	13	1196				1
保险业	155	22367	28	122	215	2913
其他金融活动	39	915	6	2	4	1
租赁和商务服务业	**2828**	**56461**	**198**	**294**	**582**	**1377**
租赁业	223	3495	16	21	52	101
商务服务业	2605	52966	182	273	530	1276
科学研究、技术服务和地质勘查业	**916**	**28744**	**180**	**338**	**1029**	**1347**
研究与试验发展	93	3600	29	58	89	190
专业技术服务业	576	19758	104	208	457	487
科技交流和推广服务业	230	3693	38	58	78	147
地质勘查业	17	1693	9	14	405	523
水利、环境和公共设施管理业	**260**	**6978**	**60**	**90**	**317**	**284**
水利管理业	52	1001	6	21	78	37
环境管理业	79	1277	13	4	8	46
公共设施管理业	129	4700	41	65	231	201
居民服务和其他服务业	**988**	**20010**	**180**	**426**	**562**	**1219**
居民服务业	424	8950	97	227	215	408
其他服务业	564	11060	83	199	347	811
教育	**153**	**4284**	**58**	**67**	**295**	**179**
教育	153	4284	58	67	295	179
卫生、社会保障和社会福利业	**91**	**3265**	**7**	**37**	**88**	**149**
卫生	87	3210	7	37	88	149
社会保障业	2	32				
社会福利业	2	23				
文化、体育和娱乐业	**342**	**8789**	**29**	**76**	**76**	**152**
新闻出版业	17	1961	15	2	4	5
广播、电视、电影和音像业	64	2067	4	9	55	114
文化艺术业	53	590	3	2	1	1
体育	12	169		1	2	1
娱乐业	196	4002	7	62	14	31

3-5-19 按登记注册类型、技术等级分组的其他服务业企业法人单位从业人数

单位：个、人

指标名称	单位数	从业人数	#高级技师	#技师	#高级工	#中级工
合　计	**7224**	**215224**	**886**	**1740**	**3774**	**8393**
内资	**7124**	**210038**	**868**	**1716**	**3719**	**8334**
国有	771	53351	122	272	1649	1867
集体	398	8073	15	38	243	213
股份合作	236	16774	55	68	150	171
联营	29	328	1	8	8	6
集体联营	6	70		4		6
国有与集体联营	4	43		4	8	
其他联营	19	215	1			
有限责任公司	1444	47268	225	444	581	1261
国有独资公司	90	5025	13	21	108	326
其他有限责任公司	1354	42243	212	423	473	935
股份有限公司	529	36014	84	199	424	3282
私营	3476	45598	354	671	641	1498
私营独资	1168	9133	80	170	145	278
私营合伙	352	3958	27	38	65	122
私营有限责任公司	1733	28981	236	435	415	1045
私营股份有限公司	223	3526	11	28	16	53
其他	241	2632	12	16	23	36
港、澳、台商投资	**31**	**1511**	**13**	**12**	**19**	**34**
合资经营(港或澳、台资)	9	340				
合作经营(港或澳、台资)	2	56				
港、澳、台商独资经营	19	1100	13	12	19	34
港、澳、台商投资股份有限公司	1	15				
外商投资	**69**	**3675**	**5**	**12**	**36**	**25**
中外合资经营	33	2863	3	11	25	19
外资	34	757	2	1	7	4
外商投资股份有限公司	2	55			4	2

第6篇

行政事业单位财务状况

3-6-1 按地区分组的行政事业单位基本状况

单位：千元、人

指标名称	年末资产	上年节余	本年收入合计	本年支出合计	年末结余	经营税金	平均从业人数
合 计	**122197378**	**3741377**	**51601240**	**48838955**	**6503662**	**105261**	**780955**
万州区	6365159	62933	2284600	2190395	157138	9262	43951
涪陵区	3904188	250306	1870845	1916168	204983	2773	33504
渝中区	33334502	934421	9884514	8795658	2023277	27549	60532
大渡口区	771032	33908	499208	483396	49720	349	6774
江北区	3438428	370222	2334197	2327797	376622	15424	21166
沙坪坝区	8050346	308207	3401816	3229709	480314	4626	32005
九龙坡区	6327784	222956	2700031	2718489	204498	3814	26329
南岸区	8318313	191951	2922388	2807731	306608	4001	24209
北碚区	3998370	147348	1867154	1779307	235195	2192	22531
万盛区	385646	8742	289732	288788	9686	302	7025
双桥区	130063	1627	86313	86091	1849	31	1649
渝北区	9197661	446078	4621026	3721045	1346059	9670	28626
巴南区	4400509	22813	953223	929395	46641	1302	19034
黔江区	3277896	15857	700222	696873	19206	1959	15040
长寿区	1576677	37454	832388	814462	55380	1762	18112
綦江县	1281211	44168	817396	809155	52409	630	18942
潼南县	753219	-35386	462623	471550	-44313	1806	15697
铜梁县	1351989	24457	745342	723605	46194	323	17784
大足县	1095520	14757	657980	638688	34049	663	18350
荣昌县	1030355	31089	561930	564713	28306	472	15307
璧山县	1050463	18789	655658	637442	37005	365	13539
梁平县	1227493	35634	683471	681960	37145	486	18826
城口县	323666	26690	239649	237888	28451	135	6656
丰都县	902358	30137	520435	515463	35109	632	15387
垫江县	888733	9339	724592	729420	4511	456	16188
武隆县	878297	21594	425025	424327	22292	224	11164
忠 县	1065497	22220	623392	640621	4991	816	19892
开 县	1729202	-344	961580	967103	-5867	1272	26047
云阳县	1565772	-10763	648737	630583	7391	470	20148
奉节县	1035457	-24043	559285	549329	-14087	415	17144
巫山县	860472	9384	388803	380414	17773	2089	11644
巫溪县	421456	3868	348767	351651	984	67	11706
石柱县	638709	8274	388823	388558	8539	392	11443
秀山县	939557	-3460	436250	433828	-1038	94	12352
酉阳县	775800	-3564	534323	545846	-15087	986	15082
彭水县	557603	-27578	444070	436786	-20294	37	12581
江津市	2490508	72293	1243364	1215986	99671	651	24607
合川市	2250346	51857	1348505	1325111	75251	1448	27295
永川市	2702589	270060	1379565	1202836	446789	4639	28002
南川市	904532	97082	554018	550788	100312	677	14685

3-6-2 按地区分组的行政事业单位收入状况

单位：千元

指标名称	总计	#财政拨款	#上级补助收入	#事业收入	#经营收入
合　计	**51601240**	**23863693**	**3405759**	**14483471**	**6635721**
万州区	2284600	1228185	121952	715161	143142
涪陵区	1870845	906006	106437	564687	158091
渝中区	9884514	3498289	363834	2454413	3062701
大渡口区	499208	265346	27967	152544	10212
江北区	2334197	1310497	101432	519082	250618
沙坪坝区	3401816	1421854	69404	1427167	99642
九龙坡区	2700031	927895	176295	1074931	172229
南岸区	2922388	1004760	603694	1037402	131604
北碚区	1867154	921376	58248	715834	57818
万盛区	289732	164133	29340	71454	14010
双桥区	86313	67613	3418	7818	6332
渝北区	4621026	2078454	311831	1008654	1142342
巴南区	953223	509982	36275	313278	69035
黔江区	700222	426980	64812	101204	44392
长寿区	832388	477139	74123	232696	29175
綦江县	817396	463831	63789	226973	38178
潼南县	462623	291308	42673	16068	78103
铜梁县	745342	372629	40122	220220	25645
大足县	657980	333526	69552	181231	32744
荣昌县	561930	299278	32374	158289	16916
璧山县	655658	358040	27896	201732	33212
梁平县	683471	330504	45565	181808	38342
城口县	239649	177569	18726	30829	4251
丰都县	520435	288187	43631	140840	13054
垫江县	724592	382732	46294	192098	80065
武隆县	425025	258037	67924	50569	21031
忠　县	623392	309263	50407	172022	54571
开　县	961580	470564	103814	186021	110639
云阳县	648737	349514	58617	176481	31426
奉节县	559285	348459	43373	123225	38144
巫山县	388803	259637	23780	83556	3714
巫溪县	348767	207100	33079	80891	7465
石柱县	388823	222456	37335	72942	18390
秀山县	436250	289378	19748	59211	17819
酉阳县	534323	306274	56758	123915	31039
彭水县	444070	283159	65303	54746	3698
江津市	1243364	588595	78132	215397	178733
合川市	1348505	536787	84199	612281	107447
永川市	1379565	609203	60392	427757	226599
南川市	554018	319154	43214	98044	33153

3-6-3 按地区分组的行政事业单位支出状况

单位：千元

指标名称	总计	#人员支出	#公用支出	#福利费	#劳务费	#就业补助费
合　计	**48838955**	**13924240**	**22311072**	**643672**	**755265**	**77550**
万州区	2190395	743148	990212	33327	28164	625
涪陵区	1916168	584205	837079	22792	17901	1851
渝中区	8795658	1422815	5154777	65376	80141	1083
大渡口区	483396	147016	217979	7168	5956	898
江北区	2327797	534080	1130777	44187	36328	1536
沙坪坝区	3229709	946790	1627092	34353	82392	1187
九龙坡区	2718489	668334	1235974	26445	47675	1094
南岸区	2807731	674276	1138111	42056	18904	215
北碚区	1779307	522298	748852	11455	44208	142
万盛区	288788	96983	138098	3411	5344	59
双桥区	86091	24450	48496	1219	933	184
渝北区	3721045	537362	1430924	43222	120211	1406
巴南区	929395	324308	432132	18705	10029	670
黔江区	696873	247538	302246	12880	12396	709
长寿区	814462	300399	415210	9156	4975	450
綦江县	809155	299079	334584	14285	7190	311
潼南县	471550	194042	159010	7098	6514	433
铜梁县	723605	265978	313537	16621	12782	825
大足县	638688	249750	306290	6129	16473	2712
荣昌县	564713	197300	255854	7291	6077	3973
璧山县	637442	207169	295148	8301	9900	625
梁平县	681960	250037	239804	11099	6811	205
城口县	237888	89786	94724	4475	3937	102
丰都县	515463	191181	185730	7724	8392	228
垫江县	729420	255179	264863	9869	13594	371
武隆县	424327	153156	144169	5164	5930	497
忠　县	640621	262456	253041	10533	5005	323
开　县	967103	353119	387886	18922	11317	373
云阳县	630583	257710	258281	11124	8024	1075
奉节县	549329	283021	203728	14109	9645	29558
巫山县	380414	154367	147611	5255	4526	896
巫溪县	351651	143083	127818	5714	4210	937
石柱县	388558	195451	137528	17802	3313	203
秀山县	433828	159682	159224	4458	3827	119
酉阳县	545846	220484	210421	7555	12954	187
彭水县	436786	164351	134937	5402	2680	1176
江津市	1215986	386131	514305	22217	16255	410
合川市	1325111	562356	594318	19978	21863	2438
永川市	1202836	429079	551993	17190	32899	15341
南川市	550788	226291	188309	9605	5590	2123

3-6-3 续表 1 单位：千元

指标名称	#取暖费	#差旅费	#各种设备、交通工具及图书资料购置费	#对个人和家庭补助支出	#助学金	#抚恤和生活补助金
合　计	**58979**	**989315**	**2781077**	**4596650**	**221568**	**739723**
万州区	2971	40599	115501	260075	7926	73866
涪陵区	2443	30452	89903	212567	11656	60997
渝中区	3785	180810	372821	669145	16733	60417
大渡口区	153	5591	20783	36318	375	1249
江北区	1622	58162	127282	232682	3467	17500
沙坪坝区	1307	73856	228371	360892	55024	7820
九龙坡区	2974	41721	126602	251898	13249	9517
南岸区	2300	48928	114082	219487	24756	6392
北碚区	1873	38721	128572	242860	27533	17799
万盛区	370	5361	11613	27106	1112	883
双桥区	94	2294	6860	6711	93	481
渝北区	6025	66170	223226	218025	4098	43591
巴南区	622	17152	51744	112772	3067	14454
黔江区	2285	21614	41836	37658	1160	3796
长寿区	1126	18802	103179	76180	1269	8485
綦江县	964	13885	36836	76458	1132	9292
潼南县	768	10069	17266	62596	1872	9639
铜梁县	1381	26475	28440	50533	2422	18371
大足县	788	11103	40841	55943	1491	6264
荣昌县	1076	6753	23770	57597	884	8707
璧山县	642	10181	37798	80095	269	5848
梁平县	877	11393	52812	57029	859	7025
城口县	693	7570	15144	13626	422	3266
丰都县	746	10420	40616	65695	718	22512
垫江县	1189	11146	30660	53124	1768	6546
武隆县	681	8835	21081	39337	834	16310
忠　县	414	14365	23936	62617	1019	6739
开　县	1303	17145	50426	103057	1582	50452
云阳县	491	13632	44077	96384	2468	28928
奉节县	2036	19786	53175	59102	1949	38796
巫山县	1357	10635	22411	39130	1423	19088
巫溪县	875	8994	13214	49136	1073	20077
石柱县	983	10003	20870	6354	827	2231
秀山县	663	12432	15759	53713	1041	9570
酉阳县	1316	13651	25796	63902	429	16308
彭水县	1299	11230	22082	51852	1975	28645
江津市	1504	22641	129151	118303	4712	16819
合川市	2783	23771	110894	132099	3929	26050
永川市	3226	21239	117149	110333	14272	20196
南川市	974	11728	24498	74259	680	14797

3-6-4 按地区、学历分组的行政事业法人单位从业人数

单位：个、人

指标名称	单位数	从业人数	研究生及以上	大学本科	大专	高中	初中及以下
合 计	**35879**	**795778**	**14918**	**189891**	**280710**	**203775**	**106484**
万州区	2227	44448	365	11426	16461	10735	5461
涪陵区	1585	34056	293	8502	12998	8811	3452
渝中区	1321	71183	2963	24922	19357	13792	10149
大渡口区	353	6664	85	2507	2187	1295	590
江北区	655	22291	538	7543	7141	4732	2337
沙坪坝区	864	32908	2857	11448	7849	6499	4255
九龙坡区	812	28164	1151	9918	8747	5563	2785
南岸区	618	26144	1614	9381	6753	5290	3106
北碚区	706	21887	1413	6284	6864	4390	2936
万盛区	418	6973	41	1664	2624	1743	901
双桥区	176	1622	12	456	703	300	151
渝北区	1004	28614	705	10199	9538	5197	2975
巴南区	1010	19027	220	4940	6920	4907	2040
黔江区	620	14825	166	3703	6175	3320	1461
长寿区	809	17058	115	4599	6308	4187	1849
綦江县	965	19167	71	3667	7344	5212	2873
潼南县	760	16600	146	2674	5971	5146	2663
铜梁县	1284	18243	62	3305	6084	4436	4356
大足县	963	19174	84	3393	8127	5364	2206
荣昌县	836	15093	110	3120	6905	3606	1352
璧山县	740	13451	72	2780	4766	4056	1777
梁平县	951	17354	45	2939	5802	5591	2977
城口县	520	6584	24	775	2277	2550	958
丰都县	1059	15473	67	2552	5967	4194	2693
垫江县	728	16444	171	3186	7269	3901	1917
武隆县	636	11161	27	1637	4500	3410	1587
忠 县	1188	19907	46	3037	7458	6107	3259
开 县	1301	25414	50	3945	9377	8799	3243
云阳县	1230	19373	131	2544	7622	6266	2810
奉节县	796	16833	99	2466	6361	6275	1632
巫山县	726	11550	22	1353	4519	3931	1725
巫溪县	999	11419	44	1303	3978	4137	1957
石柱县	614	11357	19	1773	4938	3143	1484
秀山县	590	12331	25	1403	5168	3973	1762
酉阳县	662	14730	117	1869	5805	4906	2033
彭水县	784	12818	56	1608	4897	4499	1758
江津市	1059	24819	146	5482	8951	6511	3729
合川市	1589	27698	328	6130	9991	6677	4572
永川市	983	27806	362	7396	9828	5260	4960
南川市	738	15115	56	2062	6180	5064	1753

3-6-5 按行业、学历分组的行政事业法人单位从业人数

单位：个、人

指标名称	单位数	从业人数					
			研究生及以上	大学本科	大专	高中	初中及以下
合　计	**35879**	**795778**	**14918**	**189891**	**280710**	**203775**	**106484**
交通运输、仓储和邮政业	**8**	**134**		**2**	**26**	**50**	**56**
仓储业	8	134		2	26	50	56
信息传输、计算机服务和软件业	**69**	**2383**	**27**	**833**	**790**	**580**	**153**
电信和其他信息传输服务业	41	2194	26	796	706	527	139
计算机服务业	22	106	1	18	40	33	14
软件业	6	83		19	44	20	
金融业	**39**	**1886**	**86**	**810**	**503**	**383**	**104**
银行业	34	1799	57	775	492	373	102
证券业	1	29	19	10			
保险业	1	38	10	23	1	3	1
其他金融活动	3	20		2	10	7	1
租赁和商务服务业	**716**	**9040**	**495**	**2682**	**2858**	**2044**	**961**
租赁业	4	20			4	7	9
商务服务业	712	9020	495	2682	2854	2037	952
科学研究、技术服务和地质勘查业	**1496**	**26054**	**478**	**5796**	**8693**	**7440**	**3647**
研究与试验发展	81	5896	247	1811	1498	1474	866
专业技术服务业	405	7055	190	2187	2425	1665	588
科技交流和推广服务业	990	10271	34	1360	4322	3342	1213
地质勘查业	20	2832	7	438	448	959	980
水利、环境和公共设施管理业	**607**	**21792**	**73**	**1444**	**3860**	**5556**	**10859**
水利管理业	301	4339	19	391	1207	1348	1374
环境管理业	133	10435	44	428	998	1801	7164
公共设施管理业	173	7018	10	625	1655	2407	2321
居民服务和其他服务业	**164**	**2317**	**4**	**172**	**482**	**783**	**876**
居民服务业	129	1970	4	134	413	661	758
其他服务业	35	347		38	69	122	118
教育	**6236**	**319786**	**8567**	**88532**	**133538**	**70115**	**19034**
教育	6236	319786	8567	88532	133538	70115	19034
卫生、社会保障和社会福利业	**2955**	**92762**	**714**	**10284**	**26026**	**40416**	**15322**
卫生	2393	88373	684	9772	24947	39223	13747
社会保障业	132	1255	28	307	504	325	91
社会福利业	430	3134	2	205	575	868	1484
文化、体育和娱乐业	**543**	**15067**	**147**	**3523**	**4884**	**4140**	**2373**
新闻出版业	54	6753	75	2036	1857	1702	1083
广播、电视、电影和音像业	146	2667	32	545	958	728	404
文化艺术业	283	5010	35	832	1898	1515	730
体育	48	515	5	98	144	135	133
娱乐业	12	122		12	27	60	23
公共管理和社会组织	**23046**	**304557**	**4327**	**75813**	**99050**	**72267**	**53099**
中国共产党机关	782	10283	515	4673	3270	1323	502
国家机构	7576	205836	3153	64597	83985	38605	15496
人民政协和民主党派	119	1498	27	562	511	312	86
群众团体、社会团体和宗教组织	2469	24704	611	5357	6124	5687	6925
基层群众自治组织	12100	62236	21	624	5160	26341	30090

3-6-6 按登记注册类型、学历分组的行政事业法人单位从业人数

单位：个、人

指标名称	单位数	从业人数					
			研究生及以上	大学本科	大专	高中	初中及以下
合　计	**35879**	**795778**	**14918**	**189891**	**280710**	**203775**	**106484**
内资	**35863**	**794785**	**14886**	**189397**	**280352**	**203722**	**106427**
国有	18472	658214	13264	175921	255563	153598	59868
集体	1356	22613	49	1169	4711	10195	6489
股份合作	43	1692	117	500	447	347	281
联营	39	753	20	113	178	212	230
国有联营	1	5				5	
集体联营	18	281		5	35	98	143
国有与集体联营	9	220	3	47	75	47	48
其他联营	11	247	17	61	68	62	39
有限责任公司	21	773	21	172	216	237	127
国有独资公司	12	614	21	154	156	178	105
其他有限责任公司	9	159		18	60	59	22
股份有限公司	2	39		9	17	7	6
私营	1100	12813	512	3055	4021	3832	1393
私营独资	816	8327	117	1342	2561	3150	1157
私营合伙	263	4187	370	1572	1383	647	215
私营有限责任公司	14	226	25	113	48	26	14
私营股份有限公司	7	73		28	29	9	7
其他	14830	97888	903	8458	15199	35295	38033
港、澳、台商投资	**14**	**415**	**29**	**196**	**132**	**32**	**26**
合资经营(港或澳、台资)	8	300	27	159	90	21	3
合作经营(港或澳、台资)	1	9		2	5	1	1
港、澳、台商独资经营	5	106	2	35	37	10	22
外商投资	**2**	**578**	**3**	**298**	**226**	**20**	**31**
中外合资经营	1	573	3	295	226	18	31
中外合作经营	1	5		3		2	

3-6-7 按地区、专业技术职称分组的行政事业法人单位从业人数

单位：个、人

指标名称	单位数	从业人数	#高级技术职称	#中级技术职称	#初级技术职称
合　计	**35879**	**795778**	**34180**	**130292**	**212774**
万州区	2227	44448	2077	8957	8901
涪陵区	1585	34056	1446	5370	9101
渝中区	1321	71183	6091	12738	13674
大渡口区	353	6664	285	1351	1460
江北区	655	22291	1262	3660	4219
沙坪坝区	864	32908	3709	6285	6081
九龙坡区	812	28164	2208	4978	5545
南岸区	618	26144	2587	4741	4842
北碚区	706	21887	1994	4343	5419
万盛区	418	6973	115	1190	1857
双桥区	176	1622	39	207	307
渝北区	1004	28614	1077	3742	7315
巴南区	1010	19027	637	2873	5693
黔江区	620	14825	411	2406	3595
长寿区	809	17058	442	3221	5627
綦江县	965	19167	437	2912	6637
潼南县	760	16600	378	2433	5723
铜梁县	1284	18243	386	2496	5824
大足县	963	19174	471	2417	5070
荣昌县	836	15093	399	2277	5824
璧山县	740	13451	309	2226	4568
梁平县	951	17354	288	2716	5820
城口县	520	6584	203	967	1435
丰都县	1059	15473	399	2752	3873
垫江县	728	16444	430	2950	4837
武隆县	636	11161	168	1370	2974
忠　县	1188	19907	367	2794	7078
开　县	1301	25414	476	4479	8518
云阳县	1230	19373	339	3258	6180
奉节县	796	16833	204	2754	5552
巫山县	726	11550	219	1783	2931
巫溪县	999	11419	164	1920	3616
石柱县	614	11357	247	1516	3400
秀山县	590	12331	161	1557	4307
酉阳县	662	14730	189	1952	5087
彭水县	784	12818	327	2135	3522
江津市	1059	24819	703	3738	7644
合川市	1589	27698	882	3977	7349
永川市	983	27806	1194	4423	6955
南川市	738	15115	460	2428	4414

3-6-8 按行业、专业技术职称分组的行政事业法人单位从业人数

单位：个、人

指标名称	单位数	从业人数	#高级技术职称	#中级技术职称	#初级技术职称
合 计	**35879**	**795778**	**34180**	**130292**	**212774**
交通运输、仓储和邮政业	**8**	**134**			**7**
仓储业	8	134			7
信息传输、计算机服务和软件业	**69**	**2383**	**152**	**245**	**468**
电信和其他信息传输服务业	41	2194	143	225	431
计算机服务业	22	106	5	12	18
软件业	6	83	4	8	19
金融业	**39**	**1886**	**58**	**620**	**652**
银行业	34	1799	48	586	637
证券业	1	29	5	13	1
保险业	1	38	5	16	12
其他金融活动	3	20		5	2
租赁和商务服务业	**716**	**9040**	**331**	**859**	**694**
租赁业	4	20			
商务服务业	712	9020	331	859	694
科学研究、技术服务和地质勘查业	**1496**	**26054**	**2227**	**4821**	**6792**
研究与试验发展	81	5896	1000	1267	996
专业技术服务业	405	7055	732	1572	1627
科技交流和推广服务业	990	10271	368	1547	3687
地质勘查业	20	2832	127	435	482
水利、环境和公共设施管理业	**607**	**21792**	**219**	**1047**	**1594**
水利管理业	301	4339	76	419	728
环境管理业	133	10435	72	234	208
公共设施管理业	173	7018	71	394	658
居民服务和其他服务业	**164**	**2317**	**34**	**88**	**114**
居民服务业	129	1970	20	65	96
其他服务业	35	347	14	23	18
教育	**6236**	**319786**	**20873**	**87355**	**135416**
教育	6236	319786	20873	87355	135416
卫生、社会保障和社会福利业	**2955**	**92762**	**4412**	**16190**	**44366**
卫生	2393	88373	4387	16009	43942
社会保障业	132	1255	10	96	208
社会福利业	430	3134	15	85	216
文化、体育和娱乐业	**543**	**15067**	**866**	**2261**	**2291**
新闻出版业	54	6753	227	817	743
广播、电视、电影和音像业	146	2667	99	366	452
文化艺术业	283	5010	514	1032	1067
体育	48	515	26	46	29
娱乐业	12	122			
公共管理和社会组织	**23046**	**304557**	**5008**	**16806**	**20380**
中国共产党机关	782	10283	81	193	107
国家机构	7576	205836	3024	13337	17360
人民政协和民主党派	119	1498	31	38	12
群众团体、社会团体和宗教组织	2469	24704	1771	2518	1573
基层群众自治组织	12100	62236	101	720	1328

3-6-9 按登记注册类型、专业技术职称分组的行政事业法人单位从业人数

单位：个、人

指标名称	单位数	从业人数	#高级技术职称	#中级技术职称	#初级技术职称
合 计	**35879**	**795778**	**34180**	**130292**	**212774**
内资	**35863**	**794785**	**34080**	**130143**	**212586**
国有	18472	658214	29890	120644	195070
集体	1356	22613	409	2136	10038
股份合作	43	1692	164	319	217
联营	39	753	61	74	31
国有联营	1	5			
集体联营	18	281	21	19	21
国有与集体联营	9	220	9	24	2
其他联营	11	247	31	31	8
有限责任公司	21	773	55	90	81
国有独资公司	12	614	41	65	69
其他有限责任公司	9	159	14	25	12
股份有限公司	2	39	9	10	
私营	1100	12813	733	1471	1665
私营独资	816	8327	471	934	1142
私营合伙	263	4187	242	503	490
私营有限责任公司	14	226	20	32	31
私营股份有限公司	7	73		2	2
其他	14830	97888	2759	5399	5484
港、澳、台商投资	**14**	**415**	**21**	**59**	**55**
合资经营(港或澳、台资)	8	300	20	58	52
合作经营(港或澳、台资)	1	9			
港、澳、台商独资经营	5	106	1	1	3
外商投资	**2**	**578**	**79**	**90**	**133**
中外合资经营	1	573	77	89	132
中外合作经营	1	5	2	1	1

3-6-10 按地区、技术等级分组的行政事业法人单位从业人数

单位：个、人

指标名称	单位数	从业人数	#高级技师	#技师	#高级工	#中级工
合　计	**35879**	**795778**	**1307**	**1698**	**24184**	**25617**
万州区	2227	44448	170	65	1721	1409
涪陵区	1585	34056	17	53	815	1501
渝中区	1321	71183	104	158	3639	2880
大渡口区	353	6664	7	8	142	154
江北区	655	22291	19	58	765	614
沙坪坝区	864	32908	56	68	1877	1153
九龙坡区	812	28164	38	77	1053	917
南岸区	618	26144	88	59	1354	1228
北碚区	706	21887	7	48	1399	798
万盛区	418	6973	9	14	176	203
双桥区	176	1622		5	31	60
渝北区	1004	28614	129	168	731	884
巴南区	1010	19027	10	46	564	660
黔江区	620	14825	11	21	200	501
长寿区	809	17058	9	13	493	648
綦江县	965	19167	29	22	531	611
潼南县	760	16600	25	27	551	815
铜梁县	1284	18243	7	48	274	305
大足县	963	19174	20	20	264	432
荣昌县	836	15093	38	28	320	348
璧山县	740	13451	52	34	423	508
梁平县	951	17354	19	25	599	869
城口县	520	6584	3	8	133	175
丰都县	1059	15473	20	85	370	474
垫江县	728	16444	97	61	486	525
武隆县	636	11161	42	8	233	394
忠　县	1188	19907	40	66	510	687
开　县	1301	25414	18	61	360	414
云阳县	1230	19373	19	51	336	478
奉节县	796	16833	6	21	277	265
巫山县	726	11550	49	8	217	326
巫溪县	999	11419	5	12	137	147
石柱县	614	11357	15	15	154	189
秀山县	590	12331	1	8	266	384
酉阳县	662	14730	32	12	445	635
彭水县	784	12818	10	6	209	278
江津市	1059	24819	13	56	589	506
合川市	1589	27698	27	77	666	834
永川市	983	27806	30	52	624	809
南川市	738	15115	16	26	250	599

3-6-11 按行业、技术等级分组的行政事业法人单位从业人数

单位：个、人

指标名称	单位数	从业人数	#高级技师	#技师	#高级工	#中级工
合　计	**35879**	**795778**	**1307**	**1698**	**24184**	**25617**
交通运输、仓储和邮政业	**8**	**134**		**4**	**39**	**14**
仓储业	8	134		4	39	14
信息传输、计算机服务和软件业	**69**	**2383**	**3**	**4**	**64**	**121**
电信和其他信息传输服务业	41	2194	2	2	63	110
计算机服务业	22	106				
软件业	6	83	1	2	1	11
金融业	**39**	**1886**	**4**	**6**	**44**	**9**
银行业	34	1799	4	3	40	6
证券业	1	29				
保险业	1	38				
其他金融活动	3	20		3	4	3
租赁和商务服务业	**716**	**9040**	**41**	**24**	**336**	**239**
租赁业	4	20				
商务服务业	712	9020	41	24	336	239
科学研究、技术服务和地质勘查业	**1496**	**26054**	**55**	**182**	**1900**	**2269**
研究与试验发展	81	5896	9	74	706	676
专业技术服务业	405	7055	18	26	377	514
科技交流和推广服务业	990	10271	28	80	411	730
地质勘查业	20	2832		2	406	349
水利、环境和公共设施管理业	**607**	**21792**	**6**	**84**	**2242**	**2393**
水利管理业	301	4339	6	28	425	549
环境管理业	133	10435		4	535	691
公共设施管理业	173	7018		52	1282	1153
居民服务和其他服务业	**164**	**2317**	**3**	**8**	**117**	**124**
居民服务业	129	1970		7	99	106
其他服务业	35	347	3	1	18	18
教育	**6236**	**319786**	**758**	**471**	**8597**	**6366**
教育	6236	319786	758	471	8597	6366
卫生、社会保障和社会福利业	**2955**	**92762**	**168**	**219**	**2319**	**3787**
卫生	2393	88373	166	212	1972	3480
社会保障业	132	1255		3	44	58
社会福利业	430	3134	2	4	303	249
文化、体育和娱乐业	**543**	**15067**	**38**	**35**	**675**	**865**
新闻出版业	54	6753	1	1	287	255
广播、电视、电影和音像业	146	2667	10	20	105	271
文化艺术业	283	5010	27	14	248	319
体育	48	515			34	20
娱乐业	12	122			1	
公共管理和社会组织	**23046**	**304557**	**231**	**661**	**7851**	**9430**
中国共产党机关	782	10283	4	53	346	235
国家机构	7576	205836	156	386	7116	8671
人民政协和民主党派	119	1498		8	63	53
群众团体、社会团体和宗教组织	2469	24704	50	95	308	357
基层群众自治组织	12100	62236	21	119	18	114

3-6-12 按登记注册类型、技术等级分组的行政事业法人单位从业人数

单位：个、人

指标名称	单位数	从业人数	#高级技师	#技师	#高级工	#中级工
合 计	**35879**	**795778**	**1307**	**1698**	**24184**	**25617**
内资	**35863**	**794785**	**1281**	**1667**	**24164**	**25589**
国有	18472	658214	1012	1115	23044	23653
集体	1356	22613	57	153	335	850
股份合作	43	1692	29	34	16	10
联营	39	753	7	4	25	21
国有联营	1	5				
集体联营	18	281			20	
国有与集体联营	9	220	7	4	5	21
其他联营	11	247				
有限责任公司	21	773			97	42
国有独资公司	12	614			96	40
其他有限责任公司	9	159			1	2
股份有限公司	2	39				
私营	1100	12813	72	99	111	193
私营独资	816	8327	49	71	104	157
私营合伙	263	4187	21	24	6	31
私营有限责任公司	14	226	2	2		4
私营股份有限公司	7	73		2	1	1
其他	14830	97888	104	262	536	820
港、澳、台商投资	**14**	**415**	**1**		**1**	
合资经营(港或澳、台资)	8	300	1		1	
合作经营(港或澳、台资)	1	9				
港、澳、台商独资经营	5	106				
外商投资	**2**	**578**	**25**	**31**	**19**	**28**
中外合资经营	1	573	25	31	19	28
中外合作经营	1	5				

附　录

指标解释

指标解释

法人单位

法人单位 是指依法成立，有自己的名称组织机构和场所，能够独立承担民事责任；独立拥有和使用（或授权使用）资产，承担负债，有权与其他单位签订合同；会计上独立核算，能够编制资产负债表。

法人单位所属的产业活动单位（简称产业活动单位） 是指在一个场所从事一种或主要从事一种社会经济活动；相对独立组织生产经营或业务活动；能够掌握收入和支出等业务核算资料。

单产业法人 是指法人单位只位于一个场所并主要从事一种社会经济活动，称为单产业法人。单产业法人本身也是一个产业活动单位。

多产业法人 是指法人单位从事多种经济活动，或者位于多个地点，称为多产业法人。多产业法人由两个或两个以上产业活动单位组成。

从业人数 是指在本单位工作并取得劳动报酬或经营收入的年末实有人员数。从业人员包括在各单位工作的外方人员和港澳台方人员兼职人员再就业的离退休人员民办教师借用的外单位人员和第二职业者，但不包括离开本单位仍保留劳动关系的职工。

行业分类 本资料行业分类采用的是《国民经济行业分类》（GB/T4754--2002）标准。

三次产业 是指（1）第一产业：是指农、林、牧、渔业，行业代码为01-05。（2）第二产业：是指采矿业，制造业，电力、燃气及水的生产和供应业，建筑业，行业代码为06-50。（3）第三产业：是指除第一、二产业以外的其他行业。包括：交通运输、仓储和邮政业，信息传输、计算机服务和软件业，批发和零售业，住宿和餐饮业，金融业，房地产业，租赁和商务服务业，科学研究、技术服务和地质勘查业，水利、环境和公共设施管理业，居民服务和其他服务业，教育，卫生、社会保障和社会福利业，文化、体育和娱乐业，公共管理和社会组织，国际组织，行业代码为51-98。

登记注册类型 指工商行政管理部门对企业（单位）登记注册的类型分为以下几种：

国有企业 是指企业全部资产归国家所有，并按《中华人民共和国企业法人登记管理条例》规定登记注册的非公司制的经济组织。不包括有限责任公司中的国有独资公司。

集体企业 是指企业资产归集体所有，并按《中华人民共和国企业法人登记管理条例》规定登记注册的经济组织。

股份合作企业 是指以合作制为基础，由企业职工共同出资入股，吸收一定比例的社会资产投资组建，实行自主经营，自负盈亏，共同劳动，民主管理，按劳分配与按股分红相结合的一种集体经济组织。

联营企业 是指两个及两个以上相同或不同所有制性质的企业法人或事业单位法人，按自愿平等互利的原则，共同投资组成的经济组织。联营企业包括国有联营企业集体联营企业国有与集体联营企业和其他联营企业。

有限责任公司 是指根据《中华人民共和国公司登记管理条例》规定登记注册，由两个以上，五十个以下的股东共同出资，每个股东以其所认缴的出资额对公司承担有限责任，公司以其全部资产对其债务承担责任的经济组织。有限责任公司分为国有独资公司以及其他有限责任公司。

股份有限公司 是指根据《中华人民共和国公司登记管理条例》规定登记注册，其全部注册资本由等额股份构成并通过发行股票筹集资本，股东以其认购的股份对公司承担有限责任，公司以其全部资产对其债务承担责任的经济组织。

私营独资企业 是指按《私营企业暂行条例》的规定，由一名自然人投资经营，以雇佣劳动为基础，投资者对企业债务承担无限责任的企业。

私营合伙企业 是指按《合伙企业法》或《私营企业暂行条例》的规定，由两个以上自然人按照协议共同投资共同经营共负盈亏，以雇佣劳动为基础，对债务承担无限责任的企业。

私营有限责任公司 是指按《公司法》《私营企业暂行条例》的规定，由两个以上自然人投资或由单个自然人控股的有限责任公司。

私营股份有限公司 是指按《公司法》的规定，由五个以上自然人投资，或由单个自然人控股的股份有限公司。

其他内资企业 是指上述各条之外的其他内资经济组织。

与港澳台商合资经营企业 是指港澳台地区投资者与内地的企业依照《中华人民共和国中外合资经营企业法》及有关法律的规定，按合同规定的比例投资设立，分享利润和分担风险的企业。

与港澳台商合作经营企业 是指港澳台地区投资者与内地企业依照《中华人民共和国中外合作经营企业法》及有关法律的规定，依照合作合同的约定进行投资或提供条件设立，分配利润分担风险和亏损的企业。

港澳台商独资经营企业 是指依照《中华人民共和国外资企业法》及有关法律的规定，在内地设立的由港澳台地区投资者在内地全额投资设立的企业。

港澳台商投资股份有限公司 是指根据国家有关规定，经外经贸部批准设立，并且其中港澳台商的股本占公司注册资本的比例达25%以上的股份有限公司。凡其中港澳台商的股本占公司注册资本的比例小于 25%的，属于内资中的股份有限公司。

中外合资经营企业 是指外国企业或外国人与中国内地企业依照《中华人民共和国中外合资经营企业法》及有关法律的规定，按合同规定的比例投资设立，分享利润和分担风险的企业。

中外合作经营企业 是指外国企业或外国人与中国内地企业依照《中华人民共和国中外合作经营企业法》及有关法律的规定，依照合作合同的约定进行投资或提供条件设立，分配利润分担风险和亏损的企业。

外资企业 是指依照《中华人民共和国外资企业法》及有关法律的规定，在中国内地设立的由外国投资者全额投资设立的企业。

外商投资股份有限公司 是指根据国家有关规定，经外经贸部批准设立，并且其中外资的股本占公司注册资本的比例达25%以上的股份有限公司。凡其中外资股本占公司注册资本的比例小于25%的，属于内资中的股份有限公司。

国有绝对控股 是指在企业的全部资本中，国家资本(股本)所占的比例大于50%的企业。

国有相对控股(含协议控制) 是指在企业的全部资本中，国家资本(股本)所占的比例虽未大于50%，但相对大于企业中的其他经济成分所占比例的企业(相对控制)；或者虽不大于其他经济成分，但根据协议规定，由国家拥有实际控制权的企业(协议控制)。

资产总计 是指指企业拥有或控制的能以货币计量的经济资源，包括各种财产债权和其他权利。

全年营业收入 是指企业（单位）全年生产经营活动中通过销售商品产品或提供劳务等取得的收入。

个体经营户

从业人数 指参加经营活动的所有人员，包括户主参加经营活动的家庭成员帮手和学徒。

雇员人数 指个体经营户外雇并支付劳动报酬的从业人员数。

营业支出 指个体经营户在生产经营活动中，为生产经营活动正常进行的全部支出。包括支付给雇员的报酬向政府机构或管理部门缴纳的各种税和各种管理费用以及生产成本等。为经营而租用的房屋和场地的费用水电气费以及为雇员提供的工作服等。

雇员报酬 指个体经营户的户主或管理者向所雇用的人员支出的各种报酬。包括工资奖金；户主提供的雇员伙食费用支出；户主提供的雇员房租等。不包括个体经营户主的报酬。

缴纳税费 指个体经营户向政府机构或管理部门缴纳的各种税和各种管理费用。

营业收入 指个体经营户在生产经营活动中通过销售商品生产产品或提供劳务活动等取得的全部收入。各行业之间存在一定的差异，这就要根据不同的行业要求来进行调查填报。

工业营业收入 是指产品销售收入，包括销售产成品及自制半成品收入和对外加工费收入。

建筑业营业收入 是指与生产经营直接有关的各

项收入，包括工程结算收入与其他业务收入。

交通运输业营业收入　是指经营旅客货物运输业务所发生的运输收入装卸收入，经营仓库堆场业务发生的堆存收入，经营各种代理业务发生的代理收入，海河港口单位的港务管理收入。

批发零售业营业收入　是指商品销售收入。

住宿和餐饮业营业收入　是指在经营活动中因提供服务或销售商品等取得的收入，包括客房收入餐费收入商品销售收入和其他收入。

房地产业经营收入　是指企业对外转让销售结算和出租开发产品所取得的全部经营收入。

仓储业，租赁和商务服务业，教育业，卫生和福利业，居民服务业，文化体育和娱乐业，信息传输计算机服务和软件业，其他服务业营业收入　是指提供服务活动实现的收入。不包括代收代支收入。

固定资产原价　指个体经营户为了其生产经营活动的正常进行而购建的房屋机器设备等。不包括为了经营而租用的房屋机器设备等。

工业

工业总产值　指工业企业在报告期内生产的以货币形式表现的工业最终产品和提供工业劳务活动的总价值量。

工业销售产值(当年价格)　是以货币形式表现的，工业企业在报告期内销售的本企业生产的工业产品或提供工业性劳务价值的总价值量。

出口交货值　指工业企业交给外贸部门或自营(委托)出口(包括销往香港澳门台湾)，用外汇价格结算的产品价值，以及外商来样来料加工来件装配和补偿贸易等生产的产品价值。

从业人员劳动报酬　指在报告期内支付给本单位从业人员的全部劳动报酬，包括工资福利费奖金津贴及各种补助。

本年生产量　指工业企业在一定时期内生产的并符合产品质量要求的实物数量。

本年销售量　指报告期内工业企业实际销售的由本企业生产(包括上期生产和本期生产)的工业产品的实物数量。

产品库存量　指在某一时点上，尚存在企业产成品仓库中暂未售出的产品的实物数量。

流动资产合计　指企业可以在一年内或者超过一年的一个生产周期内变现或者耗用的资产，包括现金及各种存款短期投资，应收及预付款项存货等。

应收帐款　指企业因销售商品产品提供劳务等，应向购货单位或接受劳务单位收取款项。

存货　指企业在生产经营过程中为销售或耗用而储备的各种资产，包括原材料周转材料包装物低值易耗品在产品自制半成品产成品等。

产成品　指企业报告期末已经加工生产并完成全部生产过程，可以对外销售的产品。

流动资产年平均余额　指企业在报告期内全部流动资产的平均余额。

长期投资　指不准备在一年内变现的投资。包括在一年以上的有价证券以及超过一年的其他投资。

固定资产合计　指企业使用期限超过一年的房屋建筑物机器机械运输工具以及其他与生产经营有关的设备器具工具等。

固定资产原价　指企业在建造购置安装改建扩建技术改造某项固定资产时所支出的全部货币总额。

生产经营用固定资产　指直接服务于企业生产经营过程的各种固定资产，包括生产经营用的房屋建筑物机器设备器具工具等。

累计折旧折旧　指对固定资产由于磨损和损耗而转移到产品中去的那一部分价值的补偿。累计折旧指企业在报告期末提取的历年固定资产折旧累计数。

本年折旧　指企业在报告年度内提取的固定资产折旧合计数。

固定资产净值年平均余额　固定资产净值指固定资产原价减去累计折旧后的净额，其平均余额指报告期内余额的平均数。

无形资产　指企业长期使用而没有实物形态的资产，包括专利权非专利技术商标权著作权土地使用权商誉等。

资产总计　指企业拥有或控制的能以货币计量的经济资源，包括各种财产债权和其他权利。

流动负债合计　指企业在一年内或超过一年的一

个营业周期内需要偿还的债务，包括短期借款应付票据应付帐款预收帐款应付工资应交税金应付利润预提费用等。

应付帐款 指企业因购买商品材料物资和接受劳务供应等而应付给供应单位的款项。

长期负债合计 指企业偿还期在一年以上或者超过一年的一个营业周期以上的债务，包括长期借款长期应付款应付债券等。

负债合计 指企业所承担的能以货币计量，将以资产或劳务偿付的债务，偿还形式包括货币资产或提供劳务。负债一般按偿还期长短分为流动负债和长期负债。

所有者权益合计 指企业投资人对企业净资产的所有权。企业净资产为企业全部资产与企业全部负债的差额，包括实收资本资本公积盈余公积未分配利润等。

实收资本 指企业投资者实际投入的资本(或股本)，包括货币实物无形资产等各种形式的投入。实收资本按投资主体可分为国家资本集体资本法人资本个人资本港澳台资本和外商资本。

国家资本 指有权代表国家投资的政府部门或机构直属事业单位对企业形成的资本金。

集体资本 指由本企业职工等自然人集体投资或各种机构对企业进行扶持形成的集体性质的资本金。

法人资本 指法人以其依法可支配的资产投入企业形成的资本金。

个人资本 指自然人实际投入企业的资本金。

港澳台资本 指我国香港澳门和台湾地区投资者实际投入企业的资本金。

外商资本 指外国投资者实际投入企业的资本金。

主营业务收入 指企业销售产品和提供劳务等经营业务取得的收入。

主营业务成本 指企业在销售产品和提供劳务等主要经营业务过程中的实际成本。

主营业务税金及附加 指企业销售产品和提供劳务应负担的城市维护建设税消费税资源税和教育费附加。

其他业务收入 指企业除销售产品和提供劳务等主要经营业务以外的其他业务收入。

其他业务利润 指企业除销售产品和提供劳务等主要经营业务以外的其他业务收入扣除其他业务成本费用和税金后的利润。

营业费用 指企业在销售产品和提供劳务等主要经营业务过程中所发生的各项费用以及专设销售机构的各项费用。

管理费用 指企业行政管理部门为组织和管理生产经营活动而发生的各项费用。

税金 指企业按规定从管理费用中支付的各种税金，包括房产税土地使用税车船使用税印花税等。

财产保险费 指企业向保险公司投保所支付的财产保险费用。

职工教育费 指按职工工资总额的1.5%计提，并实际用于职工培训学习的费用。

财务费用 指企业为筹集生产经营所需资金等而发生的费用，包括利息支出汇兑损失以及相关的金融机构手续费等。

利息支出 指企业在生产经营期间利息支出扣除利息收入后的净额。

营业利润 指企业从事生产经营活动所产生的利润，即主营业务利润加其他业务利润扣除管理费用财务费用后的净额。

投资收益 是指企业以各种方式对外投资所取得的收益。

补贴收入 指企业实际收到的补贴收入，包括实际收到的先征后返的增值税；企业按销量或工作量等，依据国家规定的补助定额计算并按期给予的定额补贴。

利润总额 指企业在生产经营过程中各种收入扣除各种耗费后的盈余，反映企业在报告期内实现的亏盈总额，包括营业利润补贴收入投资净收益和营业外收支净额。

应交所得税 指企业按税法规定，应从生产经营等活动的所得中交纳的税金。

广告费 指企业为扩大本企业商品的销售而支付的用于广告制作播出等的费用。

劳动失业保险费 指企业向社会保障部门和保险公司为本单位职工支付的劳动保险失业保险的费用。

养老保险和医疗保险费养老保险和医疗保险 是指企业按照国家和地方有关规定，以职工工资总额为基数，按企业缴费比例为职工交纳的基本养老保险和医疗保险，不包括为个人代扣代交的部分。

住房公积金和住房补贴 指企业行政事业单位为职工交纳的住房公积金。

本年应付工资总额 指企业在报告期内应支付给职工的全部劳动报酬，它反映企业本期累计提取的应付工资总额，而不是会计“应付工资”科目的余额。

主营业务应付工资总额 指报告期内企业应付给与主营业务直接有关人员的工资。

本年应付福利费总额 指企业在报告期内累计提取的福利费总额。

主营业务应付福利费总额 指报告期内企业应付给与主营业务直接有关人员福利费。

本年应交增值税 指企业按税法规定，从事货物销售或提供加工修理修配劳务等增加货物价值的活动本期应交纳的税金。

工业中间投入合计 指工业企业在报告期内用于工业生产活动所一次性消耗的外购原材料燃料动力及其他实物产品和对外支付的服务费用。

全部从业人员年平均人数 指年内各月平均拥有的从业人员人数。

原材料本年购进量 是指工业企业本年外购的用于企业消费的原材料数量。

原材料本年消费量 指工业企业在报告期内实际消费的原材料数量。

工业生产消费的原材料 指工业企业从事工业生产所使用的原材料。

原材料库存量 指工业企业用于消费的在报告期的某时间点(年初或年末)所拥有的原材料数量，不包括本企业的产成品库存。

钢材重复轧制 指已经进入流通和使用领域的成品钢材，又根据需要，对其现有的规格型号重新进行改制，如大改小厚改薄，粗改细等。

原木直接消费 指原木直接投入使用以及在原木投入使用的过程中，有锯材产生，但是锯材不办理入库手续，又投入下一道工序使用的原木。

原木加工锯材消费 指生产方木板材等形状的锯材所消费的原木。

规模以上工业科技

科技活动 指在自然科学农业科学医药科学工程与技术科学人文与社会科学领域(简称科学技术领域)中与科技知识的产生发展传播和应用密切相关的有组织的活动。为核算科技投入的需要，科技活动可分为研究与试验发展(R&D)研究与试验发展成果应用及相关的科技服务三类活动。本报告年度内，工业企业的科技活动只统计研究与试验发展(R&D)及其成果应用两类活动，即通常讲的技术开发活动。

研究与试验发展(R&D) 指在科学技术领域，为增加知识总量以及运用这些知识去创造新的应用进行的系统的创造性的活动，包括基础研究应用研究和试验发展三类活动。在工业企业开展的研究与试验发展(R&D)活动中，较为普遍的和大量的活动属于试验发展活动。

科技项目 指企业有组织地从事科研和技术开发活动的专项工作。包括企业在报告年度当年立项并开展研制工作以前年份立项仍继续进行研制的科技项目，以及当年完成和年内研制工作已告失败的科技项目，但不包括委托外单位进行研制的科技项目。

试验发展 指利用从基础研究应用研究和实际经验所获得的现有知识，为产生新的产品材料和装置，建立新的工艺系统和服务，以及对已产生和建立的上述各项做实质性的改进而进行的系统性工作，其成果形式主要是专利专有技术新产品原型或样机样件等。

本年度项目经费内部支出 指本年度在本企业内部开展科技项目活动的经费支出，不包括委托研制或合作研制而支付外单位的经费。

科技活动人员 指工业企业在报告年度直接从事或参与科技活动的人员，包括参加科技项目人员从事科技活动管理和为科技活动提供直接服务的人员。科技活动人员不包括全年累计从事科技活动时间不足制度工作时间 10%的人员。

参加科技项目人员 指编入各类科技活动项目组并从事(或参与)项目研究活动的人员。该指标应取自项目一览表中本年度参加项目人员合计。

科技管理和服务人员 指企业中专门从事科技活动管理和为科技活动提供直接服务的人员，但不包括累计从事科技活动的时间占制度工作时间 10%以下的人员。科技管理人员包括工业企业主管科技工作的负责人，企业科技管理部门(科研管理处部科等)的工作人员以及技术中心科研院所中试车间试验基地实验室等机构内的管理人员。为科技活动提供直接服务的人员包括直接为科技活动提供资料文献材料供应设备维护等服务的人员(含中试车间试验基地的工人)，不包括为科技活动提供间接服务的保卫医疗保健司机食堂人员茶炉工水暖工清洁工等人员。

科技活动经费筹集总额 指企业在报告年度从各种渠道筹集到的计划用于科技活动的经费，包括企业资金金融机构贷款政府资金国外资金其他资金等。

企业资金 指报告年度本企业从自有资金中提取或接受在国内注册的其他企业委托获得的计划用于科技活动的经费。

金融机构贷款 指企业从各类金融机构获得的用于科技活动的贷款。

政府资金 指企业从各级政府部门获得的计划用于科技活动的经费，包括科技专项费科研基建费政府专项基金等。

企业内部开展科技活动经费支出 指企业在报告年度用于内部开展科技活动实际支出的费用，包括外协加工费。不包括委托研制或合作研制而支付给外单位的经费。

劳务费(含工资) 指以货币或实物形式直接或间接支付给科技活动人员的劳动报酬及各种补贴，包括各种形式的工资补助工资津贴价格补贴住房补贴奖金福利失业保险养老保险医疗保险工伤保险人民助学金等。为科技活动提供间接服务人员的劳务费计入其他支出。

研究与试验发展(R&D)经费支出 指报告年度在企业科技活动经费内部支出中用于基础研究应用研究和试验发展三类项目以及这三类项目的管理和服务的费用支出。不论何种经费来源，只要实际用于上述三类项目的经费支出都应计算在内。

新产品开发经费支出 指报告年度内在企业科技活动经费内部支出中用于新产品研究开发的经费支出。包括新产品的研究设计模型研制测试试验等费用支出。

对研究院所和高等学校的支出 指报告年度内企业委托或与国内独立研究院所或高等学校合作开展科技活动而支付予其的经费。

对其他企业支出 指报告年度内企业委托或与国内其他企业合作开展科技活动而支付予其的经费。

全部科技项目数 指企业在报告年度当年立项并开展研制工作以前年份立项仍继续进行研制的科技项目数，包括当年完成和年内研制工作已告失败的科技项目，但不包括委托外单位进行研制的科技项目。

新产品开发项目数 指企业在报告年度进行的全部科技项目中，属于新产品研制开发的项目数。

研究与试验发展项目数 指企业在报告年度进行的全部科技项目中，属于研究与试验发展的项目数。

全部科技项目经费内部支出合计 指报告年度本企业内部进行的全部科技项目的经费支出总额。包括外协加工费，但不包括因委托或与外单位合作而支付给对方的经费，也不包括企业科技管理部门的费用和用于科研目的基建支出，以及为科技活动提供间接服务人员的费用等。

企业办科技机构 是指企业自办或与外单位合办，管理上同生产系统相对独立或者单独核算的专门科技活动机构，如企业开办的技术中心研究院所开发中心开发部实验室中试车间试验基地等。

机构科技活动人员 指企业办科技机构中从事科技活动的人员数合计，应等于机构中从业人员数扣除为科技活动提供间接服务的人员(如保卫医疗保健司机食堂人员茶炉工水暖工清洁工等)以及全年从事科技活动时间不足全部工作时间 10%的人员。

机构内部开展科技活动经费支出 指报告年度内企业办科技机构内部用于开展科技活动的经费支出。包括科技机构人员劳务费(含工资)支出业务费支出管理费支出固定资产购建费及其他维持科技机构正常运转的日常费用等的支出总和。

仪器设备原价 指在报告年末企业办科技机构拥有的用于科研和技术开发活动的各种仪器设备原价总和。

新产品产值 是指采用新技术原理新设计构思研制生产的全新产品，或在结构材质工艺等某一方面比原有产品有明显改进，从而显著提高了产品性能或扩大了使用功能的产品。

新产品销售收入 指报告年度本企业销售新产品实现的销售收入。

新产品出口收入 指报告年度本企业将新产品出售给外贸部门和直接出售给外商所实现的销售收入。

专利申请数 指企业在报告年度内向专利行政部门提出专利申请并被受理的件数。

发明专利申请数 指企业在报告年度内向专利行政部门提出发明专利申请并被受理的件数。

拥有发明专利数 指企业作为专利权人在报告年度拥有的经国内外专利行政部门授权且在有效期内的发明专利件数。

技术改造经费支出 指本企业在报告年度进行技术改造而发生的费用支出。

引进技术的消化吸收经费支出 指本企业在报告年度对国外引进项目进行消化吸收所支付的经费。包括人员培训费测绘费参加消化吸收人员的工资工装工艺开发费必备的设备费翻版费等。

购买国内技术经费支出 指本企业在报告年度购买国内其他单位科技成果的经费支出。包括购买产品设计工艺流程图纸配方专利技术诀窍及关键设备的费用支出。

当年用于科研的基建经费支出 指企业在报告年度为改善科研条件，提高研制开发能力，使用基本建设资金技措技改等资金进行新建改建扩建购置安装科研用固定资产以及进行科研设备改造及大修理等的实际支出。

建筑业

签订的合同额 指建筑业企业在报告期直接同建设单位签订合同的总价款和以前年度同建设单位签定合同的未完工程跨入本年度继续施工工程合同的总价款余额。

上年结转合同额 指以前年度同建设单位签订合同的未完工程跨入本年度继续施工工程合同的总价款余额。

本年新签合同额 指建筑业企业在报告期内同建设单位直接新签订的各种国内工程合同的总价款，不包括与其他建筑业企业新签的分包合同额。

直接从建设单位承揽工程完成的产值 指总承包企业或专业承包企业直接与建设单位(业主)签订的承包合同(包括报告期及以往年度签订的合同，不包括无效合同和中途解除的合同)，在报告期内完成的工程总值。包括企业向其他专业承包企业或劳务分包企业分包出去的工程所完成产值，还包括分包企业缴纳的管理费。

自行完成施工产值 指总承包企业或专业承包企业直接与建设单位(业主)签订的总承包合同或专业承包合同中，自行完成的工程总值。包括总承包企业和专业承包企业自行完成的工作量和分包企业缴纳的管理费。

分包出去工程的产值 指专业承包企业或劳务分包企业与总承包企业或专业承包企业签订的专业承包或劳务分包合同中在报告期所完成的产值。分包企业如果是一个独立核算的经济实体，其完成的产量产值，不包括在总承包企业或专业承包企业自行完成产值中。

从建设单位以外承揽工程完成的产值 指总承包企业或专业承包企业从其他总承包企业或专业承包企业处承揽工程而完成的产值。不包括总承包企业或专业承包企业从建设单位承揽工程中自行完成的产值和分包企业缴纳的管理费。

建筑业总产值 是以货币表现的建筑业企业在一定时期内生产的建筑业产品和服务的总和。建筑业总产值包括建筑工程产值安装工程产值和其他产值三部分内容。

装饰装修产值 包括装饰装修两部分产值。装修装饰指对新旧房屋及建筑物进行的内外装修装饰；对新建房屋及建筑物经过施工后，尚未完全达到使用标准，而进行的二次装修装饰；以及对原有房屋经使用若干年后进行的二次内外装饰。

在外省完成的产值 指建筑业企业在其他省份施工所完成的建筑业产值。

竣工产值一般 是以单位工程为对象，当该工程按照设计所规定的工程内容全部完成，达到了设计规定的交工条件，经有关部门检查验收鉴定合格的单位工程价值，即为竣工产值。

房屋建筑施工面积 指报告期内施过工的全部房屋建筑面积，它包括本期新开工的面积上期跨入本期继续施工的房屋面积上期停缓建在本期恢复施工的房屋面积本期竣工的房屋面积以及本期施工后又停缓建的房屋面积。

房屋新开工面积 指在报告期内新开工的各个房屋单位工程的建筑面积之和。它不包括在上期开工跨入报告期继续施工的房屋建筑面积和上期停缓建而在本期复工的建筑面积。

实行投标承包面积 是指报告期内建筑施工企业经过投标招标而承担的全部房屋建筑面积。

房屋建筑竣工面积 指在报告期内房屋建筑按照设计要求已全部完工，达到了使用条件，经检查验收鉴定合格的房屋建筑面积。

竣工房屋价值 指在报告期内按规定已经上报竣工的房屋本身的建造价值。一般按房屋设计和预算规定的内容计算。

年末自有施工机械设备净值 指本企业(或单位)自有施工机械设备经过使用磨损后实际存在的价值，即原值减去折旧后的净额。

年末自有施工机械设备总台数 指年末本企业(或单位)自有的直接用于工程施工的各种机械设备的台数。但不包括附属辅助生产机械设备运输机械设备生产试验机械设备的台数。

年末自有施工机械设备总功率 指年末本企业(或单位)自有的直接用于工程施工的各种机械设备年末总功率，按设定能力或查定能力计算。包括施工机械本身的动力和为该机械服务的单独动力设备，如电动机等。但不包括附属辅助生产机械设备运输机械设备生产试验机械设备的功率。

企业总产值 指建筑业企业在报告期内全部经济活动的最终成果的货币表现。在企业总产值中除包括建筑业总产值外,还包括建筑业企业从事其他经济活动所创造的价值(如工业产值交通运输产值商业服务业产值其他产值收入和劳务收入等)。

境外完成的营业额 指建筑业企业报告期内在国外及港澳台等区域所有经营活动的货币表现。

工程结算收入(主营业务收入) 指本企业承包工程实现的工程价款结算收入以及向发包单位收取的除工程价款以外按规定列作营业收入的各种款项，如临时设施费劳动保险费施工机构调迁费等以及向发包单位收取的各种索赔款。

工程结算成本(主营业务成本) 指在报告期内与发包单位办理工程价款结算的已完工程实际成本。

工程结算税金及附加(业务税金及附加) 指因从事建筑业生产活动，取得工程价款结算收入而按规定应该交纳的营业税城市维护建设税等以及随同营业税金一并计算交纳的教育费附加等。

工程结算利润 指已结算工程实现的利润。

其他业务收入 指企业除工程结算收入外的其他业务收入，如产品销售收入机械作业收入材料销售收入无形资产转让收入固定资产出租收入等。

其他业务利润 指企业除结算收入外的其他业务收入扣除其他业务支出(包括其他业务成本及应负担的费用税金)后的净收益(如为净支出应以“-”号表示)。

经营费用 指企业从事施工生产活动过程中发生的各项费用。包括应由企业负担的运输费装卸费包装费保险费维修费展览费差旅费广告费和其他经费。

交通运输和电信业

公路客运量 指在报告期内公路运输企业实际运送的旅客人数。

公路旅客周转量 指在报告期内实际运送的旅客人数与其相应的旅客运送距离的乘积。

公路货运量 指在报告期内由各种公路运输工具实际运送到目的地并卸完的货物重量。包括集装箱的运量(集装箱自重与所运货物重量之和)。

公路货物周转量 指在报告期内由各种公路运输工具实际完成运送过程的货物总运输量。

机动船净载重量 也称定额载重量，指船舶用于载运货物的定额吨位数。

机动船载客量 指船舶用于载运旅客的载客定额数。不包括船员自用的铺位。

水路客运量 指在报告期内实际运送的旅客人数。

水路旅客周转量 指在报告期内实际运送的每位旅客乘以航行里程的旅客总运输量。

水路货运量 指在报告期内由各种水运工具实际运送的货物数量，包括内河江海远洋货运量。集装箱的货运量为集装箱自重与所运货物重量之和，含在货运量中。

国际标准集装箱货运量 指将运载的不同箱型规格的国际集装箱(含空箱和重箱)，折合为英尺的标准箱。

水路货物周转量 指在报告期内由各种水路运输工具实际完成运送过程的货物总运输量。

码头长度 指港口用于靠泊船舶，进行货物装卸和上下旅客地段的长度。包括固定和浮动的各种形式码头的长度。但不包括各种护岸和自然岸坡的长度。

泊位数 设有系靠泊装置，可供靠泊船舶的数量。供停泊一艘船舶所备的位置，称为一个泊位。可分码头泊位和浮筒泊位。

港口货物吞吐量 指经由水路运进运出港区范围并在码头(浮筒)上经装卸的货物数量。包括邮件及办理托运手续的行李包裹，以及补给运输船舶的燃物料和淡水。货物吞吐量按重量吨统计。

批发和零售业

社会消费品零售额 指批发和零售业餐饮业新闻出版业邮政业和其他服务业等，售予城乡居民用于生活消费的商品和社会集团用于公共消费的商品之总量。

商品销售总额 指售予本企业以外的单位和个人的商品金额(含增值税)。销售总额包括零售额和批发额两部分，其中零售额包括售予居民和社会集团商品的金额；批发额包括售予生产经营单位商品的金额和出口商品的金额。

批发额 指批发零售企业单位向生产经营企业单位销售的商品金额。

零售额 指批发和零售业售予城乡居民用于生活消费和社会集团用于公共消费的商品金额。

住宿和餐饮业

营业额 指住宿和餐饮业法人单位企业产业活动单位在经营活动中因提供服务或销售商品等取得的收入。包括客房收入、餐费收入、商品销售收入和其他收入。

客房收入 指住宿和餐饮业法人单位企业产业活动单位在经营活动中因提供住宿服务取得的客房收入。

餐费收入 指住宿和餐饮业法人单位企业产业活动单位因为顾客提供就餐服务取得的收入。包括经烹饪调制加工后出售的各种食品，如主食炒菜凉拌菜等的收入。

客房数 指宾馆饭店酒店旅馆等用于或主要用于旅客就寝的房间数，不包括宾馆饭店酒店旅馆等内作其他用途的房间，如办公用房储藏室，会议室等。

床位数 指宾馆饭店酒店旅馆等供应旅客使用的床位数，不包括临时加的床位和宾馆饭店酒店旅馆等内部工作人员使用的床位。

餐位数 指住宿和餐饮业法人单位企业产业活动单位为顾客提供就餐服务时，正常可同时容纳就餐人员的餐位数量，不包括临时加的餐位。

房地产

本年完成投资 指报告年度完成的全部用于房屋建设工程土地开发工程的投资额以及公益性建筑和土地购置费等的投资。

住宅 指专供居住的房屋，包括别墅公寓职工家属宿舍和集体宿舍(包括职工单身宿舍和学生宿舍)等。但不包括住宅楼中作为人防用不住人的地下室等。

别墅高档公寓 一般指单位建筑面积造价高于当地同等地段商品住宅平均造价一倍以上的公寓或别墅，或者经有权审批房地产投资计划的审批单位审定为高档公寓别墅的房地产投资项目。

经济适用房 指根据国家经济适用房计划安排建设的住宅。由国家统一下达计划，地方政府统一组织建设；用地一般实行行政划拨的方式，免收土地出让金，对各种经批准的收费实行减半征收；出售价格实行政府指导价，按保本微利的原则确定。

办公楼 指企业事业机关团体学校医院等单位使

用的各类办公用房(又称写字楼)。

商业营业用房 指商业粮食供销饮食服务业等部门对外营业的用房，如度假村饭店商店门市部粮店书店供销店饮食店菜店加油站日杂等房屋。

其他 凡不属于上述各项用途的房屋建筑物，如中小学教学用房托儿所幼儿园图书馆体育馆等。

本年完成开发土地面积 指报告期内对土地进行开发并已完成七通一平等前期开发工程，具备进行房屋建筑物施工或出让条件的土地面积。

待开发土地面积 指经有关部门批准，通过各种方式获得土地使用权，但尚未进行开发的土地面积。

本年购置土地面积 指在本年内通过各种方式获得土地使用权的土地面积。

本年土地成交价款 指进行土地使用权交易活动的最终金额。在土地一级市场，指土地最后的划拨款和出让价；在土地二级市场指土地转让出租抵押等最后确定的合同价格。

实际销售面积 指报告期已竣工的房屋面积中已正式交付给购房者或已签订(正式)销售合同的商品房屋面积。

预售面积 指报告期末仍未竣工交付使用，但已签订预售合同的正在建设的商品房屋面积。

空置面积 指报告期末已竣工的可供销售或出租的商品房屋建筑面积中，尚未销售或出租的商品房屋建筑面积。

实际销售额 指报告期内出售房屋的总收入(即双方签署的正式买卖合同中所确定的合同总价)。

在管物业占地面积 指报告期末物业管理单位正在进行管理的物业所占用的全部土地面积。

在管房屋建筑面积 指报告期末物业管理单位正在进行管理的已竣工交付使用的全部房屋建筑面积。

房屋代理销售成交合同面积 指经房地产中介服务机构代理，并签订销售合同的商品房及以外的所有房屋的成交面积。

房屋代理销售成交合同数 指房地产中介服务机构代理销售商品房及以外的所有房屋，并签订销售合同的业务笔数。

房屋代理销售成交合同金额 指房地产中介服务机构对商品房及以外的所有房产进行销售，并签订销售合同的商品房成交金额。

房屋代理出租成交合同面积 指经房地产中介服务机构代理，并签订租赁合同的商品房及以外的所有出租房屋的总面积。

房屋代理出租成交合同数 指房地产中介服务机构代理出租商品房及以外的所有房屋，并签订租赁合同的业务笔数。

房屋代理出租成交合同金额 指房地产中介服务机构对商品房及以外的所有房产进行租赁，并签订租赁合同的商品房成交金额。

行政事业单位

上年结余 指行政事业单位结转本年的经常性结余专项结余及经营亏损。

本年收入合计 指行政事业单位从各种渠道获得的收入，包括财政拨款行政单位预算外资金上级补助收入事业收入事业单位经营收入附属单位上缴收入和其他收入。

财政拨款 指单位本年度实际收到的本级财政拨款，含一般预算拨款和基金预算拨款。

上级补助收入 指事业单位从主管部门和上级单位取得的非财政补助收入。

事业收入 指事业单位开展专业业务活动及辅助活动取得的收入。

经营收入 指事业单位在专业业务活动及辅助活动之外开展非独立核算经营活动取得的收入。

本年支出合计 指行政事业单位各项支出情况，包括基本支出项目支出(包括行政事业性项目支出基本建设项目支出和其他项目支出)上缴上级支出事业单位经营支出对附属单位补助支出和结转自筹基建。

人员支出 指单位支付给在职职工和临时聘用人员的各类劳动报酬，以及为上述人员缴纳的各项社会保险费等。

公用支出 指单位在开展业务活动中购买商品和劳务的支出。

福利费 指单位根据国家统一规定按工资总额一定比例提取的福利费。

劳务费 指支付给单位和个人的劳务费用，如翻译费咨询费手续费等。

就业补助费 指支付给国有企业下岗职工残疾人退伍军人的就业补助费。

取暖费 指单位取暖用燃料费热力费炉具购置费锅炉临时工工资节煤奖以及由单位统一支付的在职职工和离退休人员宿舍取暖费等。

差旅费 指单位工作人员出差出国的住宿费伙食补助费，杂费，干部及大中专学生调遣费，调干家属旅费补助等。

各种设备交通工具及图书资料购置费 指单位购置办公家具一般办公设备专用设备交通工具的支出，以及购置按固定资产管理的各类图书资料的支出。

对个人和家庭的补助支出 指政府对个人和家庭的无偿性补助支出。包括离休费退休费退职（役）费抚恤和生活补助医疗费住房补贴助学金和其他未包括在上述科目的对个人和家庭补助支出等。

助学金 指支付给各类学校学生助学金奖学金学生贷款贴息出国留学(实习)人员生活费，青少年业余体校学员伙食补助费和生活费补贴，以及按协议由我方负担或享受我方奖学金的来华留学生进修生生活费等。

抚恤和生活补助 指按规定支付给烈士家属牺牲病故人员家属的一次性和定期抚恤金，革命残疾人员的抚恤金，离退休人员等其他人员的各项抚恤金；优抚对象定期定量生活补助费，退伍军人生活补助费，国有企业下岗职工基本生活费(不含代缴和社会保险费)，行政事业单位职工和遗属生活补助，因公负伤等住院治疗住疗养院期间的伙食补助费，长期赡养人员补助费；城乡贫困人员灾民归侨外侨及其他人员的生活救济费，包括城市居民的最低生活保障费，随同资源枯竭矿山破产但未参加养老保险统筹的矿山所属集体企业退休人员按最低生活保障标准发放的生活费，农村五保户贫困户麻风病人的生活救济费，精减退职老弱残职工救济费等。

收支结余 指行政（事业）结余和经营收支结余的合计项。

经营税金 指事业单位提供劳务或销售产品应负担的税金及附加，包括营业税城市维护建设税资源税和教育费附加等。